맨
처음
토익
실력편
LC

맨처음 토익 LC 실력편

지은이 다락원 토익연구소
펴낸이 정규도
펴낸곳 ㈜다락원

초판 1쇄 발행 2022년 6월 20일
초판 2쇄 발행 2024년 1월 12일

책임 편집 홍인표
디자인 윤지영, 윤현주

다락원 경기도 파주시 문발로 211
내용 문의 (02)736-2031 내선 551
구입 문의 (02)736-2031 내선 250~252
Fax (02)732-2037
출판 등록 1977년 9월 16일 제406-2008-000007호

사진 출처 셔터스톡

ISBN 978-89-277-8023-6 14740
ISBN 978-89-277-0997-8 14740 (set)

http://www.darakwon.co.kr
다락원 홈페이지를 방문하시면 상세한 출판 정보와 함께 MP3 자료 등의
다양한 어학 정보를 얻으실 수 있습니다.

맨처음 토익

실력편

LC

다락원

해마다 많은 분들이 목표하는 점수를 달성하기 위해 시험에 응시합니다. 학생들은 취업을 목표로, 직장인들은 승진 등 다양한 사내에서의 필요에 의해서, 수험생들은 시험 응시 자격 기준을 획득하기 위해서 등 그 목적 또한 매우 다양합니다.

응시 목적에 따라 목표하는 점수 또한 다양합니다. 공무원 시험이나 여러 가지 자격증 시험에 응시하기 위해 요구되는 점수인 700점 정도일 수도 있고, 취업을 위해 만점에 가까운 점수가 필요한 수험자들도 있을 것입니다.

기본적으로 영어 실력이 뛰어난 사람들은 어렵지 않게 원하는 점수를 받을 수 있을 것입니다. 하지만 그렇지 못한 사람들에게 목표하는 점수를 달성하는 것은 쉽지 않은 일입니다. 빨리 목표하는 점수를 얻고 토익에서 졸업한다면 더할 나위 없이 좋겠지만, 안타깝게도 기대한 만큼 성적이 오르지 않는 것이 현실입니다.

토익 기본서 학습을 통해 기본기를 갖추고 있는 학습자들은 실전 대비를 위해 다음 단계의 교재를 학습해야 합니다. 실제 시험에 출제되는 난이도의 문제를 풀고 관련된 내용을 학습하면서 자신의 실력을 높여야 하기 때문입니다. 실력의 향상은 점수의 상승으로 이어지고, 점수의 상승을 통해 자신감을 갖게 됩니다. 이러한 수준을 달성하게 되면, 실전모의고사를 반복해서 풀면서 고득점을 목표로 할 수 있을 것입니다.

〈맨처음 토익 실력편〉 시리즈는 이와 같이 토익의 기본기를 다진 학습자들이 한 단계 어려운 난이도의 내용을 학습함으로써 자신의 실력을 높여 실제 시험에 대비할 수 있도록 하기 위해 개발된 교재입니다.

• 토익에 출제되는 사진, 대화, 담화의 상황 및 주제에 따라 유닛이 구성되어 있습니다. 이와 관련된 학습 내용이 빠짐없이 정리되어 있어, 실제 시험에서 출제되는 모든 유형에 대비할 수 있습니다.

• 각 유닛마다 학습하게 되는 상황 및 주제와 관련된 문제들을 풀기 전에, 실제 문제보다 간단한 문제들을 풀어 볼 수 있는 '유형 연습'이 구성되어 있습니다.

• '유형 연습'을 통해 워밍업을 마친 다음, 실제 시험에 출제될 가능성이 높은 '예상 적중 문제'를 풀어 보면서 학습한 내용이 시험에서 어떻게 출제되는지 파악할 수 있습니다.

• 교재의 마지막에 1회분의 Actual Test가 수록되어 있어서, 교재를 모두 학습하고 난 후 자신의 실력이 얼마나 향상되었는지 측정해볼 수 있습니다.

이 책과 함께 토익의 실력을 한 단계 업그레이드 함으로써 여러분이 목표로 하는 점수를 하루빨리 달성할 수 있기를 바랍니다.

다락원 토익 연구소

목차

Unit에 대한 소개

유닛에서 다루게 될 유형의 학습 포인트를 제시하고, 예제를 통해 유형 분석 및 풀이 전략을 설명하고 있습니다.

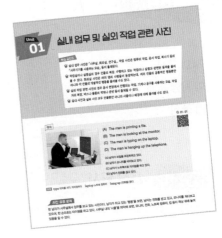

핵심 표현 익히기

유닛에서 학습하게 되는 유형과 관련된 핵심 표현들이 정리되어 있습니다.

유형 연습

간단한 문제들을 풀어보면서, 예상 적중 문제를 풀기 위한 준비를 할 수 있습니다. 또한, Dictation 연습을 통해 기본적인 듣기 실력을 향상시킬 수 있습니다.

예상 적중 문제

실제 토익 시험에 출제되는 유형의 문제를 풀어 본 다음, 문제 해설을 통해 풀이 과정을 학습할 수 있습니다. 또한 MORE & MORE 코너를 통해 예상 적중 문제와 관련된 문제들을 추가로 풀어 볼 수 있습니다.

유닛 연습 문제

유닛에서 학습한 유형의 문제들로 구성된 토익 실전 문제를 풀어 보면서 학습한 내용을 잘 이해하고 있는지 점검할 수 있습니다. 뿐만 아니라 학습한 내용이 실제 시험에서 어떻게 출제되는지 파악할 수 있습니다.

파트 실전 문제 연습

각 파트가 끝날 때마다, 파트별 실전 모의고사를 풀어 볼 수 있습니다. 파트별로 학습한 내용을 다시 한 번 점검하면서 실제 시험에 익숙해질 수 있습니다.

Actual Test

교재의 마지막 부분에는 1회분의 Actual Test가 수록되어 있습니다. 실제 시험과 같은 난이도의 문제들을 풀어 보면서, 자신의 실력이 어느 정도인지 확인할 수 있습니다.

토익(TOEIC)은 Test of English for International Communication의 약자로서, 영어를 모국어로 사용하지 않는 사람이 국제 환경에서 생활을 하거나 업무를 수행할 때 필요한 실용 영어 능력을 평가하는 시험입니다. 현재 한국과 일본은 물론 전 세계 약 60개 국가에서 연간 4백만 명 이상의 수험생들이 토익에 응시하고 있으며, 수험 결과는 채용 및 승진, 해외 파견 근무자 선발 등 다양한 분야에서 활용되고 있습니다.

시험 구성

구성	PART	내용		문항 수	시간	배점
Listening Comprehension	1	사진 묘사		6	45분	495점
	2	질의-응답		25		
	3	대화문		39		
	4	담화문		30		
Reading Comprehension	5	단문 공란 채우기		30	75분	495점
	6	장문 공란 채우기		16		
	7	독해	단일 지문	29		
			복수 지문	25		
Total				200문제	120분	990점

(Listening Comprehension: 100문제, Reading Comprehension: 100문제)

출제 분야

토익의 목적은 일상 생활과 업무 수행에 필요한 영어 능력을 평가하는 것이기 때문에 출제 분야도 이를 벗어나지 않습니다. 비즈니스와 관련된 주제를 다루는 경우라도 전문적인 지식을 요구하지는 않으며, 아울러 특정 국가나 문화에 대한 이해도 요구하지 않습니다. 구체적인 출제 분야는 아래와 같습니다.

일반적인 비즈니스 (General Business)	계약, 협상, 마케팅, 영업, 기획, 회의 관련
사무 (Office)	사내 규정, 일정 관리, 사무 기기 및 사무 가구 관련
인사 (Personnel)	구직, 채용, 승진, 퇴직, 급여, 포상 관련
재무 (Finance and Budgeting)	투자, 세금, 회계, 은행 업무 관련
생산 (Manufacturing)	제조, 플랜트 운영, 품질 관리 관련
개발 (Corporate Development)	연구 조사, 실험, 신제품 개발 관련
구매 (Purchasing)	쇼핑, 주문, 선적, 결제 관련
외식 (Dining Out)	오찬, 만찬, 회식, 리셉션 관련
건강 (Health)	병원 예약, 진찰, 의료 보험 업무 관련
여행 (Travel)	교통 수단, 숙박, 항공권 예약 및 취소 관련
엔터테인먼트 (Entertainment)	영화 및 연극 관람, 공연 관람, 전시회 관람 관련
주택 / 법인 재산 (Housing / Corporate Property)	부동산 매매 및 임대, 전기 및 가스 서비스 관련

응시 방법

시험 접수는 한국 TOEIC 위원회 웹사이트(www.toeic.co.kr)에서 온라인으로 할 수 있습니다.
접수 일정 및 연간 시험 일정 등의 정보 또한 이곳에서 확인이 가능합니다.

시험 당일 일정

수험생들은 신분증과 필기구(연필 및 지우개)를 지참하고 고사장에 입실해야 합니다. 입실 시간은 오전 시험의 경우 9시 20분, 오후 시험의 경우 2시 20분까지입니다.

	시간	
오전	9:30 – 9:45	**오리엔테이션** 답안지에 이름, 수험 번호 등을 표시하고 직업이나 응시 횟수 등을 묻는 설문에 응합니다.
오후	2:30 – 2:45	
오전	9:45 – 9:50	**휴식** 5분간의 휴식 시간 동안 화장실을 이용할 수 있습니다.
오후	2:45 – 2:50	
오전	9:50	**입실 마감** 50분부터 출입을 통제하므로 늦어도 45분까지는 고사장에 도착하는 것이 좋습니다.
오후	2:50	
오전	9:50 – 10:05	**신분증 검사** LC 시험 시작 전에 감독관이 신분증을 검사하고 답안지에 확인 서명을 합니다. RC 시험 시간에는 감독관이 돌아다니면서 다시 한 번 신분증을 검사하고 확인 서명을 합니다.
오후	2:50 – 3:05	
오전	10:05 – 10:10	**파본 검사** 받은 문제지가 파본이 아닌지 확인한 후 문제지에 수험 번호를 적고 답안지에 문제지 번호를 적습니다. 파본이 확인되더라도 시험이 시작되면 문제지를 교체해 주지 않으므로 이때 문제지를 빨리, 제대로 확인하는 것이 중요합니다.
오후	3:05 – 3:10	
오전	10:10 – 10:55	**LC 문제 풀이** 45분 동안 LC 문제를 풉니다.
오후	3:10 – 3:55	
오전	10:55 – 12:10	**RC 문제 풀이** 75분 동안 RC 문제를 풉니다.
오후	3:55 – 5:10	

성적 확인

TOEIC 홈페이지에 안내된 성적 발표일에 인터넷 홈페이지와 어플리케이션을 통해 성적을 확인할 수 있습니다. 성적표 발급은 시험 접수 시에 선택한 방법으로, 즉 우편이나 온라인으로 이루어집니다.

〈맨처음 토익 LC 실력편〉은 토익 LC의 실력을 높일 수 있도록 20일 동안 학습할 수 있는 분량으로 구성하였습니다. 아래에 제시된 플랜에 따라 학습을 마치고 나면 자신의 실력이 향상된 것을 확인하실 수 있을 것입니다.

추천 학습 플랜

1일	2일	3일	4일	5일
PART 1 사진 묘사 ·Unit 01 실내 업무 및 작업 ·Unit 01 연습 문제	·Unit 02 쇼핑, 식당, 숙박, 여가 ·Unit 02 연습 문제	·Unit 03 가사, 주택, 공공장소 ·Unit 03 연습 문제 ·PART 1 실전 문제 연습	**PART 2 질의-응답** ·Unit 01 질문 I ·Unit 02 질문 II ·Unit 01-02 연습 문제	·Unit 03 요청, 제안 및 부탁 ·Unit 04 의견 구하기
6일	7일	8일	9일	10일
·Unit 05 확인 및 정보의 전달 ·Unit 03-05 연습 문제	·PART 2 실전 문제 연습	**PART 3 대화문** ·Unit 01 비즈니스 관련 I	·Unit 02 비즈니스 관련 II	·Unit 03 비즈니스 관련 III ·Unit 01-03 연습 문제
11일	12일	13일	14일	15일
·Unit 04 일상 생활	·Unit 05 여가 생활 및 기타 ·Unit 04-05 연습 문제	·PART 3 실전 문제 연습	**PART 4 담화문** ·Unit 01 공지 및 안내	·Unit 02 발표 및 소개 ·Unit 01-02 연습 문제
16일	17일	18일	19일	20일
·Unit 03 전화	·Unit 04 방송	·Unit 05 광고 및 기타 ·Unit 03-05 연습 문제	·PART 4 실전 문제 연습	Actual Test

〈맨처음 토익 LC 실력편〉을 마치고…

▶〈맨처음 토익 LC 실력편〉을 며칠 만에 학습했나요?

시작일 _____   **완료일** _____

▶학습 플랜대로, 또는 본인이 세운 학습 진도표에 맞춰 학습을 끝내지 못했다면 문제점은 무엇인가요? 또한, 문제점은 어떻게 해결할 것인가요?

문제점 _____

해결 방안 _____

실제 자신의 학습 진도를 매일매일 기록하고, 보다 효과적인 토익 학습 일정을 계획해 보세요. 가능한 한 30일 이내에 이 책을 끝내는 것을 목표로 하세요. 학습 기간이 길어지면 도중에 포기해 버리기 쉽기 때문에, 학습 일수는 최대한 40일을 넘기지 않도록 하세요.

1일	2일	3일	4일	5일
시작 끝	시작 끝	시작 끝	시작 끝	시작 끝
6일	7일	8일	9일	10일
시작 끝	시작 끝	시작 끝	시작 끝	시작 끝
11일	12일	13일	14일	15일
시작 끝	시작 끝	시작 끝	시작 끝	시작 끝
16일	17일	18일	19일	20일
시작 끝	시작 끝	시작 끝	시작 끝	시작 끝
21일	22일	23일	24일	25일
시작 끝	시작 끝	시작 끝	시작 끝	시작 끝
26일	27일	28일	29일	30일
시작 끝	시작 끝	시작 끝	시작 끝	시작 끝
31일	32일	33일	34일	35일
시작 끝	시작 끝	시작 끝	시작 끝	시작 끝
36일	37일	38일	39일	40일
시작 끝	시작 끝	시작 끝	시작 끝	시작 끝

PART **1**

사진 묘사

▶ PART 1은 사진을 보고 이를 가장 적절히 묘사한 보기를 찾아야 하는 문제들로 구성되며, 1번부터 6번까지 총 6문항이 출제된다.

▶ 사진은 다양한 주제를 다룰 수 있지만, 기본적으로 「사무 업무 및 각종 작업」과 관련된 주제, 그리고 쇼핑과 식사와 같은 「일상 생활」과 관련된 주제, 그리고 마지막으로 「실내나 야외에서 접할 수 있는 장면」 등이 주요한 주제로서 다루어진다.

▶ 사진의 주제에 따라 자주 사용되는 정답과 오답의 패턴을 익혀 두면 PART 1에서 실수할 확률을 줄일 수 있다.

실내 업무 및 실외 작업 관련 사진

 예제

 ◁) 01-01

(A) The man is printing a file.

(B) The man is looking at the monitor.

(C) The man is typing on the laptop.

(D) The man is hanging up the telephone.

(A) 남자가 파일을 프린트하고 있다.

(B) 남자가 모니터를 바라보고 있다.

(C) 남자가 노트북으로 타이핑을 하고 있다.

(D) 남자가 전화를 끊고 있다.

어휘 type 타자를 치다, 타이핑하다   laptop 노트북 컴퓨터   hang up (전화를) 끊다

사진 유형 분석

한 남자가 사무실에서 업무를 보고 있는 사진이다. 남자가 하고 있는 '행동'을 보면, 남자는 전화를 받고 있고, 모니터를 쳐다보고 있으며, 한 손으로는 타이핑을 하고 있다. 사무실 내의 '사물'을 파악해 보면, 모니터, 전화, 노트북 컴퓨터, 컵 등이 책상 위에 놓여 있음을 알 수 있다.

풀이 전략 및 해설

● 남자가 모니터를 보면서 한 손으로는 수화기를 들고 있고 다른 한 손으로는 키보드를 누르고 있다. 따라서 정답은 '남자가 모니터를 보고 있다'고 진술한 (B)이다.

● 문서를 '출력하는(is printing)' 모습은 볼 수 없으므로 (A)는 정답이 될 수 없고, 남자가 타이핑을 하고 있기는 하지만 '노트북 (laptop)'을 이용하고 있지는 않으므로 (C)도 정답이 될 수 없다.

● 또한, 사진 속 남자는 '전화를 끊고 있는(is hanging up the telephone)' 것이 아니라 수화기를 들고 있으므로 (D) 역시 정답이 될 수 없다.

사무실/회의실 관련

typing on a keyboard 키보드를 치다	carrying some folders 몇 개의 서류철을 들고 있다
looking at a monitor 모니터를 보다	distributing some documents 서류를 나눠주다
examining a document 서류를 검토하다	delivering a presentation 발표를 하다
receiving a booklet 소책자를 받다	operating a copy machine 복사기를 작동하다

A woman is **typing on a keyboard**. 한 여자가 키보드를 치고 있다.
One of the men is **receiving a booklet**. 남자들 중 한 명이 소책자를 받고 있다.
The man is **distributing some documents**. 남자는 서류를 나눠주고 있다.

실험실 관련

conducting an experiment 실험을 실시하다	using a microscope 현미경을 사용하다
wearing safety glasses 보호 안경을 쓰다	pressing a button 기기의 버튼을 누르다
pouring liquid into a beaker 액체를 비커에 붓다	putting on a lab coat 실험실 가운을 입다
writing notes on the paper 종이에 필기를 하다	inspecting some laboratory equipment 실험 장비를 조사하다

The scientists are all **wearing safety glasses**. 과학자들이 모두 보안경을 쓰고 있다.
She is **pressing a button** on the machine. 그녀는 기기의 버튼을 누르고 있다.
The doctor is **writing notes on the paper**. 의사가 종이에 필기를 하고 있다.

작업 및 공사 관련

drilling a hole 구멍을 뚫다	applying glue 접착제를 바르다, 풀을 바르다
screwing in a bolt 볼트로 죄다	trimming the rough edges 거친 가장자리를 다듬다
measuring the length 길이를 재다	sanding a piece of wood 목재를 사포로 문지르다

He is **drilling a hole** in the concrete. 그는 콘트리트에 구멍을 뚫고 있다.
She is using a ruler to **measure the length** of the board. 그녀는 자를 이용하여 판자의 길이를 재고 있다.
The carpenter is **sanding a piece of wood**. 목수가 목재를 사포로 문지르고 있다.

공장 및 시설 관련

assembling an engine 엔진을 조립하다	taking a machine apart 기계를 분해하다
working on an assembly line 조립 라인에서 일하다	pushing a cart 카트를 밀다
loading a trolley 수레에 물건을 싣다	manufacturing goods 제품을 생산하다
manipulating a lever 레버를 조작하다	climbing a ladder 사다리를 타고 올라가다
checking inventory 재고를 확인하다	wearing a helmet 헬멧을 쓰고 있다

The workers are **climbing a ladder**. 작업자들이 사다리를 오르고 있다.
Two employees are **checking inventory** in the warehouse. 두 명의 직원이 창고에서 재고를 확인 중이다.
The mechanic is **assembling an engine**. 정비사가 엔진을 조립하고 있다.

Ⓐ 문장을 듣고 빈칸을 완성한 다음, 사진과 일치하면 〇, 그렇지 않으면 X에 표시하세요.

🔊 01 - 02

1

(a) The man _____ a phone.　(〇 ｜ ✕)

(b) The man is sitting _____ .　(〇 ｜ ✕)

(c) The man is speaking _____

_____ .

2

(a) She is using _____

_____ .　(〇 ｜ ✕)

(b) She is looking _____ .　(〇 ｜ ✕)

(c) She _____ her glasses.　(〇 ｜ ✕)

3

(a) _____ is looking　(〇 ｜ ✕)
at the board.

(b) _____ are wearing neckties.　(〇 ｜ ✕)

(c) Some of the people _____ .　(〇 ｜ ✕)

4

(a) The truck is _____ .　(〇 ｜ ✕)

(b) The crane _____　(〇 ｜ ✕)
into the truck.

(c) _____ is craning his neck.　(〇 ｜ ✕)

B 문장을 듣고 빈칸을 완성한 다음, 사진을 가장 잘 묘사한 문장을 고르세요.

🔊 01-03

1

(a) The man is pointing ⎯⎯⎯⎯⎯⎯⎯⎯⎯⎯⎯⎯ .

(b) The man ⎯⎯⎯⎯⎯⎯⎯⎯⎯ on the machine.

(c) The man ⎯⎯⎯⎯⎯⎯⎯⎯⎯ from the desk.

2

(a) She is ⎯⎯⎯⎯⎯⎯⎯⎯⎯ in the container.

(b) She is ⎯⎯⎯⎯⎯⎯⎯⎯⎯ with one hand.

(c) She is ⎯⎯⎯⎯⎯⎯⎯⎯⎯ on the paper.

3

(a) The man is putting the boxes ⎯⎯⎯⎯⎯⎯⎯⎯⎯ .

(b) ⎯⎯⎯⎯⎯⎯⎯⎯⎯ have items on them.

(c) The boxes ⎯⎯⎯⎯⎯⎯⎯⎯⎯ by the man.

4

(a) They are both ⎯⎯⎯⎯⎯⎯⎯⎯⎯ .

(b) ⎯⎯⎯⎯⎯⎯⎯⎯⎯ are using heavy equipment.

(c) ⎯⎯⎯⎯⎯⎯⎯⎯⎯ are wearing hardhats.

PART 1

예상적중문제 **01** 보기를 듣고 사진을 가장 적절하게 묘사한 것을 고르세요.

🔊 01 - 04

🔍 문제 해설

▶ 회의실에서 여러 명의 사람들이 회의하는 사진이다. 인물들의 공통적인 행동을 파악한 다음, 각 인물의 개별적인 행동 및 상태를 파악하도록 한다.

▶ 남자들은 모두 앉아 있으므로, 한 명이 일어서 있다는 내용의 (A)는 잘못된 설명이다.

▶ 오른쪽에 있는 짧은 머리의 여성은 테이블에 걸터앉아 있으므로, 모든 사람이 의자에 앉아 있다는 내용의 (C)는 정답이 될 수 없다.

▶ 발표를 하고 있는 사람은 보이지 않으므로 (D) 역시 오답이다.

▶ 컵을 들고 있는 여자의 행동을 설명하고 있는 (B)가 정답이다.

🔒 스크립트 & 해석

(A) One of the men is standing up.	(A) 남자들 중 한 명이 일어서 있다.
(B) A woman is gripping a cup.	(B) 한 여자가 컵을 들고 있다.
(C) Everyone is seated in a chair.	(C) 모든 사람이 의자에 앉아 있다.
(D) One person is giving a presentation.	(D) 한 사람이 발표를 하고 있다.

어휘 grip 움켜잡다　face 향하다, 마주보다　give a presentation 발표하다

🔆 **MORE & MORE**

🔊 01 - 05

들리는 문장이 사진을 적절히 묘사하고 있으면 ○, 그렇지 않으면 ×에 표시하세요.

❶ One of the men is _____ .　　　　　　　(○ | ×)

❷ One of the women is _____ a file cabinet.　(○ | ×)

❸ _____ on the table.　　　　　　　　(○ | ×)

정답 p.003

문제 해설

▶ 작업자가 기계를 작동하며 작업을 하고 있는 사진이다.

▶ 남자는 기계의 버튼을 누르고 있는데, 이를 가장 잘 설명한 것은 '작업자가 패널에 있는 버튼을 누르고 있다'는 내용의 (C)이다.

▶ 남자는 안전 조끼를 입고 있는 상태이므로, 벗고 있다(is taking off)는 내용의 (A)는 잘못된 설명이다.

▶ (B)의 put on은 옷 등을 입고 있는 동작을 의미하므로 (B)는 정답이 될 수 없다. put on 대신 wear를 사용하여 'The man is wearing a hardhat'으로 표현해야 한다.

묘.수.풀.이
• put on: 옷을 입고 있는 동작을 의미
• wear: 이미 옷을 입은 상태를 의미

스크립트 & 해석

(A) The worker is taking off his safety vest.
(B) The man is putting on a hardhat.
(C) The worker is pressing a button on a panel.
(D) The man is using tools to repair the machinery.

(A) 작업자가 안전 조끼를 벗고 있다.
(B) 남자는 안전모를 쓰고 있다.
(C) 작업자가 패널에 있는 버튼을 누르고 있다.
(D) 남자는 도구를 사용해서 기기를 수리하고 있다.

어휘 take off ~을 벗다   safety vest 안전 조끼   hardhat 안전모   panel 패널, 판   machinery 기계

MORE & MORE

◀》 01-07

들리는 문장이 사진을 적절히 묘사하고 있으면 O, 그렇지 않으면 ×에 표시하세요.

❶ The man is _____.   (O | ×)
❷ The man is _____ on the monitor.   (O | ×)
❸ The man is _____.   (O | ×)

정답 p.003

◀) 01-08

문제 해설

▶ 정문이 철거되고 있지 않기 때문에 (A)는 정답이 아니다. (A)와 같이 진행형 수동태 표현이 주어지면 사진에 그 행동을 하는 사람이나 기계 등이 있어야 한다.

▶ 사진에 사람은 보이지 않으므로 건설 인부(construction crew)가 수리하고 있다는 내용의 (B)도 정답이 될 수 없다.

▶ 사진에서 크레인(crane)은 보이지 않으므로 (D) 역시 정답이 아니다.

▶ 건물 주위에 비계(scaffolding)가 세워져 있는 모습을 설명하고 있는 (C)가 정답이다. scaffolding은 공사 현장이나 건물의 건축과 관련된 사진에서 자주 출제되는 단어이므로 반드시 암기해 두어야 한다.

스크립트 & 해석

(A) The front gate is being taken down.

(B) A construction crew is hard at work making repairs.

(C) Scaffolding has been erected around the building.

(D) A crane is moving some equipment into place.

(A) 정문이 철거되고 있다.

(B) 건설 인부들이 열심히 수리하고 있다.

(C) 건물 주위에 비계가 세워져 있다.

(D) 크레인이 장비들을 제자리로 옮기고 있다.

어휘 take down 분해하다 crew 승무원; 작업반 repair 수리하다; 수리 scaffolding 비계 erect 세우다 move ~ into place ~을 제자리에 두다

MORE & MORE

◀) 01-09

틀리는 문장이 사진을 적절히 묘사하고 있으면 ○, 그렇지 않으면 ×에 표시하세요.

❶ People are _____ .   (○ | ×)

❷ Work is _____ on the building.   (○ | ×)

❸ Some trucks are _____ .   (○ | ×)

정답 p.003

예상적중문제 04 보기를 듣고 사진을 가장 적절하게 묘사한 것을 고르세요.

🔊 01-10

📝 문제 해설

▶ 남자는 현미경을 보고 있고, 여자는 무엇인가를 작성하고 있다. 그러므로 한 사람이 '현미경(microscope)을 사용하고 있다' 는 내용의 (B)가 정답이다.

▶ 두 사람이 '수술(operation)'을 하고 있지는 않으므로 (A)는 정답이 될 수 없다. (C)의 경우에는 telescope(망원경)을 microscope(현미경)으로 바꾸어야 올바른 진술이 될 수 있다.

▶ 여자는 보안경을 착용하고 있지 않기 때문에 (D)역시 정답이 될 수 없다.

🔒 스크립트 & 해석

(A) The doctors are performing an operation.	(A) 의사들이 수술을 하고 있다.
(B) One person is using a microscope.	(B) 한 사람은 현미경을 사용하고 있다.
(C) The man is looking through a telescope.	(C) 남자는 망원경으로 보고 있다.
(D) The woman is wearing a pair of safety goggles.	(D) 여자는 보안경을 착용하고 있다.

어휘 perform 실행하다, 실시하다; 공연하다   operation 가동; 수술   microscope 현미경   telescope 망원경   safety goggles 보안경

💡 MORE & MORE

🔊 01-11

들리는 문장이 사진을 적절히 묘사하고 있으면 ○, 그렇지 않으면 ×에 표시하세요.

❶ The man is _____ .   (○ | ×)

❷ The woman is _____ .   (○ | ×)

❸ _____ is in the room.   (○ | ×)

정답 p.003

Part 1 다음을 듣고 사진을 가장 적절하게 묘사한 문장을 고르세요.

1.

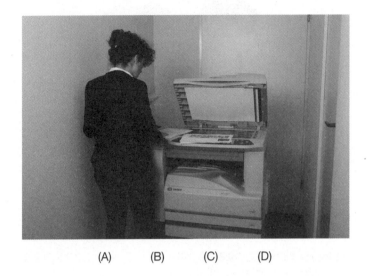

(A)　　　(B)　　　(C)　　　(D)

2.

(A)　　　(B)　　　(C)　　　(D)

3.

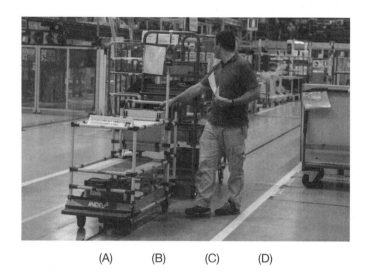

(A)   (B)   (C)   (D)

4.

(A)   (B)   (C)   (D)

쇼핑, 식당, 숙박, 여가 관련 사진

학습 포인트

✋ 업무나 작업이 아닌 일상 생활과 관련된 사진 유형으로서, 쇼핑, 식당, 숙박, 여가 생활과 관련된 사진들이 있다.

✋ 쇼핑 관련 사진은 상품을 고르거나 카트를 미는 동작과 같이 인물의 행동을 물어 볼 수 있으며, 식당 관련 사진은 요리, 주문, 식사, 서빙 등 다양한 행동을 물어 볼 수 있다. 상품이 진열된 모습이나 테이블이 진열된 사진과 같이 사물 및 배경 묘사 문제가 출제될 수도 있다.

✋ 숙박 관련 사진은 호텔의 프런트 데스크 직원이 손님을 응대하거나 전화를 받는 모습 등을 물어 볼 수 있다. 객실의 사진이나 호텔 외부의 사진과 같이 사물이나 배경 사진이 출제되기도 한다.

✋ 여가 관련 사진으로는 등산, 스포츠, 콘서트 등 다양한 주제가 출제될 수 있다.

🔊 01-13

예제

(A) They are trying on some clothes.

(B) The woman is making a purchase.

(C) They are looking at a store display.

(D) A salesperson is assisting them.

(A) 그들은 몇 벌의 옷을 입어 보고 있다.

(B) 여자가 구매를 하고 있다.

(C) 그들은 상점의 진열품을 보고 있다.

(D) 판매 사원이 그들을 돕고 있다.

어휘 try on (옷 등을) 입어 보다   make a purchase 구매하다, 구입하다   display 진열, 전시; 진열하다

사진 유형 분석

쇼핑몰의 의류 매장 사진으로서, 부부로 보이는 성인 남녀가 한 아이를 사이에 두고 서로 손을 잡고 쇼윈도를 바라보고 있다. 그리고 유리창 안에 마네킹이 있고 바닥에 풍선이 놓여 있다. 쇼핑과 관련된 사진이지만 사진 속 인물들이 '구매를 하고 있다', 또는 '옷을 입어볼 것이다'와 같이 의류 매장에서 일어날 수 있는 상황의 묘사가 함정으로 제시될 수 있다.

풀이 전략 및 해설

● 가족으로 보이는 세 사람이 한 매장의 쇼윈도 앞에서 전시된 옷을 쳐다보고 있다. 그러므로 '상점의 진열품(store display)을 보고 있다'고 설명한 (C)가 정답이다.

● 이들 중 어느 누구도 '옷을 입어 보거나(try on)', '구매를 하고 있는 것(make a purchase)'은 아니므로 (A)와 (B)는 정답이 될 수 없다.

● 사진에서는 이들을 제외한 다른 사람은 찾아볼 수 없기 때문에, 판매 사원(salesperson)이 이들을 돕고 있다는 내용의 (D) 또한 오답이다.

쇼핑 관련

trying on clothes 옷을 입어 보다	handing money to a cashier 계산원에게 돈을 주다
browsing around 둘러보다, 구경하다	entering a shop 상점에 들어가다
pointing to a display 진열품을 가리키다	cash register drawer is open 금전등록기가 열려 있다
hanging on a rack 옷걸이에 걸려 있다	shoes are on display 신발이 진열되어 있다
placing an item 상품을 진열하다	shopping bags are being loaded 쇼핑백이 실리다

The salesperson is **pointing to the display**. 판매원이 진열품을 가리키고 있다.

Some **shoes are on display**. 신발이 진열되어 있다.

A **cash register drawer is open**. 금전등록기가 열려 있다.

Some **shopping bags are being loaded** into a car. 쇼핑백들이 차에 실리고 있다.

식당 관련

reaching for a menu 메뉴판에 손을 뻗다	wearing an apron 앞치마를 하고 있다
setting a table 테이블을 준비하다	folding a napkin 냅킨을 접다
writing down an order 주문을 받아 적다	dining at a restaurant 식당에서 식사하다
selecting some food 음식을 고르다	folding up some chairs 의자를 접다
pouring water into a glass 잔에 물을 따르다	cups are stacked 컵들이 쌓여 있다
serving some food 음식을 서빙하다	suspended from the ceiling 천장에 매달려 있다
seats are occupied 좌석이 이용 중이다	wiping off a table 식탁을 닦다

One of the women is **reaching for a menu**. 여자들 중 한 명이 메뉴판에 손을 뻗고 있다.

A man is **setting a table**. 한 남자가 테이블을 준비하고 있다.

A woman is **writing down an order**. 한 여자가 주문을 받아 적고 있다.

All of the **seats are occupied**. 모든 좌석이 이용 중이다.

숙박 및 여가 관련

working behind a counter 카운터 뒤에서 일하다	jogging down a street 길에서 조깅을 하다
talking on the phone 전화로 이야기하다	painting a picture 그림에 색을 칠하다
dialing the phone 전화를 걸다	assembling a tent 텐트를 설치하다
facing a computer monitor 컴퓨터 모니터를 보고 있다	diving into the water 물에 뛰어들다
a curtain is covering a window 커튼이 창을 덮고 있다	removing a guitar from a case 케이스에서 기타를 꺼내다

She is **working behind a counter**. 그녀는 카운터 뒤에서 근무하고 있다.

A woman is **assembling a tent**. 한 여자가 텐트를 설치하고 있다.

A man is **removing a guitar from a case**. 한 남자가 케이스에서 기타를 꺼내고 있다.

One of the women is **diving into the water**. 여자들 중 한 명이 물에 뛰어들고 있다.

Ⓐ 문장을 듣고 빈칸을 완성한 다음, 사진과 일치하면 O, 그렇지 않으면 X에 표시하세요.

🔊 01-14

1

(a) Bags _____ on the shelves. (O | X)

(b) A shopper _____ some of the bags. (O | X)

(c) Some of the bags _____ on them. (O | X)

2

(a) A hiker is walking _____ . (O | X)

(b) _____ have been hiked. (O | X)

(c) The man _____ the hill. (O | X)

3

(a) The clocks on the wall _____ . (O | X)

(b) The woman is speaking with the person (O | X)
_____ .

(c) _____ is talking on the telephone. (O | X)

4

(a) Products _____ in containers. (O | X)

(b) Some items _____ . (O | X)

(c) Customers are selecting _____ (O | X)
_____ .

B 문장을 듣고 빈칸을 완성한 다음, 사진을 가장 잘 묘사한 문장을 고르세요.

1

(a) They _____ some of the items.

(b) They are looking at _____ .

(c) They _____ on their heads.

2

(a) _____ are seated at the table.

(b) The server _____ to their table.

(c) Each woman _____ the other.

3

(a) A tent _____ on the ground.

(b) The person _____ the backpack.

(c) The person _____ from the tent.

4

(a) She is taking the item to _____ .

(b) _____ are on the shelves.

(c) The woman is putting something _____ .

예상적중문제 01 보기를 듣고 사진을 가장 적절하게 묘사한 것을 고르세요.

◀ 01-16

문제 해설

▶ 남자의 왼손 앞에 주전자가 놓여 있는 것을 적절히 묘사하고 있는 (B)가 정답이다.

▶ 사진에 남자와 여자가 등장하는데, 남자가 '선반에 물품을 쌓고 있거나(stocking some shelves)' 여자가 '커피를 따르고 있지는(pouring a cup of coffee)' 않으므로 (A)와 (C)는 모두 오답이다.

▶ 또한, 사진에 '음식(dishes)'은 보이지 않으므로 (D) 역시 정답이 될 수 없다.

▶ 이 문제에서 볼 수 있는 것처럼, 인물 중심 사진으로 보이지만 사물을 묘사하는 보기가 정답인 문제들이 출제된다는 사실에 주의해야 한다.

🔒 스크립트 & 해석

(A) A man is stocking some shelves.	(A) 한 남자가 선반을 채우고 있다.
(B) A pot has been placed on the counter.	**(B) 카운터 위에 주전자가 놓여 있다.**
(C) A woman is pouring a cup of coffee.	(C) 한 여자가 커피를 한 잔 따르고 있다.
(D) Dishes are being served at the table.	(D) 음식들이 테이블에 놓이고 있다.

어휘 stock 상품을 채우다   shelf 선반   pot 주전자; 냄비   pour 붓다, 따르다

💡 **MORE & MORE**

◀ 01-17

들리는 문장이 사진을 적절히 묘사하고 있으면 ○, 그렇지 않으면 ×에 표시하세요.

❶ They are _____ .   (○ | ×)

❷ The man has both hands _____ .   (○ | ×)

❸ The woman _____ the man.   (○ | ×)

정답 p.005

예상적중문제 02 보기를 듣고 사진을 가장 적절하게 묘사한 것을 고르세요.

◀) 01-18

문제 해설

▶ 두 명의 여성이 의류 매장에서 쇼핑을 하고 있는 사진이다. 쇼핑 장소 및 상품의 종류, 인물들의 동작과 자세 등에 집중하도록 한다.

▶ 두 여성은 '한 벌의 옷(an article of clothing)'을 같이 보고 있으므로 (B)가 정답이다.

▶ '계산을 하고(is paying)' 있거나 '문을 닫고(is closing the door)' 있는 동작은 보이지 않으므로 (A)와 (D)는 정답이 될 수 없다.

▶ 또한 옷이 '세탁되고 있다(are being washed)'는 내용의 (C)도 오답이다.

🔒 스크립트 & 해석

(A) One woman is paying with a coupon.
(B) **They are looking at an article of clothing.**
(C) Some clothes are being washed.
(D) One woman is closing the door.

(A) 한 여자가 쿠폰으로 계산을 하고 있다.
(B) 그들은 한 벌의 옷을 보고 있다.
(C) 몇몇 옷들이 세탁되고 있다.
(D) 한 여자가 문을 닫고 있다.

어휘 pay 지불하다   coupon 쿠폰   article 기사; 항목; 물품   clothing 옷   wash 씻다, 세탁하다

 MORE & MORE

◀) 01-19

들리는 문장이 사진을 적절히 묘사하고 있으면 ○, 그렇지 않으면 ✕에 표시하세요.

① One woman is _____.   (○ | ✕)
② One of the women is _____.   (○ | ✕)
③ They are _____ the changing room.   (○ | ✕)

정답 p.005

예상적중문제 **03** 보기를 듣고 사진을 가장 적절하게 묘사한 것을 고르세요.

◀》 01-20

문제 해설

▶ 배경 중심의 사진이므로 장소에 대해 파악해 보면, 사진 왼쪽에는 호텔로 보이는 건물이 있고 오른쪽의 실외에는 수영장이 있다.

▶ 수영장 안에 사람이 없기 때문에 '아무도 수영을 하고 있지 않다(nobody is swimming)'는 내용의 (D)가 정답이다.

▶ 수영장에서 사람들이 '수영을 즐기고(are enjoying the pool)' 있지는 않으며, '다이빙을 하는(is diving)' 사람도 없으므로 (A)와 (C)는 정답이 될 수 없다.

▶ 또한, 수영장의 왼쪽에 몇 그루의 나무가 있을 뿐, 수영장이 '나무들로 둘러싸여 있다(is surrounded by trees)'고 볼 수는 없으므로 (B)도 정답이 아니다.

스크립트 & 해석

(A) Swimmers are enjoying the pool.	(A) 사람들이 수영장에서 수영을 즐기고 있다.
(B) The pool is surrounded by trees.	(B) 수영장은 나무들로 둘러싸여 있다.
(C) Someone is diving into the pool.	(C) 누군가가 수영장으로 뛰어들고 있다.
(D) Nobody is swimming in the water.	(D) 아무도 물속에서 수영을 하고 있지 않다.

어휘 pool 수영장   surround 둘러싸다, 에워싸다   dive 뛰어들다, 다이빙하다

◀》 01-21

MORE & MORE

들리는 문장이 사진을 적절히 묘사하고 있으면 O, 그렇지 않으면 ×에 표시하세요.

❶ Somebody is _____ the pool. (O | ×)

❷ Water is _____ the pool. (O | ×)

❸ Many _____ by the pool. (O | ×)

정답 p.006

PART 1

예상적중문제 04 보기를 듣고 사진을 가장 적절하게 묘사한 것을 고르세요.

◀) 01-22

문제 해설

▶ 두 사람이 테니스 코트에서 악수를 하고 있으므로 '두 남자가 '악수를 하고 있다(are shaking hands)'고 설명한 (B)가 정답이다.

▶ 현재 경기가 진행 중인 것으로 볼 수는 없기 때문에 누군가가 '서브를 준비하고 있다(is getting ready to serve)'고 설명한 (A)는 정답이 될 수 없다.

▶ 두 사람은 네트를 사이에 두고 반대 편에 있으므로 '네트의 같은 편에(on the same side of the net) 있다'고 진술한 (C) 역시 정답이 될 수 없다. 'They are on the other side of the net.'으로 표현한다면 정답이 될 수 있다.

▶ 두 남자가 들고 있는 것은 '테니스 공(tennis balls)'이 아니라 '라켓(tennis rackets)'이므로 (D) 또한 정답이 될 수 없다. 'Both men are holding tennis rackets.'로 표현해야 정답이 될 수 있다.

스크립트 & 해석

(A) One man is getting ready to serve.

(B) The two men are shaking hands.

(C) They are on the same side of the net.

(D) Both men are holding tennis balls.

(A) 한 남자가 서브를 넣을 준비를 하고 있다.

(B) 두 남자가 악수를 하고 있다.

(C) 그들은 네트의 같은 편에 있다.

(D) 두 남자 모두 테니스 공을 들고 있다.

어휘 get ready to ~할 준비를 하다   shake hands 악수하다

MORE & MORE

◀) 01-23

들리는 문장이 사진을 적절히 묘사하고 있으면 ○, 그렇지 않으면 ×에 표시하세요.

❶ _____ the tennis match. (○ | ×)

❷ The two men are _____ . (○ | ×)

❸ They are _____ . (○ | ×)

정답 p.006

Part 1 다음을 듣고 사진을 가장 적절하게 묘사한 문장을 고르세요.

1.

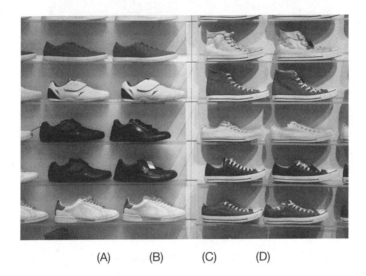

(A)　　(B)　　(C)　　(D)

2.

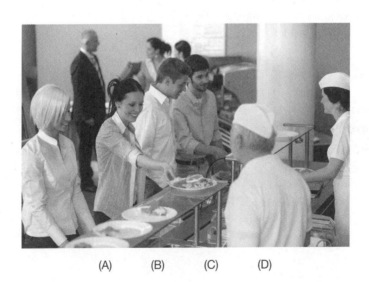

(A)　　(B)　　(C)　　(D)

3.

(A)　　　(B)　　　(C)　　　(D)

4.

(A)　　　(B)　　　(C)　　　(D)

Unit 03 가사, 주택, 공공장소 관련 사진

학습 포인트

✋ 가사 관련 사진은 청소나 요리 등과 같은 집안일과 관련된 사진이 출제된다.

✋ 주택 관련 사진은 집의 외관, 방이나 거실 등의 실내 사진과 같이 사물이나 배경 중심의 사진 문제가 주로 출제된다.

✋ 공공장소 사진 유형은 버스 정류장, 지하철, 공항 등과 같은 교통 관련 사진, 공원이나 길거리 등과 같은 사진들이 출제된다.

예제

◀) 01-25

(A) The lights have been turned off.

(B) The bed is turned down.

(C) The chair is beside the window.

(D) A light is above the bed.

(A) 전등이 꺼져 있다.

(B) 침대보가 개어져 있다.

(C) 의자는 창가에 있다.

(D) 침대 위에 전등이 있다.

어휘 light 빛, 전등, 조명   turn down 거절하다; (이불 등을) 개다   beside ~의 옆에

사진 유형 분석

침실 내부를 보여 주고 있는 사진으로서, 이와 같은 유형은 각각의 사물들을 살펴보면서 정답을 찾도록 한다. 사진에서 상대적으로 비중이 큰 대상들을 먼저 살펴보면, 왼편에는 책상으로 보이는 가구가 놓여 있고 중앙에는 커튼이, 그리고 오른쪽에는 침대가 있음을 알 수 있다. 비중이 작은 대상들을 살펴보면, 램프, 의자, 이불, 베개 등을 볼 수 있다.

풀이 전략 및 해설

● 각각의 사물들을 적절하게 묘사하는 것을 정답으로 선택한다. 보기에 언급된 순서대로 살펴보면 (A)에서는 전등이 '꺼져 있다(have been turned off)'고 했는데, 사진의 전등은 켜져 있으므로 (A)는 오답이다.

● 침대 위의 이불은 펴져 있기 때문에 '개어져 있다(is turned down)'고 말한 (B) 역시 정답이 아니다. 여기서 turn down 이라는 표현은 '(이불 등을) 개다'라는 의미로 사용되었다.

● 사진 속 의자는 왼편의 가구와 함께 놓여 있으므로 '창 옆에(beside the window) 있다'고 진술한 (C) 또한 정답이 될 수 없다.

● 따라서, 침대 위에 '전등(light)이 있다'고 설명한 (D)가 정답이 된다.

가사 및 주택 관련

trimming some branches 가지를 치다	cutting some food 음식을 자르다
washing a window 창문을 닦다	displayed above a window 창 위에 놓여 있다
cutting down a tree 나무를 베다	polishing some kitchen tiles 주방의 타일을 닦다
a plant has been placed 식물이 놓여 있다	stirring a pot 냄비를 젓고 있다
mopping the floor 바닥을 걸레질하다	unrolling some paper towels 휴지를 풀고 있다
emptying a waste bin 쓰레기통을 비우다	replacing a light bulb 전등을 교체하고 있다
running a vacuum 진공청소기를 작동하다	putting away some tools 도구를 치우고 있다

A woman is **washing a window**. 한 여자가 창문을 닦고 있다.

A man is **cutting down a tree**. 한 남자가 나무를 베고 있다.

A potted **plant has been placed** in front of the door. 화분에 심겨진 식물이 문 앞에 놓여 있다.

The man is **cutting some food**. 남자가 음식을 자르고 있다.

A vase is **displayed above a window**. 꽃병이 창 위에 놓여 있다.

She is **polishing some kitchen tiles**. 그녀는 주방의 타일을 닦고 있다.

The woman is **stirring a pot**. 여자가 냄비를 젓고 있다.

The man is **replacing a light bulb**. 남자가 전구를 교체하고 있다.

공공장소 관련 (도로, 공원, 교통 등)

lining up 줄을 서다	stopped at a traffic light 신호등에 멈춰 서 있다
standing side by side 나란히 서 있다	waiting in line 줄을 서서 기다리다
getting on the bus one by one 버스에 차례대로 타다	boarding a train 기차에 탑승하다
moving in groups 무리를 지어 가다	getting off a bus 버스에서 내리다
attending an event 행사에 참석하다	buying a ticket 표를 구입하다
watching a performance 공연을 보다	boarding a flight 비행기에 탑승하다
be parked in a row 일렬로 주차되어 있다	checking a ticket 표를 확인하다
leaning against the fence 펜스에 기대어 있다	departing from a station 역을 출발하다

People are **getting on the bus one by one**. 사람들이 차례대로 버스에 타고 있다.

They will **attend an event** at the stadium. 그들은 경기장의 행사에 참석할 것이다.

Several people are **watching a performance** in the park. 몇몇 사람들이 공원에서 공연을 관람하고 있다.

Some cars have **been parked in a row**. 몇 대의 차량들이 일렬로 주차되어 있다.

The man is **leaning against the fence**. 남자는 펜스에 기대어 있다.

The airline agent is **checking the ticket**. 항공사 직원이 표를 확인하고 있다.

People are **waiting in line** at the bus stop. 버스 정류장에서 사람들이 줄을 서서 기다리고 있다.

The express train is **departing from the station**. 급행 열차가 역을 떠나고 있다.

Ⓐ 문장을 듣고 빈칸을 완성한 다음, 사진과 일치하면 ○, 그렇지 않으면 ✕에 표시하세요.

🔊 01-26

1

(a) The woman is _____ . (○ | ✕)

(b) The woman is _____ . (○ | ✕)

(c) The woman is cleaning _____ . (○ | ✕)

2

(a) The man is _____ (○ | ✕)
to the conductor.

(b) The woman is _____ . (○ | ✕)

(c) _____ are in a subway station. (○ | ✕)

3

(a) _____ are walking on the sidewalk. (○ | ✕)

(b) Cars are parked _____ of the road. (○ | ✕)

(c) Buildings are _____ the road. (○ | ✕)

4

(a) There are _____ on the runway. (○ | ✕)

(b) The planes are parked _____ . (○ | ✕)

(c) _____ have propellers. (○ | ✕)

01-27

B 문장을 듣고 빈칸을 완성한 다음, 사진을 가장 잘 묘사한 문장을 고르세요.

1

(a) Dishes ＿＿＿＿＿＿＿ on the counter.

(b) Food ＿＿＿＿＿＿＿ on some of the plates.

(c) The table ＿＿＿＿＿＿＿ with dishes.

2

(a) A train ＿＿＿＿＿＿＿ at the station.

(b) A person is sitting ＿＿＿＿＿＿＿.

(c) Commuters ＿＿＿＿＿＿＿ from work.

3

(a) ＿＿＿＿＿＿＿ are on the sofa.

(b) The mirror is located ＿＿＿＿＿＿＿.

(c) The armchair is ＿＿＿＿＿＿＿ the curtains.

4

(a) Some pedestrians are ＿＿＿＿＿＿＿.

(b) The cars are driving ＿＿＿＿＿＿＿.

(c) A woman is walking ＿＿＿＿＿＿＿.

PART 1

예상적중문제 01 보기를 듣고 사진을 가장 적절하게 묘사한 것을 고르세요.

◁)) 01-28

🔍 문제 해설

▶ 여자가 '냄비 안의 무엇인가를 젓고 있는(stirring something in a pot)' 모습을 적절히 묘사하고 있는 (D)가 정답이다.

▶ 주방 도구들이(kitchen utensils) 천장에 매달려 있는 것은 볼 수 없으므로 (A)는 정답이 될 수 없고, 사진 속 인물들이 선반에서 냄비와 팬을 꺼내고 있지도 않으므로 (B) 역시 오답이다.

▶ 두 사람이 요리사라고 하더라도 여자는 요리를 하고 있다고 볼 수 있지만, 남자는 음식을 준비하는 중이라고 볼 수 없으므로 (C)도 오답이다.

묘·수·풀·이

사물이 주어인 문장에서는 동사의 시제에 따라 사람을 묘사하는 것인지, 사물을 묘사하는 것인지를 구분할 수 있다.

① 현재완료수동태(has been p.p.): 사물 묘사
The box **has been placed** on the shelf.
상자가 선반에 놓여 있다. (상자의 상태를 묘사)

② 진행형 수동태(be being p.p.): 사람의 동작 묘사
The box **is being placed** on the shelf.
상자가 선반에 놓여지고 있다. (사람의 동작을 묘사)

🔒 스크립트 & 해석

(A) Some kitchen utensils are suspended from the ceiling.

(B) Pots and pans are being taken down from the shelves.

(C) The chefs are preparing food for customers.

(D) The woman is stirring something in a pot.

(A) 주방 도구들이 천장에 매달려 있다.

(B) 선반에서 냄비와 팬이 꺼내지고 있다.

(C) 요리사들이 손님을 위해 음식을 준비하고 있다.

(D) 여자가 냄비 안의 무엇인가를 휘젓고 있다.

어휘 utensil 도구, 기구　suspend 매달다　pan 손잡이가 달린 얕은 냄비　stir 휘젓다　pot 냄비

◁)) 01-29

들리는 문장이 사진을 적절히 묘사하고 있으면 O, 그렇지 않으면 ×에 표시하세요.

❶ Cups are ＿＿＿＿＿＿＿ the people. 　　　　(O | ×)

❷ There are ＿＿＿＿＿＿＿ in the kitchen. 　　(O | ×)

❸ They are ＿＿＿＿＿＿＿ in the kitchen. 　　　(O | ×)

정답 p.008

PART 1
예상적중문제 02 보기를 듣고 사진을 가장 적절하게 묘사한 것을 고르세요.

문제 해설

▶ 가구들이 비치된 거실 내부의 모습을 볼 수 있다. 거실에서 의자와 소파 등의 가구는 볼 수 있지만, 사람은 보이지 않는다는 사실에 주의해야 한다.

▶ 이처럼 인물이 없이 사물만 등장하는 사진 문제에서는 전체적인 상황을 묘사한 보기가 정답이 될 수 있는데, 이 문제의 경우에도 '몇 군데의 앉을 자리(seats)가 있다'고 진술한 (A)가 정답이다.

▶ '텔레비전(television)'은 보이지 않으므로 (B)는 정답이 될 수 없고, 의자 두 개가 보이기는 하지만 이들이 '긴 의자 옆에(next to the couch)' 있는 것은 아니므로 (C) 또한 정답이 될 수 없다.

▶ (D)는 사진에서 볼 수 있는 couch(긴 의자)와 발음이 유사한 crouch(몸을 웅크리다)라는 단어를 이용한 함정이다.

스크립트 & 해석

(A) There are several seats in the room.
(B) The sofa is facing the television.
(C) Two chairs are next to the couch.
(D) Someone is crouching in the corner.

(A) 방에 몇 군데의 앉을 자리가 있다.
(B) 소파는 텔레비전을 향하고 있다.
(C) 긴 의자 옆에 두 개의 의자가 있다.
(D) 누군가가 구석에서 몸을 웅크리고 있다.

어휘 seat 자리, 좌석 face 향하다, 마주보다 next to ~의 옆에 couch 긴 의자 crouch 몸을 쭈그리다, 몸을 웅크리다

MORE & MORE

◀ 01-31

들리는 문장이 사진을 적절히 묘사하고 있으면 ○, 그렇지 않으면 ×에 표시하세요.

❶ Paintings are _____ .   (○ | ×)

❷ A _____ in the fireplace.   (○ | ×)

❸ Pillows _____ on the furniture.   (○ | ×)

정답 p.008

예상적중문제 03 보기를 듣고 사진을 가장 적절하게 묘사한 것을 고르세요.

◀) 01-32

🔍 문제 해설

▶ 상가, 혹은 카페의 외부를 보여주는 사진으로서, 눈에 띄는 사물은 건물 옆의 계단, 건물의 창문, 유리 문, 문 위의 차양 등이다.

▶ 정문이 열려 있기는 하지만, (B)의 'is being opened'와 같이 진행형의 수동태 시제로 표현할 경우에는 문을 열고 있는 사람의 모습이 보여야 한다.

▶ 사진에 사람의 모습은 보이지 않으므로 (C)와 (D)도 정답이 될 수 없다.

▶ 정답은 '차양이 설치되어 있다는(awnings are installed)' 내용의 (A)이다. awning이 생소한 단어일 수도 있지만, 이러한 유형의 사진에서 자주 출제되는 어휘이기 때문에 외워 두도록 하자.

🔒 스크립트 & 해석

(A) Awnings are installed in front of the building.
(B) The front door is being opened.
(C) Someone is walking down the stairs.
(D) The sidewalk is full of shoppers.

(A) 건물 앞에 차양이 설치되어 있다.
(B) 앞문이 열리고 있다.
(C) 누군가가 계단을 내려가고 있다.
(D) 보도에 쇼핑객들이 가득하다.

어휘 awning 차양　install 설치하다　sidewalk 보도, 인도　be full of ~으로 가득하다

🔆 MORE & MORE

◀) 01-33

들리는 문장이 사진을 적절히 묘사하고 있으면 ○, 그렇지 않으면 ×에 표시하세요.

❶ A spiral ＿＿＿＿＿＿＿＿＿ the house.　(○ | ×)
❷ There are windows ＿＿＿＿＿＿＿.　(○ | ×)
❸ Some windows are ＿＿＿＿＿＿＿.　(○ | ×)

정답 p.008

PART 1
예상적중문제 04 보기를 듣고 사진을 가장 적절하게 묘사한 것을 고르세요.

◀) 01-34

문제 해설

▶ 사진 속 거리의 풍경을 살펴보면, 인도에 사람은 없고 오른편에는 건물들이 늘어서 있으며 펜스 옆에는 자전거 한 대가 세워져 있다. 따라서 '포장된 길에 아무도 걷고 있지 않다'는 내용의 (C)가 정답이다.

▶ 자전거는 세워져 있기 때문에 '아이들이 자전거를 타고 있다'고 설명한 (A)는 정답이 될 수 없다.

▶ 또한, 사진 상으로는 건물들을 '구매할 수 있다(are available to purchase)'든가, 상점들이 '영업 중인지(are open for business)'는 알 수 없기 때문에 (B)와 (D) 역시 정답이 아니다.

🔒 스크립트 & 해석

(A) Children are riding their bicycles.
(B) Houses are available to purchase.
(C) Nobody is walking on the pavement.
(D) Stores are open for business.

(A) 아이들이 자전거를 타고 있다.
(B) 주택들은 구매가 가능하다.
(C) 아무도 인도를 걷고 있지 않다.
(D) 상점들이 영업 중이다.

어휘 available 이용 가능한   pavement 포장 도로, 인도   open for business 영업 중인

MORE & MORE

◀) 01-35

들리는 문장이 사진을 적절히 묘사하고 있으면 ○, 그렇지 않으면 ×에 표시하세요.

❶ Leaves ＿＿＿＿＿＿＿＿＿＿ on the sidewalk. (○ | ×)
❷ A bicycle ＿＿＿＿＿＿＿＿＿＿ on the sidewalk. (○ | ×)
❸ Bushes are ＿＿＿＿＿＿＿＿＿＿ the buildings. (○ | ×)

정답 p.008

Part 1 다음을 듣고 사진을 가장 적절하게 묘사한 문장을 고르세요.

1.

(A)　　　(B)　　　(C)　　　(D)

2.

(A)　　　(B)　　　(C)　　　(D)

3.

(A)   (B)   (C)   (D)

4.

(A)   (B)   (C)   (D)

PART 1

Directions: For each question in this part, you will hear four statements about a picture in your test book. When you hear the statements, you must select the one statement that best describes what you see in the picture. Then find the number of the question on your answer sheet and mark your answer. The statements will not be printed in your test book and will be spoken only one time.

1.

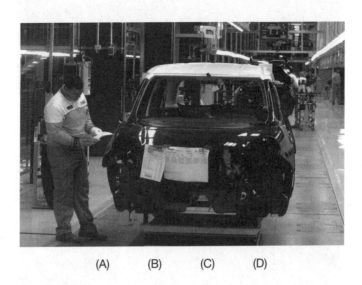

(A)   (B)   (C)   (D)

2.

(A)   (B)   (C)   (D)

3.

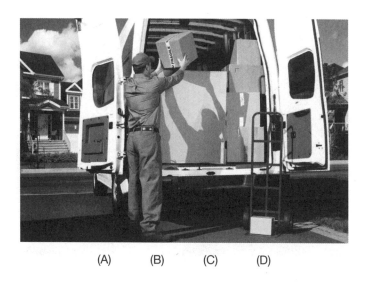

(A)   (B)   (C)   (D)

4.

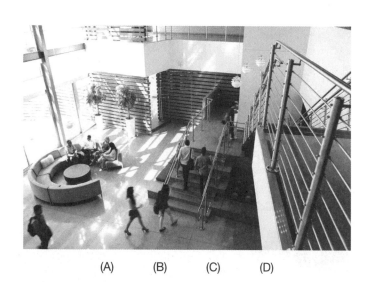

(A)   (B)   (C)   (D)

GO ON TO THE NEXT PAGE ➡

5.

(A)   (B)   (C)   (D)

6.

(A)   (B)   (C)   (D)

NO TEST MATERIAL ON THIS PAGE

PART 2

질의-응답

▶ PART 2는 짧은 질문이나 진술에 대해 적절한 답변을 고르는 문제들로 구성되며, 7번부터 31번까지 총 25문항이 출제된다.

▶ 질문이나 진술을 듣고 세 개의 보기를 들은 다음 답변으로 적절한 것을 골라야 한다. 시험지에 질문이나 보기는 인쇄되어 있지 않다.

▶ 질문이나 진술의 목적에 따라 문제 유형을 구분해 보면, 첫째, 특정 정보를 요구하는 경우, 둘째 상대방에게 요청이나 제안을 하는 경우, 셋째, 상대방의 의견을 구하는 경우, 마지막으로 어떤 사실에 대해 상대방의 확인을 필요로 하거나 정보를 전달하는 경우가 있다.

▶ 질문의 목적을 파악하면 가능한 답변의 유형을 예상할 수 있으므로, 단순히 질문의 형태만을 가지고 정답을 선택하려고 해서는 안 된다.

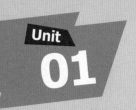

질문 I (의문사 의문문)

✋ PART 2의 대표적인 질문 유형은 「사실 관계」나 「특정 정보」를 묻는 것인데, 질문의 형태에 따라 「의문사 의문문」과 「일반의문문」으로 구분할 수 있다. Unit 01에서는 의문사 의문문 형태를 학습하도록 한다.

✋ 의문사 의문문은 「who, whose, which, what, when, where, why, how」와 같은 의문사로 시작하는 형태로서, 의문사를 포함한 핵심적인 정보를 놓치지 않고 들어야 문제를 풀 수 있다.

✋ 일반적으로 의문사를 파악하여 적절한 정답을 찾는 문제가 출제되지만, '잘 모르겠어요' 혹은 '왜 그런 질문을 하세요?'와 같이 우회적인 답변이나 되묻는 답변이 정답으로 출제되기도 한다.

🎧 02-01

예제

Q. Whose vehicle are we taking to the convention center?

(A) Amy leases her car.
(B) In the theater district.
(C) Either Tom's or mine.

Q. 우리가 누구의 차를 타고 컨벤션 센터로 갈 건가요?

(A) Amy는 차를 임대하고 있어요.
(B) 극장가에서요.
(C) Tom의 차나 제 차요.

어휘 vehicle 차량, 탈 것 convention center 컨벤션 센터 lease 임대하다 district 구역 either A or B A와 B 중 하나

질문 유형 분석

의문사 whose로 시작하는 질문이므로 '소유한 사람'에 대한 정보가 정답으로 언급될 것이라고 예상할 수 있다. 또한 whose 다음에 vehicle(차량)이 이어지고 있기 때문에 '차량 소유자'를 언급하고 있는 답변이 정답이 될 가능성이 높다. 의문사 의문문은 이와 같이 「의문사」와 「핵심 정보」를 놓치지 않고 들어야 문제를 풀 수 있다.

풀이 전략 및 해설

● 질문이 whose vehicle로 시작되고 있기 때문에 이에 대한 올바른 대답은 당연히 '어떤 사람의 차량'이 되어야 한다. 따라서 'Tom의 차나 내 차이다'라고 말한 (C)가 정답이다.

● (A)는 사람의 이름인 Amy로 답변했고, vehicle의 동의어인 car로 답하기는 했지만, 차를 '임대한다(lease)'는 내용이므로 정답이 될 수 없다.

● '어디로 가는지'를 묻고 있는 것이 아니므로 '장소'로 대답한 (B) 역시 정답이 될 수 없다.

❶ what / which / who(se)의 쓰임

(1) 의문대명사: 「what / which / who(se)」 단독으로 사용

Q **What** is your title? 직함이 어떻게 되시나요?

A I'm the assistant manager. 대리예요.

Q **Which** is the one you prefer? 어떤 것이 선호하는 것인가요?

A The one on the right. 오른쪽에 있는 것요.

Q **Whose** is that? 저것은 누구의 것이죠?

A I think it's Tim's. Tim의 것으로 알고 있어요.

(2) 의문형용사: 「what / which / who(se) + 명사」 형태로 사용

Q **What department** does he work in? 그는 어느 부서에서 일을 하나요?

A The Marketing Department. 마케팅부요.

Q **Which shirt** did you buy? 어떤 셔츠를 샀죠?

A I got the cheaper one. 싼 것요.

Q **Whose proposal** was accepted? 누구의 제안이 받아들여졌나요?

A Allen's was. Allen의 것요.

❷ How의 쓰임

(1) How가 단독으로 쓰이는 경우: '어떻게'라는 의미

Q **How** is the work going? 일이 어떻게 되어 가고 있나요?

A I'm almost finished. 거의 다 끝났어요.

Q **How** did you find my house? 저희 집을 어떻게 찾았어요?

A I asked Cindy for directions. Cindy에게 길을 물어봤어요.

(2) How가 다른 단어와 함께 쓰이는 경우: '얼마나'라는 의미

Q **How much** does this sweater cost? 이 스웨터는 얼마인가요? [가격]

A It's twenty-five dollars. 25달러예요.

Q **How long** does it take to get to Chicago? 시카고까지 가는 데 얼마나 걸리나요? [시간]

A More than three hours. 3시간 이상 걸려요.

Q **How far** is it from your home to the office? 당신의 집에서 사무실까지 얼마나 먼가요? [거리]

A It takes about ten minutes. 약 10분 정도 걸려요.

Q **How often** does Mr. Johnson visit the bank? Johnson 씨는 은행을 얼마나 자주 방문하나요? [빈도]

A He goes there once a week. 일주일에 한 번 가요.

Ⓐ 질문과 답변을 듣고, 질문에 대한 답변이 자연스러우면 ○, 그렇지 않으면 X에 표시하세요.

🔊 02-02

1 (a) (○ | X)   (b) (○ | X)

2 (a) (○ | X)   (b) (○ | X)

3 (a) (○ | X)   (b) (○ | X)

4 (a) (○ | X)   (b) (○ | X)

5 (a) (○ | X)   (b) (○ | X)

6 (a) (○ | X)   (b) (○ | X)

Dictation   질문과 답변을 다시 듣고 빈칸을 완성하세요.

🔊 02-03

1 _____ to park here?
   (a) Yes, this is _____ .
   (b) _____ per hour.

2 _____ the Accounting
   Department reimbursed me yet?
   (a) There's a problem _____
   _____ .
   (b) No, you _____ .

3 _____
   hire new workers?
   (a) Every six months or so.
   (b) Yes, we hired _____
   _____ .

4 _____ is Ms. Camarillo
   _____ ?
   (a) _____ on the 10:00 bus.
   (b) _____
   any minute.

5 _____ will the seminar
   _____ in?
   (a) For three or four days.
   (b) Detroit, _____ .

6 _____ was the
   _____ ?
   (a) Four to six _____ .
   (b) A bit more than _____ .

B 질문과 답변을 듣고 질문에 가장 적절한 대답을 고르세요.

◀ 02-04

1 Mark your answer on your answer sheet.　　　　(a)　　(b)

2 Mark your answer on your answer sheet.　　　　(a)　　(b)

3 Mark your answer on your answer sheet.　　　　(a)　　(b)

4 Mark your answer on your answer sheet.　　　　(a)　　(b)

5 Mark your answer on your answer sheet.　　　　(a)　　(b)

6 Mark your answer on your answer sheet.　　　　(a)　　(b)

Dictation 질문과 답변을 다시 듣고 빈칸을 완성하세요.

◀ 02-05

1 _____
   after lunch?

   (a) _____ at the cafeteria
        downstairs.

   (b) _____
        by Dr. Carter.

2 _____
   about the change in plans?

   (a) _____
        ten minutes ago.

   (b) Yes, _____ last night.

3 What is this item _____?

   (a) _____ next week.

   (b) Marketing is _____ .

4 How much does _____
   cost?

   (a) _____ .

   (b) More than _____ .

5 _____ be late for the
   meeting?

   (a) It's _____ .

   (b) My alarm clock _____ .

6 _____ is
   the product made of?

   (a) _____ it's stainless steel.

   (b) Yes, _____ .

예상적중문제 01 다음을 듣고 질문에 가장 알맞은 응답을 고르세요.

◀) 02-06

Mark your answer on your answer sheet.   (A)   (B)   (C)

문제 해설

▶ 의문사 what으로 시작하는 의문문으로, 판매량이 감소한 이유를 묻고 있다.

▶ 이에 대해 '알아 보려고 노력 중(trying to figure that out)'이라고 우회적인 답변을 하고 있는 (A)가 적절한 응답이다.

▶ 의문사 의문문에 대해 yes/no로 답변할 수 없으므로 (C)는 오답이다.

▶ (B)는 percent를 이용하여 판매량의 감소(sales to decline)를 연상시키기는 하지만, 판매량이 줄어든 이유를 묻는 질문에 대한 답변으로는 적절하지 않다.

스크립트 & 해석

What is causing our sales to decline these days?	요즘 우리의 판매량이 무엇 때문에 줄어드는 것일까요?
(A) I'm trying to figure that out.	(A) 제가 알아내려고 노력 중이에요.
(B) More than thirty percent.	(B) 30퍼센트가 넘어요.
(C) Yes, they have declined a lot.	(C) 네, 많이 감소했어요.

어휘 decline 감소하다   these days 요즘, 근래에   figure out 알아내다

◀) 02-07

MORE & MORE

들리는 문장이 질문에 적절한 대답이면 ○, 그렇지 않으면 ×에 표시하세요.

❶ Yes, it's _____ .   (○ | ×)

❷ Customers _____ our _____ .   (○ | ×)

❸ _____ . That item is _____ .   (○ | ×)

정답 p.012

PART 2

예상적중문제 02 다음을 듣고 질문에 가장 알맞은 응답을 고르세요.

🔊 02-08

Mark your answer on your answer sheet.　　　(A)　　(B)　　(C)

📝 문제 해설

▶ why로 시작하는 의문문으로서 이메일에 답장하지 않은 이유를 묻고 있다.

▶ 의문사 의문문에 대해 yes/no로 답할 수 없으므로 (B)는 정답에서 제외된다.

▶ (A)는 질문의 respond의 명사형인 response를 활용한 오답으로, '좋은 반응이 군요'라는 의미이다.

▶ 어떤 이메일을 말하는 것인지를 되묻는 (C)가 정답이다. 이와 같이 되묻는 질문은 정답인 경우가 많다.

묘·수·풀·이

why를 포함한 의문사 의문문은 '수락' 이나 '거절'의 표현으로 답할 수 없다. 하지만 '제안'의 의미인 'why don't you ~' 형태의 의문문의 경우 '수락' 이나 '거절'의 표현으로 답할 수 있다.

🔒 스크립트 & 해석

Why didn't you respond to my e-mail inquiry yesterday?

(A) That's a good response.
(B) No, I didn't.
(C) What e-mail?

어제 왜 저의 이메일 문의에 답을 하지 않았나요?

(A) 좋은 반응이군요.
(B) 아니요, 제가 하지 않았어요.
(C) 어떤 이메일요?

어휘 respond 대답하다, 답장하다; 반응하다　　inquiry 문의, 질문　　response 반응

💡 MORE & MORE

🔊 02-09

들리는 문장이 질문에 적절한 대답이면 ○, 그렇지 않으면 ×에 표시하세요.

❶ I was ＿＿＿＿＿＿＿＿ all day.　　　　　　　　　　　　(○ | ×)

❷ Actually, I did ＿＿＿＿＿＿＿＿ .　　　　　　　　　　　(○ | ×)

❸ Yes, ＿＿＿＿＿＿＿＿ .　　　　　　　　　　　　　　　　(○ | ×)

정답 p.012

Mark your answer on your answer sheet.   (A)   (B)   (C)

🔎 문제 해설

▶ where로 시작하는 의문문으로서 장소를 묻고 있으므로, 장소로 답한 (B)가 정답이다.

▶ 10일이라는 기간으로 답변하고 있는 (A)는 when으로 들었을 경우 선택하도록 유도한 오답이다. 물론 질문이 when으로 시작한다고 하더라도 (A)는 의미상 적절한 답변이 될 수 없다.

▶ (C)는 질문의 business trip에서 연상되는 first class를 이용한 오답이다.

묘·수·풀·이

의문사 의문문 문제는 의문사를 잘 들어야 하는데, 특히 where와 when은 발음이 비슷하기 때문에 정확히 구분해서 들어야 한다.

🔒 스크립트 & 해석

Where is Mr. Wembley going on his next business trip?
(A) For about ten days, I believe.
(B) Somewhere in South America.
(C) He'll be flying first class.

Wembley 씨께서는 다음 출장을 어디로 가실 예정인가요?
(A) 약 10일 동안이라고 알고 있어요.
(B) 남미의 한 곳으로요.
(C) 그분께서는 일등석을 타고 가실 거예요.

어휘 business trip 출장   somewhere 어딘가   first class 일등석

💡 **MORE & MORE**

◀) 02-11

들리는 문장이 질문에 적절한 대답이면 ○, 그렇지 않으면 ×에 표시하세요.
❶ He's always _____ .   (○ | ×)
❷ _____ , for sure.   (○ | ×)
❸ To Dallas _____ .   (○ | ×)

정답 p.012

PART 2

예상적중문제 04 다음을 듣고 질문에 가장 알맞은 응답을 고르세요.

◀)) 02-12

Mark your answer on your answer sheet.　　　(A)　　(B)　　(C)

문제 해설

▶ who로 시작하는 의문문이므로 사람 이름으로 답한 (A)가 정답이다.

▶ 의문사 의문문에 대해 yes/no로 답변할 수 없으므로 (B)는 정답이 될 수 없다.

▶ (C)는 질문의 responsible의 명사형인 responsibility를 사용하여 혼동을 유발하고 있는 오답이다.

스크립트 & 해석

Who is responsible for updating the company's Web page?	회사 웹페이지 업데이트는 누구 담당인가요?
(A) John in Personnel is.	(A) 인사과의 John이에요.
(B) Yes, I updated it.	(B) 네, 제가 업데이트했어요.
(C) It's a big responsibility.	(C) 그것은 중요한 책무예요.

어휘 be responsible for ~에 대한 책임이 있다　update 업데이트하다　responsibility 책임, 책무

MORE & MORE

◀)) 02-13

들리는 문장이 질문에 적절한 대답이면 ○, 그렇지 않으면 ×에 표시하세요.

❶ Susie West can ＿＿＿＿＿＿＿＿＿＿＿ .　　　　　　　　(○ | ×)

❷ ＿＿＿＿＿＿＿＿＿＿ actually ＿＿＿＿＿＿＿＿ .　　(○ | ×)

❸ The next ＿＿＿＿＿＿＿ is ＿＿＿＿＿＿＿ .　　　　(○ | ×)

정답 p.012

PART 2

예상적중문제 05 다음을 듣고 질문에 가장 알맞은 응답을 고르세요.

◀) 02-14

Mark your answer on your answer sheet. (A) (B) (C)

문제 해설

▶ which 뒤의 device is recommended까지만 들어도, 어떤 기기가 추천을 받고 있는 지 묻는 내용임을 알 수 있다.

▶ (A)는 device의 동사형인 devise를 활용한 오답인데, devise는 고안하다라는 의미의 동사이다. 따라서, 이 문장은 '새로운 것을 만들어 보려고 노력했다'는 의미이므로 답변으로 적절하지 않다.

▶ (B)는 recommend의 명사형인 recommendation을 이용하여 '추천해줘서 고맙다'는 내용인데, 무엇을 추천하는지를 묻는 질문에 대한 답변이 될 수 없다.

▶ 정답은 (C)인데, (C)의 the one이 질문의 device를 대신하는 대명사로 사용되었다.

> **묘·수·풀·이**
> which로 시작하는 의문문은 which 뒤의 단어를 집중해서 들어야 문제를 풀 수 있다.

스크립트 & 해석

Which device is recommended by the greatest number of customers?

(A) I tried to devise a new one.
(B) Thanks for the recommendation.
(C) The one that you're holding.

가장 많은 소비자들이 추천한 기기는 무엇인가요?

(A) 새로운 것을 만들려고 노력했어요.
(B) 추천해 줘서 고마워요.
(C) 당신이 들고 있는 것요.

어휘 device 기기, 장치 recommend 추천하다 devise 고안하다

◀) 02-15

MORE & MORE

들리는 문장이 질문에 적절한 대답이면 ○, 그렇지 않으면 ×에 표시하세요.

❶ The one _____ SDL, Inc. (○ | ×)

❷ No, that one _____. (○ | ×)

❸ _____ one million customers. (○ | ×)

정답 p.013

Mark your answer on your answer sheet.　　　　(A)　　　(B)　　　(C)

문제 해설

▶ how much는 금액을 물을 때 사용하는 표현으로서, 질문에서는 상대방이 받고 싶은 금액이 얼마인지 묻고 있다.

▶ 이에 대해 '업계의 평균 금액(standard industry rate)'이라고 대답한 (C)가 가장 자연스러운 답변이다.

▶ (A)는 질문에서 사용된 paid라는 단어를 반복 사용하여 오답을 유도하고 있는 함정이다.

▶ (B)는 금액을 묻는 질문에 '다음 주 월요일이 좋겠다'는 날짜를 말하고 있으므로 이 역시 정답이 될 수 없다.

스크립트 & 해석

How much would you like to get paid?　　　　얼마를 받고 싶으신가요?
(A) Nobody has paid me yet.　　　　(A) 아직 아무도 제게 돈을 지불하지 않았어요.
(B) Next Monday should be fine.　　　　(B) 다음 주 월요일이면 좋을 것 같아요.
(C) The standard industry rate.　　　　(C) 업계에서 평균적인 금액으로요.

어휘 get paid 지급받다　standard 표준적인　industry 산업　rate 요금; 비율

MORE & MORE

◀ 02-17

들리는 문장이 질문에 적절한 대답이면 ○, 그렇지 않으면 ×에 표시하세요.
① _____ the last time.　　　　(○ | ×)
② Yes, that's a _____ .　　　　(○ | ×)
③ I just _____ .　　　　(○ | ×)

정답 p.013

질문 II (일반 의문문)

👆 일반 의문문은 be동사로 시작하는 의문문과 조동사로 시작하는 의문문으로 구분할 수 있다.

👆 be동사나 조동사로 시작되는 의문문은 기본적으로 yes/no, 또는 yes/no의 의미를 가지고 있는 다양한 표현으로 응답할 수 있다.

👆 yes/no의 의미가 아닌 답변, 즉 우회적인 내용의 답변, 되묻는 질문, 또는 판단을 유보하는 답변 등 다양한 형태의 정답이 출제될 수 있다. 따라서, 일반 의문문의 정답이 당연히 yes/no 로 시작할 것이라고 생각해서는 안 된다.

예제

🔊 02-18

Q. Is Greg working the night shift tomorrow?

(A) No, he starts work at noon.

(B) You have to shift gears.

(C) Yes, I'll be here tomorrow.

Q. Greg가 내일 야간 근무를 할 건가요?

(A) 아니요, 그는 12시에 일을 시작해요.

(B) 당신은 기어를 바꾸어야 해요.

(C) 네, 저는 내일 이곳에 있을 거예요.

어휘 night shift 야간 근무   noon 정오, 12시   shift gears 기어를 바꾸다; 방침을 바꾸다

질문 유형 분석

be동사인 is로 시작하고 있으므로 일반 의문문을 이용하여 질문을 하고 있다. 일반 의문문은 yes나 no로 답변이 가능하며, yes 나 no의 의미를 간접적으로 나타내는 다양한 표현들도 답변이 될 수 있다. 아울러 '잘 모르겠다' 혹은 '왜 묻느냐' 등과 같은 변칙적인 답변도 정답이 될 수 있으므로 주의를 기울여야 한다. 또한 질문 속 대상이 남성인지 여성인지, 혹은 중성인지를 파악하는 것도 정답을 찾는 데 도움이 될 수 있다.

풀이 전략 및 해설

- be동사로 묻는 질문은 보통 이후에 언급할 사실이 맞는지를 확인하기 위한 것이며, 사실 판단 여부를 묻는 질문에는 yes나 no로 대답하는 경우가 많다는 것을 기억해야 한다.

- 질문에서 Greg가 내일 '야간 근무(night shift)를 하는지'를 묻고 있으므로, '아니다(no)'라고 말한 다음에 올바른 정보, 즉, '그는 정오에(at noon) 일을 시작한다'고 대답한 (A)가 정답이다.

- Greg에 대한 질문에 you나 I로 대답하고 있는 (B)와 (C)는 정답이 될 수 없다. 참고로 (B)의 shift는 '근무 시간'이 아니라 gears란 단어와 함께 '변속하다'라는 의미로 사용되었다.

❶ Be동사 의문문 / 조동사 의문문

일반의문문에는 be동사 의문문과 조동사 의문문이 있다. 일반의문문은 yes/no로 대답할 수 있다.

Q **Was** the weather cold yesterday? 어제 날씨가 추웠나요?

A **Yes**, it was chiller than normal. 네, 평소보다 추웠어요.

Q **Do** you recognize the man in this photograph? 이 사진에 있는 남자를 아시나요?

A **No**, I've never seen him before. 아니요, 저는 그를 본 적이 없어요.

Q **Have** the engineers solved the design problem yet? 엔지니어들이 설계 문제를 벌써 해결했나요?

A **Not** as far as I know. 제가 알기로는 그렇지 않아요.

Q **Will** the package arrive before next Wednesday? 다음 주 수요일 전까지 소포가 도착할까요?

A That's what the sales representative told me. 판매 사원이 저에게 그렇게 말했어요.

→ 위 대화와 같이 yes/no가 아닌 우회적인 내용으로 답변할 수 있다.

❷ 추측의 표현

be동사나 조동사로 시작하는 의문문에 대한 답변으로 yes/no를 사용하지 않고 짐작이나 추측을 나타내는 표현으로 대답할 수도 있다.

(1) 동사를 이용한 추측의 표현

Q Is Mr. Johnson going to arrive soon? Johnson 씨가 곧 도착할 건가요?

A In a few minutes, I **guess**. 제 생각에는 몇 분 후에 오실 것 같아요.

Q Can anyone at the company speak Japanese? 회사에 일본어를 할 수 있는 사람이 있나요?

A I **believe** Sarah knows some. Sarah가 약간 하는 것으로 알고 있어요.

(2) 조동사를 이용한 추측의 표현

Q Is Eric in the office now? Eric이 지금 사무실에 있나요?

A He **might** be. 있을 거예요.

Q Can you take this package to the post office? 이 소포를 우체국에 갖다 줄 수 있나요?

A I'm busy, but Tina **could** do it. 저는 바쁘지만, Tina가 할 수 있을 거예요.

(3) 형용사나 부사를 이용한 추측의 표현

Q Can you finish the report by noon? 보고서를 12시까지 끝낼 수 있나요?

A I'm **afraid** not. 그렇게는 못할 것 같아요.

Q Will Ms. Peters accept the offer? Peters 씨가 제안을 수락했나요?

A **Probably** not. 아마도 그렇지 않을 거예요.

Ⓐ 질문과 답변을 듣고, 질문에 대한 답변이 자연스러우면 ○, 그렇지 않으면 ✕에 표시하세요.

🔊 02-19

1 (a) (○ | ✕)　　　　　(b) (○ | ✕)

2 (a) (○ | ✕)　　　　　(b) (○ | ✕)

3 (a) (○ | ✕)　　　　　(b) (○ | ✕)

4 (a) (○ | ✕)　　　　　(b) (○ | ✕)

5 (a) (○ | ✕)　　　　　(b) (○ | ✕)

6 (a) (○ | ✕)　　　　　(b) (○ | ✕)

Dictation　질문과 답변을 다시 듣고 빈칸을 완성하세요.

🔊 02-20

1　Does Mr. Jackson _____
_____ ?
(a) _____ .
(b) Yes, _____ .

2　Are you _____ ?
(a) Not _____ .
(b) From Tokyo to Seoul.

3　Is Mr. Tanaka going to _____
_____ ?
(a) Yes, _____ .
(b) _____ , Ms. Sanderson
_____ .

4　_____ the game _____ soon?
(a) A soccer match.
(b) _____ stadium.

5　Will Mr. Roberts _____
the program to you?
(a) He _____ that.
(b) Sure, I can show you _____ .

6　Did somebody just _____ ?
(a) On the _____ .
(b) Closed for the _____ .

B 질문과 답변을 듣고 질문에 가장 적절한 대답을 고르세요.

◀) 02-21

1 Mark your answer on your answer sheet.　　　　(a)　　(b)

2 Mark your answer on your answer sheet.　　　　(a)　　(b)

3 Mark your answer on your answer sheet.　　　　(a)　　(b)

4 Mark your answer on your answer sheet.　　　　(a)　　(b)

5 Mark your answer on your answer sheet.　　　　(a)　　(b)

6 Mark your answer on your answer sheet.　　　　(a)　　(b)

Dictation 질문과 답변을 다시 듣고 빈칸을 완성하세요.

◀) 02-22

1 Is Ms. Compton _____ _____ ?

  (a) _____ , Mr. Kimball's _____ _____ .

  (b) On the 9:30 A.M. train.

2 _____ a new job?

  (a) _____ .

  (b) I _____ downtown.

3 Does Cindy _____ tonight?

  (a) Why don't you _____ _____ ?

  (b) _____ since 8:30.

4 Are you _____ ?

  (a) I'm _____ .

  (b) She _____ San Diego.

5 Are you not _____ today?

  (a) _____ . Why do you ask?

  (b) No, Jane's _____ .

6 Have you _____ for your license yet?

  (a) Yes, he has a _____ .

  (b) No, it's _____ .

PART 2

예상적중문제 01 다음을 듣고 질문에 가장 알맞은 응답을 고르세요.

◀) 02-23

Mark your answer on your answer sheet.　　　　(A)　　(B)　　(C)

문제 해설

▶ have로 시작하는 일반의문문이다. 현재완료 시제로서, 추가적으로 소식을 들은 것이 있는지 여부를 묻고 있다.

▶ (A)는 어떤 기업과 합병을 하는 것인지 묻는 질문에 대해 적절한 답변이다.

▶ (B)는 '며칠 전'이라는 내용이므로, '언제' 합병했는지를 묻는 질문에 대한 답변이다.

▶ '당신도 나만큼 알고 있다', 즉 추가적으로 들은 것은 없다는 내용의 (C)가 적절한 대답이다. 이처럼 우회적인 답변이 정답으로 출제되는 경우가 많다.

> **묘·수·플·이**
>
> 문제와 같이 보기에 yes/no가 없이 출제되는 경우가 많으므로, 일반의문문 문제라고 해서 당연히 yes/no가 포함된 보기가 들릴 것이라고 예상해서는 안 된다.

스크립트 & 해석

Have you heard any more news about the potential merger?

(A) With a leading technology firm.
(B) A few days ago, apparently.
(C) You know as much as I do.

합병 가능성에 관해 추가적인 소식을 들은 것이 있나요?

(A) 선도적인 기술 회사와 함께요.
(B) 듣자 하니 며칠 전이었어요.
(C) 당신도 제가 알고 있는 만큼 알고 있잖아요.

어휘 potential 잠재적인　merger 합병　leading 선도적인, 주도하는　apparently 듣자 하니, 보아 하니

MORE & MORE

◀) 02-24

들리는 문장이 질문에 적절한 대답이면 ○, 그렇지 않으면 ×에 표시하세요.

❶ The new worker has ＿＿＿＿＿＿＿.　　　　　(○ | ×)

❷ ＿＿＿＿＿＿＿ it's going to happen.　　　　(○ | ×)

❸ Ms. Garber ＿＿＿＿＿＿＿ about it.　　　　(○ | ×)

정답 p.014

PART 2

예상적중문제 02 다음을 듣고 질문에 가장 알맞은 응답을 고르세요.

🔊 02-25

Mark your answer on your answer sheet. (A) (B) (C)

🔍 문제 해설

▶ 팀 빌딩 프로그램에 참여하는 데 관심이 있는지를 묻는 질문으로서, 긍정이나 부정의 답변을 정답으로 예상할 수 있다.

▶ (A)는 이번 주에 새로운 팀에 합류했다는 내용으로, 주말에 있을 프로그램에 참여할 의향이 있는지를 묻는 질문에 대해 적절한 답변으로 볼 수 없다. (A)는 질문의 participate와 같은 의미인 join을 이용한 함정으로서, 오답으로 고르기 쉬운 보기이다.

▶ (B)는 긍정의 표현인 'I believe'로 시작하고 있지만, 이어지는 내용이 질문과 관계가 없다.

▶ 정답은 주말에 있을 프로그램에 참여할 수 없는 이유를 말하고 있는 (C)이다. 보기에서는 질문의 'this weekend'를 'on Saturday'로 표현하고 있다.

🔒 스크립트 & 해석

Are you interested in participating in the team-building program this weekend?	이번 주말에 있을 팀 빌딩 프로그램에 참여할 생각이 있나요?
(A) Yes, we just joined a new team this week.	(A) 네, 저희는 이번 주에 새로운 팀에 합류했어요.
(B) I believe it has already been built.	(B) 이미 만들어졌다고 알고 있어요.
(C) I'm traveling with my family on Saturday.	(C) 토요일에 가족들과 여행을 갈 예정이에요.

어휘 participate in ~에 참여하다   team-building program 팀 빌딩 프로그램, 단합 대회

💡 **MORE & MORE**

🔊 02-26

들리는 문장이 질문에 적절한 대답이면 ○, 그렇지 않으면 ×에 표시하세요.

❶ I didn't go to ＿＿＿＿＿＿＿＿＿ . (○ | ×)

❷ ＿＿＿＿＿＿＿＿＿ the marketing team. (○ | ×)

❸ Sure. Where's it ＿＿＿＿＿＿＿＿＿ ? (○ | ×)

정답 p.015

Mark your answer on your answer sheet.   (A)   (B)   (C)

문제 해설

▶ 일반 의문문을 통해 'Stilton 씨가 아직 연구개발부서에서 일을 하고 있는지'를 묻고 있다.

▶ 따라서 정답은 '전근한 후 계속 일하고 있다'는 긍정적인 답변을 하고 있는 (A)이다.

▶ (B)는 장소나 위치를 묻는 질문에 대한 응답으로 적절하며, (C)는 질문의 department를 반복하여 혼동을 유발한 함정이다.

스크립트 & 해석

Does Ms. Stilton still work in the R&D Department?	Stilton 씨가 아직도 연구개발부에서 일을 하고 있나요?
(A) Yes, ever since she transferred there.	(A) 네, 그곳으로 전근한 후 계속해서요.
(B) Go down the hall and turn to the right.	(B) 복도를 따라간 후에 우회전하세요.
(C) Yes, we can visit the department store.	(C) 네, 우리는 백화점에 갈 수 있어요.

어휘 R&D Department 연구개발부서 transfer 전근 가다

MORE & MORE

◀) 02-28

들리는 문장이 질문에 적절한 대답이면 O, 그렇지 않으면 ×에 표시하세요.

① _____ two weeks ago.   (O | ×)

② No, I don't _____ with her.   (O | ×)

③ _____ on the third floor.   (O | ×)

정답 p.015

예상적중문제 **04** 다음을 듣고 질문에 가장 알맞은 응답을 고르세요.

◀ 02-29

Mark your answer on your answer sheet.   (A)   (B)   (C)

문제 해설

▶ 두 시간 내에 업무를 마무리할 수 있는지를 묻는 질문이므로, 부정적인 답변을 하고 있는 (A)가 정답이다.

▶ (B)는 'more than'으로 시작하고 있기 때문에 '더 많은 시간이 필요하다'와 같은 내용일 것이라고 착각할 수 있지만, 'million dollars'라는 금액을 나타내는 표현이 이어지고 있으므로 정답이 될 수 없다.

▶ 현재 시각을 말하고 있는 (C) 또한 정답이 될 수 없다.

스크립트 & 해석

Is it possible to complete the budget report in the next two hours?	앞으로 두 시간 이내에 예산 보고서를 완성하는 것이 가능할까요?
(A) I highly doubt it.	(A) 그렇지 않을 거라고 확신해요.
(B) More than a million dollars.	(B) 백만 달러 이상요.
(C) It's four thirty now.	(C) 지금은 4시 30분이에요.

어휘 budget report 예산 보고서   highly 매우   doubt 의심하다

MORE & MORE

◀ 02-30

들리는 문장이 질문에 적절한 대답이면 ○, 그렇지 않으면 ×에 표시하세요.

❶ We _____ last month.   (○ | ×)

❷ If everyone _____ .   (○ | ×)

❸ I'll _____ to make that happen.   (○ | ×)

정답 p.015

Mark your answer on your answer sheet. (A) (B) (C)

🔍 문제 해설

▶ 조동사 did를 이용하여 '누군가가 Jodi를 도와 주었는지' 묻고 있다. 따라서 'Kent라는 사람이 도와 주었다'고 알려 준 (A)가
정답이다.

▶ '문서 정리를 도와 주었는지'를 묻는 질문에 사무실 위치로 대답한 (B)는 전혀 어울리지 않는 대답이다.

▶ (C)는 질문의 papers라는 단어를 이용하여 혼동을 유발하고 있는 함정이다.

🔓 스크립트 & 해석

Did anyone help Jodi file those papers?	Jodi가 저 문서들을 정리하는 것을 누군가가 도와 주었나요?
(A) I believe Kent assisted her.	(A) Kent가 도운 것으로 알고 있어요.
(B) She has a corner office down the hall.	(B) 그녀는 복도 끝의 전망 좋은 사무실을 가지고 있어요.
(C) No, thanks. I'm reading the paper.	(C) 사양할게요. 저는 신문을 읽고 있어요.

어휘 paper 문서, 서류   assist 돕다   corner office (전망이 뛰어난) 고급 사무실

◀) 02-32

💡 MORE & MORE

들리는 문장이 질문에 적절한 대답이면 ○, 그렇지 않으면 ×에 표시하세요.

❶ Not _____ .   (○ | ×)

❷ The files are _____ .   (○ | ×)

❸ She did _____ .   (○ | ×)

정답 p.015

예상적중문제 06 다음을 듣고 질문에 가장 알맞은 응답을 고르세요.

◀) 02-33

Mark your answer on your answer sheet.   (A)   (B)   (C)

문제 해설

▶ 질문이 조동사 will로 시작하고 있으므로 원칙적으로 yes나 no의 의미를 가지고 있는 대답이 이어져야 한다.

▶ 질문에서 'Bannister 씨의 참석 여부'를 묻고 있으므로 참석을 할지 아니면 참석을 하지 않을지에 관한 대답이 정답이 될 것이다.

▶ 보기 중 이러한 조건을 충족시키는 것은 '아마 아닐 것이다'라는 의미의 (A)뿐이므로 (A)가 정답이다.

▶ (B)는 '나'의 참석 여부로 답하고 있기 때문에 정답이 될 수 없고, (C)는 질문의 seminar(세미나)라는 단어로부터 연상할 수 있는 내용을 이용한 함정이다.

스크립트 & 해석

Will Mr. Bannister attend tomorrow's seminar?	Bannister 씨가 내일 세미나에 참석할까요?
(A) Probably not.	(A) 아마도 아닐 거예요.
(B) I'll be in attendance.	(B) 저는 참석할 거예요.
(C) About a recent medical breakthrough.	(C) 최근의 획기적인 의학적 발견에 대해서요.

어휘 probably 아마도   in attendance 참석한, 출석한   recent 최근의   medical 의학의, 의료의   breakthrough 획기적인 발전, 획기적인 발견

MORE & MORE

◀) 02-34

들리는 문장이 질문에 적절한 대답이면 ○, 그렇지 않으면 ×에 표시하세요.

① _____ at 9:00 in the morning.   (○ | ×)

② He's _____ Austin _____.   (○ | ×)

③ He told me _____.   (○ | ×)

정답 p.015

PART 2
예상적중문제 **07** 다음을 듣고 질문에 가장 알맞은 응답을 고르세요.

◁》 02-35

Mark your answer on your answer sheet.　　　(A)　　(B)　　(C)

🔍 문제 해설

▶ be동사를 이용하여 '백화점에서 세일을 하고 있는지' 묻고 있다. 이에 no라고 대답한 후, '이틀 전에 끝났다'고 대답한 (C)가 정답이다.

▶ (A)는 상품에 대한 의견을 제시하고 있는데, 이 보기는 질문의 department store (백화점)만 들었을 경우에 선택할 수 있는 오답이다.

▶ (B)는 질문의 hold라는 단어를 중복 사용하여 오답을 유도하고 있는 함정으로, 여기에서의 hold는 '보관하다'라는 뜻으로 사용되었다.

> **묘·수·풀·이**
>
> 이 문제에서 질문의 hold와 보기의 hold는 의미가 다르다. 이와 같이 PART 2에서는 질문에 사용된 단어나 표현들을 이용하여 오답을 유도하는 경우가 많다는 사실에 주의하자.

🔒 스크립트 & 해석

Is the department store still holding a sale?	백화점에서 아직도 세일을 하고 있나요?
(A) Some new sweaters would be nice.	(A) 새 스웨터들이 좋을 것 같아요.
(B) Sure. I'll hold those boxes for you.	(B) 물론이죠. 제가 당신을 위해 저 상자들을 보관해 둘게요.
(C) No. It ended two days ago.	(C) 아니요, 이틀 전에 끝났어요.

어휘 department store 백화점　　hold a sale 세일을 하다　　hold 개최하다; 잡다, 쥐다; 보관하다

◁》 02-36

💡 MORE & MORE

들리는 문장이 질문에 적절한 대답이면 ○, 그렇지 않으면 ×에 표시하세요.

❶ ＿＿＿＿＿＿＿ three days from now.　　　　　　(○ | ×)

❷ ＿＿＿＿＿＿＿ some items.　　　　　　　　　　(○ | ×)

❸ ＿＿＿＿＿＿＿ at the shopping center.　　　　(○ | ×)

정답 p.015

Part 2 다음을 듣고 질문에 가장 적절한 응답을 고르세요.

1. Mark your answer on your answer sheet. (A) (B) (C)

2. Mark your answer on your answer sheet. (A) (B) (C)

3. Mark your answer on your answer sheet. (A) (B) (C)

4. Mark your answer on your answer sheet. (A) (B) (C)

5. Mark your answer on your answer sheet. (A) (B) (C)

6. Mark your answer on your answer sheet. (A) (B) (C)

7. Mark your answer on your answer sheet. (A) (B) (C)

8. Mark your answer on your answer sheet. (A) (B) (C)

9. Mark your answer on your answer sheet. (A) (B) (C)

10. Mark your answer on your answer sheet. (A) (B) (C)

11. Mark your answer on your answer sheet. (A) (B) (C)

12. Mark your answer on your answer sheet. (A) (B) (C)

13. Mark your answer on your answer sheet. (A) (B) (C)

14. Mark your answer on your answer sheet. (A) (B) (C)

15. Mark your answer on your answer sheet. (A) (B) (C)

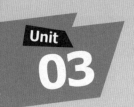

Unit 03

요청, 제안 및 부탁

🔊 02-38

예제

Q. Could you get Mr. Murphy's number for me?

(A) I'm in office number 23.

(B) Sure. Hold on one moment.

(C) No, I believe that's Mr. Morris's.

Q. Murphy 씨의 전화번호를 알려 주실 수 있나요?

(A) 제 사무실 번호는 23이에요.

(B) 물론이죠. 잠시만 기다리세요.

(C) 아니요, 저는 그것이 Morris 씨의 것이라고 생각해요.

질문 유형 분석

질문이 could로 시작하고 있지만, 이 질문은 상대방의 '능력'을 묻고 있는 것이 아니라 상대방에게 '요청'을 하고 있다. 즉 상대방에게 Murphy라는 사람의 전화번호를 알려 달라고 요청하고 있으므로 그에 대한 적절한 답변을 찾도록 한다. 한편, 단순히 승낙이나 거절의 표현이 아닌 제3의 답변도 정답이 될 수 있으므로, 간접적으로 자신의 의사를 밝히는 답변도 유의해서 들어야 한다.

풀이 전략 및 해설

● 「Could you ~?」는 상대방에게 부탁을 할 때 사용되는 대표적인 표현이다.

● 질문에서 Murphy 씨의 전화번호를 알려 달라고 부탁하고 있기 때문에, 일단 수락의 의사를 표시한 후 '잠시 기다려달라'고 대답한 (B)가 정답이다.

● Murphy 씨의 번호를 물어보았는데 본인의 번호를 알려 준 (A)는 적절한 답변이 될 수 없고, (C)는 그것이 Morris 씨의 전화번호라고 생각한다는 내용이므로 이 역시 정답이 될 수 없다.

❶ how about, what about으로 시작하는 제안 표현

Q **How about** considering my offer? 저의 제안을 고려해 보는 것이 어떨까요?

A I'll think about it. 그에 대해 생각해 볼게요.

Q **What about** seeing a film tonight? 오늘밤에 영화를 보는 것이 어때요?

A Sure. That's a good idea. 그래요. 좋은 생각이군요.

❷ why don't you, why don't we로 시작하는 제안 표현

Q **Why don't you** fax this to Mr. Davis? 이것을 Davis 씨에게 팩스로 보내 줄래요?

A I'll take care of it now. 지금 처리하죠.

Q **Why don't we** forget about the trip? 여행에 대해 잊는 것이 어떨까요?

A But I think we should go there. 하지만 저는 우리가 그곳에 가야 한다고 생각해요.

❸ 동사 mind를 사용한 제안 표현

mind는 '꺼려하다', '싫어하다'라는 의미이므로, 수락할 때에는 no로, 거절할 때에는 yes로 대답해야 한다.

Q **Do you mind** eating somewhere else? 다른 곳에서 식사를 할까요?

A Yes, I do. I like the food here. 싫어요. 저는 이곳 음식이 좋아요.

Q **Would you mind** if we did this later? 우리가 이 일을 나중에 해도 될까요?

A Yes, I would. We should finish this now. 안 돼요. 지금 이것을 끝내야 해요.

❹ 평서문 제안 표현

(1) had better: 강한 권고의 의미

You **had better** pay closer attention. 당신은 더 많은 주의를 기울여야 해요.

You **had better** not be late for work again. 당신이 또 다시 지각을 해서는 안 돼요.

(2) would rather / may as well: 약한 권고의 의미

Diana **would rather** work than attend classes. Diana는 수업을 듣는 것보다 일을 하는 편이 좋겠어요.

You **would rather** not stay late tonight. 당신은 오늘밤 늦게까지 있지 않는 편이 좋겠어요.

You **may as well** buy the supplies now. 당신은 지금 물품을 구입하는 것이 좋겠어요.

I **might as well** not talk about it anymore. 그에 관해서는 더 이상 이야기하지 않는 편이 좋겠어요.

cf. let's로 시작하는 평서문 또한 대표적인 제안의 표현이다.

Let's inspect the facility after lunch. 점심 시간 후에 시설을 점검해요.

Ⓐ 질문과 답변을 듣고, 질문에 대한 답변이 자연스러우면 ○, 그렇지 않으면 ✕에 표시하세요.

◁) 02-39

1 (a) (○ | ✕)   (b) (○ | ✕)

2 (a) (○ | ✕)   (b) (○ | ✕)

3 (a) (○ | ✕)   (b) (○ | ✕)

4 (a) (○ | ✕)   (b) (○ | ✕)

5 (a) (○ | ✕)   (b) (○ | ✕)

6 (a) (○ | ✕)   (b) (○ | ✕)

Dictation 질문과 답변을 다시 듣고 빈칸을 완성하세요.

◁) 02-40

1 We ought to _____ the
   _____ again.
   (a) I've been _____ before.
   (b) Let's do that _____.

2 Let's _____
   at this afternoon's meeting.
   (a) That's _____.
   (b) _____ the CEO.

3 _____
   work at this company?
   (a) Yes, that's _____.
   (b) We can _____.

4 I _____
   a tour of the facilities.
   (a) I'd _____.
   (b) Yes, he _____.

5 You ought to _____
   with the manager.
   (a) What is he _____?
   (b) She _____ manager.

6 _____ repeating
   that comment?
   (a) _____ tomorrow morning.
   (b) I said we're _____.

B 질문과 답변을 듣고 질문에 가장 적절한 대답을 고르세요.

◀) 02-41

1 Mark your answer on your answer sheet. (a) (b)

2 Mark your answer on your answer sheet. (a) (b)

3 Mark your answer on your answer sheet. (a) (b)

4 Mark your answer on your answer sheet. (a) (b)

5 Mark your answer on your answer sheet. (a) (b)

6 Mark your answer on your answer sheet. (a) (b)

Dictation 질문과 답변을 다시 듣고 빈칸을 완성하세요.

◀) 02-42

1 _____ to the client's office tomorrow?

(a) _____ two hours _____.

(b) Sorry. My car's _____.

2 _____ flying late at night?

(a) _____. My flight _____.

(b) I'll _____.

3 _____ your pen for a moment?

(a) Sorry, but _____.

(b) He doesn't _____.

4 _____ to the print shop.

(a) I don't think it's _____.

(b) _____ 500 copies.

5 _____ these files to June in Accounting?

(a) She _____ office 206.

(b) Sure. _____.

6 Ms. Lincoln _____ the new intern.

(a) That's _____.

(b) _____ an assistant.

예상적중문제 01 다음을 듣고 질문에 가장 알맞은 응답을 고르세요.

🔊 02-43

Mark your answer on your answer sheet. (A) (B) (C)

🔍 문제 해설

▶ 「Do you mind ~?」는 요청 및 부탁의 표현이다. 주의할 점은, 'Do you mind'가 '~하는 것을 꺼려하는지'라는 의미이므로, 수락할 때에는 'no'와 같은 부정의 표현으로 답해야 한다. 보기 중에서 (A)와 (B)가 부정의 표현이므로 수락하는 표현이 될 수 있다.

▶ (A)와 (B) 둘 중에서 not at all 뒤에 be my guest라는 수락의 표현이 이어지고 있는 (A)가 적절한 답변이다.

▶ (B)는 부정의 표현인 sorry로 시작하고 있다. 하지만 질문에서는 '이 펜(this pen)'을 빌려달라고 말했으므로, '갖고 있지 않다(I don't have one)'라는 응답이 이어질 수 없다. 따라서 (B)는 정답이 될 수 없다.

▶ (C)는 질문과 무관한 내용의 답변이다.

🔒 스크립트 & 해석

Do you mind if I borrow this pen for a moment?	잠깐 이 펜을 써도 될까요?
(A) Not at all. Be my guest.	(A) 물론이죠. 그렇게 하세요.
(B) Sorry, but I don't have one.	(B) 미안하지만 저는 가지고 있지 않아요.
(C) Black ink, I believe.	(C) 검정색 잉크라고 알고 있어요.

어휘 borrow 빌리다   for a moment 잠시

🔊 02-44

MORE & MORE

들리는 문장이 질문에 적절한 대답이면 ○, 그렇지 않으면 ×에 표시하세요.

❶ _____ Mr. Andrews' _____ .   (○ | ×)

❷ From the _____ .   (○ | ×)

❸ Actually, _____ .   (○ | ×)

정답 p.019

Mark your answer on your answer sheet. (A) (B) (C)

📝 문제 해설

▶ 「Let me ~」로 시작하는 질문으로서, 수리를 끝내는 가장 효과적인 방법을 알려 주겠다고 제안하는 내용이다. 따라서 승낙이나 거절의 표현을 정답으로 예상해볼 수 있다.

▶ 지금은 시간이 없다고(I don't have time right now) 답하며 우회적으로 거절의 의사를 밝히고 있는 (A)가 자연스러운 답변이다.

▶ (B)는 질문의 repairs에서 연상될 수 있는 fixed를 이용한 오답이다.

▶ (C)는 질문의 efficient와 비슷한 단어인 effective를 듣고 고르도록 유도하는 오답 보기이다.

🔒 스크립트 & 해석

Let me show you the most efficient way to complete the repairs. **(A) I don't have time right now.** (B) Yes, it has been fixed. (C) He's our most effective worker.	수리를 마칠 수 있는 가장 효과적인 방법을 알려 드릴게요. (A) 지금은 시간이 없어요. (B) 네, 수리되었어요. (C) 그가 가장 효율적인 직원이에요.

어휘 efficient 효율적인, 효과적인 complete 완성하다, 끝내다 fix 수리하다

💡 MORE & MORE

🔊 02-46

들리는 문장이 질문에 적절한 대답이면 ○, 그렇지 않으면 ×에 표시하세요.

❶ He's an _____ . (○ | ×)
❷ Thanks. I _____ . (○ | ×)
❸ It hasn't been _____ . (○ | ×)

정답 p.020

Mark your answer on your answer sheet.　　　(A)　　　(B)　　　(C)

🔍 문제 해설

▶ 「Could you ~」는 대표적인 부탁의 표현으로, 질문의 내용은 상점에 가는 길을 알려 달라는 것이다.

▶ 길을 알려 달라는 내용에 대해 영업 시간을 알려 주고 있는 (A)는 정답이 될 수 없다.

▶ (B)는 질문의 내용을 파악하지 못하고 'how to get'과 비슷한 'how you get'만을 들었을 때 고르도록 유도한 오답이다.

▶ 웹사이트를 확인해 보라고 하며 해결 방법을 제시하고 있는 (C)가 적절한 답변이다.

🔒 스크립트 & 해석

Could you please give me directions on how to get to your store?	당신 매장까지 어떻게 가야 하는지 알려 주시겠어요?
(A) We're open from ten to six daily.	(A) 저희는 매일 10시부터 6시까지 문을 열어요.
(B) Yes, that's exactly how you get here.	(B) 네, 그것이 정확히 당신이 이곳에 온 방법이에요.
(C) Why don't you check our Web site?	(C) 저희 웹사이트를 확인해 보시겠어요?

어휘 get to ~에 도달하다　daily 매일

💡 MORE & MORE

◀》 02-48

들리는 문장이 질문에 적절한 대답이면 ○, 그렇지 않으면 ×에 표시하세요.

❶ That's the ＿＿＿＿＿＿＿＿＿.　　　　　　　　　　(○ | ×)

❷ Sure. ＿＿＿＿＿＿＿＿ them down.　　　　　(○ | ×)

❸ I'm ＿＿＿＿＿＿＿ there.　　　　　　　　　(○ | ×)

정답 p.020

예상적중문제 04 다음을 듣고 질문에 가장 알맞은 응답을 고르세요.

◀ 02-49

Mark your answer on your answer sheet.　　　　(A)　　(B)　　(C)

🔍 문제 해설

▶ 질문이 can으로 시작하고 있지만, 문장 뒤에 please라는 단어가 있는 것으로 보아 이 질문은 상대방에게 '부탁'을 하고 있는 것임을 알 수 있다.

▶ 소포에 사인해 줄 수 있는지를 묻고 있으므로, 이 질문은 우체부가 소포를 건네면서 서명을 받기 위해 묻는 말임을 알 수 있다. 따라서 '이 상자가 누구에게서 온 것인지'를 되물은 (C)가 가장 자연스러운 답변이다.

▶ 사인을 해 달라는 질문에 '나는 가방을 싸고 있지 않다'고 대답한 (A)는 적절한 답변이 될 수 없다.

▶ (B)는 질문의 sign(서명하다)과 발음이 같은 sign(신호)을 이용한 함정이다.

🔒 스크립트 & 해석

Can you sign for this package, please?	이 소포에 사인해 주시겠어요?
(A) No, I'm not packing my bag.	(A) 아니요, 저는 가방을 싸고 있지 않아요.
(B) Yes, it's a stop sign.	(B) 네, 그것은 정지 신호예요.
(C) Who is this box for?	(C) 상자가 누구에게 온 것이죠?

어휘 pack (짐 등을) 싸다, 꾸리다　　stop sign 정지 신호

MORE & MORE

◀ 02-50

들리는 문장이 질문에 적절한 대답이면 ○, 그렇지 않으면 ×에 표시하세요.

❶ I don't see _____.　　　　　　　　　　　(○ | ×)

❷ I _____ my lunch today.　　　　　　　(○ | ×)

❸ _____. Do you have a pen?　　　　　(○ | ×)

정답 p.020

Mark your answer on your answer sheet.   (A)   (B)   (C)

🔎 문제 해설

▶ 「How about ~?」은 '~하는 것은 어때?'라는 뜻으로 상대방에게 제안이나 권유를 할 때 쓰이는 표현이다.

▶ 질문에서 점심 식사 후에 새로운 프로젝트를 논의하자는 제안을 하자, '그때는 회의가 있을 것 같다'고 유감을 표시하면서 제안을 우회적으로 거절하는 의미인 (A)가 정답이다.

▶ (B)는 질문의 lunch(점심 식사)라는 단어로부터 유추할 수 있는 표현인 'a ham and cheese sandwich'를 이용한 함정이다.

▶ (C)는 질문의 discuss(논의하다)의 명사형인 discussion으로 혼동을 유발하고 있는 함정이다.

> **묘·수·풀·이**
>
> (A)의 I'm afraid와 같이, 제안 및 요청의 질문에 대해서는 간접적인 거절의 표현으로 답하는 경우가 많다.
> Q **Let's** work on that project now.
> 이제 저 프로젝트를 하죠.
> A **I'm sorry, but** Mr. Smith needs me in his office.
> 죄송하지만, 사무실에서 Smith 씨가 저를 찾아요.

🔒 스크립트 & 해석

How about discussing the new project after lunch? **(A) I'm afraid I have a meeting then.** (B) A ham and cheese sandwich, please. (C) The matter is up for discussion.	점심 식사 후에 새로운 프로젝트에 대해 논의하는 것이 어떨까요? (A) 안타깝지만 제가 그때 회의가 있어서요. (B) 햄 치즈 샌드위치로 주세요. (C) 그 문제가 논의의 대상이에요.

어휘 discuss 논의하다   afraid 두려운   matter 문제   be up for discussion 논의의 대상이 되다, 의제로 오르다

🔊 02-52

💡 MORE & MORE

들리는 문장이 질문에 적절한 대답이면 ○, 그렇지 않으면 ×에 표시하세요.

① _____ or mine?   (○ | ×)

② _____ to me.   (○ | ×)

③ The _____ .   (○ | ×)

정답 p.020

Mark your answer on your answer sheet.　　　　(A)　　　(B)　　　(C)

문제 해설

▶ 「What about ~?」은 '~하는 게 어때?'라는 의미로서 제안을 나타내는 표현이다.

▶ 질문에서 '오늘 밤 뮤지컬(tonight's musical) 티켓을 사는 것이 어떤지'를 묻고 있는데, '내가 듣기로는 표가 다 팔렸다'고 대답함으로써 부정적인 반응을 보인 (C)가 적절한 대답이다.

▶ (A)는 질문의 musical이라는 단어를 중복 사용하여 오답을 고르도록 유도하고 있는 함정이며, 뮤지컬 티켓을 구입하자는 제안에 시간으로 답하고 있는 (B) 역시 적절한 답변이 될 수 없다.

스크립트 & 해석

What about buying tickets for tonight's musical?	오늘 밤 뮤지컬 공연의 표를 구입하는 것이 어떨까요?
(A) She plays two musical instruments.	(A) 그녀는 두 가지의 악기를 연주해요.
(B) This evening at seven thirty.	(B) 오늘 밤 7시 30분요.
(C) I heard they've all been sold.	(C) 매진되었다고 들었어요.

어휘 musical 뮤지컬; 음악의　musical instrument 악기

◀) 02-54

MORE & MORE

들리는 문장이 질문에 적절한 대답이면 ○, 그렇지 않으면 ×에 표시하세요.

① I'd rather do ＿＿＿＿＿＿＿＿＿＿.　　　　　　　　　　(○ | ×)

② I already ＿＿＿＿＿＿＿＿＿＿.　　　　　　　　　　(○ | ×)

③ ＿＿＿＿＿＿＿＿＿＿ those kinds of shows.　　　(○ | ×)

정답 p.020

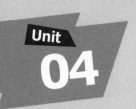

의견 구하기

학습 포인트

✋ 의견을 구하는 대표적인 의문사 의문문은 「What do you think ~?」, 「How did you like ~?」, 그리고 「How would you like to ~?」와 같은 형태를 갖는다. 하지만 때때로 '~해야 한다'라는 의미의 조동사 should를 사용하여 행위의 당위성을, 그리고 '~하는 것을 좋아하다'라는 뜻의 동사 prefer를 사용하여 선호를 묻는 질문이 제시될 수도 있다.

✋ 직접적으로 상대방의 의견을 묻는 형태가 아닌 간접적인 방식으로 상대방의 의견이나 견해를 묻는 문제가 출제될 수 있다. 이와 같이 다양한 형태로 상대방의 의견을 묻는 질문들이 제시될 수 있기 때문에, 앞서 학습했던 의문사 의문문과 일반 의문문의 문제 풀이 요령들을 숙지하고 있어야 한다.

✋ 의견을 묻는 질문에 대해서는 '내' 의견을 이야기해야 하기 때문에, 정답에서 「I」라는 주어가 사용되는 경우가 많다. 또한 상황에 따라서는 「Why don't you ~?」와 같이 상대방에게 역으로 제안을 하는 답변이 정답이 될 수도 있다.

◉ 02-55

예제

Q. Should I submit an application for the job?

(A) No later than July 12.
(B) Five submissions this morning.
(C) Yes, you ought to do that.

Q. 제가 그 직책에 지원서를 제출해야 할까요?

(A) 늦어도 7월 12일까지요.
(B) 오늘 아침에 5개가 제출되었어요.
(C) 네, 지원하는 것이 좋겠어요.

어휘 submit 제출하다   application 신청, 신청서   no later than 늦어도 ~까지   submission 제출   ought to ~해야 한다, ~하는 것이 좋다

질문 유형 분석

조동사 should를 이용하여 '내가 그 일자리에 지원하는 것이 어떤지'에 관한 상대방의 의견을 묻고 있다. 따라서 그에 대한 주관적인 판단인 '좋다'와 '나쁘다'라는 의미의 보기가 정답이 될 가능성이 높다. 또는 '잘 모르겠다'와 같이 의견 제시를 회피하는 보기도 정답이 될 수 있다.

풀이 전략 및 해설

● 평서문에서 should는 주로 '~해야 한다'는 의미로 사용되지만, 의문문에서는 상대방의 의견을 묻거나 상대방에게 제안을 하기 위해 사용되는 경우가 많다.

● 이 질문 역시 의문문에 조동사 should를 사용하여 '입사 지원서를 제출하는 것이 괜찮을지'에 대한 상대방의 의견을 묻고 있다. 따라서 정답은 '그렇게 하는 것에 좋겠다'고 자신의 의견을 밝힌 (C)이다.

● (A)는 신청 마감 시간을 묻는 질문에 이어질 수 있는 답변이며, (B)는 몇 건의 지원서가 입수되었는지를 묻는 질문에 적합한 답변이다.

❶ how를 이용하여 의견을 묻는 경우

Q **How do you like** your new assignment? 새 업무는 어떤가요?

A It's a bit boring. 약간 지루해요.

Q **How would you like** to visit Australia? 호주를 방문하는 것이 어떨까요?

A I'd love to go there. 그곳에 정말로 가보고 싶었어요.

Q **How did you enjoy** the spring festival? 봄 축제는 어땠나요?

A I had a wonderful time. 저는 멋진 시간을 보냈어요.

❷ what을 이용하여 의견을 묻는 경우

Q **What do you think of** our chances? 가능성에 대해 어떻게 생각하나요?

A They are better than average. 평균 이상인 것 같아요.

Q **What is your opinion of** the project? 프로젝트에 관해 어떻게 생각하나요?

A It's harder than I expected. 예상했던 것보다 힘들어요.

Q **What is your view on** the new healthcare plan? 새로운 의료 제도에 대해 어떻게 생각하나요?

A I think it's awful. 매우 좋지 않은 것 같아요.

❸ 동사 like / prefer / want를 이용하여 선호를 묻는 경우

Q **Do you like** jogging in the park? 공원에서 조깅하는 것을 좋아하나요?

A It's something I enjoy a lot. 제가 상당히 좋아하는 일이죠.

Q **Which** types of books do you **prefer** to read? 어떤 종류의 책을 읽고 싶으신가요?

A I love history books. 저는 역사책을 좋아해요.

Q **What do you want** to watch? 무엇을 보고 싶은가요?

A How about a sporting event? 스포츠 경기 어때요?

❹ 조동사 should를 이용하여 의견을 묻는 경우

Q When **should** I arrive at the airport? 제가 언제 공항에 도착해야 하나요?

A Be there by five thirty. 5시 30분까지 오세요.

Q How **should** we go to Mr. Barker's office? Barker 씨의 사무실까지 어떻게 가야 하나요?

A Let's take the stairs. 계단을 이용하죠.

Ⓐ 질문과 답변을 듣고, 질문에 대한 답변이 자연스러우면 ○, 그렇지 않으면 ✕에 표시하세요.

◀)) 02-56

1 (a) (○ | ✕)   (b) (○ | ✕)

2 (a) (○ | ✕)   (b) (○ | ✕)

3 (a) (○ | ✕)   (b) (○ | ✕)

4 (a) (○ | ✕)   (b) (○ | ✕)

5 (a) (○ | ✕)   (b) (○ | ✕)

6 (a) (○ | ✕)   (b) (○ | ✕)

Dictation   질문과 답변을 다시 듣고 빈칸을 완성하세요.

◀)) 02-57

1 _____ would
you like to dine at?
(a) Yes, that one's _____ .
(b) _____ the Italian place
_____ ?

2 _____ to walk
or to take a cab?
(a) _____ with me.
(b) It's too hot, so _____ .

3 _____ do you want to
_____ ?
(a) _____ one Tim's
_____ .
(b) I _____
for Emerson.

4 _____
for my presentation?
(a) Yes, _____ .
(b) It _____ .

5 _____
Phil as a going-away present?
(a) _____ on the last day
of June.
(b) No, he _____ yet.

6 _____
it would _____ in blue?
(a) No, that color _____ .
(b) He isn't _____ .

B 질문과 답변을 듣고 질문에 가장 적절한 대답을 고르세요.

◑ 02-58

1 Mark your answer on your answer sheet.　　(a)　　(b)

2 Mark your answer on your answer sheet.　　(a)　　(b)

3 Mark your answer on your answer sheet.　　(a)　　(b)

4 Mark your answer on your answer sheet.　　(a)　　(b)

5 Mark your answer on your answer sheet.　　(a)　　(b)

6 Mark your answer on your answer sheet.　　(a)　　(b)

Dictation 질문과 답변을 다시 듣고 빈칸을 완성하세요.

◑ 02-59

1 I _____ that we _____ now.

(a) I _____ .

(b) The new _____ .

2 _____ should we _____ the retirement ceremony in?

(a) _____ the company cafeteria?

(b) _____ thirty years on the job.

3 _____ about Mr. Thompson's suggestion?

(a) He _____ this morning.

(b) We _____ it.

4 _____ the report or _____ the client now?

(a) _____ to Mr. Randolph first.

(b) Yes, that's what _____ .

5 _____ to fix this defect?

(a) There's _____ the engine.

(b) I'm going to _____ a repairman.

6 _____ do you want to _____ ?

(a) _____ thirty minutes.

(b) _____ is fine.

PART 2

예상적중문제 01 다음을 듣고 질문에 가장 알맞은 응답을 고르세요.

◀) 02-60

Mark your answer on your answer sheet.   (A)   (B)   (C)

🔎 문제 해설

▶ 「What do you think ~?」는 상대방의 의견을 물을 때 사용되는 대표적인 형태의 의문문이다.

▶ 질문에서 'Murphy 씨의 제안(proposal)'에 대한 상대방의 생각을 묻고 있으므로, '그것에 대해 모르겠다'고 말함으로써 판단을 유보한 (B)가 가장 자연스러운 답변이다.

▶ 제안에 대한 생각을 묻는 질문에 '택배 회사와 계약을 맺기 위해서'라고 말한 (A)는 질문과 전혀 어울리지 않는 답변이다.

▶ (C)는 'When did Ms. Murphy propose the deal?(Murphy 씨가 언제 거래를 제안했나요?)'과 같은 질문에 적합한 대답이다.

🔒 스크립트 & 해석

What do you think of Ms. Murphy's proposal?	Murphy 씨의 제안에 대해 어떻게 생각하세요?
(A) To sign a contract with a courier company.	(A) 택배 회사와 계약을 맺기 위해서요.
(B) I don't know anything about it.	(B) 그것에 대해서는 아무것도 모르고 있어요.
(C) She proposed the deal last night.	(C) 그녀가 어젯밤에 거래를 제안했어요.

어휘 think of ~에 대해 생각하다   proposal 제안, 제의   sign a contract 계약을 맺다

◀) 02-61

💡 MORE & MORE

들리는 문장이 질문에 적절한 대답이면 ○, 그렇지 않으면 ×에 표시하세요.

❶ It's not _____.   (○ | ×)

❷ Overall, it looks _____.   (○ | ×)

❸ Yes, she _____.   (○ | ×)

정답 p.022

Mark your answer on your answer sheet.　　　　(A)　　　(B)　　　(C)

📝 문제 해설

▶ 'how much'와 조동사 'should'를 이용하여 상대방에게 금액에 대한 조언을 구하고 있다. 따라서 금액을 언급하고 있는 보기가 정답일 가능성이 높다.

▶ 보기 중에서 금액을 언급한 것은 '적어도 100달러'라고 말한 (A)뿐이므로 (A)가 정답이다.

▶ (B)는 적절한 금액을 묻는 질문에 '생일 날짜'로 대답하고 있으므로 정답이 될 수 없으며, (C)는 질문의 spend라는 동사를 중복해서 사용함으로써 혼동을 일으키고 있는 함정이다.

> **묘·수·풀·이**
>
> 조언을 구하는 질문에 대해 권유나 제안의 의미로 답변할 수도 있다.
>
> Q **Do you think this idea will work?**
> 이 아이디어가 효과가 있을 것이라고 생각하나요?
>
> A **Why don't you** try it and find out?
> 시도해 보고 알아보는 것이 어떨까요?

🔒 스크립트 & 해석

How much should we spend on a present for John?

(A) At least a hundred dollars.
(B) His birthday is tomorrow.
(C) John hasn't spent anything yet.

John을 위한 선물로 얼마를 써야 할까요?
(A) 적어도 100달러요.
(B) 그의 생일은 내일이에요.
(C) John은 아직 지출을 전혀 하지 않았어요.

어휘 spend (돈이나 시간 등을) 쓰다, 소비하다　present 선물　yet 아직

💡 MORE & MORE

◀》 02-63

들리는 문장이 질문에 적절한 대답이면 ○, 그렇지 않으면 ×에 표시하세요.

① Yes, everyone ＿＿＿＿＿＿＿.　　　　　　(○ | ×)

② I ＿＿＿＿＿＿ a card.　　　　　　　　　(○ | ×)

③ ＿＿＿＿＿＿＿ very ＿＿＿＿＿.　　　　　(○ | ×)

예상적중문제 03 다음을 듣고 질문에 가장 알맞은 응답을 고르세요.

◀) 02-64

Mark your answer on your answer sheet.　　(A)　　(B)　　(C)

문제 해설

▶ 의문사 where와 동사 like를 이용하여 상대방에게 '장소에 대한 선호도'를 묻고 있다.

▶ 질문은 이번 주말에 갈 만한 곳으로 어디가 좋을지 묻고 있는 내용이므로, '공원 혹은 극장'이라고 대답하면서 가고 싶은 장소를 직접적으로 밝힌 (C)가 정답이다.

▶ '언제' 그리고 '누구'와 가고 싶은지를 묻고 있는 것은 아니기 때문에 (A)와 (B)는 모두 정답이 될 수 없다.

스크립트 & 해석

Where would you like to go this weekend?
(A) Probably on Saturday night.
(B) With some of my friends.
(C) Either the park or the theater.

이번 주말에 어디로 가고 싶으세요?
(A) 아마도 토요일 밤에요.
(B) 친구들 몇 명과 함께요.
(C) 공원이나 극장 중 한 곳으로요.

어휘 probably 아마도　either A or B A와 B 중 하나　theater 극장

MORE & MORE

◀) 02-65

들리는 문장이 질문에 적절한 대답이면 ○, 그렇지 않으면 ×에 표시하세요.

❶ It _____ to me.　　　　　　　(○ | ×)

❷ That _____ .　　　　　　　　(○ | ×)

❸ I'd _____ home.　　　　　　 (○ | ×)

정답 p.022

예상적중문제 04 다음을 듣고 질문에 가장 알맞은 응답을 고르세요.

◀)) 02-66

Mark your answer on your answer sheet. (A) (B) (C)

문제 해설

▶ 「Would you prefer ~?」는 상대방의 선호를 묻는 전형적인 질문 형태이다.

▶ 질문에서는 '버스표'와 '기차표' 중 어느 것을 선호하는지 묻고 있기 때문에, '버스표가 나을 것 같고'자신이 선호하는 것을 직접적으로 밝힌 (A)가 정답이다.

▶ (B)는 '샌프란시스코까지 계속'이라는 의미로서 질문에 대한 적절한 답변이 될 수 없다. 그리고 (C)는 선택을 요구하는 질문에 어울릴 수 없는 대답이다.

스크립트 & 해석

Would you prefer to reserve bus or train tickets?

(A) The former would be better.
(B) All the way to San Francisco.
(C) Yes, that's correct.

버스표를 예매하시겠어요, 아니면 기차표를 예매하시겠어요?

(A) 전자가 더 나을 것 같군요.
(B) 샌프란시스코까지 계속요.
(C) 네, 맞아요.

어휘 refer to ~하는 것을 선호하다   reserve 예약하다, 예매하다   former (두 가지 중에서) 전자   all the way 계속, 쪽

MORE & MORE

◀)) 02-67

들리는 문장이 질문에 적절한 대답이면 ○, 그렇지 않으면 ×에 표시하세요.

❶ I always _____ . (○ | ×)

❷ We don't have _____ . (○ | ×)

❸ No, I _____ them. (○ | ×)

정답 p.022

예상적중문제 05 다음을 듣고 질문에 가장 알맞은 응답을 고르세요.

🔊 02-68

Mark your answer on your answer sheet.　　　　(A)　　　(B)　　　(C)

문제 해설

▶ 의문사 when과 동사 believe를 이용하여 상대방에게 '저녁 식사 시간에 대한 의견'을 구하고 있다.

▶ 이에 대해서 '지금부터 대략 20분 후'라며 저녁 식사에 대한 자신의 생각을 말한 (C)가 정답이다.

▶ (A)는 '무엇을 먹는 것이 좋을지'를 묻는 질문에 적합한 답변이며, (B)는 질문에서 사용된 leave의 과거분사 형태인 left를 이용한 함정이다.

스크립트 & 해석

When do you believe we ought to leave for dinner?
(A) Let's have Italian for dinner.
(B) No, she hasn't left yet.
(C) About twenty minutes from now.

우리가 언제 저녁을 먹으러 나가야 한다고 생각하나요?
(A) 저녁으로 이탈리아 음식을 먹어요.
(B) 아니요, 그녀는 아직 떠나지 않았어요.
(C) 지금부터 약 20분 후에요.

어휘 ought to ~해야 하다

🔊 02-69

MORE & MORE

들리는 문장이 질문에 적절한 대답이면 ○, 그렇지 않으면 ×에 표시하세요.

❶ The ＿＿＿＿＿＿＿＿, the ＿＿＿＿＿＿＿＿.　　　　(○ | ×)

❷ A pizza ＿＿＿＿＿＿＿＿ to me.　　　　(○ | ×)

❸ A ＿＿＿＿＿＿＿＿, please.　　　　(○ | ×)

정답 p.022

PART 2

예상적중문제 06 다음을 듣고 질문에 가장 알맞은 응답을 고르세요.

◀) 02-70

Mark your answer on your answer sheet.   (A)   (B)   (C)

문제 해설

▶ 「How would you like to ~?」는 상대방의 의향을 물을 때 사용되는 표현이다.

▶ 질문에서 '근무 시간(shift)'을 바꿀 수 있는지를 물어보고 있으므로, 이에 대해 '그렇게 할 수 있다'고 말한 (A)가 정답이다.

▶ 이 문제에서 한 가지 주목할 점은 '상대방'의 의견을 묻고 있기 때문에 이에 대한 자연스러운 답변은 'I'로 시작해야 한다는 것이다. 하지만 (B)와 (C)는 he로 시작하고 있으므로 둘 다 듣자마자 정답에서 제외해야 한다.

▶ 또한 (C)는 질문에서 언급한 trade를 사용하여 오답을 유도하고 있지만, 여기에서 trade는 '일, 기술'이라는 의미의 명사로 사용되었다.

스크립트 & 해석

How would you like to trade shifts with me?

(A) Sure. I can do that.
(B) He isn't working tonight.
(C) He learned a new trade.

저와 근무 시간을 교대하는 것이 어떨까요?

(A) 물론이에요. 그렇게 할 수 있죠.
(B) 오늘밤에는 그가 일을 하지 않아요.
(C) 그는 새로운 기술을 배웠어요.

어휘 | trade 거래하다; 일, 기술   shift 이동하다, 바꾸다; 근무 시간

MORE & MORE

◀) 02-71

들리는 문장이 질문에 적절한 대답이면 ○, 그렇지 않으면 ×에 표시하세요.

❶ I'd _____ .   (○ | ×)

❷ Mr. Matzek works the _____ .   (○ | ×)

❸ _____ . _____ do you work?   (○ | ×)

정답 p.022

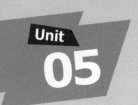

Unit 05 확인 및 정보의 전달

학습 포인트

👆 사실 여부를 확인하기 위한 질문은 부정의문문, 부가의문문, 그리고 선택의문문의 형태이다. 어떤 진술에 대해 상대방에게 확인하기 위한 질문으로는 부정의문문과 부가의문문이 가장 많이 사용된다.

👆 부가의문문이나 부정의문문이 질문으로 주어지면, 질문의 대상이 무엇인지를 파악하는 것이 중요하다. 선택의문문의 경우 질문에 제시된 선택 사항 중 하나를 고르는 답변이나 자신의 판단을 유보하는 대답이 이어질 수 있다.

👆 평서문을 사용하여 정보를 전달하는 문제의 경우 정보에 대한 의견을 제시하며 답변할 수 있다. 또한 해당 정보와 관련된 질문을 통해 답변하는 경우도 있다.

예제

🔊 02-72

Q. You've met Mr. Jackson before, haven't you?

(A) Yes, that man is Mr. Jackson.

(B) I met you a couple of years ago.

(C) I haven't had the pleasure yet.

Q. 당신은 전에 Jackson 씨를 만난 적이있어요, 그렇지 않나요?

(A) 네, 그 사람이 Jackson 씨예요.

(B) 저는 2년 전에 당신을 만났어요.

(C) 아직까지 만난 적이 없어요.

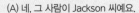

어휘 a couple of 두어 개의   pleasure 기쁨   yet 아직

질문 유형 분석

부가의문문을 이용하여 진술하는 내용의 진위 여부를 확인하려는 질문이다. 따라서 질문의 대상이 무엇인지를 파악하여 그에 적합한 답변을 찾아야 한다.

풀이 전략 및 해설

● 부가의문문을 이용하여 상대방에게 'Jackson 씨를 만난 적이 있는지'를 묻고 있는데, '그가 Jackson 씨이다'라고 답변한 (A)는 질문의 내용과 어울리지 않으며, (B)는 '2년 전에 만났다'고 이야기하고 있으나 그 대상이 him이 아닌 you이기 때문에 정답이 될 수 없다.

● 그러므로 '아직 그를 만나본 적이 없다'고 말한 (C)가 정답이다. 참고로 'have had the pleasure'는 '소개받은 적이 있다'라는 의미의 관용적 표현이다.

● 이와 같이 부가의문문 문제가 출제되는 경우, 가장 쉽게 답을 찾을 수 있는 방법은 질문의 대상에 초점을 맞추는 것이다. 즉, 이 문제의 경우에도 문장의 끝부분에서 '~ haven't you?'라고 묻고 있기 때문에 우선 주어가 'I'인 보기에 주목해야 한다.

● 시제가 정답을 찾는 단서가 될 수 있다는 것도 기억해 두어야 한다. 부가의문문의 시제가 현재완료형인 경우에는 현재완료로 답한 보기가 정답이 될 가능성이 높다.

❶ 부정의문문

부정의문문에 대한 답변은 긍정의문문인 경우와 같다. 아래의 첫 번째 대화를 예로 들면, 질문이 isn't로 시작하든 is로 시작하든, 사장의 이름이 Thompson인 경우에는 대답이 yes로 시작한다.

Q **Isn't [Is]** the boss's name Mr. Thompson? 사장님의 성함이 Thompson 씨 아닌가요?

A **Yes**, that's correct. 네, 맞아요.

Q **Won't [Will]** you fax this contract for me? 저를 위해 이 계약서를 팩스로 보내 줄 수 없을까요?

A **Sure**, what's the number? 물론이죠, 번호가 어떻게 되죠?

Q **Hasn't [Has]** Emily visited the office yet? Emily가 아직도 사무실에 오지 않았나요?

A **Yes**, she was here yesterday. 네, 그녀는 어제 여기에 왔어요.

❷ 부가의문문

부가 의문문은 어떠한 내용을 확인하거나 상대방의 동의를 구하기 위해 문장의 끝부분에 의문문의 형식을 덧붙인 문장이다.

Q The report **needs** to be revised, **doesn't** it? 보고서는 수정이 되어야 해요, 그렇지 않나요?

A Yes, so can you do that? 네, 그래서 당신이 그 일을 해 줄 수 있나요?

Q The train **is** coming soon, **isn't** it? 기차가 곧 도착할 거예요, 그렇지 않나요?

A Not for another fifteen minutes. 15분 내로는 오지 않을 거예요.

Q You **can** read Chinese, **can't** you? 당신은 중국어를 읽을 줄 알아요, 그렇지 않나요?

A Just a bit. 약간요.

❸ 선택의문문

선택의문문의 답변으로는 둘 중 하나를 선택할 수도 있고, 두가지 모두 선택하거나 선택하지 않을 수도 있다.

Q Would you prefer to eat alone **or** together? 식사를 혼자서 하시겠어요, 아니면 같이 할까요?

A Let's go out to eat together. 같이 식사를 하러 나가죠.

❹ 평서문

정보를 전달하는 목적의 평서문의 경우 되묻는 질문이 정답으로 제시될 수 있다.

Q I need to make a reservation immediately. 저는 즉시 예약을 해야 해요.

A What is your destination? 목적지가 어디인가요?

Q The dinner meeting with Mr. Duncan has been canceled. Duncan 씨와의 저녁 모임이 취소되었어요.

A Did he decide not to come here? 그가 여기에 오지 않기로 했나요?

Ⓐ 질문과 답변을 듣고, 질문에 대한 답변이 자연스러우면 ○, 그렇지 않으면 ✕에 표시하세요.

🔊 02-73

1 (a) (○ | ✕)　　　　　(b) (○ | ✕)

2 (a) (○ | ✕)　　　　　(b) (○ | ✕)

3 (a) (○ | ✕)　　　　　(b) (○ | ✕)

4 (a) (○ | ✕)　　　　　(b) (○ | ✕)

5 (a) (○ | ✕)　　　　　(b) (○ | ✕)

6 (a) (○ | ✕)　　　　　(b) (○ | ✕)

Dictation 질문과 답변을 다시 듣고 빈칸을 완성하세요.

🔊 02-74

1 You _____ the Marketing Department, _____?
　(a) _____, actually.
　(b) That's exactly _____.

2 Mr. Alderson _____ the new regulations, _____?
　(a) _____ that's correct.
　(b) _____, that's not a _____.

3 The _____ at three, _____?
　(a) Actually, _____ people.
　(b) It's _____ at four.

4 Ms. Robinson seems to be _____ _____ her job.
　(a) She _____ the Sales Department.
　(b) I completely _____.

5 Somebody is _____ too much _____.
　(a) No, I'm _____.
　(b) _____ I don't know her name.

6 Alicia Kelly is _____, right?
　(a) _____ I'm aware of.
　(b) _____ you to her line.

B 질문과 답변을 듣고 질문에 가장 적절한 대답을 고르세요.

◀》 02-75

1 Mark your answer on your answer sheet.   (a)   (b)

2 Mark your answer on your answer sheet.   (a)   (b)

3 Mark your answer on your answer sheet.   (a)   (b)

4 Mark your answer on your answer sheet.   (a)   (b)

5 Mark your answer on your answer sheet.   (a)   (b)

6 Mark your answer on your answer sheet.   (a)   (b)

Dictation 질문과 답변을 다시 듣고 빈칸을 완성하세요.

◀》 02-76

1 _____ the fax
to the client?
(a) Sue has _____ .
(b) Sorry. I _____ all
_____ .

2 _____ beautiful today?
(a) _____ , it's a _____ .
(b) She _____ in that dress.

3 _____ the doctor _____ any medicine,
or does he think _____ ?
(a) That's precisely _____ .
(b) He _____ me some _____
_____ .

4 _____
the position to Mr. Green?
(a) No, that's not the _____ .
(b) I _____ , but he _____ .

5 Lisa Stansfield _____ all
_____ .
(a) No, I am going to _____ .
(b) Then I'd better _____ .

6 Mr. Wilson _____ the memo,
_____ ?
(a) Yes, he _____ to me.
(b) I'll _____ in a moment.

예상적중문제 01 다음을 듣고 질문에 가장 알맞은 응답을 고르세요.

🔊 02-77

Mark your answer on your answer sheet.　　　(A)　　　(B)　　　(C)

🔍 문제 해설

▶ 부가의문문으로서 출장에서 회사의 신용 카드를 사용해도 되는지를 확인하고 있다.

▶ (B)는 '5일이나 6일 동안'이라는 기간을 말하고 있으므로 정답이 될 수 없다.

▶ (C)는 출장과 관련된 이동 경로를 언급하고 있으므로, 질문에 대한 답변으로 적절하지 않다.

▶ 정답은 (A)인데, 신용 카드를 사용할 수 있는 범위를 설명해 주고 있다.

🔒 스크립트 & 해석

We can use the company credit card on trips, can't we?

(A) Only for business-related purchases.
(B) For the next five or six days.
(C) To Tokyo and then Beijing.

출장에서 회사 신용 카드를 사용할 수 있죠, 그렇지 않나요?

(A) 업무와 관련된 것만 구입할 수 있어요.
(B) 이후 5일이나 6일 동안에요.
(C) 도쿄로 간 다음 베이징으로요.

어휘 trip 여행　business-related 업무와 관련된

💡 MORE & MORE

🔊 02-78

들리는 문장이 질문에 적절한 대답이면 ○, 그렇지 않으면 ×에 표시하세요.

❶ A _____ Europe.　　　　　　(○ | ×)

❷ If it's _____ the trip.　　　　(○ | ×)

❸ Yes, I _____ .　　　　　　　　(○ | ×)

정답 p.024

예상적중문제 02 다음을 듣고 질문에 가장 알맞은 응답을 고르세요.

◀) 02-79

Mark your answer on your answer sheet.　　　(A)　　　(B)　　　(C)

문제 해설

▶ 평서문으로서 정보를 전달하고 있다. 이와 같은 문제는 평서문을 정확히 이해해야 정답을 고를 수 있다.

▶ Janet Schliemann이라는 사람이 영업 부문에서 10년 이상의 경력을 갖고 있다는 정보를 전달하고 있는데, 이에 대해 그녀가 훌륭한 관리자가 될 것 같다고 답한 (B)가 적절한 답변이다.

▶ 평서문에 대해 yes/no로 답할 수 없으므로 (A)는 정답이 될 수 없다.

▶ 그녀가 있는 위치를 알려 주고 있는 (C)는 Janet Schliemann의 경력을 언급한 평서문에 대한 답변으로 자연스럽지 않다.

스크립트 & 해석

Janet Schliemann has more than ten years of experience in sales.	Janet Schliemann은 영업 부문에서 10년 이상의 경력을 가지고 있어요.
(A) Yes, she sold many products.	(A) 네, 그녀는 많은 제품을 팔았어요.
(B) She'd make a great supervisor.	(B) 훌륭한 관리자가 되겠군요.
(C) She's standing right over there.	(C) 그녀는 바로 저쪽에 서 있어요.

어휘 experience 경험, 경력　supervisor 감독관

MORE & MORE

◀) 02-80

들리는 문장이 질문에 적절한 대답이면 ○, 그렇지 않으면 ×에 표시하세요.

① _____ she _____ .　　　(○ | ×)
② No, I have _____ .　　　(○ | ×)
③ I wasn't _____ ?　　　(○ | ×)

정답 p.024

예상적중문제 **03** 다음을 듣고 질문에 가장 알맞은 응답을 고르세요.

🔊 02-81

Mark your answer on your answer sheet.　　　(A)　　(B)　　(C)

🔍 문제 해설

▶ 부정의문문으로서, 손님들이 모두 도착했는지 여부를 확인하는 질문이다.

▶ (A)는 '그가(He)' 이미 도착했다는 내용인데, '모든 손님들이(all of our guests)' 도착했는지 묻는 질문에 대한 답변이 될 수 없다.

▶ (B)는 질문의 confirmed의 명사형인 confirmation을 이용한 오답이다.

▶ 정답은 (C)인데, '그것에 대해서는 Lisa와 이야기하라'는 내용의 우회적인 답변이다.

> **묘.수.풀.이**
>
> 이 문제에서 볼 수 있는 것처럼, '다른 사람에게 물어보라', 또는 '다른 사람이 알고 있다'와 같이 우회적인 답변이 정답으로 출제되는 경우가 많다.

🔒 스크립트 & 해석

Haven't you confirmed the arrival of all of our guests yet?

(A) He has already arrived.
(B) Here's the confirmation number.
(C) Talk to Lisa about that.

모든 손님들이 도착했는지 아직 확인하지 않았나요?

(A) 그는 이미 도착했어요.
(B) 예약 확인 번호가 여기 있어요.
(C) 그 점에 대해서는 Lisa와 이야기하세요.

어휘 confirm 확인하다　arrival 도착　confirmation number 예약 확인 번호

💡 MORE & MORE

🔊 02-82

들리는 문장이 질문에 적절한 대답이면 O, 그렇지 않으면 ×에 표시하세요.

❶ I've _____ a bit _____ .　　　　　　(O | ×)

❷ _____ eighty-five.　　　　　　　　　　　(O | ×)

❸ The _____ is _____ soon.　　　　(O | ×)

정답 p.024

PART 2

예상적중문제 04 다음을 듣고 질문에 가장 알맞은 응답을 고르세요.

◀) 02-83

Mark your answer on your answer sheet.   (A)   (B)   (C)

문제 해설

▶ 부가의문문으로서, 방문객들의 연구실 출입 허가 여부를 묻고 있다.

▶ '그가 이곳에서 근무하지 않는다'는 내용의 (A)는 질문과 관계없는 답변이며, 연구실의 위치를 언급하고 있는 (C) 또한 질문에 대한 답변으로 적절하지 않다.

▶ 정답은 (B)인데, (B)는 연구실 출입이 허가되는 경우를 설명하고 있다.

▶ 이와 같이 질문과 답변의 내용을 정확하게 듣고 이해해야 풀 수 있는 난이도가 높은 문제가 출제되는데, 이 문제와 같이 오답 보기들이 비교적 쉬운 경우에는 소거법을 이용하면 정답 보기를 정확히 듣지 못할 경우에도 문제를 풀 수 있다.

🔒 스크립트 & 해석

Visitors aren't allowed in the basement laboratory, are they?

(A) I'm sorry, but he doesn't work here.
(B) Only if a staffer accompanies them.
(C) No, the lab is located upstairs.

방문객들은 지하 연구실 출입이 금지되죠, 그런가요?

(A) 미안하지만 그는 이곳에서 일하지 않아요.
(B) 직원과 동행하는 경우에만요.
(C) 아니요, 실험실은 위층에 위치해 있어요.

어휘 basement 지하층   laboratory 실험실   staffer 직원, 스태프   accompany 동반하다, 동행하다

MORE & MORE

◀) 02-84

들리는 문장이 질문에 적절한 대답이면 ○, 그렇지 않으면 ×에 표시하세요.

① I _____ any visitors today.   (○ | ×)
② _____ to the lab.   (○ | ×)
③ _____ about the rules.   (○ | ×)

정답 p.024

Mark your answer on your answer sheet.   (A)   (B)   (C)

문제 해설

▶ 케이터링 업체에서 주문에 문제가 있다고 말했다는 내용의 평서문으로서, 정보를 전달하고 있다.

▶ 이에 대해 '구체적으로 말하던가요?'라고 되묻는 내용의 (B)가 적절한 대답이다.

▶ 질문의 problem을 들었다면 (A)가 정답이 아니라는 것을 쉽게 알 수 있으며, (C)는 질문의 caterer에서 연상되는 ordering food를 이용한 오답이다.

스크립트 & 해석

The caterer called to say that there's a problem with our order.	케이터링 업체에서 전화로 우리 주문에 문제가 있다고 말하더 군요.
(A) That's good to hear.	(A) 그런 이야기를 들으니 좋네요.
(B) Did he go into specifics?	(B) 구체적으로 말하던가요?
(C) Thanks for ordering food.	(C) 음식을 주문해 주셔서 고맙습니다.

어휘 caterer 음식 제공업자, 음식 제공업체   specifics 세부 사항

MORE & MORE

◀))) 02-86

들리는 문장이 질문에 적절한 대답이면 ○, 그렇지 않으면 ×에 표시하세요.

① The _____ right out.   (○ | ×)

② _____ what the _____ .   (○ | ×)

③ I'm glad _____ are _____ .   (○ | ×)

정답 p.024

예상적중문제 06 다음을 듣고 질문에 가장 알맞은 응답을 고르세요.

◀) 02-87

Mark your answer on your answer sheet.   (A)   (B)   (C)

📖 문제 해설

▶ 선택의문문, 즉 A or B의 형식을 통해 상대방에게 두 가지 사항 중 하나를 선택할 것을 요구하고 있다.

▶ 질문에서는 '도움이 필요한지' 아니면 '혼자 처리할 수 있는지'를 묻고 있는데, 이에 대해 '약간의 도움(a bit of help)'이 있으면 좋겠다'고 말함으로써 전자를 선택한 (C)가 정답이다.

▶ (A)의 handle은 '다루다'라는 뜻이 아니라 '조종하다'라는 의미이며, (B)는 질문의 require(필요하다)라는 단어로부터 유추할 수 있는 말인 requirement(요구 사항)를 이용한 함정이다.

🔒 스크립트 & 해석

Do you require assistance, or can you handle this matter alone?	도움이 필요한가요, 아니면 혼자서 이 문제를 처리할 수 있나요?
(A) The car handles very well.	(A) 그 자동차는 조작하기 매우 편해요.
(B) No, that's not a requirement.	(B) 아니요, 그것은 요구 사항이 아니에요.
(C) I could use a bit of help.	(C) 약간의 도움을 받았으면 좋겠어요.

어휘 require 요구하다, 필요하다   assistance 도움, 원조   handle 다루다; (자동차 등이) 말을 잘 듣다   matter 문제   alone 혼자서
requirement 요건, 요구 사항   a bit of 약간의

💡 MORE & MORE

◀) 02-88

들리는 문장이 질문에 적절한 대답이면 O, 그렇지 않으면 ×에 표시하세요.

❶ I've got it _____.   (O | ×)

❷ _____?   (O | ×)

❸ Yes, she is _____.   (O | ×)

정답 p.025

예상적중문제 **07** 다음을 듣고 질문에 가장 알맞은 응답을 고르세요.

◀) 02-89

Mark your answer on your answer sheet. (A) (B) (C)

🔍 문제 해설

▶ 부가의문문을 이용하여 'Jones 씨가 세 개의 외국어를 구사할 수 있는지'를 묻고 있다.

▶ (A)는 '그녀가 외국에 얼마 동안 있었는지'를 묻는 질문에 어울릴 만한 대답이고, 'Jones 씨'에 대해 물어보는 질문에 '내'가 어떤지를 말하고 있는 (B)는 자연스러운 답변이 될 수 없다.

▶ 따라서 긍정적인 답변을 한 후, '지금은 네 번째 외국어를 공부하는 중이다'라고 부연 설명을 하고 있는 (C)가 정답이다.

묘·수·풀·이

상대방의 말에 동의하는 표현에는
「that's what」, 「point」 등이 있다.

Q We should rent a car in London.
런던에서는 차를 렌트해야 해요.
A **That's what** I want to do.
그것이 바로 정확히 제가 원하는 바예요.

Q The game isn't going to start for two hours.
경기가 2시간 동안은 시작을 하지 않을 거예요.
A **That's the point** I'm trying to make.
제가 지적하려고 했던 바예요.

🔒 스크립트 & 해석

Ms. Jones can speak three foreign languages, can't she?

(A) Nearly a decade in Europe.
(B) I'm trying to learn Spanish.
(C) Yes, and she's studying a fourth.

Jones 씨는 세 개의 외국어를 할 수 있어요, 그렇지 않나요?

(A) 유럽에서 거의 10년요.
(B) 저는 스페인어를 배우려고 노력 중이에요.
(C) 네, 그리고 네 번째의 외국어를 공부하고 있죠.

어휘 foreign language 외국어 decade 10년 try to ~하려고 노력하다

◀) 02-90

💡 MORE & MORE

들리는 문장이 질문에 적절한 대답이면 O, 그렇지 않으면 ×에 표시하세요.

① ＿＿＿＿＿＿＿＿ Peter told me. (O | ×)
② I ＿＿＿＿＿＿＿＿ in India. (O | ×)
③ I'm ＿＿＿＿＿＿＿＿ foreign food. (O | ×)

정답 p.025

Part 2　다음을 듣고 질문에 가장 적절한 응답을 고르세요.

1.　Mark your answer on your answer sheet.　　　(A)　　(B)　　(C)

2.　Mark your answer on your answer sheet.　　　(A)　　(B)　　(C)

3.　Mark your answer on your answer sheet.　　　(A)　　(B)　　(C)

4.　Mark your answer on your answer sheet.　　　(A)　　(B)　　(C)

5.　Mark your answer on your answer sheet.　　　(A)　　(B)　　(C)

6.　Mark your answer on your answer sheet.　　　(A)　　(B)　　(C)

7.　Mark your answer on your answer sheet.　　　(A)　　(B)　　(C)

8.　Mark your answer on your answer sheet.　　　(A)　　(B)　　(C)

9.　Mark your answer on your answer sheet.　　　(A)　　(B)　　(C)

10.　Mark your answer on your answer sheet.　　　(A)　　(B)　　(C)

11.　Mark your answer on your answer sheet.　　　(A)　　(B)　　(C)

12.　Mark your answer on your answer sheet.　　　(A)　　(B)　　(C)

13.　Mark your answer on your answer sheet.　　　(A)　　(B)　　(C)

14.　Mark your answer on your answer sheet.　　　(A)　　(B)　　(C)

15.　Mark your answer on your answer sheet.　　　(A)　　(B)　　(C)

PART 2

Directions: You will hear a question or statement and three responses spoken in English. They will not be printed in your test book and will be spoken only one time. Select the best response to the question or statement and mark the letter (A), (B), or (C) on your answer sheet.

1. Mark your answer on your answer sheet. (A) (B) (C)

2. Mark your answer on your answer sheet. (A) (B) (C)

3. Mark your answer on your answer sheet. (A) (B) (C)

4. Mark your answer on your answer sheet. (A) (B) (C)

5. Mark your answer on your answer sheet. (A) (B) (C)

6. Mark your answer on your answer sheet. (A) (B) (C)

7. Mark your answer on your answer sheet. (A) (B) (C)

8. Mark your answer on your answer sheet. (A) (B) (C)

9. Mark your answer on your answer sheet. (A) (B) (C)

10. Mark your answer on your answer sheet. (A) (B) (C)

11. Mark your answer on your answer sheet. (A) (B) (C)

12. Mark your answer on your answer sheet. (A) (B) (C)

13. Mark your answer on your answer sheet. (A) (B) (C)

14. Mark your answer on your answer sheet.　　　(A)　　(B)　　(C)

15. Mark your answer on your answer sheet.　　　(A)　　(B)　　(C)

16. Mark your answer on your answer sheet.　　　(A)　　(B)　　(C)

17. Mark your answer on your answer sheet.　　　(A)　　(B)　　(C)

18. Mark your answer on your answer sheet.　　　(A)　　(B)　　(C)

19. Mark your answer on your answer sheet.　　　(A)　　(B)　　(C)

20. Mark your answer on your answer sheet.　　　(A)　　(B)　　(C)

21. Mark your answer on your answer sheet.　　　(A)　　(B)　　(C)

22. Mark your answer on your answer sheet.　　　(A)　　(B)　　(C)

23. Mark your answer on your answer sheet.　　　(A)　　(B)　　(C)

24. Mark your answer on your answer sheet.　　　(A)　　(B)　　(C)

25. Mark your answer on your answer sheet.　　　(A)　　(B)　　(C)

PART 3

대화문

▶ PART 3에서는 두 사람이나 세 사람 사이의 대화를 듣고 각 대화당 3문제를 풀어야 한다.

▶ 모두 13개의 대화문으로 구성되므로 총 39문항이 출제된다. 일부 대화문은 지도, 표, 그래프 등과 같은 시각자료가 문제와 함께 제시된다.

▶ 대화문의 주제로 가장 많은 비중을 차지하고 있는 것은 비즈니스와 관련된 내용이다. 즉 일반 사무, 직장에서의 각종 행사, 인사와 관련된 사항들이 대화의 주제로서 가장 많이 등장한다.

▶ 그 밖에 자주 접할 수 있는 주제는 일상 생활과 관련된 것들로서, 상점 및 식당과 같은 장소에서 이루어지는 대화나 여행, 취미 생활, 그리고 레저와 같이 여가 생활과 관련된 대화 등이 있다.

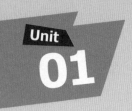

비즈니스 관련 I (일반 사무 관련)

학습 포인트

✋ 비즈니스 관련 주제가 Part 3에서 가장 많은 비중을 차지하므로, Unit 01부터 03까지 이와 관련된 내용을 학습하도록 한다. Unit 01에서는 일반 사무와 관련된 내용을 다루도록 한다.

✋ 계약 및 거래, 출장, 회의, 보고서 작성, 시장 조사와 같이 기본적인 업무와 관련된 대화가 여기에 포함된다.

✋ 사무 용품 주문, 사무기기의 사용 및 고장, 사무실의 이전과 같이 업무와 직접적인 관련이 없는 사무 관련 주제도 포함된다.

✋ 다양한 업무 상황을 알아 두고, 일반적인 업무 및 사무 기기 등과 관련된 표현들을 학습해 두도록 한다.

예제

🔊 03-01

1. Where most likely does the conversation take place?

(A) At a post office
(B) At a restaurant
(C) At a store
(D) In a warehouse

2. What is the problem?

(A) The woman forgot to make an order.
(B) The wrong items were delivered.
(C) A payment was not made on time.
(D) Some items are unavailable.

3. According to the man, what should the woman do?

(A) Make a phone call
(B) Buy some items at a store
(C) Assist some customers
(D) Send an e-mail

1. 대화는 어디에서 이루어지는 것 같은가?

(A) 우체국에서
(B) 식당에서
(C) 매장에서
(D) 창고에서

2. 문제가 무엇인가?

(A) 여자가 주문을 해야 한다는 것을 잊었다.
(B) 잘못된 물품이 배달되었다.
(C) 결제가 제때에 이루어지지 못했다.
(D) 일부 물품을 구할 수가 없다.

3. 남자의 말에 따르면, 여자는 무엇을 해야 하는가?

(A) 전화를 한다
(B) 매장에서 제품을 구입한다
(C) 고객들을 돕는다
(D) 이메일을 보낸다

W Mr. Helton, I just got a call from the company that sends us our monthly supplies for the restaurant. Apparently, there's a problem with our order.

M Did the person say what the problem is?

W Yes, they have most of our supplies. But they can only deliver half the napkins we requested right now.

M That's fine. Call them back and tell them to send everything they have right now. And they can deliver the rest of the napkins later.

W Helton 씨, 매달 저희 식당에 식자재를 공급해 주는 회사로부터 조금 전에 전화를 받았어요. 아마도, 주문에 문제가 있었나 봐요.

M 그 사람이 문제가 어떤 것인지도 말해 주었나요?

W 네, 대부분의 식자재는 그들이 보유하고 있어요. 하지만 현재로서는 저희가 요청한 냅킨의 절반만 배달해 줄 수 있다고 하네요.

M 그러면 괜찮아요. 그들에게 다시 전화를 걸어서 현재 그들이 가지고 있는 물량을 전부 보내 달라고 하세요. 그리고 나머지 냅킨은 나중에 배달해 주면 될 거예요.

어휘 supply 공급품, 물자   apparently 보아 하니, 듣자 하니   deliver 배달하다, 배송하다   warehouse 창고   forget to ~해야 할 것을 잊다   make an order 주문하다   payment 지급, 결제   on time 정시에, 제때에   unavailable 이용할 수 없는; 구입할 수 없는   make a phone call 전화를 걸다

대화 유형 분석

대화의 첫 문장에서 여자는 식자재를 공급해 주는 회사로부터 전화를 받았다고 하면서 '주문상의 문제(problem with our order)'가 발생했다고 말한다. 그러므로 이 전화는 제품 주문과 관련된 대화임을 알 수 있다. 이와 같이 어떠한 '문제'와 관련된 대화를 들을 때에는 먼저 발생한 문제가 구체적으로 어떤 것인지를 파악한 후, 발생한 문제를 해결하기 위해 어떠한 해결 방안이 논의되고 있는지를 살펴보아야 한다.

풀이 전략 및 해설

1 ● 대화가 일어나고 있는 장소를 묻고 있다.
   ● 대화의 시작 부분에서 여자는 '매달 식당에 식자재를 공급해 주는 회사(the company that sends us our monthly supplies for the restaurant)'로부터 전화를 받았다고 말한다. 따라서 여자와 남자는 식당에서 근무한다고 짐작할 수 있으므로 정답은 (B)의 At a restaurant이다.
   ● 대화에 등장하는 napkins와 같은 단어를 통해서도 이 대화가 식당에서 이루어지고 있다는 것을 확인할 수 있다.

2 ● 여자의 말, 'But they can only deliver half the napkins we requested right now.'를 통해 요청한 냅킨의 절반만 받을 수 있다는 사실을 알 수 있다.
   ● 따라서 '일부 물품들을 구입할 수 없다'는 의미인 (D)가 정답이다.

3 ● 대화 마지막 부분의 남자의 말에서 정답의 단서를 찾을 수 있다.
   ● 남자가 여자에게 'Call them back and tell them to send everything they have right now.'라고 말하고 있는 것으로 보아, 여자는 업체에 전화를 걸어서 현재 남아 있는 모든 물량을 보내 달라고 요청할 것이다.
   ● 따라서 여자가 해야 할 일은 (A)의 Make a phone call(전화를 한다)이다.

계약 및 거래와 관련된 표현들

negotiate a deal 거래를 성사시키다	come to an agreement 합의에 도달하다
sign a contract 계약을 체결하다, 계약서에 서명하다	develop relationships 관계를 발전시키다
draw up a contract 계약서를 작성하다	get in touch with ~와 연락하다
cancel a contract 계약을 취소하다	overseas buyer 해외 바이어
attract foreign clients 해외 고객을 유치하다	expire at the end of the month 이달 말에 만료되다

A How can we **attract foreign clients**? 어떻게 해외 고객을 유치할 수 있을까요?
B We could open offices in some other countries. 몇몇 국가에 지사를 설립할 수도 있을 거예요.

A You need to **get in touch with the overseas buyer** today. 당신은 오늘 해외 고객에게 연락을 해야 해요.
B I'm planning to call her in a couple of hours. 두 시간 후에 전화할 생각이에요.

회의 관련 표현

attend a meeting 회의에 참석하다	brainstorming 브레인스토밍 (자유로운 의견 제시)
cover the topic 주제를 다루다	look over (= review) 검토하다
reschedule 일정을 변경하다	organize (= prepare for) 준비하다
budget report 예산안	brochure 소책자

A What is Ms. Hamilton doing now? Hamilton 씨는 지금 무엇을 하고 있나요?
B She is **attending a meeting** with Mr. Jones. 그녀는 Jones 씨와의 회의에 참석하고 있어요.

A How do you like this **brochure** from the Publicity Department? 홍보부에서 만든 이 브로셔에 대해 어떻게 생각해요?
B I need some time to **look over** it. 검토할 시간이 필요해요.

사무용품 주문 관련 표현

be running low on paper 용지가 다 떨어지고 있다	be delivered to the office 사무실로 배달되다
order more office supplies 사무용품을 더 주문하다	requisition form 요청서, 물품 청구서
process an order immediately 주문을 즉시 처리하다	will be shipped 발송될 것이다
can have the supplies delivered or pick them up 사무용품을 배달을 시키거나 직접 찾아갈 수 있다	company account 회사 계좌

A I need these items as soon as possible. 이 물품들이 급하게 필요해요.
B Don't worry. I will **process your order immediately**. 걱정하지 마세요. 제가 즉시 주문을 처리해 드릴게요.

A When can I expect the order to arrive? 주문품이 언제 도착할 것으로 예상하면 되나요?
B The items will **be delivered to the office** by the end of the day. 내일 중으로 물품들이 사무실로 배달될 거예요.

A 대화를 듣고 주어진 문장이 사실이면 ○, 그렇지 않으면 ✕에 표시하세요.

🔊 03-02

1   (a) The man most likely works at an office supply shop.   (○ ┃ ✕)

    (b) The man's company plans to send the woman's order tomorrow.   (○ ┃ ✕)

    (c) The woman is calling to cancel an order.   (○ ┃ ✕)

2   (a) The speakers are at a supermarket.   (○ ┃ ✕)

    (b) The chicken sandwiches sold very well last month.   (○ ┃ ✕)

    (c) They are discussing sales figures from last year.   (○ ┃ ✕)

3   (a) The woman implies that she was just upstairs.   (○ ┃ ✕)

    (b) The man tells the woman to contact the movers.   (○ ┃ ✕)

    (c) The employees are going to take a break next.   (○ ┃ ✕)

4   (a) The speakers are discussing their upcoming meetings.   (○ ┃ ✕)

    (b) The woman is going to visit McDougal Industries tomorrow.   (○ ┃ ✕)

    (c) The man asks the woman for directions to a place.   (○ ┃ ✕)

5   (a) The woman is upset about her computer.   (○ ┃ ✕)

    (b) The man tells the woman to speak with Doug.   (○ ┃ ✕)

    (c) The woman is going to visit the Maintenance Department next.   (○ ┃ ✕)

B 대화를 듣고 정답을 고른 다음, 대화를 다시 듣고 빈칸을 완성하세요.

1 Why does the woman want to speak with the man?

(a) To talk about a branch office

(b) To discuss an ad campaign

(c) To go over the new budget

2 What will happen at two?

(a) The speakers will have lunch together.

(b) The man will meet with some managers.

(c) The man will go to another office.

③ 03-03

Dictation

W Bruce, we really have to _____ we're going to run. Do you have time to talk _____ ?

M Sorry, Kate, but I'm _____ some _____ in about five minutes. The meeting should _____ . And _____ the Shelbyville office _____ .

W Okay. Then how about having lunch together? We can _____ the marketing company sent us as we eat.

M _____ .

3 What are the speakers mainly discussing?

(a) Some new workers

(b) Their supervisor

(c) Employee evaluations

4 What does the woman tell the man to do?

(a) Go to her office

(b) Arrange a meeting

(c) Hire some more employees

③ 03-04

Dictation

M Here's the _____ about the _____ . Five of the six new workers seem to be doing very well. Ms. Kendrick _____ from her supervisor.

W Who's the employee that's _____ ?

M His name is Arthur Floyd. He's constantly _____ , and he doesn't have a _____ either.

W Tell him to _____ at three o'clock. I need to _____ _____ immediately.

5 What does the woman want Dr. Chu to do?

(a) Send her an e-mail

(b) Do more research

(c) Call her on the phone

6 What will the man probably do next?

(a) Visit a laboratory

(b) Write a report

(c) Conduct an experiment

◀ 03-05

Dictation

W Have the scientists in the lab _____ recently?

M I _____ from Dr. Chu this morning. He thinks his team may _____ . He requested _____ to do _____ .

W Have him _____ and _____ by this afternoon. I'll _____ as soon as I read it.

M I'll _____ right now and tell him to do that.

7 What does the man say about the new cleaning company?

(a) It is better than the previous company.

(b) It charges too much money.

(c) It is doing poor work.

8 What is the woman concerned about?

(a) Hiring another company

(b) Finding enough money

(c) Making the office cleaner

◀ 03-06

Dictation

M I'm _____ the new cleaning company is doing. I think we _____ to our old cleaning company.

W But we stopped using its services because _____ . Do we have _____ that company?

M We'll find a way to do it. The firm we're using now simply _____ . We've got to _____ .

예상적중문제 01-03 대화를 듣고 질문에 가장 알맞은 답을 고르세요.

01. What did the woman look at?

    (A) A marketing plan

    (B) A résumé

    (C) A sales report

    (D) A budget proposal

02. What does the woman suggest doing?

    (A) Redesigning a product

    (B) Making new advertisements

    (C) Lowering some prices

    (D) Hiring some new workers

03. What will the man do after lunch?

    (A) Contact the woman

    (B) Visit the warehouse

    (C) Calculate some numbers

    (D) Sell some products

문제 해설

01 세부 사항 (언급된 사실)

▶ 세부 정보 찾기 유형으로서, 여자가 본 것이 무엇인지를 묻고 있다.

▶ 대화의 첫 부분에서 여자는 남자에게 판매 보고서를 보았는지(have you seen the most recent sales report) 물은 다음, 자신은 보았다고(I just reviewed them) 말했다. 따라서 정답은 (C)이다.

02 세부 사항 (제안)

▶ 여자가 제안한 것이 무엇인지를 묻고 있는데, 대화의 중반부에서 여자는 생산량을 늘려야 할지(I wonder if we need to increase production) 고민이라고 한 다음, 직원들을 더 고용해서 교육시켜야 한다고(we'd have to hire some more workers and train them at once) 남자에게 말했다.

▶ 그러므로 정답은 (D)의 Hiring some new workers이다.

03 대화 이후의 상황

▶ 점심 식사가 언급된 곳은 대화의 마지막 부분인 'After lunch, I'll find out how many items we have in stock there, and then I'll give you a call to let you know.'이다.

▶ 남자가 점심 식사 이후에 한다고 말한 것은 '재고 파악' 후 '그녀에게 연락하는 것'이다. 따라서 정답은 (A)이다.

▶ 남자가 창고의 Chet Wallace와 이야기해 본다고(Let me talk to Chet Wallace in the warehouse) 말했지만, 직접 창고에 간다고 하지는 않았으므로 (B)는 정답이 될 수 없다.

W Tommy, **01-1) have you seen the most recent sales report** on our line of Hammer sneakers. **01-2) I just reviewed them** and can't believe how many pairs we're selling.

M I guess all the commercials we're running are paying off.

W You're probably right. But **02-1) I wonder if we need to increase production**. We could probably do that, but **02-2) we'd have to hire some more workers and train them at once**.

M Let me talk to Chet Wallace in the warehouse. **03) After lunch, I'll find out how many items we have in stock there, and then I'll give you a call to let you know**.

W Tommy, Hammer 스니커즈 라인에 대한 가장 최근의 판매 보고서를 본 적이 있나요? 저는 조금 전에 검토했는데, 얼마나 많이 팔리고 있는지 믿기가 않더군요.

M 진행되고 있는 모든 광고가 성공적인 것 같아요.

W 당신 말이 맞는 것 같아요. 하지만 생산량을 늘려야 할지는 모르겠어요. 그렇게 할 수도 있겠지만, 즉시 직원을 더 고용해서 교육을 시켜야만 할 거예요.

M 창고의 Chet Wallace와 이야기해 볼게요. 점심 식사 후 그곳에 재고가 얼마나 있는지 확인해 보고 전화로 알려 줄게요.

01. 여자는 무엇을 보았는가?
(A) 마케팅 계획
(B) 이력서
(C) 판매 보고서
(D) 예산안

02. 여자는 무엇을 할 것을 제안하는가?
(A) 제품의 디자인을 변경한다
(B) 새로운 광고를 제작한다
(C) 가격을 인하한다
(D) 직원을 새로 고용한다

03. 점심 식사 후 남자는 무엇을 할 것인가?
(A) 여자에게 연락한다
(B) 창고를 방문한다
(C) 계산을 한다
(D) 제품을 판매한다

어휘 sneakers 운동화   commercial 상업 광고   pay off 성공하다   at once 즉시, 당장   warehouse 창고   in stock 재고가 있는   calculate 계산하다

◁ 03-08

들리는 문장이 대화의 내용과 일치하면 ○, 그렇지 않으면 ×에 표시하세요.

❶ The company makes _____. (○ | ×)
❷ The company _____ any advertisements. (○ | ×)
❸ The man will speak with _____. (○ | ×)

정답 p.035

예상적중문제 04-06 대화를 듣고 질문에 가장 알맞은 답을 고르세요.

◀) 03-09

04. Why did the woman visit Miami?

(A) To take a vacation

(B) To conduct business

(C) To attend a conference

(D) To interview for a job

05. What does the woman mean when she says, "That's one way of putting it"?

(A) She is glad to be back home.

(B) She put some items away.

(C) She knows where the objects are.

(D) She had a successful trip.

06. Why does the woman offer to e-mail her report to the man?

(A) He cannot attend a meeting.

(B) He is willing to proofread it.

(C) He will give his opinion of it.

(D) He will read it on the train.

문제 해설

04 세부 사항 (이유)

▶ 여자가 마이애미를 방문한 이유를 묻는 문제이다.

▶ 대화의 첫 부분에서 남자는 여자에게 당신의 마이애미 출장이 잘 풀렸다는 말을 들었다고(I heard your sales trip to Miami went well) 했고, 이에 대해 여자는 다섯 군데의 업체와 계약을 맺었다고(I came to agreements with five firms) 대답했다.

▶ 따라서 여자는 업무상의 목적으로 마이애미에 갔던 것이므로 정답은 (B)이다.

05 화자의 의도

▶ 인용된 문장은 '그렇게 말할 수도 있겠네요'라는 의미로서, 상대방의 의견에 동의하는 말이다.

▶ 바로 앞 문장의 내용은 '당신의 출장이 성공적이라고 들었다는(I heard your sales trip to Miami went well)' 내용이므로, 출장이 성공적이었다는 내용의 (D)가 정답이 된다.

06 세부 사항 (이유)

▶ 대화 중반부에서 여자는 회의에서 세부적인 내용을 공유할 것이라고(I'm going to share the details at the staff meeting in a few minutes) 말한 다음, 남자에게 회의에 참석할 것인지(Will you be there?) 물었다.

▶ 남자는 기차역에 가야 해서 참석할 수 없다고 했고, 여자는 이메일로 보고서를 보내겠다고(I'll e-mail you the report as soon as the meeting ends) 말했다.

▶ 즉, 여자가 남자에게 이메일을 보내겠다고 말한 이유는 남자가 회의에 참석할 수 없기 때문이다. 정답은 (A)이다.

M	Good afternoon, Stephanie. It's nice to see you back in the office. **04-1) 05) I heard your sales trip to Miami went well**.	M	Stephanie, 안녕하세요. 다시 사무실에서 보게 되니 기쁘군요. 당신의 마이애미 출장이 잘 풀렸다는 말을 들었어요.
W	That's one way of putting it. **04-2) I came to agreements with five firms**.	W	그렇게 말할 수도 있겠네요. 다섯 군데의 업체와 계약을 맺었거든요.
M	Five? Weren't you hoping to convince two to buy our products? You really outdid yourself.	M	다섯 군데요? 두 군데를 설득해서 우리 제품을 팔고 싶어 하지 않았나요? 정말 기대 이상이었군요.
W	Thanks for saying that. **06-1) I'm going to share the details at the staff meeting in a few minutes**. **06-2) Will you be there?**	W	그렇게 말해 주니 고마워요. 잠시 후 직원 회의에서 세부적인 내용을 공유할 거예요. 회의에 올 거죠?
M	Unfortunately, **06-3) I've got to head to the train station to pick up Mr. Devers now**.	M	유감이지만, 저는 지금 Devers 씨를 마중하러 기차역에 가야만 해요.
W	In that case, **06-4) I'll e-mail you the report as soon as the meeting ends**.	W	그렇다면 회의가 끝나는 대로 제가 이메일로 보고서를 보내 줄게요.

04. 여자는 왜 마이애미를 방문했는가?
(A) 휴가를 보내기 위해
(B) 업무를 보기 위해
(C) 컨퍼런스에 참석하기 위해
(D) 면접을 보기 위해

05. 여자가 "That's one way of putting it"이라고 말할 때 그녀는 무엇을 의미하는가?
(A) 집에 돌아와서 기쁘다.
(B) 물품들을 치웠다.
(C) 물건들이 어디에 있는지 알고 있다.
(D) 출장이 성공적이었다.

06. 여자는 왜 남자에게 이메일로 보고서를 보내겠다고 제안하는가?
(A) 그는 회의에 참석할 수 없다.
(B) 그는 기꺼이 보고서 교정을 볼 것이다.
(C) 그는 보고서에 대한 자신의 의견을 알려 줄 것이다.
(D) 그는 기차에서 보고서를 읽을 것이다.

어휘 go well 잘 되다 convince 설득하다 outdo 능가하다, 뛰어넘다 share 공유하다 head to ~으로 향하다 conduct business 업무를 처리하다 put away ~을 치우다, 정리하다 proofread 교정을 보다

◀) 03-10

들리는 문장이 대화의 내용과 일치하면 ○, 그렇지 않으면 ×에 표시하세요.
❶ The speakers _____ Miami.　　　　　　　　　　　(○ | ×)
❷ The woman _____ five companies.　　　　　　　(○ | ×)
❸ The man will _____ later.　　　　　　　　　　　(○ | ×)

예상적중문제 **07-09** 대화를 듣고 질문에 가장 알맞은 답을 고르세요.

07. Where most likely does the conversation take place?

(A) At a university

(B) At a clothing store

(C) At a drugstore

(D) At a bookstore

09. What does Grace offer to do?

(A) Provide a customer with assistance

(B) Work the rest of man's shift

(C) Display some items for customers

(D) Help a customer at the cash register

08. Why does man say, "I was just about to go on break"?

(A) To ask for some time off

(B) To say where he is planning to go

(C) To request help with a project

(D) To respond negatively to a request

문제 해설

07 대화의 장소

▶ 대화가 이루어지는 장소를 묻는 문제이다.

▶ 대화의 첫 부분에서 여자는 남자 직원에게 배송된 소설책을 꺼내서 손님들이 볼 수 있도록 프런트 테이블에 진열해 달라고(Would you mind taking them out and putting them on the front table for our customers to see them?) 부탁했다.

▶ 보기 중에서 이러한 상황과 관련된 장소는 (D)의 서점이다.

08 화자의 의도

▶ 인용된 문장은 '휴식을 취하려던 참이다'라는 의미인데, 바로 앞 문장에서 여자는 책을 꺼내서 진열해 달라는 요청을 하고 있다.

▶ 즉, 인용된 문장은 여자의 요청을 거절하려는 목적으로 한 말이므로 정답은 (D)이다.

09 세부 사항 (제안)

▶ 대화의 마지막에서 여자는 'Thanks, Grace'라고 하며 Grace에게 고마움을 표시하고 있다.

▶ 이는 Grace가 자신이 그 일을 처리하겠다고(I can take care of it) 말한 것에 대한 고마움의 표현인데, 그 일은 대화 초반부에서 남자 직원이 거절했던 업무인 책을 진열하는 것이다.

▶ 따라서 고객들을 위해 상품을 진열한다는 내용의 (C)가 정답이다.

W1 David, **07-1)** we received a shipment of novels by Richard Simon a few minutes ago. **07-2) 08) 09-1)** Would you mind taking them out and putting them on the front table for our customers to see them?

M I was just about to go on break.

W1 This is really important. How about taking ten minutes to do this before you go out for a bit?

W2 Ms. Watson, **09-2)** I can take care of it. There aren't many customers here now, so I don't mind setting everything up.

W1 **09-3)** Thanks, Grace.

W1 David, 조금 전에 Richard Simon의 소설책들이 배송되었어요. 그것들을 꺼내서 고객들이 볼 수 있도록 프런트 테이블에 놓아 줄래요?

M 휴식을 취하려던 참이었는데요.

W1 정말로 중요한 일이에요. 잠깐 나가기 전에 10분 정도 일을 하는 것이 어떨까요?

W2 Watson 씨, 제가 처리할 수 있어요. 지금 이곳에는 손님이 많지 않기 때문에 제가 진열을 해도 될 것 같아요.

W1 고마워요, Grace.

---

07. 대화는 어디에서 이루어지고 있는 것 같은가?
(A) 대학교에서
(B) 의류 매장에서
(C) 약국에서
(D) 서점에서

08. 남자는 왜 "I was just about to go on break"라고 말하는가?
(A) 휴식 시간을 요청하기 위해
(B) 그가 어디로 갈 것인지 말하기 위해
(C) 프로젝트에 관한 도움을 요청하기 위해
(D) 요청에 대한 부정적인 대답을 하기 위해

09. Grace는 무엇을 하겠다고 제안하는가?
(A) 고객에게 도움을 준다
(B) 남자의 근무 시간 동안 일을 한다
(C) 고객들을 위해 상품을 진열한다
(D) 계산대에서 고객을 돕는다

어휘 shipment 선적물   be about to 막 ~하려고 하다   go on break 쉬다, 휴식을 취하다   set up 진열하다, 배치하다
provide A with B A에게 B를 제공하다   shift 근무 시간   cash register 금전 등록기; 계산대

 MORE & MORE

◁ 03-12

들리는 문장이 대화의 내용과 일치하면 ○, 그렇지 않으면 ×에 표시하세요.

① The man is most likely _____ .   (○ | ×)

② Both of the women _____ .   (○ | ×)

③ Grace is planning to _____ soon.   (○ | ×)

정답 p.036

10. What is the conversation mainly about?

(A) Work assignments

(B) An upcoming meeting

(C) A construction project

(D) Contract signings

11. What does the woman imply when she says, "What about me, Dave?"

(A) She has not met Mr. Anderson before.

(B) She wants to provide assistance.

(C) She is still looking for a job.

(D) She would like to do something else.

12. What does the man tell the woman to do?

(A) Go over the terms of a contract

(B) Set up a meeting with Mr. Anderson

(C) Contact a person at another firm

(D) Make copies of some papers

문제 해설

⑩ 주제 및 목적

▶ 대화의 주제를 묻는 문제로서, 이 문제의 경우 대화의 전체적인 내용을 들어야 풀 수 있다.

▶ 남자 직원과 여자는 자신들이 무슨 일을 해야 할지를 묻고 있고, 이에 대해 업무를 지시하는 남자는 '계약서를 검토하라 (go over the contract)', 'Nelson 씨와 연락을 취하라(Get in touch with Ms. Nelson)'라고 하며 두 사람에게 각자의 업무를 할당해 주고 있다.

▶ 따라서 대화의 주제는 (A)의 Work assignments라고 볼 수 있다.

⑪ 화자의 의도

▶ 인용된 문장의 Dave는 업무를 지시하는 사람이며, 여자는 그에게 'What about me?'라고 묻고 있다.

▶ 이는 '저는 어떻게 할까요?'라는 의미이며, 인용된 문장의 앞에는 Dave가 남자 직원에게 계약서 검토 업무를 지시하는 내용이 있다.

▶ 즉, 여자는 자신이 어떤 일을 해야 할지를 묻고 있으므로 정답은 (B)이다.

⑫ 세부 사항 (요청)

▶ 대화의 마지막 문장인 'Get in touch with Ms. Nelson at GTR Construction.'에 남자가 여자에게 업무를 지시하는 내용이 있는데, 이는 'GRT 건설의 Nelson 씨에게 연락하라'는 의미이다.

▶ 보기들 중 이를 가장 잘 설명하고 있는 것은 다른 회사의 사람에게 연락한다는 내용의 (C)이다.

M1 Mr. Anderson requested that we finish our tasks before lunch.

M2 **10-1) What would you like me to do?**

M1 I'm going to photocopy all of the documents. **10-2) 11-1) I want you to go over the contract** carefully.

M2 You want me to check it for errors?

M1 You got it. Plus, make sure that the numbers are correct.

W **11-2) What about me, Dave?**

M1 **10-3) 11-3) 12) Get in touch with Ms. Nelson at GTR Construction.** Find out when she's available for a meeting, please.

M1 Anderson 씨는 우리에게 점심식사 전에 업무를 모두 마무리하라고 요청했어요.

M2 저는 무엇을 하는 것이 좋을까요?

M1 저는 모든 서류들을 복사할 거예요. 당신은 계약서를 신중하게 검토해 주었으면 좋겠군요.

M2 오류 사항들을 점검하면 될까요?

M1 그래요. 추가적으로, 수치들이 올바른지도 확인해 주세요.

W 저는 어떻게 할까요, Dave?

M1 GTR 건설의 Nelson 씨와 연락을 취해 주세요. 언제 그녀와 회의할 수 있는지 확인해 주세요.

---

10. 대화는 주로 무엇에 관한 것인가?
   (A) 업무 할당
   (B) 곧 있을 회의
   (C) 건설 프로젝트
   (D) 계약 서명

12. 남자는 여자에게 무엇을 하라고 말하는가?
   (A) 계약 조건을 검토한다
   (B) Anderson 씨와의 회의 일정을 잡는다
   (C) **다른 회사의 사람에게 연락한다**
   (D) 서류들을 복사한다

11. 여자가 "What about me, Dave"라고 말할 때 그녀가 암시하고 있는 것은 무엇인가?
   (A) 그녀는 예전에 Anderson 씨를 만난 적이 없다.
   (B) **그녀는 도움을 주고 싶어 한다.**
   (C) 그녀는 여전히 일자리를 찾고 있다.
   (D) 그녀는 다른 일을 하고 싶어 한다.

어휘 photocopy 복사하다   go over 검토하다   contract 계약서   get in touch with ~와 연락을 취하다   assignment 배정, 할당

🔊 03-14

들리는 문장이 대화의 내용과 일치하면 ○, 그렇지 않으면 ×에 표시하세요.

❶ Mr. Anderson is most likely _____.   (○ | ×)

❷ One of the men _____ some photocopies.   (○ | ×)

❸ The woman is going to _____ at another company.   (○ | ×)

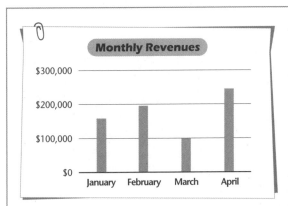

Monthly Revenues

$300,000
$200,000
$100,000
$0
January February March April

13. Where most likely do the speakers work?
(A) At a clothing manufacturer
(B) At a car dealership
(C) At a supermarket
(D) At a pharmacy

14. Look at the graphic. Which month is the man surprised about?
(A) January
(B) February
(C) March
(D) April

15. What does the man suggest doing?
(A) Increasing the advertising budget
(B) Employing more workers
(C) Getting more funding
(D) Starting a new marketing campaign

문제 해설

13 대화의 장소
- ▶ 화자들이 근무하는 곳이 어디인지를 묻고 있다.
- ▶ 대화의 첫 부분에서 여자가 신상품 드레스의 1분기 판매 수치를 봐 달라고(Take a look at our sales figures for our new line of dresses during the first four months of the year) 말한 것이 정답의 단서이다.
- ▶ 즉, 이들은 의류 제조업체에서 근무하고 있다고 볼 수 있으므로 정답은 (A)이다.

14 시각적 정보
- ▶ 시각 정보를 보고 푸는 문제로서, 남자가 어떤 달에 대해 놀랐는지 묻고 있다.
- ▶ 남자는 한 달 동안의 수치가 급격하게 감소한 이유가 무엇인지(what happened to cause such a dramatic decline in that one month?) 묻고 나서, 매우 놀랍다고(That's rather surprising) 했다.
- ▶ 그래프에서 수익이 급격하게 감소한 달은 3월이므로 정답은 (C)이다.

15 세부 사항 (이유)
- ▶ 남자는 3월에 수익이 급격히 감소한 이유를 물었고, 이에 대해 여자는 3월에 웹사이트를 업그레이드했는데(That was the month when we upgraded our Web site) 이 때문에 2주 동안 온라인 주문에 문제가 있었다고(Customers had problems making online orders for two weeks) 했다.
- ▶ 남자는 이러한 문제를 해결하기 위해서 IT 부서의 직원을 더 고용하는 것을 생각해 보라고(Perhaps we should consider hiring some more people for the IT Department) 했다. 따라서 정답은 (B)이다.

W **13) Take a look at our sales figures for our new line of dresses during the first four months of the year.** How do they look?

M Overall, I'm pretty pleased, but **14-1) what happened to cause such a dramatic decline in that one month? 14-2) That's rather surprising.**

W **15-1) That was the month when we upgraded our Web site. 15-2) Customers had problems making online orders for two weeks.**

M We'd better make sure that never happens again. **15-3) Perhaps we should consider hiring some more people for the IT Department.**

W I'll talk to Deborah Greene and see if we have enough funds available for that.

W 신상품 드레스에 관한 올해 1분기 판매 수치를 봐 주세요. 어떻게 보이나요?

M 전체적으로 꽤 만족스럽지만, 무엇 때문에 저 한 달 동안은 수치가 급격하게 감소했나요? 상당히 놀랍 군요.

W 우리가 웹사이트를 업그레이드했던 달이었어요. 2주 동안 고객들이 온라인 주문을 하는 데 문제를 겪었죠.

M 다시는 그런 일이 발생하지 않도록 해야겠어요. IT 부서에 사람을 더 고용하는 것을 생각해 봐야 할 것 같군요.

W Deborah Greene과 이야기해서 그럴 수 있는 자금이 충분히 있는지 알아볼게요.

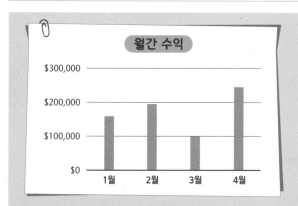

월간 수익

13. 화자들은 어디에서 일하는 것 같은가?
    (A) 의류 제조업체
    (B) 자동차 대리점
    (C) 슈퍼마켓
    (D) 약국

14. 도표를 보아라. 남자는 어떤 달에 놀라워 하는가?
    (A) 1월
    (B) 2월
    (C) 3월
    (D) 4월

15. 남자는 무엇을 하겠다고 제안하는가?
    (A) 광고 예산을 증액한다
    (B) 직원을 더 채용한다
    (C) 자금을 더 구한다
    (D) 새로운 마케팅 캠페인을 시작한다

어휘 cause 야기하다, 일으키다 decline 감소 consider 고려하다 available 이용할 수 있는 car dealership 자동차 대리점 pharmacy 약국

◀)) 03-16

들리는 문장이 대화의 내용과 일치하면 ○, 그렇지 않으면 ×에 표시하세요.

❶ The speakers are discussing _____. (○ | ×)

❷ There was a _____ for two months. (○ | ×)

❸ The woman _____ Deborah Greene later. (○ | ×)

Unit 02 비즈니스 관련 II (행사 관련)

예제

🔊 03-17

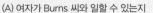

1. What is the man asking about?

(A) If the woman works with Mr. Burns
(B) If the woman will attend an event
(C) If the woman lives in Houston
(D) If the woman will speak at a conference

2. Who most likely is Ms. Morrison?

(A) The woman's boss
(B) A speaker at a conference
(C) The Houston branch manager
(D) The company CEO

3. What is the man going to do at two?

(A) Call Mr. Burns
(B) Go to the airport
(C) Attend a meeting
(D) Talk to Ms. Morrison

1. 남자는 무엇에 대해 묻고 있는가?

(A) 여자가 Burns 씨와 일할 수 있는지
(B) 여자가 행사에 참석할 것인지
(C) 여자가 휴스턴에서 사는지
(D) 여자가 학회에서 연설할 것인지

2. Morrison 씨는 누구일 것 같은가?

(A) 여자의 상사
(B) 학회의 연사
(C) 휴스턴 지사의 관리자
(D) 회사의 대표 이사

3. 남자는 2시에 무엇을 할 것인가?

(A) Burns 씨에게 전화를 한다
(B) 공항에 간다
(C) 회의를 한다
(D) Morrison 씨와 이야기를 한다

M Susan, are you planning to attend the conference in Houston next month? Mr. Burns needs to know how many of us are going there. We have to register for the event by tomorrow.

W I didn't realize that. I haven't gotten permission from my boss yet. Let me talk to Ms. Morrison after lunch is over. Then, I'll call you to let you know.

M That's fine. But be sure to contact me before two. That's when I'm scheduled to meet with Mr. Burns.

M Susan, 다음 달에 휴스턴에서 열리는 학회에 참석할 계획인가요? Burns 씨께서 우리 중 몇 명이 그곳에 갈 것인지 아셔야 해서요. 우리는 내일까지 그 행사에 등록해야 해요.

W 그 점은 제가 몰랐네요. 저는 아직 상사로부터 허락을 받지 못했어요. 점심 시간이 끝난 후에 Morrison 씨에게 이야기할게요. 그 후에, 제가 당신에게 전화해서 알려 줄게요.

M 좋아요. 하지만 잊지 말고 2시 전까지는 저에게 연락을 주세요. 그때가 Burns 씨와 만나기로 예정되어 있는 시간이어서요.

어휘 attend 참석하다 conference 학회, 회의 register for ~에 등록하다 permission 허락, 허가 be over 끝나다 be sure to 반드시 ~하다, 잊지 않고 ~하다 schedule 일정을 잡다 branch 지사, 지점

대화 유형 분석

대화의 첫 부분에서 남자는 여자에게 다음 달에 예정된 학회에 참석할 것인지를 묻고 있다. 이를 통해 대화의 주제는 앞으로 있을 행사의 참석 여부에 관한 것이라는 점을 예상할 수 있다. 따라서 여자가 학회에 참석할 것인지, 그리고 참석하기 위해서는 어떤 조건이 충족되어야 하는지에 관한 정보에 집중하도록 한다.

풀이 전략 및 해설

1 ● 대화의 첫 부분에서 정답의 단서를 찾을 수 있다.

● 남자는 'Susan, are you planning to attend the conference in Houston next month?'라고 말하면서 여자에게 학회 참석 여부를 묻고 있다.

● 따라서 남자가 묻고 있는 것은 (B)의 If the woman will attend an event(여자가 행사에 참석할 것인지)이다.

2 ● Morrison 씨의 신원을 묻고 있으므로 대화에서 Ms. Morrison이 언급되고 있는 부분을 주의해서 듣도록 한다.

● 학회의 참석 여부를 묻는 남자의 질문에 여자는 아직 자신이 '상사(boss)'로부터 허락을 받지 못했다고 말한 후, 'Let me talk to Ms. Morrison after lunch is over.'라고 말한다.

● 이를 통해 Morrison 씨는 여자의 상사임을 알 수 있으므로 정답은 (A)의 The woman's boss이다.

3 ● 남자의 마지막 말, 'But be sure to contact me before two. That's when I'm scheduled to meet with Mr. Burns.'를 통해, 남자는 2시에 Burns 씨를 만나기로 예정되어 있다는 사실을 확인할 수 있다.

● 따라서 남자가 2시에 할 일은 (C)의 Attend a meeting이다.

학회, 세미나, 워크샵 관련 표현

hold a conference 학회를 개최하다	provide refreshments 다과를 제공하다
pay a registration fee 등록비를 지불하다	information packet 자료 모음집
attend a training session 교육에 참석하다	sign up for a seminar 세미나에 등록하다
rent a room for a workshop 워크숍을 위한 장소를 대여하다	cannot make it to an event 행사에 참석하지 못하다

A Why are you going to Jacksonville tomorrow? 당신은 왜 내일 잭슨빌에 가나요?

B I have to **attend a training session** there. 그곳에서 교육에 참석해야 해요.

A I'm sorry, but I **cannot make it to the event** tomorrow. 미안하지만, 내일 행사에 참석하지 못해요.

B That's fine. You can attend the one next week instead. 괜찮아요. 대신에 다음 주의 행사에 참석하면 돼요.

은퇴 및 퇴사 관련 표현

have been working here 이곳에서 일해 왔다	quit one's job 일을 그만 두다
hold a going-away party 송별회를 열다	decide to leave a company 퇴사를 결심하다
give a farewell party for ~을 위한 송별회를 하다	prepare a gift for ~을 위한 선물을 준비하다
announce one's intention to resign 퇴임 의사를 밝히다	organize a retirement party 은퇴 기념 파티를 준비하다

A Did you hear that John has **decided to leave the company**? John이 퇴사를 결심했다는 소식을 들었나요?

B Yes, he told me. He's going to move to Europe. 네, 그가 제게 말해 주었어요. 그는 유럽으로 갈 거예요.

A How long **has** Melanie **been working here**? Melanie가 이곳에서 근무한지 얼마나 되었죠?

B Either eight or nine years. 8년이나 9년요.

수상 관련 표현

win the employee-of-the-year award 올해의 사원상을 받다	nominate someone for an award 상을 받을 후보로 누군가를 지명하다
appreciate one's hard work and dedication 노고와 헌신에 감사하다	be a strong candidate for an award 상을 받을 유력한 후보이다
be an invaluable part of a company 회사의 소중한 부분이다	deserve an award 상을 받을 자격이 있다

A I'm going to **nominate** Peter **for the employee-of-the-month award**.
저는 이달의 사원상 후보로 Peter를 지명할 거예요.

B Good thinking. He's done a great job this month. 좋은 생각이군요. 그는 이번 달에 큰 일을 했어요.

A What's your opinion of Ms. Sullivan? Sullivan 씨에 대해 어떻게 생각하세요?

B She's great. In fact, **she's an invaluable part of the company**.
훌륭하죠. 사실, 그녀는 회사에서 없어서는 안 될 존재예요.

A 대화를 듣고 주어진 문장이 사실이면 ○, 그렇지 않으면 X에 표시하세요.

🔊 03-18

1 (a) The speakers are at an end-of-the-year party now.   (○ ┃ X)

(b) The company will have an event in one week.   (○ ┃ X)

(c) The man works at a radio station.   (○ ┃ X)

2 (a) The woman wants to hear Dr. Reed speak.   (○ ┃ X)

(b) The woman did not hear the announcement.   (○ ┃ X)

(c) The woman suggests attending a workshop next.   (○ ┃ X)

3 (a) The speakers are talking about who should win an award.   (○ ┃ X)

(b) Herb Williams organized a conference last month.   (○ ┃ X)

(c) The speakers disagree about the employee of the month.   (○ ┃ X)

4 (a) The man is most likely a receptionist.   (○ ┃ X)

(b) The woman is going to apply for a driver's license.   (○ ┃ X)

(c) The man gives the woman an application form.   (○ ┃ X)

5 (a) The speakers imply that Tina Stewart is leaving the company.   (○ ┃ X)

(b) The man invites the woman to go to the restaurant with him.   (○ ┃ X)

(c) The woman is going to work until seven o'clock.   (○ ┃ X)

B 대화를 듣고 정답을 고른 다음, 대화를 다시 듣고 빈칸을 완성하세요.

1 What are the man and woman talking about?

(a) Attending a workshop
(b) How to register
(c) When they are leaving

2 Where is the woman going to go next week?

(a) Lexington
(b) San Diego
(c) St. Louis

◀ 03-19

Dictation

M Joanna, are you going to _____ next week? I want to go, but I think that the _____ might have _____.

W I'm _____ in St. Louis, but _____ in Lexington _____. Which one do you mean?

M I'm hoping to go to the _____.

W Ah, you _____ until this Friday. So _____ do that quickly.

3 Why does the woman congratulate the man?

(a) He just got a promotion.
(b) He received a pay raise.
(c) He won an award.

4 What does the man imply about Lewis Briggs?

(a) He won an award recently.
(b) He is the man's supervisor.
(c) He still works at the company.

◀ 03-20

Dictation

W _____ the worker of the quarter, Rod. That's the second time in three years you have won the award.

M Thanks a lot. I'm glad that the company has _____ for my work.

W Yeah, you should have _____, too. You did even better work then.

M Yeah, but I understand why I didn't win. The company wanted to _____ Lewis Briggs _____.

5 What are the speakers mainly
   discussing?

   (a) A keynote speech
   (b) A trip to San Diego
   (c) Some new research

6 What does the man say about
   Dr. Peterson?

   (a) He is a famous scientist.
   (b) He has an office in San Diego.
   (c) He gave a similar talk before.

03-21

Dictation

W   What was your opinion of the talk given ＿＿＿＿＿＿＿＿＿＿＿?
    I ＿＿＿＿＿＿＿＿＿＿＿ by it.

M   It was ＿＿＿＿＿＿＿, but I had actually heard it before. Dr. Peterson gave almost
    ＿＿＿＿＿＿＿＿＿＿＿ in San Diego last month.

W   Really? That's ＿＿＿＿＿＿＿＿＿＿＿. He should have come up with
    ＿＿＿＿＿＿＿＿＿＿.

M   I agree. He spoke on a fascinating topic, but his speech ＿＿＿＿＿＿＿＿＿＿＿.

7 What are the speakers mainly
   discussing?

   (a) A sales conference
   (b) A new advertisement
   (c) A product demonstration

8 How do the men feel about the
   JT4000?

   (a) They were unimpressed by it.
   (b) They are interested in it.
   (c) They think it is too costly.

03-22

Dictation

M1 What did you think of Ms. Farmer's ＿＿＿＿＿＿＿＿＿?

W   It was rather ＿＿＿＿＿＿＿. I had no idea that her company's products were so
    versatile.

M2 That's how I felt. I was particularly ＿＿＿＿＿＿＿ the JT4000.

W   You ＿＿＿＿＿＿＿, are you? It was my ＿＿＿＿＿＿＿
    that was demonstrated.

M2 I think it's got ＿＿＿＿＿＿＿＿＿＿＿. You should ＿＿＿＿＿＿＿
    your position.

M1 I ＿＿＿＿＿＿＿ Marcus. In fact, I'd like to see a second demonstration of it.

01. What type of event will the man's company most likely have?

(A) A company picnic

(B) A training session

(C) A marketing seminar

(D) A job fair

02. What does the man want?

(A) A new logo

(B) T-shirts

(C) A discount

(D) A catered lunch

03. What will the man e-mail the woman?

(A) Details about an item

(B) His mailing address

(C) Payment information

(D) A work schedule

문제 해설

01 세부 사항 (언급된 사실)

▶ 남자의 회사가 진행할 행사의 종류가 언급된 부분은 남자의 첫 번째 대화이다.

▶ 남자는 다음 주 토요일에 직원들을 위한 특별행사가 있다고(My company is having a special event for employees next Saturday) 말한 다음, 행사의 종류가 야유회임을(We want to hand them out at the picnic) 밝히고 있다. 따라서 정답은 (A)이다.

02 세부 사항 (언급된 사실)

▶ 남자는 회사 로고가 들어 있는 티셔츠 350벌을 구매하고 싶다고(we'd like to get 350 T-shirts printed with the company logo) 말했다. 따라서 정답은 (B)이다.

▶ 회사 로고가 들어 있는 셔츠가 필요하다고 했지만 '새로운 로고(A new logo)'를 원하는 것은 아니므로 (A)를 정답으로 골라서는 안 된다.

03 세부 사항 (언급된 사실)

▶ 대화의 마지막 부분에서 이메일이 언급되어 있다.

▶ 여자는 최대한 빨리 이메일로 디자인을 보내 달라고(You need to e-mail me the design as soon as possible) 말했고, 남자는 원하는 색상들도 이메일로 보내겠다고(I'll also e-mail you the specific colors we'd like to have) 대답했다.

▶ 따라서 남자가 이메일로 보낼 것은 '제품에 대한 세부 사항들'이라고 볼 수 있으므로 정답은 (A)이다.

W	This is Erica Wild at Goodman Clothes. What can I do for you?
M	Hello. **01-1) My company is having a special event for employees next Saturday**, and **02) we'd like to get 350 T-shirts printed with the company logo. 01-2) We want to hand them out at the picnic.** I'll need them by Friday the eleventh.
W	We can do that, but it will have to be a rush order, so that will cost twenty percent more than normal. **03-1) You need to e-mail me the design as soon as possible, too.**
M	That's acceptable. **03-2) I'll also e-mail you the specific colors we'd like to have.**

W	Goodman Clothes의 Erica Wild입니다. 어떻게 도와 드릴까요?
M	안녕하세요. 저희 회사에서 다음 주 토요일에 직원들을 위한 특별 행사를 진행할 예정인데, 회사의 로고가 새겨진 티셔츠를 350벌 구입하고 싶어요. 야유회에서 나누어 주려고 해요. 11일 금요일까지 필요하고요.
W	그렇게 해 드릴 수는 있지만, 긴급 주문이어서 정상 가격보다 20% 더 비용이 발생할 거예요. 그리고 가능한 한 빨리 이메일로 저에게 디자인을 보내 주셔야 하고요.
M	납득할 만하군요. 저희가 원하는 특정 색상들도 이메일로 보내 드릴게요.

01. 남자의 회사는 어떤 종류의 행사를 진행할 것인가?
   (A) 회사 야유회
   (B) 교육
   (C) 마케팅 세미나
   (D) 취업 박람회

02. 남자는 무엇을 원하는가?
   (A) 새로운 로고
   (B) 티셔츠
   (C) 할인
   (D) 점심 식사 출장 서비스

03. 남자는 무엇을 여자에게 이메일로 보낼 것인가?
   (A) 제품에 대한 세부 사항
   (B) 우편 주소
   (C) 결제 정보
   (D) 작업 일정

어휘 hand out 나누어 주다, 배포하다   rush order 긴급 주문   acceptable 받아들일 수 있는   specific 특정한   cater (행사 등에) 음식을 공급하다

 **MORE & MORE**

🔊 03-24

들리는 문장이 대화의 내용과 일치하면 ○, 그렇지 않으면 ×에 표시하세요.

1. The woman works at a _____. (○ | ×)
2. The man plans to _____ at a special event. (○ | ×)
3. The woman will _____ the man the _____. (○ | ×)

정답 p.039

예상적중문제 **04-06** 대화를 듣고 질문에 가장 알맞은 답을 고르세요.

◀ 03-25

---

04. What does the man ask the woman to do?

(A) Help organize a training program

(B) Look at a report he is writing

(C) Take part in an orientation event

(D) Change shifts with him next week

05. Why is the woman unable to assist the man?

(A) She will be taking some time off.

(B) She has to go on a business trip.

(C) She has too much work to do.

(D) She will be attending a seminar.

06. What will the man most likely do next?

(A) Hire an outside consultant

(B) Complete the work alone

(C) Ask for an extension

(D) Speak with a colleague

문제 해설

04 세부 사항 (요청)

▶ 대화의 첫 부분에서 남자는 여자에게 자신이 오리엔테이션을 준비하고 있다는 것을 알고 있는지(do you remember that I'm organizing the orientation session) 물었다.

▶ 이어서 사업장 안전에 대해 강연을 해 달라고(How would you like to give a talk on workplace safety?) 부탁하고 있다.

▶ 따라서 행사에 참여해 줄 것을 부탁한 것으로 볼 수 있으므로 정답은 (C)이다.

05 세부 사항 (이유)

▶ 남자의 부탁에 대해 여자는 비슷한 행사에서 강연을 해봤기 때문에 문제 없을 것 같다고 말했다. 하지만 이어서 자신의 휴가 기간을 알려 주면서 일정 상 문제가 없는지 물었다.

▶ 남자는 강연 일정이 4월 14일이라고(the session is going to be held on the fourteenth of April) 했는데, 이는 여자의 휴가 일정과 겹친다. 따라서 정답은 (A)이다.

06 대화 이후의 상황

▶ 여자가 강연을 할 수 없다는 것을 확인하고 나서, 남자는 연구개발부의 Tom Hardy에게 부탁할 것이라고(I guess I'll talk to Tom Hardy in R&D and see if he can accommodate me) 말했다.

▶ Tom Hardy는 다른 부서에 근무하는 남자의 동료일 것이므로 정답은 (D)이다.

M   Sarah, **04-1) do you remember that I'm organizing the orientation session** for next month's new hires? I've got all of the speaking slots filled except one. **04-02) How would you like to give a talk on workplace safety?**

W   That shouldn't be a problem because I've done that a few times in the past at other similar events. However, **05-01) I'm going to be on vacation from April 10 to 25.**

M   Oh, **05-02) the session is going to be held on the fourteenth of April. 06) I guess I'll talk to Tom Hardy in R&D and see if he can accommodate me.**

M   Sarah, 제가 다음 달 신입 직원들을 위한 오리엔테이션을 준비하고 있다는 것을 기억하나요? 한 자리만 빼고 강연자 자리는 모두 채워졌어요. 당신이 사업장 안전에 대해 강연을 하는 것이 어떨까요?

W   예전에 다른 비슷한 행사에서 몇 차례 강연을 했던 적이 있기 때문에 문제없을 것 같아요. 하지만 저는 4월 10일부터 25일까지 휴가를 갈 예정이에요.

M   오, 오리엔테이션은 4월 14일에 진행될 거예요. 연구개발부의 Tom Hardy에게 이야기해서 그가 저의 의견을 받아들일 수 있는지 알아봐야 할 것 같군요.

04. 남자는 여자에게 무엇을 할 것을 요청하는가?
   (A) 교육 프로그램을 준비하는 일을 돕는다
   (B) 그가 작성 중인 보고서를 살펴 본다
   (C) 오리엔테이션에 참가한다
   (D) 다음 주에 그와 근무 시간을 바꾼다

05. 여자는 왜 남자를 도울 수 없는가?
   (A) 휴가를 갈 예정이다.
   (B) 출장을 가야 한다.
   (C) 해야 할 일이 너무 많다.
   (D) 세미나에 참석할 예정이다.

06. 남자는 이다음에 무엇을 할 것 같은가?
   (A) 외부 컨설턴트를 고용한다
   (B) 혼자서 업무를 완료한다
   (C) 기간 연장을 요구한다
   (D) 동료와 이야기한다

어휘 organize 조직하다   slot 구멍, 자리   workplace safety 산업 안전, 사업장 안전   accommodate 수용하다   take part in ~에 참여하다   extension 확대, 연장

🔊 03-26

들리는 문장이 대화의 내용과 일치하면 ○, 그렇지 않으면 ✕에 표시하세요.

❶ The man is most likely _____ at the company.   (○ | ✕)

❷ The woman _____ the man.   (○ | ✕)

❸ The man will _____ next.   (○ | ✕)

정답 p.039

07. What is the woman eager to do?

(A) Listen to a speech

(B) Take part in a workshop

(C) Meet Marcia O'Malley

(D) Attend a conference

08. When is the event going to finish?

(A) At 11:00 A.M.

(B) At 1:00 P.M.

(C) At 3:00 P.M.

(D) At 5:00 P.M.

09. What does the man suggest that the woman do?

(A) Record a speech

(B) Attend the workshop with him

(C) Take some notes

(D) Prepare her speech

문제 해설

07 세부 사항 (언급된 사실)

▶ 대화의 첫 부분에서 여자는 Jackson 박사가 워크숍을 언제 주관할 것인지를 물은 후, 'I'm really looking forward to it.'이라고 말한다.

▶ 이를 통해 여자는 워크숍을 고대하고 있음을 알 수 있으므로 여자가 하고 싶어 하는 일은 (B)의 Take part in a workshop(워크숍에 참여한다)이다.

> **묘·수·풀·이**
>
> 07번 문제의 be eager to는 '~하기를 열망하다'라는 뜻인데, 이 문제의 답은 대화 중 look forward to(~하기를 고대하다)라는 표현이 사용된 곳에서 찾을 수 있다. 이처럼 '바꾸어 쓰기(paraphrasing)'는 보기뿐만 아니라 문제에 사용된 표현에도 적용될 수 있다.

08 세부 사항 (언급된 사실)

▶ 행사가 끝나는 시각을 묻고 있으므로 시각이 언급되는 부분에 주의를 기울이도록 한다.

▶ 남자의 말, 'According to the schedule, it will start at one and finish at three.'에서 워크숍은 1시에 시작되어 3시에 끝날 것이라는 점을 알 수 있으므로 정답은 (C)이다.

09 세부 사항 (제안)

▶ 남자의 마지막 말에서 정답의 단서를 찾을 수 있다. 남자는 여자에게 'Take good notes during the workshop, and I'll record her speech.'라고 말하면서 여자에게 필기를 부탁하고 있다.

▶ 따라서 남자가 여자에게 제안한 것은 (C)의 Take some notes(필기를 한다)이다. (A)는 남자가 자신이 하겠다고 한 일이다.

W **07-1) What time is Dr. Jackson going to be holding his workshop? 07-2) I'm really looking forward to it.**

M **08) According to the schedule, it will start at one and finish at three.** Unfortunately, I can't make it since I've got to attend the speech being given by Marcia O'Malley.

W It's too bad they are being held at the same time. I'd like to hear her speak, too.

M **09) Take good notes during the workshop, and I'll record her speech.** Then, I can read your notes, and you can listen to the speech.

W Jackson 박사님께서 몇 시에 워크샵을 주관하실 예정이죠? 정말로 기대가 되는군요.

M 일정표에 따르면, 1시에 시작해서 3시에 끝날 거예요. 유감스럽게도, 저는 Marcia O'Malley가 하게 될 강연에 참석해야 해서 그곳에는 갈 수가 없어요.

W 같은 시간에 열린다니 너무 안타깝군요. 저 역시 그녀가 강연하는 것을 듣고 싶어요.

M 당신이 워크숍에서 필기를 잘 해 두면, 저도 그녀의 강연을 녹음해 둘게요. 그러면, 저는 당신이 필기한 것을 읽을 수 있고, 당신도 강연을 들을 수 있을 거예요.

07. 여자는 무엇을 하고 싶어 하는가?
(A) 강연을 듣는다
(B) **워크숍에 참여한다**
(C) Marcia O' Malley를 만난다
(D) 컨퍼런스에 참석한다

08. 행사는 언제 끝나는가?
(A) 오전 11시에
(B) 오후 1시에
(C) **오후 3시에**
(D) 오후 5시에

09. 남자는 여자에게 무엇을 하라고 제안하는가?
(A) 강연을 녹음한다
(B) 자신과 함께 워크숍에 참석한다
(C) **필기를 한다**
(D) 연설을 준비한다

어휘 hold 주최하다, 개최하다   look forward to ~을 고대하다   according to ~에 의하면   make it ~에 가다   have got to ~해야 한다   at the same time 동시에, 같은 시간에   take notes 필기를 하다   record 녹음하다, 녹화하다   take part in ~에 참여하다   prepare 준비하다

MORE & MORE

◀) 03-28

들리는 문장이 대화의 내용과 일치하면 O, 그렇지 않으면 ✕에 표시하세요.

❶ Dr. Jackson's workshop will _____.   (O | ✕)
❷ Marcia O'Malley will _____.   (O | ✕)
❸ The woman is going to _____.   (O | ✕)

정답 p.040

예상적중문제 10-12 대화를 듣고 질문에 가장 알맞은 답을 고르세요.

🔊 03-29

10. What did Emma receive?

(A) An award

(B) A trophy

(C) A promotion

(D) A salary increase

12. What will Emma do for her coworkers?

(A) Give them gift certificates

(B) Hold a party for them at the office

(C) Take them out to lunch

(D) Buy presents for them

11. Why does Emma thank Tom?

(A) For assisting her

(B) For congratulating her

(C) For giving her a present

(D) For nominating her

⌕ **문제 해설**

🔟 **세부 사항 (언급된 사실)**

▶ Emma라는 이름은 남자의 첫 번째 대화, 'Congratulations on winning the employee-of-the-year award last night, Emma.'에서 언급되고 있다.

▶ 이를 통해 Emma가 받은 것은 '올해의 사원상(the employee-of-the-year award)'임을 알 수 있으므로 정답은 (A)의 An award이다.

⓫ **세부 사항 (이유)**

▶ 남자의 칭찬에 대해 여자는 'Thanks for saying that, Tom. It's very kind of you.'라고 답한다.

▶ 이를 통해 Emma가 Tom에게 고마워하는 이유는 수상을 축하해 주었기 때문이라는 것을 알 수 있으므로 정답은 (B)의 For congratulating her이다.

⓬ **세부 사항 (언급된 사실)**

▶ 여자는 자신의 수상이 '동료들(teammates)' 덕분이었다고 말하면서, 'Yeah, I'm going to take everyone in my office out to lunch tomorrow.'라고 자신의 계획을 밝히고 있다.

▶ 즉, 여자는 사무실의 모든 직원과 함께 점심을 먹으러 갈 것이기 때문에 정답은 (C)의 Take them out to lunch이다.

M **10)** **Congratulations on winning the employee-of-the-year award last night, Emma.** You really deserved it.

W **11-1)** **Thanks for saying that, Tom.** **11-2)** **It's very kind of you.** However, **12-1)** **I couldn't have done it without all of my teammates.** They made everything possible.

M I'm sure they'll be pleased to know that.

W Yeah, **12-2)** **I'm going to take everyone in my office out to lunch tomorrow.** I want to show them how much I appreciate their hard work and dedication.

M 어젯밤에 올해의 사원상을 수상한 것을 축하해요, Emma. 당신은 정말로 받을 자격이 있었어요.

W 그렇게 말해 주다니 고마워요, Tom. 정말로 친절하군요. 하지만, 팀 동료들이 없었다면 해낼 수 없었을 거예요. 그들이 모든 것을 가능하게 만들어 주었죠.

M 그들이 그러한 점을 알게 된다면 틀림없이 기뻐할 거예요.

W 예, 저는 내일 사무실의 모든 사람들을 데리고 나가서 점심을 먹으려고 해요. 그들의 노고와 헌신에 제가 얼마나 고마워하는지를 보여 주고 싶거든요.

---

10. Emma는 무엇을 받았는가?
    (A) 상
    (B) 트로피
    (C) 승진
    (D) 급여 인상

11. Emma는 왜 Tom에게 고마워하는가?
    (A) 자신을 도와 주어서
    (B) 자신을 축하해 주어서
    (C) 자신에게 선물을 주어서
    (D) 자신을 추천해 주어서

12. Emma는 동료들을 위해 무엇을 할 것인가?
    (A) 그들에게 상품권을 준다
    (B) 사무실에서 그들을 위한 파티를 연다
    (C) 그들을 데리고 나가서 점심을 먹는다
    (D) 그들에게 선물을 사 준다

어휘 congratulation 축하   employee-of-the-year award 올해의 사원상   deserve 자격이 있다   teammate 팀원, 팀 동료
appreciate 감사하다, 고마워하다   dedication 헌신   nominate 지명하다, 추천하다   gift certificate 상품권   hold a party
파티를 열다

🔔 03-30

들리는 문장이 대화의 내용과 일치하면 ○, 그렇지 않으면 ×에 표시하세요.

❶ The man congratulates the woman for _____.   (○ | ×)

❷ The woman mentions that _____ helped her.   (○ | ×)

❸ The man and woman will _____ tomorrow.   (○ | ×)

정답 p.040

13. What is being discussed?

(A) The speakers' colleagues

(B) The man's award

(C) The man's employees

(D) The speakers' clients

14. Who is Brad Crawford?

(A) The woman's boss

(B) The woman's employee

(C) The woman's foreign buyer

(D) The woman's best salesman

15. What did Amy Stetson do?

(A) She sold more than anyone else at the company.

(B) She set up meetings with some foreign buyers.

(C) She purchased $500,000 worth of products.

(D) She hired several new salespeople at the company.

문제 해설

⑬ 주제 및 목적

▶ 대화의 초반부에서 남자가 여자에게 이달의 직원상 후보로 추천한 사람이 있는지 묻자, 여자는 이달의 신입 사원상에 Brad Crawford를 추천했고, 이달의 사원상에 Amy Stetson을 추천했다고 말한다.

▶ 이어서 Amy Stetson을 추천한 이유에 관한 대화가 이어지고 있으므로 대화에서 논의되고 있는 대상은 (A)의 The speakers' colleagues(화자들의 동료)이다.

⑭ 인물의 신원

▶ 대화에서 Brad Crawford가 언급되고 있는 부분은 여자의 말인 'I nominated Brad Crawford for the newcomer of the month award.'에서 찾을 수 있다. 이를 통해 Brad Crawford라는 인물은 여자가 수상자로 추천한 신입 사원임을 알 수 있으므로 정답은 (B)의 The woman's employee이다.

▶ 여자는 Amy Stetson이 최고의 영업 사원이라고 했으므로 Brad Crawford가 최고의 영업 사원이라는 내용의 (D)는 정답이 될 수 없다.

⑮ 세부 사항 (언급된 사실)

▶ 대화의 마지막 부분에서 여자는 Amy Stetson이 '이달의 최고 영업 사원(the company's top salesperson this month)이었다'고 말한 후, 그녀가 이번 달에만 500,000달러 이상의 가치가 있는 계약을 성사시켰다는 사실을 알리고 있다.

▶ 이를 통해 Amy Stetson이 회사에서 가장 높은 실적을 올렸음을 알 수 있으므로 정답은 (A)이다.

M **13-1)** **Did you nominate any of your employees for an award this month?**

W Yes, I did. **13-2) 14)** **I nominated Brad Crawford for the newcomer of the month award. 15-1) I also recommended that Amy Stetson be named the employee of the month.**

M Amy Stetson? What did she do to deserve that kind of recognition?

W **15-2)** **She was the company's top salesperson this month. 15-3) She secured more than $500,000 worth of contracts with foreign buyers this month alone.**

M 이달의 사원상에 직원 중 한 명을 추천하셨나요?

W 네, 그랬어요. 저는 이달의 신입 사원상에 Brad Crawford를 추천했어요. 그리고 이달의 사원상 후보로 Amy Stetson이 지명되어야 한다고 추천을 했죠.

M Amy Stetson이라고요? 그녀가 그와 같은 인정을 받기 위해 어떤 일을 했죠?

W 그녀는 이번 달 최고의 영업 사원이었어요. 이번 달에만 해외 바이어들로부터 500,000달러 이상의 가치가 있는 계약을 성사시켰어요.

---

13. 무엇이 논의되고 있는가?
   (A) 화자들의 동료
   (B) 남자의 상
   (C) 남자의 직원들
   (D) 화자의 고객들

14. Brad Crawford는 누구인가?
   (A) 여자의 상사
   (B) 여자의 직원
   (C) 여자의 외국 바이어
   (D) 여자의 최고 영업 사원

15. Amy Stetson은 무엇을 했는가?
   (A) 회사 내 누구보다 많은 판매를 했다.
   (B) 몇몇 외국 바이어들과의 회의를 주선했다.
   (C) 500,000달러의 가치가 있는 제품을 구입했다.
   (D) 신입 판매 직원을 몇 명 고용했다.

어휘 nominate 지명하다, 추천하다   newcomer 신참자, 신입   recommend 추천하다   name 지명하다, 지목하다   deserve 자격이 있다
recognition 인지, 인식   secure 확보하다   worth of ~의 가치가 있는   alone 혼자서, 홀로   colleague 동료

 **MORE & MORE**

🔊 03-32

들리는 문장이 대화의 내용과 일치하면 ○, 그렇지 않으면 ×에 표시하세요.

❶ The man implies that the woman is _____ .   (○ | ×)

❷ Brad Crawford _____ at the company.   (○ | ×)

❸ Amy Stetson is employed _____ .   (○ | ×)

정답 p.040

비즈니스 관련 III (인사 관련 및 기타)

◀) 03-33

예제

1. Why does the woman visit the man?

   (A) To apply for a job
   (B) To attend an orientation session
   (C) To have an interview
   (D) To work on her résumé

2. What does the man request that the woman do?

   (A) Complete her résumé
   (B) Fill out a form
   (C) Visit the company's Web site
   (D) Come back on another day

3. What will happen on Friday?

   (A) The woman will have an interview.
   (B) The job will be filled.
   (C) The woman will be contacted.
   (D) The application date will expire.

1. 여자는 왜 남자를 찾아왔는가?

   (A) 일자리에 지원하기 위해
   (B) 오리엔테이션에 참석하기 위해
   (C) 면접을 보기 위해
   (D) 이력서를 작성하기 위해

2. 남자는 여자에게 무엇을 할 것을 요청하는가?

   (A) 이력서를 작성한다
   (B) 양식에 내용을 기입한다
   (C) 회사의 웹사이트를 방문한다
   (D) 다른 날에 다시 온다

3. 금요일에는 어떤 일이 일어날 것인가?

   (A) 여자가 면접을 볼 것이다.
   (B) 일자리가 채워질 것이다.
   (C) 여자에게 연락이 갈 것이다.
   (D) 지원 기간이 끝날 것이다.

W Good morning. I'm here to apply for the job of assistant manager. I saw an advertisement for it on the company's Web site. Is the position still available?

M Yes, it is. It hasn't been filled yet. We are still accepting applications for the job.

W That's great. I have my résumé, a cover letter, and two letters of recommendation right here. Do I need to do anything else?

M Please fill out this application form. We'll contact you on Friday to set up a time for an interview.

W 안녕하세요. 대리 직책에 지원하기 위해서 왔습니다. 회사의 웹사이트에서 그에 대한 광고를 봤습니다. 아직 지원 가능한가요?

M 네, 그래요. 아직 채워지지 않았어요. 그 자리에 대해서는 계속해서 지원을 받고 있는 중이에요.

W 잘 되었군요. 여기에 저의 이력서, 자기 소개서, 그리고 추천서 두 통이 있어요. 그밖에 제가 해야 할 일이 있나요?

M 이 지원서를 작성해 주세요. 면접 시간을 정하기 위해 저희가 금요일에 전화를 드릴 거예요.

어휘 apply for ~에 지원하다   assistant manager 대리   advertisement 광고   position 자리, 직책   avaiable 이용할 수 있는, 채용할 수 있는   résumé 이력서   cover letter 자기소개서   letter of recommendation 추천서   contact 연락하다   interview 면접   fill out 작성하다, 기입하다

대화 유형 분석

대화의 첫 문장을 통해 여자가 assistant manager(대리)에 지원하려 한다는 것을 알 수 있다. 또한 résumé(이력서), cover letter(자기 소개서), 그리고 letter of recommendation(추천서)과 같은 단어들과, set up a time for an interview(면접 일정을 정하다)와 같은 표현들도 언급되고 있기 때문에, 이 대화는 입사 지원과 관련된 대화임을 파악할 수 있다. 따라서 입사 지원을 위해 필요한 것이 무엇인지, 그리고 지원 절차는 어떻게 되는지에 유의하면서 대화를 듣도록 하자.

풀이 전략 및 해설

1 ● 여자의 첫 번째 말을 통해 여자가 남자를 찾아온 이유를 알 수 있다.

● 여자는 'I'm here to apply for the job of assistant manager.'라고 말하고 있으므로 여자는 assistant manager 직책에 지원하려 한다는 사실을 알 수 있다. 따라서 정답은 (A)의 To apply for a job이다.

● (C)의 To have an interview는 여자가 방문한 직접적인 이유라고 볼 수 없다.

2 ● 여자가 이력서 등의 문서를 제출한 후 더 필요한 것이 있는지 묻자, 남자는 'Please fill out this application form.'이라고 말한다.

● 따라서 남자가 요청하고 있는 것은 '신청서 작성'이므로 정답은 (B)의 Fill out a form이다.

3 ● '금요일'에 일어날 일을 묻고 있으므로 대화에서 Friday가 언급되고 있는 부분을 주의해서 듣도록 한다.

● 남자의 마지막 말인 'We'll contact you on Friday to set up a time for an interview.'를 통해 금요일에는 면접 일정을 정하기 위한 전화 통화가 이루어질 것임을 알 수 있으므로 정답은 (C)이다.

● 금요일에 면접이 진행되는 것은 아니므로 (A)를 정답으로 선택해서는 안 된다.

전근 관련 표현

would love to work abroad 해외 근무를 하고 싶다	be interested in transferring 전근에 흥미가 있다
be moving to the Chicago office 시카고 지사로 전근할 것이다	be opening a new branch 새로운 지사를 개설할 것이다
be transferred to one of the overseas offices 해외 지사 중 한 곳으로 전근을 가다	approve one's request to transfer 전근 신청을 승인하다
	become the manager of the Singapore branch 싱가포르 지사의 지사장이 되다

A Why did you apply to work in the London office? 왜 런던 지사로의 전근을 신청했나요?

B I **would love to work abroad**. It sounds like fun. 해외 근무를 해 보고 싶어서요. 재미있을 것 같아요.

A Did Ms. Wellman **approve your request to transfer**? Wellman 씨께서 당신의 전근 신청을 승인해 주셨나요?

B Yes, she did. So I will be leaving here in three weeks. 네, 그러셨어요. 그래서 3주 후에 그분 곁을 떠나게 될 거예요.

취업 제의 및 연봉 협상 관련 표현

offer the job of ~의 직을 제안하다	receive an annual bonus 연간 보너스를 받다
review the details of an offer 제안의 세부 내용을 검토하다	offer a competitive benefits package 뛰어난 복리 후생을 제공하다
bring many years of experience in ~에서 다년간의 경력을 가지고 있다	be disappointed with your offer 제안에 실망하다
offer a starting salary of 첫 연봉으로 ~을 제안하다	be excited about the opportunity to work at ~에서 일할 기회를 얻게 되어 기쁘다

A I'm sorry, but **I'm disappointed with your offer**. I can't accept it.
죄송하지만, 당신의 제안에 실망했습니다. 저는 받아들일 수 없습니다.

B In that case, what do you believe a reasonable salary is? 그렇다면 당신이 생각하시는 합리적인 급여는 얼마인가요?

A We would like to hire you to work in our Marketing Department.
우리의 마케팅 부서에서 근무할 수 있도록 당신을 고용하고 싶습니다.

B I accept. **I'm excited about the opportunity to work at** the Drexel Corporation.
수락하겠습니다. Drexel 사에서 일할 기회를 얻게 되어 기쁩니다.

휴가 및 연차 관련 표현

take time off (for vacation) 휴가를 떠나다	be on sick leave for the day 병가 중이다
request a leave of absence 연차를 신청하다	get back from vacation 휴가에서 복귀하다
take one's annual leave 연차를 사용하다	postpone one's vacation 휴가를 연기하다
be on vacation 휴가 중이다	come back from vacation 휴가에서 돌아오다

A May I **take time off for vacation** next Thursday and Friday? 제가 다음 주 목요일과 금요일에 휴가를 써도 될까요?

B Sure. You can do that. 물론이에요. 그렇게 하실 수 있어요.

A Why are you still here? I thought you were in Hawaii now.
왜 아직도 여기에 있나요? 지금쯤이면 당신이 하와이에 있을 것이라고 생각했어요.

B We had to **postpone our vacation** until next month. 휴가를 다음 달로 연기해야만 했어요.

Ⓐ 대화를 듣고 주어진 문장이 사실이면 ○, 그렇지 않으면 ✕에 표시하세요.

1   (a) The man lost his ID card.   (○ ｜ ✕)

    (b) The woman is going to get the man a new ID card.   (○ ｜ ✕)

    (c) The man is going to call Peter soon.   (○ ｜ ✕)

2   (a) The speakers are discussing a trip to Milan.   (○ ｜ ✕)

    (b) The man is happy for Giuseppe.   (○ ｜ ✕)

    (c) The woman is going to apply for an available position.   (○ ｜ ✕)

3   (a) The woman is most likely the man's boss.   (○ ｜ ✕)

    (b) The man is satisfied with his current salary.   (○ ｜ ✕)

    (c) The woman tells the man to work harder at his job.   (○ ｜ ✕)

4   (a) The man is concerned about the orientation event.   (○ ｜ ✕)

    (b) The man asks the woman a question about his new job.   (○ ｜ ✕)

    (c) The woman encourages the man to ask for help.   (○ ｜ ✕)

5   (a) The speakers are most likely meeting for the first time.   (○ ｜ ✕)

    (b) The woman apologizes for making a mistake.   (○ ｜ ✕)

    (c) The man is going to show the woman to her office next.   (○ ｜ ✕)

B 대화를 듣고 정답을 고른 다음, 대화를 다시 듣고 빈칸을 완성하세요.

1 Where most likely does the conversation take place?

(a) At a school
(b) In a library
(c) In an office

2 What type of individuals are the ads for?

(a) Young people
(b) Middle-aged individuals
(c) The elderly

◀ 03-35

Dictation

W _____ the advertisement I sent you this morning?

M It _____. Mr. Parker approved it as well, so it's going to _____ several Web sites. We're hoping to attract the interest of _____.

W Why are we _____ them?

M Management wants _____ working at many of our branches. They think it will _____ clientele.

3 What is the woman asking about?

(a) Vacation time
(b) Her salary
(c) A promotion

4 What does the woman suggest that the man do next?

(a) Sign a contract
(b) Tell her about some benefits
(c) Give her a higher salary

◀ 03-36

Dictation

M If you _____ here, you'll get _____ in your _____.

W What about after my _____?

M You'll receive _____ starting in your second year. And if you perform well, you can earn _____ throughout the year.

W That sounds acceptable to me. Now, what about the _____ you're offering?

5　Who most likely is Mr. Snyder?

   (a) A customer

   (b) The man's boss

   (c) A teacher

6　What does the man plan to do?

   (a) Learn a foreign language

   (b) Travel abroad

   (c) Study in another country

03-37

Dictation

W ＿＿＿＿＿＿＿＿＿＿ with Mr. Snyder go, Jack? Did he give you

a ＿＿＿＿＿＿＿＿＿＿ .

M It ＿＿＿＿＿＿＿＿＿ . He gave me a pretty ＿＿＿＿＿＿＿＿

overall, but he rejected my request to ＿＿＿＿＿＿＿＿ . He said I lack

the ＿＿＿＿＿＿＿＿ .

W In that case, start ＿＿＿＿＿＿＿＿ . Then, apply again next year.

M That's exactly what I intend to do.

7　What is the problem?

   (a) Work has not been completed.

   (b) An employee is performing poorly.

   (c) There are not enough workers.

8　What does the woman ask the man to do?

   (a) Review her work

   (b) Talk to Mr. Everest

   (c) Post an ad

03-38

Dictation

M Everyone in the office is ＿＿＿＿＿＿＿ . We ＿＿＿＿＿＿＿ three or four

＿＿＿＿＿＿＿ .

W Mr. Everest gave me ＿＿＿＿＿＿＿＿＿＿ two new employees.

M That's a good start. When are we going to ＿＿＿＿＿＿＿＿＿ ?

W I'm going to ＿＿＿＿＿＿＿＿＿＿ today. Would you mind ＿＿＿＿＿＿＿

＿＿＿＿＿＿＿ before I do that?

M Not at all. Have you written it yet?

W Yes, it's ＿＿＿＿＿＿＿＿ . How about going there now?

예상적중문제 **01-03** 대화를 듣고 질문에 가장 알맞은 답을 고르세요.

🔊 03-39

01. Why does the woman visit the man?

    (A) To pay a traffic fine

    (B) To apply for a driver's license

    (C) To register her vehicle

    (D) To get a parking pass

02. How much does the woman have to pay?

    (A) $10

    (B) $20

    (C) $50

    (D) $100

03. What does the woman say she will bring when she returns?

    (A) Her credit card

    (B) Her car's registration form

    (C) A copy of her driver's license

    (D) A picture of her vehicle

🔖 **문제 해설**

01 세부 사항 (이유)

▸ 대화의 첫 문장에서 정답의 단서를 찾을 수 있다.

▸ 여자는 'I'm here to apply for a parking pass for my car.'라고 말하고 있으므로 여자가 방문한 이유는 주차권을 신청하기 위해서이다. 따라서 정답은 (D)의 To get a parking pass이다.

02 세부 사항 (정도)

▸ '금액'을 묻고 있으므로 금액과 관련된 표현이 있는 부분을 주의해서 듣도록 한다.

▸ 남자는 주차권을 신청하기 위해 필요한 서류들을 안내한 뒤, '연간 주차권(a year-long pass)'을 구매하기 위해서는 '50달러'의 비용이 든다고 말한다.

▸ 따라서 여자가 지불하게 될 금액은 (C)의 50달러이다.

03 세부 사항 (언급된 사실)

▸ 주차권 발급에 필요한 사항들을 들은 후, 여자는 충분한 돈을 가지고 있지 않고 '자동차 등록증(registration form)'도 차에 있다고 말하면서 남자에게 다시 오겠다는 말을 전한다.

▸ 따라서 그녀가 다시 올 때 가지고 올 것은 '돈'과 '등록증'일 것인데, 이 중 하나를 언급하고 있는 (B)의 Her car's registration form(자동차 등록증)이 정답이다.

W **01) I'm here to apply for a parking pass for my car**. What should I do?

M You need to give me a copy of your car's registration. And then you have to complete this form. Oh, and **02) it will cost $50 to get a year-long pass**.

W In that case, I'll have to come back later in the day. I don't have enough money on me to pay for the pass. And **03) I need to get the registration form from my car**.

W 제 차의 주차권을 신청하기 위해 왔어요. 어떻게 하면 되죠?

M 저에게 자동차 등록증 사본을 한 통 주셔야 해요. 그리고 나서 이 양식을 작성해 주셔야 해요. 아, 그리고 1년간의 주차권을 구매하시는 데 50달러가 들 거예요.

W 그런 경우라면, 오늘 늦게 다시 와야겠군요. 주차권 요금을 낼 정도로 충분한 돈은 가지고 있지 않아요. 그리고 차에서 등록증도 가지고 와야 해요.

01. 여자는 왜 남자를 찾아왔는가?
　　(A) 교통 위반 벌금을 내기 위해
　　(B) 운전 면허증을 신청하기 위해
　　(C) 차량을 등록하기 위해
　　(D) 주차권을 얻기 위해

02. 여자는 얼마를 지불해야 하는가?
　　(A) 10달러
　　(B) 20달러
　　(C) 50달러
　　(D) 100달러

03. 여자는 자신이 돌아올 때 무엇을 가지고 올 것이라고 말하는가?
　　(A) 신용 카드
　　(B) **자동차 등록증**
　　(C) 운전 면허증 사본
　　(D) 차량의 사진

어휘 parking pass 주차권　registration 등록　later 나중에, 늦게　pay for ~에 대한 값을 지불하다　traffic fine 교통 위반 범칙금
vehicle 차량

🔊 03-40

들리는 문장이 대화의 내용과 일치하면 O, 그렇지 않으면 ×에 표시하세요.
❶ The man explains how the woman can .... 　(O | ×)
❷ The woman will likely get .... 　(O | ×)
❸ The man asks the woman to .... 　(O | ×)

정답 p.043

04. Who most likely is the woman?

    (A) A manager

    (B) A new worker

    (C) A computer programmer

    (D) An engineer

05. What will Dave do with the woman?

    (A) Give her some training

    (B) Take her on a tour

    (C) Get her an ID card

    (D) Introduce her to everyone

06. What is Rick asked to do?

    (A) Take the woman to the Sales Department

    (B) Set up the woman's desk

    (C) Show the woman where her office is

    (D) Help the woman complete some documents

문제 해설

04 인물의 신원

▸ 대화의 첫 부분에서 Dave는 여자에게 자신을 소개했고(Hello, I'm Dave), 대화 중반부에서 Rick에게 여자의 이름이 Tina라고 소개했다.

▸ Dave는 Rick에게 여자를 소개하고 나서, 그녀가 신입 사원이라고(She's the new employee) 말했다. 따라서 정답은 (B)이다.

05 세부 사항 (언급된 사실)

▸ 대화의 첫 부분에서 Dave는 여자에게 자신이 교육을 담당할 것이라고(I'm going to be training you today) 했다.

▸ 즉, Dave는 Tina라는 이름의 여자를 교육시킬 것이므로 정답은 (A)이다.

06 세부 사항 (요청)

▸ 대화 후반부에서 Dave는 Tina에게 서류를 작성해야 한다고(Tina, the first thing you need to do is fill out some forms) 말한 다음, 서류 작성을 위해서 인사과에 가야 한다고(You can do that at the Personnel office) 말했다.

▸ 이어서 Rick에게 Tina를 인사과에 데려다 줄 것을(Rick, how about taking Tina there now?) 부탁했다.

▸ 따라서 Rick은 여자가 서류를 작성할 수 있도록 도와 줄 것을 부탁받은 것이므로 정답은 (D)이다.

M1 **04-1) 05-1) Hello. I'm Dave, and I'm going to be training you today.** First, it's really nice to meet you, and I hope that you enjoy working here at Barton Electronics.

W Thanks, Dave. It's a pleasure to meet you as well.

M1 **04-02) 05-02) Rick, this is Tina. She's the new employee** I told you about.

M2 Hello, Tina. I've heard a lot about you. We'll be working in the same office.

M1 **06-1) Tina, the first thing you need to do is fill out some forms.** **06-2) You can do that at the Personnel office.** **06-3) Rick, how about taking Tina there now?** I need to set up the laptop so that I can begin her training.

M2 No problem.

M1 안녕하세요. 저는 Dave이고, 오늘 당신의 교육을 담당할 거예요. 먼저 만나서 정말로 반갑고, 이곳 Barton Electronics에서의 일이 마음에 들기를 바라요.

W 고마워요, Dave. 저도 당신을 만나서 기쁘군요.

M1 Rick, 이쪽은 Tina예요. 제가 말했던 신입 직원이에요.

M2 안녕하세요, Tina. 당신에 대해 많은 이야기를 들었어요. 우리는 같은 사무실에서 일하게 될 거예요.

M1 Tina, 당신이 해야 할 첫 번째 일은 서류를 작성하는 것이에요. 인사과에서 할 수 있어요. Rick, 지금 Tina를 그곳으로 데려다 줄래요? 저는 교육을 시작할 수 있도록 노트북 컴퓨터를 준비해야 하거든요.

M2 문제 없어요.

---

04. 여자는 누구인 것 같은가?
(A) 매니저
(B) 신입 사원
(C) 컴퓨터 프로그래머
(D) 엔지니어

05. Dave는 여자와 무엇을 할 것인가?
(A) 그녀를 교육시킨다
(B) 그녀에게 견학을 시켜 준다
(C) 그녀에게 신분증을 만들어 준다
(D) 그녀를 모든 사람들에게 소개한다

06. Rick은 무엇을 할 것을 요청받는가?
(A) 여자를 영업부로 데리고 간다
(B) 여자의 책상을 준비한다
(C) 여자에게 그녀의 사무실이 어디인지 알려 준다
(D) 여자의 서류 작성을 돕는다

💡 **MORE & MORE**

◑ 03-42

들리는 문장이 대화의 내용과 일치하면 ○, 그렇지 않으면 ×에 표시하세요.

❶ Dave and Tina are most likely _____.   (○ | ×)

❷ Dave _____ at Barton Electronics.   (○ | ×)

❸ _____ in the Personnel office.   (○ | ×)

정답 p.043

예상적중문제 **07-09** 대화를 듣고 질문에 가장 알맞은 답을 고르세요.

07. Where most likely does the conversation take place?

(A) In a coffee shop

(B) In a factory

(C) At a library

(D) At the man's home

08. What does the man request?

(A) More money

(B) Full benefits

(C) Two weeks of vacation

(D) Stock options

09. Why does the woman need to speak with her supervisor?

(A) To acquire a copy of an employment contract

(B) To ask him about the man's duties

(C) To get approval for the man's request

(D) To set up a meeting between him and the man

📖 **문제 해설**

07 대화의 장소

▶ 대화 초반부를 살펴보면, 여자는 남자에게 일자리를 제안하면서 'We'd like to offer you the job of chief engineer at our manufacturing facility right here.'라고 말한다.

▶ 이를 통해 일자리를 제안하고 있는 '이곳(right here)'은 '생산 시설(manufacturing facility)'임을 알 수 있으므로 대화가 일어나고 있는 곳은 (B)의 '공장'이다.

08 세부 사항 (요청)

▶ 여자는 급여 조건으로 '80,000달러의 연봉(starting salary of $80,000)'과 '연간 보너스(annual bonus)'를 제시했다.

▶ 이에 대해 남자는 더 높은 금액을 생각하고 있었다고 말한 후, 'I'd prefer to make $90,000 a year instead.'라고 자신의 요구 사항을 구체적으로 밝히고 있다.

▶ 따라서 남자가 요구하는 것은 더 높은 연봉이므로 정답은 (A)의 More money이다.

09 세부 사항 (이유)

▶ 남자가 더 높은 연봉을 요구하자 여자는 'I'll have to speak with my supervisor about that.'이라고 말하면서, 자신에게는 그럴 수 있는 권한이 없다는 사실을 설명한다.

▶ 따라서 여자가 관리자와 이야기해야 하는 이유는 남자의 요청에 대한 승인을 얻기 위해서이므로 정답은 (C)이다.

W	Mr. Little, we're very impressed with your qualifications. **07) We'd like to offer you the job of chief engineer at our manufacturing facility right here. 08-01) We're offering a starting salary of $80,000 a year**. You'll also receive an annual bonus.	W	Little 씨, 저희는 귀하의 자격 요건에 큰 감명을 받았습니다. 저희는 귀하에게 이곳 제조 시설의 수석 엔지니어직을 제안하고자 합니다. 첫 급여로 연봉 80,000달러를 제안합니다. 그리고 연간 보너스도 받게 되실 것입니다.
M	The bonuses sound great, but I was expecting a higher salary. **08-02) I'd prefer to make $90,000 a year instead**.	M	보너스는 괜찮게 들리지만, 저는 더 높은 급여를 기대하고 있었습니다. 그 대신 연봉을 90,000달러로 하고 싶습니다.
W	**09) I'll have to speak with my supervisor about that**. I'm not authorized to make any changes in your employment offer.	W	그에 대해서는 저의 관리자와 이야기를 해야 합니다. 저에게는 고용 제안에 있어서 변경을 할 수 있는 권한이 없습니다.

07. 대화가 어디에서 일어나는 것 같은가?
    (A) 커피숍에서
    (B) 공장에서
    (C) 도서관에서
    (D) 남자의 집에서

08. 남자는 무엇을 요구하는가?
    (A) 더 많은 금액
    (B) 완전한 복리 후생
    (C) 2주간의 휴가
    (D) 스톡 옵션

09. 여자는 왜 관리자와 이야기해야 하는가?
    (A) 고용 계약서의 사본을 얻기 위해
    (B) 남자의 업무에 대해 묻기 위해
    (C) 남자의 요청에 대한 승인을 얻기 위해
    (D) 관리자와 남자와의 만남을 주선하기 위해

어휘 be impressed by ~에 의해 감명을 받다　qualification 자격, 자격 요건　chief 주된; 최고의　manufacture 제조하다, 제작하다 facility 시설　annual 1년의, 연간의　supervisor 감독관, 관리자　authorize 권한을 주다　benefit 혜택, 이득; 수당 stock option 스톡 옵션　acquire 얻다, 획득하다　approval 승인, 허가

◀) 03-44

들리는 문장이 대화의 내용과 일치하면 O, 그렇지 않으면 ×에 표시하세요.
1. The woman ＿＿＿＿＿＿＿＿＿＿＿＿＿＿＿ a job.　　(O | ×)
2. The man ＿＿＿＿＿＿＿＿＿＿＿＿＿ the woman offers.　　(O | ×)
3. The woman will likely ＿＿＿＿＿＿＿＿＿ next.　　(O | ×)

정답 p.043

PART 3

예상적중문제 **10-12** 대화를 듣고 질문에 가장 알맞은 답을 고르세요.

🔊 03-45

---

10. Who is the woman?

　(A) The man's supervisor

　(B) A Human Resources employee

　(C) An interviewer

　(D) The orientation advisor

11. What does the man say about his job?

　(A) He cannot do it well yet.

　(B) He has to travel a lot.

　(C) He finds it interesting.

　(D) He is just starting it.

12. What does the woman suggest that the man do next?

　(A) Fill out some paperwork

　(B) Go to his desk

　(C) Attend an orientation session

　(D) Speak with his supervisor

🔍 문제 해설

⑩ 인물의 신원

▶ 여자의 신원을 묻고 있으므로 이와 관련된 부분을 주의해서 듣도록 한다.

▶ 대화의 초반부에서 여자는 자신을 '인사부(Human Resources Department)' 소속이라고 밝히고 있으므로 정답은 (B)의 A Human Resources employee이다.

▶ 그 이후에도 여자는 신입 사원인 남자에게 그가 오늘 하게 될 일을 설명하고 그에게 '서류 작성(paperwork)'을 요구하고 있으므로 여자가 인사부 직원이라는 사실을 다시 한 번 확인할 수 있다.

⑪ 세부 사항 (언급된 사실)

▶ 남자의 말, 'Since this is my first day on the job, I'm not really sure what I need to do.'를 통해 오늘이 남자의 근무 첫날이라는 것을 알 수 있다. 따라서 정답은 (D)이다.

⑫ 세부 사항 (제안)

▶ 대화의 후반부에서 여자가 남자에게 'But you need to complete this paperwork first.'라고 말하면서 서류 작성을 부탁하자 남자는 펜을 꺼내서 작성하겠다고 답한다.

▶ 그러므로 여자가 요청한 사항은 (A)의 Fill out some paperwork(서류 작성을 한다)이다.

W Mr. Samson, it's a pleasure to meet you. My name is Erica Monroe. **10) I'm in the Human Resources Department**.

M It's a pleasure to meet you, Ms. Monroe. **11) Since this is my first day on the job, I'm not really sure what I need to do**.

W You're going to attend the new employee orientation program in about twenty minutes. **12) But you need to complete this paperwork first**.

M That sounds good. Let me find a pen, and then I can start working on the forms.

W Samson 씨, 만나서 반가워요. 제 이름은 Erica Monroe예요. 저는 인사부에 있어요.

M 만나서 반갑습니다, Monroe 씨. 오늘이 직장에서의 첫날이어서, 제가 무엇을 해야 할지 잘 모르겠어요.

W 약 20분 후에 신입 직원을 위한 오리엔테이션 프로그램에 참석하게 될 거예요. 하지만 먼저 이 서류를 작성해 주셔야 해요.

M 좋아요. 펜을 찾고 나서, 양식 작성을 시작할 수 있어요.

---

10. 여자는 누구인가?
   (A) 남자의 관리자
   (B) 인사부 직원
   (C) 면접관
   (D) 오리엔테이션 강사

11. 남자는 자신의 일에 대해 어떻게 말하는가?
   (A) 그는 아직 일을 잘 할 수 없다.
   (B) 그는 여행을 많이 해야 한다.
   (C) 그는 일이 흥미롭다고 생각한다.
   (D) 그는 일을 시작하려고 한다.

12. 여자는 남자에게 이다음에 무엇을 할 것을 제안하는가?
   (A) 서류 작성을 한다
   (B) 자신의 자리로 간다
   (C) 오리엔테이션에 참석한다
   (D) 관리자와 이야기한다

어휘 pleasure 즐거움, 기쁜   paperwork 서류 작업   form 양식   interviewer 면접관   advisor 조언자, 고문, 자문

 MORE & MORE

🔊 03-46

들리는 문장이 대화의 내용과 일치하면 ○, 그렇지 않으면 ×에 표시하세요.

① The man is _____ . (○ | ×)
② The orientation program will start _____ . (○ | ×)
③ The woman _____ a pencil. (○ | ×)

정답 p.044

예상적중문제 **13-15** 대화를 듣고 질문에 가장 알맞은 답을 고르세요.

◀) 03-47

Department	Manager
Acquisitions	Yumi Nakamura
Marketing	Stan Lawrence
Public Relations	Rachel Harrison
Sales	Hans Marconi

13. What are the speakers mainly discussing?

(A) Employee transfers

(B) Pay raises

(C) Managerial promotions

(D) A new product line

14. Look at the graphic. Who will be Wendy's manager?

(A) Yumi Nakamura

(B) Stan Lawrence

(C) Rachel Harrison

(D) Hans Marconi

15. What will the speakers most likely do next?

(A) Look at a graph

(B) Make up a new budget

(C) Discuss a merger

(D) Speak with Wendy

🔍 **문제 해설**

⓭ **주제 및 목적**

▶ 대화의 첫 부분에서 여자는 남자에게 어떤 직원들을 전근 조치할 것인지를 결정했는지 물어보고 있고, 남자는 그렇다고 대답한 다음 명단에 대해 언급하고 있다.

▶ 따라서 화자들은 (A)의 직원의 이동(Employee transfers)과 관련하여 논의하고 있음을 알 수 있다.

⓮ **시각적 정보**

▶ 남자는 Wendy가 홍보부서로 이동할 것이라고(She'll be going to Public Relations) 말했다.

▶ 도표를 보면 홍보부서의 관리자는 Rachel Harrison임을 알 수 있다. 따라서 정답은 (C)이다.

⓯ **대화 이후의 상황**

▶ 대화 이후의 상황을 묻는 문제는 대화의 마지막 부분에 단서가 언급되는 경우가 많다.

▶ 대화의 마지막 부분에서 남자는 합병에 대해 논의하자고(Can we talk about the upcoming merger now?) 말했고, 여자는 이에 동의하고(Yes, we definitely ought to discuss that) 있다. 따라서 정답은 (C)이다.

W **13-1) Have you decided which employees are going to get transferred yet?**

M **13-2) Yes, here's the list.** Oh, Wendy isn't on it though. I forgot to add her.

W Where's she getting transferred to? Sales or Acquisitions?

M Neither. **14) She'll be going to Public Relations** to work directly for the manager.

W All right, I'm glad we settled everything. **15-1) Can we talk about the upcoming merger now?**

M **15-2) Yes, we definitely ought to discuss that.** There's a personnel problem we need to solve.

W 어떤 직원들을 이동시킬 것인지 결정했나요?

M 네, 여기에 명단이 있어요. 오, 그런데 Wendy가 여기에 없네요. 그녀를 추가한다는 것을 잊었어요.

W 그녀는 어디로 이동하게 되나요? 영업부서인가요 합병부서인가요?

M 둘 다 아니에요. 그녀는 관리자를 위해 직접적으로 일하도록 홍보부서로 이동하게 될 거예요.

W 그렇군요, 모든 것이 결정되어서 좋군요. 이제 다가 올 합병에 대해 얘기해 볼까요?

M 네, 우리는 그것을 논의해야 할 필요가 있어요. 우리가 해결해야 할 인사적인 문제가 있어요.

부서	관리자
합병부서	Yumi Nakamura
마케팅부서	Stan Lawrence
홍보부서	Rachel Harrison
영업부서	Hans Marconi

13. 화자들은 주로 무엇을 논의하는가?
   (A) 직원 이동
   (B) 급여 인상
   (C) 경영 촉진
   (D) 신규 제품 라인

14. 도표를 보아라. 누가 Wendy의 관리자가 될 것인가?
   (A) Yumi Nakamura
   (B) Stan Lawrence
   (C) Rachel Harrison
   (D) Hans Marconi

15. 화자들은 이어서 무엇을 할 것 같은가?
   (A) 도표를 본다
   (B) 예산을 편성한다
   (C) 합병을 논의한다
   (D) Wendy와 이야기한다

어휘 transfer 이동시키다, 전근시키다   acquisition 인수   merger 합병   personnel 인원, 직원; 인사과

◀) 03-48

들리는 문장이 대화의 내용과 일치하면 ○, 그렇지 않으면 ×에 표시하세요.

❶ The man _____ Wendy on the list.　(○ | ×)

❷ The speakers probably _____.　(○ | ×)

❸ The meeting is most likely _____.　(○ | ×)

정답 p.044

Part 3 대화를 듣고 질문에 가장 알맞은 답을 고르세요.

1. What event are the speakers discussing?

    (A) An interview
    (B) A staff meeting
    (C) A brainstorming session
    (D) A product review

2. Where will the woman most likely go next?

    (A) To a lower floor
    (B) To a restaurant
    (C) To the conference room
    (D) To the restroom

3. What does the woman tell the man to do?

    (A) Print some documents
    (B) Pay for refreshments
    (C) Greet the attendees
    (D) Order some food

4. What does the man ask about?

    (A) Taking time off for vacation
    (B) Getting a promotion
    (C) Attending a conference
    (D) Being transferred to another city

5. When is the conference going to be held?

    (A) On Wednesday
    (B) On Thursday
    (C) On Friday
    (D) On Saturday

6. What does the man imply?

    (A) He has never been to a conference before.
    (B) He is unhappy with the woman's decision.
    (C) He may cancel his travel plans.
    (D) He and his wife will travel by plane.

7. What did the man think of the seminar?

    (A) He enjoyed it.
    (B) He disliked it.
    (C) He thought it was boring.
    (D) He has no opinion of it.

8. What is the woman going to do?

    (A) Set up a meeting with Ken Williams
    (B) Read the most recent book by Ken Williams
    (C) Hire Ken Williams to speak at her firm
    (D) Talk to her boss about Ken Williams's ideas

9. What does the man imply about Ken Williams?

    (A) He has never spoken at a seminar before.
    (B) He can improve efficiency in the workplace.
    (C) He is going to start working at the man's company.
    (D) He will be the next speaker at the event.

10. What are the man and woman talking about?

    (A) The Marketing Department
    (B) The company's profits
    (C) Electronic goods
    (D) Some survey results

11. Who mostly likely are the speakers?

    (A) Customers
    (B) Coworkers
    (C) Students
    (D) Researchers

12. According to the conversation, what is the problem?

    (A) The prices of products are too high.
    (B) Some equipment is not user friendly.
    (C) The quality of some items is poor.
    (D) Some products are currently unavailable.

13. What are the speakers discussing?

(A) The woman's recent meeting
(B) The man's trip to London
(C) The woman's future plans
(D) The man's meeting with Mr. Smythe

14. Why is the woman going to Paris?

(A) To interview for a job
(B) To attend a conference
(C) To have a meeting
(D) To negotiate a contract

15. When is the woman going to take a flight?

(A) This evening
(B) Thursday night
(C) Friday morning
(D) Friday afternoon

16. What problem does the man mention?

(A) He cannot contact a client.
(B) Some equipment is not working.
(C) Ms. Wilkins is not in her office.
(D) He forgot to speak with a salesman.

17. Why is the man concerned?

(A) He is in danger of losing his job.
(B) Mr. Heinz will not return his calls.
(C) He might not complete a deal.
(D) He has not been at work for one week.

18. What will the man probably do next?

(A) Call Mr. Heinz
(B) Repair the fax machine
(C) Go to the Sales Department
(D) Contact Ms. Wilkins

19. Who most likely is Kevin Martin?

(A) A CEO
(B) A client
(C) A job applicant
(D) An intern

20. What is going to happen at 10:30?

(A) An office will be rearranged.
(B) Negotiations will be started.
(C) The CEO will be introduced.
(D) A visitor will arrive.

21. What does the man mean when he says, "That's happening right now"?

(A) A contract is being examined.
(B) An interview is being conducted.
(C) A job is being offered.
(D) A client is being entertained.

Unit 04 일상 생활

✋ 일상 생활과 관련된 대화에서는 주로 쇼핑이나 외식과 같은 주제들이 다루어진다. 구체적으로 주문, 교환, 그리고 반품 및 환불 등이 자주 등장하는 주제이며, 특정 직원에 대한 칭찬이나 특정 서비스에 대한 불만 표시 등도 대화의 주제가 될 수 있다.

✋ 부동산이나 병원과 같이 전문적인 서비스를 제공하는 장소에서도 다양한 대화가 이루어질 수 있는데, 부동산과 관련해서는 주택 매매나 주택 임대와 관련된 대화가, 병원과 관련해서는 진료나 예약 변경 및 취소에 관한 대화가 제시될 수 있다.

✋ 쇼핑과 관련된 대화에서는 주로 상품 구입이나 교환 및 환불 등이 대화의 주제를 이루기 때문에, 대화에서 언급되는 상품의 특징이나 교환 및 환불의 이유를 파악하는 것이 대화의 전체적인 흐름을 이해하는 데 도움이 된다.

✋ 예약 변경과 관련된 대화에서는 변경 전의 내용과 변경 후의 내용이 무엇인지를 정확히 파악해야 한다.

예제

◀) 03-50

1. Who is the man?

   (A) A homeowner
   (B) A real estate agent
   (C) A building supervisor
   (D) A homebuyer

2. What does the man say about the house?

   (A) It has a big front yard.
   (B) It has four bedrooms.
   (C) It is near the Hampton neighborhood.
   (D) It has a negotiable price.

3. When does the woman want to see the house?

   (A) This afternoon
   (B) This evening
   (C) Tomorrow morning
   (D) Tomorrow afternoon

1. 남자는 누구인가?

   (A) 집주인
   (B) 부동산 중개인
   (C) 건물 관리인
   (D) 주택 구매자

2. 남자는 주택에 대해 어떻게 말하는가?

   (A) 커다란 앞마당이 있다.
   (B) 네 개의 침실이 있다.
   (C) Hampton 지역 근처에 있다.
   (D) 가격 협상이 가능하다.

3. 여자는 언제 집을 보고 싶어 하는가?

   (A) 오늘 오후
   (B) 오늘 저녁
   (C) 내일 오전
   (D) 내일 오후

M Hello, Ms. Madison. This is Tom Beagle from Eastside Realty. I found a home you might be interested in.

W Really? That sounds great. Is it in the Hampton neighborhood?

M Yes, it is. It has three bedrooms and two bathrooms. And it has a large backyard, so your children might like it. The owners are willing to negotiate on the price, too. Would you like to see it today?

W I'm too busy today, but tomorrow morning would be great.

M 안녕하세요, Madison 씨. 저는 Eastside Realty의 Tom Beagle입니다. 고객님께서 관심을 가지실 만한 주택을 제가 찾았습니다.

W 정말인가요? 잘 되었군요. Hampton 지역 내에 있나요?

M 네, 그렇습니다. 세 개의 침실과 두 개의 욕실도 있습니다. 그리고 커다란 뒷마당이 있어서 아이들이 좋아할 것입니다. 집주인들 또한 가격에 대해 기꺼이 협상을 하고자 합니다. 오늘 보시고 싶으신가요?

W 오늘은 제가 너무 바빠서, 내일 오전이면 좋을 것 같아요.

어휘 neighborhood 이웃; 지역 backyard 뒷마당 be willing to 기꺼이 ~하다 negotiate 협상하다 real estate agent 부동산 중개인 negotiable 협상이 가능한

대화 유형 분석

남자는 여자에게 여자가 관심을 가질 만한 '주택(home)'을 찾았다고 말한 뒤, 주택의 구조에 대해 설명을 한다. 이를 통해 남자는 부동산 중개인이며 여자는 주택 구입을 고려하고 있는 고객이라는 것을 확인할 수 있다. 이러한 문제를 풀기 위해서는 대화에서 거론되고 있는 상품의 특성을 파악하고 이에 대해 고객이 어떤 반응을 보이는지 잘 살펴야 한다. 따라서 남자가 소개하고 있는 주택의 특징을 파악한 후, 이에 대해 고객인 여자가 어떻게 반응하는지를 살펴보면 주어진 문제를 어렵지 않게 풀 수 있다.

풀이 전략 및 해설

1 ● 남자의 신원을 묻고 있다. 대화 초반부에서 남자는 자신을 Eastside Realty의 직원이라고 소개한 다음, 자신이 여자의 마음에 들 만한 '주택(home)'을 찾았다고 말한다.

● 이후에서도 남자는 주택의 구조 및 특징에 대해 이야기하고 있으므로 남자는 부동산 중개인임을 알 수 있다. 따라서 정답은 (B)의 A real estate agent이다.

2 ● 남자의 설명에 따르면, 남자가 찾은 주택은 Hampton 지역 내에 있으며, 세 개의 침실과 두 개의 욕실을 갖추고 있고, 뒷마당은 넓은 편이다.

● 또한 남자는 집주인들도 '가격 협상에 호의적(willing to negotiate on the price)'이라고 말한다.

● 보기 중에서 이러한 설명에 부합되는 것은 (D)뿐이므로 (D)가 정답이다.

3 ● 주택을 오늘 보겠느냐는 남자의 제안에 여자는 'I'm too busy today, but tomorrow morning would be great.'이라고 대답하고 있다.

● 따라서 여자는 '내일 오전에' 집을 보러 갈 것이므로 정답은 (C)의 Tomorrow morning이다.

비용 관련 표현

cost (비용이) ~이다	pay (값을) 지불하다	charge (요금을) 청구하다, 부과하다

This leather jacket **costs** $200 when it's on sale. 세일 기간 중에 이 가죽 재킷의 가격은 200달러입니다.

You have to **pay** $15 for each ticket to the show. 그 쇼의 티켓값으로 장당 15달러를 지불해야 합니다.

Ms. Luck **charges** $50 an hour to all of her clients. Luck 씨는 모든 고객에게 시간당 50달러의 요금을 청구합니다.

임대 계약 관련 표현

rent 임대료, 세	landlord 집주인, 임대주	rent out ~을 임대하다
(security) deposit 보증금	tenant 세입자, 임차인	pay rent 임대료를 내다
real estate broker 부동산 중개인	maintenance fee 관리비	fulfill (의무를) 다하다, 이행하다
commission 수수료	built-in 붙박이의	lease 임대하다; 임대차 계약
mortgage 대출, 융자금	pay in advance 선불로 지불하다	move in 이사를 오다

The **real estate broker** receives a commission for each house she sells.
그 부동산 중개인은 주택을 판매할 때마다 수수료를 받습니다.

Repairing problems in the home is the **landlord's** duty. 집수리는 집주인의 의무입니다.

She is going to sign a two-year **lease** on the apartment. 그녀는 2년간의 아파트 임대 계약서에 서명했습니다.

길 안내 관련 표현

walk all the way to ~까지 계속 걸어가다	change floors 다른 층으로 가다
keep walking straight 똑바로 계속 걷다	turn a corner 코너를 돌다
go up the escalator to 에스컬레이터를 타고 ~으로 가다	continue past ~을 지나쳐서 계속 가다
take the elevator to 엘리베이터를 타고 ~으로 가다	continue straight ahead 계속 직진하다

A Do you know where I can find the information desk here?
어디에서 안내 데스크를 찾을 수 있는지 알고 계신가요?

B Sure. **Walk all the way to** the main entrance.
물론이죠. 정문까지 계속 걸어가세요.

A Pardon me. I'm looking for the men's clothing section.
실례합니다. 남성용 의류 코너를 찾고 있는데요.

B **Take the elevator to** the third floor. You can't miss it.
엘리베이터를 타고 3층으로 가세요. 쉽게 찾으실 수 있을 거예요.

A   대화를 듣고 주어진 문장이 사실이면 ○, 그렇지 않으면 X에 표시하세요.

🔊 03-51

1   (a) The speakers are most likely in a doctor's office.   (○ ｜ X)

     (b) The woman eats a lot of junk food each day.   (○ ｜ X)

     (c) The man gives the woman some medicine.   (○ ｜ X)

2   (a) The man wants to rent an apartment from the woman.   (○ ｜ X)

     (b) The woman will have an empty apartment in two months.   (○ ｜ X)

     (c) The man is going to move to Dallas soon.   (○ ｜ X)

3   (a) The man doesn't know where he should park his vehicle.   (○ ｜ X)

     (b) The woman is most likely a receptionist.   (○ ｜ X)

     (c) It costs three dollars an hour to use the parking lot.   (○ ｜ X)

4   (a) The speakers are discussing a store's closing time.   (○ ｜ X)

     (b) The man asks where another store is located.   (○ ｜ X)

     (c) The woman's store closes at eight every day.   (○ ｜ X)

5   (a) The man is calling to reserve a train ticket.   (○ ｜ X)

     (b) The man wants a reservation for three o'clock.   (○ ｜ X)

     (c) The man will probably tell the woman his name next.   (○ ｜ X)

B 대화를 듣고 정답을 고른 다음, 대화를 다시 듣고 빈칸을 완성하세요.

1 What is the woman's job?

   (a) Building manager
   (b) Real estate agent
   (c) Salesclerk

2 Where does the woman want to meet the man?

   (a) At an apartment complex
   (b) At a subway station
   (c) At her office

 03-52

Dictation

W Good morning, Mr. Stewart. This is Cindy from Pine Realty. I found the most _____ for you. I'd love for you to _____ when you have time.

M _____ this afternoon around five. Can you take me there then?

W Yes, I can do that. _____ at the Broadway Subway Station? Go out exit three. I'll be there waiting for you.

M _____. Thank you very much.

3 Where most likely are the speakers?

   (a) At a department store
   (b) At a restaurant
   (c) At a clothes store

4 What does the man want to do?

   (a) Return a product
   (b) Purchase some items
   (c) Try on some clothes

 03-53

Dictation

M Pardon me, but _____ me with some assistance, please? I'm _____ section. My wife gave me a list of items _____.

W Why don't you _____, sir? _____ exactly where you need to go.

M I don't know anything about cosmetics. _____ each item for me?

W _____, but one of our helpful saleswomen can definitely _____.

5 Who most likely is the man?

   (a) A chef

   (b) A customer

   (c) A manager

6 What does the man say about Fred?

   (a) He did his job very well.

   (b) He asked for a big tip.

   (c) He was rude at times.

◀) 03-54

Dictation

M   Excuse me, but are you the manager? I'd like to _____ one of your

_____ .

W   Yes, I'm _____ . Were you _____ by someone?

M   _____ , I want to _____ that my dinner

companions and I received. Our waiter Fred was _____ and did

a _____ . I hope he enjoyed the twenty-percent tip _____ .

W   I'm sure he did. I appreciate your _____ about him.

7 When did the East Arlington Mall open?

   (a) One month ago

   (b) Two weeks ago

   (c) Last week

8 What does the woman say about the East Arlington Mall?

   (a) The restaurants there are excellent.

   (b) It does not have enough parking.

   (c) It has many different stores.

◀) 03-55

Dictation

W   Have you been to the East Arlington Mall yet?

M1   I didn't realize it had _____ . When did that happen?

M2   Construction finished _____ , and it celebrated its _____ .

W   You _____ sometime. You'll love the _____ there.

M2   It contains several _____ establishments as well.

M1   Okay, you've _____ . Do you have any plans for the weekend?

W   No. Let's all meet there on Saturday at two.

예상적중문제 **01-03** 대화를 듣고 질문에 가장 알맞은 답을 고르세요.

01. Where does the woman work?

(A) At a supermarket

(B) At a bakery

(C) At a café

(D) At a restaurant

02. What does the man ask about?

(A) The special offers

(B) The items

(C) The service

(D) The prices

03. How can the man get a cheaper price?

(A) By providing a coupon

(B) By getting a membership

(C) By purchasing a second item

(D) By ordering a larger size

문제 해설

01 대화의 장소

▶ 대화 첫 부분에서 여자는 'Welcome to the Golden Café'라고 인사하고 있다. 그러므로 여자가 일하는 곳은 (C)의 카페이다.

02 세부 사항 (언급된 사실)

▶ 여자는 남자에게 특별히 원하는 음료가 있는지(Is there anything in particular you'd like to have today?) 물어보았다.

▶ 이에 대해 남자는 자신이 이곳에 처음 온 것이어서 무엇을 잘 하는지 모르겠다고(I don't know what your specialties are) 말한 다음, 여자에게 마실 것을 추천해 달라고(What would you recommend that I have?) 했다.

▶ 즉, 남자는 여자에게 품목에 대해 묻는 것이므로 정답은 (B)이다.

03 세부 사항 (방법)

▶ 대화 중반부에서 남자는 여자가 추천한 복숭아 아이스티를 주문한다고 했다.

▶ 대화의 마지막 부분에서 여자는 음료와 함께 쿠키나 케이크를 주문하면 15%의 할인을 받을 수 있다고(If you order a cookie or piece of cake with your drink, you can get fifteen percent off) 알려 주고 있다.

▶ 따라서 정답은 두 번째 상품을 구입한다는 내용의 (C)이다.

W	**01)** **Welcome to the Golden Café.** **02-1)** **Is there anything in particular you'd like to have today?**	W	Golden 카페에 오신 것을 환영합니다. 오늘 특별히 드시고 싶은 것이 있으신가요?
M	I'm not sure. This is my first time here, so **02-2)** **I don't know what your specialties are.** **02-3)** **What would you recommend that I have?**	M	잘 모르겠어요. 이곳에 온 것이 처음이라 무엇을 잘 하시는지 모르겠군요. 제가 마실 것을 추천해 주실 수 있나요?
W	If you're into cold drinks, **03-1)** **you can't go wrong with our peach iced tea.** It'll really hit the spot.	W	차가운 음료를 좋아하시면 복숭아 아이스티가 좋을 것 같아요. 정말로 마음에 드실 거예요.
M	That's perfect. **03-2)** **I'll take one of those, please.**	M	완벽하군요. 그것으로 할게요.
W	Great. **03-3)** **If you order a cookie or piece of cake with your drink, you can get fifteen percent off.** How does that sound?	W	좋습니다. 음료와 함께 쿠키나 케이크를 주문하시면 15% 할인을 받으실 수 있어요. 어떠신가요?

01. 여자는 어디에서 일하는가?
(A) 슈퍼마켓에서
(B) 빵집에서
(C) 카페에서
(D) 식당에서

02. 남자는 무엇에 대해 묻는가?
(A) 특별 요리
(B) 품목
(C) 서비스
(D) 가격

03. 남자는 어떻게 할인을 받을 수 있는가?
(A) 쿠폰을 제시한다
(B) 회원 가입을 한다
(C) 두 번째 상품을 구입한다
(D) 더 큰 사이즈로 주문한다

어휘 in particular 특히   specialty 전문   be into ~을 좋아하다   can't go wrong with ~이면 실패할 일이 없다   hit the spot 바로 원하는 바이다

🔊 03-57

들리는 문장이 대화의 내용과 일치하면 ○, 그렇지 않으면 ×에 표시하세요.

❶ The man _____ before.   (○ | ×)

❷ The man _____ .   (○ | ×)

❸ The woman _____ the man _____ .   (○ | ×)

PART 3

예상적중문제 04-06 대화를 듣고 질문에 가장 알맞은 답을 고르세요.

◀) 03-58

04. What is the conversation mostly about?

(A) A leaking pipe

(B) A broken lightbulb

(C) A cracked window

(D) A wiring problem

05. What does the woman request the man do?

(A) Pay for some damage

(B) Replace her broken appliance

(C) Send a worker to her place

(D) Explain how to fix a problem

06. What does the woman say she will do later?

(A) Go to her office

(B) Take a flight

(C) Move to another unit

(D) Meet a customer

문제 해설

04 주제 및 목적

▶ 여자는 욕실 세면대에서 물이 샌다는(My bathroom sink has sprung a leak) 문제점을 말했다.

▶ 이에 대해 남자는 파이프에 문제가 생긴 것 같다고(It sounds like you have a problem with a pipe somewhere) 대답했다.

▶ 따라서 화자들은 파이프에서 물이 새는 문제를 말하고 있으므로 정답은 (A)이다.

05 세부 사항 (요청)

▶ 여자는 남자에게 가능한 한 빨리 사람을 보내 줄 수 있는지(I wonder if you can send someone over as soon as possible) 물었다.

▶ 따라서 자신이 있는 곳으로 사람을 보내 달라는 내용의 (C)가 정답이다.

06 대화 이후의 상황

▶ 남자는 자신이 직접 수리하러 여자의 집에 가겠다고 말했다.

▶ 이에 대해 여자는 잘 됐다고 하며, 그 이유로 1시간 뒤에 공항으로 고객을 마중 나가야 한다고(I need to go to the airport to pick up a client an hour from now) 말했다.

▶ 정답은 (D)인데, 보기에서는 'pick up a client'를 'meet a customer'로 표현했다.

M	Hello. This is Gordon Bailey at Jasper Apartments. What can I do for you?	**M**	안녕하세요. Jasper 아파트의 Gordon Bailey입니다. 무엇을 도와 드릴까요?
W	Hello. I'm Marie Oriana, and I live in apartment 10C. **04-1) My bathroom sink has sprung a leak**, and there's water all over the floor.	**W**	안녕하세요. 저는 Marie Oriana이고, 아파트 10C 호에서 살고 있어요. 욕실 세면대에서 물이 새기 시작해서 바닥 전체에 물이 흥건해요.
M	**04-2) It sounds like you have a problem with a pipe somewhere**.	**M**	어딘가 파이프에 문제가 생긴 것 같군요.
W	**05) I wonder if you can send someone over as soon as possible**.	**W**	가능한 한 빨리 사람을 보내 주세요.
M	I'm on my way to fix a wiring problem in another apartment. Once that's done, I'll visit your place. I should be there in thirty minutes.	**M**	제가 다른 아파트의 배선 문제를 수리하러 가는 중이어서요. 그 일이 끝나면 계신 곳으로 갈게요. 30분 후에 도착할 거예요.
W	That's great because **06) I need to go to the airport to pick up a client an hour from now**.	**W**	지금부터 한 시간 후에 고객을 마중하러 공항으로 가야 하기 때문에 그렇게 해 주시면 좋겠어요.

04. 대화는 주로 무엇에 관한 것인가?
- (A) 누수 파이프
- (B) 고장 난 전구
- (C) 금이 간 창문
- (D) 배선 문제

05. 여자는 남자에게 무엇을 요청하는가?
- (A) 손해 배상을 한다
- (B) 고장 난 기기를 교체한다
- (C) 자신이 있는 곳으로 직원을 보낸다
- (D) 문제를 해결하는 방법을 설명한다

06. 여자는 자신이 이후에 무엇을 할 것이라고 말하는가?
- (A) 사무실에 간다
- (B) 비행기를 탄다
- (C) 다른 곳으로 이사한다
- (D) 고객을 만난다

어휘 sink 싱크대   spring a leak 물이 새기 시작하다   on one's way 도중에   wiring problem 배선 문제   lightbulb 전구   cracked 갈라진, 금이 간   pay for damage 손해를 배상하다   appliance 기기, 가전 제품

◁) 03-59

들리는 문장이 대화의 내용과 일치하면 ○, 그렇지 않으면 ×에 표시하세요.
1. The woman _____. (○ | ×)
2. The woman calls the man _____. (○ | ×)
3. The man _____ in an hour. (○ | ×)

정답 p.052

07. Where are the speakers?

(A) At a real estate agency

(B) In an apartment

(C) In the man's office

(D) At a café

08. What does the man need to pay money for?

(A) The first month's rent

(B) The utility bills

(C) The security deposit

(D) The renovation work

09. What does the man decide to do?

(A) Sign a contract

(B) Look at another place

(C) Pay cash

(D) Pay the original price

🔍 문제 해설

07 대화의 장소

▶ 대화 초반부의 내용을 통해 여자와 남자는 부동산 매물을 보고 있음을 알 수 있다.

▶ 또한 'It's currently empty, so you can move into this apartment as soon as you sign the contract.' 라는 여자의 말에서 그들이 있는 곳은 '아파트'임을 알 수 있으므로 정답은 (B)의 In an apartment이다.

▶ (A)의 '부동산 중개소'는 대화 이후에 화자들이 가게 될 장소이다.

08 세부 사항 (언급된 사실)

▶ 남자가 이사가 가능한 시기를 묻자 여자는 계약서에 서명을 하면 이사를 올 수 있다고 말한 후, 'you also need to pay a $1,000 security deposit before you can get the keys.'라고 말하면서 보증금의 액수를 밝히고 있다.

▶ 따라서 남자가 입주하기 위해서는 1,000달러의 보증금을 지불해야 하므로 정답은 (C)이다.

09 세부 사항 (언급된 사실)

▶ 이사하기 위해서는 '계약서의 서명'과 '보증금'이 필요하다는 말을 듣고 남자는 'Let's go back to your office and complete the paperwork.'이라고 말한다.

▶ 이를 통해 남자는 여자의 제안을 수락하고 계약서를 작성할 것임을 알 수 있기 때문에 정답은 (A)의 Sign a contract 이다.

W **07-1) What do you think of this place, Mr. Lambert?**

M I love it. It's much better than the other places you showed me. If I sign the contract for it today, when would I be able to move in?

W **07-2) It's currently empty, so you can move into this apartment as soon as you sign the contract. Oh, 08) you also need to pay a $1,000 security deposit before you can get the keys.**

M Great. 09) **Let's go back to your office and complete the paperwork.**

W 이곳에 대해 어떻게 생각하시나요, Lambert 씨?

M 정말로 마음에 들어요. 제게 보여 주셨던 다른 곳들보다 훨씬 더 낫군요. 제가 오늘 계약서에 서명하면 언제 이사 올 수 있을까요?

W 현재 비어 있기 때문에, 계약서에 서명하시자마자 이 아파트로 이사 오실 수 있어요. 오, 또한 열쇠를 받으시기에 앞서 1,000달러의 보증금을 지불하셔야 하고요.

M 좋아요. 당신의 사무실로 돌아가서 서류 작업을 마치기로 하죠.

07. 화자들은 어디에 있는가?
(A) 부동산 중개소에
(B) 아파트에
(C) 남자의 사무실에
(D) 카페에

08. 남자는 무엇에 대해 돈을 지불해야 하는가?
(A) 첫 번째 월세
(B) 공과금
(C) 보증금
(D) 보수 공사

09. 남자는 무엇을 할 것을 결심하는가?
(A) 계약서에 서명한다
(B) 다른 장소를 살펴본다
(C) 현금으로 지불한다
(D) 정가를 지불한다

어휘 think of ~에 대해 생각하다　contract 계약, 계약서　currently 현재　empty 비어 있는　security deposit 보증금　paperwork 서류 작업　real estate agency 부동산 중개소　rent 임대, 임대료　utility bill 공과금　renovation 보수, 수리　original price 정가

◀) 03-61

들리는 문장이 대화의 내용과 일치하면 ○, 그렇지 않으면 ×에 표시하세요.

❶ The woman is probably _____ . 　(○ | ×)
❷ The man can move into the apartment _____ . 　(○ | ×)
❸ The rent on the apartment is _____ . 　(○ | ×)

예상적중문제 **10-12** 대화를 듣고 질문에 가장 알맞은 답을 고르세요.

◀ 03-62

10. Why are the speakers pleased?

(A) They landed a new project.

(B) They were praised by Mr. Wilson.

(C) They completed a work assignment.

(D) They are going to receive a bonus.

11. What does the woman mean when she says, "I wasn't really impressed with it"?

(A) She did not like the men's work.

(B) She thought the Wilson project had problems.

(C) She disliked eating at Rudolph's.

(D) She believed the demonstration was bad.

12. What does the woman say she will do?

(A) Make some dinner arrangements

(B) Reserve a table at Hillside

(C) Speak with her colleagues

(D) Organize a weekend get-together

문제 해설

10 세부 사항 (이유)

▶ 대화의 첫 부분에서 남자는 'Wilson 프로젝트를 완료하게 되어 기쁘다(I'm so pleased we finally finished the Wilson project)'라고 말했다.

▶ 여자는 이에 대해 동의하며, 이를 기념하기 위한 식사를 하자고(So am I. We ought to have a celebratory dinner) 제안했다.

▶ 따라서 화자들이 기뻐하는 이유는 프로젝트를 끝냈기 때문일 것이므로 정답은 (C)이다.

11 화자의 의도

▶ 화자의 의도를 묻는 문제를 풀 때에는 인용된 문장 앞의 내용을 파악해야 하는데, 인용된 문장 바로 앞에서 여자는 'How about having it at Rudolph's?'라고 질문했다.

▶ 인용된 문장은 '그다지 좋은 인상을 받지 못했다'는 의미인데, 이는 Rudolph's라는 식당이 마음에 들지 않았다는 뜻이므로 정답은 (C)이다.

12 대화 이후의 상황

▶ 화자들이 저녁 식사를 할 장소를 결정한 다음, 여자는 'I'll call and make a reservation'이라고 말했다.

▶ 즉, 여자는 자신이 예약을 하겠다고 말한 것이므로 정답은 (A)이다.

M1 10-1) **I'm so pleased we finally finished the Wilson project.**

W 10-2) **So am I. We ought to have a celebratory dinner.**

M2 Good thinking, Anne. 11) **How about having it at Rudolph's?**

W I wasn't really impressed with it. How about somewhere else?

M2 We could go to Hillside or Taste of the Sea. Which do you prefer?

M1 Everyone loves seafood. Let's go to Taste of the Sea.

W Sounds great. 12) **I'll call and make a reservation** for twenty people for Thursday evening.

M1 Wilson 프로젝트를 드디어 완료하게 되어 정말 기뻐요.

W 저도 그래요. 우리는 기념 식사를 해야 해요.

M2 좋은 생각이에요, Anne. Rudolph's에서 식사를 하는 것이 어떨까요?

W 저는 그다지 좋은 인상을 받지 않았어요. 다른 곳은 어떨까요?

M2 우리는 Hillside나 Taste of the Sea에 갈 수 있어요. 어느 곳이 더 좋겠어요?

M1 모든 사람이 해산물을 좋아해요. Taste of the Sea에 가도록 하죠.

W 그게 좋겠군요. 제가 전화해서 목요일 저녁에 20명을 위한 예약을 할게요.

---

10. 화자들은 왜 기뻐하는가?
   (A) 그들은 신규 프로젝트를 따냈다.
   (B) 그들은 Wilson 씨에게 칭찬을 받았다.
   (C) 그들은 할당된 업무를 완료했다.
   (D) 그들은 상여금을 받을 것이다.

11. 여자가 "I wasn't really impressed with it"이라고 말할 때 그녀는 무엇을 의미하는가?
   (A) 그녀는 남자들이 한 일이 마음에 들지 않았다.
   (B) 그녀는 Wilson 프로젝트에 문제점들이 있다고 생각했다.
   (C) 그녀는 Rudolph's에서 했던 식사가 마음에 들지 않았다.
   (D) 그녀는 시연이 좋지 않았다고 생각했다.

12. 여자는 그녀가 무엇을 할 것이라고 말하는가?
   (A) 저녁 식사 모임을 준비한다
   (B) Hillside에 자리를 예약한다
   (C) 그녀의 동료들과 이야기를 나눈다
   (D) 주말 모임을 준비한다

어휘 celebratory 기념하는 impressed 좋은 인상을 받은 make a reservation 예약하다 demonstration 설명, 입증, 시연 arrangement 준비 get-together 모임, 파티파티를 열다

 MORE & MORE

🔊 03-63

들리는 문장이 대화의 내용과 일치하면 ○, 그렇지 않으면 ✕에 표시하세요.

❶ The speakers _____ the Wilson Project soon.   (○ | ✕)

❷ The speakers are mostly discussing _____.   (○ | ✕)

❸ The speakers will _____ with twenty people.   (○ | ✕)

예상적중문제 **13-15** 대화를 듣고 질문에 가장 알맞은 답을 고르세요.

◀ 03-64

Credit Card Statement

Date	Description	Amount
October 2	Outboard Clothes	$95.99
October 15	Jennie's Deli	$22.00
October 21	Greenstreet Grocer	$56.32
October 30	Broadway Bakery	$12.90

13. What information does the woman ask the man for?

(A) His credit card number

(B) His phone number

(C) His address

(D) His name

14. Look at the graphic. What amount does the man say he does not owe?

(A) $95.99

(B) $22.00

(C) $56.32

(D) $12.90

15. What will the woman send the man?

(A) A new bill

(B) A document

(C) A receipt

(D) A letter of apology

▶ 문제 해설 ◀

⓭ 세부 사항 (요청)

▶ 대화의 초반부에서 남자는 신용 카드 내역서 상의 문제점에 대해 문의하고 있다.

▶ 이에 대해 여자는 남자에게 신용 카드 상의 이름을(What is the name that's on your credit card?) 물었다. 따라서 정답은 (D)이다.

⓮ 시각적 정보

▶ 남자는 10월 21일의 카드 사용 내역에 문제가 있다고 했고, 여자는 그날 Greenstreet Grocer에서 카드를 사용한 내역이 있다고(according to my records, you used the card at Greenstreet Grocer on that day) 안내했다.

▶ 이에 대해 남자는 그 주 내내 해외에 있었기 때문에 자신이 카드를 사용했을 수가 없다고(That's impossible because I was out of the country all week long) 항의하고 있다.

▶ 표에서 Greenstreet Grocer에서 사용한 것으로 되어 있는 금액은 56.32달러이므로 정답은 (C)이다.

⓯ 세부 사항 (언급된 사실)

▶ 10월 21일 Greenstreet Grocer에서 신용카드를 사용하지 않았다는 남자의 항의에 대해 여자는 요금 부과에 이의를 제기하기 위해 작성해야 하는 양식을 이메일로 보내겠다고(I'm going to e-mail you a form to fill out to protest this charge) 말했다.

▶ 따라서 여자가 이메일로 보낼 것은 (B)이다. 대화의 form을 보기에서는 document로 표현했다.

W	Hello. You have reached the Covington Bank. How may I be of assistance?
M	Hello. I received my credit card statement, but there's a mistake on it. I didn't use the card on October 21.
W	**13) What is the name that's on your credit card?**
M	It's Johnathan Price.
W	Thank you, Mr. Price. Okay, **14-1) according to my records, you used the card at Greenstreet Grocer on that day.**
M	**14-2) That's impossible because I was out of the country all week long.**
W	I see. 15) **I'm going to e-mail you a form to fill out to protest this charge.**

W	안녕하세요. Covington 은행에 연결되셨습니다. 어떻게 도와 드릴까요?
M	안녕하세요. 신용 카드 사용 내역서를 받았는데, 잘못된 점이 있어요. 저는 10월 21일에 카드를 사용한 적이 없어요.
W	신용 카드 상의 성함이 어떻게 되시나요?
M	Johnathan Price예요.
W	고맙습니다, Price 씨. 좋아요, 제 기록에 따르면 귀하께서는 그날 Greenstreet Grocer에서 카드를 사용하셨어요.
M	제가 그 주 내내 해외에 있었기 때문에 그건 불가능해요.
W	그러시군요. 이번 요금 부과에 이의를 제기하실 수 있도록 귀하께서 작성하셔야 하는 양식을 제가 이메일로 보내 드릴게요.

신용 카드 사용 내역서

일자	내용	금액
10월 2일	Outboard Clothes	95.99달러
10월 15일	Jennie's Deli	22.00달러
10월 21일	Greenstreet Grocer	56.32달러
10월 30일	Broadway Bakery	12.90달러

13. 여자는 남자에게 무엇에 관한 정보를 요청하는가?
(A) 신용 카드 번호
(B) 전화 번호
(C) 주소
(D) 이름

14. 도표를 보아라. 남자는 자신이 얼마를 내지 않아도 된다고 말하는가?
(A) 95.99달러
(B) 22.00달러
(C) 56.32달러
(D) 12.90달러

15. 여자는 남자에게 무엇을 보낼 것인가?
(A) 새로운 청구서
(B) 문서
(C) 영수증
(D) 사과의 편지

어휘 assistance 도움   credit card statement 신용 카드 사용 내역서   mistake 실수   protest 항의하다   apology 사과

◀ 03-65

들리는 문장이 대화의 내용과 일치하면 ○, 그렇지 않으면 ×에 표시하세요.

❶ The man calls _____ .   (○ | ×)

❷ The man was _____ recently.   (○ | ×)

❸ The woman says she _____ .   (○ | ×)

정답 p.052

여가 생활 및 기타

Unit 05

학습 포인트

👋 여가 생활과 관련된 대화는 주로 여행, 레저 및 취미 활동, 공연이나 영화 관람과 같은 주제를 다룬다. 기타 대화의 유형으로는 비행기나 기차와 같은 교통 수단과 관련된 대화, 그리고 공항이나 역과 같은 장소에서 이루어지는 대화 등을 들 수 있다.

👋 여행을 주제로 하는 대화에서는 여행지에 대한 정보가, 레저 및 취미 활동을 다루고 있는 대화에서는 해당 활동의 특징을, 그리고 공연이나 영화 관람과 같은 주제를 다루고 있는 대화에서는 화자들의 기대감이나 감상평 등을 집중해서 듣는다.

👋 여가 생활은 다양한 장소에서 이루어질 수 있기 때문에, 화자들이 있는 장소를 파악하면 대화의 주제를 파악하는 데 도움이 될 수 있다. 비행기나 기차, 혹은 공항이나 역과 같은 교통 수단과 관련된 내용을 다루는 대화에서는 출발 및 도착 시간, 출발지와 목적지, 그리고 자리 배정과 같은 구체적인 정보가 정답의 단서가 되는 경우가 많다.

예제

🔊 03-66

1. Where most likely are the speakers?

(A) In a library
(B) In a classroom
(C) In a bookstore
(D) In a shopping center

2. What is the woman's problem?

(A) Her card is no longer working.
(B) She cannot find something she is looking for.
(C) The item she wants is too expensive.
(D) She cannot use the computer system well.

3. What does the man ask about?

(A) The author of a book
(B) The title of a book
(C) The year a book was published
(D) The subject of a book

1. 화자들은 어디에 있는 것 같은가?

(A) 도서관에
(B) 교실에
(C) 서점에
(D) 쇼핑 센터에

2. 여자의 문제는 무엇인가?

(A) 그녀의 카드가 더 이상 유효하지 않다.
(B) 그녀는 자신이 찾고 있는 것을 찾지 못하고 있다.
(C) 그녀가 원하는 물품이 너무 비싸다.
(D) 그녀는 컴퓨터 시스템을 잘 사용할 수 없다.

3. 남자는 무엇에 관해 묻는가?

(A) 책의 저자
(B) 책의 제목
(C) 책이 발행된 연도
(D) 책의 주제

W Pardon me, but I'd like some assistance, please. I looked on the shelves for a book, but it wasn't there.

M Did you check to see if it's listed as available? Perhaps someone has already checked it out.

W I looked on the computer system here before I went to the shelves. According to the computer, the book is currently listed as available. So it's supposed to be here, but it isn't.

M That's strange. Could you let me know the title of the book, please?

W 죄송하지만, 도움을 받고 싶어요. 저는 어떤 책을 찾기 위해 서가를 살펴보았지만, 그곳에 없더군요.

M 목록에 이용이 가능한 것으로 나와 있는지 확인해 보셨나요? 아마도 누군가가 대출했을 수도 있어요.

W 서가에 가기 전에 이곳에서 컴퓨터 시스템으로 살펴보았어요. 컴퓨터에 의하면, 그 책은 현재 이용이 가능한 것으로 나와 있었어요. 그래서 여기에 있어야 하지만, 그렇지가 않더군요.

M 이상하네요. 책 제목을 알려 주시겠어요?

어휘 assistance 도움, 원조 shelf 선반, 서가 available 이용이 가능한 check out 대출하다 according to ~에 의하면 strange 이상한 title 제목, 타이틀 no longer 더 이상 ~이 아닌 look for ~을 찾다 author 작가

대화 유형 분석

책을 찾고 있는 여자와 사서로 보이는 남자 사이에 이루어지고 있는 대화이다. 따라서 이 대화는 도서관에서 이루어지고 있는 것으로 짐작할 수 있다. 또한 여자가 남자에게 책을 찾는 것에 대한 도움을 요청하고 있으므로, 여자의 문제가 구체적으로 무엇인지, 그리고 이에 대해 남자가 어떻게 반응하는지에 초점을 맞춰 대화를 듣도록 한다.

풀이 전략 및 해설

1 ● 대화가 이루어지는 장소를 묻고 있으므로 대화에서 단서가 되는 키워드를 집중해서 듣도록 한다.

● 대화 초반부의 'looked on the shelves for a book(서가에서 책을 찾다)'과 'has already checked it out(이미 대출을 했다)' 등의 표현을 통해 이 대화는 도서관에서 이루어지고 있음을 알 수 있다.

● 따라서 화자들이 있는 곳은 (A)의 In a library이다.

2 ● 여자의 문제를 묻고 있으므로, 여자가 하는 말을 집중하며 듣는다.

● 여자는 남자에게 도움이 필요하다고 말하면서, 'I looked on the shelves for a book, but it wasn't there.'라고 그 이유를 설명한다.

● 따라서 여자의 문제는 책을 찾지 못하는 것이므로 정답은 (B)이다. 이 문제와 같이 but과 같은 부정적인 표현 뒤에 문제점이 언급되는 경우가 많다는 사실을 기억하자.

3 ● 여자는 자신이 찾고 있는 책이 컴퓨터 시스템 상으로는 대출이 가능하다고 나오는데 실제로는 찾을 수가 없다고 말한다.

● 이에 대해 남자는 의아함을 나타내면서 'Could you let me know the title of the book, please?'라고 묻는다.

● 즉 남자가 묻는 것은 '책 제목'이므로 정답은 (B)의 The title of the book이다.

긍정적인 반응의 표현

have a wonderful [great, nice] time / have (a lot of) fun / enjoy oneself 즐거운 시간을 보내다, 즐기다

I **had a great time** on my trip to Miami. 나는 마이애미 여행에서 재미있는 시간을 보냈다.

They all **had fun** during their holiday in South Africa. 그들은 모두 남아프리카에서 즐거운 휴가를 보냈다.

We **enjoyed ourselves** while we were in Brazil. 우리는 브라질에 있는 동안 재미있었다.

부정적인 반응의 표현

have a hard [bad, tough] time 힘든 시간을 보내다   could have had a better ~ 더 나은 ~을 보낼 수 있었다

I **had a tough time** on my trip. 나는 여행에서 힘든 시간을 보냈다.

She **could have had a better** holiday in Guam. 그녀는 괌에서 더 재미있는 휴가를 보낼 수도 있었다.

갈망이나 기대의 표현

look forward to / long for / be eager [anxious] for / crave for / aspire ~을 갈망하다

We are **looking forward to** the international food festival. 우리는 국제 음식 페스티벌을 고대하고 있다.

Mr. Williams **is eager for** the contract to be signed. Williams 씨는 계약이 체결되기를 갈망하고 있다.

She **aspires** to be the manager of her own store someday.
그녀는 언젠가 자기가 소유한 매장의 매니저가 되기를 열망한다.

거절의 표현

A Would you like to have dinner with us? 저희와 함께 저녁을 드시겠어요?

B **I'd love to, but** I already have plans for tonight. 그렇게 하고 싶지만, 오늘 밤에는 이미 계획이 있어요.

A Why don't you go to the carnival with Jake and me on the weekend?
주말에 Jake와 저와 함께 축제에 가지 않을래요?

B **It sounds great, but** I can't go. But I really appreciate the invitation.
재미있게 들리지만, 저는 갈 수가 없어요. 하지만 초대해 줘서 정말 고마워요.

A Are you interested in seeing a movie tonight? 오늘 밤 영화를 보러가는 것에 관심이 있나요?

B **I wish I could, but** I can't. Maybe we can do something together on the weekend.
그럴 수 있으면 좋겠지만, 저는 갈 수 없어요. 아마도 주말에 무언가를 같이 할 수 있을 거예요.

Ⓐ 대화를 듣고 주어진 문장이 사실이면 ○, 그렇지 않으면 X에 표시하세요.

◐ 03-67

1 (a) The woman is going to attend a musical. (○ | X)

 (b) There are only seats in the premier section available. (○ | X)

 (c) The woman can get a discount by paying cash. (○ | X)

2 (a) The speakers are most likely on an airplane. (○ | X)

 (b) The man is concerned about arriving at his destination late. (○ | X)

 (c) The woman is going to go to Stockholm. (○ | X)

3 (a) The speakers are mainly discussing how to surf the Internet. (○ | X)

 (b) The man offers to give the woman lessons. (○ | X)

 (c) The speakers are going to meet on Sunday. (○ | X)

4 (a) The conversation is taking place in an art gallery. (○ | X)

 (b) The woman works as a tour guide. (○ | X)

 (c) The speakers are going to join a tour next. (○ | X)

5 (a) The woman asks about a train schedule. (○ | X)

 (b) The woman is going to go to Seattle. (○ | X)

 (c) The woman purchases two tickets. (○ | X)

B 대화를 듣고 정답을 고른 다음, 대화를 다시 듣고 빈칸을 완성하세요.

1 What is the woman's problem?

(a) She cannot find her luggage.

(b) She missed her flight.

(c) She cannot find her gate.

2 What does the man ask the woman to do?

(a) Pay an extra fee

(b) Check in her baggage

(c) Show him her ticket

◀ 03-68

Dictation

W Hello. Could you help me, please? I have been waiting at _____ for the past hour, but my bag _____ yet.

M Could you let me know _____ you were on?

W I came in on Flight 89 from Barcelona. It _____ forty, and I've been at baggage claim _____.

M May I see the ticket you got when you checked in? I can _____ on my computer.

3 When is the man going to cooking school?

(a) On the weekend

(b) In the morning

(c) In the evening

4 What does the man imply?

(a) He does not cook well.

(b) He prefers cooking Western food.

(c) He wants to become a chef.

◀ 03-69

Dictation

W David, you seem to be _____ these days. What have you been doing?

M I'm going to a cooking school _____.

W A cooking school? Why are you doing that?

M I'm _____ all the time. It costs too much, and it's unhealthy as well. I'd rather _____ at home, but I _____ about cooking.

5 Where does the man want to go?

    (a) Birmingham

    (b) Heflin

    (c) Atlanta

6 What time will the man's bus depart?

    (a) At 2:00 P.M.

    (b) At 4:00 P.M.

    (c) At 5:00 P.M.

◁ 03-70

Dictation

M Is the bus _____ Birmingham a nonstop bus, or does it stop at any cities _____ ?

W It makes a _____ after it leaves Atlanta. It's going to get off the interstate to _____ and _____ in Heflin. That should only _____ twenty minutes.

M That doesn't sound _____ . Please give me two tickets for the bus _____ .

7 What is the problem?

    (a) A product is not selling enough.

    (b) A price is too high.

    (c) An item keeps breaking down.

8 Look at the graphic. Where do the speakers work?

    (a) DRT Manufacturing

    (b) Russell Corporation

    (c) Watson, Inc.

◁ 03-71

Dictation

Market Share by Company

W I'm a little _____ our _____ .

M What's the matter? It's _____ , isn't it?

W Sales are good, but _____ . We've only _____ 15% of the market.

M _____ did the people in the Marketing Department think we would be at by now?

W They were hoping for at least a 22% _____ . That's why they're disappointed.

M We'd better _____ some new promotions to sell more then. I'll have the staff _____ on it.

예상적중문제 01-03 대화를 듣고 질문에 가장 알맞은 답을 고르세요.

◀ 03-72

01. Where most likely are the speakers?

(A) At a library

(B) At a medical center

(C) At a department store

(D) At a university

02. What does the man give the woman?

(A) A receipt

(B) A credit card

(C) His ID card

(D) Some forms

03. What does the man want to do?

(A) Sit down

(B) Visit the bathroom

(C) Have some coffee

(D) Take a break

문제 해설

01 대화의 장소

▶ 남자는 Chambers 박사와 약속이 있다고(I have an appointment with Dr. Chambers at 3:00 P.M.) 했다.

▶ 이에 대해 여자는 남자에게 처음 왔기 때문에 서류를 작성해 달라고(You've never been here before, so I need you to fill out this paperwork) 요청했다.

▶ 보기 중에서 이러한 상황이 일어날 수 있는 장소로 적절한 것은 (B)의 병원이다.

02 세부 사항 (언급된 사실)

▶ 남자는 웹사이트에서 양식을 다운로드해서 가지고 왔다고(I downloaded the necessary forms from your Web site, so I've got them right here) 말했다.

▶ 이어서 여자는 제대로 작성되었는지 전체적으로 확인해 보겠다고(Let me look through everything to confirm you filled it out properly) 말했다.

▶ 위 대화의 내용을 통해서 남자가 여자에게 서류를 전달했다는 것을 알 수 있다. 따라서 정답은 (D)이다.

03 세부 사항 (언급된 사실)

▶ 대화의 마지막 부분에서 남자는 화장실이 어디에 있는지를(I wonder if you could tell me where the restroom is) 물었다. 따라서 정답은 (B)이다.

▶ 자리에 앉으라는(sit down) 것은 여자가 남자에게 제안한 것이므로 (A)는 정답이 될 수 없다.

M	Hello. **01-1) I have an appointment with Dr. Chambers** at 3:00 P.M. My name is David Cosby.
W	Good afternoon, Mr. Cosby. **01-2) You've never been here before, so I need you to fill out this paperwork.**
M	**02-1) I downloaded the necessary forms from your Web site, so I've got them right here.**
W	That's wonderful. **02-2) Let me look through everything to confirm you filled it out properly.** Why don't you have a seat over there?
M	Actually, **03) I wonder if you could tell me where the restroom is.** I'd like to wash my hands.
W	Of course. Go down the hall. It's the third door on the left.

M	안녕하세요, 오후 3시에 Chambers 의사 선생님과 진료 예약이 되어 있어요. 제 이름은 David Cosby 예요.
W	안녕하세요, Cosby 씨. 전에 이곳에 오신 적이 없으시기 때문에 이 서류를 작성해 주셔야 해요.
M	병원 웹사이트에서 필요한 양식을 다운로드해서 가지고 왔어요.
W	정말 잘 하셨네요. 제대로 작성이 됐는지 제가 전체적으로 확인해 볼게요. 저쪽에 앉아 계시겠어요?
M	실은, 화장실이 어디에 있는지 모르겠네요. 손을 씻고 싶어서요.
W	그러시군요. 복도를 따라 가세요. 왼쪽 세 번째 문이에요.

01. 화자들은 어디에 있는 것 같은가?
 (A) 도서관에
 (B) 병원에
 (C) 백화점에
 (D) 대학교에

02. 남자는 무엇을 여자에게 주는가?
 (A) 영수증
 (B) 신용 카드
 (C) 신분증
 (D) 양식

03. 남자는 무엇을 하고 싶어 하는가?
 (A) 앉는다
 (B) 화장실에 간다
 (C) 커피를 마신다
 (D) 휴식을 취한다

어휘 appointment 약속   paperwork 서류, 서류 작업   confirm 확인하다   properly 제대로

🔊 03-73

들리는 문장이 대화의 내용과 일치하면 O, 그렇지 않으면 ×에 표시하세요.

① The conversation most likely _____.   (O | ×)

② The woman _____.   (O | ×)

③ The restroom is _____.   (O | ×)

정답 p.055

PART 3
예상적중문제 **04-06** 대화를 듣고 질문에 가장 알맞은 답을 고르세요.

◀)) 03-74

04. What are the man and woman talking about?

(A) Their workloads

(B) Their friends

(C) Their hobbies

(D) Their weekend plans

06. How does the woman enjoy her new hobby?

(A) She finds it difficult.

(B) She wants to do it more often.

(C) She enjoys it a lot.

(D) She is thinking of quitting.

05. Why does the woman reject the man's suggestion?

(A) She has something else to do.

(B) She dislikes amusement parks.

(C) She is going to see her family.

(D) She is going to attend a concert.

문제 해설

04 주제 및 목적

▶ 대화의 첫 부분에서 남자는 'Carla, do you have any plans for the weekend?'라고 말하면서 여자에게 주말 계획을 묻고 있고, 그 이후에도 화자들이 주말에 할 일에 관해 이야기하고 있다.

▶ 따라서 대화의 주제는 (D)의 Their weekend plans(그들의 주말 계획)이다.

05 세부 사항 (이유)

▶ 주말에 놀이공원에 가자는 남자의 제안에 여자는 'I'd love to go there, Scott, but I already have plans.'라고 거절했다.

▶ 이어서 자신은 문화 센터에서 '피아노 교습(piano lessons)'을 받을 것이라고 말했으므로 여자가 남자의 제안을 거절한 이유는 (A)이다.

06 세부 사항 (언급된 사실)

▶ 여자의 말, 'I started learning a couple of months ago, and I'm having a wonderful time.'에서 그녀가 자신의 취미인 피아노 연주에 대해 어떻게 생각하는지를 짐작할 수 있다.

▶ wonderful time이라는 표현을 통해 정답이 (C)라는 것을 알 수 있다.

M **04) Carla, do you have any plans for the weekend?** How about going to the amusement park with Dave and me?

W **05-1) I'd love to go there, Scott, but I already have plans. 05-2) 06-1) I'm going to be taking piano lessons at the local community center. 06-2) I started learning a couple of months ago, and I'm having a wonderful time.**

M I had no idea you were doing that as a hobby. In that case, perhaps we can do something together later.

M Carla, 주말 계획이 따로 있나요? Dave와 저와 함께 놀이공원에 가는 것은 어떤가요?

W Scott, 저도 그곳에 가고 싶지만, 저에게는 이미 계획이 있어요. 저는 지역 문화 센터에서 피아노 교습을 받고 있을 거예요. 두어 달 전에 교습을 시작해서, 굉장한 시간을 보내고 있죠.

M 당신이 취미로 그렇게 하고 있는지는 전혀 몰랐네요. 그런 경우라면, 아마도 우리가 나중에 함께 무언가를 할 수 있겠군요.

---

04. 남자와 여자는 무엇에 대해 이야기하는가?
   (A) 그들의 업무량
   (B) 그들의 친구
   (C) 그들의 취미
   (D) 그들의 주말 계획

05. 여자는 왜 남자의 제안을 거절하는가?
   (A) 그녀에게는 다른 할 일이 있다.
   (B) 그녀는 놀이공원을 싫어한다.
   (C) 그녀는 자신의 가족을 만날 것이다.
   (D) 그녀는 공연장에 갈 것이다.

06. 여자는 자신의 새로운 취미를 어떻게 생각하는가?
   (A) 어렵다고 생각한다.
   (B) 보다 자주 하고 싶어 한다.
   (C) 매우 좋아한다.
   (D) 그만둘 생각을 하고 있다.

어휘 amusement park 놀이공원   local 지역의, 인근의   community center 주민 자치 센터, 문화 센터   workload 업무량

 MORE & MORE

◀)) 03-75

들리는 문장이 대화의 내용과 일치하면 ○, 그렇지 않으면 ×에 표시하세요.

❶ The man already has plans to _____ .   (○ | ×)

❷ The woman is learning to _____ .   (○ | ×)

❸ The man tells the woman _____ .   (○ | ×)

정답 p.056

07. Why is the man excited?

(A) He is going to perform for the first time.

(B) He has never been to a concert.

(C) He is eager to see the performance.

(D) He wants to meet the actors.

08. What does the woman say about the show?

(A) She has seen it before.

(B) Some actors in it perform well.

(C) Their seats are in the front row.

(D) It is the first show of the season.

09. What will the speakers probably do next?

(A) Purchase tickets

(B) Go to their seats

(C) Buy some drinks

(D) Remain in the lobby

🖋 **문제 해설**

07 세부 사항 (이유)

▶ 대화의 첫 부분에서 남자는 'I'm really looking forward to tonight's show.'라고 말하면서 자신은 전에 '연극(theatrical production)'을 본 적이 없다는 사실을 밝히고 있다.

▶ 따라서 남자가 흥분한 이유는 공연에 대한 기대감 때문이므로 정답은 (C)이다.

08 세부 사항 (언급된 사실)

▶ 여자는 연극에 나오는 배우들의 연기를 본 적이 있다고 말한 후, 'They're all quite good at their jobs.'라고 말하면서 그들의 연기에 대한 평가를 내리고 있다.

▶ 즉, 여자는 공연하는 배우들의 연기가 뛰어나다고 말한 것이므로 정답은 (B)이다.

▶ 참고로 'I've seen some of the actors in tonight's show perform before.'라는 여자의 말은 그녀가 배우들의 연기를 본 적이 있다는 것일 뿐이며, 이 공연 자체를 전에 본 적이 있다는 의미는 아니므로 (A)를 정답으로 착각해서는 안 된다.

09 대화 이후의 상황

▶ 남자가 공연장 자리에 가서 앉아야 하는지 남자가 묻자 여자는 'Let's stay here in the lobby for a few more minutes.'라고 답한다.

▶ 따라서 화자들이 대화 이후에 하게 될 행동은 로비에서 기다리는 것이므로 정답은 (D)의 Remain in the lobby이다.

M	**07-1) I'm really looking forward to tonight's show. 07-2) I've never been to a theatrical production before.**	M	저는 오늘 밤 공연을 정말로 고대하고 있어요. 전에 연극을 본 적이 없거든요.
W	You're going to love it, George. **08-1) I've seen some of the actors in tonight's show perform before. 08-2) They're all quite good at their jobs.**	W	정말로 당신 마음에 들 거예요, George. 저는 오늘 밤 공연에 나오는 배우들 중 몇 명이 전에 연기하는 것을 본 적이 있어요. 모두가 연기를 매우 잘해요.
M	That's great to hear. **09-1) Do you think we ought to go to our seats soon?**	M	그런 이야기를 들으니 반갑군요. 우리가 곧 자리로 가야 한다고 생각하나요?
W	**09-2) Let's stay here in the lobby for a few more minutes.** They'll make an announcement when it's time to head to the theater.	W	몇 분 더 이곳 로비에 있도록 하죠. 극장 안으로 들어가야 할 때가 되면 안내 방송을 할 거예요.

07. 남자는 왜 흥분해 있는가?
  (A) 그는 처음으로 공연을 할 것이다.
  (B) 그는 연주회에 가 본 적이 없다.
  (C) 그는 공연 관람을 갈망하고 있다.
  (D) 그는 배우들을 만나고 싶어 한다.

08. 여자는 공연에 대해 어떻게 말하는가?
  (A) 그녀는 전에 이 공연을 본 적이 있다.
  (B) 공연에 나오는 몇몇 배우들은 연기를 잘 한다.
  (C) 그들의 자리는 앞줄에 있다.
  (D) 이번 시즌의 첫 번째 공연이다.

09. 화자들은 아마도 이다음에 무엇을 할 것인가?
  (A) 티켓을 구입한다
  (B) 자리로 간다
  (C) 음료를 산다
  (D) 로비에 남아 있는다

어휘 look forward to ~을 고대하다   have been to ~에 갔다 왔다, ~에 가 본 적이 있다   theatrical production 연극   actor 배우   perform 공연하다; 실행하다   seat 자리, 좌석   stay 머무르다   lobby 로비   make an announcement 안내하다, 공지하다   head to ~으로 향하다   for the first time 처음으로   be eager to ~을 갈망하다   row 줄, 열   remain 남아 있다

💡 **MORE & MORE**

◀ 03-77

들리는 문장이 대화의 내용과 일치하면 ○, 그렇지 않으면 ×에 표시하세요.

❶ The woman has met _____ in the show.   (○ | ×)

❷ The show is going to begin _____ .   (○ | ×)

❸ The speakers are currently _____ .   (○ | ×)

정답 p.056

PART 3

예상적중문제 **10-12** 대화를 듣고 질문에 가장 알맞은 답을 고르세요.

🔊 03-78

---

10. Where does the conversation take place?

(A) At a check-in counter

(B) At the baggage claim area

(C) At a boarding gate

(D) At a security checkpoint

11. Why is the woman unhappy?

(A) She forgot to pack some items.

(B) She did not have time for dinner.

(C) Her seat is in the back of the plane.

(D) Her plane is going to be late.

12. What does the woman suggest doing?

(A) Going to the duty-free stores

(B) Getting some breakfast

(C) Asking for a new seat assignment

(D) Complaining to a flight attendant

문제 해설

⑩ 대화의 장소

▶ 여자가 비행기 연착에 관한 방송에 대해 말하자 남자는 'Do you just want to sit here at the gate?'라고 말하면서 여자의 의향을 묻고 있다.

▶ 이를 통해 화자들은 현재 게이트에 있음을 알 수 있으므로 정답은 (C)의 at a boarding gate이다.

⑪ 세부 사항 (이유)

▶ 여자는 비행기 연착에 관한 안내 방송에 대해 언급한 후, 'Our plane is going to be delayed by one hour. That's awful.'이라고 말한다.

▶ 따라서 여자가 기분이 상한 이유는 (D), 즉 비행기의 연착 때문임을 알 수 있다.

⑫ 세부 사항 (제안)

▶ 대화의 후반부에서 비행기 연착으로 인해 남자가 무엇을 해야 할지 묻자 여자는 'I'd rather get something to eat.'이라고 말한 뒤 자신은 '아침 식사'를 하지 못했다고 언급한다.

▶ 따라서 여자가 제안하고 있는 사항은 (B)의 Getting some breakfast(아침 식사를 한다)이다.

> **묘.수.풀.이**
>
> 공항과 관련된 어휘들을 알아 두자
> • check-in counter: 탑승 수속 창구 (좌석 배정과 수화물을 위탁하는 곳)
> • baggage claim area: 수화물을 찾을 수 있는 곳
> • boarding gate: 탑승구
> • security checkpoint: 보안 검색대

W Did you hear that announcement? **10-1) 11-1) Our plane is going to be delayed by one hour.** **11-2) That's awful.** We're going to miss our connecting flight now.

M Well, there's nothing we can do about it. What should we do while we wait? **10-2) Do you just want to sit here at the gate?**

W **12-1) I'd rather get something to eat.** **12-2) I woke up late and didn't have time for breakfast this morning.**

M Okay. There's a restaurant over by the duty-free stores. Why don't we go there and look at the menu?

W 저 안내 방송 들었나요? 우리 비행기가 한 시간 연착될 거예요. 끔찍하군요. 우리는 이제 연결 비행기편을 놓치게 되었어요.

M 음, 그에 관해서는 우리가 할 수 있는 일이 없잖아요. 기다리는 동안 무엇을 할까요? 이곳 게이트에 앉아 있고 싶으세요?

W 무언가를 먹는 편이 좋겠어요. 저는 오늘 아침에 늦게 일어나서 아침 식사를 할 시간이 없었거든요.

M 좋아요. 저쪽 면세점 옆에 식당이 있어요. 그곳으로 가서 메뉴를 살펴보는 것이 어떨까요?

10. 대화는 어디에서 일어나고 있는가?
   (A) 탑승 수속 창구에서
   (B) 수화물 찾는 곳에서
   (C) 탑승구에서
   (D) 보안 검색대에서

11. 여자는 왜 기분이 나쁜가?
   (A) 몇몇 물품을 넣어야 한다는 것을 잊었다.
   (B) 저녁 먹을 시간이 없었다.
   (C) 좌석이 비행기의 뒤편에 있다.
   (D) 비행기가 늦을 것이다.

12. 여자는 무엇을 할 것을 제안하는가?
   (A) 면세점에 간다
   (B) 아침 식사를 한다
   (C) 자리 배정을 새로 요구한다
   (D) 항공기 승무원에게 항의한다

어휘 announcement 공지, 안내   awful 끔찍한   connecting flight 연결 비행기편   would rather 차라리 ~하겠다   duty-free store 면세점   check-in counter 탑승 수속 창구, 체크인 카운터   baggage claim area 수화물 찾는 곳   boarding gate 탑승구   security checkpoint 보안 검색대   assignment 과제, 임무; 배치, 배정   flight attendant 항공기 승무원

 MORE & MORE

◀ 03-79

들리는 문장이 대화의 내용과 일치하면 ○, 그렇지 않으면 ×에 표시하세요.
① Their plane _____ by sixty minutes. (○ | ×)
② The woman implies that _____. (○ | ×)
③ The speakers _____ at the duty-free store next. (○ | ×)

정답 p.056

예상적중문제 **13-15** 대화를 듣고 질문에 가장 알맞은 답을 고르세요.

Ticket Confirmation Code: 384AHR

Name	Erika Strider
Date	April 23
Departure Time	11:00
Number of Tickets	1
Price	$5.00

14. Look at the graphic. Which number will be updated?

(A) 23

(B) 11

(C) 1

(D) 5

13. What type of business does the man most likely work at?

(A) A train company

(B) A bus company

(C) An airline

(D) A ferry company

15. What will the man most likely do next?

(A) Text message the woman

(B) Confirm a price

(C) Check on available seats

(D) Send the woman an e-mail

문제 해설

13 세부 사항 (언급된 사실)

▶ 남자는 'This is Straightaway Travel. How can I help you?'이라고 했으므로, 남자는 여행과 관련된 일을 하고 있다는 것을 알 수 있다.

▶ 그런데 여자는 버스 티켓을 예매했다고 말하며(I reserved a ticket on a bus that's going to Westfield tomorrow morning) 남자에게 예약을 확인해 줄 것을 요청하고 있다. 따라서 남자는 버스 회사에 근무하고 있다고 볼 수 있으므로 정답은 (B)이다.

14 시각적 정보

▶ 여자는 예매한 버스보다 더 늦은 시간의 버스를 탈 수 있는지(I wonder if it's possible to take a bus later in the day) 문의한 다음, 오후 2시까지는 터미널에 도착할 수 없을 것 같다고(I have a meeting at 10:30 A.M. and won't be able to make it to the terminal until around 2:00) 말했다.

▶ 이에 대해 남자는 3시에 출발하는 버스가 있다고(there's a bus departing at 3:00) 안내했고, 여자는 그것으로 예매해 달라고(Could you reserve one for me, please?) 부탁했다.

▶ 시각 자료에서 이와 관련된 숫자는 출발 시각인 '11:00'이므로 정답은 (B)이다.

15 대화 이후의 상황

▶ 대화의 마지막 부분에서 남자는 새 티켓을 이메일로 보내겠다고(I'll e-mail you the new ticket in just a moment) 말했다. 따라서 정답은 (D)이다.

▶ 남자는 이메일을 보내기 전에 먼저 티켓을 취소하겠다고(Let me cancel the one you have first) 했으므로, 티켓을 취소한다는 내용의 보기가 있었다면 그것이 정답이 된다.

M Hello. ¹³⁻¹⁾ **This is Straightaway Travel. How can I help you?**

W Good morning. ¹³⁻²⁾ **I reserved a ticket on a bus that's going to Westfield tomorrow morning.** The confirmation code is 384AHR.

M One moment, please... Yes, I have it here. Am I speaking with Ms. Strider?

W That's correct. ¹⁴⁻¹⁾ **I wonder if it's possible to take a bus later in the day**. ¹⁴⁻²⁾ **I have a meeting at 10:30 A.M. and won't be able to make it to the terminal until around 2:00.**

M Yes, ¹⁴⁻³⁾ **there's a bus departing at 3:00.** Would you like a seat on it? The price will be the same.

W That would be perfect. ¹⁴⁻⁴⁾ **Could you reserve one for me, please?**

M Sure. ¹⁵⁾ **I'll e-mail you the new ticket in just a moment**. Let me cancel the one you have first.

M 안녕하세요. Straightaway Travel입니다. 어떻게 도와 드릴까요?

W 안녕하세요. 저는 내일 아침 웨스트필드행 버스 티켓을 예매해 두었어요. 예약 확인 번호는 384AHR이에요.

M 잠시만 기다려 주세요… 네, 여기에 있군요. Strider 씨 맞으신가요?

W 맞아요. 그날 더 늦은 시간의 버스를 탈 수 있는지 궁금해서요. 오전 10시 30분에 회의가 있어서 2시 까지는 터미널에 도착할 수가 없을 거예요.

M 네, 3시에 출발하는 버스가 있어요. 그 버스의 좌석을 원하시나요? 가격은 동일할 거예요.

W 그러면 완벽하겠네요. 예매해 주시겠어요?

M 물론이죠. 잠시 후에 새 티켓을 이메일로 보내 드릴게요. 먼저 예매하신 티켓을 취소해 드리고요.

예약 확인 번호: 384AHR	
이름	Erika Strider
날짜	4월 23일
출발 시간	11:00
티켓 수	1
가격	5.00달러

13. 남자는 어떤 종류의 업체에서 일을 하는가?
   (A) 철도 회사
   (B) 버스 회사
   (C) 항공사
   (D) 여객선 회사

14. 도표를 보아라. 어떤 숫자가 업데이트될 것인가?
   (A) 23
   (B) 11
   (C) 1
   (D) 5

15. 남자는 이다음에 무엇을 할 것 같은가?
   (A) 여자에게 문자 메시지를 보낸다
   (B) 가격을 확인한다
   (C) 이용 가능한 좌석을 확인한다
   (D) 여자에게 이메일을 보낸다

어휘 reserve 예약하다 confirmation code 확인 코드 depart 출발하다 ferry 연락선, 여객선

 **MORE & MORE**

◀) 03-81

들리는 문장이 대화의 내용과 일치하면 ○, 그렇지 않으면 ×에 표시하세요.

❶ The woman is calling _____. (○ | ×)

❷ The woman _____ at a later time. (○ | ×)

❸ _____ the woman's original ticket. (○ | ×)

Part 3 대화를 듣고 질문에 가장 알맞은 답을 고르세요.

1. What is the purpose of the man's call?

   (A) To ask about doing an interview
   (B) To make an appointment
   (C) To cancel a plane ticket
   (D) To schedule a staff meeting

2. What happened to the man?

   (A) He suffered an injury.
   (B) He got fired from his job.
   (C) He was in a car accident.
   (D) He lost a baseball game.

3. What will the man probably do next?

   (A) Go to the clinic
   (B) Cancel a meeting
   (C) Speak with a doctor
   (D) Play baseball

4. Why does the man speak with the woman?

   (A) To ask about a sale
   (B) To find out when a store closes
   (C) To hear her thoughts on a book
   (D) To receive some directions

5. Who most likely is the man?

   (A) A shopper
   (B) The woman's friend
   (C) The woman's coworker
   (D) A bookstore employee

6. What does the woman tell the man to do?

   (A) Go downstairs
   (B) Take the escalator
   (C) Use the elevator
   (D) Walk up to the third floor

7. What did the man's children do?

   (A) Bought tickets for some rides
   (B) Made some pottery
   (C) Cooked some snacks
   (D) Watched a special event

8. Who is the woman at the festival with?

   (A) Her children
   (B) Her husband
   (C) Her friends
   (D) Her coworkers

9. What does the woman invite the man to do?

   (A) Have lunch with her
   (B) See a concert together
   (C) Go to the arts and crafts section
   (D) Check out the souvenir shop

10. Why does the woman apologize?

   (A) She forgot some documents.
   (B) She got lost on her way to the office.
   (C) She is late for a meeting.
   (D) She could not find the man's phone number.

11. What is the problem with the employee parking lot?

   (A) It is too small.
   (B) It needs repairing.
   (C) It is expensive to park there.
   (D) It is not well lit at night.

12. What does the man imply?

   (A) The woman will visit him next week.
   (B) His car is parked in a pay lot.
   (C) He takes public transportation to work.
   (D) The woman should take the bus home.

13. Who most likely is the man?

(A) A customer

(B) A dry cleaner

(C) A tailor

(D) A store clerk

14. What did the woman purchase?

(A) A sweater

(B) A T-shirt

(C) A blouse

(D) A dress

15. What does the man recommend that the woman do?

(A) Choose the same item in another color

(B) Wash the item in warm water

(C) Exchange the item she bought

(D) Get a full refund on the item

16. What does the man request?

(A) An upgrade to first class

(B) An aisle seat

(C) A window seat

(D) A special meal

17. What does the man imply?

(A) He will purchase a business class seat.

(B) He is willing to change flights.

(C) He needs to take the first flight available.

(D) He thinks the price is too high.

18. What method of payment will the man use?

(A) Bank transfer

(B) Check

(C) Credit card

(D) Cash

Cartwright Theater Schedule

Monday	*A Long Time Ago*
Tuesday	*Three Pennies in the Fountain*
Wednesday	*What Happened to John Thomas?*
Thursday	*The Storm*
Friday	*A Day by the Lake*

19. What is suggested about Mr. Rooney?

(A) He lives in another country.

(B) He has visited the speakers before.

(C) He used to be an actor in plays.

(D) He works at the same firm as the speakers.

20. Look at the graphic. Which performance will the speakers most likely reserve tickets for?

(A) *Three Pennies in the Fountain*

(B) *What Happened to John Thomas?*

(C) *The Storm*

(D) *A Day by the Lake*

21. What will the woman most likely do next?

(A) Call a restaurant

(B) Visit a Web site

(C) Contact Mr. Rooney

(D) Attend a meeting

PART 3

Directions: You will hear some conversations between two or more people. You will be asked to answer three questions about what the speakers say in each conversation. Select the best response to each question and mark the letter (A), (B), (C), or (D) on your answer sheet. The conversations will not be printed in your test book and will be spoken only one time.

1. How many people will attend the meeting?

   (A) Ten
   (B) Twelve
   (C) Fifteen
   (D) Twenty

2. What is the man going to do at the meeting?

   (A) Pass out some evaluation forms
   (B) Conduct a survey
   (C) Make a presentation
   (D) Listen to someone give a talk

3. What does the woman say she will do?

   (A) Purchase a projector
   (B) Prepare food and drinks
   (C) Call the attendees
   (D) Clean up the conference room

4. Who most likely is the woman?

   (A) A pharmacist
   (B) A receptionist
   (C) A doctor
   (D) A nurse

5. What is the man's problem?

   (A) He does not feel well.
   (B) He has a heart problem.
   (C) He dislikes cold weather.
   (D) He is overweight.

6. What does the woman tell the man to do?

   (A) Visit a pharmacy to get some medicine
   (B) Go back to his office and work
   (C) Get a physical checkup soon
   (D) Stay in bed and get some rest

7. What is Simon Palmer going to do?

(A) Resign from his job
(B) Work in a different location
(C) Go back to school
(D) Start working as a manager

8. What is going to happen on Thursday?

(A) There will be a party.
(B) There will be a conference.
(C) There will be a charity event.
(D) There will be a seminar.

9. What does the man give the woman?

(A) A list of names
(B) Some food
(C) A present
(D) Some money

10. What does the man ask?

(A) When some supplies will arrive
(B) How much a purchase cost
(C) Why an employee has not called
(D) Where a company is located

11. What will happen tomorrow?

(A) A customer service representative will visit.
(B) A bill will be paid.
(C) An order will be delivered.
(D) A lunch meeting will be held.

12. What does the man tell the woman to do?

(A) Ask for a discount
(B) Find a new supplier
(C) File a complaint
(D) Purchase some more items

13. Where most likely does the conversation take place?

(A) In a restaurant
(B) In an office
(C) At a school
(D) At a computer store

14. What does the man want the woman to do?

(A) Conduct a training session
(B) Hire some new employees
(C) Purchase some computer software
(D) Learn to program computers

15. What does the woman say she is going to do?

(A) Review her notes
(B) Learn to speak in public
(C) Do some preparation work
(D) Attend a conference

16. Where does the conversation take place?

(A) At a school
(B) In a bookstore
(C) In a library
(D) At a bicycle rental shop

17. What is suggested about the man?

(A) He enjoys doing research.
(B) He will come back tomorrow.
(C) He has visited the place before.
(D) He is friends with the woman.

18. Why does the woman say, "I'd love to, but I can't"?

(A) To turn down an invitation
(B) To reject a suggestion
(C) To refuse to provide assistance
(D) To admit she does not know an answer

GO ON TO THE NEXT PAGE

➡️

19. When did the man register for the seminar?

    (A) Last week

    (B) Two days ago

    (C) Yesterday

    (D) This morning

20. What does the man suggest to the woman?

    (A) That she sign up for the seminar soon

    (B) That they travel to Detroit together

    (C) That they find a hotel near the seminar location

    (D) That they go over their presentation together

21. Why will the woman contact Karen Porter?

    (A) To have her reserve a hotel room

    (B) To ask about airline tickets

    (C) To learn the day the seminar will be held

    (D) To find out how much money she can spend

22. Where does the conversation most likely take place?

    (A) At a bus terminal

    (B) At an airport

    (C) At a hotel

    (D) At a train station

23. What is the woman's problem?

    (A) She is late for a meeting.

    (B) Her possessions are missing.

    (C) Her travel plans changed.

    (D) She cannot afford a ticket.

24. What is suggested about the woman?

    (A) She was recently in Madrid.

    (B) She needs to check out of her hotel soon.

    (C) She is unhappy with the man's response.

    (D) She is currently on vacation.

25. What does Eric want to do?

    (A) Work in another department

    (B) Take some time off

    (C) Get an extension on an assignment

    (D) Be promoted to manager

26. Who most likely is Ms. Collins?

    (A) The head of the PR Department

    (B) A client of Eric's

    (C) Eric's boss

    (D) A headhunter

27. Why does the woman say, "That's fine with me"?

    (A) To agree to promote Eric

    (B) To permit Eric to transfer

    (C) To allow Eric to go home early

    (D) To let Eric travel on business

28. What does the woman have a problem with?

    (A) Her automobile

    (B) Her identification card

    (C) Her password

    (D) Her office lock

29. What does the man mean when he says, "You'd better do that"?

    (A) The woman should report the damage.

    (B) The woman should fill out a form.

    (C) The woman should make a phone call.

    (D) The woman should go to the security office.

30. What does the man request the woman do?

    (A) Visit his office

    (B) Submit her assignment

    (C) Replace the lost key

    (D) Send an e-mail

Number of Skiers

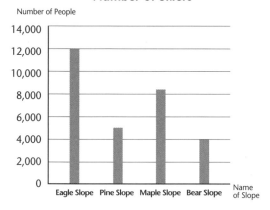

Number of People

Name of Slope

31. What does the man suggest?

(A) The resort recently opened.

(B) He enjoys competitive skiing.

(C) He is the owner of the slope.

(D) The woman is a new employee.

32. Look at the graphic. Which slope is the woman disappointed with?

(A) Eagle Slope

(B) Pine Slope

(C) Maple Slope

(D) Bear Slope

33. What does the woman tell the man to do?

(A) Make a ski slope more difficult

(B) Change how a ski slope is rated

(C) Advertise some of their ski slopes

(D) Make a ski slope longer

☰ Inbox

Today

Unread Messages   ✓≡

☐ **Carol Wallace:** Subject: New Employee Orientation

☐ **Mark Reynolds:** Subject: Office Supplies

☐ **Joy Ng:** Subject: Staff Meeting

☐ **Peter Stewart:** Subject: Weekend Conference

34. Look at the graphic. Whose e-mail does the man mention?

(A) Carol Wallace

(B) Mark Reynolds

(C) Joy Ng

(D) Peter Stewart

35. Where was the woman this morning?

(A) In her office

(B) In the conference room

(C) At a café

(D) At a factory

36. Why will the woman be unable to attend the meeting?

(A) She has to give a sales presentation.

(B) Some clients will visit her office.

(C) She will be negotiating a contract.

(D) A customer is arriving at the airport.

GO ON TO THE NEXT PAGE

Day	Time
Monday, August 11	5:00 P.M.
Wednesday, August 13	6:30 P.M.
Friday, August 15	8:00 P.M.
Saturday, August 16	2:00 P.M.

37. Who is Nancy Stewart?

(A) An actress

(B) A ballerina

(C) A singer

(D) A dancer

38. Look at the graphic. What time will the woman see the show?

(A) 2:00 P.M.

(B) 5:00 P.M.

(C) 6:30 P.M.

(D) 8:00 P.M.

39. What will the woman probably do next?

(A) Cancel her order

(B) Ask about prices

(C) Choose her seats

(D) Pay for her tickets

NO TEST MATERIAL ON THIS PAGE

PART 4

담화문

▶ PART 4에서는 화자가 한 사람인 짧은 담화를 듣고 담화당 3개의 문제를 풀어야 한다.

▶ 모두 10개의 담화가 주어지며, 지문 당 3문항씩 총 30문항으로 구성된다. PART 3과 마찬가지로 시각자료가 제시되는 담화가 포함된다.

▶ 형태에 따라 담화를 분류해 보면, 첫 번째 유형으로 공지 및 안내를 들 수 있다. 이는 주로 회사나 사무실에서 들을 수 있는 내용들을 다루지만, 그 외의 장소, 예를 들면, 아파트나 터미널과 같은 장소에서 들을 수 있는 내용도 공지 및 안내의 주제로서 다루어질 수 있다.

▶ 발표 및 소개 유형의 경우, 구체적인 사실의 공표나 특정 인물에 대한 소개가 담화의 주제가 될 수 있다. 상대방의 부재로 통화를 할 수 없는 경우에 남기는 전화 메시지와 자동응답기(ARS)의 녹음 멘트 역시 PART 4에서 들을 수 있는 담화의 유형이다. 마지막으로 라디오 등에서 들을 수 있는 뉴스 및 광고도 담화의 유형으로 제시될 수 있다.

공지 및 안내

예제

◑ 04-01

1. What is the purpose of the announcement?

(A) To announce a cancelation
(B) To describe a change in a schedule
(C) To ask for some volunteers
(D) To discuss the topic of Mr. Lakeside's speech

2. When is Mr. Lakeside going to speak?

(A) At 11:00 A.M.
(B) At 1:30 P.M.
(C) At 3:30 P.M.
(D) At 5:00 P.M.

3. What is going to happen next?

(A) The attendees will go to lunch.
(B) A workshop will be held.
(C) A presentation will be given.
(D) A conference will begin.

1. 안내의 목적은 무엇인가?

(A) 취소를 알리기 위해
(B) 일정 변경에 대해 설명하기 위해
(C) 지원자를 찾기 위해
(D) Lakeside 씨의 연설 주제에 대해 논의하기 위해

2. Lakeside 씨는 언제 연설을 할 것인가?

(A) 오전 11시에
(B) 오후 1시 30분에
(C) 오후 3시 30분에
(D) 오후 5시에

3. 이다음에 어떤 일이 일어날 것인가?

(A) 참석자들이 점심을 먹으러 갈 것이다.
(B) 워크숍이 열릴 것이다.
(C) 발표가 이루어질 것이다.
(D) 컨퍼런스가 시작될 것이다.

M Ladies and gentlemen, may I have your attention, please? I regret to inform you that Mr. Lakeside has not yet arrived at the conference center. His plane was delayed due to bad weather. As a result, he landed late. He's going to be here two hours from now. So he's going to give his speech at three thirty. In the meantime, Catherine Venarde is going to make a presentation now. Please give Ms. Venarde a warm welcome.

M 신사 숙녀 여러분, 주목해 주시겠습니까? Lakeside 씨께서 아직 컨퍼런스 센터에 도착하시지 않은 점을 알리게 되어 유감입니다. 악천후로 인해 비행기가 연착되었습니다. 그 결과, 늦게 착륙을 하셨습니다. 그분께서는 지금부터 2시간 후에 이곳으로 오실 예정입니다. 따라서 3시 30분에 강연을 하실 것입니다. 그 동안, Catherine Venarde 씨께서 발표를 하실 것입니다. Venarde 씨를 따뜻하게 환영해 주십시오.

어휘 attention 주의 regret 후회하다, 유감이다 inform 알리다 due to ~ 때문에 land 착륙하다, 상륙하다 in the meantime 그 동안에, 그 사이에 cancelation 취소 describe 묘사하다, 설명하다 volunteer 자원봉사자 discuss 논의하다 attendee 참석자, 참가자

담화 유형 분석

담화의 초반부 내용을 통해, 이 담화는 컨퍼런스 센터에서 연사가 아직 도착하지 않았다는 것을 알리는 공지임을 알 수 있다. 따라서 연사가 도착하지 않은 이유와 그에 대한 대책, 그리고 향후에 일어날 일을 언급하고 있는 부분을 유의해서 들으면 주어진 문제를 쉽게 풀 수 있다.

풀이 전략 및 해설

1 ● 안내의 목적은 주로 인사말이나 주의 환기를 위한 표현 이후에 등장하는 경우가 많다.

　● 이 담화에서도 청자에게 주목해 달라고 말하면서 주의 환기를 시킨 후, 'Lakeside 씨가 컨퍼런스 센터에 아직 도착하지 않았다(Mr. Lakeside has not yet arrived at the conference center)'고 말한다.

　● 이어서 그로 인한 일정상의 변경 사항에 대해 이야기하고 있으므로 담화의 주제는 (B)의 To describe a change in a schedule(일정 변경에 대해 설명하기 위해)이다.

2 ● 강연이 이루어질 시각을 묻고 있으므로 담화에서 시각이 언급되고 있는 부분을 주의해서 듣도록 한다.

　● 화자는 Lakeside 씨가 두 시간 후에 도착할 것이라고 말한 뒤, 'So he's going to give his speech at three thirty.' 라고 언급한다.

　● 따라서 Lakeside 씨의 강연이 시작될 시각은 (C)의 3시 30분이다.

3 ● 담화 이후의 상황을 묻는 문제이므로, 담화의 마지막 부분을 집중해서 듣도록 한다.

　● 담화의 후반부에서 화자는 'Catherine Venarde 씨가 발표를 할 것(Catherine Venarde is going to make a presentation now)'이라고 말한 후, 청자들에게 그를 환영해 줄 것을 부탁하고 있다.

　● 따라서 담화 이후에 일어날 일은 (C)이다.

업무 관련 공지 및 안내

please listen closely 주의 깊게 들어 주세요	move on to the next topic 다음 주제로 넘어가다
before this meeting ends 회의가 끝나기 전에	sign a contract with ~와 계약을 체결하다
call a meeting 회의를 소집하다	meet a sales goal 판매 목표를 달성하다
sales figures 판매 수치	hand out bonuses to ~에게 보너스를 지급하다
production target 생산 목표량	paid vacation 유급휴가

Please listen closely to what I am about to say. 제가 말씀드리려는 것을 주의 깊게 들어 주세요.

The **sales figures** for the third quarter were higher than expected. 3분기의 판매 수치가 예상보다 높았습니다.

We're going to **hand out bonuses to** all employees at the end of the year.
연말에 전 직원에게 보너스를 지급할 것입니다.

상점 / 공공시설 / 아파트 관련 공지 및 안내

Attention, all shoppers. 고객 여러분 주목해 주세요.	resident 거주자
clearance sale 재고 정리 할인 행사	shut down 폐쇄하다
free parking is available 무료 주차가 가능하다	for safety reasons 안전상의 이유로
be not permitted inside 내부에서 허가되지 않는다	remain unavailable until ~까지 사용할 수 없다
won't be permitted access to ~에 접근하는 것이 허가되지 않는다.	apologize for the inconvenience 불편에 대해 사과하다

Attention, all shoppers. The store will be closing in 10 minutes.
고객 여러분 주목해 주세요. 10분 후에 매장 문을 닫습니다.

Please be aware that **free parking is available** in the lot behind the museum.
박물관 뒤편의 주차장에 무료 주차가 가능하다는 것을 알아 두시기 바랍니다.

For safety reasons, we have to evacuate the library at once. 안전상의 이유로, 우리는 즉시 도서관에서 나가야 합니다.

교통 수단 관련 공지 및 안내

May I have your attention, please? 주목해 주시겠습니까?	boarding gate 탑승구
this message is for ~ 이 메시지는 ~를 위한 것이다	flight attendant 승무원
thanks for your patience 인내해 주셔서 감사합니다	due to inclement weather 악천후 때문에
bound for ~로 향하는, ~행의	be scheduled to arrive at ~에 도착할 예정이다
ahead of schedule 예정보다 빠른	flight is overbooked 항공기가 초과 예약되다

Due to inclement weather, takeoff will be delayed by about 20 minutes.
악천후 때문에, 이륙은 약 20분 정도 지연될 것입니다.

The **flight is overbooked**. Any passengers willing to take another flight should please speak with a **flight attendant**. 항공기가 초과 예약되었습니다. 다른 항공기를 이용하실 승객들은 승무원에게 이야기해 주세요.

Thank you for your patience. It's now time to start boarding Flight JK65.
기다려 주셔서 감사합니다. JK65 항공기에 탑승하실 시간입니다.

A 담화를 듣고 주어진 문장이 사실이면 ◯, 그렇지 않으면 X에 표시하세요.

1 (a) The purpose of the announcement is to describe a sale.   (◯ | X)

   (b) Customers can get three times the value of their coupons.   (◯ | X)

   (c) The store will accept expired coupons until Saturday.   (◯ | X)

2 (a) The announcement probably takes place in a concert hall.   (◯ | X)

   (b) The speaker mentions a problem that must be fixed.   (◯ | X)

   (c) The listeners are encouraged to be patient.   (◯ | X)

3 (a) The announcement most likely takes place in a shopping center.   (◯ | X)

   (b) All employees are now allowed to use the copy machines.   (◯ | X)

   (c) The speaker implies that the company needs to spend less money.   (◯ | X)

4 (a) The book-reading event is held once a month.   (◯ | X)

   (b) The original speaker had to cancel due to a family problem.   (◯ | X)

   (c) A person is going to read from a book next.   (◯ | X)

5 (a) The speaker is telling tenants that the gas will be turned off soon.   (◯ | X)

   (b) The gas company will inspect apartments the next day.   (◯ | X)

   (c) Tenants must be at home to let the gas company employee in.   (◯ | X)

B 담화를 듣고 정답을 고른 다음, 담화를 다시 듣고 빈칸을 완성하세요.

1 Where most likely are the listeners?

    (a) At a check-in counter

    (b) On an airplane

    (c) In a departure lounge

2 What is going to happen in around one hour?

    (a) A plane will arrive.

    (b) A plane may be boarded.

    (c) A plane will depart.

04-03

> **Dictation**
>
> M Ladies and gentlemen, may I have your attention, please? We are _____
>
> and should _____ London approximately one hour from now. The weather in
>
> London is twenty degrees Celsius with some _____ .
>
> We're _____ twenty-five minutes _____ .
>
> So everyone should be able to _____ .
>
> I'll provide you with _____ in about thirty minutes. That's
>
> when I'll turn on the _____ .

3 What is the purpose of the announcement?

    (a) To describe a change in plans

    (b) To announce the CEO's arrival today

    (c) To mention that an inspection will take place tomorrow

4 Why is the CEO going to France?

    (a) To sign a contract

    (b) To meet a client

    (c) To visit a factory

04-04

> **Dictation**
>
> W Everyone, please listen carefully. I just spoke with CEO Richardson. He mentioned that
>
> _____ , so the inspection is _____ .
>
> He has to _____ in France tomorrow, so he'll be
>
> for several days. He's going to come to see us _____ on either
>
> Thursday or Friday. This means that tomorrow is going to be a _____ .

5 What is being discussed?

   (a) How to avoid accidents

   (b) A new safety rule

   (c) Government safety regulations

6 What will happen to workers who do not wear their safety gear?

   (a) They will be fired.

   (b) They will be suspended.

   (c) They will be fined.

◁ 04-05

Dictation

M From now on, all employees must be sure to _____.
Three employees suffered injuries yesterday because they had _____
their hardhats and safety glasses. Supervisors _____ checking that their
workers have the _____. Any worker who fails to wear his safety
gear _____. Supervisors who permit workers not to wear _____
will be fired. We _____ any more injuries on this worksite.

7 What is going to happen in ten minutes?

   (a) The museum will close.

   (b) The fundraiser will begin.

   (c) The mayor will give a speech.

8 How much is a ticket for the fundraiser?

   (a) $50

   (b) $60

   (c) $70

◁ 04-06

Dictation

M Would everyone listen closely, please? The museum is _____
early today. We're having our yearly fundraiser tonight, so the staff needs to _____
_____ for it. Instead of closing at six, we're going to close at four. That's ten
minutes from now. We request that all visitors _____ the nearest exit. If you
_____ the fundraiser, tickets to this event _____ per person.

01. What problem does the speaker mention?

(A) The company is losing money.

(B) A project is behind schedule.

(C) A conference was just canceled.

(D) Many employees are quitting.

02. Why does the speaker say, "This is something that affects the entire company"?

(A) To stress the urgency of a certain matter

(B) To say that employees are working too much

(C) To indicate that everyone needs to work harder

(D) To state that people are coming to work late

03. What does the speaker request that the listeners do?

(A) Provide some feedback

(B) Answer his questions

(C) Complete a form

(D) Attend a training session

문제 해설

01 세부 사항 (문제점)

▶ 담화의 첫 부분에서 화자는 평소보다 더 많은 직원들이 퇴사했다는 사실에 주목하고 있다고(we've noticed that more employees than usual have been resigning their positions) 말했다.

▶ 이어지는 내용 또한 직원들의 퇴사 이유 및 개선 방안에 대한 것이므로, 많은 직원들이 퇴사한다는 내용의 (D)가 정답이다.

02 화자의 의도

▶ 주어진 문장은 '이것은 회사 전체에 영향을 미치는 것'이라는 의미이다.

▶ 앞의 내용을 보면 보상 제도를 어떻게 바꾸어야 할 것인지 알아 내기 위해 노력했다는(trying to figure out how to alter our compensation packages) 정보가 있고, 주어진 문장 뒤에는 지금 바로 회의를 Jeff Thomas에게 넘기겠다는(Right now, I'd like to turn this meeting over to Jeff Thomas) 내용이 있다.

▶ 이와 같은 단서들과 보기들을 비교해 보면, 사안의 긴급함을 강조하기 위해서라고 볼 수 있으므로 정답은 (A)이다.

03 세부 사항 (요청)

▶ 화자는 담화의 마지막 부분에서 청자들에게 의견을 제시해 달라는(I'd like for you all to give him your honest opinions) 부탁을 하고 있다. 따라서 피드백을 해달라는 내용의 (A)가 정답이다.

▶ 의견을 제시해달라고 한 것이기 때문에 질문에 답변을 해달라는 내용의 (B)를 정답으로 골라서는 안 된다.

W　In the past few months, **01) we've noticed that more employees than usual have been resigning their positions.** After conferring with several of them, we've realized that our salaries and benefits need improving. For that reason, we've spent a couple of months **02-1) trying to figure out how to alter our compensation packages.** This is something that affects the entire company. **02-02) Right now, I'd like to turn this meeting over to Jeff Thomas.** He's going to talk about the changes we've decided upon. When he finishes, **03) I'd like for you all to give him your honest opinions.**

W　우리는 지난 몇 달 동안 평소보다 더 많은 직원들이 퇴사했다는 사실에 주목하고 있습니다. 그들 중 몇 명과 상담해 보니 우리의 급여 조건 및 복지 혜택이 개선될 필요가 있다는 점을 깨달았습니다. 그러한 이유로, 우리는 보상 제도를 어떻게 바꾸어야 할 것인지 알아내기 위해 노력했습니다. 이는 회사 전체에 영향을 미치는 사안입니다. 지금 바로 저는 이번 회의를 Jeff Thomas에게 맡기고자 합니다. 우리가 결정한 변경 사항에 대해서 그가 이야기할 것입니다. 발언이 끝나면 여러분 모두가 그에게 솔직한 의견을 제시해 주시기 바랍니다.

01. 화자는 어떤 문제를 언급하는가?
　(A) 회사가 손실을 보고 있다.
　(B) 프로젝트 일정이 밀리고 있다.
　(C) 컨퍼런스가 취소되었다.
　(D) 많은 직원들이 일을 그만두고 있다.

02. 화자는 왜 "This is something that affects the entire company"라고 말하는가?
　(A) 특정 사안의 긴급함을 강조하기 위해
　(B) 직원들이 일을 너무 많이 한다고 말하기 위해
　(C) 모든 사람들이 더 열심히 일해야 한다는 것을 지적하기 위해
　(D) 사람들이 지각을 하고 있다고 말하기 위해

03. 화자는 청자들에게 무엇을 하라고 요청하는가?
　(A) 피드백을 한다
　(B) 자신의 질문에 답한다
　(C) 양식을 작성한다
　(D) 교육에 참여한다

어휘 notice 주목하다　resign 사임하다　confer 상의하다　benefit 혜택; 수당　figure out ~을 알아내다　compensation 보상　turn A over to B A를 B에게 맡기다　behind schedule 일정이 밀린　quit 그만 두다　stress 강조하다　urgency 긴급, 시급

 MORE & MORE

🔊 04-08

들리는 문장이 담화의 내용과 일치하면 ○, 그렇지 않으면 ×에 표시하세요.

❶ The speaker ＿＿＿＿＿＿＿＿＿ employee salaries.　　(○ ｜ ×)

❷ Jeff Thomas will probably ＿＿＿＿＿＿＿＿＿.　　(○ ｜ ×)

❸ The speaker will ＿＿＿＿＿＿＿＿＿ to the listeners.　　(○ ｜ ×)

예상적중문제 **04-06** 담화를 듣고 질문에 가장 알맞은 답을 고르세요.

04. Where does the talk take place?

(A) At city hall

(B) At a swimming pool

(C) At a community center

(D) At a sports stadium

06. What will the speaker give the listeners?

(A) Gloves

(B) Boots

(C) Bags

(D) Shovels

05. What does the speaker most likely mean when she says, "We've been getting plenty of people here these days"?

(A) Attendance is higher than normal.

(B) There is a lot of trash on the ground.

(C) Some tools need to be replaced.

(D) People have damaged some equipment.

문제 해설

04 담화의 장소

▶ 화자는 Greenbrier 커뮤니티 센터의 자원 봉사 활동에 참여해 준 것에(Thank you for volunteering here at the Greenbrier Community Center) 대해 감사를 표하며 담화를 시작하고 있다. 따라서 정답은 (C)이다.

05 화자의 의도

▶ 주어진 문장은 '최근에 이곳에 많은 사람들이 있었다'는 의미이다.

▶ 바로 앞을 보면, 화자는 모든 사람이 쓰레기통에 쓰레기를 버리는 것은 아니라고(not everyone throws their garbage in the bins) 했다.

▶ '모든 사람이 쓰레기통에 쓰레기를 버리지 않는다'는 내용과 '사람들이 많이 있었다'는 두 가지 내용을 생각해 보면, 인용된 문장은 쓰레기가 많을 것이라는 의미라고 볼 수 있다. 따라서 정답은 (B)이다.

06 세부 사항 (언급된 사실)

▶ 담화의 마지막 부분에서 화자는 이쪽으로 와서 장갑을 받으라고(Come up here to get some gloves) 했다. 따라서 정답은 (A)이다.

▶ 화자는 여러분들 모두 이미 가방을 가지고 있을 것이라고(you should all have bags already) 했다. 즉, 가방은 청자들이 이미 가지고 있는 것이기 때문에 (C)를 정답으로 골라서는 안 된다.

W **04) Thank you for volunteering here at the Greenbrier Community Center**. My name is Wendy, and I'll be guiding you today. The first thing we have to do is clean up all the trash. Unfortunately, **05) not everyone throws their garbage in the bins**, and we've been getting plenty of people here these days. Once we finish that, we'll take a break for lunch. We'll have sandwiches and chips. After that, we'll divide into smaller groups and do a variety of activities. Okay, you should all have bags already. **06) Come up here to get some gloves**, and let's get started.

W 이곳 Greenbrier 커뮤니티 센터의 자원 봉사 활동에 참여해 주셔서 감사합니다. 제 이름은 Wendy로, 제가 여러분들의 안내를 맡을 것입니다. 우리가 해야 할 첫 번째 일은 모든 쓰레기를 치우는 것입니다. 안타깝게도 모든 사람들이 쓰레기를 쓰레기통에 버리는 것은 아니며, 최근에 이곳에 많은 사람들이 있었습니다. 이 일이 끝나면 점심 시간을 가질 것입니다. 샌드위치와 감자 튀김을 먹을 예정입니다. 그 후에는 보다 작은 그룹으로 나뉘어서 다양한 활동을 하게 될 것입니다. 좋아요, 이미 모두들 가방을 가지고 계실 것입니다. 이쪽으로 오셔서 장갑을 받으신 후에 시작해 봅시다.

04. 담화는 어디에서 이루어지는가?
(A) 시청에서
(B) 수영장에서
(C) 커뮤니티 센터에서
(D) 스포츠 경기장에서

06. 화자는 청자들에게 무엇을 줄 것인가?
(A) 장갑
(B) 부츠
(C) 가방
(D) 삽

05. 화자가 "We've been getting plenty of people here these days"라고 말할 때 그녀는 무엇을 의미하는 것 같은가?
(A) 참석률이 평상시보다 높다.
(B) 많은 쓰레기가 땅에 떨어져 있다.
(C) 몇 가지 도구를 교체해야 한다.
(D) 사람들이 장비를 손상시켰다.

어휘 guide 인도하다, 안내하다   trash 쓰레기   garbage 쓰레기   plenty of 많은   divide 나누다   gloves 장갑

🔊 04-10

들리는 문장이 담화의 내용과 일치하면 O, 그렇지 않으면 ×에 표시하세요.

❶ The listeners are most likely _____. (O | ×)

❷ The listeners' first activity will be _____. (O | ×)

❸ The talk most likely takes place _____. (O | ×)

정답 p.073

07. What problem does the speaker mention?

(A) Customers are not getting the right items.

(B) A Web site is not processing orders.

(C) Employees are being rude to customers.

(D) Prices are too high for most customers.

08. Where most likely do the listeners work?

(A) In the Personnel Department

(B) In the Sales Department

(C) In the Marketing Department

(D) In the Shipping Department

09. What will happen next week?

(A) New workers will be trained.

(B) A training course will take place.

(C) Employees will go on vacation.

(D) A company will merge with another one.

> 문제 해설

⑦ 세부 사항 (문제점)

▶ 화자는 많은 주문들이 적절하지 않게 처리되고 있다고(a large number of orders have been getting filled improperly) 했다.

▶ 이어서 고객들로부터 12건 이상의 불만이 접수되었는데(We received more than a dozen complaints from customers yesterday), 고객들이 주문한 상품을 받지 못했다고(they didn't receive the items they ordered) 하며 구체적인 문제점들을 언급하고 있다. 따라서 정답은 (A)이다.

⑧ 담화의 장소

▶ 앞서 언급된 문제점은 고객들이 주문한 상품을 받지 못했다는(they didn't receive the items they ordered) 것이다.

▶ 이러한 문제를 해결하기 위해서 화자는 직원들이 포장하는 박스를 이중으로 확인해 달라고(I want all of you to double-check the boxes that your employees pack) 부탁하고 있다.

▶ 따라서 청자들은 제품 포장 업무를 담당하는 배송부서에 근무하고 있다고 추측할 수 있다. 정답은 (D)이다.

⑨ 담화 이후의 상황

▶ 담화의 후반부에서 문제 해결 방법의 하나로 다음 주 월요일과 화요일에 교육을 실시할 것이라는(We're also organizing a training session to be held next Monday and Tuesday) 내용이 언급되어 있다. 따라서 정답은 (B)이다.

▶ 교육이 실시될 것이기는 하지만, 교육의 대상은 신입 직원이 아니기 때문에 (A)를 정답으로 골라서는 안 된다.

W Good morning, everybody. Something of great importance has been brought to my attention. Apparently, **07-1) a large number of orders have been getting filled improperly.** **07-2) We received more than a dozen complaints from customers yesterday.** In every case, **07-3) 08-1) they didn't receive the items they ordered.** This is a huge problem that needs to be fixed immediately. **08-2) I want all of you to double-check the boxes that your employees pack.** **09) We're also organizing a training session to be held next Monday and Tuesday.** Make sure that everyone in the Shipping Department knows they have to attend the session on those days.

W 모두들 안녕하십니까? 저는 매우 중요한 사안에 대해 주목하게 되었습니다. 듣자 하니 많은 주문들이 부적절하게 처리되고 있더군요. 어제 고객들로부터 12건 이상의 불만이 접수되었습니다. 모든 경우에 그들은 자신이 주문한 제품을 받지 못했습니다. 이는 중대한 문제로서, 즉시 시정되어야 합니다. 여러분 모두가 직원이 포장하는 박스를 이중으로 확인해 주시기 바랍니다. 또한 다음주 월요일과 화요일에 교육을 실시할 예정입니다. 배송부의 모든 직원들은 그날 교육에 참석해야 한다는 것을 알고 있어야 합니다.

---

07. 화자는 어떤 문제를 언급하는가?
(A) 고객들이 주문 제품을 받지 못하고 있다.
(B) 웹사이트가 주문을 처리하지 못하고 있다.
(C) 직원들이 고객에게 무례하게 군다.
(D) 대다수의 소비자들에게 가격이 너무 높다.

08. 청자들은 어디에서 일하는 것 같은가?
(A) 인사부에서
(B) 영업부에서
(C) 마케팅부에서
(D) 배송부에서

09. 다음 주에 어떤 일이 일어날 것인가?
(A) 신입 직원을 교육시킬 것이다.
(B) 교육이 실시될 것이다.
(C) 직원들이 휴가를 가게 될 것이다.
(D) 한 회사가 다른 회사와 합병할 것이다.

어휘 apparently 듣자 하니, 보아 하니   fill 채우다; (주문대로) 처리하다   improperly 부적절하게   dozen 12개   merge 합병하다

 MORE & MORE

◁) 04-12

들리는 문장이 담화의 내용과 일치하면 ○, 그렇지 않으면 ×에 표시하세요.
❶ The company has _____ lately.   (○ | ×)
❷ Some customers were charged _____ .   (○ | ×)
❸ A _____ will take place on Friday.   (○ | ×)

예상적중문제 **10-12** 담화를 듣고 질문에 가장 알맞은 답을 고르세요.

🔊 04-13

10. What is the speaker announcing?

(A) The hiring of a new employee

(B) The transferring of an employee

(C) The promotion of an employee

(D) The retirement of an employee

12. What are the listeners expected to do?

(A) Try to work harder

(B) Be kind to Mr. Snyder

(C) Prepare for the work assembly

(D) Get ready for the welcoming party

11. What does the speaker say about Tom Snyder?

(A) He has no work experience.

(B) He has a degree in chemistry.

(C) He will be the new CEO.

(D) He works well with others.

문제 해설

⑩ 주제 및 목적

▶ 담화의 주제를 묻고 있다. 대화의 초반부에 화자는 논의할 사항이 한 가지 더 있다고 언급한 후, 'We finally hired a new person to work in the R&D Department.'라고 말한다.

▶ 따라서 연구개발부의 새로운 직원을 소개하려는 것이 이 담화의 목적임을 알 수 있으므로 정답은 (A)의 The hiring of a new employee(신입 직원 고용)이다.

⑪ 세부 사항 (언급된 사실)

▶ 신입 직원인 Tom Snyder에 관한 사항을 묻고 있다. 담화의 중반부에서 그를 소개하는 내용 중, 'he's a hardworking employee and great coworker(그는 근면한 직원이며 좋은 동료이다)'라는 정보를 통해서 정답은 (D)라는 것을 알 수 있다.

▶ Tom Snyder가 PTR Chemicals에서 일한 적이 있고 많은 경험을 가지고 있다고 했으므로, '경력이 없다'고 진술한 (A)는 답이 될 수 없고, (B)와 (C)는 언급되지 않은 내용이다.

⑫ 세부 사항 (요청)

▶ 담화의 마지막 두 문장, 'Please be sure to make him feel welcome. We want him to fit in well here.'를 통해 청자들은 신입 직원인 Tom Snyder를 따뜻하게 맞아 달라는 부탁을 받았다는 사실을 알 수 있다.

▶ 따라서 정답은 (B)의 Be kind to Mr. Snyder(Snyder 씨에게 친절하게 대한다)이다.

W Now, we need to talk about one last thing before this work assembly ends. **10) We finally hired a new person to work in the R&D Department.** His name is Tom Snyder. He's an engineer who had been working at PTR Chemicals for the past decade. **11) He's got a lot of experience, and according to his bosses, he's a hardworking employee and great coworker.** He's going to be starting here next week. **12-1) Please be sure to make him feel welcome. 12-2) We want him to fit in well here.**

W 자, 이번 업무 회의를 끝내기 전에 마지막 한 가지 사항에 대해 이야기를 해야 합니다. 우리는 마침내 연구개발부서에서 일을 하게 될 새로운 사람을 고용했습니다. 그의 이름은 Tom Snyder입니다. 그는 지난 10년간 PTR Chemicals에서 근무한 엔지니어입니다. 그는 많은 경험을 가지고 있고, 상사들의 말에 따르면, 그는 근면한 직원이며 좋은 동료라고 합니다. 그는 다음 주에 이곳에서 일을 시작하게 될 것입니다. 잊지 마시고 그를 환영해 주십시오. 우리는 그가 이곳에 잘 적응하기를 바랍니다.

10. 화자는 무엇을 안내하는가?
(A) 신입 직원 고용
(B) 어떤 직원의 전근
(C) 어떤 직원의 승진
(D) 어떤 직원의 은퇴

11. 화자는 Tom Snyder에 대해 무엇을 말하는가?
(A) 그는 경력을 가지고 있지 않다.
(B) 그는 화학 학위를 가지고 있다.
(C) 그는 새로운 대표 이사가 될 것이다.
(D) 그는 다른 사람들과 원만하게 지낸다.

12. 청자들은 무엇을 할 것을 요구받는가?
(A) 더 열심히 일한다
(B) Snyder 씨에게 친절하게 대한다
(C) 업무 회의를 준비한다
(D) 환영식을 준비한다

어휘 assembly 조립; 집회, 모임 R&D Department 연구개발부 engineer 기술자, 엔지니어 decade 10년 hardworking 열심히 일하는, 근면한 coworker 동료 be sure to 잊지 말고 ~하다 fit in well 어울리다, 잘 들어맞다 degree 학위 chemistry 화학 prepare for ~을 준비하다 welcoming party 환영식

🔊 04-14

들리는 문장이 담화의 내용과 일치하면 ○, 그렇지 않으면 ×에 표시하세요.

❶ The speaker is _____ .   (○ | ×)

❷ Tom Snyder is _____ after college.   (○ | ×)

❸ The speaker implies that the employees _____ Tom Snyder.   (○ | ×)

정답 p.073

예상적중문제 **13-15** 담화를 듣고 질문에 가장 알맞은 답을 고르세요.

🔊 04-15

13. When will the construction work take place?

(A) On Friday

(B) On the weekend

(C) Next Monday

(D) Next Tuesday

14. What does the woman mean when she says, "It will therefore be unavailable"?

(A) The cafeteria is going to be closed.

(B) Nobody should work on the weekend.

(C) Everyone should take public transportation.

(D) Employees cannot use a company facility.

15. What will Ms. Smiley probably do?

(A) Oversee the construction project

(B) Give money to some employees

(C) Show employees where to park

(D) Give out parking stickers to employees

📖 문제 해설

13 세부 사항 (언급된 사실)

▶ 화자는 주말에 근무할 사람들은 차량을 다른 곳에 주차하라고(If you are planning to work here over the weekend, you must park your vehicles somewhere else) 말한 다음, 주차장에서 공사가 이루어질 예정이라고(We're going to be doing some work in the parking lot) 했다.

> **묘.수.풀.이**
> 시간과 장소를 묻는 문제가 있는 경우에는 시간 및 장소와 관련된 내용을 집중해서 들어야 한다. 특정 시간에 어떤 장소에서 어떠한 일이 일어날 것인지를 파악하면서 들으면 정답을 찾는 데 도움이 될 수 있다.

▶ 따라서 주차장 공사가 진행되는 기간은 (B)의 On the weekend (주말에)이다.

14 화자의 의도

▶ 주어진 문장은 '그렇기 때문에 그것을 사용할 수 없다'는 의미인데, 문장 앞의 내용은 주차장을 다시 포장해야 해서 토요일과 일요일에 공사장 인부들이 하루 종일 그곳에 있을 것이라는(so a construction crew will be here all day on Saturday and Sunday) 것이다.

▶ 따라서 화자가 의미하는 것은 주말에 직원들이 주차장을 사용할 수 없다는 것이므로 정답은 (D)이다.

15 세부 사항 (언급된 사실)

▶ 담화 후반부에서 화자는 유료 주차장에 주차하라고(Just park in the pay lot down the street) 말한 다음, 경리부 직원인 Ann Smiley에게 영수증을 제출하면 비용을 지급해 줄 것이라고(On Monday, give the receipt to Mary Ann Smiley in Accounting, and she'll reimburse you) 했다. 따라서 (B)가 정답이다.

W Everyone, please listen closely. **13-1) If you are planning to work here over the weekend, you must park your vehicles somewhere else.** **13-2) 14-1) We're going to be doing some work in the parking lot.** **14-2) It needs to be repaved, so a construction crew will be here all day on Saturday and Sunday.** It will therefore be unavailable. **15-1) Just park in the pay lot down the street.** **15-2) On Monday, give the receipt to Mary Ann Smiley in Accounting, and she'll reimburse you.** The work will be finished by Monday, so you can use the lot again then.

W 모두들 주의해서 들어 주십시오. 주말 동안 이곳에서 근무를 할 계획이 있으시다면, 차량은 다른 곳에 주차하셔야 합니다. 주차장에서 공사가 이루어질 예정입니다. 포장을 다시 해야 하기 때문에, 공사 인부들이 토요일과 일요일에 하루 종일 이곳에 있을 것입니다. 따라서 그곳은 이용이 불가능할 것입니다. 길 아래의 유료 주차장에 주차하십시오. 월요일에, 경리부의 Mary Ann Smiley에게 영수증을 제출하시면, 그녀가 비용을 지급해 드릴 것입니다. 공사는 월요일에 끝날 것이기 때문에, 그때는 다시 주차장을 이용하실 수 있습니다.

13. 공사 작업은 언제 진행될 것인가?
(A) 금요일에
(B) **주말에**
(C) 다음 주 월요일에
(D) 다음 주 화요일에

14. 여자가 "It will therefore be unavailable"이라고 말할 때, 그녀가 의미하는 것은 무엇인가?
(A) 직원 식당이 영업하지 않을 것이다.
(B) 아무도 주말에 근무하지 않아야 한다.
(C) 모두 대중 교통을 이용해야 한다.
(D) **직원들은 회사의 시설을 이용할 수 없다.**

15. Smiley 씨는 아마도 무엇을 할 것인가?
(A) 공사를 감독한다
(B) **직원들에게 비용을 지급한다**
(C) 직원들에게 주차할 곳을 알려 준다
(D) 직원들에게 주차 스티커를 나누어 준다

어휘 closely 면밀하게   vehicle 차량, 탈것   parking lot 주차장   repave 다시 포장하다   crew 승무원; 인부   pay lot 유료 주차장   reimburse 변제하다, 보상하다   free lot 무료 주차장   oversee 감독하다   give out 나누어 주다

🔊 04-16

들리는 문장이 담화의 내용과 일치하면 ○, 그렇지 않으면 ×에 표시하세요.

❶ The speaker is mainly talking about _____.   (○ | ×)

❷ Some work will be done _____.   (○ | ×)

❸ Ms. Smiley works _____.   (○ | ×)

Unit 02 발표 및 소개

✌ 발표나 연설 유형에서는 신제품 소개, 실적에 관한 발표, 혹은 근무 조건의 변경 사항 등에 관한 내용이 다루어질 수 있다.

✌ 특정 인물에 대한 소개가 목적인 담화에서는 주로 신입 사원이나 퇴직을 앞둔 직원에 관한 내용이 가장 많이 다루어지며, 그 외에도 우수 사원이나 대회의 수상자에 관한 소개가 다루어질 수 있다.

✌ 신제품 출시나 실적에 관한 발표에서는 수치 및 수치의 증감과 관련된 표현들이 자주 등장한다. 따라서 구체적인 수치를 묻는 문제가 출제될 수 있으므로, 이와 같은 표현들을 학습해 두어야 한다.

✌ 발표 이후의 진행 사항과 관련된 문제들이 출제될 수 있기 때문에, 시간에 따른 진행 순서를 파악하는 것 또한 필요할 수 있다. 발표가 끝난 직후에 어떤 일이 있을 것인지를 물어보는 문제가 출제되기도 하므로, 담화의 후반부는 이에 대비하면서 듣도록 한다.

예제

🔊 04-17

1. Where most likely does the speaker work?

(A) At a restaurant
(B) At an advertising agency
(C) At a television station
(D) At a newspaper

2. What does the speaker say about the Wilson account?

(A) It will be worth a lot of money.
(B) It has just been canceled.
(C) It is going to end next month.
(D) It was renewed by the company.

3. What does the speaker request that the listeners do?

(A) Contact the local newspapers
(B) Visit a company's Web site
(C) Work on a new brochure
(D) Look at some information

1. 화자는 어디에서 일하는 것 같은가?

(A) 식당에서
(B) 광고 회사에서
(C) 텔레비전 방송국에서
(D) 신문사에서

2. 화자는 Wilson 건에 대해 무엇을 말하는가?

(A) 금전적인 가치가 높을 것이다.
(B) 취소되었다.
(C) 다음 달에 종료될 것이다.
(D) 회사에 의해 갱신되었다.

3. 화자는 청자들이 무엇을 할 것을 요청하는가?

(A) 지역 신문사에 연락한다
(B) 회사의 웹사이트를 방문한다
(C) 새로운 브로셔에 관한 작업을 한다
(D) 정보를 살펴본다

W I've got some good news for everyone. Last night, a representative from Wilson's Family Restaurant contacted us. She said she'd like us to create the restaurant's newest advertisements. She wants print ads for newspapers and Web sites. She wants commercials for TV and radio, too. This has the potential to be a lucrative account since Wilson's has more than 500 franchises nationwide. I've got packets with information about Wilson's for each of you. Read everything this afternoon and then start thinking about how our ads will look.

W 모든 분들에게 좋은 소식이 있습니다. 어젯밤, Wilson's 패밀리 레스토랑에서 저희에게 연락했습니다. 그분은 레스토랑의 최신 광고를 우리가 제작해 주기를 바란다고 말했습니다. 그분은 신문과 웹사이트에 게재될 광고를 원합니다. 그리고 TV 광고와 라디오 광고 역시 원하고 있습니다. Wilson's는 전국적으로 500개 이상의 가맹점을 보유하고 있기 때문에, 이곳은 저희에게 높은 수익을 가져다 주는 고객이 될 가능성이 있습니다. 여러분 각자를 위해 Wilson's에 관한 정보를 자료집에 넣어 두었습니다. 오늘 오후에 모두 읽어 보신 다음, 우리의 광고가 어떻게 되어야 할지 생각해 보시기 바랍니다.

어휘 representative 대표, 대리　contact 접촉하다, 연락하다　commercial (상업) 광고　potential 잠재력, 가능성　lucrative 수익성이 높은, 수지가 맞는　account 계정; 고객, 광고주　franchise 가맹점, 프랜차이즈　packet 소포, 꾸러미　advertising agency 광고 회사　television station 방송국　worth ~의 가치가 있는　renew 갱신하다　brochure 소책자, 브로셔

담화 유형 분석

화자는 청자들에게 좋은 소식이 있다고 전한 후, 그 좋은 소식이 한 레스토랑에서 자신들에게 광고를 의뢰했다는 것임을 밝히고 있다. 따라서 이 담화는 광고 회사의 직원이 일종의 실적, 즉 수주에 관해 직원들에게 이야기하고 있는 발표라고 볼 수 있다. 수주의 구체적인 내용과 함께 수주에 따라 직원들이 해야 할 일 등을 파악해야 한다.

풀이 전략 및 해설

1 ● 화자가 일하는 곳이 어디인지를 묻는 문제이므로 직업이나 업무와 관련된 정보에 집중하도록 한다.

● 화자는 좋은 소식이 있다고 말한 후, 한 레스토랑의 직원이 자신들에게 '광고를 의뢰했다'는 사실을 말하고 있다.

● 또한 'ads for newspapers and Web sites(신문 광고와 인터넷 광고)', 'commercials for TV and radio(TV 광고와 라디오 광고)'와 같은 표현을 통해서도 화자가 하는 일은 광고와 관련된 업무임을 알 수 있다.

● 따라서 화자가 일하는 곳은 (B)의 At an advertising agency(광고 회사)이다.

2 ● 질문의 Wilson account와 관련된 부분은 담화 중반부의 'This has the potential to be a lucrative account since Wilson's has more than 500 franchises nationwide.'라는 문장에서 찾을 수 있다.

● 여기에서 화자는 Wilson's 패밀리 레스토랑이 전국적으로 많은 체인점을 가지고 있기 때문에 큰 수익이 기대된다고 말하고 있으므로 정답은 (A)이다.

3 ● 담화의 후반부에 화자는 청자들에게 Wilson's 패밀리 레스토랑의 자료를 나누어 주겠다고 한 후, 'Read everything this afternoon and then start thinking about how our ads will look.'이라고 말한다.

● 즉, 화자는 직원들에게 관련 정보를 읽어 보고 광고에 대해 생각해 볼 것을 지시하고 있으므로 정답은 (D)이다.

발표 및 연설 관련 표현

thanks for attending the workshop 워크샵에 참석해 주셔서 감사합니다	be going to get started by ~을 하며 시작하다
budget has been increased 예산이 증액되다	please refer to the brochures 소책자를 참고하세요
move on to the next topic 다음 주제로 넘어가다	keynote speech 기조연설
on behalf of ~을 대표해서, ~을 대신해서	deliver a speech 연설을 하다
	hold your questions 질문을 참다

Please be aware that our **budget has been increased** by management.
경영진에 의해 예산이 증액되었다는 것을 알고 계시기 바랍니다.

Please refer to the brochures you were given when you entered the room.
입장하실 때 받으셨던 소책자를 참고하세요.

In just a moment, Kate Hampton will **deliver a speech** on logistics.
잠시 후, Kate Hampton이 실행 계획에 대해 연설할 것입니다.

제품 소개 및 사내 규정 관련 표현

product line 제품 라인, 제품군	come up with 아이디어를 내다
attract new clients 신규 고객들을 유치하다	the newest policy 최신 정책
launch (제품을) 출시하다	follow the regulations 규정을 따르다
product demonstration 제품 시연	according to the survey 설문에 따르면
target market 표적 시장	let me tell you about ~에 대해 말씀드리겠습니다

We need to brainstorm some ways to **attract new clients**.
우리는 신규 고객들을 유치하기 위한 방법을 생각해 내야 합니다.

There will be a **product demonstration** for our customers tomorrow morning.
내일 아침에 고객들을 위한 제품 시연이 있을 것입니다.

The **target market** for the XS1000 is people in their twenties. XS1000의 표적 시장은 20대입니다.

인물 소개 관련 표현

would like to introduce ~을 소개하려고 한다	will be taking over as ~의 자리를 넘겨 받을 것이다
graduate from ~을 졸업하다	comes highly recommended by ~에 의해 많은 추천을 받다
get outstanding grades 높은 학점을 받다	
is going to be working in ~에서 일을 하게 될 것이다	fit in well here 이곳에 잘 적응하다
begin one's position as ~로 직책을 시작하다	expect big things from ~에게 큰 기대를 하다

I'd like to introduce someone to all of you. Her name is Leslie Jackson. She's **going to be working in** the R&D Department starting next week. 저는 여러분 모두에게 누군가를 소개하고자 합니다. 그녀의 이름은 Leslie Jackson입니다. 그녀는 다음 주를 시작으로 연구개발부에서 근무를 할 것입니다.

Sam Crawford **comes highly recommended by** his professors. According to them, he was the top student at the school. So we're **expecting big things from** him. Sam Crawford는 교수님들의 많은 추천을 받았습니다. 그들에 의하면, 그는 학교에서 가장 뛰어난 학생이었습니다. 따라서 우리는 그에게 큰 기대를 하고 있습니다.

04-18

A 담화를 듣고 주어진 문장이 사실이면 ○, 그렇지 않으면 X에 표시하세요.

1 (a) The speaker is talking about the usage of company vehicles.　(○ ∣ X)

   (b) Only supervisors can give permission to borrow vehicles.　(○ ∣ X)

   (c) The speaker is most likely an auto mechanic.　(○ ∣ X)

2 (a) Julie Watson is a new employee at a university.　(○ ∣ X)

   (b) Julie Watson is going to work in the Des Moines office.　(○ ∣ X)

   (c) The speaker implies that Julie Watson should be a good employee.　(○ ∣ X)

3 (a) The listeners are most likely architects.　(○ ∣ X)

   (b) The speaker is talking about how to act properly on the job.　(○ ∣ X)

   (c) According to the speaker, work done improperly must be done again.　(○ ∣ X)

4 (a) Porter Shipping is being discussed by the speaker.　(○ ∣ X)

   (b) The man tells the listeners to apologize to their unhappy clients.　(○ ∣ X)

   (c) The man suggests finding a company to replace Porter Shipping.　(○ ∣ X)

5 (a) The speaker is probably on the board of directors.　(○ ∣ X)

   (b) The speaker is the head of the Accounting Department.　(○ ∣ X)

   (c) Alice Wells is going to be the new vice president.　(○ ∣ X)

B 담화를 듣고 정답을 고른 다음, 담화를 다시 듣고 빈칸을 완성하세요.

1 What does the man say about the new line of clothes?

(a) They are currently being redesigned.

(b) They will be sold during winter.

(c) Twenty percent of the focus group loved them.

2 What will happen on Thursday at 9:00 A.M.?

(a) A meeting will be held.

(b) A line of clothes will be released.

(c) A press conference will take place.

◀ 04-19

Dictation

M We need to _____ for this Thursday's meeting. I'd like to discuss the _____ we're going to be selling _____. We showed some of the clothes to our _____, but the results _____. Most people loved the clothes, but around twenty percent _____. We might need to do some redesigning. Let's all be _____ what to do when we _____ Thursday at 9:00 A.M.

3 What is the topic of the workshop?

(a) Leadership

(b) Marketing

(c) Sales

4 What does the woman plan to do after the break?

(a) Show the listeners a film

(b) Make a speech

(c) Conduct hands-on activities

◀ 04-20

Dictation

W Thanks for attending today's _____. We're going to discuss _____. And we're going to talk about how you can improve _____. This workshop is _____ around three hours. We'll take a break after the first hour and a half. When we continue, we'll do some _____. I think you're going to enjoy what we have planned for today. Okay, let's _____.

5 What happened in Europe?

(a) The company lost money.

(b) A new branch opened.

(c) Sales increased.

6 Where does the speaker expect sales to go up?

(a) Asia

(b) Africa

(c) Australia

04-21

Dictation

M Last quarter, we saw _____ in sales at our European branches. Apparently, some of our products have become incredibly _____ European youths. Take a look at the chart I gave you at the start of the meeting. Notice how high sales in Italy, Spain, and Germany rose. England and Poland saw increases in sales, too. We're _____ those products to _____ this month. I'm positive they'll _____, too.

7 What does the speaker mean when she says, "I'm sure it's going to be fascinating"?

(a) She will enjoy reading a book.

(b) The talk will be interesting.

(c) The movie will be fun.

8 What will probably happen next?

(a) A book will be read.

(b) A speech will be given.

(c) A movie will be shown.

04-22

Dictation

W Today's guest speaker is one of the nation's _____. He _____ twelve books in the past ten years. And most of them have made national _____. He's here today to speak about his experience _____. He's going to talk about how he _____ and how he _____. I'm sure it's going to be fascinating. Please put your hands together for Harry Martin, our _____.

01. What is the purpose of the talk?

　(A) To give out some work assignments

　(B) To ask for assistance

　(C) To make an introduction

　(D) To name an award winner

02. What is true about Doug Warden?

　(A) He worked as a university professor.

　(B) He enjoys teaching his students.

　(C) He is the head of the Sales Department.

　(D) He is working at his first job.

03. What is going to happen next?

　(A) A movie will be watched.

　(B) A speech will be given.

　(C) Awards will be presented.

　(D) Schedules will be handed out.

🔖 **문제 해설**

⓵ 주제 및 목적

▶ 담화의 목적은 초반부에 단서가 주어지는 경우가 많은데, 이 문제에서는 첫 번째 문장을 통해 알 수 있다.

▶ 화자는 'I'd like to introduce our newest employee.'라고 말한 다음 신입 직원의 출신, 소속 부서, 그리고 그의 장점에 대해 설명하고 있다.

▶ 따라서 담화의 목적은 (C)의 To make an introduction(소개하기 위해)이다.

⓶ 세부 사항 (언급된 사실)

▶ 신입 사원인 Doug Warden에 대해 묻고 있다. 화자는 그가 남부 캘리포니아 출신이고, 얼마 전에 대학을 졸업했으며, 이곳이 첫 번째 직장이라고 소개한다. 또한 지도 교수로부터 높은 평가를 받았으며 우수한 학생이었다는 사실도 언급되어 있다.

▶ 보기들 중 위의 내용과 일치하는 정보는 그가 첫 직장에서 근무하게 될 것이라는 내용의 (D)이다.

▶ Doug Warden이 영업부에서 일하게 될 것이라는 언급은 있었지만, 그의 직위는 언급되지 않았으므로 (C)는 정답이 될 수 없다.

⓷ 담화 이후의 상황

▶ 담화 이후에 일어날 일을 묻는 문제의 단서는 마지막 부분에 주어지는 경우가 많다.

▶ 화자의 마지막 말, 'Doug, why don't you say a few words to your new colleagues?'를 통해 담화 이후에 Doug Warden의 인사말이 이어질 것임을 알 수 있다. 따라서 (B)가 정답이다.

W **01) I'd like to introduce our newest employee.** His name is Doug Warden, and he comes to us from Southern California. **02) Doug just graduated from college, so this is his first full-time job.** He's going to be working in the Sales Department. He comes highly recommended by his advisors. They say he was one of their best students. I'm sure Doug is going to fit in well here. **03) Doug, why don't you say a few words to your new colleagues?**

W 저는 신입 직원을 소개하고자 합니다. 그의 이름은 Doug Warden이고, 그는 남부 캘리포니아에서 왔습니다. Doug는 얼마 전에 대학을 졸업했기 때문에, 그에게는 이곳이 첫 번째 직장입니다. 그는 영업부에서 근무하게 될 것입니다. 그는 지도 교수들의 많은 추천을 받았습니다. 그들은 그가 가장 우수한 학생 중 한 명이었다고 말합니다. 저는 Doug가 이곳에서 잘 적응할 것이라고 확신합니다. Doug, 새로운 동료들에게 간단한 인사말을 전하는 것이 어떨까요?

01. 담화의 목적은 무엇인가?
(A) 업무를 배분하기 위해
(B) 도움을 요청하기 위해
(C) 소개하기 위해
(D) 수상자를 지명하기 위해

02. Doug Warden에 관해 사실인 것은 무엇인가?
(A) 그는 대학 교수로 일을 했다.
(B) 그는 학생들을 가르치는 것을 좋아한다.
(C) 그는 영업부 부장이다.
(D) 그는 첫 직장에서 일을 하게 될 것이다.

03. 이다음에 어떤 일이 일어날 것인가?
(A) 영화를 관람하게 될 것이다.
(B) 발언이 있을 것이다.
(C) 상이 수여될 것이다.
(D) 일정표가 배포될 것이다.

어휘 graduate from ~을 졸업하다   full-time 전임의, 정규직의   come highly recommended 많은 추천을 받다   advisor 자문, 고문; 지도 교수   fit in well 잘 들어 맞다   colleague 동료   give out 나누어 주다   hand out 배포하다

 MORE & MORE

🔊 04-24

들리는 문장이 담화의 내용과 일치하면 ○, 그렇지 않으면 ×에 표시하세요.

❶ Doug Warden is _____.   (○ | ×)

❷ Doug Warden will work _____.   (○ | ×)

❸ _____ is probably going to speak next.   (○ | ×)

정답 p.077

04. Who is George Kennedy?

(A) A client

(B) A CEO

(C) An attorney

(D) A motivational speaker

05. What does the speaker say about Sigma Consulting?

(A) It has offices in foreign countries.

(B) It made more than one million dollars last year.

(C) It was founded 15 years ago.

(D) It was just purchased by another company.

06. What is going to happen next?

(A) An award will be presented.

(B) A vote will be taken.

(C) A person will give a speech.

(D) A dinner party will begin.

문제 해설

04 인물의 신원

▶ 담화의 초반부에서 화자는 Sigma Consulting 사의 대표 이사를 소개하게 되어 기쁘다는(It is my great pleasure to introduce the CEO of Sigma Consulting to you) 소감을 밝힌 후, George Kennedy가 15년 전에 Sigma를 설립했다고(George Kennedy started Sigma fifteen years ago) 말한다.

▶ 이를 통해 George Kennedy라는 인물은 컨설팅 사의 대표이자 창립자임을 알 수 있으므로 정답은 (B)의 A CEO이다.

▶ 이후의 내용 역시 George Kennedy라는 사람이 회사를 발전시킨 과정에 대해 이야기하고 있음으로 정답이 (B)임을 다시 한 번 확인할 수 있다.

05 세부 사항 (언급된 사실)

▶ Sigma Consulting에 대해 언급된 내용으로는 George Kennedy가 15년 전에 만들었다는(George Kennedy started Sigma fifteen years ago) 사실, 처음 몇 년 동안은 어려웠다는(The first few years were tough) 사실, 입소문이 나서 고객들이 생겼다는(word got out about his company) 점, 현재에는 규모가 큰 사업체라는(Today, Sigma Consulting is a multimillion-dollar corporation) 점 등을 들 수 있다. 따라서 정답은 이 중 첫 번째 사항을 언급하고 있는 (C)이다.

▶ multimillion-dollar corporation은 기업 규모를 나타내는 용어일 뿐이므로, '작년에 백만 달러를 벌었다'는 의미인 (B)는 정답이 될 수 없다.

06 담화 이후의 상황

▶ 담화의 마지막 부분 'Right now, that man, George Kennedy, is going to tell us exactly how he did it.'을 통해, 담화 이후에는 George Kennedy가 자신의 업적에 대해 연설을 할 것임을 알 수 있다. 따라서 정답은 (C)이다.

W **04-1) It is my great pleasure to introduce the CEO of Sigma Consulting to you.** 04-2) 05) **George Kennedy started Sigma fifteen years ago.** The first few years were tough, but George didn't give up. He kept providing good advice for his clients. Soon, word got out about his company, and other businesses started calling. Today, Sigma Consulting is a multimillion-dollar corporation. And it's all thanks to the work of one man. 06) **Right now, that man, George Kennedy, is going to tell us exactly how he did it.**

W Sigma Consulting의 최고 경영자를 소개해 드리게 되어 매우 기쁘게 생각합니다. George Kennedy는 15년 전에 Sigma를 세웠습니다. 처음 몇 년 동안은 힘들었지만, George는 포기하지 않았습니다. 그는 자신의 고객들에게 계속해서 좋은 조언을 해 주었습니다. 곧, 그의 회사에 관한 입소문이 났고, 다른 기업들도 전화를 하기 시작했습니다. 오늘날, Sigma Consulting은 수백만 달러 규모의 기업입니다. 그리고 그러한 점은 모두 한 사람의 노력 덕분이었습니다. 이제, 바로 그 사람인 George Kennedy가 자신이 그 일을 정확히 어떻게 해냈는지에 대해 이야기할 것입니다.

04. George Kennedy는 누구인가?
(A) 고객
(B) 최고 경영자
(C) 변호사
(D) 동기 부여 강사

06. 이다음에 어떤 일이 일어날 것인가?
(A) 상이 수여될 것이다.
(B) 투표가 실시될 것이다.
(C) 어떤 사람이 연설을 할 것이다.
(D) 만찬회가 시작될 것이다.

05. 화자는 Sigma Consulting에 대해 무엇을 말하는가?
(A) 외국에 지사가 있다.
(B) 작년에 백만 달러 이상의 수익을 냈다.
(C) 15년 전에 설립되었다.
(D) 다른 회사에 의해 인수되었다.

어휘 tough 힘든   provide 제공하다   word gets out about ~에 관한 입소문이 나다   corporation 기업   attorney 변호사
motivational speaker 동기 부여 강사   found 설립하다, 세우다   vote 투표

◁) 04-26

들리는 문장이 담화의 내용과 일치하면 ○, 그렇지 않으면 ×에 표시하세요.

❶ The speaker is _____ Sigma Consulting.　　　　　　　　(○ | ×)
❷ The speaker implies that Sigma Consulting did poorly _____.　(○ | ×)
❸ Sigma Consulting receives _____ in revenues now.　　　　(○ | ×)

07. What is the talk mainly about?

(A) Managing a company

(B) Interns

(C) Getting experience

(D) Employment benefits

08. Who most likely are the listeners?

(A) Students

(B) Lawyers

(C) Instructors

(D) Company workers

09. What does the speaker tell the listeners to do?

(A) Look at a paper

(B) Answer a question

(C) Hire more workers

(D) Discuss their benefits

문제 해설

07 주제 및 목적

▶ 담화의 주제를 묻고 있으므로 초반부의 내용을 잘 듣도록 한다.

▶ 화자의 첫 번째 말은 이 워크숍이 인턴 사원에 관한 것이라는(This workshop is about interns) 내용이다. 따라서 담화의 주제는 (B)의 Interns(인턴 사원)임을 알 수 있다.

08 인물의 신원

▶ 담화의 두 번째 문장, 'I realize most of you don't enjoy working with them.'에서 정답의 단서를 찾을 수 있다.

▶ 이 문장은 여러분들 대다수가 그들과 일하는 것을 좋아하지 않는다는 것을 알고 있다는 내용인데, 여기에서 them은 '인턴 사원'을 의미하므로, 청자들은 회사의 직원임을 알 수 있다. 따라서 정답은 (D)의 Company workers(회사 직원들)이다.

09 세부 사항 (요청)

▶ 화자는 긍정적인 방식으로 인턴 사원들의 재능을 활용할 수 있는 방법들이 있다고 말한 다음, 'Take a look at the handout each of you has.'라고 말하면서 청자들에게 유인물을 검토해 달라고 요청한다.

▶ 따라서 정답은 (A)의 Look at a paper(문서를 본다)이다.

M **07) This workshop is about interns.** **08) I realize most of you don't enjoy working with them.** In general, the reason is that you don't know what to do with them at your companies. But interns can actually be quite valuable. There are many ways to use their talents in a positive manner despite their youth and general lack of experience. **09) Take a look at the handout each of you has.** Let's look at some of the benefits interns can provide for companies.

M 이번 워크숍은 인턴 사원에 관한 것입니다. 저는 여러분 대다수가 그들과 일하는 것을 좋아하지 않는다고 알고 있습니다. 일반적으로, 그 이유는 여러분들이 회사에서 그들과 무엇을 해야 할지를 모르기 때문입니다. 하지만 인턴 사원들은 실제로 매우 유용할 수도 있습니다. 나이도 어리고 일반적으로 경험이 부족할 지라도, 긍정적인 방식으로 그들의 재능을 활용할 수 있는 많은 방법들이 있습니다. 여러분 각자가 가지고 계신 유인물을 살펴봐 주십시오. 인턴 사원이 회사에 제공해 줄 수 있는 몇 가지 이점에 대해 살펴봅시다.

07. 담화는 주로 무엇에 관한 것인가?
   (A) 기업 경영
   (B) 인턴 사원
   (C) 경력 쌓기
   (D) 취업 시의 혜택

08. 청자들은 누구인 것 같은가?
   (A) 학생들
   (B) 변호사들
   (C) 강사들
   (D) 회사 직원들

09. 화자는 청자들에게 무엇을 하라고 말하는가?
   (A) 문서를 본다
   (B) 질문에 대답한다
   (C) 더 많은 직원을 고용한다
   (D) 그들의 혜택에 대해 논의한다

어휘 intern 인턴, 인턴 사원   realize 깨닫다   in general 일반적으로   talent 재능   positive 긍정적인   manner 방법, 방식   despite ~에도 불구하고   youth 젊음   lack 부족, 결핍   handout 유인물   benefit 이익, 혜택   manage 관리하다, 경영하다   lawyer 변호사   instructor 강사

 MORE & MORE

◀ 04-28

들리는 문장이 담화의 내용과 일치하면 ○, 그렇지 않으면 ×에 표시하세요.

❶ The speaker believes that interns ＿＿＿＿＿＿.   (○ | ×)

❷ According to the speaker, most interns ＿＿＿＿＿.   (○ | ×)

❸ The speaker will ＿＿＿＿＿ next.   (○ | ×)

정답 p.077

August			
Date	Activities	Date	Activities
4	Swimming Lesson	18	–
6	–	19	Drawing Class
9	Arts and Crafts Class	22	Sculpture Class
11	Painting Class	25	–
14	–	27	Yoga Class

10. Who most likely is the speaker?

(A) An acting instructor

(B) An art teacher

(C) A swimming instructor

(D) An aerobics instructor

11. What does the speaker indicate about the class?

(A) It costs money to attend.

(B) It is the first of the session.

(C) It requires his permission to enroll in.

(D) It is about to end.

12. Look at the graphic. What is the date of the class the speaker recommends?

(A) August 9

(B) August 11

(C) August 19

(D) August 27

문제 해설

⑩ 인물의 신원

▶ 담화의 첫 부분에서 화자는 첫 번째 수업에서 많은 분들의 얼굴을 보게 되어 기쁘게 생각한다고(I'm pleased to see so many faces for the first class the session) 말했다.

▶ 이어서 자신의 연기 수업에 온 것을 환영한다고(Welcome to my class on acting) 말하고 있는 것으로 보아, 화자는 연기 수업을 가르치는 사람이라고 볼 수 있다. 따라서 정답은 (A)이다.

⑪ 세부 사항 (언급된 사실)

▶ 화자는 첫 번째 수업에서 많은 분들을 보게 되어 기쁘다고 (I'm pleased to see so many faces for the first class the session) 말했다. 따라서 정답은 (B)이다.

▶ 수업료에 대한 정보와 수업에 등록하기 위해서 화자의 승인이 필요하다는 내용은 언급되지 않았으므로 (A)와 (C)는 정답이 될 수 없다. 수업이 곧 끝날 것이라는 내용도 찾을 수 없으므로 (D) 역시 오답이다.

⑫ 시각적 정보

▶ 담화의 마지막 부분에서, 화자는 회화 수업을 적극적으로 추천한다고(I highly recommend the painting class) 했다.

▶ 시각자료에 따르면 painting class의 수업일은 8월 11일이므로 정답은 (B)이다.

M **10-1) 11) I'm pleased to see so many faces for the first class of the session here at the Brentwood Center. 10-2) Welcome to my class on acting.** Today, we're going to talk about the different types of performances which people can put on. Then, we're going to perform a brief scene from one of Shakespeare's plays. I believe you're going to have lots of fun here. In addition, I'd like to remind you that there are plenty of other classes in different time slots. **12) I highly recommend the painting class.** The instructor, Todd Hartwell, has become quite famous in recent years.

M 이곳 Brentwood 센터의 첫 번째 수업에서 많은 분들의 얼굴을 보게 되어 기쁘게 생각합니다. 저의 연기 수업에 오신 것을 환영합니다. 오늘 우리는 사람들이 할 수 있는 다양한 유형의 공연에 대해 이야기할 것입니다. 그런 다음에는 셰익스피어 연극 중 하나에서 뽑은 짧은 장면에 대한 연기를 할 것입니다. 이곳에서 많은 재미를 느끼게 될 것으로 믿습니다. 아울러, 다른 시간대에 기타 많은 수업들이 있다는 점도 상기시켜 드리고자 합니다. 저는 회화 수업을 적극 추천합니다. 최근 몇 년간 강사인 Todd Hartwell이 꽤 유명해졌습니다.

8월

날짜	활동	날짜	활동
4	수영 강습	18	–
6	–	19	소묘 수업
9	공예 수업	22	조각 수업
11	회화 수업	25	–
14	–	27	요가 수업

11. 화자가 수업에 대해 언급한 것은 무엇인가?
(A) 수업료가 부과된다.
(B) 첫 번째 수업이다.
(C) 등록하려면 자신의 승인이 필요하다.
(D) 곧 끝날 것이다.

12. 도표를 보아라. 화자가 추천하는 수업의 날짜는 언제인가?
(A) 8월 9일
(B) 8월 11일
(C) 8월 19일
(D) 8월 27일

10. 화자는 누구인 것 같은가?
(A) 연기 강사
(B) 미술 교사
(C) 수영 강사
(D) 에어로빅 강사

어휘 acting 연기   performance 공연   scene 장면, 신   remind 상기시키다   instructor 강사   permission 허락, 허가

MORE & MORE

🔊 04-30

들리는 문장이 담화의 내용과 일치하면 ○, 그렇지 않으면 ×에 표시하세요.
❶ The talk takes place on _____ .   (○ | ×)
❷ The listeners _____ later in the class.   (○ | ×)
❸ The speaker encourages the listeners to _____ .   (○ | ×)

Profits during the Past Two Years

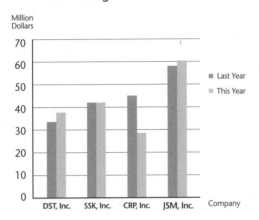

Million Dollars

■ Last Year
■ This Year

Company

13. Where most likely is the speaker?

(A) In a meeting room

(B) At a workshop

(C) At a restaurant

(D) In a coffee shop

14. Look at the graphic. Which company does the speaker most likely work at?

(A) DST, Inc.

(B) SSK, Inc.

(C) CRP, Inc.

(D) JSM, Inc.

15. What does the speaker suggest that the listeners do?

(A) Schedule one-on-one meetings with their employees

(B) Explain a situation to their employees

(C) Give promotions to some of their employees

(D) Fire some of their employees

문제 해설

⑬ 담화의 장소

▶ 담화의 초반부에서 화자는 '급여 인상 문제(issue of raises)'를 논의해야 한다고 말하였고, 마지막 부분에서는 '직원들이 불만을 표시하는 경우(when your employees complain to you about it)', 현재의 상황을 설명해 달라는 당부를 하고 있다.

▶ 즉, 담화는 관리자들이 참석한 회의에서 이루어지고 있음을 알 수 있으므로 정답은 (A)이다.

⑭ 시각적 정보

▶ 담화의 내용은 직원들의 급여 인상에 관한 것이다.

▶ 화자는 지난 3년 동안 직원들의 급여가 매년 최소 4% 인상되어 왔지만, 올해는 인상률이 2%밖에 되지 않는 이유로서 이윤이 감소하여 그렇게 할 여력이 없다고(profits are down, and we simply can't afford that) 했다.

▶ 그래프에서 이윤이 감소한 회사는 CRP 사 뿐이므로 정답은 (C)이다.

⑮ 세부 사항 (제안)

▶ 화자는 급여 인상에 대해 직원들이 불만을 표시하는 경우, 그들에게 현재의 상황을 설명해 달라고(be sure to explain the reality of the situation to them) 청자들에게 부탁하고 있다. 따라서 정답은 (B)이다.

M　Finally, **13-1) we need to discuss the issue of raises.** The board of directors agreed to give raises of 2% to all employees for the coming year. This is going to be upsetting news for many employees. In the past three years, they got a raise of at least 4% each year. So they'll be expecting the same this year. **14) But profits are down, and we simply can't afford that. 13-2) When your employees complain to you about it, 15) be sure to explain the reality of the situation to them.**

M　마지막으로, 우리는 급여 인상 문제를 논의해야 합니다. 이사회에서는 내년에 전 직원의 급여를 2% 인상하는 것에 합의했습니다. 이는 다수의 직원들에게 아쉬운 뉴스가 될 것입니다. 지난 3년 동안, 매년 최소 4%의 급여 인상이 있었습니다. 따라서 그들은 올해에도 동일한 수준을 예상하고 있을 것입니다. 하지만 이윤이 감소하고 있어서, 우리에게는 그럴 수 있는 여력이 없습니다. 직원들이 여러분에게 그에 대한 불만을 표시하는 경우에는, 반드시 현재의 상황을 설명해 주십시오.

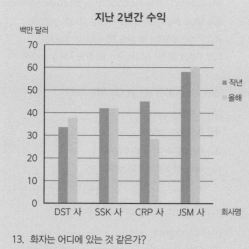

지난 2년간 수익

백만 달러

(막대 그래프: DST 사, SSK 사, CRP 사, JSM 사 / 작년, 올해)

회사명

13. 화자는 어디에 있는 것 같은가?
(A) 회의실에
(B) 워크숍에
(C) 식당에
(D) 커피숍에

14. 도표를 보아라. 화자가 근무하고 있는 회사는 어디일 것 같은가?
(A) DST 사
(B) SSK 사
(C) CRP 사
(D) JSM 사

15. 화자는 청자들에게 무엇을 할 것을 제안하는가?
(A) 직원들과 일대일 면담 일정을 정할 것을
(B) 직원들에게 상황을 설명할 것을
(C) 몇몇 직원들을 승진시킬 것을
(D) 몇몇 직원들을 해고할 것을

어휘 issue 화제, 문제　raise 인상　board of directors 이사회　upsetting 속상하게 하는　at least 최소한　profit 이윤　afford 여력이 있다　complain 불만을 표시하다　reality 현실, 실제　situation 상황

◀) 04-32　

들리는 문장이 담화의 내용과 일치하면 ○, 그렇지 않으면 ×에 표시하세요.
❶ The talk is mostly about _____.　(○ | ×)
❷ This year's raise _____ than last year's.　(○ | ×)
❸ The company's profits _____.　(○ | ×)

정답 p.077

Part 4 담화를 듣고 질문에 가장 알맞은 답을 고르세요.

1. What is being announced?

   (A) A special offer
   (B) A summer sale
   (C) A rebate
   (D) An opening event

2. Where are shoppers instructed to go?

   (A) To the first floor
   (B) To the fifth floor
   (C) To the sixth floor
   (D) To the ninth floor

3. What does the speaker say about the card?

   (A) It will be given to the first 100
       customers.
   (B) It provides discounts of up to 50% off.
   (C) It requires five minutes to sign up for.
   (D) It will no longer be offered after today.

4. What is stated in the talk?

   (A) The company lost money last quarter.
   (B) The company sold fewer products this
       year.
   (C) The company has expanded into Asia.
   (D) The company made millions of dollars
       this year.

5. Where does the speaker believe the
   company's products would sell well?

   (A) Australia
   (B) Africa
   (C) Europe
   (D) South America

6. What is the speaker going to send to the
   listeners?

   (A) A book
   (B) An e-mail
   (C) A brochure
   (D) A list

7. What is the announcement mainly about?

   (A) Air conditioners
   (B) Outdoor activities
   (C) Rental opportunities
   (D) The recent weather

8. What are listeners told to do?

   (A) Spend time outdoors with their families
   (B) Use as little electricity as possible
   (C) Find some ways to remain cool
   (D) Take their children to the local pool

9. Who most likely is Gil Mason?

   (A) A lifeguard
   (B) A repairman
   (C) An apartment owner
   (D) A real estate agent

10. Who most likely are the listeners?

    (A) Managers
    (B) Construction workers
    (C) Computer programmers
    (D) Teachers

11. What is the talk mainly about?

    (A) Workplace efficiency
    (B) How to make more money
    (C) Valuable employees
    (D) How to design a building

12. What are the listeners going to do later?

    (A) Complete a survey
    (B) Watch a short movie
    (C) Do some role-playing
    (D) Listen to some music

13. Where is the speaker?

   (A) In a conference room
   (B) At a concert hall
   (C) At a movie theater
   (D) At an auditorium

14. When is the event going to begin?

   (A) In five minutes
   (B) In ten minutes
   (C) In fifteen minutes
   (D) In thirty minutes

15. What are listeners instructed to do?

   (A) Purchase food and drinks in the lobby
   (B) Meet the performers after the show
   (C) Avoid talking during the performance
   (D) Remain seated during the entire event

16. What is the purpose of the announcement?

   (A) To ask for assistance
   (B) To give a warning
   (C) To announce a sale
   (D) To answer a question

17. What is the driver instructed to do?

   (A) Turn off the car's lights
   (B) Not park right in front of the store
   (C) Move a vehicle to another place
   (D) Drive more slowly in the parking lot

18. According to the speaker, how much is the fine?

   (A) $50
   (B) $100
   (C) $200
   (D) $250

Unit 03 전화

예제

 04-34

1. Where is Mr. Perkins most likely calling from?

   (A) A travel agency
   (B) An automobile company
   (C) An airline
   (D) A rental car agency

2. What problem is mentioned?

   (A) A flight needs to be changed.
   (B) A contract has not been signed.
   (C) A reservation was not made.
   (D) A client was not contacted.

3. How does the speaker ask to be contacted?

   (A) By mail
   (B) By fax
   (C) By e-mail
   (D) By telephone

1. Perkins 씨는 어디에서 전화를 걸고 있는 것 같은가?

   (A) 여행사
   (B) 자동차 회사
   (C) 항공사
   (D) 렌터카 업체

2. 어떤 문제가 언급되고 있는가?

   (A) 항공편이 변경되어야 한다.
   (B) 계약서에 서명이 이루어지지 않았다.
   (C) 예약이 되지 않았다.
   (D) 고객에게 연락이 되지 않았다.

3. 화자는 어떻게 연락을 달라고 요청하는가?

   (A) 우편으로
   (B) 팩스로
   (C) 이메일로
   (D) 전화로

M Hello. This is Kevin Perkins calling from Tiger Autos. I have a reservation for a flight to Melbourne, Australia, for tomorrow night. However, I need to get there as soon as possible. I have to see a client to discuss a contract immediately. Are there any earlier flights leaving either tonight or tomorrow morning? Please let me know as soon as possible. Call me on my mobile phone at (406) 222-3623, please.

M 안녕하세요. 저는 Tiger Autos의 Kevin Perkins 입니다. 저는 내일 밤 호주 멜버른행 항공편을 예약해 두었습니다. 하지만, 가능한 한 빨리 그곳 에 가야 합니다. 계약에 대해 논의하기 위해서 지금 바로 고객을 만나러 가야 합니다. 오늘밤이 나 내일 아침에 출발하는 더 빠른 항공편이 있나 요? 가능한 한 빨리 알려 주십시오. 제 휴대 전화 번호인 (406) 222-3623으로 전화해 주십시오.

어휘 as soon as possible 가능한 한 빨리   immediately 즉시, 당장   either A or B A와 B 중 하나   mobile phone 휴대 전화
airline 항공사   rental car agency 렌터카 업체

담화 유형 분석

이 담화는 「this is ~ calling from....」과 같은 표현들을 사용하고 있는 전형적인 전화 메시지의 형태로, 담화에서 화자는 자신이 예약한 항공편보다 더 빨리 출발하는 비행기가 있는지를 묻고 있다. 따라서 전화를 건 용건이 무엇인지 구체적으로 파악한 다음, 화자가 요청하고 있는 사항 등을 주의해서 듣도록 한다.

풀이 전략 및 해설

1 ● 화자는 담화의 초반부에 'This is Kevin Perkins calling from Tiger Autos.'라고 말하면서 자신의 신원을 밝히고 있다.
● 이를 통해 화자는 Tiger Autos라는 곳에서 전화하고 있다는 것을 알 수 있으므로 화자가 전화를 건 곳은 (B)의 An automobile company(자동차 회사)이다.
● (D)의 '렌터카 업체'도 Autos라는 명칭을 쓸 수 있기는 하지만, 렌터카 업체의 직원이 계약을 체결하기 위해 해외로 가는 경우는 사실상 없으므로 (D)는 정답이 될 수 없다.

2 ● 문제점을 묻는 문제이므로 부정의 표현에 집중하도록 한다. 담화 중반부에 부정의 의미를 나타내는 접속부사인 however 뒤의 내용을 놓치지 않고 들어야 한다.
● 화자는 자신이 내일 밤 항공편을 예약해 두었지만, 가능한 한 빨리 출발해야 한다고 말하면서 그 이유를 고객과 계약에 관해 논의하기 위해서라고 밝히고 있다.
● 따라서 화자의 문제는 항공편을 변경해야 하는 것이므로 정답은 (A)가 된다.

3 ● 담화의 후반부에서 화자는 일찍 출발하는 항공편이 있는지를 알려 달라고 한 다음, 'Call me on my mobile phone at (406) 222-3623, please.'라고 말한다.
● 따라서 화자가 요청한 연락 방법은 (D)의 By telephone(전화로)이다.

전화 통화 관련 표현

leave a message 메시지를 남기다	give a call 전화를 걸다
stay on the line 전화를 끊지 않고 기다리다	have the wrong number 전화를 잘못 걸다
transfer a call 전화를 돌려 주다	answer the phone 전화를 받다
hang up 전화를 끊다	miss a call 전화를 받지 못하다

Thank you for calling the law offices of Dunston and Kline. Please **stay on the line**, and your call will be answered momentarily.
Dunston and Kline 법률 사무소에 전화해 주셔서 감사합니다. 전화를 끊지 않고 기다리시면 즉시 응답해 드리겠습니다.

I'm sorry, but you **have the wrong number**. There is nobody named Peter Jenkins who works here.
죄송하지만 전화를 잘못 거셨습니다. 이곳에서 일하는, Peter Jenkins라는 이름의 사람은 없습니다.

전화를 받지 못하는 상황의 예

상황	예시
영업 시간 종료	Thank you for calling Sandecker Electronics. We're sorry, but we're closed right now. We are open every day from eight in the morning to nine at night. Sandecker 전자에 전화해 주셔서 감사합니다. 죄송하지만, 지금은 영업이 끝났습니다. 저희는 매일 아침 8시부터 밤 9시까지 영업을 합니다.
담당자 통화 중	You have reached Pacific Air. Unfortunately, all of our operators are currently occupied now. But if you stay on the line, someone will take your call as soon as possible. Pacific 항공에 연결되셨습니다. 유감스럽게도, 모든 교환원들이 현재 통화 중입니다. 하지만, 전화를 끊지 않고 기다리시면, 누군가가 귀하의 전화를 가능한 한 빨리 받을 것입니다.
담당자 부재 중	Hello. This is Jake Samuels. I'm really sorry, but I'm not available at this moment. If you leave a message with your name and number, I'll call you back as soon as I can. Thank you. Goodbye. 안녕하세요. 저는 Jake Samuels입니다. 정말로 죄송하지만, 저는 지금 전화를 받을 수 없습니다. 이름과 전화번호와 함께 메시지를 남기시면, 제가 가능한 한 빨리 답신을 드리겠습니다. 감사합니다. 안녕히 계세요.

불만을 제기하는 상황의 예

상황	예시
서비스 지연	The waiter said our food would be here in ten minutes, but we've been waiting for more than half an hour. 종업원은 10분 후에 음식이 나올 것이라고 말을 했지만, 저희는 30분 넘게 기다리고 있습니다.
제품 파손	When I opened the package, several of the plates were chipped or broken. 제가 상자를 열었을 때, 몇몇 접시들은 이가 빠져 있거나 깨져 있었습니다.
제품 오배송	I ordered a size small sweater, but you sent me a size large. 저는 스몰 사이즈의 스웨터를 주문했지만, 귀하는 라지 사이즈를 보내 주셨습니다.
과도한 요금 청구	According to the advertisement, this item should cost $50, but you charged me $75. 광고에 의하면, 이 제품의 가격은 50달러여야 하지만, 귀하는 저에게 75달러를 청구했습니다.

04-35

Ⓐ 담화를 듣고 주어진 문장이 사실이면 ○, 그렇지 않으면 X에 표시하세요.

1 (a) The purpose of the message is to provide ordering instructions. (○ | X)

(b) The speaker is most likely Mr. Jones. (○ | X)

(c) The speaker implies that Mr. Jackson is working in the office now. (○ | X)

2 (a) Ms. Wellman is calling to reschedule an appointment. (○ | X)

(b) Ms. Wellman is going to be at the airport at four. (○ | X)

(c) Ms. Wellman requests that Mr. Sellers send her an e-mail. (○ | X)

3 (a) The speaker is calling to tell a person about an order. (○ | X)

(b) The speaker advises the listener to call to schedule a pickup. (○ | X)

(c) According to the speaker, the store closes at seven. (○ | X)

4 (a) The clinic is going to reopen in one hour. (○ | X)

(b) The listener can make a reservation by pressing 2. (○ | X)

(c) The listener can hear the message again by pressing 4. (○ | X)

5 (a) The speaker is calling from his office. (○ | X)

(b) The problem is that a laptop is not working properly. (○ | X)

(c) The speaker requests that the listener bring a new battery. (○ | X)

B 담화를 듣고 정답을 고른 다음, 담화를 다시 듣고 빈칸을 완성하세요.

1 Why is the speaker happy?

  (a) A client signed a contract.

  (b) She was offered a job in Japan.

  (c) Some products will be purchased

2 What will happen tomorrow night?

  (a) The woman will have dinner with a client.

  (b) A client is going to arrive.

  (c) A presentation will be made.

🔊 04-36

Dictation

W Good evening. Mark, this is Sandy. I've got some _____ .
Mr. Tanaka from Nagoya Industries called me a few minutes ago. He said that his
company _____ several of our products. He's flying here from Japan
and _____ tomorrow night. We need to _____
ready for him by Friday. This has the potential to be a _____ .
Call me back so we can discuss this some more. Bye.

3 Where most likely is the speaker?

  (a) In a factory

  (b) At an office

  (c) In a storeroom

4 What does the speaker request that the listener do?

  (a) Check his e-mail

  (b) Do research on some tools

  (c) Return his phone call

🔊 04-37

Dictation

M Hi, Gerry. It's Russell. We've got a _____ here at the Columbus
_____ . One of the refrigerating units _____ . I'm here, but I don't
have the _____ . I'm pretty sure that the _____
is in your building. Please go to the storeroom and _____ as soon as you
hear this message. I'll tell you _____ I need, and you can find them for me.
_____ . Bye.

5 What is the purpose of the announcement?

(a) To provide a weather update
(b) To describe the traffic
(c) To explain how to get more detailed information

6 What will the weather be like tomorrow morning?

(a) Cloudy
(b) Sunny
(c) Foggy

◀ 04-38

Dictation

W   Thank you for calling the Albany _____ . The local time right now is ten fifteen P.M. The _____ currently twenty-two degrees Celsius, but the _____ . It _____ a low of fifteen degrees later tonight. Tomorrow morning _____ with highs in the mid-twenties. There is a thirty-percent _____ in the afternoon tomorrow. If you would like to hear this _____ , please press 1. Thank you.

7 What does the man say about the woman?

(a) She had a good interview.
(b) He liked her résumé.
(c) She submitted a complete application.

8 What does the man request that the woman do?

(a) Schedule an interview
(b) Visit his office in person
(c) Call him on the telephone

◀ 04-39

Dictation

M   Hello. This is Dave Randolph from Electro Power _____ Margaret Powers. Ms. Powers, we received your _____ this morning. We were very impressed by _____ . However, you failed to leave the _____ of two personal references. We need to speak with _____ before we can interview you. Please _____ at (406) 202-5456 or _____ at drandolph@electropower.com with that information. I'll be waiting to hear from you. Have a great day.

예상적중문제 **01-03** 담화를 듣고 질문에 가장 알맞은 답을 고르세요.

01. Who most likely is the speaker?

(A) A lawyer

(B) A consultant

(C) A construction worker

(D) A computer programmer

02. Why does the speaker apologize?

(A) He cannot attend a meeting.

(B) He could not solve a problem.

(C) He is late with an assignment.

(D) He forgot to print a report.

03. What does the speaker request the listener do?

(A) E-mail some files to him

(B) Confirm a meeting

(C) Get in touch with him

(D) Pay an invoice

문제 해설

01 인물의 신원

▶ 담화 초반부에서 화자는 자신이 컨설팅 회사에 근무한다고(This is Thomas Martin from Peabody Consulting calling) 밝혔다.

▶ 또한 담화 후반부에서 금요일 오후에 온라인 컨설팅을 해 줄 수 있다고(I'm also available for an online consultation on Friday afternoon) 말했으므로, 화자는 컨설팅 업체에 근무하는 컨설턴트임을 알 수 있다. 정답은 (B)이다.

02 세부 사항 (이유)

▶ 인사말에 이어서, 화자는 금요일로 예정된 만남에 참석할 수 없다고 하며(I regret to inform you that I'm unable to attend our meeting scheduled for Thursday) 유감을 표하고 있다.

▶ 따라서 화자가 사과하는 이유는 만남에 참석할 수 없다는 내용의 (A)이다.

03 세부 사항 (요청)

▶ 화자는 월요일 오전에 만날 것과 금요일 오후에 온라인 상담을 할 것, 두 가지 선택지를 제시했다.

▶ 두 가지 선택지 중 청자가 어느 것을 선호하는지 전화해서 알려 달라고(Please call me back to let me know which of these two options you prefer) 부탁하고 있다. 따라서 정답은 (C)이다.

M Hello. **01-1) This is Thomas Martin from Peabody Consulting calling.** **02) I regret to inform you that I'm unable to attend our meeting scheduled for Thursday.** I have to visit Detroit on business. I will be back in town on the weekend, so we can meet on Monday morning if that fits your schedule. **01-2) I'm also available for an online consultation on Friday afternoon.** **03) Please call me back to let me know which of these two options you prefer.**

M 안녕하세요. 저는 Peabody 컨설팅의 Thomas Martin입니다. 제가 목요일 만남에 참석할 수 없다는 점을 알려 드리게 되어 유감입니다. 업무 때문에 디트로이트를 방문해야 합니다. 주말에 다시 시내로 돌아올 예정이라서, 스케줄이 괜찮으시면 우리가 월요일 오전에 만날 수 있을 것입니다. 또한 금요일 오후에는 온라인 상담이 가능합니다. 저에게 다시 전화 주셔서 이 두 가지 선택지 중에 어떤 것을 선호하시는지 알려 주시기 바랍니다.

01. 화자는 누구인 것 같은가?
   (A) 변호사
   (B) 컨설턴트
   (C) 건설 노동자
   (D) 컴퓨터 프로그래머

02. 화자는 왜 사과하는가?
   (A) 만남에 참석할 수가 없다.
   (B) 문제를 해결할 수 없었다.
   (C) 업무를 늦게 처리했다.
   (D) 보고서를 출력해야 한다는 점을 잊었다.

03. 화자는 청자에게 무엇을 요청하는가?
   (A) 이메일로 자신에게 파일을 보낸다
   (B) 회의를 확정한다
   (C) 자신에게 연락을 취한다
   (D) 청구서의 요금을 지불한다

어휘 inform 알리다   consultation 상담   option 선택 사항, 옵션   lawyer 법률가, 변호사   get in touch with ~에게 연락하다
invoice 송장, 청구서

MORE & MORE

🔊 04-41

들리는 문장이 담화의 내용과 일치하면 ○, 그렇지 않으면 ×에 표시하세요.
❶ The speaker was supposed to _____ on Tuesday.   (○ | ×)
❷ The speaker will be _____ .   (○ | ×)
❸ The speaker wants the listener to _____ .   (○ | ×)

정답 p.084

04. What type of work does the speaker most likely do?

(A) Interior design

(B) Manufacturing

(C) Research

(D) Marketing

05. What does the speaker mean when she says, "I'm meeting Mr. Duncan in Chicago"?

(A) She cannot meet in person.

(B) She recently changed her plans.

(C) She is not in the country now.

(D) She has already left the office.

06. What does the speaker suggest doing?

(A) Taking a business trip together

(B) Starting a new assignment soon

(C) Having a meeting over the telephone

(D) Interviewing some more candidates

문제 해설

04 추론

▶ 담화의 첫 부분에서 화자는 청자가 신규 고객 유치를 위한 인쇄 광고에 열중하고 있다는 말을 들어 기쁘다고(I'm glad to hear that you've been working hard on the print advertisement for our new client) 했다.

▶ 이어지는 내용을 보면 화자는 Tina Melissa와 이 광고에 대한 의견을 나누자고 했다. 따라서 화자는 마케팅 관련 업무를 담당하고 있을 것이므로 정답은 (D)이다.

05 화자의 의도

▶ 주어진 문장은 화자가 시카고에서 Duncan 씨와 만나야 한다는 의미이다.

▶ 해당 문장 바로 앞에서 화자는 청자가 자신을 내일 만나고 싶어 한다는 것을 알고 있다고(I know that you want to meet me tomorrow) 말했고, 이어서 'Why don't we try to connect over the phone instead?'라고 말하며 전화로 이야기하자고 말했다.

▶ 그러므로 주어진 문장은 직접 만날 수 없다는 내용의 (A)이다.

06 세부 사항 (제안)

▶ 화자는 청자에게 전화로 이야기하는 것이 어떤지(Why don't we try to connect over the phone instead?) 제안했다.

▶ 따라서 정답은 전화로 회의하자는 내용의 (C)이다.

스크립트 & 해석

W Hello, Tina. This is Melissa. 04-1) **I'm glad to hear that you've been working hard on the print advertisement for our new client.** 04-2) **I'm looking forward to seeing what you come up with.** 05-1) **I know that you want to meet me tomorrow**, but I'm meeting Mr. Duncan in Chicago. 05-2) 06) **Why don't we try to connect over the phone instead?** I'll have time in the morning before 11:00 as well as any time after 4:00. Let me know what works best for you. Bye.

W 안녕하세요, Tina. Melissa예요. 당신이 새 고객을 유치하기 위한 인쇄 광고에 열중하고 있다는 말을 들으니 기쁘군요. 당신이 생각해 낸 것을 무척이나 보고 싶어요. 내일 저와 만나고 싶어 한다는 것은 저도 알고 있지만, 저는 시카고에서 Duncan 씨를 만나야 해요. 대신 전화로 이야기하는 것이 어떨까요? 오전 11시 이전이나 오후 4시 이후 아무 때나 시간이 있어요. 언제가 당신에게 가장 좋은지 알려 주세요. 그럼 잘 있어요.

04. 화자는 어떤 종류의 일을 하는 것 같은가?
(A) 인테리어 디자인
(B) 제조
(C) 리서치
(D) 마케팅

05. 화자가 "I'm meeting Mr. Duncan in Chicago"라고 말할 때 그녀는 무엇을 의미하는가?
(A) 직접 만날 수 없다.
(B) 최근에 계획을 변경했다.
(C) 현재 국내에 없다.
(D) 이미 사무실을 떠났다.

06. 화자는 무엇을 제안하는가?
(A) 함께 출장을 간다
(B) 곧 새로운 일을 시작한다
(C) 전화로 회의를 한다
(D) 더 많은 지원자들을 면접한다

어휘 print advertisement 인쇄 광고 look forward to ~을 고대하다 come up with (아이디어 등을) 떠올리다

MORE & MORE

04-43

들리는 문장이 담화의 내용과 일치하면 O, 그렇지 않으면 ×에 표시하세요.

❶ The speaker and the listener are ________________. (O | ×)
❷ The speaker ________________ the listener in Chicago. (O | ×)
❸ The speaker only has time ________________. (O | ×)

정답 p.084

---

07. What is stated in the message?

    (A) A package has been delivered.

    (B) The caller is at his office now.

    (C) A delivery needs to be made.

    (D) The caller will get a package in 15 minutes.

08. When will the caller arrive at his home?

    (A) At 12:00 P.M.

    (B) At 3:00 P.M.

    (C) At 5:00 P.M.

    (D) At 6:00 P.M.

09. What request does the caller make?

    (A) That the package be sent to his office

    (B) That the deliveryman call him soon

    (C) That the listener send him a text message

    (D) That the deliveryman confirm his address

문제 해설

07 세부 사항 (언급된 사실)

▶ 화자는 배달원으로부터 문자 메시지를 받았다고 말한 후, 'According to the message, I need to call this number to arrange the delivery of my package.'라고 자신이 메시지를 남기는 이유를 밝히고 있다.

▶ 위 내용을 통해 화자는 소포를 받기 위해서 메시지를 남기고 있다는 것을 알 수 있으므로 정답은 (C)이다.

08 세부 사항 (언급된 사실)

▶ 화자는 지금은 집에 없지만 '정오부터는 집에 있을 것(I'll be back home from noon until the end of the day)'이라고 말하고 있다.

▶ 그렇기 때문에 화자가 집에 올 시간은 정오, 즉 '12시'일 것이므로 정답은 (A)의 At 12:00 P.M.이다.

09 세부 사항 (요청)

▶ 화자가 요청하는 것이 무엇인지 묻고 있으므로 부탁 및 요청의 표현을 놓치지 않고 들어야 한다.

▶ 메시지 후반부의 'Please send me a text message to confirm the receipt of this message.'라는 문장을 통해, 화자는 상대방이 메시지를 들었다는 것을 자신이 확인할 수 있도록 문자 메시지를 보내 달라고 요청하고 있다.

▶ 따라서 정답은 (C)의 That the listener send him a text message(청자가 자신에게 문자 메시지를 보낼 것)이다.

M Good morning. This is Mark Coughlin. I got a text message from a deliveryman about fifteen minutes ago. **07) According to the message, I need to call this number to arrange the delivery of my package**. My address is 56 Montana Avenue. I'm out now, but **08) I'll be back home from noon until the end of the day**. The person can deliver the package at any time. **09) Please send me a text message to confirm the receipt of this message**. Thanks. Have a nice day.	M 안녕하세요. 저는 Mark Coughlin입니다. 저는 약 15분 전에 배달원으로부터 문자 메시지를 받았습니다. 메시지에 따르면, 제가 소포를 받기 위해서는 이 번호로 전화를 해야 하더군요. 제 주소는 Montana 가 56번지입니다. 저는 지금 외출 중이지만, 12시부터 오늘 남은 시간 동안은 집에 있을 예정입니다. 언제라도 소포를 배달하실 수 있습니다. 이 메시지가 전달되었다는 것을 확인할 수 있도록 저에게 문자 메시지를 보내 주십시오. 감사합니다. 좋은 하루 보내세요.

07. 메시지에서 무엇이 언급되고 있는가?
    (A) 소포가 배달되었다.
    (B) 전화를 건 사람은 지금 사무실에 있다.
    (C) 배달이 이루어져야 한다.
    (D) 전화를 건 사람은 15분 후에 소포를 받게 될 것이다.

08. 전화를 건 사람은 언제 집에 올 것인가?
    (A) 오후 12시에
    (B) 오후 3시에
    (C) 오후 5시에
    (D) 오후 6시에

09. 전화를 건 사람은 어떤 요청을 하는가?
    (A) 소포를 사무실로 보낼 것
    (B) 배달원이 자신에게 빨리 전화할 것
    (C) 청자가 자신에게 문자 메시지를 보낼 것
    (D) 배달원이 자신의 주소를 확인할 것

어휘 deliveryman 배달원   arrange 마련하다, 일을 처리하다   delivery 배달   from A until B A에서 B까지   at any time 언제라도
confirm 확인하다   receipt 수령, 인수; 영수증

🔆 MORE & MORE

◀ 04-45

들리는 문장이 담화의 내용과 일치하면 O, 그렇지 않으면 ×에 표시하세요.

❶ The purpose of the message is to _____ .   (O | ×)
❷ The speaker most likely works _____ .   (O | ×)
❸ The speaker asks the listener _____ .   (O | ×)

정답 p.085

10. What is the message mainly about?

(A) To report a damaged item

(B) To order an item

(C) To request an item be held

(D) To ask about an item on sale

11. Who is Jim Caldwell?

(A) A librarian

(B) A deliveryman

(C) A bookstore employee

(D) A writer

12. What does the caller say she will do?

(A) Pay for the item later

(B) Check out the books tonight

(C) Cancel her entire order

(D) Mail a check to the store

문제 해설

10 주제 및 목적

▶ 대화의 중반부에서 메시지의 용건을 확인할 수 있다.

▶ 화자는 이미 세 권의 책을 주문했지만, 'I would like to add one more book to that list.'라고 말하면서 추가로 주문을 하고 싶다는 의사를 밝히고 있다. 이후 원하는 책의 제목도 언급하고 있다.

▶ 따라서 정답은 (B)의 To order an item(상품을 주문하기 위해)이다.

11 인물의 신원

▶ Jim Caldwell이라는 사람의 신원은 'The author of the book is Jim Caldwell.'에서 확인할 수 있다.

▶ 그는 책의 저자이므로 정답은 (D)의 A writer이다.

12 세부 사항 (언급된 사실)

▶ 메시지의 후반부에 화자는 'I will pay cash for the book when I go to pick it up at the store.'라고 말함으로써 결제는 서점에 들를 때 하겠다고 말한다.

▶ 따라서 화자가 할 일은 (A)의 Pay for the item later(상품에 대해 나중에 계산을 한다)이다.

W Good morning. My name is Tina Weatherly. Yesterday, I called your store and made an order. I requested that you order 3 books for me. **10) I would like to add one more book to that list.** I would like a hardback copy of the book *Dragons in the Valley*. **11) The author of the book is Jim Caldwell.** **12) I will pay cash for the book when I go to pick it up at the store.** Please call me when all of the books have arrived. Thank you. Have a nice day.

W 안녕하세요. 저는 Tina Weatherly입니다. 어제, 저는 귀하의 매장에 전화해서 주문을 했습니다. 세 권의 책을 주문해 달라고 요청했습니다. 주문 목록에 한 권의 책을 더 추가하고 싶습니다. *Dragons in the Valley*라는 책의 하드커버판을 원합니다. 그 책의 저자는 Jim Caldwell입니다. 제가 매장에 책을 찾으러 갈 때 현금으로 책을 구입하겠습니다. 책이 모두 도착하면 저에게 전화해 주십시오. 감사합니다. 좋은 하루 보내세요.

10. 메시지는 주로 무엇에 관한 것인가?
   (A) 파손된 상품을 알리기 위해
   (B) 상품을 주문하기 위해
   (C) 상품을 예약하기 위해
   (D) 세일 중인 상품에 대해 문의하기 위해

11. Jim Caldwell은 누구인가?
   (A) 사서
   (B) 배달원
   (C) 서점 직원
   (D) 작가

12. 전화를 건 사람은 자신이 무엇을 하겠다고 말하는가?
   (A) 상품에 대해 나중에 계산한다
   (B) 오늘밤에 책을 가지고 간다
   (C) 주문을 모두 취소한다
   (D) 매장에 우편으로 수표를 보낸다

어휘 hardback copy 하드커버판 author 저자, 작가 damaged 손상된, 파손된 hold 잡다, 쥐다; 보류하다 librarian 사서 cancel 취소하다 entire 전체의 check 수표

🔊 04-47

들리는 문장이 담화의 내용과 일치하면 ○, 그렇지 않으면 ×에 표시하세요.
❶ The speaker _____ yesterday. (○ | ×)
❷ The speaker orders _____ . (○ | ×)
❸ The speaker requests _____ when her items arrive. (○ | ×)

정답 p.085

예상적중문제 **13-15** 담화를 듣고 질문에 가장 알맞은 답을 고르세요.

◀) 04-48

Wednesday Night Table Assignments	
Server	**Table Numbers**
Arthur Murray	1-4
Robert Cogswell	5-9
Kenny Wilson	10-14
Raymond Devers	15-20

13. What is the purpose of the message?

(A) To ask for an apology

(B) To make a request

(C) To get a refund

(D) To file a complaint

14. Look at the graphic. Who was the caller's waiter last night?

(A) Arthur Murray

(B) Robert Cogswell

(C) Kenny Wilson

(D) Raymond Devers

15. What does the speaker say he will do in the future?

(A) Order a different item

(B) Avoid visiting the restaurant

(C) Tell his friends about the service

(D) Ask to speak with the chef

문제 해설

⑬ 주제 및 목적

▶ 담화의 초반부에서 메시지를 남긴 목적을 확인할 수 있다.

▶ 화자는 자신이 상대방의 식당에서 저녁 식사를 했다는 사실을 밝힌 후, 'I am very unhappy about the service at the restaurant.'이라고 말한다.

▶ 이후 구체적으로 불만을 갖게 된 이유를 설명하고 있으므로, 메시지의 목적은 (D)의 To file a complaint(불만을 제기하기 위해)이다.

⑭ 시각적 정보

▶ 남자는 담당 종업원의 이름이 기억나지는 않지만, 자신이 8번 테이블에 앉아 있었다고(I don't recall our server's name, but we sat at table number eight) 했다.

▶ 도표에서 8번 테이블을 담당한 사람은 Robert Cogswell이므로 정답은 (B)이다.

⑮ 세부 사항 (언급된 사실)

▶ 메시지의 마지막 부분에서 화자는 'Because of his actions, we will never visit your establishment again.'이라고 말하면서 무례한 종업원 때문에 이 식당에 다시는 가지 않겠다고 말한다.

▶ 따라서 화자가 앞으로 할 일은 (B)의 Avoid visiting the restaurant(이 식당에 가지 않는다)이다.

M Hello. This is Carl Sanderson. My wife and I had dinner at your restaurant last night around eight. While the food was delicious, **13) I am very unhappy about the service at the restaurant. 14) I don't recall our server's name, but we sat at table number eight.** Our server was not polite and didn't bring us the correct orders. I only left a 10% tip for him. When he saw the tip, he got angry and yelled at my wife and me. Because of his actions, **15) we will never visit your establishment again.**	M 안녕하세요. 저는 Carl Sanderson입니다. 제 아내와 저는 어젯밤 8시경에 귀하의 식당에서 저녁을 먹었습니다. 음식은 맛있었지만, 식당의 서비스는 정말로 만족스럽지 못합니다. 저희를 담당했던 종업원의 이름을 기억하지는 못하지만, 우리는 8번 테이블에서 앉아 있었습니다. 종업원은 전혀 공손하지 않았고 우리가 주문한 음식들을 제대로 가져다 주지도 않았습니다. 저는 그에게 10%의 팁만 주었습니다. 팁을 보았을 때, 그는 화를 내면서 제 아내와 저에게 소리를 쳤습니다. 그의 행동 때문에, 저희는 귀하의 식당에 다시는 가지 않을 것입니다.

수요일 야간 테이블 배정

서빙 담당자	테이블 번호
Arthur Murray	1–4
Robert Cogswell	5–9
Kenny Wilson	10–14
Raymond Devers	15–20

13. 메시지의 목적은 무엇인가?
   (A) 사과를 요구하기 위해
   (B) 부탁하기 위해
   (C) 환불을 받기 위해
   (D) 불만을 제기하기 위해

14. 도표를 보아라. 전화를 건 사람을 어젯밤에 담당했던 웨이터는 누구인가?
   (A) Arthur Murray
   (B) Robert Cogswell
   (C) Kenny Wilson
   (D) Raymond Devers

15. 화자는 자신이 미래에 무엇을 할 것이라고 말하는가?
   (A) 다른 메뉴를 주문한다
   (B) 이 식당에 가지 않는다
   (C) 자신의 친구들에게 서비스에 대해 말한다
   (D) 주방장과 이야기한다

어휘 server 식당 종업원, 웨이터   polite 공손한   establishment 시설, 기관   apology 사과   deserve ~할 자격이 있다   spill 엎지르다, 쏟다   chef 주방장

◁ 04-49

들리는 문장이 담화의 내용과 일치하면 ○, 그렇지 않으면 ×에 표시하세요.

❶ Carl Sanderson _____ at a restaurant.   (○ | ×)

❷ The speaker _____ at the restaurant.   (○ | ×)

❸ According to the speaker, the waiter _____.   (○ | ×)

정답 p.085

방송

✋ 뉴스에 해당되는 담화는 다양한 주제를 다룰 수 있다. 경제에 관한 내용, 선거 등 정치와 관련된 내용이 다루어질 수 있으며, 그밖에 축제나 공원 개장과 같은 행사도 지역 뉴스로서 보도될 수 있다.

✋ 교통 방송은 교통 정체 상황을 알리는 내용이 많은데, 특히 공사나 사고로 인한 정체 구간을 알려 주는 경우가 많으며, 일기 예보와 관련된 담화에서는 악천후 소식과 관련된 내용이 주로 다루어진다. 이외에도 라디오 음악 프로그램의 형식을 갖추고 있는 담화도 제시될 수 있는데, 이 경우에는 프로그램의 진행 순서나 곧 등장하게 될 게스트를 소개하는 경우가 많다.

✋ 경제나 정치와 같은 주제가 어렵게 생각될 수도 있지만, 지나치게 전문적인 내용을 다루지는 않기 때문에, 기본적인 상식을 활용하고 뉴스의 흐름을 놓치지 않고 들으면, 문제를 푸는 데 큰 어려움은 없다.

◀ 04-50

예제

1. Where most likely does the speaker work?

   (A) At a construction company
   (B) At a radio station
   (C) At a television station
   (D) At city hall

2. What does the speaker say about the Broadway Bridge?

   (A) It is still under construction.
   (B) Traffic on it is moving smoothly.
   (C) There was an accident on it.
   (D) It was damaged when a ship hit it.

3. When is this announcement being made?

   (A) On Saturday
   (B) On Monday
   (C) On Wednesday
   (D) On Thursday

1. 화자는 어디에서 일을 하는 것 같은가?

   (A) 건설 회사에서
   (B) 라디오 방송국에서
   (C) 텔레비전 방송국에서
   (D) 시청에서

2. 화자는 Broadway 교에 대해 무엇을 말하는가?

   (A) 그곳은 여전히 공사 중이다.
   (B) 그곳의 교통 흐름은 원활하다.
   (C) 그곳에서 사고가 있었다.
   (D) 선박이 충돌하여 그곳이 피해를 입었다.

3. 이 안내 방송은 언제 이루어지고 있는가?

   (A) 토요일에
   (B) 월요일에
   (C) 수요일에
   (D) 목요일에

W Good morning, listeners. This is Erin Mathewson with the morning traffic report for WTRP Radio. Traffic on Main Street is moving smoothly, so there's nothing for people in the downtown area to be worried about. There was a minor accident on the Broadway Bridge, so traffic is backed up a bit there. And the Hudson Tunnel is experiencing major delays. The weekend construction on the tunnel hasn't finished yet. That is causing the biggest problem in the city this Monday morning.

W 안녕하세요, 청취자 여러분. 저는 WTRP 라디오 아침 교통 방송의 Erin Mathewson입니다. Main 가의 교통 흐름은 원활하기 때문에, 시내 중심가에 계신 분들께서는 걱정하실 일이 없습니다. Broadway 교에서는 경미한 사고가 있어서, 그곳 교통이 약간 정체되고 있습니다. 그리고 Hudson 터널에서는 심한 정체 현상이 나타나고 있습니다. 주말의 터널 공사가 아직 끝나지 않았습니다. 이것이 오늘 월요일 아침의 시내 상황에 가장 큰 문제를 일으키고 있습니다.

어휘 smoothly 부드럽게 worry 걱정하다 minor 사소한, 경미한 backed up 정체된, 지체된 experience 겪다, 경험하다 cause ~의 원인이 되다, 야기하다 city hall 시청 under construction 공사 중인

담화 유형 분석

담화 초반부에서 방송의 타이틀이 'WTRP 라디오 아침 교통 방송(morning traffic report for WTRP Radio)'이라고 밝히고 있다. 또한 그 이후에도 시내의 교통 상황을 알려 주고 있으므로 이 담화는 교통 방송임을 다시 한 번 확인할 수 있다. 어떤 곳이 정체되고 있고 그곳에 정체가 발생한 이유가 무엇인지와 같은 정보에 집중하도록 한다.

풀이 전략 및 해설

1 ● 화자가 근무하는 곳을 묻는 문제로서, 장소를 묻는 문제로 볼 수 있다. 담화의 내용 중에서 화자의 직업을 추론할 수 있는 표현에 집중하도록 한다.
  ● 담화의 첫 문장에서 화자는 방송의 대상을 listeners(청취자)로 부르고 있고, 자신을 'This is Erin Mathewson with the morning traffic report for WTRP Radio.'라고 소개한다.
  ● 이를 통해 화자는 라디오 교통 방송의 진행자이고 화자가 일하는 곳은 (B)의 At a radio station(라디오 방송국에서)임을 알 수 있다.

2 ● Broadway Bridge가 언급되고 있는 부분은 담화 중반부의 'There was a minor accident on the Broadway Bridge, so traffic is backed up a bit there.'라는 문장이다.
  ● 이 부분을 통해 Broadway 교에서 사고가 일어나서 교통 정체가 발생했다는 것을 알 수 있기 때문에 정답은 (C)가 된다.
  ● (A)는 Hudson 터널과 관련된 내용이며, (B)는 시내 중심가의 상황이다.

3 ● 화자는 시내의 교통 상황을 알려 준 다음, 담화의 마지막 부분에서 'That is causing the biggest problem in the city this Monday morning.'이라고 말하고 있다.
  ● 따라서 이 방송은 월요일 아침에 진행되고 있다는 것을 알 수 있으므로 정답은 (B)이다.

증가 및 감소의 표현

- 상승 및 증가의 의미: rise, ascend, rocket, soar, increase
- 하락 및 감소의 의미: fall, decline, drop, sink, decrease

The prices of commodities have been **rising** lately. 상품 가격들이 최근에 오르고 있다.

The government's policies have caused prices to **increase**. 정부의 정책으로 인해 물가가 상승했다.

The stock market **fell** due to bad news from Europe today. 오늘 유럽발 악재로 주식 시장이 하락했다.

Profits at PTR, Inc. **declined** for the fifth quarter in a row. PTR 주식회사의 이익이 다섯 분기 연속 하락했다.

기상 예보 관련 표현

expect the temperature to drop below freezing 기온이 영하로 떨어질 것으로 예상되다	should get at least 10 centimeters of rain 최소 10센티미터의 비가 내릴 것이다
expect blue skies throughout the day 하루 종일 맑은 날씨가 될 것이다	do not go outside in the middle of the day 한낮에는 밖에 나가서는 안 된다
be forecasting up to 20 centimeters of snow 최대 20센티미터의 눈이 예상된다	show no signs of letting up 누그러질 기미가 보이지 않는다
be going to be in for some rough weather 극심한 날씨를 맞이하게 될 것이다	be a ten-percent chance of showers 소나기가 내릴 확률이 10퍼센트이다
be no humidity in the air 대기가 건조하다	get snow all day long 하루 종일 눈이 내리다

We **are going to be in for some rough weather** this weekend. **Expect the temperature to drop below freezing** tonight. And we will **get snow all day long** tomorrow.
이번 주말에 극심한 날씨를 맞이하게 될 것입니다. 오늘 밤에 기온이 영하로 떨어질 것으로 예상됩니다. 그리고 내일은 하루 종일 눈이 오겠습니다.

The rain is **showing no signs of letting up** this week. We **should get at least 10 centimeters of rain** today, and even more will fall tomorrow.
이번 주에 비는 누그러질 기미가 보이지 않습니다. 오늘은 최소 10센티미터의 비가 내릴 것이며, 내일은 더 많은 양이 내릴 것입니다.

교통 방송 관련 표현

be advised to avoid some roads 일부 도로는 피할 것을 권한다	be major traffic on the expressway 고속도로가 크게 정체되고 있다
will be completely closed for safety reasons 안전상의 이유로 완전히 폐쇄될 것이다	clear up within ten minutes 10분 내에 처리될 것이다
cause traffic to back up 차량 정체를 일으키다	should take extra care on these roads 이 도로에서는 특별한 주의를 기울여야 한다
seek alternative routes 우회 도로를 찾다	return to a normal rate 정상 상태를 회복하다

There **is major traffic on the expressway** due to some ongoing construction. Motorists are urged to **seek alternative routes**. 진행 중인 공사로 인해 고속도로가 크게 정체되고 있습니다. 운전자들은 우회 도로를 찾으셔야 합니다.

The problem on Route 33 should **clear up within ten minutes**. Then, traffic will **return to its normal rate**. 33번 도로의 문제는 10분 내에 처리될 것입니다. 그 후에는, 교통이 다시 정상 상태를 회복할 것입니다.

🔊 04-51

A 담화를 듣고 주어진 문장이 사실이면 〇, 그렇지 않으면 X에 표시하세요.

1 (a) The speaker works at a radio station.　　　　　　　　(〇 | X)

　　(b) There is construction work being done on Orange Avenue.　(〇 | X)

　　(c) The speaker tells listeners to avoid the Hampton Bridge.　(〇 | X)

2 (a) The main topic of the broadcast is financial news.　　　(〇 | X)

　　(b) According to the speaker, stock markets around the world rose.　(〇 | X)

　　(c) The speaker says that the price of gold increased.　　　(〇 | X)

3 (a) The purpose of the broadcast is to give the weekly weather.　(〇 | X)

　　(b) The speaker expects the temperature to go below zero.　(〇 | X)

　　(c) It is likely going to snow tomorrow.　　　　　　　　(〇 | X)

4 (a) The man is pleased about the news.　　　　　　　　(〇 | X)

　　(b) The Kappa Corporation is going to purchase a factory in the city.　(〇 | X)

　　(c) The man tells local residents to apply for jobs with the company.　(〇 | X)

5 (a) The purpose of the talk is to explain what will happen on a show.　(〇 | X)

　　(b) The man most likely works at a radio station.　　　　(〇 | X)

　　(c) The listeners will probably hear an advertisement next.　(〇 | X)

Ⓑ 담화를 듣고 정답을 고른 다음, 담화를 다시 듣고 빈칸을 완성하세요.

1 What is the man concerned about?
(a) Possible flooding
(b) Heavy snow
(c) Icy roads

2 What will probably happen next?
(a) The local news will be given.
(b) A commercial will be played.
(c) A business update will be given.

◀ 04-52

Dictation

M Before we break _____, we need to give you a quick
_____. The _____ that we have been
getting show no sign of _____. Weather forecasters are calling for at least
three more days of _____. This means that the _____ of
local rivers and streams is going to continue. We advise everyone to avoid _____
_____ and not to drive their vehicles on any roads with
_____ on them.

3 When will the new facilities open?
(a) This year
(b) Next year
(c) In two years

4 What is suggested about the state?
(a) It has the lowest taxes in the country.
(b) Its residents are unhappy with the governor.
(c) Many of its residents are out of work.

◀ 04-53

Dictation

M _____ financial news for a few moments. The governor today
announced that several companies are planning to _____
in cities throughout the state _____. According to him, the companies
_____ tax breaks. In return, they _____
various manufacturing facilities. The five companies _____ to the
state _____ more than 4,600 full-time workers. That will provide a big boost
for the state, which is currently suffering from _____.

5 Why is the woman pleased?

   (a) A tunnel will open sooner than expected.

   (b) Traffic is less busy than usual.

   (c) A planned protest was canceled.

6 According to the woman, what has not happened today?

   (a) Construction

   (b) Traffic accidents

   (c) Road closings

◀) 04-54

Dictation

W This is Wendy Nelson with an evening _____ . I've got some great news for all you _____ listening. Since the Bradford Tunnel _____ today, traffic has been _____ than it used to be. This morning, the roads were much _____ than usual. And traffic seems to be _____ at the moment. There are no significant _____ to tell you about. And there hasn't been a single _____ all day either.

7 Look at the graphic. What time is it?

   (a) 6:00 P.M.

   (b) 6:30 P.M.

   (c) 7:00 P.M.

8 Who is Jenny Peterson?

   (a) A radio host

   (b) A local resident

   (c) A firefighter

◀) 04-55

Dictation

104.5 FM Schedule

Time	Program
6:00 P.M. – 6:30 P.M.	*The News at 6:00*
6:30 P.M. – 7:00 P.M.	*Local Stories*
7:00 P.M. – 7:30 P.M.	*Sports Today*
7:30 P.M. – 8:00 P.M.	*Current Events*

M Hi, everyone. I'm Rick Carpenter, your host for the _____ . We've got a very special edition of _____ for you here on radio 104.5 FM. In the studio is Jenny Peterson. You've probably heard about her on the _____ . She's the ten-year-old girl that saved her next-door neighbors when their house _____ . She's _____ exactly what happened that night. _____ for her story after this commercial message.

예상적중문제 01-03 담화를 듣고 질문에 가장 알맞은 답을 고르세요.

◎ 04-56

01. What will this evening's show be about?

(A) An election for mayor of a city

(B) An upcoming sporting event

(C) A plan to increase taxes

(D) A construction project

02. Who is Cindy Martin?

(A) A government official

(B) An architect

(C) A professional athlete

(D) A university professor

03. What does the speaker tell the listeners to do?

(A) Send a fax

(B) Make a telephone call

(C) Visit his office

(D) E-mail their questions

문제 해설

01 주제 및 목적

▶ 화자는 방송 진행자이며, 중요한 문제에 관해 논의할 것이라고 말했다. 이어서 시 의회가 스포츠 경기장을 건설하는 (The city council is considering building a sports stadium at the eastern end of town) 문제가 논의의 주제임을 밝히고 있다. 따라서 정답은 (D)이다.

▶ 돈을 낭비한다는 이야기가 언급되기는 했지만, 세금의 인상과는 관계없는 내용이므로 (C)는 정답이 될 수 없다.

02 인물의 신원

▶ 담화 중반부의 'I'm going to have Cindy Martin, a member of the council, on the show in a few moments'라는 내용을 통해서, Cindy Matin은 시의회 의원이라는 것을 알 수 있다.

▶ 보기 중에서 시의원을 대신할 수 있는 것은 (A)의 A government official이다.

03 세부 사항 (요청)

▶ 정답의 단서는 담화의 마지막 부분에서 찾을 수 있다.

▶ 화자는 'If you've got questions for Ms. Martin, give us a call, and you can ask her live on the air'라고 했는데, 이는 질문이 있을 경우 전화해 달라는 의미이다. 따라서 정답은 (B)이다.

M	It's time for another episode of *Around Town*. I'm Norm Davis, your host, and this evening, we'll be discussing a topic of great importance to Chancellorsville. **01) The city council is considering building a sports stadium at the eastern end of town**. Many residents support this project while others consider it a waste of money. **02) I'm going to have Cindy Martin, a member of the council, on the show in a few moments**. She'll provide her opinion. **03) If you've got questions for Ms. Martin, give us a call, and you can ask her live on the air**.	M	*Around Town*의 또 다른 코너가 시작될 시간입니다. 저는 여러분의 진행자인 Norm Davis로, 오늘 저녁 우리는 챈슬러스빌에 매우 중요한 주제에 관해 논의할 것입니다. 시의회가 시내 동쪽 끝 지역에 스포츠 경기장을 건설할 계획입니다. 많은 주민들이 이 계획을 지지하지만, 그것이 돈 낭비라고 생각하는 사람들도 있습니다. 잠시 후 시의원인 Cindy Martin을 프로그램에 모시도록 하겠습니다. 본인의 견해를 밝힐 예정입니다. Martin 씨에게 질문이 있으신 경우, 전화를 주시면 생방송으로 질문하실 수 있습니다.

01. 오늘 저녁의 프로그램은 무엇을 다루게 될 것인가?
- (A) 시장 선거
- (B) 곧 있을 스포츠 행사
- (C) 세금 인상 계획
- (D) 건설 계획

02. Cindy Martin은 누구인가?
- (A) 공무원
- (B) 건축가
- (C) 프로 운동선수
- (D) 대학 교수

03. 화자는 청자들에게 무엇을 하라고 말하는가?
- (A) 팩스를 보낸다
- (B) 전화를 한다
- (C) 자신의 사무실을 방문한다
- (D) 이메일로 질문을 보낸다

어휘 episode 에피소드, 사건 opinion 의견 on the air 방송 중에 election 선거 mayor 시장 tax 세금 architect 건축가 athlete 운동선수

🔊 04-57

들리는 문장이 담화의 내용과 일치하면 ○, 그렇지 않으면 ×에 표시하세요.

❶ The speaker is the .... (○ | ×)

❷ The speaker will .... (○ | ×)

❸ The listeners will .... next. (○ | ×)

정답 p.088

04. What is the talk mostly about?

(A) The city's traffic problems

(B) The upcoming weather

(C) The mayor's recent actions

(D) The coming arrival of spring

05. When is the temperature going to become colder?

(A) At 5:00 P.M.

(B) At 9:00 P.M.

(C) At 11:00 P.M.

(D) At midnight

06. What does the speaker say will happen?

(A) Schools will be closed all day tomorrow.

(B) Cars will not be allowed on some streets.

(C) The mayor will give a speech about the weather.

(D) The roads will be cleared by snowplows.

🔍 문제 해설

04 주제 및 목적

▶ 담화의 첫 문장에서 화자는 '온화한 겨울 날씨(mild winter weather)가 오늘밤에 끝날 것'이라고 말한 후, 이어서 기온이 영하로 떨어질 것으로 예상되며(expect the temperature to drop below freezing), 자정에 눈이 내리기 시작할 것이라고(And it's going to start snowing at midnight) 날씨를 예보하고 있다.

▶ 따라서 이 담화의 주제는 (B)의 The upcoming weather이다.

05 세부 사항 (언급된 사실)

▶ 담화 초반부의 'It looks like the mild winter weather we've been experiencing is going to end tonight'이라는 문장을 통해서 오늘 밤까지는 온화한 겨울 날씨였음을 알 수 있다.

▶ 이어지는 문장인 'Around 9:00, expect the temperature to drop below freezing.'을 통해, 9시경에 기온이 영하로 떨어질 것이라는 사실을 알 수 있다.

▶ 즉, 기온이 영하로 떨어지는 오후 9시에 날씨가 추워지는 것이므로 정답은 (B)이다.

06 담화 이후의 상황

▶ 화자는 눈이 내릴 것이라고 예보한 다음, 그 대책으로서 'The mayor has promised to have snowplows clearing the roads as soon as the snow begins falling.'이라고 말한다.

▶ 즉, 눈이 내리는 즉시 제설 차량들이 눈을 치울 것이므로 앞으로 일어날 일은 (D)이다.

W **04-1) 05-1) It looks like the mild winter weather we've been experiencing is going to end tonight. 05-2) 04-2) Around 9:00, expect the temperature to drop below freezing.** The wind is going to begin blowing strongly. **04-3) And it's going to start snowing at midnight.** It looks like we'll get around 5 to 7 centimeters of snow overnight. **06) The mayor has promised to have snowplows clearing the roads as soon as the snow begins falling.** So there shouldn't be too many traffic issues for the morning commute tomorrow.

W 우리가 경험하고 있는 온화한 겨울 날씨는 오늘밤에 끝날 것으로 보입니다. 약 9시에, 기온이 영하로 떨어질 것으로 예상됩니다. 바람이 강하게 불기 시작하겠습니다. 그리고 자정에는 눈이 내리기 시작하겠습니다. 밤새 5에서 7센티미터의 눈이 내릴 것으로 보입니다. 시장은 눈이 내리자마자 제설 차량들이 도로에서 눈을 치울 것이라고 약속했습니다. 따라서 내일 오전 출근 시간에는 교통 문제가 그다지 심각하지 않을 것입니다.

---

04. 담화는 주로 무엇에 관한 것인가?
(A) 시내의 교통 문제
(B) 이후의 날씨
(C) 시장의 최근 행보
(D) 다가오는 봄

05. 기온은 언제 내려갈 것인가?
(A) 오후 5시에
(B) 오후 9시에
(C) 오후 11시에
(D) 자정에

06. 화자는 어떤 일이 일어날 것이라고 말하는가?
(A) 내일 하루 종일 학교가 문을 닫을 것이다.
(B) 일부 도로에서 자동차들의 진입이 허용되지 않을 것이다.
(C) 시장이 날씨에 관한 연설을 할 것이다.
(D) 제설 차량에 의해 도로가 정리될 것이다.

어휘 mild 온순한, 온화한   below freezing 영하의   midnight 자정   overnight 밤새   snowplow 제설기, 제설 차량   commute 통근하다

MORE & MORE

◀) 04-59

들리는 문장이 담화의 내용과 일치하면 ○, 그렇지 않으면 ×에 표시하세요.
❶ The speaker implies that the winter weather _____.   (○ | ×)
❷ The weather will _____.   (○ | ×)
❸ The speaker _____ tomorrow.   (○ | ×)

정답 p.088

07. What is being announced?

(A) The hiring of new construction workers

(B) The completion of a building

(C) New investment in a company

(D) A delay in a construction project

08. What is Brighton Construction building?

(A) A bridge

(B) A factory

(C) A tower

(D) A tunnel

09. What does the speaker say about the construction?

(A) It will take at least a year and a half to finish.

(B) It will be supervised by Rick Trammel.

(C) It will cost more than $50 million to build.

(D) It will require funding from new investors.

문제 해설

07 주제 및 목적

▶ 담화에서 화자는 'This morning, Brighton Construction announced that it has delayed construction of its latest project.'라고 말하면서, Brighton 건설이 공사 지연에 관한 발표를 했다고 보도한다.

▶ 또한 담화에서 전반적으로 원래 계획 상의 공사 일정과 현재의 일정의 차이에 대해서도 언급하고 있으므로 담화의 주제는 (D)의 A delay in a construction project(공사의 지연)이다.

08 세부 사항 (언급된 사실)

▶ 담화 초반부의 'It is currently working on a 50-story tower at the corner of Watson Avenue and Madison Road.'라는 문장을 통해 해당 건물의 위치와 규모를 알 수 있다.

▶ 즉 Brighton 건설이 짓고 있는 것은 50층 높이의 타워이므로 정답은 (C)의 A tower이다.

09 세부 사항 (언급된 사실)

▶ 화자는 원래의 일정에 대해 'It was originally supposed to be finished in 18 months.'라고 말하면서 공사가 18개월 이내에 끝날 것으로 예정되어 있었다는 점을 보도한다.

▶ 하지만 공사의 지연으로 실제로는 이보다 더 늦게 완공이 될 것이므로 정답은 '최소 1년 반이 더 걸릴 것이다'라는 의미인 (A)가 된다.

▶ Rick Trammel은 회사의 대변인이므로 (B)는 사실과 다른 내용이며, 공사비에 관한 내용은 언급되지 않았으므로 (C)와 (D)도 정답이 될 수 없다.

M **07) This morning, Brighton Construction announced that it has delayed construction of its latest project. 08) It is currently working on a 50-story tower at the corner of Watson Avenue and Madison Road.** Rick Trammel, a spokesman for the company, said the delay would last for one week. He did not indicate why the company is halting construction. The project began three months ago and is already behind schedule. **09-1) It was originally supposed to be finished in 18 months. 09-2) However, that is unlikely to happen.**

M 오늘 아침, Brighton 건설에서 최신 프로젝트에 대한 공사가 지연되고 있다고 발표했습니다. 현재 Watson 가와 Madison 로가 만나는 부분에서 50층 높이의 타워 공사가 진행되고 있습니다. 회사의 대변인인 Rick Trammel은 일주일 정도 공사가 중단될 것이라고 말했습니다. 회사가 왜 공사를 중단시켰는지는 밝히지 않았습니다. 이 프로젝트는 3개월 전에 시작되었고 이미 예정보다 늦어지고 있습니다. 원래는 18개월 내에 완공될 것으로 예정되어 있었습니다. 하지만, 그러한 일이 일어날 가능성은 낮습니다.

07. 무엇이 안내되고 있는가?
  (A) 건설 인부의 신규 채용
  (B) 건물 완공
  (C) 회사에 대한 신규 투자
  (D) 공사의 지연

08. Brighton 건설은 무엇을 짓고 있는가?
  (A) 교량
  (B) 공장
  (C) 타워
  (D) 터널

09. 화자는 공사에 대해 무엇을 말하는가?
  (A) 완공하기까지 적어도 1년 반이 걸릴 것이다.
  (B) Rick Trammel의 감독을 받게 될 것이다.
  (C) 건설하는 데 5천만 달러 이상의 비용이 들 것이다.
  (D) 새로운 투자자들의 자금 지원을 필요로 할 것이다.

어휘 announce 알리다, 발표하다   delay 연기하다; 연기, 지연   latest 최신의   currently 현재   tower 탑, 타워   spokesman 대변인   indicate 나타내다, 암시하다   halt 중단하다, 중지하다   behind schedule 예상보다 뒤쳐진   originally 원래, 본래   be unlikely to ~할 가능성이 적다   investment 투자   supervise 감독하다   fund 자금; 자금을 지원하다   investor 투자자

◑ 04-61

들리는 문장이 담화의 내용과 일치하면 ○, 그렇지 않으면 ×에 표시하세요.
1 The building is going to _____. (○ | ×)
2 Rick Trammel is _____ the building. (○ | ×)
3 The construction of the building _____. (○ | ×)

정답 p.089

10. What is being announced?

(A) The hiring of more workers

(B) The opening of a new factory

(C) The profit a company has made

(D) The products made at a factory

11. According to the speaker, what happened in January?

(A) Some part-time workers were hired.

(B) A facility opened in Piedmont.

(C) Ever Bright, Inc. moved its headquarters.

(D) A factory was expanded.

12. Why does the speaker say, "Demand for Ever Bright's products has soared"?

(A) To explain why a new factory is being built

(B) To state why the company is making record profits

(C) To point out why more employees will be hired

(D) To note why the company is expanding to other countries

문제 해설

⑩ 주제 및 목적

▶ 화자는 환영할 만한 소식이 있다고 전한 후, 'Electronics manufacturer Ever Bright, Inc. announced it is going to hire 120 more full-time workers in August.'라고 말한다.

▶ 즉, 환영할 만한 소식은 정규직 직원 채용 계획이므로 정답은 (A)의 The hiring of more workers이다.

⑪ 세부 사항 (언급된 사실)

▶ '1월(January)'에 일어난 일을 묻고 있으므로 담화에서 January라는 단어가 언급된 부분을 주의해서 듣는다.

▶ January는 담화 중반부의 'The manufacturing plant opened in Piedmont in January of this year.'라는 문장에서 들을 수 있는데, 이를 통해 올해 1월에 공장이 문을 열었다는 사실을 확인할 수 있다. 따라서 (B)가 정답이다.

⑫ 화자의 의도

▶ 인용된 문장의 바로 뒤에 '그래서'라는 의미의 접속사인 'so'로 시작되는 문장이 이어지고 있다.

▶ 이 문장은 '따라서 회사는 더 많은 직원들을 고용해야 한다'는 의미인 것으로 보아, 인용된 문장은 직원을 더 고용해야 하는 이유를 설명하기 위해 언급된 것이라고 볼 수 있다. 정답은 (C)이다.

W The people of Piedmont got some welcome news this afternoon. **10) Electronics manufacturer Ever Bright, Inc. announced it is going to hire 120 more full-time workers in August.** It is also going to expand its factory on the outskirts of the city. **11) The manufacturing plant opened in Piedmont in January of this year.** Since then, demand for Ever Bright's products has soared. **12) So the company needs to employ even more workers.** Currently, 300 men and women work at the factory.

W 오늘 오후 피드먼트 주민들에게 환영할 만한 소식이 있었습니다. 전자 제품 제조회사인 Ever Bright 주식회사가 8월에 120명 이상의 정규직 직원을 채용할 것이라고 발표했습니다. 또한 시 외곽에 있는 공장도 확장시킬 예정입니다. 이 제조 시설은 올해 1월 피드먼트에서 문을 열었습니다. 그 이후로, Ever Bright 제품에 대한 수요는 크게 증가해 왔습니다. 따라서 회사는 보다 많은 직원들을 고용할 필요가 있습니다. 현재, 300명의 남녀 직원들이 공장에서 근무하고 있습니다.

10. 무엇이 방송되고 있는가?
(A) 더 많은 직원의 채용
(B) 새로운 공장의 개장
(C) 회사가 거둔 수익
(D) 공장에서 만들어진 제품

11. 화자에 따르면, 1월에는 어떤 일이 있었는가?
(A) 몇몇 비정규직 노동자가 해고되었다.
(B) 피드먼트에서 생산 시설이 문을 열었다.
(C) Ever Bright 주식회사가 본사를 이전했다.
(D) 공장이 확장되었다.

12. 화자는 왜 "Demand for Ever Bright's products has soared"라고 하는가?
(A) 새 공장이 건설된 이유를 설명하기 위해서
(B) 회사에서 기록적인 수익을 올린 이유를 설명하기 위해서
(C) 더 많은 직원들이 고용되는 이유를 언급하기 위해서
(D) 회사가 다른 나라로 확장하고 있는 이유를 설명하기 위해서

어휘 manufacturer 제조업자, 제조업체   announce 발표하다, 알리다   full-time worker 정규직 직원   expand 확장하다, 확대하다   outskirts 외곽, 교외   plant 시설, 공장   demand 수요   soar 높이 솟아오르다, 치솟다

 MORE & MORE

◀ 04-63

들리는 문장이 담화의 내용과 일치하면 ○, 그렇지 않으면 ×에 표시하세요.
❶ The company is going to _____ .   (○ | ×)
❷ More people _____ the company's products this year.   (○ | ×)
❸ The factory _____ 500 employees.   (○ | ×)

예상적중문제 13-15 담화를 듣고 질문에 가장 알맞은 답을 고르세요.

🔊 04-64

13. What does the speaker say about the festival?

(A) It is going to begin on Sunday.

(B) It is expected to make money.

(C) It has gotten more visitors than expected.

(D) It is being held in several locations.

14. Who is Mindy Mason?

(A) A radio announcer

(B) A singer

(C) An actress

(D) An event organizer

15. When is the event at Lakeside Park going to take place?

(A) On Saturday at 5:00 P.M.

(B) On Sunday at 8:00 P.M.

(C) On Monday at 1:00 P.M.

(D) On Tuesday at 4:00 P.M.

문제 해설

⑬ 세부 사항 (언급된 사실)

▶ 화자는 담화의 초반부에서 봄 축제가 성황리에 진행되고 있다고(According to organizers, this week's spring festival is going superbly) 말했다.

▶ 이어서 예상했던 것보다 많은 관람객이 행사에 참석하고 있다고(More guests than expected have been attending all the events) 말했다.

▶ 따라서, 예상보다 많은 방문자들이 있다는 내용의 (C)가 정답이다.

⑭ 인물의 신원

▶ 화자는 축제에 참가할 게스트가 Mindy Mason이라고 밝히면서 그녀를 '가장 인기 있는 신인 컨트리 가수(country music's hottest new singer)'라고 소개한다.

▶ 따라서 Mindy Mason의 직업은 (B)의 A singer이다.

⑮ 세부 사항 (언급된 사실)

▶ 담화의 마지막 부분, 'She will play at Lakeside Park on Sunday night at 8:00. Admission is free, but more than 10,000 people are expected to attend.'에서 공연의 시간 및 장소, 그리고 입장료에 관한 정보를 얻을 수 있다.

▶ 이중 첫 번째 문장의 정보에 따르면 공연 시간은 일요일 저녁 8시이므로 정답은 (B)이다.

M This is Tim Bradley with the local news on FM 103.4. **¹³⁻¹⁾ According to organizers, this week's spring festival is going superbly. ¹³⁻²⁾ More guests than expected have been attending all the events.** In addition, the identity of the mystery guest has finally been announced. **¹⁴⁾ It is Mindy Mason, country music's hottest new singer.** Ms. Mason will perform in concert on the last night of the festival. **¹⁵⁾ She will play at Lakeside Park on Sunday night at 8:00.** Admission is free, but more than 10,000 people are expected to attend.

M FM 103.4 지역 뉴스의 Tim Bradley입니다. 주최 측에 따르면, 이번 주 봄 축제가 성황리에 진행되고 있습니다. 모든 행사에, 예상했던 것보다 많은 사람들이 참여하고 있습니다. 또한, 알려지지 않았던 게스트의 정체가 마침내 발표되었습니다. 바로 요즘 가장 인기가 높은 신인 컨트리 가수인 Mindy Mason입니다. Mason 씨가 축제의 마지막 날 밤에 콘서트를 열 예정입니다. 그녀는 일요일 밤 8시에 Lakeside 공원에서 공연할 것입니다. 입장료는 무료이지만, 10,000명 이상의 사람들이 참가할 것으로 예상됩니다.

13. 화자는 축제에 대해 무엇을 말하는가?
    (A) 일요일에 시작될 것이다.
    (B) 수익을 올릴 것으로 예상된다.
    (C) 예상했던 것보다 관람객들이 많았다.
    (D) 여러 장소에서 개최되고 있다.

14. Mindy Mason은 누구인가?
    (A) 라디오 아나운서
    (B) 가수
    (C) 배우
    (D) 행사 기획자

15. Lakeside 공원에서의 행사는 언제 열릴 것인가?
    (A) 토요일 오후 5시에
    (B) 일요일 오후 8시에
    (C) 월요일 오후 1시에
    (D) 화요일 오후 4시에

어휘 organizer 기획자, 조직자 superbly 최고로, 훌륭하게 identity 신원; 정체성 mystery 신비한 hot 뜨거운; 인기 있는 admission 입장 actress 여배우

 **MORE & MORE**

◀ 04-65

들리는 문장이 담화의 내용과 일치하면 ○, 그렇지 않으면 ✕에 표시하세요.

❶ The purpose of the announcement is _____ .　(○ | ✕)

❷ Tim Bradley most likely works _____ .　(○ | ✕)

❸ _____ to attend the festival.　(○ | ✕)

정답 p.089

광고 및 기타

예제

◁) 04-66

1. What type of business is being advertised?

   (A) A real estate agency
   (B) An investment firm
   (C) A bank
   (D) A gold dealership

2. What will the company do for listeners?

   (A) Give them low-interest loans
   (B) Sell them government bonds
   (C) Buy valuable items for them
   (D) Rent apartments to them

3. How can a person get a free consultation?

   (A) By visiting the company
   (B) By making a phone call
   (C) By sending an e-mail
   (D) By filling out a document

1. 어떤 종류의 업체가 광고되고 있는가?

   (A) 부동산업체
   (B) 투자업체
   (C) 은행
   (D) 금 거래소

2. 회사는 청취자들을 위해 무엇을 할 것인가?

   (A) 그들에게 낮은 이자로 대출해 준다
   (B) 그들에게 정부 채권을 판매한다
   (C) 그들을 위해 가치 있는 품목을 구입한다
   (D) 그들에게 아파트를 임대한다

3. 어떻게 무료 상담을 받을 수 있는가?

   (A) 회사를 방문함으로써
   (B) 전화함으로써
   (C) 이메일을 보냄으로써
   (D) 서류를 작성함으로써

M Are you tired of getting low interest rates from your bank? Do you want to invest in the stock market, but you don't know how? Then call 407-1234 and talk to the experts at Mercury Financial. Let us invest your hard-earned money for you. We do all kinds of investments, including stocks, precious metals, real estate, and mutual funds. Come in for a free consultation. One of our financial experts will tell you exactly how you should invest your money. If you choose to let us invest for you, we'll do our best to increase your personal wealth. Call today and set up an appointment so that you can become wealthier.

M 은행에서 낮은 이자를 받는 것에 싫증이 나셨습니까? 주식 시장에 투자하고 싶지만, 어떻게 하는지는 모르시나요? 그렇다면 407-1234로 전화하셔서 Mercury Financial의 전문가와 말씀을 나누세요. 여러분께서 힘들게 버신 돈으로 저희가 투자를 하겠습니다. 저희는, 주식, 귀금속, 부동산, 그리고 뮤추얼 펀드를 포함하여, 모든 종류의 투자를 다룹니다. 무료 상담을 받으러 오십시오. 저희의 금융 전문가 중 한 명이 여러분에게 돈을 어떻게 투자해야 하는지 정확하게 말씀해 드릴 것입니다. 저희에게 투자를 맡기기로 결정하신다면, 저희는 최선을 다해서 여러분의 개인 자산을 증대시켜 드릴 것입니다. 여러분들께서 더 부유해 질 수 있도록, 오늘 전화해서 예약하세요.

어휘 interest rate 이자율   invest 투자하다   stock market 주식 시장   hard-earned 힘들게 번   precious metal 귀금속   real estate 부동산   mutual fund 뮤추얼 펀드 (투자신탁 회사의 일종)   consultation 상담, 상의   set up an appointment 약속을 잡다, 예약하다   dealership 대리점, 중개인   loan 대부, 대출   government bond 정부 채권, 국공채

담화 유형 분석

담화의 초반부 내용을 통해 금융과 관련된 광고임을 알 수 있다. 정확히 어떤 종류의 금융 광고인지를 파악한 다음, 광고의 대상이 되는 청자들이 구매할 수 있는 상품이나 기대할 수 있는 이익 등에 집중하며 듣도록 한다. 이 예제에서 볼 수 있듯이 광고는 질문으로 시작하는 경우가 많다는 사실을 기억하자.

풀이 전략 및 해설

1 ● 화자는 낮은 은행 이자에 만족하지 못하고 주식 시장에 투자하는 법을 모르는 사람들을 위해서 'Let us invest your hard-earned money for you.'라고 자신의 회사를 광고하고 있다.

  ● 이를 통해 해당 업체는 '투자 회사'라고 볼 수 있으므로 정답은 (B)의 An investment firm이다.

2 ● 해당 업체가 수행하는 업무는 'We do all kinds of investments, including stocks, precious metals, real estate, and mutual funds.'라는 문장을 통해 짐작할 수 있는데, 여기에서 해당 업체는 주식, 귀금속, 부동산, 그리고 뮤추얼 펀드를 포함한 모든 종류의 투자 업무를 수행한다고 말한다.

  ● 따라서 이 업체가 하는 일은 '투자'이므로 정답은 보기 중 투자의 의미에 부합되는 (C)의 Buy valuable items for them이다.

3 ● free consultation(무료 상담)을 받을 수 있는 방법을 묻고 있으므로 담화 중 이와 관련된 부분을 주의해서 듣도록 한다.

  ● 무료 상담과 관련된 부분은 'Come in for a free consultation.'에서 들을 수 있는데, 이를 통해 무료 상담을 받기 위해서는 '회사를 찾아와야 한다'는 것을 알 수 있다. 따라서 정답은 (A)이다.

광고 관련 표현

내용	예시
직원들의 전문성을 강조하는 내용	Our employees are experts at analyzing the market. 저희 직원들은 시장 분석의 전문가들입니다. The doctors at the Jefferson Clinic specialize in care for infants and children. Jefferson 병원의 의사들은 유아 및 소아 치료를 전문으로 합니다.
업체의 규모를 강조하는 내용	We are the country's largest provider of office supplies. 저희는 우리 나라에서 가장 규모가 큰 사무용품점입니다. We are the most preferred resort by tourists in the local area. 저희는 지역 내에서 관광객들이 가장 선호하는 리조트입니다.
업계에서의 순위를 강조하는 내용	If you want the best meal at a low price, come to Nagoya Express. 낮은 가격으로 최고의 식사를 찾으신다면, Nagoya Express로 오십시오. The number-one retailer in the city is once again Murphy's. 시내 최고의 소매업자는 또 다시 Murphy's입니다.

관광 가이드의 안내 표현

will tell you all about the things you will see
보게 될 모든 것에 대해 설명을 하겠다

will support you during the tour
관광을 하는 동안 도움을 드릴 것이다

get a great view of ~의 멋진 경관을 보다

be going to stop for lunch
점심 식사를 위해 정차할 것이다

take the ferry to 유람선을 타고 ~으로 가다

need to be back on the bus 버스로 돌아와야 한다

be almost at our next destination
다음 목적지에 거의 다 왔다

arrange to have a private tour
단체 관광을 준비하다

stay with the group 일행에서 떨어지지 않다

Ladies and gentlemen, **we're almost at our next destination. We're going to stop for lunch** at Pomodoro's, the finest Italian restaurant in the city.
신사 숙녀 여러분, 우리는 다음 목적지에 거의 다 도착했습니다. 시내에서 가장 훌륭한 이탈리아 식당인 Pomodoro's에서 점심 식사를 하기 위해 정차하겠습니다.

Please **stay with the group** as we begin our tour. We have to move quickly as we **need to be back on the bus** by 3:00 P.M.
투어가 시작되면 일행에서 떨어지지 않도록 해 주십시오. 오후 3시까지는 버스로 돌아와야 하기 때문에, 빨리 이동해야 합니다.

Please look to the left side of the bus. You'll **get a great view of** the ocean in just a moment.
버스의 왼쪽을 봐 주세요. 여러분은 잠시 후에 바다의 멋진 경관을 보게 될 것입니다.

We're going to **take the ferry to** the island in ten minutes. I've **arranged to have a private tour** of the island, which will last for about two hours.
우리는 10분 후에 유람선을 타고 섬에 갈 것입니다. 섬의 단체 관광을 준비했으며, 이는 두 시간 정도 소요될 것입니다.

Ⓐ 담화를 듣고 주어진 문장이 사실이면 O, 그렇지 않으면 X에 표시하세요.

1 (a) The advertisement is for a garden supply store. (O | X)
  (b) The man tells the listeners to get advice from some store employees. (O | X)
  (c) The store is closed on the weekend. (O | X)

2 (a) The woman is most likely a tour guide. (O | X)
  (b) The woman recommends that the listeners take pictures. (O | X)
  (c) The woman tells the listeners to visit the gift shop. (O | X)

3 (a) The listeners are most likely on the water. (O | X)
  (b) Jed Thompson is the owner of a ranch. (O | X)
  (c) The listeners are going to meet Jed Thompson in ten minutes. (O | X)

4 (a) The advertisement is for a cosmetics store. (O | X)
  (b) The woman mentions that customer service is important at the store. (O | X)
  (c) The woman tells the listeners to call to make an appointment. (O | X)

5 (a) The purpose of the talk is to give instructions. (O | X)
  (b) The man tells the listeners to put on their hats and boots. (O | X)
  (c) The listeners will visit several places during their inspection. (O | X)

ⓑ 담화를 듣고 정답을 고른 다음, 담화를 다시 듣고 빈칸을 완성하세요.

1   Where most likely are the listeners?
   (a) At a bookstore
   (b) At a library
   (c) At a museum

2   What does the woman recommend that the listeners do?
   (a) Visit a gift shop
   (b) Go to the food court
   (c) Take another tour

◀) 04-68

Dictation

W   We've _____ the end of our tour. I hope you enjoyed the past two hours as we've seen most of the _____. If you have any questions, I'd be glad to answer them. The _____ for another hour. So you _____ to go back if there's something you'd like to see again. Right behind me is our _____. Please _____ any books, posters, or other souvenirs you want.

3   What most likely is Hatfield's?
   (a) A clothing store
   (b) A grocery store
   (c) A dry cleaner's

4   How much of a discount will shoppers get?
   (a) 10%
   (b) 20%
   (c) 30%

◀) 04-69

Dictation

W   Hatfield's has just received a new shipment of _____. We've got the latest _____ from Europe and Asia for both men and women. Come down to our store at 55 Lambert Street, and you can see _____. For the next three days, we're going to _____ all our clothes. Everything will be _____. Get here quickly because our stock is sure to _____ thanks to our low prices.

5   What is going to happen on May 1?

    (a) The Kennedy Swim Center will open.

    (b) The Kennedy Swim Center will close.

    (c) The Kennedy Swim Center will be renovated.

6   How can listeners learn more about the Kennedy Swim Center?

    (a) By calling a telephone number

    (b) By visiting the center

    (c) By going to a Web site

◑ 04-70

Dictation

M   The Kennedy Swim Center is _____ its doors for the first time on May 1. We have an Olympic-sized pool _____ two smaller ones. We'll _____ swimming lessons for people of all ages. Individual and family memberships are _____ . You can also purchase daily or weekly passes. Go to _____ at www.kennedyswimcenter.com, and you can _____ all about our rates. We hope to see you soon.

7   Look at the graphic. Who will callers most likely speak with?

    (a) Betsy Roth

    (b) Mason Campbell

    (c) Elizabeth Turner

8   What does the speaker say about the festival?

    (a) It is going to be held at a farm.

    (b) It is going to last for one week.

    (c) It does not cost anything to attend it.

◑ 04-71

Dictation

Cumberland Community Festival Telephone Directory

Number	Person
486-2543	Betsy Roth
486-2547	Mason Campbell
486-2549	Elizabeth Turner
486-2450	Marcia O'Neill

M   The Cumberland Community Festival is _____ from September 3 to 5. _____ to attend this special event. We're going to have all kinds of _____ . There will be _____ everywhere. Farmers are _____ their produce here. And there will be many events _____ the Cumberland area. Attendance _____ , so bring the entire family with you. Call _____ to find out more.

PART 4 예상적중문제 **01-03** 담화를 듣고 질문에 가장 알맞은 답을 고르세요.

🔊 04-72

01. What kind of event is being held?

(A) A job fair

(B) A marketing seminar

(C) A training course

(D) An orientation session

02. What can listeners do at Lincoln Station?

(A) Sign up for an event

(B) Pay a registration fee

(C) Take a free bus

(D) Meet foreign workers

03. Why should listeners visit a Web site?

(A) To read some reviews of an event

(B) To sign up for a special event

(C) To learn about participants in an event

(D) To submit an application form

▶ 문제 해설 ◀

01 주제 및 목적

▶ 담화의 초반부에서 제조업에서 일하는 것이 적합하다고 생각하는 사람들은(If you think working in the manufacturing industry is the right job for you) 이라며 광고의 대상을 밝히고 있다.

▶ 이어서 주말에 Seaton 취업 박람회에 꼭 참석하라고(then be sure to attend the Seaton Job Fair this weekend) 광고하고 있으므로 정답은 (A)이다.

02 세부 사항 (언급된 사실)

▶ 담화 중반부의 'Drop by the Pine Hotel'라는 부분을 통해 행사는 호텔에서 열린다는 것을 알 수 있다.

▶ Lincoln 역이 언급된 부분은 'Catch the free shuttle bus from Lincoln Station to the hotel all weekend long'인데, 이는 Lincoln 역에서 행사장인 호텔까지 무료 셔틀 버스가 운행된다는 내용이다.

▶ 그러므로 정답은 '무료 버스를 탄다'라는 내용의 (C)이다.

03 세부 사항 (이유)

▶ 담화의 마지막 부분에서 박람회에 참여하는 기업에 대한 정보가 더 필요할 경우 웹사이트에 방문하라고(Check out our Web site for more information about the attending firms) 안내하고 있다.

▶ 정답은 attending firms를 participants로 바꾸어 표현한 (C)이다.

M Are you looking to change professions? **01) If you think working in the manufacturing industry is the right job for you, then be sure to attend the Seaton Job Fair this weekend. 02-1) Drop by the Pine Hotel between 9:00 A.M. and 6:00 P.M. on Saturday or Sunday, and you can learn about job opportunities from more than 175 domestic and foreign firms. 02-2) Catch the free shuttle bus from Lincoln Station to the hotel all weekend long. 03) Check out our Web site for more information about the attending firms.**

M 직업 변경을 생각하고 계신가요? 제조업에서 일하는 것이 본인에게 적합하다고 생각하시면 잊지 마시고 이번 주말 Seaton 취업 박람회에 참석하십시오. 토요일과 일요일 오전 9시부터 오후 6시 사이에 Pine 호텔로 오시면 175개 이상의 국내 및 해외 기업에 취업할 수 있는 기회를 접하실 수 있습니다. 주말 동안 Lincoln 역에서 호텔까지 운행하는 무료 셔틀 버스를 이용하십시오. 참여 기업에 대한 정보가 더 필요하시면 저희의 웹사이트를 확인해 주십시오.

01. 어떤 종류의 행사가 열릴 것인가?
  (A) 취업 박람회
  (B) 마케팅 세미나
  (C) 교육 과정
  (D) 오리엔테이션

03. 청자들은 왜 웹사이트를 방문할 것인가?
  (A) 행사에 대한 후기를 읽기 위해
  (B) 특별 행사에 등록하기 위해
  (C) 행사 참여 업체에 대해 알아보기 위해
  (D) 지원서를 제출하기 위해

02. 청자들은 Lincoln 역에서 무엇을 할 수 있는가?
  (A) 행사에 등록한다
  (B) 등록비를 지불한다
  (C) 무료로 버스를 탄다
  (D) 외국인 노동자들과 만난다

어휘 profession 직업   drop by ~에 들르다   job opportunity 취업 기회   domestic 국내의

MORE & MORE

들리는 문장이 담화의 내용과 일치하면 ○, 그렇지 않으면 ×에 표시하세요.

❶ The event takes place _____. (○ | ×)

❷ Only firms from one country will _____. (○ | ×)

❸ Interested listeners can call _____. (○ | ×)

◀ 04-73

정답 p.092

04. What is the *Daily Review*?

(A) A magazine

(B) An online journal

(C) A Webcast

(D) A newspaper

05. How much does a one-year subscription cost?

(A) $50

(B) $120

(C) $170

(D) $250

06. How can listeners learn more about the offer?

(A) By reading a Web site

(B) By making a phone call

(C) By visiting an office

(D) By requesting a pamphlet

문제 해설

04 세부 사항 (언급된 사실)

▶ 담화의 초반부에서 화자는 *Daily Review*를 구독하라고(You can do that by subscribing to the *Daily Review*) 광고한 다음, *Daily Review*가 비즈니스, 스포츠, 그리고 예술과 함께 시내 뉴스를 다룬다고 설명한다.

▶ 또한 담화의 후반부에서는 'You'll get the paper delivered to your home or business no later than 7:00 every morning.'이라며 *Daily Review*가 아침에 배달되는 신문이라는 정보를 전달하고 있다. 따라서 (D)의 A newspaper가 정답이다.

05 세부 사항 (정도)

▶ 구독료에 관한 사항은 담화의 중반부에서 확인할 수 있다.

▶ 담화 중반부의 'For only $120, you can get a one-year subscription to the *Daily Review*.'라는 문장을 통해 연간 구독료가 120달러라는 사실을 알 수 있으므로 정답은 (B)이다.

06 세부 사항 (방법)

▶ 화자는 마지막 문장에서 'Call 409-3333 for more details.'라고 말하고 있으므로, 신문 구독과 관련된 자세한 사항은 전화를 통해서 확인할 수 있다.

▶ 따라서 정답은 (B)의 By making a phone call(전화함으로써)이다.

W How would you like to keep up to date on all the news in town? **04-1) You can do that by subscribing to the *Daily Review*.** Our reporters cover the news in the city, including business, sports, and the arts. You'll also love our editorial section as well as our coverage of national and international news. **05) For only $120, you can get a one-year subscription to the *Daily Review*.** **04-02) You'll get the paper delivered to your home or business no later than 7:00 every morning.** **06) Call 409-3333 for more details.**

W 시의 모든 뉴스에 대한 최신 정보를 얻고 싶으십니까? *Daily Review*를 구독하시면 그렇게 하실 수 있습니다. 저희 기자들은, 비즈니스, 스포츠, 그리고 예술을 포함하여, 시의 뉴스를 취재합니다. 여러분들께서는 저희의 국내 및 국제 뉴스 보도뿐만 아니라 사설도 좋아하시게 될 것입니다. 단 120달러로, *Daily Review*를 1년간 구독하실 수 있습니다. 매일 아침 늦어도 7시까지는 여러분의 가정이나 직장으로 신문이 배달될 것입니다. 보다 자세한 사항을 알기 위해서는 409-3333으로 전화해 주세요.

04. *Daily Review*는 무엇인가?
(A) 잡지
(B) 온라인 저널
(C) 웹캐스트
(D) 신문

05. 1년간의 구독료는 얼마인가?
(A) 50달러
(B) 120달러
(C) 170달러
(D) 250달러

06. 청자들은 제안에 대해 어떻게 더 알 수 있는가?
(A) 웹사이트 내용을 읽음으로써
(B) **전화함으로써**
(C) 사무실을 방문함으로써
(D) 팜플렛을 요청함으로써

어휘 up to date 최신의   subscribe 구독하다   reporter 기자, 리포터   cover 덮다; 취재하다, 보도하다   editorial section 사설
as well as ~뿐만 아니라 …도   coverage 범위   Webcast 인터넷 생방송, 웹캐스트   pamphlet 팜플렛

 MORE & MORE

🔊 04-75

들리는 문장이 담화의 내용과 일치하면 ○, 그렇지 않으면 ×에 표시하세요.

❶ The *Daily Review* only _____ .   (○ | ×)
❷ One- and two-year subscriptions _____ .   (○ | ×)
❸ The *Daily Review* is delivered _____ .   (○ | ×)

정답 p.092

예상적중문제 **07-09** 담화를 듣고 질문에 가장 알맞은 답을 고르세요.

◁) 04-76

07. What is being advertised?

(A) Membership in a community center

(B) The building of homes

(C) The construction of swimming pools

(D) The repairing of vehicles

08. How long has Jim's Engineering been in business?

(A) 2 years

(B) 8 years

(C) 11 years

(D) 12 years

09. Why would a person call Jim's Engineering?

(A) To have a house rebuilt

(B) To request a price estimate

(C) To get a new roof installed

(D) To have a machine repaired

문제 해설

07 주제 및 목적

▶ 화자는 무더운 여름이 시작되었다고 말한 후, 'Why don't you beat the heat by building a swimming pool in your backyard?'라고 말하면서 청자들에게 집안에 수영장을 만들 것을 권유하고 있다.

▶ 이어서 자신들을 '수영장 건설의 전문가(experts at putting in pools)'라고 소개하고 있으므로 이 담화는 (C)의 The construction of swimming pools(수영장 건설)에 대한 광고임을 알 수 있다.

08 세부 사항 (정도)

▶ 화자는 자신들의 경력을 언급하는 부분에서 'We have constructed more than 200 in-ground swimming pools in 8 years of business.'라고 말한다.

▶ 이를 통해 해당 업체는 '200건의 실적'과 '8년의 경력'을 가지고 있는 업체라는 사실을 알 수 있으므로 정답은 (B)이다.

09 세부 사항 (이유)

▶ 담화 후반부의 'Call us at 984-1253, and we'll visit your house to provide a free estimate.'라는 문장을 통해 제시한 전화번호로 전화를 걸면 무료 견적을 받을 수 있다는 점을 알 수 있다.

▶ 그러므로 (B)의 To request a price estimate(견적을 요청하기 위해)가 정답이다.

M Summer is fast approaching, and you know what that means. That's right: hot weather. **07) Why don't you beat the heat by building a swimming pool in your backyard?** We at Jim's Engineering are experts at putting in pools. **08) We have constructed more than 200 in-ground swimming pools in 8 years of business**. We do quick, quality work, and we won't cost a fortune either. **09) Call us at 984-1253, and we'll visit your house to provide a free estimate**. Why wait? Call now and have a cool summer.

M 여름이 빠르게 다가오고 있는데, 여러분은 이것이 무엇을 의미하는지 알고 계실 것입니다. 맞습니다: 무더운 날씨입니다. 여러분의 뒷마당에 수영장을 설치함으로써 더위를 날려 버리는 것은 어떨까요? 저희 Jim's Engineering은 수영장 설치의 전문가입니다. 저희는 8년이라는 영업 기간 동안 200개 이상의 야외 수영장을 건설했습니다. 저희는 빠르고 수준 높은 작업을 하며, 또한 막대한 비용을 요구하지도 않을 것입니다. 984-1253으로 전화하시면, 저희가 무료 견적을 내기 위해 귀하의 댁을 방문할 것입니다. 왜 기다리십니까? 지금 전화하셔서 시원한 여름을 보내십시오.

07. 무엇이 광고되고 있는가?
   (A) 주민 자치 센터의 회원 자격
   (B) 주택 건설
   (C) 수영장 건설
   (D) 차량 수리

08. Jim's Engineering은 얼마나 오랫동안 영업을 해왔는가?
   (A) 2년
   (B) 8년
   (C) 11년
   (D) 12년

09. 왜 Jim's Engineering에 전화를 하게 될 것인가?
   (A) 집을 다시 짓기 위해
   (B) 견적을 요청하기 위해
   (C) 지붕을 새로 만들기 위해
   (D) 기계를 수리하기 위해

어휘 beat 이기다   swimming pool 수영장   backyard 뒷마당, 뒤뜰   expert 전문가   in-ground 지면 아래의   quality 품질이 우수한   cost a fortune 막대한 비용을 요구하다   estimate 추정하다, 평가하다; 견적   community center 주민 자치 센터   rebuild 다시 짓다   install 설치하다

◀ 04-77

들리는 문장이 담화의 내용과 일치하면 ○, 그렇지 않으면 ×에 표시하세요.

❶ The speaker implies that business _____.   (○ | ×)
❷ Jim's Engineering has built _____ swimming pools.   (○ | ×)
❸ Jim's Engineering _____.   (○ | ×)

예상적중문제 **10-12** 담화를 듣고 질문에 가장 알맞은 답을 고르세요.

10. Where is the speaker?

    (A) At an auction house

    (B) At an art gallery

    (C) At a rare bookstore

    (D) At a museum

11. What will the listeners do first?

    (A) Go to gallery 1

    (B) Go to gallery 2

    (C) Go to gallery 3

    (D) Go to gallery 4

12. What does the speaker say about the foreign art?

    (A) It is worth millions of dollars.

    (B) It is going to be sold to an investor.

    (C) It was donated by a local resident.

    (D) It comes from a different place.

▷ 문제 해설 ◁

⑩ **담화의 장소**

  ▶ 화자는 박물관에 방문해 준 것에 감사하다고(Thank you for visiting the Stillwell Museum) 인사한 다음, 자신이 관광 가이드라고(I'm Amy, and I'll be your tour guide today) 소개하고 있다.

  ▶ 화자는 이후에도 각 관에서 진행되고 있는 전시에 대해 안내하고 있으므로 정답은 (D)의 At a museum임을 확인할 수 있다.

⑪ **세부 사항 (언급된 사실)**

  ▶ 화자는 자신을 소개한 후 차후 일정에 대해 안내하면서 'We're going to start in gallery 2, which is right behind me.'라고 말한다.

  ▶ 따라서 청자들이 제일 먼저 하게 될 일은 '2관 관람'이므로 정답은 (B)이다.

⑫ **세부 사항 (언급된 사실)**

  ▶ 질문에서 'foreign art'에 대해 묻고 있으므로 담화에서 foreign art가 언급된 부분을 주의해서 듣는다.

  ▶ 화자는 3관에서 해외 전시물들을 볼 수 있다고 소개한 후, 'It's currently on loan from another museum.'이라고 그에 대한 설명을 하고 있다.

  ▶ 이를 통해 해외 전시물들은 다른 박물관으로부터 대여해 온 것임을 알 수 있으므로 (D)가 정답이다.

W   **10) Thank you for visiting the Stillwell Museum.** **10-2) I'm Amy, and I'll be your tour guide today.** **11) We're going to start in gallery 2, which is right behind me.** It has exhibits showing the history of the Stillwell area. Then, we'll move to gallery 1, which contains artwork created by several local artists. We'll move upstairs to gallery 3 after that. **12-1) That's where we'll find our foreign art collection. 12-2) It's currently on loan from another museum.** And we'll end in gallery 4, which contains an exhibit of local animals.

W   Stillwell 박물관을 찾아 주셔서 감사합니다. 저는 Amy이고, 오늘 여러분의 관광 가이드가 되어 드릴 것입니다. 우리는 2관에서 시작할 것이며, 이곳은 저의 바로 뒤쪽에 있습니다. 스틸웰 지역의 역사를 보여 주는 전시를 하고 있습니다. 그런 다음에는, 1관으로 이동할 것인데, 이곳에는 몇몇 지역 예술가들이 만든 예술 작품들이 포함되어 있습니다. 그 후에는 위층으로 올라가 3관으로 이동할 것입니다. 이곳은 해외 예술품들을 볼 수 있는 곳입니다. 이들은 현재 다른 박물관으로부터 대여를 받은 것입니다. 그리고 4관에서 종료가 될 예정인데, 이곳에는 지역 동물들에 관한 전시가 포함되어 있습니다.

10. 화자는 어디에 있는가?
(A) 경매장에
(B) 미술관에
(C) 희귀 도서 전문점에
(D) 박물관에

11. 청자들은 먼저 무엇을 하게 될 것인가?
(A) 1관으로 간다
(B) 2관으로 간다
(C) 3관으로 간다
(D) 4관으로 간다

12. 화자는 해외 예술품에 대해 무엇을 말하는가?
(A) 수백만 달러의 가치가 있다.
(B) 투자자에게 판매될 것이다.
(C) 지역 주민에 의해 기증되었다.
(D) 다른 지역에서 왔다.

어휘 exhibit 전시, 전시회   contain 포함하다   artwork 예술 작품, 미술품   on loan 대여 중인, 대출 중인   auction house 경매장, 경매소   rare 희귀한, 드문   worth 가치가 있는   investor 투자가   donate 기부하다, 기증하다

 MORE & MORE

🔊 04-79

들리는 문장이 담화의 내용과 일치하면 ○, 그렇지 않으면 ×에 표시하세요.

① Amy is _____ .   (○ | ×)

② The museum has _____ .   (○ | ×)

③ The museum contains _____ .   (○ | ×)

정답 p.093

예상적중문제 **13-15** 담화를 듣고 질문에 가장 알맞은 답을 고르세요.

◀) 04-80

Plans	Monthly Rate
Basic	$50
Regular	$75
Advanced	$100
Deluxe	$125

14. Look at the graphic. What is the value of the plan listeners can get for free?

(A) $50

(B) $75

(C) $100

(D) $125

13. Who is the advertisement intended for?

(A) Owners of small businesses

(B) Online consultants

(C) International shippers

(D) Homeowners

15. What does the speaker say about the translation service?

(A) It is new.

(B) It is popular.

(C) It is discounted.

(D) It is unavailable.

▷ 문제 해설

13 주제 및 목적

▶ 담화의 첫 부분은 'Lots of small business owners want to get online, but they simply don't know how to create a Web site'인데, 이는 소규모 사업체 소유주들이 온라인에 진출하기를 원하지만, 웹사이트를 만드는 방법을 모른다는 내용이다.

▶ 이러한 내용을 통해 웹사이트를 제작하고 싶어 하는 소규모 업체 소유주가 광고의 대상이라는 것을 알 수 있으므로 정답은 (A)이다.

14 시각적 정보

▶ 무료 서비스가 언급된 부분은 담화 후반부의 'If you sign up with us by this Friday, you'll get the first month of our regular service absolutely free'이다. 즉, 이번 주 금요일까지 등록하는 것이며, 이 경우 한 달 동안 레귤러 서비스를 무료로 받을 수 있다.

▶ 도표에서 레귤러 서비스의 요금이 75달러임을 알 수 있으므로 정답은 (B)이다.

15 세부 사항 (언급된 사실)

▶ translation service가 언급된 부분은 담화 마지막의 두 문장 'Be sure to ask about our translation service. It's one of our most popular features'이다.

▶ 이는 번역 서비스에 대해 문의하라고 제안하면서, 이것이 인기 있는 기능 중 하나라고 소개하는 내용이다. 그러므로 정답은 (B)이다.

W **13) Lots of small business owners want to get online, but they simply don't know how to create a Web site**. Now, you don't have to worry anymore. Jasmine Technology will design, create, and run a Web site for you to let you concentrate on what you do best: selling your goods and services. **14) If you sign up with us by this Friday, you'll get the first month of our regular service absolutely free**. 15-1) **Be sure to ask about our translation service**. 15-2) **It's one of our most popular features**.

W 많은 소규모 사업체 소유주들께서 온라인에 진출하고 싶어 하시지만, 웹사이트를 만드는 방법을 모르십니다. 이제 더 이상 걱정하실 필요가 없습니다. 여러분들께서 가장 잘 하시는 일, 즉, 제품 및 서비스 판매에 집중하실 수 있도록 Jasmine Technology가 여러분들을 위해 웹사이트를 디자인하고 제작해서 운영해 드릴 것입니다. 이번 주 금요일까지 저희 쪽에 등록해 주시면 한 달간의 레귤러 서비스를 완전 무료로 받으시게 될 것입니다. 잊지 마시고 저희 번역 서비스에 대해서 문의해 주십시오. 가장 인기 있는 기능 중 하나입니다.

상품	월 요금
베이직	50달러
레귤러	75달러
어드밴스드	100달러
디럭스	125달러

13. 광고는 누구를 위한 것인가?
(A) 소규모 사업체 소유주
(B) 온라인 컨설턴트
(C) 국제 해운 회사
(D) 주택 소유주

14. 도표를 보아라. 청자들은 어떤 가격의 서비스를 무료로 받을 수 있는가?
(A) 50달러
(B) 75달러
(C) 100달러
(D) 125달러

15. 화자는 번역 서비스에 대해 무엇을 말하는가?
(A) 신규 서비스이다.
(B) 인기가 있다.
(C) 할인이 된다.
(D) 이용할 수 없다.

어휘 concentrate on ~에 집중하다 absolutely 절대적으로, 완전히 translation 번역, 통역 feature 특정, 특징 shipper 선적인, 선적 회사

 MORE & MORE

🔊 04-81

들리는 문장이 담화의 내용과 일치하면 ○, 그렇지 않으면 ×에 표시하세요.

❶ The company can _____. (○ | ×)
❷ The company is _____ to new customers. (○ | ×)
❸ The company only does work _____. (○ | ×)

Part 4 담화를 듣고 질문에 가장 알맞은 답을 고르세요.

1. What did the speaker recently do?

   (A) Started a new company
   (B) Published a book
   (C) Won an award
   (D) Gave a speech

2. Who most likely is the speaker?

   (A) A warehouse manager
   (B) A professional chef
   (C) A factory foreman
   (D) A business owner

3. What can listeners do by visiting a Web site?

   (A) Read some testimonials
   (B) Register for tutorials
   (C) Order reading material
   (D) Watch some videos

4. What is Rapid Service?

   (A) A delivery company
   (B) A catering company
   (C) An airline
   (D) A bus company

5. How can customers contact Rapid Service?

   (A) By visiting one of its stores
   (B) By going to a Web page
   (C) By calling a phone number
   (D) By sending a fax

6. What does the speaker say about Rapid Service?

   (A) It has offices in several countries.
   (B) It provides the cheapest service.
   (C) It is recommended by many businesspeople.
   (D) It provides refunds for unsatisfactory work.

7. What is the main purpose of the message?

   (A) To mention the hours of operation
   (B) To provide information
   (C) To apologize to customers
   (D) To describe an upcoming event

8. How can a caller get bank account information?

   (A) By pressing 1
   (B) By pressing 2
   (C) By visiting an ATM
   (D) By going to a Web site

9. Why would a person call a different number?

   (A) To report an emergency
   (B) To apply for a loan
   (C) To make a transfer
   (D) To close an account

10. What does the speaker say about the show?

    (A) It is making its debut tonight.
    (B) It is the top one in its time period.
    (C) It will change its name soon.
    (D) It is going to last for one hour.

11. Who are the Crimson Tomatoes?

    (A) A band
    (B) A dance troupe
    (C) Street performers
    (D) A group of artists

12. What is going to happen next?

    (A) Music will be played.
    (B) A news report will be made.
    (C) A speech will be given.
    (D) A commercial will run.

13. What does the speaker tell listeners to avoid doing?

   (A) Crossing the bridge in the city
   (B) Driving south on a road
   (C) Taking roads in the downtown area
   (D) Traveling through the tunnel

14. What caused the problem on the interstate?

   (A) A truck flipped over on the road.
   (B) Construction closed down several lanes.
   (C) Several vehicles hit one another.
   (D) A car caught on fire on the side of the road.

15. About how long will the delays last for most commuters?

   (A) 10 minutes
   (B) 15 minutes
   (C) 30 minutes
   (D) 60 minutes

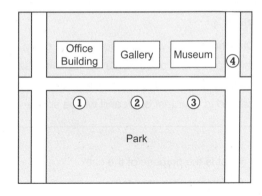

16. Who most likely is the speaker?

   (A) A museum curator
   (B) A tour guide
   (C) A hotel clerk
   (D) A bus driver

17. Look at the graphic. Where are the listeners?

   (A) 1
   (B) 2
   (C) 3
   (D) 4

18. What does the speaker ask the listeners to do?

   (A) Pay a fee
   (B) Ask questions
   (C) Look at a map
   (D) Take pictures

PART 4

Directions: You will hear some talks given by a single speaker. You will be asked to answer three questions about what the speaker says in each talk. Select the best response to each question and mark the letter (A), (B), (C), or (D) on your answer sheet. The talks will not be printed in your test book and will be spoken only one time.

1. What is the purpose of the call?

(A) To praise the service
(B) To make a reservation
(C) To file a complaint
(D) To cancel a reservation

2. What request does the man make?

(A) That he get a table by a window
(B) That he be sent another bill
(C) That he receive a letter of apology
(D) That he be served a special meal

3. What does the man say about the restaurant?

(A) He has never eaten there before.
(B) Its prices are getting too high.
(C) It is located beside the water.
(D) Its menu needs to be revised.

4. Where is the fundraiser going to be?

(A) At the charity's headquarters
(B) At a hotel
(C) At a restaurant
(D) At a convention center

5. What does the speaker say that the listeners need to do?

(A) Contact the charity's biggest sponsors
(B) Make a commercial for television
(C) Get people to donate items for the auction
(D) Send invitations to people

6. What does the speaker mean when she says, "I'm confident we can do it"?

(A) She knows they can be prepared for problems.
(B) She is sure they can break their attendance record.
(C) She thinks they can hold the event on time.
(D) She believes they can raise enough money.

7. Who most likely is the speaker?

(A) A professor
(B) A weather forecaster
(C) A biologist
(D) A newspaper reporter

8. What is the weather currently like?

(A) Rainy
(B) Sunny
(C) Partly cloudy
(D) Foggy

9. What does the speaker imply when she says, "I've got some great news for you"?

(A) The temperature will set a record high.
(B) The weather is going to get cooler.
(C) The heat wave is going to end.
(D) The rain is going to stop falling.

---

10. What does the speaker say about Yamagata Industries?

(A) It is going to buy some smaller companies.
(B) It sold some products for several million dollars.
(C) It is going to design a new assembly line.
(D) It signed a contract with the speaker's company.

11. What problem is mentioned?

(A) The company must fire some workers.
(B) A delivery must be made soon.
(C) A price was lower than expected.
(D) The company did not make a profit.

12. What are the listeners instructed to ask their employees to do?

(A) To work more hours
(B) To come up with ideas
(C) To report design flaws
(D) To recommend people for jobs

13. What is the announcement mainly about?

(A) What the listeners will do next
(B) When the listeners must return to the bus
(C) Where the listeners will go later
(D) How the listeners will travel in Manhattan

14. What does the speaker say she can do?

(A) Take pictures for people
(B) Discuss the history of New York City
(C) Give directions to landmarks
(D) Recommend places to eat

15. What will the listeners do in the afternoon?

(A) Visit a museum
(B) Go to a monument
(C) Return to the airport
(D) Check in to their hotels

---

16. What is the purpose of the talk?

(A) To announce a sale
(B) To advertise a service
(C) To discuss a unique option
(D) To mention a new location

17. What does the speaker say about the instructors?

(A) They are foreign citizens.
(B) They are experienced teachers.
(C) They use new teaching methods.
(D) They only teach one-on-one classes.

18. How can a person learn more about the academy?

(A) By making a phone call
(B) By sending an e-mail
(C) By reading a brochure
(D) By visiting the establishment

GO ON TO THE NEXT PAGE

➡

19. What is stated in the message?

   (A) The community center will start offering special classes this weekend.
   (B) Some construction work is happening at the community center.
   (C) The community center is no longer accepting new volunteers.
   (D) Residents must pay to become members of the community center.

20. What should a listener do to learn about classes at the community center?

   (A) Press 1
   (B) Press 2
   (C) Press 3
   (D) Stay on the line

21. When will visitors be allowed in the community center?

   (A) This Thursday
   (B) This Friday
   (C) Next Monday
   (D) Next Wednesday

22. What problem is mentioned?

   (A) The company is not earning enough money.
   (B) A few workers are thinking of quitting their jobs.
   (C) Several supervisors are not working late at night.
   (D) Some employees are working too much overtime.

23. Why does the speaker say, "That is simply too much"?

   (A) To argue against spending more money
   (B) To claim that the salary requests are too high
   (C) To disagree with a new proposal
   (D) To object to how much people are working

24. Why would a listener send an employee to the speaker's office?

   (A) If the employee asks for a pay raise
   (B) If the employee wants a different schedule
   (C) If the employee is unhappy with a decision
   (D) If the employee requests a transfer

Employee	Department
Mark Powers	Accounting
Julie Watson	Human Resources
Claudio Cho	Marketing
Arnold Braun	Sales

Survey Results

Customer Service	★★★★★
Prices	★★★★★
Web Site	★★☆☆☆
Food	★★★☆☆

25. What is the purpose of the announcement?

(A) To ask for volunteers
(B) To remind people of a schedule
(C) To discuss an upcoming event
(D) To make an introduction

26. Look at the graphic. In which department will Katie Smith mainly be working?

(A) Accounting
(B) Human Resources
(C) Marketing
(D) Sales

27. What are the listeners asked to do?

(A) Attend classes at the local college
(B) Speak with Mark Powers
(C) Get help from Katie Smith
(D) Volunteer to teach at Canyon College

28. Where does the speaker most likely work?

(A) At an airline
(B) At a restaurant
(C) At a museum
(D) At a hotel

29. What did the speaker's business do in the last year?

(A) Underwent renovations
(B) Had some sales
(C) Hired more workers
(D) Held employee training programs

30. Look at the graphic. What will the speaker talk about next?

(A) Customer service
(B) Prices
(C) Web site
(D) Food

Listening
Actual Test

LISTENING TEST

05-01

In the Listening test, you will be asked to demonstrate how well you understand spoken English. The entire Listening test will last approximately 45 minutes. There are four parts, and directions are given for each part. You must mark your answers on the separate answer sheet. Do not write your answers in the test book.

PART 1

Directions: For each question in this part, you will hear four statements about a picture in your test book. When you hear the statements, you must select the one statement that best describes what you see in the picture. Then find the number of the question on your answer sheet and mark your answer. The statements will not be printed in your test book and will be spoken only one time.

Statement (A), "She is typing on the keyboard," is the best description of the picture, so you should select answer (A) and mark it on your answer sheet.

1.

2.

GO ON TO THE NEXT PAGE

3.

4.

5.

6.

GO ON TO THE NEXT PAGE ➔

PART 2

Directions: You will hear a question or statement and three responses spoken in English. They will not be printed in your test book and will be spoken only one time. Select the best response to the question or statement and mark the letter (A), (B), or (C) on your answer sheet.

7. Mark your answer on your answer sheet.

8. Mark your answer on your answer sheet.

9. Mark your answer on your answer sheet.

10. Mark your answer on your answer sheet.

11. Mark your answer on your answer sheet.

12. Mark your answer on your answer sheet.

13. Mark your answer on your answer sheet.

14. Mark your answer on your answer sheet.

15. Mark your answer on your answer sheet.

16. Mark your answer on your answer sheet.

17. Mark your answer on your answer sheet.

18. Mark your answer on your answer sheet.

19. Mark your answer on your answer sheet.

20. Mark your answer on your answer sheet.

21. Mark your answer on your answer sheet.

22. Mark your answer on your answer sheet.

23. Mark your answer on your answer sheet.

24. Mark your answer on your answer sheet.

25. Mark your answer on your answer sheet.

26. Mark your answer on your answer sheet.

27. Mark your answer on your answer sheet.

28. Mark your answer on your answer sheet.

29. Mark your answer on your answer sheet.

30. Mark your answer on your answer sheet.

31. Mark your answer on your answer sheet.

PART 3

Directions: You will hear some conversations between two or more people. You will be asked to answer three questions about what the speakers say in each conversation. Select the best response to each question and mark the letter (A), (B), (C), or (D) on your answer sheet. The conversations will not be printed in your test book and will be spoken only one time.

32. Why is the woman pleased?

(A) She is being transferred.

(B) She has gotten a raise.

(C) She was offered a job at another company.

(D) She is going on vacation.

33. When is the woman going to begin working in New York?

(A) In one week

(B) In two weeks

(C) In three weeks

(D) In four weeks

34. Who most likely is Mr. Russell?

(A) The New York branch manager

(B) An assistant manager

(C) The woman's boss

(D) The man's friend

35. What is the woman's occupation?

(A) Pilot

(B) Travel agent

(C) Tour guide

(D) Bus driver

36. When does the man want to leave for Tokyo?

(A) October 5

(B) October 9

(C) October 10

(D) October 18

37. What will the woman probably do next?

(A) Issue a ticket

(B) Call another client

(C) Check a Web site

(D) Cancel a ticket

GO ON TO THE NEXT PAGE

38. How many rooms does the man want to wallpaper?

(A) One
(B) Two
(C) Three
(D) Four

39. What does the woman say about the Hillside Company's wallpaper?

(A) It does not get dirty easily.
(B) It is more expensive than most wallpaper.
(C) It does not rip.
(D) It is easy to put on.

40. What does the man ask the woman to do?

(A) Choose a color for him
(B) Help him wallpaper his home
(C) Explain how to put wallpaper on a wall
(D) Show some wallpaper to him

41. What are the speakers mainly discussing?

(A) The lateness of a package
(B) Directions to the woman's house
(C) A package the woman needs to send
(D) The delivery of a package

42. What is the woman going to do in the afternoon?

(A) Run some errands
(B) Go to her workplace
(C) Pick up her children
(D) Attend a club meeting

43. What is going to happen at around 3:45 today?

(A) The man will call the woman back.
(B) A deliveryman will arrive at the woman's house.
(C) A package will be mailed abroad.
(D) An item will be returned to the sender.

44. What happened last week?

(A) The man went on vacation.
(B) The speakers attended a conference.
(C) Some objects in the office were moved.
(D) The woman organized her desk.

45. Who most likely is Alice?

(A) A customer
(B) The speakers' colleague
(C) An employee at a stationery store
(D) A repairperson

46. What does the woman need?

(A) A folder
(B) A new desk
(C) A stapler
(D) A pen

47. When is the workshop going to start?

(A) At 10:00 A.M.
(B) At 11:00 A.M.
(C) At 1:00 P.M.
(D) At 5:00 P.M.

48. Who is going to present a paper in thirty minutes?

(A) Ms. Winters
(B) Mr. Jenkins
(C) Ms. Hooper
(D) Dr. Landers

49. What does the woman suggest doing?

(A) Having lunch early
(B) Listening to Ms. Hooper speak
(C) Attending a talk by Mr. Jenkins
(D) Taking a break from all of the events

50. What time is the man's meeting scheduled for?

(A) 9:00
(B) 9:30
(C) 10:00
(D) 10:30

51. Why does the man say, "That would be a better way to spend my time"?

(A) To agree to return in an hour
(B) To accept the woman's offer
(C) To ask for an empty office to use
(D) To request that the meeting be rescheduled

52. Where will the man go next?

(A) To a café
(B) To an office
(C) To a laboratory
(D) To a meeting room

53. What are the speakers mainly discussing?

(A) An undelivered order
(B) A signing bonus
(C) The terms of a contract
(D) A new product line

54. What does the woman say she is willing to do?

(A) Sign a contract
(B) Order 20,000 units each month
(C) Accept delayed shipping
(D) Pay a premium price

55. What is the woman offered?

(A) Free delivery
(B) Custom-made items
(C) A discount
(D) A one-time special offer

56. Why does the woman say, "I am afraid that you're right"?

(A) To note that she received a damaged item
(B) To admit she does not know what to do
(C) To agree with the man's opinion
(D) To state that she is worried about getting hurt

57. What does the man suggest the woman do?

(A) Return the item
(B) Exchange the item
(C) Get a refund on the item
(D) Have the item repaired

58. What does the man give the woman?

(A) A coupon
(B) A free item
(C) A discount
(D) An online credit

59. Why did the man visit the woman?

(A) To pick up an order
(B) To make a payment
(C) To turn in an application form
(D) To get some information

60. What does the woman say about delivery?

(A) Shoppers must pay for each order.
(B) It costs nothing for orders of $120 or more.
(C) It is free for club members.
(D) It takes two or three business days.

61. What does the man mean when he says, "I'm going to have to think about it"?

(A) He does not want to join right now.
(B) He does not have enough money now.
(C) He will not order any items today.
(D) He will not return to the store again.

GO ON TO THE NEXT PAGE

Item Number	Description	Price
685-449	Stuffed Animal	$12.99
930-232	Board Game	$6.99
202-383	Toy Robot	$14.99
774-574	200-Piece Puzzle	$8.99

62. Look at the graphic. Which item has a problem?

(A) 685-449

(B) 930-232

(C) 202-383

(D) 774-574

63. What does the man want?

(A) An apology

(B) A refund

(C) A different item

(D) A demonstration

64. What does the woman tell the man to do?

(A) Choose a new toy

(B) Speak with the manager

(C) Show his receipt

(D) Use his credit card

	Tuesday	Wednesday	Thursday	Friday
1:00 P.M. – 2:00 P.M.	Meeting with Ms. Chambers			Meeting with Mr. Peters
2:00 P.M. – 3:00 P.M.				
3:00 P.M. – 4:00 P.M.			Meeting with Mr. Burgess	
4:00 P.M. – 5:00 P.M.		Meeting with Mr. Duncan		

65. Look at the graphic. When will the woman meet the vice president?

(A) On Tuesday

(B) On Wednesday

(C) On Thursday

(D) On Friday

66. What does the man request that the woman do?

(A) Provide him with extra funds

(B) Get in touch with a client

(C) Look at a report with him

(D) Reschedule their meeting

67. What will the man do next?

(A) Retrieve a document

(B) Make a phone call

(C) Go to the woman's office

(D) Sign a paper

Exit	Street
4	Golden Street
5	Southern Avenue
6	Orange Road
7	Wellborn Boulevard

68. Look at the graphic. Which exit will the speakers most likely take?

(A) Golden Street
(B) Southern Avenue
(C) Orange Road
(D) Wellborn Boulevard

69. Why does the woman recommend taking a different route?

(A) To keep away from traffic
(B) To avoid construction
(C) To go to a gas station
(D) To visit a new office

70. What is suggested about the woman?

(A) She used to work for Ms. Preller.
(B) She has the authority to sign a contract.
(C) She is the man's supervisor.
(D) She has never moved from her hometown.

GO ON TO THE NEXT PAGE

PART 4

Directions: You will hear some talks given by a single speaker. You will be asked to answer three questions about what the speaker says in each talk. Select the best response to each question and mark the letter (A), (B), (C), or (D) on your answer sheet. The talks will not be printed in your test book and will be spoken only one time.

71. What most likely is Gadsden Tower?

(A) An office building
(B) A tourist attraction
(C) An apartment building
(D) A shopping complex

72. When will the repairmen arrive?

(A) In five minutes
(B) In fifteen minutes
(C) In one hour
(D) In two hours

73. What does the speaker tell the listeners to do?

(A) Use the escalator
(B) Use less electricity
(C) Take the stairs
(D) Avoid the front entrance

74. Where does this talk take place?

(A) In a business meeting
(B) At a workshop
(C) At a seminar
(D) At a conference

75. What advice does the speaker give?

(A) Select equal numbers of employees for each team
(B) Choose only employees with strong personalities
(C) Put employees with few skills on the same teams
(D) Tell the name of the team leader to everyone

76. What will the listeners do next?

(A) Look at a handout
(B) Listen to a speech
(C) Take a short break
(D) Do a role-playing activity

77. What is the purpose of the message?

   (A) To talk about the new CEO
   (B) To mention a time change
   (C) To provide an address
   (D) To say where a meeting will be

78. What does the speaker imply when she says, "You have to be here no later than three"?

   (A) The listener should arrive early.
   (B) The listener has to give a talk.
   (C) The listener is often late for meetings.
   (D) The listener should make arrangements for the meeting.

79. What does the speaker say about the meeting?

   (A) It is a good chance for her.
   (B) It is going to start late.
   (C) It will be attended by the vice president.
   (D) It will be recorded on video.

80. Where most likely are the listeners?

   (A) At a museum
   (B) In an auction house
   (C) At an art gallery
   (D) At a pottery store

81. What does the speaker say about Leonardo da Vinci?

   (A) He invented many machines.
   (B) He wrote backward.
   (C) He traveled to many places in Italy.
   (D) He was a wealthy man.

82. What will the listeners do next?

   (A) Read from a book
   (B) Visit the souvenir shop
   (C) Look at some pages
   (D) Admire some art

83. According to the news report, what happened today?

   (A) An election was held.
   (B) Taxes were raised.
   (C) A debate took place.
   (D) A law was passed.

84. Who is Tom Bradley?

   (A) The governor of a state
   (B) A representative in Congress
   (C) The mayor of a city
   (D) A member of a city council

85. What does the speaker say about Allen Thompson?

   (A) He is currently unemployed.
   (B) He did not attend today's event.
   (C) He is good friends with Tom Bradley.
   (D) He is the leader in a political race.

86. What is being advertised?

   (A) A lawn care business
   (B) A gardening store
   (C) A home improvement store
   (D) A flower shop

87. How can customers get a discount?

   (A) By paying in cash
   (B) By using a coupon
   (C) By registering online
   (D) By making a purchase this month

88. What should the listeners do to contact the company?

   (A) Visit the company in person
   (B) Fax a request form
   (C) Go to a Web site
   (D) Send an e-mail

GO ON TO THE NEXT PAGE

89. Why does the speaker apologize?

(A) He did not read the woman's e-mail.
(B) His voice mail did not work properly.
(C) He is calling the woman very late.
(D) His telephone was turned off.

90. Why does the speaker say, "I was meeting with a client at a factory all afternoon long"?

(A) To provide his daily schedule
(B) To request some help
(C) To give an excuse
(D) To ask for an extension

91. What will the speaker do after he talks to his boss?

(A) Contact a lawyer
(B) Call Susan
(C) Send an e-mail
(D) Visit a factory

92. Where most likely are the listeners?

(A) At a subway station
(B) At a train station
(C) At an airport
(D) At a bus station

93. What does the man mean when he says, "There was major traffic on the expressway"?

(A) An accident took place.
(B) A bus is going to be late.
(C) A bus took an alternate route.
(D) Some roads were closed for construction.

94. What is going to happen at 8:35?

(A) A vehicle will arrive.
(B) Passengers may board.
(C) Tickets may be purchased.
(D) The area will close.

Class	Instructor
Math 11	David Gavin
Computer Science 43	Amanda Lee
Accounting 92	Marybeth Charles
Marketing 45	Greg Kite

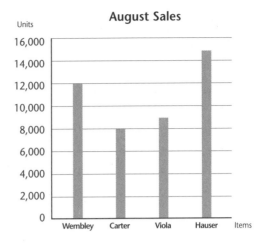

95. Why did the woman make the phone call?

(A) To mention a change in instructors

(B) To respond to an inquiry

(C) To make a reminder

(D) To correct wrong information

96. Look at the graphic. Which instructor's class is full?

(A) David Gavin

(B) Amanda Lee

(C) Marybeth Charles

(D) Greg Kite

97. What does the woman suggest the listener do?

(A) Pay her tuition by bank transfer

(B) Call for more information

(C) Visit the school in person

(D) Register by Thursday

98. What does the speaker say about the Carter?

(A) It failed to meet expectations.

(B) It is being sold abroad.

(C) It will be advertised soon.

(D) It is having its price increased.

99. Look at the graphic. Which item is the company's oldest product?

(A) Wembley

(B) Carter

(C) Viola

(D) Hauser

100. What will the speaker probably do next?

(A) Show another graph

(B) Answer a listener's question

(C) Discuss some other items

(D) Provide an explanation

This is the end of the Listening test.

LC
정답 및 해설
실력편

맨처음 토익

다락원 토익연구소 지음

토익의 **실력**을 **업그레이드**해 드립니다!

- 파트별 필수 학습 내용 완벽 정리
- 대화 및 담화의 유형별 학습 포인트 및 풀이 전략 제시
- 최신 경향을 반영한 파트별 예상 적중 문제

MP3 바로듣기 및
무료 다운로드

다락원

맨 처음 토익

실력편

LC

정답 및 해설

Unit 01 | 실내 업무 및 실외 작업 관련 사진

PART 1 유형 연습
p.016

A 🔊 01-02

1 (a) ×	(b) ○	(c) ×
2 (a) ○	(b) ×	(c) ×
3 (a) ○	(b) ×	(c) ×
4 (a) ×	(b) ○	(c) ×

1
(a) The man is reaching for a phone. (×)
(b) The man is sitting in front of a monitor. (○)
(c) The man is speaking with someone face to face. (×)

(a) 남자가 전화기로 손을 뻗고 있다.
(b) 남자가 모니터 앞에 앉아 있다.
(c) 남자가 어떤 사람과 얼굴을 마주하고 이야기를 나누고 있다.

어휘 hang up (전화를) 끊다 in front of ～의 앞에 monitor 모니터 face to face 얼굴을 맞대고

해설 남자가 전화를 하는 중이고, 남자 외에 다른 사람은 보이지 않으므로 (a)와 (c)는 사진과 일치하지 않는다.

2
(a) She is using some scientific equipment. (○)
(b) She is looking through a telescope. (×)
(c) She is taking off her glasses. (×)

(a) 그녀는 과학 장비를 사용하고 있다.
(b) 그녀는 망원경으로 보고 있다.
(c) 그녀는 안경을 벗고 있다.

어휘 scientific 과학의 equipment 장비, 기기 telescope 망원경 take off ～을 벗다

해설 여자가 보안경을 쓰고 현미경을 보고 있으므로 (a)가 사진을 적절하게 묘사한 보기이다.

3
(a) Everyone in the room is looking at the board. (○)
(b) Both of the men are wearing neckties. (×)
(c) Some of the people seem to be bored. (×)

(a) 회의실에 있는 모든 사람이 보드를 바라보고 있다.
(b) 두 남자 모두 넥타이를 착용하고 있다.
(c) 몇몇 사람들은 지루해 보인다.

어휘 board 널빤지, 보드 both 둘 다 necktie 넥타이 seem to ～처럼 보이다 bored 지루한

해설 회의실에서 남자와 앉아 있는 모든 사람들이 보드를 보고 있으므로 (a)가 사진을 적절하게 묘사한 보기이다.

4
(a) The truck is driving on the highway. (×)
(b) The crane is loading something into the truck. (○)
(c) One of the men is craning his neck. (×)

(a) 트럭이 고속도로를 달리고 있다.
(b) 크레인이 무언가를 트럭에 싣고 있다.
(c) 한 사람이 목을 길게 빼고 있다.

어휘 drive (차를) 몰다, 운전하다, 운행하다 highway 고속도로 crane 기중기, 크레인; 목을 길게 빼다 load (짐 등을) 싣다

해설 포크레인이 트럭에 흙을 싣고 있는 사진을 가장 잘 묘사한 보기는 (b)이다. 트럭이 고속도로를 달리고 있지 않고, 사진에서 사람이 보이지 않으므로 (a)와 (c)는 모두 X이다.

B 🔊 01-03

1 (a)	2 (b)	3 (b)	4 (c)

1
(a) The man is pointing at the computer screen.
(b) The man is making some copies on the machine.
(c) The man is getting up from the desk.

(a) 남자가 컴퓨터 스크린을 가리키고 있다.
(b) 남자가 복사기로 복사를 하고 있다.
(c) 남자가 자리에서 일어나고 있다.

어휘 point at ～을 가리키다 make a copy 복사하다 get up (몸을) 일으키다, 일어나다

해설 사진에서 복사기는 보이지 않고 남자는 앉아 있으므로 (b)와 (c)는 모두 오답이다.

2
(a) She is drinking some liquid in the container.
(b) She is holding the test tube with one hand.
(c) She is writing some notes on the paper.

(a) 그녀는 용기에 들어 있는 액체를 마시고 있다.
(b) 그녀는 한 손으로 시험관을 들고 있다.
(c) 그녀는 종이에 메모를 하고 있다.

어휘 liquid 액체 container 용기, 그릇 test tube 시험관 note 메모, 필기

해설 여자는 액체를 마시고 있지 않고, 종이에 메모하고 있지도 않으므로 (a)와 (c)는 오답이다.

3

(a) The man is putting the boxes <u>on a shelf</u>.
(b) <u>All of the shelves</u> have items on them.
(c) The boxes <u>are being opened</u> by the man.

(a) 남자가 상자를 선반 위에 놓고 있다.
(b) 모든 선반에 물품들이 놓여 있다.
(c) 상자들이 남자에 의해 개봉되고 있다.

어휘 shelf 선반 item 물품 open 열다, 개봉하다
해설 남자가 상자를 들고 있는 사진이지만, 선반에 물품들이 놓여 있는 사물을 묘사한 (a)가 정답이다.

4

(a) They are both <u>pointing at the building</u>.
(b) <u>The construction workers</u> are using heavy equipment.
(c) <u>Both of the men</u> are wearing hardhats.

(a) 그들은 모두 건물을 가리키고 있다.
(b) 공사 현장 인부들이 중장비를 사용하고 있다.
(c) 두 남자 모두 안전모를 쓰고 있다.

어휘 construction 건설 heavy equipment 중장비 hardhat 안전모
해설 건물을 가리키는 사람은 오른쪽 남자 한 명이며, 사진에서 중장비는 찾을 수 없으므로 (a)와 (b)는 정답이 될 수 없다.

예상 적중 문제 **01** p.018

☀ **MORE & MORE** 🔊 01 - 05

1. One of the men is <u>adjusting his tie</u>. (×)
2. One of the women is <u>looking through</u> a file cabinet. (×)
3. <u>There are some documents</u> on the table. (○)

1. 남자들 중 한 명이 넥타이를 매고 있다.
2. 여자들 중 한 명이 파일 캐비닛을 보고 있다.
3. 테이블에는 서류들이 있다.

예상 적중 문제 **02** p.019

☀ **MORE & MORE** 🔊 01 - 07

1. The man is <u>putting down the machinery</u>. (×)
2. The man is <u>watching a show</u> on the monitor. (×)
3. The man is <u>wearing safety gear</u>. (○)

1. 남자는 기계를 기계 장치를 내려 놓고 있다.
2. 남자는 화면으로 쇼를 보고 있다.
3. 남자는 보안경을 착용하고 있다.

예상 적중 문제 **03** p.020

☀ **MORE & MORE** 🔊 01 - 09

1. People are <u>holding on to the railing</u>. (×)
2. Work is <u>being done</u> on the building. (○)
3. Some trucks are <u>delivering construction material</u>. (×)

1. 사람들이 난간을 잡고 있다.
2. 건물에서 작업이 진행되고 있다.
3. 몇 대의 트럭이 건설 자재를 운반하고 있다.

어휘 railing 난간

예상 적중 문제 **04** p.021

☀ **MORE & MORE** 🔊 01 - 11

1. The man is <u>using a telescope</u>. (×)
2. The woman is <u>holding a pen</u>. (○)
3. <u>Some equipment</u> is in the room. (○)

1. 남자는 망원경을 사용하고 있다.
2. 여자는 펜을 들고 있다.
3. 방 안에 몇몇 장비들이 있다.

Unit 01 | 연습 문제 p.022

🔊 01 - 12

| 1 (C) | 2 (C) | 3 (B) | 4 (D) |

1

(A) She is putting paper in the copier.
(B) She is copying a work of art.
(C) She is working at the copier.
(D) She is preparing some coffee.

(A) 그녀는 복사기에 종이를 넣고 있다.
(B) 그녀는 미술 작품을 모사하고 있다.
(C) 그녀는 복사기로 작업을 하고 있다.
(D) 그녀는 커피를 준비하고 있다.

어휘 copier 복사기 copy 복사하다; 베끼다, 모사하다 prepare 준비하다
해설 한 여자가 복사기 옆에서 서류를 들고 있고, 종이 몇 장이 복사기 위에 올려져 있는 것으로 보아 '그녀는 복사기로 작업을 하고 있다'는 내용의 (C)가 정답이다. 종이를 들고 있기는 하지만 복사기에 '종이를 넣고 있는 것(is putting paper in)'은 아니므로 (A)는 정답이 될 수 없다. (B)의 copy는 '복사하다'가 아닌 '베끼다' 혹은 '모사하다'라는 의미로, '그녀는 미술 작품을 모사하고 있다'는 내용의 (B) 역시 정답이 아니다. (D)는 copier와 발음이 유사한 coffee(커피)라는 단어를 이용한 함정으로, 사진과 전혀 관련이 없는 내용을 진술하고 있다.

2

(A) Each person is wearing safety glasses.
(B) One woman is pouring liquid into a beaker.
(C) There is liquid in some test tubes.
(D) They are taking care of the patients.

(A) 각각의 사람이 보안경을 쓰고 있다.
(B) 한 여자가 비커에 액체를 따르고 있다.
(C) 몇몇 시험관에 액체가 들어 있다.
(D) 그들은 환자를 돌보고 있다.

어휘 safety glasses 보안경, 보호 안경 pour 붓다, 따르다 liquid 액체 beaker 비커 test tube 시험관 take care of ~을 돌보다; ~을 처리하다 patient 환자

해설 세 사람이 각자 다른 일을 수행하고 있고 테이블 위에는 여러 개의 시험관이 놓여 있다. 정답은 '시험관(test tubes)'에 '액체(liquid)'가 들어 있다는 내용을 설명하고 있는 (C)이다. 남자는 '보호 안경(safety glasses)'을 쓰고 있지 않기 때문에 (A)는 정답이 될 수 없고, 한 여자가 비커를 들어올리고 있으므로 '액체를 비커에 따른다(is pouring liquid into a beaker)'는 내용의 (B)도 정답이 아니다. 이 세 사람이 '환자(patients)'를 돌보고 있지는 않으므로 (D) 또한 정답으로 볼 수 없다.

3

(A) He is checking inventory on a computer.
(B) Items have been placed on a trolley.
(C) He is pushing the cart with both hands.
(D) People are stocking items in the warehouse.

(A) 그는 컴퓨터로 재고를 확인하고 있다.
(B) 물품들이 손수레에 놓여 있다.
(C) 그는 양손으로 카트를 밀고 있다.
(D) 사람들이 창고에 제품들을 쌓고 있다.

어휘 check 확인하다, 점검하다 inventory 재고 item 품목, 항목 trolley 손수레 push 밀다 cart 카트 stock 쌓다 warehouse 창고

해설 한 남자가 창고 안에서 물품들이 담겨 있는 손수레를 잡고 있다. 사진을 적절하게 묘사한 것은 물품들이 '손수레(trolley)' 위에 '놓여(have been placed)' 있다는 내용의 (B)이다. 사진에서 컴퓨터는 찾아볼 수 없으므로 남자가 '컴퓨터로 재고를 확인한다(is checking inventory on a computer)'는 내용의 (A)는 정답이 아니며, 남자는 손수레를 '양손(both hands)'이 아닌 한 손으로 잡고 있기 때문에 (C) 또한 정답이 될 수 없다. 마지막으로 사진에서는 이 남자 이외의 다른 인물을 찾아볼 수 없으므로 '사람들(people)'이 창고에 제품들을 쌓고 있다'고 말한 (D) 또한 정답이 아니다.

4

(A) He is talking on the telephone.
(B) He is wiring some money.
(C) He is conducting a poll.
(D) He is on the electric pole.

(A) 그는 전화 통화를 하고 있다.
(B) 그는 송금을 하고 있다.

(C) 그는 여론 조사를 하고 있다.
(D) 그는 전신주를 타고 있다.

어휘 talk on the telephone 전화 통화를 하다 wire 전선; 가설하다; 송금하다 poll 여론 조사 telephone pole 전신주, 전봇대

해설 사진에서는 한 남자가 전신주 위에서 어떤 작업을 하고 있다. 그러므로 남자가 '전신주(electric pole)를 타고 있다'고 설명한 (D)가 정답이다. 이러한 유형의 문제는 사진 속 상황에 어울리는 적절한 단어의 쓰임을 묻는 경우가 많은데, 전신주와 관련된 wire(전선), 그리고 pole(기둥) 등과 같은 단어를 사용하여 함정을 만들 수 있다. 남자는 전화를 하고 있지 않으므로 talk on the telephone(통화를 하다)이라는 표현의 (A)는 정답이 될 수 없다. wire를 '송금하다'라는 의미로 사용한 (B), 그리고 pole(기둥)과 발음이 비슷한 poll(여론 조사)을 이용한 (C) 모두 오답이다.

Unit 02 | 쇼핑, 식당, 숙박, 여가 관련 사진

PART 1 유형 연습
p.026

Ⓐ
◀)) 01 - 14

	1		2		3
1	(a) ○	(b) ×	(c) ○		
2	(a) ○	(b) ×	(c) ○		
3	(a) ○	(b) ×	(c) ○		
4	(a) ○	(b) ×	(c) ×		

1

(a) Bags <u>are being displayed</u> on the shelves. (○)
(b) A shopper <u>is examining</u> some of the bags. (×)
(c) Some of the bags <u>have price tags</u> on them. (○)

(a) 가방들이 선반에 진열되어 있다.
(b) 한 쇼핑객이 몇 개의 가방을 살펴보고 있다.
(c) 몇몇 가방에 가격표가 붙어 있다.

어휘 display 진열하다, 전시하다 shelf 선반 examine 조사하다, 검사하다 price tag 가격표

해설 사진에서 사람은 보이지 않으므로 (b)은 잘못된 내용의 보기이다.

2

(a) A hiker is walking <u>along a path</u>. (○)
(b) <u>Some of the prices</u> have been hiked. (×)
(c) The man <u>is heading up</u> the hill. (○)

(a) 한 등산객이 길을 따라 걷고 있다.
(b) 일부 제품의 가격이 대폭 인상되었다.
(c) 남자가 산을 향해 가고 있다.

어휘 hiker 여행객, 등산객 path 길 hike 등산하다, 도보로 여행하다; (가격이) 급등하다 head 향하다 hill 언덕, 산

해설 (b)의 hike는 '대폭 인상하다'라는 의미로 사용되었다.

3

(a) The clocks on the wall <u>show different times</u>. (O)

(b) The woman is speaking with the person <u>behind the counter</u>. (×)

(c) <u>One of the women</u> is talking on the telephone. (O)

(a) 벽에 있는 시계들은 서로 다른 시각을 보여 준다.

(b) 여자는 카운터 뒤편의 사람과 이야기를 하고 있다.

(c) 한 여자는 전화 통화를 하고 있다.

해설 카운터 맞은편에는 사람이 없기 때문에 (b)는 잘못된 설명이다.

4

(a) Products <u>have been placed</u> in containers. (O)

(b) Some items <u>are being produced</u>. (×)

(c) Customers are selecting <u>some baked goods</u>. (×)

(a) 상품들이 용기에 놓여 있다.

(b) 몇몇 제품들이 생산되고 있다.

(c) 손님들이 제과 제품을 고르고 있다.

어휘 product 생산물, 제품 container 그릇, 용기 produce 생산하다 select 선정하다 baked goods 제과 제품

해설 상품들이 진열되어 있을 뿐 만들어지고 있지는 않으므로 (b)는 잘못된 설명이며, 사람들의 모습은 보이지 않으므로 (c)도 잘못된 설명이다.

B 🔊 01 - 15

1 (b)	2 (c)	3 (c)	4 (b)

1

(a) They <u>are trying on</u> some of the items.

(b) They are looking at <u>something in the window</u>.

(c) They <u>are both wearing hats</u> on their heads.

(a) 그들은 몇몇 제품들을 착용해 보고 있다.

(b) 그들은 창문 안쪽에 있는 무언가를 바라보고 있다.

(c) 그들은 모두 머리에 모자를 쓰고 있다.

어휘 try on ~을 입어 보다

해설 두 사람 모두 창문 안쪽을 보고 있으므로 (b)가 정답이다.

2

(a) <u>Both of the ladies</u> are seated at the table.

(b) The server <u>is bringing food</u> to their table.

(c) Each woman <u>is looking at the other</u>.

(a) 두 여성 모두 테이블에 앉아 있다.

(b) 종업원이 테이블로 음식을 가져다 주고 있다.

(c) 각각의 여자가 상대방을 바라보고 있다.

어휘 server 서빙하는 사람, 식당 종업원

해설 종업원으로 보이는 여성은 서 있고, 음식을 가져다 주는 것이 아니라 주문을 받고 있으므로 (a)와 (b)는 모두 정답이 될 수 없다.

3

(a) A tent <u>is being set up</u> on the ground.

(b) The person <u>is putting on</u> the backpack.

(c) The person is facing away from the tent.

(a) 지면에 텐트가 설치되고 있다.

(b) 사람이 배낭을 메고 있다.

(c) 사람이 텐트 반대 쪽을 향하고 있다.

어휘 tent 텐트 set up 설치하다 put on ~을 착용하다, 입다 backpack 배낭 face away from ~의 반대 쪽을 향하다

해설 텐트는 이미 설치되어 있고, 배낭은 지면에 놓여 있으므로 (a)와 (b)는 모두 정답이 될 수 없다.

4

(a) She is taking the item to <u>the checkout counter</u>.

(b) Various kinds of goods are on the shelves.

(c) The woman is putting something <u>in the shopping cart</u>.

(a) 그녀는 제품을 계산대로 가져가고 있다.

(b) 선반 위에 다양한 상품들이 있다.

(c) 여자가 쇼핑 카트에 무언가를 넣고 있다.

어휘 take A to B A를 B로 가지고 가다 checkout counter 계산대 various 다양한 shopping cart 쇼핑 카트

해설 여자가 제품을 계산대로 가져가는지는 알 수 없으며, 쇼핑 카트도 보이지 않으므로 (a)와 (c)모두 정답이 아니다.

예상 적중 문제 **01** p.028

☀ MORE & MORE 🔊 01 - 17

1. They are <u>having a drink together</u>. (×)

2. The man has both hands <u>on the counter</u>. (O)

3. The woman <u>is about to pay</u> the man. (×)

1. 그들은 함께 술을 마시고 있다.

2. 남자는 카운터 위에 두 손을 모두 놓고 있다.

3. 여자는 남자에게 돈을 지불하려고 한다.

예상 적중 문제 **02** p.029

☀ MORE & MORE 🔊 01 - 19

1. One woman is <u>holding some clothing</u>. (O)

2. One of the women is <u>holding a bag</u>. (O)

3. They are <u>standing in front of</u> the changing room. (×)

1. 한 여자가 옷을 들고 있다.

2. 여자들 중 한 명은 가방을 들고 있다.

3. 그들은 탈의실 앞에 서 있다.

예상 적중 문제 03

p.030

☀ MORE & MORE

🔊 01 - 21

1. Somebody is <u>walking away from</u> the pool. (○)
2. Water is <u>being drained from</u> the pool. (×)
3. Many <u>chairs are arranged</u> by the pool. (○)

1. 누군가가 수영장에서 걸어 나오고 있다.
2. 수영장에서 물이 빠져 나가고 있다.
3. 많은 의자들이 수영장 옆에 정렬되어 있다.

예상 적중 문제 04

p.031

☀ MORE & MORE

🔊 01 - 23

1. <u>Fans are watching</u> the tennis match. (×)
2. The two men are <u>wearing matching clothes</u>. (×)
3. They are <u>standing at the net</u>. (○)

1. 팬들이 테니스 경기를 보고 있다.
2. 두 남자는 경기복을 입고 있다.
3. 그들은 네트 곁에 서 있다.

Unit 02 | 연습 문제

p.032

🔊 01 - 24

| 1 (D) | 2 (A) | 3 (B) | 4 (D) |

1
(A) Shoes are being tried on.
(B) The shoes are all the same style.
(C) Some shoes are facing opposite directions.
(D) Shoes have been put on display.

(A) 신발들이 신겨지고 있다.
(B) 신발들은 모두 같은 스타일이다.
(C) 몇몇 신발들은 반대의 방향을 향하고 있다.
(D) 신발들이 진열되어 있다.

어휘 opposite 반대의 direction 방향

해설 여러 켤레의 신발들이 '진열되어 있다(have been put on display)'고 설명한 (D)가 정답이다. 사진에는 사람이 등장하고 있지 않으므로 누군가 이 신발을 '신어 보고 있다(are being tried on)'는 내용의 (A)는 정답이 될 수 없다. 또한, 신발이 '모두 같은 스타일(all the same style)'은 아니므로 (B)도 정답이 아니다. 마지막으로 사진 속 신발들은 모두 같은 방향으로 진열되어 있기 때문에 몇몇 신발들이 '반대 방향(opposite direction)을 향하고 있다'고 진술한 (C) 또한 정답이 될 수 없다. 만일 (C)를 'All the shoes are facing the same direction.'과 같이 바꾸어 쓴다면 (C)도 정답이 될 수 있을 것이다.

2
(A) Food is being served in a cafeteria.
(B) Everyone is dining at the same table.
(C) The chef is cooking food on the stove.
(D) Diners are paying for their meals.

(A) 구내 식당에서 음식이 제공되고 있다.
(B) 모든 사람들이 같은 식탁에서 식사를 하고 있다.
(C) 주방장이 가스레인지에서 음식을 조리하고 있다.
(D) 식당 손님들이 식대를 계산하고 있다.

어휘 serve 봉사하다; (음식 등을) 내오다 cafeteria 구내 식당 dine 식사하다 chef 주방장 stove 난로, 가스레인지 meal 식사

해설 요리사로 보이는 두 사람이 음식이 놓여 있는 진열대를 사이에 두고 손님들과 마주보고 있다. 손님들이 음식을 받아 가고 있는 모습을 통해 이곳이 '구내 식당(cafeteria)'임을 알 수 있다. 따라서 구내 식당에서 '음식이 제공되고 있다(is being served)'는 내용의 (A)가 정답이다. 요리사가 '가스레인지(stove)'에서 요리를 하고 있지는 않으므로 (C)는 정답이 아니며, 사람들이 '식대를 계산하고 있거나(are paying for meals)', '같은 식탁에서(at the same table)' 식사를 하고 있는 것은 아니므로 (B)와 (D)는 모두 오답이다.

3
(A) The man is checking his e-mail.
(B) They are both looking at a computer.
(C) The woman is repairing some electronics.
(D) The man is picking up a laptop.

(A) 남자가 자신의 이메일을 확인하고 있다.
(B) 그들 모두 컴퓨터를 바라보고 있다.
(C) 여자가 몇몇 전자 제품들을 수리하고 있다.
(D) 남자가 노트북 컴퓨터를 들고 있다

어휘 electronics 전자 제품 pick up ~을 들다, 집다

해설 두 사람이 전자 제품 매장에서 노트북 한 대를 바라보고 있으므로 (B)가 정답이다. 남자가 '이메일을 확인하고 있는지(is checking his e-mail)'는 알 수 없고, 노트북을 '들고(is picking up)' 있지도 않으므로, (A)와 (D)는 정답이 아니다. 마찬가지로 여자가 전자 제품들을 '수리하고 있다(is repairing)'고도 볼 수 없기 때문에 (C) 또한 정답이 되지 못한다

4
(A) The bowling alley has many customers.
(B) He is eating food from a bowl.
(C) Bowlers are playing in all the lanes.
(D) He is holding a bowling ball.

(A) 볼링장에 많은 손님들이 있다.
(B) 그는 그릇에 있는 음식을 먹고 있다.
(C) 모든 레인에서 사람들이 볼링을 하고 있다.
(D) 그는 볼링 공을 잡고 있다.

어휘 bowling alley 볼링장 customer 손님, 고객 bowl 사발, 그릇 hold 잡다, 쥐다

해설 한 남자가 볼링장에서 볼링을 치고 있다. 사진에서는 이 남자 이외에 어떠한 사람도 보이지 않기 때문에 볼링장에 '많은 손님들(many customers)이 있다'거나 '볼링을 치는 사람들(bowlers)이 있다'고 설명한 (A)와 (C)는 정답이 아니다. (B)의 bowl은 음식을 담을 때 사용하는 '사발'을 의미하므로, (B)는 사진과 관련이 없는 진술이다. 따라서 남자가 '볼링 공을 잡고 있다(is holding a bowling ball)'고 사진을 묘사한 (D)가 정답이다.

Unit 03 | 가사, 주택, 공공장소 관련 사진

PART 1 유형 연습
p.036

Ⓐ
◀) 01-26

1 (a) ×	(b) ○	(c) ×
2 (a) ×	(b) ×	(c) ○
3 (a) ×	(b) ×	(c) ○
4 (a) ○	(b) ×	(c) ○

1
(a) The woman is watching television. (×)
(b) The woman is vacuuming the floor. (○)
(c) The woman is cleaning with a mop. (×)

(a) 여자가 텔레비전을 시청하고 있다.
(b) 여자가 진공청소기로 바닥을 청소하고 있다.
(c) 여자가 대걸레로 청소를 하고 있다.

어휘 vacuum 진공청소기로 청소하다 floor 바닥 mop 대걸레
해설 여자는 진공청소기로 바닥 청소를 하고 있으므로 (b)가 적절하게 사진을 묘사하고 있다.

2
(a) The man is showing his ticket to the conductor. (×)
(b) The woman is boarding an airplane. (×)
(c) Some people are in a subway station. (○)

(a) 남자가 안내원에게 티켓을 보여 주고 있다.
(b) 여자가 비행기에 탑승하고 있다.
(c) 몇몇 사람들이 지하철역에 있다.

어휘 conductor 지휘자; (버스나 기차의) 안내원, 승무원 board 탑승 하다 subway station 지하철역
해설 남자는 안내원으로 보이지 않으며, 여자가 탑승하려는 것은 지하철이므로 (a)와 (b)는 사진을 잘못 설명하고 있다.

3
(a) Several people are walking on the sidewalk. (×)
(b) Cars are parked on both sides of the road. (×)
(c) Buildings are on both sides of the road. (○)

(a) 몇 명의 사람들이 인도에서 걷고 있다.
(b) 도로의 양쪽에 차들이 주차되어 있다.
(c) 도로의 양쪽에 건물들이 있다.

어휘 in the middle of ~의 가운데에, ~의 중앙에
해설 사진에서 사람들은 보이지 않으며, 차들은 길 한쪽 편에만 주차되어 있다. 따라서 (a)와 (b)는 사진을 잘못 설명하고 있다.

4
(a) There are two planes on the runway. (○)
(b) The planes are parked at the terminal. (×)
(c) Both of the airplanes have propellers. (○)

(a) 활주로에 두 대의 비행기가 있다.
(b) 비행기들은 터미널에 세워져 있다.
(c) 두 비행기 모두에 프로펠러가 달려 있다.

어휘 runway 활주로 terminal 터미널 propeller 프로펠러
해설 비행기들이 있는 곳이 터미널인지는 알 수 없으므로 (b)는 잘못된 설명이다.

Ⓑ
◀) 01-27

1 (a)	2 (b)	3 (a)	4 (c)

1
(a) Dishes have been stacked on the counter.
(b) Food has been placed on some of the plates.
(c) The table has been set with dishes.

(a) 조리대에 접시들이 쌓여 있다.
(b) 몇몇 접시 위에 음식이 놓여 있다.
(c) 테이블 위에 접시들이 놓여 있다.

어휘 dish 접시; 요리 stack 쌓다 counter 카운터, 계산대; 조리대 plate 접시 set a table 상을 차리다
해설 사진에서 음식이나 테이블은 보이지 않으므로 (b)와 (c)는 모두 오답이다.

2
(a) A train is arriving at the station.
(b) A person is sitting on the bench.
(c) Commuters are going home from work.

(a) 기차가 역에 들어오고 있다.
(b) 한 사람이 벤치에 앉아 있다.
(c) 통근자들이 집으로 퇴근을 하고 있다.

어휘 commuter 통근자
해설 사진에 기차는 보이지 않으며, 퇴근하는 사람들 또한 보이지 않는다. 따라서 (a)와 (c) 모두 잘못된 설명이다.

3
(a) Some cushions are on the sofa.
(b) The mirror is located behind the sofa.
(c) The armchair is right in front of the curtains.

7

(a) 소파 위에 몇 개의 쿠션이 있다.
(b) 소파 뒤에 거울이 있다.
(c) 커튼 바로 앞에 팔걸이의자가 있다.

어휘 cushion 쿠션 locate 위치시키다, 놓다 armchair
팔걸이의자 curtain 커튼

해설 소파 뒤에 거울은 보이지 않으며, 사진에서 팔걸이의자도 보이지
않는다. 따라서 (b)와 (c)는 모두 오답이다.

4
(a) Some pedestrians are <u>crossing the street</u>.
(b) The cars are driving <u>through the intersection</u>.
(c) A woman is walking <u>on the crosswalk</u>.

(a) 몇몇 보행자들이 거리를 건너고 있다.
(b) 차들이 교차로를 지나가고 있다.
(c) 한 여자가 횡단보도를 건너고 있다.

어휘 pedestrian 보행자 intersection 교차로 crosswalk
횡단보도

해설 길을 건너는 사람은 한 명이므로 (a)는 오답이며, 차들은 서 있으
므로 (b)도 정답이 아니다.

예상 적중 문제 01　　　　p.038

☼ MORE & MORE　　　01 - 29

1. Cups are <u>on shelves behind</u> the people. (○)
2. There are <u>some appliances</u> in the kitchen. (○)
3. They are <u>eating a meal</u> in the kitchen. (×)

1. 사람들 뒤에 있는 선반에 컵이 있다.
2. 주방에 몇몇 기기들이 있다.
3. 그들은 주방에서 식사하고 있다.

예상 적중 문제 02　　　　p.039

☼ MORE & MORE　　　01 - 31

1. Paintings are <u>hanging on the wall</u>. (×)
2. A <u>fire is burning</u> in the fireplace. (×)
3. Pillows <u>have been placed</u> on the furniture. (○)

1. 벽에 그림이 걸려 있다.
2. 벽난로에 불이 타오르고 있다.
3. 가구 위에 베개들이 있다.

예상 적중 문제 03　　　　p.040

☼ MORE & MORE　　　01 - 33

1. A spiral <u>staircase is in</u> the house. (×)
2. There are windows <u>above the doors</u>. (○)
3. Some windows are <u>being washed</u>. (×)

1. 집 내부에 나선형 계단이 있다.
2. 문 위에 창문들이 있다.
3. 몇몇 창문들이 청소되고 있다.

어휘 spiral 나선형의 staircase 난간이 있는 계단

예상 적중 문제 04　　　　p.041

☼ MORE & MORE　　　01 - 35

1. Leaves <u>have fallen</u> on the sidewalk. (×)
2. A bicycle <u>is parked</u> on the sidewalk. (○)
3. Bushes are <u>in front of</u> the buildings. (○)

1. 인도에 나뭇잎들이 떨어져 있다.
2. 자전거가 인도에 주차되어 있다.
3. 건물 앞에 관목들이 있다.

Unit 03 | 연습 문제　　　　p.042

01 - 36

1 (B)	2 (C)	3 (A)	4 (B)

1
(A) She is putting food on the table.
(B) She is taking something out of the oven.
(C) She is removing food from the refrigerator.
(D) She is cooking meat on the stove.

(A) 그녀는 음식을 식탁에 놓고 있다.
(B) 그녀는 오븐에서 무언가를 꺼내고 있다.
(C) 그녀는 냉장고에서 음식을 꺼내고 있다.
(D) 그녀는 가스레인지로 고기를 익히고 있다.

어휘 out of ~에서 밖으로 remove 옮기다; 제거하다
refrigerator 냉장고

해설 한 여자가 주방에서 무엇을 하고 있는지를 묻고 있다. 사진에
서 여자는 '오븐에서(out of the oven)' 음식으로 보이는 것을 꺼내고
있으므로 이를 적절히 설명한 (B)가 정답이다. 가스레인지 위에 냄비
하나가 놓여 있기는 하지만, 여자가 가스레인지에서 '고기를 요리하
고 있는(is cooking meat)' 것인지는 알 수 없기 때문에 (D)는 정답이
아니다. 사진에서는 table(식탁)이나 refrigerator(냉장고)는 보이지
않으므로 (A)와 (C) 역시 정답이 될 수 없다.

2
(A) The man is getting up from the bench.
(B) A newspaper is being purchased.
(C) Trees are growing by the sidewalk.
(D) The woman is about to sit down.

(A) 남자가 벤치에서 일어나고 있다.
(B) 신문이 구입되고 있다.
(C) 인도 옆에서 나무들이 자라고 있다.
(D) 여자가 앉으려고 한다.

어휘 get up from ~에서 일어나다 　purchase 구매하다, 구입하다

해설 공원으로 보이는 장소에서 남자는 벤치에 앉아 신문을 보고 있고, 여자는 앞을 향해 걸어 가고 있다. '인도(sidewalk)'의 오른편에는 나무들이 늘어서 있기 때문에, '인도 옆에 나무들이 자라고 있다'고 말한 (C)가 정답이다. 남자는 앉아 있고, 여자는 걸어가고 있으므로 (A)와 (D)는 정답이 아니다. 또한 사진 속 어디에서도 신문이 '구매되고 있는(is being purchased)' 장면은 볼 수 없으므로 (B)도 정답이 될 수 없다.

3

(A) **A streetcar has stopped at the crosswalk.**
(B) Pedestrians are crossing the street.
(C) People are boarding the trolley.
(D) The street is full of cars.

(A) 전차가 횡단보도 앞에서 멈춰 섰다.
(B) 보행자들이 거리를 건너고 있다.
(C) 사람들이 전차에 탑승하고 있다.
(D) 거리는 차로 가득하다.

어휘 streetcar 시내 전차 　crosswalk 횡단보도 　pedestrian 보행자 　cross 건너다, 횡단하다 　board 탑승하다 　trolley 손수레; 전차

해설 전차 한 대가 정류장 앞에 서 있는 장면이다. 정류장 바로 앞에 '횡단보도(crosswalk)'가 있으므로, '전차(streetcar)가 횡단보도 앞에 멈춰 섰다'고 말한 (A)가 정답이다. 정류장 혹은 그 주변에 사람은 찾아볼 수 없으므로 '보행자(pedestrians)가 거리를 건너고 있다'거나 '사람들(people)이 전차에 탑승하고 있다'고 말한 (B)와 (C)는 모두 정답이 될 수 없다. 참고로, trolley는 슈퍼마켓에서 쓰는 '카트'나 '손수레'라는 의미도 있지만, (C)에서는 시내를 주행하는 '전차'라는 의미로 사용되었다. 도로 위에는 전차가 한 대만 있으므로 도로가 '차들로 가득하다(is full of cars)'고 말한 (D) 역시 오답이다.

4

(A) People are getting off the subway.
(B) **The subway is entering the station.**
(C) Subway tickets are being purchased.
(D) People are waiting in line.

(A) 사람들이 지하철에서 내리고 있다.
(B) 지하철이 역으로 들어오고 있다.
(C) 지하철 표가 구매되고 있다.
(D) 사람들이 줄을 서서 기다리고 있다.

어휘 get off ~에서 내리다, 하차하다 　in line 줄지어서, 줄을 서서

해설 승강장에 몇몇 사람들이 서 있고 역으로 지하철이 들어 오고 있다. 따라서 지하철이 '역으로 진입하고 있다(is entering the station)'고 말한 (B)가 정답이다. 이 문제의 경우에는 (D)가 가장 혼동을 유발하는 오답인데, 사람들이 지하철을 기다리고는 있으나 '줄을 서서 기다리고 있다(are waiting in line)'고 볼 수는 없으므로 (D)는 정답이 될 수 없다. 지하철이 아직 정차 전이므로 사람들이 '내리고 있다(are getting off)'고 말한 (A) 역시 오답이며, '지하철 표(subway tickets)'를 구매하고 있다'고 설명한 (C)는 승강장이 아니라 매표소의 광경을 묘사할 수 있는 보기이다.

PART 1 　실전 문제 연습　　p.044

◀》 01 - 37

| 1 (D) | 2 (D) | 3 (C) |
| 4 (C) | 5 (B) | 6 (C) |

1

(A) The mechanic is repairing the vehicle.
(B) He is driving the car on the road.
(C) The hood of the car has been opened.
(D) **The car is being manufactured.**

(A) 정비사가 차량을 수리하고 있다.
(B) 그는 도로에서 자동차를 운전하고 있다.
(C) 자동차의 후드가 열려 있다.
(D) 자동차가 생산되고 있다.

어휘 mechanic 정비사 　repair 수리하다 　vehicle 차량, 탈 것 　hood (자동차의) 후드, 보닛 　manufacture 제작하다, 제조하다

해설 이 사진의 배경이 정비소가 아닌 자동차 제조 시설이라는 것을 주의해야 한다. 그러므로 자동차가 '생산되고 있다(is being manufactured)'고 진술한 (D)가 정답이다. 이곳은 정비소가 아니기 때문에 (A)처럼 '수리하고 있다(is repairing)'는 내용은 정답이 될 수 없고, 남자가 운전석에 앉아 있지도 않으므로 (B)와 같이 '운전하고 있다(is driving)'고 설명할 수도 없다. 사진에서는 자동차의 '후드(hood)'가 열려 있는 것이 아니라, 아직 차량이 제조 단계에 있기 때문에 차의 내부가 보이는 것이므로 (C) 또한 정답이 아니다.

2

(A) A woman is checking out the room.
(B) Some fruit is being placed in a bowl.
(C) A woman is using her credit card.
(D) **Both women are looking at the paper.**

(A) 여자가 방을 둘러 보고 있다.
(B) 그릇에 몇 가지 과일들이 놓이고 있다.
(C) 여자가 신용 카드를 사용하고 있다.
(D) 두 여자 모두 용지를 보고 있다.

어휘 check out 살펴 보다, 둘러 보다; 체크아웃하다 　credit card 신용 카드

해설 데스크를 사이에 두고 한 여자는 문서를 가리키고 있고 다른 여자는 문서에 무언가를 쓰고 있다. 사진 속 장소가 호텔이라고 생각할 경우 check out이라는 말만 듣고 (A)를 정답으로 착각할 수도 있는데, (A)의 check out은 '둘러 보다'라는 뜻이다. 데스크 위에 과일 그릇이 있기는 하지만, 과일이 '놓여지고 있는 것(is being placed)'은 아니므로 (B)도 정답이 될 수 없다. 또한 사진에서 '신용 카드(credit card)'는 찾아볼 수 없으므로 (C) 또한 정답이 아니다. 따라서 사진을 가장 잘 설명한 것은 두 여자가 모두 '용지(paper)'를 보고 있다고 진술한 (D)이다.

3

(A) Boxes are stacked on a cart.
(B) There are packages on the street.
(C) Several packages are in the truck.
(D) The man is mailing a box.

(A) 카트에 박스들이 쌓여 있다.
(B) 거리에 포장물들이 있다.
(C) 트렁크 안에 포장물들이 있다.
(D) 남자가 박스를 우편으로 부치고 있다.

어휘 package 소포, 포장물 mail 우편; 우편으로 보내다

해설 한 직원이 트럭에서 박스를 운반하는 작업을 하고 있다. 차 안에 '포장물(packages)'이 있는 것으로 보아 이를 정확히 표현한 (C)가 정답이다. 카트에 놓여 있는 박스는 1개이므로 (A)는 정답이 될 수 없다. 도로 위에는 어떠한 박스도 놓여 있지 않으므로 '거리에 포장물들이 있다'고 설명한 (B)도 정답이 될 수 없다. 남자가 '박스를 우편으로 부치고 있다'고 묘사한 (D) 역시 정답이 될 수 없다.

4

(A) People are walking down the stairs.
(B) They are going up the escalator.
(C) People are seated near the windows.
(D) Everyone is facing the same direction.

(A) 사람들이 계단을 내려가고 있다.
(B) 그들은 에스컬레이터를 타고 올라가고 있다.
(C) 창가에 사람들이 앉아 있다.
(D) 모든 사람들이 같은 방향을 보고 있다.

해설 몇몇 사람들은 창가에 있는 소파에 앉아 있고, 몇몇 사람들은 계단을 통해 위층으로 올라가고 있다. 따라서 사람들이 '창가에(near the windows) 앉아 있다'고 설명한 (C)가 정답이다. 계단에 있는 사람들을 보면 모두 위로 올라가고 있으므로 '계단을 내려가고 있다(are walking down the stairs)'라고 설명한 (A)는 정답이 될 수 없다. 또한 '에스컬레이터(escalator)'는 보이지 않으므로 (B) 역시 정답이 아니다. (D)는 모든 사람들이 '같은 방향을 향하고 있다(is facing the same direction)'고 설명하는데, 소파에 앉아 있는 사람들을 고려해 볼 때 이는 사실이 아님을 알 수 있다.

5

(A) The woman is putting on a tie.
(B) The woman is using a telephone.
(C) The woman is sitting at her desk.
(D) The woman is dialing a number.

(A) 여자가 넥타이를 매는 중이다.
(B) 여자가 전화를 사용하고 있다.
(C) 여자가 책상에 앉아 있다.
(D) 여자가 전화번호를 누르고 있다.

해설 이 문제의 경우, 전화와 관련된 표현 중 사진의 상황과 일치하는 진술을 찾으면 되는데, 보기 중에서는 '전화를 사용하고 있다(is using a telephone)'고 말한 (B)가 가장 적절한 설명이다. 넥타이를 착용한 (is wearing) 상태이기 때문에, 지금 넥타이를 매고 있다는(is putting

on) 내용의 (A)는 정답이 될 수 없다. 그리고 여자가 '앉아 있다(is sitting)'거나 '전화번호를 누르고 있다(is dialing a number)'고 설명한 (C)와 (D)도 정답이 될 수 없다.

6

(A) The attendees appear to be bored.
(B) A computer monitor is on the table.
(C) Chairs have been placed around the table.
(D) People are seated for a board meeting.

(A) 참석자들은 지루해 보인다.
(B) 테이블 위에 컴퓨터 모니터가 있다.
(C) 테이블 주위에 의자들이 놓여 있다.
(D) 사람들은 이사회 회의를 위해 앉아 있다.

어휘 attendee 참석자 appear to ~처럼 보이다 bored 지루한 place 놓다. 두다; 장소 board meeting 이사회 (회의)

해설 인물이 보이지 않는 사물 중심 사진이다. 테이블 주위에는 의자들이 놓여 있고 전면의 벽에는 화이트보드가 걸려 있는 회의실을 볼 수 있다. 사물을 설명하고 있는 보기는 (B)와 (C)인데, 이 중에서 테이블 주변에 '의자들(chairs)이 놓여 있다'는 내용의 (C)가 정답이며, 테이블 위에 '컴퓨터 모니터(computer monitor)'가 놓여 있지 않으므로 (B)는 정답이 아니다. 사진에서 사람은 찾아볼 수 없으므로 각각 attendees(참석자들)와 people(사람들)을 언급하고 있는 (A)와 (D)는 정답에서 제외된다.

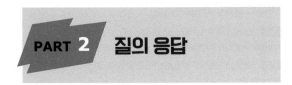

PART 2 | 질의 응답

Unit 01 | 질문 | (의문사 의문문)

PART 2 유형 연습 p.052

Ⓐ 🔊 02-02

1 (a) ×	(b) ○
2 (a) ○	(b) ×
3 (a) ○	(b) ×
4 (a) ○	(b) ○
5 (a) ×	(b) ○
6 (a) ×	(b) ○

1

How much does it cost to park here?
(a) Yes, this is a parking garage. (×)
(b) It's two dollars per hour. (○)

이곳에 주차를 하면 비용이 얼마나 드나요?
(a) 네, 이곳은 주차장이에요.
(b) 시간당 2달러예요.

어휘 parking garage 주차장, 주차용 건물
해설 비용을 묻는 질문이므로 자연스러운 답변은 (b)뿐이다.

2

Why hasn't the Accounting Department reimbursed me yet?
(a) There's a problem with the paperwork. (○)
(b) No, you don't owe any money. (×)

회계부에서 왜 제게 비용을 지급해 주지 않나요?
(a) 서류 작업에 문제가 있어요.
(b) 아니요, 당신은 빚을 지고 있지 않아요.

어휘 reimburse 배상하다, 변제하다 paperwork 문서 작업, 서류 작업 owe 빚지다
해설 의문사 의문문이므로 no로 답한 (b)는 답변이 될 수 없다.

3

How often does your company hire new workers?
(a) Every six months or so. (○)
(b) Yes, we hired some new employees. (×)

당신 회사는 얼마나 자주 새로운 직원을 모집하나요?
(a) 대략 6개월마다요.
(b) 네, 우리는 신입 사원을 몇 명 고용했어요.

해설 의문사 의문문에 yes로 답할 수 없으므로 (b)는 적절하지 못한 답변이다.

4

When is Ms. Camarillo scheduled to get here?
(a) She's coming on the 10:00 bus. (○)
(b) She should be here any minute. (○)

Camarillo 씨가 언제 여기에 올 것으로 예정되어 있나요?
(a) 10시 버스를 타고 오고 있어요.
(b) 곧 여기에 도착할 거예요.

해설 도착 시간을 묻는 질문이므로, 버스의 도착 시간으로 답한 (a)와 곧 도착할 것이라는 내용의 (b) 모두 답변이 될 수 있다.

5

What city will the seminar take place in?
(a) For three or four days. (×)
(b) Detroit, I believe. (○)

세미나가 어느 도시에서 열리는 건가요?
(a) 3일이나 4일 동안요.
(b) 디트로이트로 알고 있어요.

어휘 take place 일어나다, 발생하다
해설 장소를 묻는 질문이므로 (b)가 적절한 답변이다.

6

How much was the shipping fee?
(a) Four to six business days. (×)
(b) A bit more than ten dollars. (○)

운송료가 얼마였나요?
(a) 영업일 기준으로 4일에서 6일요.
(b) 10달러가 약간 넘었어요.

어휘 shipping fee 운송료 business day 평일, 영업일
해설 운송료가 얼마인지 묻고 있으므로 액수로 답한 (b)가 답변으로 자연스럽다.

Ⓑ 🔊 02-04

1 (b)	2 (a)	3 (b)
4 (b)	5 (b)	6 (a)

1

What's going to happen after lunch?
(a) We're eating at the cafeteria downstairs.
(b) A speech will be given by Dr. Carter.

점심 식사 후에는 어떤 일이 있나요?
(a) 우리는 아래층 구내 식당에서 식사를 하고 있어요.
(b) Carter 박사님의 강연이 있을 거예요.

어휘 cafeteria 구내 식당, 카페테리아 downstairs 아래층에
해설 예정된 일을 묻는 질문이므로 미래 시제로 답한 (b)가 정답이다.

2

Why didn't anybody tell me about the change in plans?
(a) I just heard about them ten minutes ago.
(b) Yes, the plans changed last night.

왜 아무도 저에게 일정상의 변경 사항을 알려 주지 않았나요?
(a) 저도 그에 대해 10분전에야 들었어요.
(b) 네, 계획이 어젯밤에 변경되었어요.

해설 의문사 의문문에 대해 yes로 답한 (b)는 정답이 될 수 없다.

3

What is this item going to be sold for?
(a) Available in stores next week.
(b) Marketing is still trying to decide.

이 제품은 얼마에 판매될까요?
(a) 다음 주에 매장에서 구입이 가능해요.
(b) 마케팅부가 결정을 하려고 노력 중이에요.

해설 제품이 판매될 가격을 묻는 질문이므로 대해 마케팅 부서에서 결정하려고 노력 중이라는 답변이 어울린다.

4

How much does a one-way ticket cost?
(a) About four hours.
(b) More than five hundred dollars.

편도 티켓은 비용이 얼마인가요?
(a) 4시간 정도요.
(b) 5백 달러 이상요.

어휘 one-way 편도의
해설 비용을 묻는 질문이므로 (b)가 정답이다.

5

What made you be late for the meeting?
(a) It's starting to get late.
(b) My alarm clock didn't go off.

왜 회의에 늦었나요?
(a) 늦어지고 있어요.
(b) 알람 시계가 울리지 않았어요.

어휘 be starting to ~할 것이다   go off (알람 등이) 울리다
해설 알람 시계가 울리지 않았다는 (b)가 회의에 늦은 이유를 묻는 질문에 대한 답변으로 적절하다.

6

What type of material is the product made of?
(a) I believe it's stainless steel.
(b) Yes, that material is in stock.

그 제품은 어떤 종류의 재료로 만들어져 있나요?
(a) 스테인리스 강으로 알고 있어요.

(b) 네, 그 재료는 보유하고 있어요.

어휘 material 물질, 재료   be made of ~으로 이루어지다
stainless steel 스테인리스 강   in stock 재고로 있는, 보유 중인
해설 의문사 의문문에 대해 yes/no로 답할 수 없으므로 (b)는 정답이 될 수 없다.

예상 적중 문제 01　　　　p.054

☼ **MORE & MORE**　　　　🔊 02-07

1. Yes, it's quite a decline. (×)
2. Customers dislike our new products. (○)
3. You're right. That item is on sale. (×)

1. 네, 그것은 상당한 감소예요.
2. 고객들은 우리의 신제품을 좋아하지 않아요.
3. 맞아요. 그 제품은 할인 중이에요.

어휘 decline 감소   customer 고객   on sale 판매되는; 할인 중인

예상 적중 문제 02　　　　p.055

☼ **MORE & MORE**　　　　🔊 02-09

1. I was out of the office all day. (○)
2. Actually, I did respond to it. (○)
3. Yes, that was my answer. (×)

1. 저는 하루 종일 사무실에 없었어요.
2. 사실, 저는 그 메일에 답장했어요.
3. 네, 그것이 제 답변이었어요.

예상 적중 문제 03　　　　p.056

☼ **MORE & MORE**　　　　🔊 02-11

1. He's always really busy. (×)
2. On business, for sure. (×)
3. To Dallas for a week. (○)

1. 그는 언제나 몹시 바빠요.
2. 틀림없이 업무상으로요.
3. 1주일 동안 댈러스로요.

어휘 on business 업무로   for sure 확실히, 틀림없이

예상 적중 문제 04　　　　p.057

☼ **MORE & MORE**　　　　🔊 02-13

1. Susie West can answer that question. (○)
2. I'm not actually sure about that. (○)
3. The next update is tomorrow. (×)

1. Susie West가 그 질문에 대답할 수 있을 거예요.
2. 사실 저는 그것에 대해 확실하게 알지는 못해요.
3. 다음 업데이트는 내일 있을 거예요.

예상 적중 문제 05
p.058
☀ MORE & MORE ◀》02-15

1. The one made by SDL, Inc. (○)
2. No, that one isn't recommended. (×)
3. More than one million customers. (×)

1. SDL 사에서 만든 거예요.
2. 아니요, 그것은 추천받지 못했어요.
3. 백만 명 이상의 고객들요.

예상 적중 문제 06
p.059
☀ MORE & MORE ◀》02-17

1. The same as the last time. (○)
2. Yes, that's a sufficient amount. (×)
3. I just signed the contract. (×)

1. 지난번과 같이요.
2. 네, 그것은 충분한 액수예요.
3. 저는 방금 계약서에 서명했어요.

Unit 02 | 질문 II (일반 의문문)

PART 2 유형 연습
p.062

Ⓐ
◀》02-19

1 (a) ○	(b) ×	
2 (a) ○	(b) ×	
3 (a) ○	(b) ○	
4 (a) ×	(b) ×	
5 (a) ○	(b) ×	
6 (a) ×	(b) ×	

1
Does Mr. Jackson have a copy of the contract?
(a) I believe so. (○)
(b) Yes, I signed the contract. (×)

Jackson 씨께서 계약서 사본을 가지고 계신가요?
(a) 그런 것으로 알고 있어요.
(b) 네, 제가 계약서에 서명을 했어요.

어휘 contract 계약, 계약서
해설 계약서 사본을 갖고 있는지 묻는 질문에 대해 계약서에 서명했다는 내용의 (b)는 자연스럽지 않은 답변이다.

2
Are you being considered for a transfer?
(a) Not as far as I know. (○)
(b) From Tokyo to Seoul. (×)

당신이 전근 대상자로 고려되고 있나요?
(a) 제가 알기로는 아니에요.
(b) 도쿄에서 서울로요.

어휘 as far as ~하는 한 from A to B A에서 B까지
해설 전근 대상자로 고려되고 있는지 묻는 질문에 대해 장소로 답한 (b)는 적절하지 않은 답변이다.

3
Is Mr. Tanaka going to handle the translations?
(a) Yes, I believe so. (○)
(b) Actually, Ms. Sanderson will. (○)

Tanaka 씨께서 통역을 맡으실 건가요?
(a) 네, 그렇다고 알고 있어요.
(b) 실은 Sanderson 씨께서 하실 거예요.

어휘 handle 다루다, 처리하다 translation 번역
해설 Tanaka 씨가 통역을 맡을 것인지 여부를 묻는 질문에 대해, 맞다고 확인해 주고 있는 (a)와 다른 사람이 맡을 것이라고 한 (b) 모두 적절한 응답이다.

4
Is the game going to start soon?
(a) A soccer match. (×)
(b) At the nearby stadium. (×)

경기가 곧 시작될 건가요?
(a) 축구 경기요.
(b) 인근 경기장에서요.

어휘 match 경기, 시합 nearby 인근의, 근처의 stadium 경기장, 스타디움
해설 경기가 시작될 것인지를 묻는 질문에 대해 경기의 종류로 답한 (a)와 경기 장소를 말한 (b) 모두 적절하지 않은 답변이다.

5
Will Mr. Roberts explain how to use the program to you?
(a) He already did that. (○)
(b) Sure, I can show you what to do. (×)

Roberts 씨가 당신에게 프로그램 사용법을 설명할 건가요?
(a) 이미 그렇게 했어요.
(b) 물론이에요, 제가 어떻게 하는지 알려 드릴 수 있어요.

어휘 explain 설명하다 already 이미
해설 Roberts 씨가 사용법을 설명할 것인지 묻는 질문에 대해, 본인이 설명해 주겠다는 (b)는 적절하지 않은 대답이다.

6

Did somebody just <u>visit the office</u>?
(a) On the <u>second floor</u>. (×)
(b) Closed for the <u>rest of the day</u>. (×)

누군가가 사무실을 방문했나요?
(a) 2층에서요.
(b) 오늘 남은 시간 동안은 문을 닫아요.

해설 (a)와 (b) 모두 사무실을 방문한 사람이 있었는지 확인하는 질문에 대한 답변이 될 수 없는 내용이다.

Ⓑ ◖02-21

1 (a)	2 (a)	3 (a)
4 (a)	5 (a)	6 (b)

1

Is Ms. Compton <u>handling the reservations</u>?
(a) <u>No</u>, Mr. Kimball's <u>doing that</u>.
(b) On the 9:30 A.M. train.

Compton 씨가 예약을 담당할 건가요?
(a) 아니요, Kimball 씨가 할 거예요.
(b) 오전 9시 30분 기차에서요.

해설 Compton 씨가 예약을 담당할 것인지 여부를 질문에 대해 다른 사람이 담당할 것이라고 답한 (a)가 정답이다.

2

Are <u>you looking</u> for a new job?
(a) <u>Not at the moment</u>.
(b) I <u>work at the factory</u> downtown.

새로운 일자리를 찾고 있나요?
(a) 지금은 아니에요.
(b) 저는 시내 중심가의 공장에서 일을 해요.

해설 일자리를 찾고 있는지 묻는 질문에 대해 아니라고 답한 (a)가 정답이다.

3

Does Cindy <u>plan to work overtime</u> tonight?
(a) Why don't you <u>ask her yourself</u>?
(b) <u>She's been working</u> since 8:30.

Cindy가 오늘 밤에 야근을 할 계획인가요?
(a) 그녀에게 직접 물어보는 것이 어때요?
(b) 그녀는 8시 30분부터 계속 일을 하고 있어요.

어휘 work overtime 초과 근무를 하다, 야근하다
해설 Cindy가 야근할 것인지 묻고 있는데, 직접 물어보라고 답한 (a)가 자연스러운 답변이다.

4

Are you <u>applying for a transfer</u>?
(a) I'm <u>considering doing that</u>.
(b) She <u>transferred from</u> San Diego.

전근을 신청하실 건가요?
(a) 그렇게 하려고 생각 중이에요.
(b) 그녀는 샌디에이고에서 전근을 왔어요.

어휘 apply for ~을 신청하다, ~에 지원하다   consider 고려하다, 생각하다
해설 (b)는 전근을 신청할 것인지를 묻는 질문에 대한 답변이 될 수 없는 내용이다. 질문의 transfer를 반복하여 혼동을 유발한 오답이다.

5

Are you not <u>feeling well</u> today?
(a) <u>I'm fine</u>. Why do you ask?
(b) No, Jane's <u>out with the flu</u>.

오늘은 기분이 좋지 않으신가요?
(a) 저는 괜찮아요. 왜 물으시는 거죠?
(b) 아니요, Jane은 독감에 걸렸어요.

어휘 be out with the flu 감기에 걸리다
해설 기분이 좋지 않은지를 묻는 질문에 대해 괜찮다고 답한 (a)가 자연스러운 답변이다.

6

Have you <u>taken the exam</u> for your license yet?
(a) Yes, he has a <u>driver's license</u>.
(b) No, it's <u>scheduled for next week</u>.

면허 시험을 벌써 보았나요?
(a) 네, 그는 운전면허증을 가지고 있어요.
(b) 아니요, 다음 주에 예정되어 있어요.

해설 면허 시험을 보았는지 여부를 물었으므로, 아니라고 답한 (b)가 자연스러운 답변이다.

예상 적중 문제 ❶   p.064

☼ **MORE & MORE** ◖02-24

1. The new worker has <u>lots of potential</u>. (×)
2. <u>I'm positive</u> it's going to happen. (×)
3. Ms. Garber <u>told me a bit</u> about it. (○)

1. 그 신입 사원은 많은 잠재력을 갖고 있어요.
2. 그렇게 될 거라고 확신해요.
3. Garber 씨가 저에게 그것에 대해 약간 얘기했어요.

어휘 potential 잠재력   positive 긍정적인

1. I didn't go to <u>last year's event</u>. (×)
2. <u>I'm a member of</u> the marketing team. (×)
3. Sure. Where's it <u>taking place</u>? (○)

1. 저는 작년 행사에 가지 않았어요.
2. 저는 마케팅 부서의 팀원이에요.
3. 물론이죠. 어디에서 열리나요?

1. <u>She resigned</u> two weeks ago. (○)
2. No, I don't <u>have an appointment</u> with her. (×)
3. <u>It's located</u> on the third floor. (×)

1. 그녀는 2주 전에 그만뒀어요.
2. 아니요, 저는 그녀와 약속을 잡지 않았어요.
3. 그것은 3층에 위치해 있어요.

어휘 resign 사직하다, 물러나다   appointment 약속

1. We <u>exceeded our budget</u> last month. (×)
2. If everyone <u>works on it together</u>. (○)
3. I'll <u>do my best</u> to make that happen. (○)

1. 우리는 지난달에 우리의 예산을 초과했어요.
2. 모든 사람이 그 일을 함께 한다면요.
3. 그렇게 되도록 최선을 다 할게요.

어휘 exceed 초과하다   budget 예산

1. Not <u>as far as I know</u>. (○)
2. The files are <u>in the storage room</u>. (×)
3. She did <u>everything alone</u>. (○)

1. 제가 알기로는 그렇지 않아요.
2. 파일들은 창고에 있어요.
3. 그녀는 혼자서 모든 것을 했어요.

어휘 as far as ~하는 한   storage room 창고

1. <u>It starts</u> at 9:00 in the morning. (×)
2. He's <u>traveling to</u> Austin <u>then</u>. (○)
3. He told me <u>he'll be there</u>. (○)

1. 그것은 아침 9시에 시작해요.
2. 그는 그때 오스틴으로 이동 중일 거예요.
3. 그는 참석할 것이라고 저에게 말했어요.

1. <u>It ends</u> three days from now. (○)
2. <u>Fifty percent off</u> some items. (×)
3. <u>It's the one</u> at the shopping center. (×)

1. 그것은 지금부터 3일 뒤에 끝나요.
2. 몇몇 품목들은 50% 할인해요.
3. 그것은 쇼핑 센터에 있는 한 가지예요.

Unit 01-02 | 연습 문제   p.071

1 (B)	2 (C)	3 (B)
4 (A)	5 (C)	6 (B)
7 (A)	8 (B)	9 (C)
10 (C)	11 (B)	12 (B)
13 (B)	14 (C)	15 (C)

1

What's your opinion of the revised plans?
(A) Sue is revising them.
(B) I haven't seen them yet.
(C) He told me his plans.

수정안에 대한 당신의 의견은 어떤가요?
(A) Sue가 수정을 하고 있어요.
(B) 저는 아직 보지 못했어요.
(C) 그가 저에게 자신의 계획을 말해 주었어요.

해설 「What's your opinion of ~?」는 상대방의 의견을 물어볼 때 사용되는 표현으로, 원칙적으로 '자신의 의견'이 대답으로 제시되어야 한다. 하지만 이와 같이 전형적인 답변이 아니라도 정답이 될 수 있는 데, 이 문제의 경우에 '아직 보지 못했다'고 답한 (B)가 가장 자연스러운 답변이 된다. (A)는 질문에서 사용된 revised(수정된)라는 단어를 이용한 함정이며, (C)는 질문과 전혀 상관없는 답변이다.

2

Why didn't you respond to my e-mail?
(A) That's right. I already read it.
(B) Yes, I sent you the e-mail.
(C) I haven't had a chance yet.

왜 저의 이메일에 답장을 하지 않았나요?
(A) 맞아요. 저는 이미 읽어보았어요.
(B) 네, 저는 당신에게 이메일을 보냈어요.
(C) 아직까지 기회가 없었어요.

해설 의문사 why를 이용하여 이메일에 답장을 하지 않은 이유를 묻고 있기 때문에 '(답장할) 기회가 없었다'고 그 이유를 밝힌 (C)가 정답이다. '이미 읽어보았다'는 의미인 (A)는 회신을 하지 않은 이유로 적절하지 않으며, (B)의 경우에는 의문사 의문문에 yes라고 답하고 있으므로 이 역시 정답이 될 수 없다. (B)를 'I already sent you the e-mail(이미 이메일을 보냈다)'과 같이 수정하면 이 역시 정답이 될 수 있을 것이다.

3

Do you know why Mary isn't in her office today?
(A) It's located right down the hall.
(B) I heard she's on a business trip.
(C) She's meeting some clients there.

Mary가 오늘 사무실에 없는 이유를 알고 있나요?
(A) 그곳은 복도 끝에 위치해 있어요.
(B) 그녀가 출장 중이라고 들었어요.
(C) 그녀는 그곳에서 몇 명의 고객들을 만나고 있어요.

해설 일반 의문문의 형태를 가지고 있지만, 실제로는 Mary가 사무실에 없는 이유를 묻고 있다. 따라서 이에 대한 적절한 응답은 '출장 중이다'라는 이유를 밝힌 (B)이다. (A)는 장소나 위치를 묻는 질문에 적합한 응답이며, (C)는 어디인지가 불분명한 there를 언급했으므로 정답이 될 수 없다. 만약 there가 아닌 사무실 이외의 구체적인 장소를 언급했다면 (C)도 정답이 될 수 있을 것이다.

4

Where are you going on your next business trip?
(A) To Toronto, I believe.
(B) On Wednesday morning.
(C) For eight or nine days.

다음 번 출장은 어디로 가실 건가요?
(A) 제가 알기로는 토론토로요.
(B) 수요일 오전이에요.
(C) 8일이나 9일 동안요.

해설 의문사 where를 이용하여 다음 출장지를 묻고 있으므로 '장소'로 대답하는 것이 가장 자연스럽다. 따라서 '토론토'라고 출장지를 밝힌 (A)가 정답이다. (B)는 '시간'을 묻는 질문에, (C)는 '기간'을 묻는 질문에 어울리는 대답으로서 이들은 모두 정답이 될 수 없다.

5

What's the topic of this weekend's seminar?
(A) On Saturday from three to five.
(B) Ninety dollars to register.
(C) How to improve your sales techniques.

이번 주말의 세미나 주제가 무엇인가요?
(A) 토요일 3시에서 5시까지요.
(B) 등록하는 데 90달러예요.
(C) 판매 기술을 향상시키는 법요.

어휘 from A to B A에서 B까지 register 등록하다 improve 향상시키다, 개선시키다 sales techniques 판매 기술

해설 what 뒤에 이어지는 topic까지 들어야 문제를 풀 수 있다. 세미나의 주제가 무엇인지를 묻는 질문에 대해 주제를 알려 주고 있는 (C)가 정답이다.

6

Why do you want to exchange this blouse?
(A) I purchased it here yesterday.
(B) It doesn't fit properly.
(C) Yes, I'd like to exchange some money.

왜 이 블라우스를 교환하고자 하시나요?
(A) 저는 그것을 어제 여기에서 구입했어요.
(B) 잘 맞지 않아서요.
(C) 네, 저는 환전을 하고 싶어요.

어휘 exchange 교환하다 purchase 구입하다, 구매하다 fit 들어맞다 properly 적절하게

해설 의문사 why를 이용하여 블라우스를 교환하고자 하는 이유를 묻고 있다. 따라서 옷이 '잘 맞지 않는다(doesn't fit properly)'고 그 이유를 밝힌 (B)가 정답이다. 어제 '그것을 샀다(purchased it)'고 말한 (A)는 교환의 이유가 될 수 없으며, (C)는 질문의 exchange라는 단어를 중복 사용한 함정으로, 여기서의 exchange money는 '환전하다'라는 의미이다.

7

Do you know when the contract expires?
(A) On the last day of the month.
(B) Two years ago, I believe.
(C) For the next three weeks.

계약이 언제 만료되는지 알고 있나요?
(A) 이번 달 마지막 날에요.
(B) 제가 알기로는 2년 전이에요.
(C) 이후 3주 동안요.

해설 「Do you know ~?」의 형태를 갖춘 의문문에서는 do you know 이후의 내용을 집중해서 들어야 한다. 즉, 질문에서 '계약이 언제 만료되는지'를 묻고 있으므로 이에 대한 적절한 응답은 '이번 달 말일'이라는 특정 시점을 언급하고 있는 (A)이다. 계약이 만료되는 때를 묻는 질문에 '2년 전'이라는 과거를 말하고 있는 (B)와, '기간'을 언급하고 있는 (C)는 적절하지 못한 대답이다.

8

Why is Ms. Jackson in such a hurry?
(A) She's working in her office now.
(B) She's late for a meeting.
(C) Yeah, we had better hurry up.

Jackson 씨가 왜 그렇게 서두르죠?
(A) 그녀는 지금 사무실에서 일을 하고 있어요.
(B) 그녀가 회의에 늦었어요.
(C) 예, 우리가 서두르는 것이 좋겠어요.

해설 질문에서 Jackson 씨가 '서두르는(in such a hurry)' 이유를 묻고 있기 때문에, '회의에 늦어서(late for a meeting)'라고 그 이유를 밝힌 (B)가 가장 자연스러운 답변이다. 질문이 '그녀가 어디에서 무엇을 하고 있는지'를 물어본 것은 아니므로 (A)는 정답이 될 수 없고, (C)는 '우리가 서두르는 편이 낫다'는 의미이므로 주어진 질문과 전혀 어울리지 않는 답변이다.

9

Where does Mr. Daniels want to meet us?
(A) At four o'clock.
(B) With Ms. Parker.
(C) In the downstairs lobby.

Daniels 씨는 어디에서 우리와 만나고 싶어 하나요?
(A) 4시 정각이에요.
(B) Parker 씨와 함께요.
(C) 아래층 로비에서요.

어휘 downstairs 아래층; 1층; 아래층에서

해설 질문이 where로 시작하고 있으므로 그에 대한 대답에서는 장소가 언급되어야 한다. Daniels 씨가 어디에서 만나기를 원하는지 묻고 있는 질문에 '아래층 로비'라는 장소로 대답한 (C)가 정답이다. (A)는 '시각'을 묻는 질문에, (B)는 '동행인'을 묻는 질문에 어울리는 답변이다.

10

Is it possible to exchange this skirt for something else?
(A) You can exchange currency on the second floor.
(B) Yes, we offer a wide selection of skirts.
(C) Only if you brought the receipt with you.

이 치마를 다른 것으로 교환하는 것이 가능할까요?
(A) 환전은 2층에서 하실 수 있어요.
(B) 네, 저희는 다양한 치마를 제공해 드리고 있습니다.
(C) 영수증을 지참하신 경우에 한해서요.

해설 일반 의문문을 이용해 치마를 교환하는 것이 가능한지를 묻고 있다. 이에 대해 '영수증(receipt)'을 지참한 경우에는 가능하다며 교환의 조건을 알려 준 (C)가 가장 자연스러운 대답이다. (A)는 질문의 exchange를 반복 사용하여 혼동을 유발하고 있는 오답인데, exchange currency는 '환전하다'라는 의미이다. (B) 역시 질문에서 언급된 skirt를 중복 사용하여 오답을 유도하고 있는 함정이다. be동사로 시작하는 의문문이라고 해서 yes/no로 시작하는 보기만이 정답일 것이라고 미리 판단해서는 안 된다.

11

Why is James Martin scheduled to interview today?
(A) That's right. At two thirty.
(B) He can't make it any other day.
(C) No, I have never met him.

James Martin이 왜 오늘 면접을 보기로 예정되어 있나요?
(A) 맞아요. 2시 30분에요.
(B) 다른 날에는 그가 올 수 없어서요.
(C) 아니요, 저는 그를 만난 적이 없어요.

어휘 be scheduled to ~하기로 예정되어 있다 interview 면접을 보다 make it 시간에 맞춰 오다

해설 why로 시작하는 의문문으로서, Martin이라는 사람이 오늘 면접을 봐야 하는 이유를 묻고 있다. 의문사 의문문이므로 (A)와 같이 that's right, (C)와 같이 no로 답할 수 없다. 정답은 (B)로서, 다른 날에는 그 사람이 올 수 없기 때문이라고 이유를 설명하고 있다.

12

What was your impression of the last person we interviewed?
(A) In the next couple of minutes.
(B) I'd offer him the job.
(C) His name was Daniel Lewis.

마지막으로 면접을 본 사람의 인상은 어땠나요?
(A) 앞으로 2분 후에요.
(B) 그에게 일자리를 제안하겠어요.
(C) 그의 이름은 Daniel Lewis였어요.

어휘 impression 인상

해설 마지막으로 면접을 본 사람의 인상에 대해 묻고 있는데, 그에게 일자리를 제안하겠다고 말하며 긍정적인 평가를 하고 있는 (B)가 자연스러운 답변이다. 시간을 말하고 있는 (A)와 사람의 이름을 언급하고 있는 (C)는 모두 정답이 될 수 없다.

13

How long will it take to fly to Paris?
(A) This Thursday morning.
(B) About five and a half hours.
(C) A seat by the window.

비행기로 파리까지 가는 데 시간이 얼마나 걸릴까요?
(A) 이번 주 목요일 오전요.
(B) 약 5시간 30분요.
(C) 창가 쪽 자리에요.

해설 how long은 보통 길이를 물을 때 쓰이는 표현인데, 그 뒤에 take(시간이 걸리다)라는 동사가 등장하면 시간의 길이, 즉 '기간'을 묻는 의미가 된다. 주어진 질문은 '파리까지 가는 시간'을 묻고 있으므로 '5시간 30분'이라는 시간으로 대답한 (B)가 정답이다. '특정 날짜'를 언급하고 있는 (A)와 '좌석의 종류'를 언급하고 있는 (C)는 모두 정답이 될 수 없다.

14

Did someone call a taxi?
(A) All the way to the airport.
(B) Yes, by subway.
(C) **Karen said she would.**

누군가가 택시를 불렀나요?
(A) 공항까지 계속요.
(B) 네, 지하철로요.
(C) Karen이 그렇게 하겠다고 말했어요.

해설 '누군가가 택시를 불렀는지'를 묻고 있으므로 'Karen이 그렇게 하겠다고 말했다'고 답한 (C)가 가장 자연스러운 답변이다. '공항까지 계속'이라는 의미인 (A)는 질문과 전혀 관련이 없는 답변이며, 교통 수단을 언급하고 있는 (B) 역시 질문에 어울리지 않는 답변이다.

15

Why isn't the fax machine working?
(A) Yes, I sent the client the fax.
(B) He doesn't work until noon.
(C) **Is there a problem with it?**

팩스 기기가 왜 작동을 하지 않고 있나요?
(A) 네, 제가 고객에게 팩스를 보냈어요.
(B) 그는 12시까지 일을 하지 않아요.
(C) 기기에 문제가 있나요?

해설 의문사 why를 이용하여 팩스 기기가 작동하고 있지 않은 '이유'를 묻고 있다. (A)는 질문의 fax라는 단어를 이용한 함정이며, (B)는 질문의 work라는 단어를 이용한 함정으로, 여기에서의 work는 '일하다'라는 의미이다. 따라서 가장 자연스러운 답변은 상대방의 질문에 '팩스 기기에 문제가 있는지'를 되묻은 (C)이다.

Unit 03 | 요청, 제안 및 부탁

PART 2 유형 연습 p.074

Ⓐ ◀))02-39

1 (a) ×	(b) ○
2 (a) ○	(b) ×
3 (a) ×	(b) ×
4 (a) ○	(b) ×
5 (a) ×	(b) ×
6 (a) ×	(b) ○

1

We ought to go over the terms of the contract again.
(a) I've been over there before. (×)
(b) Let's do that in ten minutes. (○)

우리는 계약 조건을 다시 한 번 검토해야 해요.
(a) 저는 예전에 그곳에 가 본 적이 있어요.
(b) 10분 후에 그렇게 하죠.

어휘 go over 검토하다 term 기간; 조건 over there 저쪽에
해설 go over는 검토하다라는 의미로서, 계약서를 검토하는 제안에 대해 10분 후에 검토하자고 동의한 (b)만이 자연스러운 답변이다.

2

Let's discuss this matter at this afternoon's meeting.
(a) That's fine with me. (○)
(b) In a meeting with the CEO. (×)

오늘 오후 회의에서 이 문제를 논의하죠.
(a) 저는 좋아요.
(b) 대표 이사님과의 회의에서요.

해설 문제를 논의하자는 제안에 대해 회의에서 대표이사와 논의하자는 내용의 (b)는 자연스럽지 못한 답변이다.

3

How about applying to work at this company?
(a) Yes, that's where she works. (×)
(b) We can apply another method. (×)

이 회사의 일자리에 지원하는 것이 어때요?
(a) 네, 그곳은 그녀가 일하는 곳이에요.
(b) 다른 방법을 적용해 볼 수 있어요.

어휘 apply 지원하다; 적용하다 method 방법
해설 (a)는 질문의 work을, (b)는 apply를 반복한 답변들로서, 둘 다 질문에 대한 답변으로 자연스럽지 않다.

4

I could give you a tour of the facilities.
(a) I'd appreciate that. (○)
(b) Yes, he went on the tour. (×)

제가 시설 견학을 시켜 드릴 수 있어요.
(a) 그렇게 해 주시면 고맙겠어요.
(b) 네, 그는 여행을 떠났어요.

어휘 tour 여행; 견학 facility 시설 go on the tour 여행을 떠나다
해설 시설을 견학시켜 주겠다는 제안에 대해 감사하는 의미의 (a)가 이어지는 것이 자연스럽다.

5

You ought to file a complaint with the manager.
(a) What is he complaining about? (×)
(b) She was promoted to manager. (×)

당신은 매니저에게 항의해야 해요.
(a) 그는 무엇에 대해 불평하고 있나요?
(b) 그녀는 매니저로 승진했어요.

어휘 file a complaint 불만을 제기하다 complain 불평하다
해설 (a)는 질문의 complaint의 분사형인 complaining을, (b)는 manager를 이용하여 혼동을 유발한 보기들이다.

6

Do you mind repeating that comment?
(a) Sometime tomorrow morning. (×)
(b) I said we're going to be late. (○)

말씀을 다시 한 번 해 주시겠어요?
(a) 내일 오전 중예요.
(b) 저는 우리가 너무 늦을 것이라고 말했어요.

해설 다시 말해달라는 부탁에 대해 자신이 했던 말을 반복하고 있는 (b)가 자연스러운 답변이다.

Ⓑ 🔊 02-41

| 1 (b) | 2 (b) | 3 (a) |
| 4 (a) | 5 (b) | 6 (a) |

1

Can you drive to the client's office tomorrow?
(a) About two hours from here.
(b) Sorry. My car's in the shop.

내일 고객의 사무실까지 운전을 해 줄 수 있나요?
(a) 여기서부터 약 2시간 정도요.
(b) 죄송해요. 제 차가 정비소에 있어요.

해설 고객의 사무실까지 운전해 달라는 부탁에 대해 거절의 표현인 (b)가 자연스러운 답변이다.

2

Why don't you consider flying late at night?
(a) Right. My flight leaves at noon.
(b) I'll think about it.

오늘 밤 늦게 비행기를 타는 것을 고려해 보는 것이 어떨까요?
(a) 맞아요. 제 비행기는 정오에 출발해요.
(b) 생각해 볼게요.

해설 why don't you는 제안의 표현인데, 제안에 대해 '생각해 보겠다'는 내용인 (b)가 자연스러운 답변이다.

3

Can you lend me your pen for a moment?
(a) Sorry, but I'm using it.
(b) He doesn't have a moment.

잠시 펜을 빌려 주실 수 있나요?
(a) 미안하지만, 제가 지금 쓰고 있어요.
(b) 그에게는 시간이 없어요.

어휘 have a moment 시간이 있다

해설 펜을 빌려달라는 부탁에 대해 거절의 표현인 (a)로 답하는 것이 자연스럽다.

4

Let's send the invitation to the print shop.
(a) I don't think it's finished yet.
(b) At least 500 copies.

초대장을 인쇄소에 보내죠.
(a) 아직 마무리가 다 되지 않았어요.
(b) 최소 500부요.

어휘 invitation 초대, 초대장 print shop 인쇄소 copy 한 권, 한 부

해설 초대장을 인쇄소로 보내자는 제안에 대해 '아직 마무리되지 않았다'고 답하며 제안을 거절하는 이유를 설명하고 있는 (a)가 정답이다.

5

Will you submit these files to June in Accounting?
(a) She works in office 206.
(b) Sure. Let me have them.

이 파일을 회계부의 June에게 제출해 줄래요?
(a) 그녀는 206호실에서 일을 해요.
(b) 물론이죠. 저에게 주세요.

해설 파일을 제출해 달라는 요청에 대해 승낙의 표현인 (b)로 답하는 것이 자연스럽다.

6

Ms. Lincoln can assist the new intern.
(a) That's what I was thinking.
(b) I don't have an assistant.

Lincoln 씨가 신입 인턴을 도울 수 있어요.
(a) 그것이 바로 제가 생각하고 있던 바예요.
(b) 저에게는 보조가 없어요.

어휘 assist 돕다, 원조하다 intern 인턴 take turns 교대하다 assistant 조수, 보조

해설 Lincoln 씨가 신입 인턴을 도와 주게 하자는 제안을 하고 있다. 이에 대해 동의하는 내용의 (a)가 이어지는 것이 자연스럽다.

예상 적중 문제 ① p.076

☼ **MORE & MORE** 🔊 02-44

1. On Mr. Andrews' desk. (×)
2. From the storage closet. (×)
3. Actually, I'm using it. (○)

1. Andrews 씨의 책상 위예요.
2. 사물함에서요.
3. 사실, 제가 사용하고 있어요.

어휘 storage closet 수납장, 사물함

예상 적중 문제 02
p.077

☼ MORE & MORE
🔊 02-46

1. He's an <u>efficient employee</u>. (×)
2. Thanks. I <u>appreciate it</u>. (○)
3. It hasn't been <u>fixed yet</u>. (×)

1. 그는 유능한 직원이에요.
2. 고마워요. 그것에 대해 감사해요.
3. 그것은 아직 수리되지 않았어요.

어휘 efficient 효율적인; 유능한 appreciate 고마워하다

예상 적중 문제 03
p.078

☼ MORE & MORE
🔊 02-48

1. That's the <u>wrong direction</u>. (×)
2. Sure. <u>You'd better write</u> them down. (○)
3. I'm <u>taking a taxi</u> there. (×)

1. 그것은 잘못된 방향이에요.
2. 물론이죠. 받아 적으시는 게 좋을 것 같아요.
3. 저는 택시를 타고 그곳으로 가는 중이에요.

예상 적중 문제 04
p.079

☼ MORE & MORE
🔊 02-50

1. I don't see <u>any signs</u>. (×)
2. I <u>didn't pack</u> my lunch today. (×)
3. <u>Of course</u>. Do you have a pen? (○)

1. 아무런 간판도 보이지 않아요.
2. 오늘은 도시락을 싸지 않았어요.
3. 물론이죠. 펜을 갖고 계신가요?

예상 적중 문제 05
p.080

☼ MORE & MORE
🔊 02-52

1. <u>Your office</u> or mine? (○)
2. <u>Sounds good</u> to me. (○)
3. The <u>projections are wrong</u>. (×)

1. 당신의 사무실에서요 아니면 제 사무실에서요?
2. 좋아요.
3. 추정치가 잘못됐어요.

어휘 projection 영사; 예상, 추정

예상 적중 문제 06
p.081

☼ MORE & MORE
🔊 02-54

1. I'd rather do <u>something else</u>. (○)
2. I already <u>have a couple</u>. (○)
3. <u>I'm not into</u> those kinds of shows. (○)

1. 저는 다른 것을 하겠어요.
2. 제가 이미 두 장 가지고 있어요.
3. 저는 그런 종류의 쇼는 좋아하지 않아요.

어휘 I'm into ~을 좋아하다, ~에 빠져있다

Unit 04 | 의견 구하기

PART 2 유형 연습
p.084

A
🔊 02-56

1 (a) ×	(b) ○	
2 (a) ○	(b) ○	
3 (a) ○	(b) ○	
4 (a) ×	(b) ○	
5 (a) ×	(b) ×	
6 (a) ×	(b) ×	

1
<u>Which restaurant</u> would you like to dine at?
(a) Yes, that one's <u>fine with me</u>. (×)
(b) <u>How about</u> the Italian place <u>near work</u>? (○)

어떤 식당에서 식사하고 싶으신가요?
(a) 네, 저는 저것이 좋아요.
(b) 직장 근처의 이탈리아 식당이 어떨까요?

어휘 dine 식사하다 place 장소
해설 식사 장소 선택에 관한 의견을 구하는 질문에 대해 yes로 답한 (a)는 자연스럽지 못한 답변이다.

2
<u>Would you prefer</u> to walk or to take a cab?
(a) <u>Either is fine</u> with me. (○)
(b) It's too hot, so <u>let's get a taxi</u>. (○)

걷는 것이 좋으세요, 아니면 택시를 타는 것이 좋으세요?
(a) 어느 쪽이든 좋아요.
(b) 너무 더우니 택시를 타죠.

어휘 prefer 선호하다 take a cab 택시를 잡다
해설 택시를 타는 것과 걷는 것 중 하나를 선택하라는 질문에 대해 둘 다 좋다고 답한 (a)와 택시를 선택한 (b) 모두 적절한 답변이다.

3

Which project do you want to work on?
(a) The same one Tim's assigned to. (○)
(b) I prefer the one for Emerson. (○)

어떤 프로젝트에 관한 일을 하고 싶어요?
(a) Tim이 담당하고 있는 것과 같은 것요.
(b) 저는 Emerson 프로젝트가 좋아요.

해설 어떤 프로젝트에서 일하고 싶은지를 묻는 질문에 대해 어떤 프로젝트인지를 말하고 있는 (a)와 (b) 모두 자연스러운 답변이다.

4

Which laptop should I use for my presentation?
(a) Yes, that's the one. (×)
(b) It doesn't matter. (○)

발표에서 어떤 노트북 컴퓨터를 사용해야 할까요?
(a) 네, 저것이 그거예요.
(b) 상관없어요.

해설 which로 시작하는 질문에 대해 yes로 시작하는 (a)는 답변이 될 수 없다.

5

What should we give Phil as a going-away present?
(a) He leaves on the last day of June. (×)
(b) No, he hasn't gone away yet. (×)

고별 선물로 Phil에게 무엇을 주어야 할까요?
(a) 그는 6월 마지막 날에 떠나요.
(b) 아니요, 그는 아직 가지 않았어요.

어휘 going-away 이별의   go away 떠나다
해설 what으로 시작하는 의문문에 대해 날짜로 답한 (a)와 no로 시작하는 (b) 모두 답변이 될 수 없다.

6

Don't you think it would look better in blue?
(a) No, that color isn't blue. (×)
(b) He isn't better than me. (×)

파란색으로 하는 것이 더 나아 보인다고 생각하지 않나요?
(a) 아니요, 그 색깔은 파란색이 아니에요.
(b) 그는 저보다 뛰어나지 않아요.

해설 (a)는 blue를, (b)는 better를 반복한 답변들로서 모두 자연스럽지 못하다.

Ⓑ   ◀)) 02-58

1 (a)	2 (a)	3 (b)
4 (a)	5 (b)	6 (b)

1

I propose that we set the agenda now.

(a) I agree with you.
(b) The new line of products.

저는 우리가 안건을 새로 정해야 한다고 제안합니다.
(a) 저도 동감이에요.
(b) 신제품요.

어휘 propose 제안하다   agenda 의제, 안건
해설 제안에 대해 동의하고 있는 (a)가 정답이다.

2

What place should we hold the retirement ceremony in?
(a) How about the company cafeteria?
(b) More than thirty years on the job.

퇴임식을 어떤 곳에서 해야 할까요?
(a) 회사 구내 식당이 어떨까요?
(b) 그 직책에서 30년 이상요.

어휘 retirement ceremony 퇴임식
해설 장소를 묻는 질문에 대해 구내 식당(cafeteria)으로 답한 (a)가 정답이다.

3

What should we do about Mr. Thompson's suggestion?
(a) He suggested it this morning.
(b) We ought to ignore it.

Thompson 씨의 제안에 대해 우리가 어떻게 해야 할까요?
(a) 그는 그것을 오늘 오전에 제안했어요.
(b) 무시해야 해요.

어휘 suggestion 제안   ignore 무시하다
해설 (a)는 질문의 suggestion의 동사형인 suggested를 이용한 오답이다.

4

Should I work on the report or speak with the client now?
(a) You'd better talk to Mr. Randolph first.
(b) Yes, that's what you should do.

제가 지금 보고서를 작성해야 하나요, 아니면 고객과 이야기를 나누어야 하나요?
(a) 먼저 Randolph 씨와 이야기를 나누는 것이 좋겠군요.
(b) 네, 그것이 당신이 해야 할 일이에요.

해설 선택의문문에 대해 yes/no로 답변할 수 없으므로 (b)는 정답이 될 수 없다.

5

How do you propose to fix this defect?
(a) There's something wrong with the engine.
(b) I'm going to speak with a repairman.

이러한 결함은 어떻게 고쳐야 한다고 생각하나요?

(a) 엔진에 문제가 있는 것 같아요.

(b) 수리 기사와 이야기해 볼게요.

해설 수리 방법을 묻는 질문에 대해 고장 난 부분으로 답한 (a)는 적절치 못한 답변이다.

6

What <u>time</u> do you want to <u>hold the meeting</u>?

(a) <u>It should take</u> thirty minutes.

(b) <u>Nine in the morning</u> is fine.

몇 시에 회의하기를 원하세요?

(a) 30분이 걸릴 거예요.

(b) 오전 9시가 좋아요.

해설 회의하기를 원하는 시간을 묻는 질문에 대해 회의하는 데 걸리는 시간으로 답한 (a)는 적절하지 못한 답변이다.

예상 적중 문제 **01**   p.086

☼ **MORE & MORE**   ◀)) 02-61

1. It's not <u>going to be accepted</u>. (○)
2. Overall, it looks <u>pretty good</u>. (○)
3. Yes, she <u>made a proposal</u>. (×)

1. 그것은 받아들여지지 않을 거예요.
2. 전반적으로, 괜찮아 보이네요.
3. 네, 그녀가 제안했어요.

예상 적중 문제 **02**   p.087

☼ **MORE & MORE**   ◀)) 02-63

1. Yes, everyone <u>is present</u>. (×)
2. I <u>got him</u> a card. (×)
3. <u>Not</u> very <u>much</u>. (○)

1. 네, 모두 참석해 있어요.
2. 저는 그에게 카드를 줬어요.
3. 그렇게 많지 않게요.

예상 적중 문제 **03**   p.088

☼ **MORE & MORE**   ◀)) 02-65

1. It <u>doesn't matter</u> to me. (○)
2. That <u>sounds great</u>. (×)
3. I'd <u>prefer to stay</u> home. (○)

1. 저는 상관없어요.
2. 그거 좋네요.
3. 저는 집에 있겠어요.

예상 적중 문제 **04**   p.089

☼ **MORE & MORE**   ◀)) 02-67

1. I always <u>prefer to fly</u>. (○)
2. We don't have <u>hotel reservations</u>. (×)
3. No, I <u>didn't reserve</u> them. (×)

1. 저는 언제나 비행기를 선호해요.
2. 우리는 호텔을 예약하지 않았어요.
3. 아니요, 저는 그것들을 예매하지 않았어요.

예상 적중 문제 **05**   p.090

☼ **MORE & MORE**   ◀)) 02-69

1. The <u>sooner</u>, the <u>better</u>. (○)
2. A pizza <u>sounds great</u> to me. (×)
3. A <u>table for four</u>, please. (×)

1. 빠를수록 좋아요.
2. 저는 피자가 좋아요.
3. 4인용 테이블을 부탁해요.

예상 적중 문제 **06**   p.091

☼ **MORE & MORE**   ◀)) 02-71

1. I'd <u>prefer not to</u>. (○)
2. Mr. Matzek works the <u>night shift</u>.(×)
3. <u>It depends</u>. <u>When</u> do you work? (○)

1. 저는 그렇게 하고 싶지 않아요.
2. Matzek 씨는 야간 근무조에서 일해요.
3. 상황에 따라 다르죠. 언제 근무하세요?

어휘 shift 근무반, 근무조   It depends. 상황에 따라 다르다.

Unit 05 | 확인 및 정보의 전달

PART 2 유형 연습   p.094

A   ◀)) 02-73

1	(a) ○	(b) ×
2	(a) ○	(b) ×
3	(a) ×	(b) ○
4	(a) ×	(b) ○
5	(a) ×	(b) ×
6	(a) ○	(b) ×

1

You <u>work in</u> the Marketing Department, <u>don't you</u>?

(a) <u>Maintenance</u>, actually. (○)

(b) That's exactly <u>where she works</u>. (×)

마케팅부에서 근무하시죠, 그렇지 않나요?

(a) 실은 관리부예요.

(b) 그곳이 바로 그녀가 일하는 곳이죠.

해설 부가의문문으로서, 마케팅 부서에 근무하는지 묻고 있는데, 이에 대해 관리부에서 근무한다고 알려 주는 (a)가 적절한 답변이다.

2

Mr. Alderson <u>is working on</u> the new regulations, <u>isn't he</u>?

(a) <u>I believe</u> that's correct. (○)

(b) <u>No</u>, that's not a <u>new regulation</u>. (×)

Alderson 씨는 새로운 규정에 관한 작업을 하고 있어요, 그렇지 않나요?

(a) 그렇다고 알고 있어요.

(b) 아니요, 그것은 새로운 규정이 아니에요.

어휘 regulation 규정, 규제

해설 (b)는 질문의 regulation을 반복하고 있지만, 답변으로 적절한 내용이 아니다.

3

The <u>conference begins</u> at three, <u>doesn't it</u>?

(a) Actually, <u>around three hundred</u> people. (×)

(b) It's <u>going to start</u> at four. (○)

학회가 3시에 시작하죠, 그렇지 않나요?

(a) 실은, 약 300명이에요.

(b) 4시에 시작할 예정이에요.

해설 학회의 시작 시간을 묻는 질문에 대해 (a)와 같이 인원수로 답할 수는 없다.

4

Ms. Robinson seems to be <u>getting better at</u> her job.

(a) She <u>works in</u> the Sales Department. (×)

(b) I completely <u>agree with you</u>. (○)

Robinson 씨가 일을 점점 더 잘하는 것 같아요.

(a) 그녀는 영업부에서 근무해요.

(b) 전적으로 동감이에요.

해설 Robinson 씨가 점점 더 일을 잘하는 것 같다는 내용의 평서문이다. 이에 대해 동의하고 있는 (b)가 자연스러운 답변이다.

5

Somebody is <u>making</u> too much <u>noise</u>.

(a) No, I'm <u>not being loud</u>. (×)

(b) <u>I'm afraid</u> I don't know her name. (×)

누군가가 너무 시끄럽게 굴고 있군요.

(a) 아니요, 저는 크게 말하고 있지 않아요.

(b) 유감스럽게도 제가 그녀의 이름을 몰라요.

어휘 make noise 시끄럽게 굴다, 큰 소리를 내다

해설 평서문에 대한 답변으로 yes/no는 자연스럽지 않다. (b) 역시 의미상 적절하지 않은 답변이다.

6

Alicia Kelly is <u>employed here</u>, right?

(a) <u>Not that</u> I'm aware of. (○)

(b) <u>Let me transfer</u> you to her line. (×)

Alicia Kelly가 이곳에서 일하죠, 그렇죠?

(a) 제가 알기로는 아니에요.

(b) 전화를 그녀에게 돌려 드릴게요.

어휘 employ 고용하다, 채용하다 be aware of ~에 대해 알다 transfer 옮기다, 이동하다 line 줄, 선; 전화선

해설 Alicia Kelly가 이곳에서 근무하는지를 확인하는 질문에 대해 그렇지 않다고 답한 (a)가 자연스러운 답변이다.

Ⓑ 🔊 02-75

1 (b)	2 (a)	3 (b)
4 (b)	5 (b)	6 (a)

1

<u>Haven't you sent</u> the fax to the client?

(a) Sue has <u>several new clients</u>.

(b) **Sorry. I <u>forgot</u> all <u>about that</u>.**

그 고객에게 팩스를 보내지 않았나요?

(a) Sue에게 몇 명의 신규 고객이 생겼어요.

(b) 미안해요. 그에 대해 완전히 잊고 있었어요.

해설 (a)는 client를 반복한 오답이며, 팩스를 보내는 것을 잊고 있었다는 (b)가 자연스러운 답변이다.

2

<u>Isn't the weather</u> beautiful today?

(a) **<u>Yes</u>, it's a <u>wonderful day</u>.**

(b) She <u>looks good</u> in that dress.

오늘 날씨가 좋지 않나요?

(a) 그래요, 화창한 날이군요.

(b) 그녀에게 그 드레스가 잘 어울리네요.

해설 날씨에 대한 질문에 드레스가 잘 어울린다는 (b)는 답변이 될 수 없다.

3

<u>Did</u> the doctor <u>prescribe</u> any medicine, or does he think <u>you're okay</u>?

(a) That's precisely <u>what he did</u>.

(b) **He <u>gave</u> me some <u>pills to take</u>.**

의사가 당신에게 약을 처방해 주었나요, 아니면 당신이 괜찮다고 생각하던가요?
(a) 그것이 바로 정확히 그가 한 일이에요.
(b) 저에게 복용할 알약을 주었어요.

어휘 prescribe 처방하다 medicine 약, 의약품 precisely 정확히 pill 알약

해설 선택의문문에 대해 (a)와 같은 내용으로 답변할 수는 없다.

4

Haven't you offered the position to Mr. Green?
(a) No, that's not the correct position.
(b) I have, but he turned it down.

당신이 Green 씨에게 그 직을 제안하지 않았나요?
(a) 아니요, 그것은 올바른 위치가 아니에요.
(b) 그랬는데, 그가 거절했어요.

어휘 turn down 거절하다

해설 Green 씨에게 직책을 제안하지 않았는지 확인하는 질문에 대해, 제안했지만 그가 거절했다는 내용의 (b)가 자연스러운 답변이다.

5

Lisa Stansfield handles all customer complaints.
(a) No, I am going to file a complaint.
(b) Then I'd better speak with her.

Lisa Stansfield가 고객들의 모든 불만을 처리해요.
(a) 아니요, 저는 불만을 제기할 거예요.
(b) 그렇다면 그녀와 이야기하는 것이 좋겠군요.

어휘 handle 다루다, 처리하다 complaint 불만, 불평

해설 평서문에 대해서 yes/no로 답할 수 없으므로 (a)는 오답이다.

6

Mr. Wilson received the memo, didn't he?
(a) Yes, he mentioned that to me.
(b) I'll read the note in a moment.

Wilson 씨가 회람을 받았죠, 그렇지 않나요?
(a) 네, 그렇다고 그가 저에게 말을 했어요.
(b) 저는 잠시 그 노트를 읽을 거예요.

어휘 mention 언급하다, 말하다

해설 부가의문문으로서, Wilson 씨가 회람을 받았는지 묻고 있다. 이에 대해 받았다고 확인해 주고 있는 (a)가 적절한 답변이다.

예상 적중 문제 01　　p.096

☀ **MORE & MORE**　　◁)) 02-78

1. A trip to Europe. (×)
2. If it's related to the trip. (○)
3. Yes, I have a credit card. (×)

1. 유럽 출장요.
2. 그것이 출장과 연관된 것이라면요.
3. 네, 저는 신용 카드를 가지고 있어요.

예상 적중 문제 02　　p.097

☀ **MORE & MORE**　　◁)) 02-80

1. That's why she got promoted. (○)
2. No, I have no experience. (×)
3. I wasn't aware of that. (○)

1. 그것이 그녀가 승진한 이유예요.
2. 아니요, 저는 경력을 보유하고 있지 않아요.
3. 저는 그것을 모르고 있었어요.

어휘 promote 승진시키다 be aware of ~을 알고 있다

예상 적중 문제 03　　p.098

☀ **MORE & MORE**　　◁)) 02-82

1. I've been a bit too busy. (○)
2. Around eighty-five. (×)
3. The event is starting soon. (×)

1. 저는 너무 바빴어요.
2. 85명 정도요.
3. 행사는 곧 시작해요.

예상 적중 문제 04　　p.099

☀ **MORE & MORE**　　◁)) 02-84

1. I haven't seen any visitors today. (×)
2. I've got a key to the lab. (×)
3. I'm not sure about the rules. (○)

1. 저는 오늘 방문객을 한 명도 못 봤어요.
2. 저에게 연구실 열쇠가 있어요.
3. 규정에 대해서 확실히 모르겠어요.

예상 적중 문제 05　　p.100

☀ **MORE & MORE**　　◁)) 02-86

1. The food is coming right out. (×)
2. Find out what the problem is. (○)
3. I'm glad things are going well. (×)

1. 음식이 바로 나와요.
2. 문제가 무엇인지 알아 보세요.
3. 잘 되고 있어서 좋네요.

p.101

🔊 02-88

1. I've got it under control. (○)
2. What's the matter? (×)
3. Yes, she is my assistant. (×)

1. 순조롭게 진행되고 있어요.
2. 무엇이 문제인가요?
3. 네, 그녀는 제 보조원이에요.

p.102

🔊 02-90

1. That's what Peter told me. (○)
2. I spent some time in India. (×)
3. I'm not a fan of foreign food. (×)

1. 그것이 바로 Peter 저에게 얘기했던 거예요.
2. 저는 인도에서 시간을 보냈어요.
3. 저는 외국 음식을 좋아하지 않아요.

Unit 03-05 | 연습 문제 p.103

🔊 02-91

1	(B)	2	(C)	3	(B)
4	(A)	5	(C)	6	(C)
7	(A)	8	(B)	9	(B)
10	(B)	11	(C)	12	(C)
13	(C)	14	(A)	15	(A)

1

Doesn't anyone remember Mr. Alexander's phone number?
(A) You can reach me at 544-9842.
(B) I've got it written down somewhere.
(C) Sorry, but you have the wrong number.

Alexander 씨의 전화번호를 기억하는 사람 없나요?
(A) 544-9842로 제게 전화를 주시면 돼요.
(B) 제가 어딘가에 적어 놓았어요.
(C) 미안하지만 전화를 잘못 거셨습니다.

어휘 reach 도달하다; (연락이) 닿다 write down 적어 두다
해설 부정의문문으로서 Alexander 씨의 전화번호를 기억하는 사람이 있는지 묻고 있다. 이에 대해 자신이 어딘가에 적어 놓았다고 답한 (B)가 자연스러운 대답이다. (A)는 전화번호를 언급하고 있지만, 이는 Alexander 씨가 아닌 자신의 전화번호이므로 정답으로 골라서는 안 된다. 전화를 잘못 걸었다는 내용의 (C) 역시 정답이 될 수 없다.

2

I can't decide between accepting the offer from Flushing or attending graduate school.
(A) That's a good offer.
(B) I have both of them.
(C) You'd better choose soon.

Flushing의 제안을 수락해야 할지, 아니면 대학원에 가야 할지 결정을 못 내리겠어요.
(A) 좋은 제안이군요.
(B) 제가 두 개 다 가지고 있어요.
(C) 빨리 결정하는 것이 좋을 것 같군요.

어휘 accept 받아들이다, 수락하다 offer 제안, 제의 graduate school 대학원 had better ~하는 편이 낫다
해설 둘 중 어느 것을 선택해야 할지 모르겠다는 내용의 평서문에 대해 빨리 선택하는 것이 좋다고 조언하고 있는 (C)가 정답으로 가장 자연스럽다. (A)는 질문의 offer를 반복한 오답이며, (B)는 질문의 between에서 연상할 수 있는 both를 이용한 오답이다.

3

We appear to be running out of office supplies.
(A) Barker Stationery supplies all our needs.
(B) Judy will order some more soon.
(C) The paper is in the storage room.

사무용품들이 모두 소진될 것 같아요.
(A) 우리에게 필요한 것은 모두 Barker 사무용품점에서 공급해 줘요.
(B) 곧 Judy가 주문을 더 할 거예요.
(C) 용지는 비품 보관실에 있어요.

어휘 run out of ~을 다 쓰다, ~을 소진하다 supply 공급(품); 공급하다 storage room 창고, 비품 보관실
해설 사무용품들이 다 떨어질 것 같다는 정보를 전달하는 평서문에 대해 곧 Judy가 더 주문할 것이라고 답한 (B)가 적절한 응답이다. (A)는 질문의 supplies를 반복한 오답이며, (C)는 용지가 있는 곳을 설명하고 있으므로 정답으로 적절한 내용이 아니다.

4

I would keep the receipt if I were you.
(A) I've got it in my pocket.
(B) No, I didn't receive the package.
(C) He always does that.

제가 당신이라면 영수증을 보관해 두겠어요.
(A) 제 주머니에 넣어 두었어요.
(B) 아니요, 저는 소포를 받지 않았어요.
(C) 그는 항상 그래요.

어휘 receipt 영수증 package 소포
해설 영수증을 보관하는 것이 좋겠다는 의미의 평서문이다. 이에 대해 주머니에 넣어 두었다는 (A)가 가장 자연스러운 대답이다. 평서문에 대해 yes/no로 답할 수 없으므로 (B)는 정답에서 제외된다. 질문에서 'if I were you'라고 했는데, '그는(He)' 항상 그렇게 한다고 답하는 것은 정답이 될 수 없으므로 (C) 또한 오답이다.

5

Isn't the weather supposed to improve this afternoon?
(A) Rainy with high winds.
(B) He's coming at three o'clock.
(C) That's not what I heard.

오늘 오후에는 날씨가 좋아지지 않을까요?
(A) 강풍을 동반한 비요.
(B) 그는 3시 정각에 올 거예요.
(C) 제가 들었던 것과는 다르네요.

어휘 improve 향상되다, 개선되다

해설 부정의문문으로서 오후에 날씨가 좋아질 것인지 확인하는 질문이다. 이에 대해 비가 내리는 지금의 날씨를 언급한 (A)와 그가 3시에 온다는 (B)는 모두 적절한 답변이 아니다. 자신이 들었던 것과는 다르다고 말하며, 그렇지 않을 것 같다고 답하고 있는 (C)가 정답으로 가장 적절하다.

6

The Accounting Department has an opening for a manager.
(A) No, it hasn't opened up yet.
(B) James is the manager there.
(C) You should submit an application.

회계부 팀장 자리가 공석이에요.
(A) 아니요, 아직 열리지 않았어요.
(B) James가 그곳의 매니저예요.
(C) 당신이 지원서를 제출해 보세요.

어휘 opening 구멍; 공석 submit 제출하다 application 신청, 지원(서)

해설 회계부서 팀장 자리가 공석이라는 정보를 전달하는 평서문에 대해, 지원서를 제출하라고 제안하고 있는 (C)가 자연스러운 답변이다. 평서문에 대해 yes/no로 답할 수 없으므로 (A)는 정답에서 제외되며, 질문의 manager를 반복한 (B) 또한 정답이 될 수 없다.

7

Dean Powers is in the waiting room, isn't he?
(A) He was there a couple of minutes ago.
(B) I can wait until five o'clock.
(C) No, there isn't enough room here.

Dean Powers가 대기실에 있죠, 그렇지 않나요?
(A) 2분 전에는 그곳에 있었어요.
(B) 저는 5시까지 기다릴 수 있어요.
(C) 아니요, 이곳은 공간이 충분하지 않아요.

어휘 waiting room 대기실, 대합실 enough 충분한 room 방; 공간

해설 부가의문문을 통해 'Dean Powers가 대기실(waiting room)에 있는지'를 묻고 있다. 따라서 '몇 분 전에 그곳에 있었으니 지금도 있을 것'이라는 의미를 전달하고 있는 (A)가 정답이다. (B)는 질문에서 사

용된 wait라는 단어를, (C)는 질문에서 사용된 room이라는 단어를 중복 사용하여 오답을 유도하고 있는 함정이다.

8

What kind of car would you rather rent?
(A) I currently rent my apartment.
(B) Something with room for six.
(C) I drive a four-door sedan.

어떤 종류의 자동차를 렌트하고 싶으신가요?
(A) 저는 현재 아파트를 임대하고 있어요.
(B) 6명이 들어갈 자리가 있는 것으로요.
(C) 저는 문이 4개 달린 세단을 몰아요.

어휘 would rather ~하고 싶다 rent 대여하다, 임대하다 currently 현재 sedan 세단형 자동차

해설 질문은 would rather(~하고 싶다, 차라리 ~하겠다)라는 표현을 사용하여 상대방에게 '어떠한 종류의 차를 렌트하고 싶은지'에 관한 의향을 묻고 있다. 따라서 이에 대한 알맞은 대답으로는 차의 종류가 제시되어야 하기 때문에, '6명이 탈 수 있는 차'라고 자신의 선호를 밝힌 (B)가 정답이다. (A)는 질문의 rent라는 단어를 중복 사용한 함정이며, (C)는 자신이 현재 운전하는 자동차의 종류를 언급하고 있으므로 이 역시 적절한 답변이 될 수 없다.

9

You should be more careful when purchasing goods online.
(A) The order is coming by express mail.
(B) At least I got my money back.
(C) Just a couple of pairs of shoes.

온라인에서 물건을 구입할 때에는 보다 주의해야 해요.
(A) 그 주문품은 특급 우편으로 오고 있어요.
(B) 적어도 돈은 돌려 받았어요.
(C) 두 켤레의 신발요.

어휘 express mail 특급 우편 at least 적어도, 최소한

해설 조동사 should를 이용하여 조언이나 충고의 표현을 할 수 있다. 이 문제의 경우에도 should를 이용하여 온라인 구매할 때 주의했어야 한다고 충고하고 있다. 이에 대해 적어도 돈은 돌려 받았다고 말하며 변명하고 있는 (B)가 자연스러운 답변이다. (A)와 (C)는 질문의 'purchasing goods online'만 들었을 때 고를 수 있는 오답들이다.

10

You'd better listen more closely the next time.
(A) I moved it a bit closer.
(B) Thanks for the advice.
(C) He's next on the list.

다음 번에는 더 주의해서 듣는 편이 좋을 것 같군요.
(A) 저는 그것을 약간 더 가까운 곳으로 옮겨 놓았어요.
(B) 조언에 감사해요.
(C) 목록에 따르면 그가 다음 차례예요.

어휘 had better ~하는 편이 낫다　closely 면밀히　a bit 약간　advice 충고, 조언

해설 had better는 '~하는 편이 낫다' 혹은 '~해야 한다'는 의미로, 주어진 문장 역시 상대방에게 '주의해서 들어야 한다'는 일종의 조언이나 충고의 의미를 전하고 있다. 이에 대해 '충고에 감사하다'고 대답함으로써 그에 대한 수락의 의사를 밝힌 (B)가 정답이다. (A)는 질문에서 사용된 closely(면밀하게)로부터 연상할 수 있는 closer(더 가까이)를 이용한 함정이며, (C)는 질문에서 사용된 next라는 단어를 중복 사용하여 오답을 유도하고 있는 함정이다.

11

Which computer should we purchase?
(A) I'm not using my computer now.
(B) Yes, I purchased one last week.
(C) I haven't made up my mind yet.

우리가 어떤 컴퓨터를 사야 할까요?
(A) 저는 지금 컴퓨터를 사용하고 있지 않아요.
(B) 네, 저는 지난주에 한 대를 구매했어요.
(C) 아직 결정을 내리지 못했어요.

어휘 purchase 구입하다, 구매하다　make up one's mind 결정하다

해설 which computer와 should를 이용하여 '어떤 컴퓨터를 구매해야 할지'에 대한 상대방의 견해를 묻고 있다. 구입해야 할 컴퓨터의 종류를 묻고 있는 질문에 '본인의 컴퓨터 사용 여부'를 밝힌 (A)는 질문과 전혀 어울리지 않은 답변이며, (B)는 '컴퓨터를 구매했는지'를 묻는 질문에 어울리는 답변이다. 따라서 '아직 결정을 하지 못했다'며 판단을 유보하고 있는 (C)가 정답이다.

12

Let's start a carpool to commute to work.
(A) No, I don't have a new car.
(B) About forty-five minutes.
(C) Sorry. I take the bus.

카풀을 해서 출근하기로 해요.
(A) 아니요, 저는 새 차를 가지고 있지 않아요.
(B) 약 45분 정도요.
(C) 미안해요. 저는 버스를 타요.

어휘 carpool 승용차 함께 타기, 카풀　commute 통근하다, 통학하다

해설 상대방에게 '카풀을 하자'는 제안을 하고 있다. 이에 대한 거절의 의사 표시로 '미안하지만 나는 버스를 탄다'고 우회적으로 답변한 (C)가 가장 자연스러운 답변이다. 질문이 '새 차를 소유하고 있는지' 그리고 '통근하는 데(commute to work) 시간이 얼마나 걸리는지'를 묻고 있는 것은 아니므로 (A)와 (B)는 모두 정답이 될 수 없다.

13

What other preparations should we do?
(A) Some other people are going to come.
(B) I'm still preparing for the event.
(C) Let's discuss that with Mr. Taylor.

우리가 어떤 다른 준비를 해야 할까요?
(A) 다른 사람들이 몇 명 올 거예요.
(B) 저는 아직도 행사 준비를 하고 있는 중이에요.
(C) 그에 대해서는 Taylor 씨와 상의를 해 보죠.

어휘 preparation 준비　prepare for ~을 준비하다

해설 what other preparations와 should를 이용하여 '어떤 준비를 더 해야 할지'에 관한 상대방의 의견을 묻고 있다. 해야 할 일을 묻는 질문에 '다른 사람들이 올 것이다'라는 (A)의 답변은 부적절하며, '내가 행사 준비를 하고 있다'는 의미의 (B) 역시 질문의 의도에 부합되지 않는 답변이다. 따라서 우회적인 답변을 통해 판단을 제3자에게 미루고 있는 (C)가 정답이다.

14

I can show you where the lounge is located.
(A) I'd really appreciate that.
(B) He's lounging around.
(C) I live at 24 Western Avenue.

라운지가 어디에 있는지 제가 알려 드릴 수 있어요.
(A) 그렇게 해 주시면 정말 고맙겠어요.
(B) 그는 빈둥거리고 있어요.
(C) 저는 Western 가 24번지에서 살아요.

어휘 lounge 라운지　locate 위치시키다, 두다　appreciate 감사하다　lounge around 빈둥거리다, 게으름을 피다

해설 '당신에게 라운지의 위치를 알려 줄 수 있다'는 말은 곧 '내가 라운지의 위치를 알려 주겠다'는 제안의 의미를 담고 있다. 따라서 이에 대한 수락의 의미로서 '그렇게 해 주면 고맙겠다'고 답한 (A)가 정답이다. (B)는 질문의 lounge라는 단어를 반복 사용하여 오답을 유도하고 있는 함정인데, (B)의 lounge around는 '빈둥거리다'라는 뜻이다. 자신의 거주지를 밝히고 있는 (C)역시 질문에 어울리지 않는 답변이다.

15

Something's wrong with my knee.
(A) Why don't you see a doctor?
(B) How did you get the wrong answer?
(C) No, I don't need anything.

제 무릎에 문제가 있는 것 같아요.
(A) 진찰을 받는 것이 어때요?
(B) 어떻게 틀린 답을 얻게 되었죠?
(C) 아니요, 제게는 아무것도 필요 없어요.

어휘 knee 무릎　see a doctor 진료를 받다

해설 '자신의 무릎에 문제가 있다'고 말함으로써 간접적으로 상대방에게 자신이 어떻게 해야 할지를 묻고 있다. 따라서 '진찰을 받아야 한다'는 견해를 밝힌 (A)가 정답이다. (B)는 진술에서 사용된 wrong이라는 단어를 반복 사용함으로써 오답을 유도하고 있는 함정이며, (C)는 진술의 knee(무릎)와 발음이 비슷한 need(필요하다)를 이용한 함정이다.

🔊 02-92

1	(B)	2	(A)	3	(A)
4	(C)	5	(C)	6	(A)
7	(B)	8	(C)	9	(A)
10	(B)	11	(B)	12	(A)
13	(B)	14	(C)	15	(B)
16	(A)	17	(C)	18	(B)
19	(C)	20	(C)	21	(A)
22	(B)	23	(A)	24	(A)
25	(B)				

1

Why don't you ask Mr. Waverly for a promotion?
(A) Yes, the promotion is still ongoing.
(B) I'm planning to do that tomorrow.
(C) No, he hasn't heard anything yet.

Waverly 씨에게 승진을 요구하는 것이 어때요?
(A) 네, 프로모션이 계속 진행되고 있어요.
(B) 내일 그렇게 할 생각이에요.
(C) 아니요, 그분은 아직 아무것도 듣지 못했어요.

어휘 promotion 승진; 판촉 활동, 프로모션 ongoing 진행 중인 still 아직도, 여전히

해설 「Why don't you ~?」를 이용하여 상대방에게 '승진 요청을 하라'는 제안을 하고 있다. 따라서 이에 대한 수락의 표시로 '내일 그렇게 하겠다'고 답한 (B)가 정답이다. (A)는 promotion이라는 단어를 이용한 함정으로, 여기에서의 promotion은 '홍보'라는 의미이다. (C)는 질문과 전혀 어울리지 않는 대답이다.

2

Which way is the fastest to get to the theater district?
(A) Just keep going straight.
(B) Two tickets for tonight's show.
(C) About half an hour.

극장가로 갈 수 있는 가장 빠른 길이 어떤 길이죠?
(A) 계속 직진하세요.
(B) 오늘 밤 공연을 위한 티켓 두 장요.
(C) 약 30분요.

어휘 theater district 극장가 go straight 직진하다, 곧장 가다

해설 '가장 빠른 길'을 묻고 있으므로 '직진하라'고 안내한 (A)가 정답이다. (B)는 원하는 '티켓의 종류와 수'를, (C)는 '시간'을 물어보는 질문에 적합한 답변이다.

3

The architect approved the plans for the expansion.
(A) Now construction can start.
(B) Yes, I have seen the plans.

(C) Please expand on that idea.

건축가가 증축 공사의 도면을 승인했어요.
(A) 이제 공사가 시작될 수 있겠군요.
(B) 네, 제가 도면을 보았어요.
(C) 그 아이디어에 대해 상세히 말해 보세요.

어휘 architect 건축가 plan 계획; 도면 expansion 확장, 확대 construction 공사 expand on ~에 대해 상세히 이야기하다

해설 주어진 문장의 주어가 '건축가(architect)'라는 사실에 주목하면 the plans for the expansion이라는 말은 '증축 공사의 도면'을 뜻한다는 것을 알 수 있다. 따라서 '건축가가 도면을 승인했다'는 말에 '이제 공사가 시작될 수 있겠다'고 대답한 (A)가 가장 자연스러운 답변이다. (B)는 plans라는 단어를 중복 사용하여 혼란을 유도하고 있는 오답이며, (C)는 expansion으로부터 유추할 수 있는 단어인 expand를 이용한 함정인데, 여기에서의 expand on이라는 표현은 '상세히 말하다'는 의미이다.

4

When do you expect to renew your license?
(A) He doesn't have a driver's license.
(B) I've got it here in my pocket.
(C) During the next month.

언제 면허증을 갱신할 생각인가요?
(A) 그는 운전 면허증을 가지고 있지 않아요.
(B) 여기 저의 주머니에 있어요.
(C) 다음 달 중으로요.

어휘 renew 갱신하다, 연장하다 license 면허증, 자격증 pocket 주머니

해설 의문사 when을 이용하여 갱신할 '시점'을 묻고 있으므로 '다음 달'이라는 구체적인 시점으로 대답한 (C)가 정답이다. (A)는 질문과는 상관없는 he로 대답하고 있으며, (B)는 '면허증의 소지'에 대한 질문에 이어질 수 있는 답변으로 이들 모두는 정답이 될 수 없다.

5

Why isn't anyone working at the front desk?
(A) No, I don't see anyone there.
(B) Right next to the front door.
(C) Lucy's on her lunch break now.

왜 프런트 데스크에 일하는 사람이 없나요?
(A) 아니요, 그곳에는 아무도 보이지 않아요.
(B) 현관문 바로 옆예요.
(C) 지금은 Lucy가 점심 식사를 하는 시간이라서요.

어휘 front desk 프런트 데스크, 안내 데스크 next to ~의 옆에 front door 정문, 현관문 lunch break 점심 시간

해설 why로 시작하는 의문문을 이용하여 안내 데스크에 사람이 없는 이유를 묻고 있다. 의문사 의문문에 no로 답하고 있는 (A)는 정답이 될 수 없고, '위치'로 대답하고 있는 (B) 역시 적절한 답변이 될 수 없다. 따라서 정답은 '담당자가 식사 중이라서 자리에 없다'는 의미를 전하고 있는 (C)이다.

6

Will you give me a ride to the subway station?
(A) Which one are you going to?
(B) I always take the subway.
(C) Transfer at the green line.

지하철역까지 저를 태워 주시겠어요?
(A) 어떤 역으로 가실 건가요?
(B) 저는 항상 지하철을 타요.
(C) 녹색 노선으로 갈아타세요.

어휘 give ~ a ride ~을 차에 태워 주다   transfer 옮기다, 이동하다; 전근하다; 갈아타다, 환승하다

해설 조동사 will을 이용하여 상대방에게 차를 태워 달라는 부탁을 하고 있다. 따라서 '어느 곳으로 갈 것인지'를 되물은 (A)가 가장 자연스러운 답변이다. 질문의 subway station이라는 말만 듣고 (B)의 '지하철을 탄다'거나, (C)의 '녹색 노선으로 갈아타라'는 대답을 정답으로 착각해서는 안 된다.

7

Whose equipment needs to be checked by the foreman?
(A) The foreman's name is Tom.
(B) John's, I believe.
(C) This equipment is mine.

누구의 장비가 작업 반장의 점검을 받아야 하나요?
(A) 작업 반장의 이름은 Tom이에요.
(B) 제가 알기로는 John의 장비예요.
(C) 이 장비는 저의 것이에요.

어휘 equipment 장비   foreman 작업 반장

해설 whose equipment라는 어구를 통해 '누구의 장비가 점검을 받아야 하는지' 묻고 있다. 따라서 'John의 장비'라고 직접적으로 점검 대상을 가리킨 (B)가 정답이다. (A)는 '작업 반장(of reman)의 이름'을 묻는 경우에, (C)는 '장비의 소유자'를 묻는 경우에 답변이 될 수 있다.

8

Carl is employed at Wilson Electronics, isn't he?
(A) Right across the street.
(B) She's unemployed right now.
(C) No, at RPT Electronics.

Carl은 Wilson 전자에 고용되어 있죠, 그렇지 않나요?
(A) 바로 길 건너편에요.
(B) 그녀는 지금 실직 상태예요.
(C) 아니요, RPT 전자에요.

어휘 employ 고용하다   unemployed 실직한

해설 부가의문문을 이용하여 'Carl이 Wilson 전자에 고용되어 있는지'의 여부를 묻고 있다. 질문이 '회사의 위치'를 물어본 것은 아니기 때문에 (A)는 정답이 될 수 없고, '남성'의 고용 여부를 묻는 질문에 she로 대답한 (B) 또한 정답이 될 수 없다. 따라서 '그렇지 않고 RPT 전자이다'라고 말함으로써 주어진 정보가 사실이 아니라는 점을 밝히고 올바른 정보를 제시한 (C)가 정답이다.

9

There appears to be a leak in the ceiling.
(A) I'll contact the Maintenance Department.
(B) There are pipes in the floor here.
(C) No, this container isn't leaking.

천장에 물이 새는 곳이 있는 것 같아요.
(A) 제가 관리부에 연락할게요.
(B) 여기 바닥에 파이프가 있어요.
(C) 아니요, 이 용기에서는 물이 새고 있지 않아요.

어휘 leak 누수; (물 등이) 새다   ceiling 천장   Maintenance Department 관리부   container 용기, 그릇; 컨테이너

해설 '천장에 물이 새는 곳(leak)이 있는 것 같다'라고 했으므로 '(누수 문제의 해결을 위해) 관리부에 연락을 하겠다'라고 말한 (A)가 정답이다. ceiling(천장)이 아닌 container(용기)를 언급하고 있는 (C)는 정답으로 부적절하며, (B)는 leak(누수)로부터 연상할 수 있는 pipes(파이프)라는 단어를 이용하여 오답을 유도하고 있는 함정이다.

10

How many guests will be attending the awards ceremony?
(A) On the night of the thirtieth.
(B) Around two or three hundred.
(C) At the Grand Central Hotel.

시상식에 얼마나 많은 손님들이 참석하게 될까요?
(A) 30일 밤에요.
(B) 200명에서 300명 정도요.
(C) Grand Central 호텔에서요.

어휘 awards ceremony 시상식

해설 how many를 통해 시상식에 참석할 '인원수'를 묻고 있다. 따라서 참석자의 수를 언급하고 있는 (B)가 가장 자연스러운 답변이다. 사람의 숫자가 아닌 '날짜'와 '장소'로 대답하고 있는 (A)와 (C)는 모두 적절한 답변이 될 수 없다.

11

How about setting up a meeting at RTJ Consulting?
(A) Yes, I set up the chairs.
(B) Speak with Doug about that.
(C) He hasn't been consulted.

RTJ 컨설팅에서의 회의를 준비하는 것이 어떨까요?
(A) 네, 제가 의자를 배치했어요.
(B) 그에 대해서는 Doug와 이야기하세요.
(C) 그는 상담을 받지 않았어요.

어휘 set up ~을 준비하다; ~을 설치하다   consult 상담하다

해설 「How about ~?」이라는 표현을 통해 상대방에게 제안을 하고 있다. 즉 '회의를 준비하는 것이 어떤지'를 묻고 있으므로 그에 대한 판단을 제3자에게 미루는 (B)가 가장 자연스러운 대답이다. '당신이 준비를 했는지'를 물어본 것은 아니기 때문에 (A)는 정답이 될 수 없고, (C)는 consult라는 동사를 이용하여 오답을 유도하고 있는 함정이다.

12

What time is the concert scheduled to begin tonight?

(A) Either eight or nine.

(B) At the indoor stadium.

(C) Two tickets in the front row.

오늘 밤 공연이 몇 시에 시작하는 것으로 예정되어 있나요?

(A) 8시나 9시요.

(B) 실내 체육관에서요.

(C) 앞줄로 두 장요.

어휘 be scheduled to ~할 예정이다   either A or B A나 B 중 하나   indoor 실내의   row 열, 줄

해설 공연의 '시작 시각'을 묻고 있으므로 정답은 직접적으로 시각을 언급하고 있는 (A)가 된다. (B)는 '장소'를 묻는 질문에 어울리는 답변이며, (C)는 '원하는 좌석의 수와 위치'를 묻는 질문에 이어질 수 있는 답변이다.

13

Can you call me when the package arrives?

(A) Yes, I called her.

(B) It's already here.

(C) Here's today's mail.

소포가 도착하면 저에게 전화해 주시겠어요?

(A) 네, 제가 그녀에게 전화했어요.

(B) 이미 여기에 와 있어요.

(C) 이것이 오늘 온 우편물이에요.

어휘 package 꾸러미, 소포

해설 조동사 can을 이용하여 상대방에게 '전화를 달라'는 부탁을 하고 있다. 이 문제에서는 특히 when 이후를 주의해서 들어야 하는데, 즉 '소포가 도착할 때 전화를 달라'는 부탁을 하고 있으므로 '그것이 이미 여기에 있다'라고 답한 (B)가 가장 자연스러운 답변이 된다. (A)는 질문의 call을 중복 사용하여 오답을 고르도록 유도하고 있는 함정이며, (C)는 질문의 package(소포)로부터 연상할 수 있는 단어인 mail(우편)을 이용한 함정이다.

14

Would you prefer to buy a new computer or to lease one?

(A) At least six months.

(B) Cindy has a computer.

(C) It doesn't matter to me.

새 컴퓨터를 구입하시겠어요, 아니면 임대하시겠어요?

(A) 최소한 6개월요.

(B) Cindy가 컴퓨터를 한 대 가지고 있어요.

(C) 저는 상관없어요.

어휘 prefer to ~하는 것을 선호하다   lease 임대하다   matter 문제가 되다

해설 'prefer A or B'라는 표현을 이용하여 두 가지 사항 중에서, 즉 '구입'과 '임대' 중에서 어떤 것을 선호하는지 묻고 있다. 따라서 두 가지 중 특별히 선호하는 것은 없다는 의미를 밝힌 (C)가 정답이다. (A)와 (B)는 선호의 의미를 포함하고 있지 않기 때문에 정답이 될 수 없다.

15

Where at the airport should I park my car?

(A) I'm flying to Dallas.

(B) In long-term parking.

(C) The bus or subway.

공항에서는 제가 어디에 주차해야 하나요?

(A) 저는 댈러스로 갈 거예요.

(B) 장기 주차장에요.

(C) 버스나 지하철요.

어휘 park 주차하다   long-term parking 장기 주차장

해설 의문사 where로 시작하므로 정답은 '장소'를 언급하고 있는 것이어야 한다. 따라서 장소와 함께 쓰이는 전치사 in이 들어 있는 (B)가 정답이다. (A)는 질문의 airport(공항)라는 단어에서 연상할 수 있는 fly(비행하다)라는 단어를 이용한 함정이며, (C)는 '교통 수단'을 묻는 질문에 어울리는 답변이다.

16

The Thurman report needs to be submitted soon.

(A) I'm almost done with it.

(B) Nobody reported that.

(C) That's Mr. Thurman.

Thurman 보고서를 빨리 제출해야 해요.

(A) 거의 다 되었어요.

(B) 아무도 그것을 보고하지 않았어요.

(C) 저 분이 Thurman 씨예요.

어휘 submit 제출하다

해설 이 문제는 주어진 문장의 뒷부분을 잘 들어야 정답을 쉽게 찾을 수 있다. '보고서가 제출되어야 한다'고 했으므로 이에 대해 '거의 다 되었으니 곧 제출할 수 있다'는 의미를 가지고 있는 (A)가 정답이다. (B)는 report를, (C)는 Mr. Thurman이라는 표현을 이용한 함정이다.

17

Why don't you ask Tina for some advice?

(A) You're right. That's Tina.

(B) I work as an advisor.

(C) I think I might do that.

Tina에게 조언을 구하는 것이 어떨까요?

(A) 당신 말이 맞아요. 저 사람이 Tina예요.

(B) 저는 고문으로 일하고 있어요.

(C) 그렇게 할 수도 있을 것 같군요.

어휘 advice 조언, 충고   advisor 고문, 자문

해설 상대방에게 '조언을 구하라'는 제안을 하고 있다. Tina에게 조언을 구하라는 제안에 '저 사람이 Tina이다'라고 대답한 (A)는 정답이 될 수 없으며, 자신이 '조언자(advisor)'라고 말한 (B) 역시 주어진 질문에

어울리지 않는 대답이다. 따라서 상대방의 제안에 '그렇게 할 수도 있을 것 같다'고 긍정적인 반응을 보인 (C)가 정답이다.

18

Should we consult with Mr. Vernon regarding this matter?
(A) He sends his regards.
(B) I'd prefer not to.
(C) Let me consult the dictionary.

이 문제에 관해서 우리가 Vernon 씨와 논의해야 하나요?
(A) 그가 안부를 전하더군요.
(B) 그러지 않는 편이 좋을 것 같군요.
(C) 제가 사전을 찾아볼게요.

어휘 consult 상담하다, 상의하다; 찾아보다   regarding ~에 관하여   send one's regards 안부를 전하다

해설 'Vernon 씨와 논의를 해야 하는지'에 대한 상대방의 의견을 구하고 있다. 따라서 '그러지 않는 편이 좋겠다'고 자신의 견해를 밝힌 (B)가 가장 자연스러운 답변이다. (A)는 질문의 regarding(~에 관한)이라는 단어에서 연상할 수 있는 regards를 이용한 함정으로, 여기에서의 regards는 '안부'라는 뜻이다. (C)는 consult라는 단어를 중복 사용하여 오답을 유도하고 있는데, 여기에서 consult는 '(사전을) 찾아보다'라는 의미로 사용되었다.

19

Who is planning to work on the Wellman project with Jan?
(A) A few million dollars.
(B) By the end of November.
(C) Ted and Mary.

누가 Jan과 함께 Wellman 프로젝트를 담당할 예정이죠?
(A) 몇 백만 달러예요.
(B) 11월 말까지요.
(C) Ted와 Mary요.

어휘 work on 착수하다

해설 의문사 who를 통해 프로젝트를 진행할 사람이 '누구'인지 묻고 있다. 따라서 직접적으로 담당자의 이름을 밝힌 (C)가 정답이다. (A)는 '금액'에 대해, (B)는 '기간'에 대해 이야기하고 있으므로 이들은 모두 정답이 될 수 없다.

20

They are preparing for the merger, aren't they?
(A) It's totally submerged.
(B) Yes, the companies merged.
(C) I'm not sure about that.

그들이 합병을 위한 준비를 하고 있죠, 그렇지 않나요?
(A) 완전히 가라앉았어요.
(B) 네, 그 기업들은 합병되었어요.
(C) 그것에 대해서는 제가 잘 모르겠어요.

어휘 prepare for ~에 대한 준비를 하다   merger 합병; 합치다, 합병하다   totally 완전히   submerge 잠수하다, (물속에) 잠그다

해설 부가의문문을 이용하여 '그들이 합병 준비를 하고 있다'는 진술의 진위 여부를 묻고 있다. 따라서 이에 대해 '확신하지 못하겠다'고 말한 (C)가 정답이다. 언뜻 들으면 (B)도 정답이 될 수 있을 것 같지만, '그들(they)이 합병 준비를 하고 있는지'를 묻는 질문에, '그 기업들(the companies)이 합병되었다'는 답변은 적절하지 못하다. (A)는 질문의 merger(합병)라는 단어와 발음이 비슷한 submerge(가라앉다)를 이용한 함정이다.

21

I heard Ms. Williams' interview went well this morning.
(A) She's definitely getting the job.
(B) Between ten and eleven A.M.
(C) He answered many questions.

오늘 오전에 Williams 씨의 면접이 잘 진행되었다고 들었어요.
(A) 그녀는 분명히 취직을 하게 될 거예요.
(B) 오전 10시와 11시 사이예요.
(C) 그는 여러 가지 질문에 대답을 했어요.

어휘 interview 면접, 인터뷰   go well 잘 되다   definitely 분명히   between A and B A와 B 사이에

해설 'Williams 씨의 면접이 잘 진행되었다는 이야기를 들었다'고 했으므로 '(그렇기 때문에) 그녀가 취직을 하게 될 것'이라고 반응한 (A)가 가장 자연스러운 답변이다. '시간'을 물어본 것은 아니기 때문에 (B)는 정답이 될 수 없고, 인터뷰를 본 사람은 Ms. Williams이므로 he로 대답하고 있는 (C) 역시 정답이 아니다.

22

How did Ms. Sanderson complete her work so quickly?
(A) She just finished.
(B) Brad gave her some help.
(C) No, I'm not done yet.

Sanderson 씨는 어떻게 그처럼 빨리 일을 끝냈나요?
(A) 그녀는 방금 전에 끝냈어요.
(B) Brad가 그녀에게 도움을 주었죠.
(C) 아니요, 저는 아직 끝내지 못했어요.

어휘 complete 완성하다, 마치다   yet 아직

해설 Sanderson 씨가 일을 빨리 끝낼 수 있었던 '방법'을 묻고 있다. 따라서 'Brad가 도움을 주었다'라고 말한 (B)가 정답이다. (A)는 질문의 complete(완료하다, 마치다)와 의미가 같은 finish(끝내다)라는 단어를 이용한 함정이며, (C) 역시 질문의 complete로부터 연상할 수 있는 표현인 be done(끝나다)으로 오답을 유도하고 있는 함정이다.

23

Do you remember the combination to the lock?
(A) Why don't you ask Tim?
(B) It's a combination of three things.
(C) I'm afraid it's locked.

잠금장치의 비밀번호를 기억하고 있나요?

(A) Tim에게 물어보는 것이 어떨까요?

(B) 그것은 세 가지가 결합된 거예요.

(C) 잠겨 있을까 걱정되는군요.

어휘 combination 조합, 결합물; (잠금장치 등의) 비밀번호

해설 combination to the lock은 '잠금장치의 비밀번호'라는 뜻이다. 상대방이 '비밀번호를 기억하고 있는지'를 묻고 있으므로 '(자신은 모르니) 제3자에게 물어보라'는 의견을 제시한 (A)가 가장 자연스러운 답변이다. (B)와 (C)는 각각 combination과 lock이라는 단어를 이용한 함정이다.

24

Why hasn't the money been reimbursed yet?

(A) You haven't turned in the receipts.

(B) I have money in the bank.

(C) She's holding his money for him.

왜 아직도 돈이 지급되지 않고 있나요?

(A) 당신이 영수증을 제출하지 않았잖아요.

(B) 저는 은행에 돈을 맡겨 두고 있어요.

(C) 그녀가 그의 돈을 보관하고 있어요.

어휘 reimburse 변제하다 turn in ~을 제출하다 receipt 영수증

해설 의문사 why를 이용하여 돈이 지급되지 않고 있는 '이유'를 묻고 있다. 따라서 '영수증(receipts)을 제출하지 않았기 때문'이라고 이유를 직접적으로 밝힌 (A)가 정답이다. (B)는 질문에서 사용된 money를 사용하여 오답을 고르도록 유도하고 있는 함정이며, (C)는 '그녀가 그를 위해 돈을 보관하고 있다'는 뜻으로 질문과 어울리지 않는 대답이다.

25

What price would be acceptable to pay for a rental car?

(A) A four-door sedan.

(B) About fifty dollars a day.

(C) Up to six days.

렌터카 이용료로 어느 정도의 비용이면 받아들일 수 있으세요?

(A) 4도어 세단요.

(B) 하루에 약 50달러요.

(C) 6일까지요.

어휘 acceptable 받아들일 수 있는, 용인할 수 있는 pay for ~에 대한 값을 지불하다 rental car 렌터카 sedan 세단형 자동차 up to ~까지

해설 상대방에게 '얼마의 가격이면 납득이 가능한지' 묻고 있으므로 '하루에 약 50달러'라고 구체적인 금액을 밝힌 (B)가 정답이다. 질문은 '렌터카(rental car)' 요금을 물어본 것이지 '차량의 종류'나 '대여 기간' 등을 물어본 것이 아니므로 (A)와 (C)는 모두 정답이 될 수 없다.

PART **3** 대화문

Unit **01** | 비즈니스 관련 I (일반 사무 관련)

PART 3 유형 연습 p.111

Ⓐ 03-02

	(a)	(b)	(c)
1	(a) ○	(b) ○	(c) ×
2	(a) ×	(b) ○	(c) ×
3	(a) ×	(b) ×	(c) ○
4	(a) ○	(b) ○	(c) ×
5	(a) ○	(b) ○	(c) ×

1

W Hello. This is Diane Wilson from Duncan Machinery. I'm calling about our monthly order of office supplies.

M Hello, Ms. Wilson. We're getting all of your supplies ready right now. We plan to send them by courier tomorrow. Do you need to change something?

W Yes, I do. We need double the amount of paper this month. We've been using it very quickly these days.

M No problem. I'll add that to the list.

W 안녕하세요. 저는 Duncan Machinery의 Diane Wilson입니다. 이번 달 사무용품 주문과 관련해서 전화를 드렸어요.

M 안녕하세요, Wilson 씨. 현재 주문품들은 모두 준비되어 있습니다. 내일 택배 회사로 보내 드릴 계획이에요. 변경하셔야 할 것이 있나요?

W 네, 있어요. 이번 달 용지의 양을 두 배로 늘려야 해요. 최근에 매우 빨리 사용하고 있거든요.

M 문제 없어요. 제가 목록에 추가해 드릴게요.

(a) 남자는 아마도 사무용품점에서 일할 것이다.

(b) 남자의 회사는 여자의 주문품을 내일 발송할 계획이다.

(c) 여자는 주문을 취소하기 위해 전화를 걸고 있다.

어휘 monthly 매달의 plan to ~할 계획이다 courier 배달원, 택배 회사 double 두 배로 하다 amount 양 these days 요즘 add 더하다, 추가하다 cancel 취소하다

해설 여자가 주문과 관련해서 전화한 것은 맞지만, 대화에서 주문을 취소하겠다는 내용은 없으므로 (c)는 잘못된 진술이다.

2

M I have the sales figures from last month. We sold about the same number of hamburgers and cheeseburgers that we normally do.

W That's good to know. What about the new menu items? Did they sell better than we had expected?

M The chicken sandwiches were a big hit. We sold more of them than we did cheeseburgers. Unfortunately, the fish burgers were not that popular. We might not want to sell them anymore.

M 저에게 지난달 매출액이 있어요. 우리가 평소와 같은 양의 햄버거와 치즈버거를 판매했군요.

W 알게 되어 기쁘네요. 새로운 메뉴는 어떤가요? 예상했던 것보다 많이 팔렸나요?

M 치킨 샌드위치는 크게 히트를 쳤어요. 치즈버거보다도 더 많이 판매했죠. 안타깝게도, 피쉬 버거는 그다지 인기가 좋지 못했어요. 더 이상 판매를 원치 않게 될 수도 있어요.

(a) 화자들은 슈퍼마켓에 있다.

(b) 치킨 샌드위치는 지난달에 매우 잘 팔렸다.

(c) 그들은 전년도 매출액에 관해 논의하고 있다.

어휘 sales figures 매출액, 판매 수치 same 동일한, 같은 normally 평소에 not ~ anymore 더 이상 ~ 않는

해설 지난달 매출액에 대한 대화인데, 마지막 부분에서 남자는 치킨 샌드위치가 잘 팔렸다고 말했다. 따라서 (b)가 올바른 진술이다.

3

W Mr. Thompson, we've boxed up our belongings. We're ready to move to our new office upstairs.

M All right. The movers should be coming within thirty minutes. Why don't you tell everyone to take a break?

W Okay. They'll be happy to hear that. Since it's eleven thirty now, I'll just tell all of the employees to come back here at one.

M Good thinking. Everything should be moved by then.

W Thompson 씨, 짐은 모두 상자에 포장해 두었어요. 위층의 새 사무실로 이사할 준비가 다 끝났어요.

M 좋아요. 이삿짐 센터 직원들이 30분내로 올 거예요. 모든 사람에게 쉬라고 이야기를 하는 것이 어떨까요?

W 좋아요. 그런 말을 들으면 기뻐하겠군요. 지금이 11시 30분이니까, 모든 직원들에게 1시까지 이곳으로 다시 오라고 이야기할게요.

M 좋은 생각이군요. 그때쯤이면 모든 것들이 옮겨져 있을 거예요.

(a) 여자는 자신이 조금 전에 위층으로 왔다는 것을 암시하고 있다.

(b) 남자는 여자에게 이삿짐 센터 직원에게 연락하라고 말한다.

(c) 직원들은 이다음에 휴식을 취할 것이다.

어휘 box up ~을 상자에 넣다, 상자로 포장하다 take a break 쉬다, 휴식을 취하다 imply 암시하다, 내포하다

해설 남자가 모든 사람에게 쉬라고 이야기하자고 제안했고, 여자는 이에 동의했다. 따라서 (c)가 올바른 진술이다.

4

M Helen, when are you going to visit McDougal Industries? Are you going there tomorrow or the day after tomorrow?

W I'm visiting the facility tomorrow. I'm scheduled to meet with Ramesh Punjab from one to four. And I'm supposed to be at the Teasdale Corporation the day after tomorrow. I'm going there at ten.

M So am I. Why don't we drive together then? I've never been there before, so I don't want to get lost.

M Helen, 언제 McDougal Industries를 방문할 예정이에요? 내일이나 모레에 그곳에 갈 건가요?

W 내일 시설을 방문할 거예요. 1시에서 4시까지 Ramesh Punjab과 미팅을 할 예정이죠. 그리고 모레에는 Teasdale 사에 가게 될 거예요. 10시에 그곳으로 갈 거예요.

M 저도 그래요. 그러면 우리가 같이 차를 타고 가는 것이 어떨까요? 저는 그곳에 가 본 적이 없어서, 길을 잃고 헤매고 싶지는 않거든요.

(a) 화자들은 다가 오는 미팅에 관해 논의하고 있다.

(b) 여자는 내일 McDougal Industries를 방문할 것이다.

(c) 남자는 여자에게 어떤 곳으로 가는 길을 묻고 있다.

어휘 the day after tomorrow 모레 facility 시설 be scheduled to ~할 예정이다 get lost 길을 잃다

해설 남자가 여자에게 차를 타고 가자고 제안했을 뿐이며 길을 묻지는 않았다. 따라서 (c)는 잘못된 진술이다.

5

M You seem frustrated about something, Carla. What's the matter?

W My computer isn't working properly. For some reason, I can't get an Internet connection. Everyone else in the office has one, but my computer doesn't.

M You ought to call Doug in the Maintenance Department. He'll fix your problem in no time. You can reach him at extension 37.

W Thanks, Harold. I'll give him a call right now.

M 어떤 것에 대해 낙심한 것처럼 보이는군요, Carla. 무슨 문제인가요?

W 제 컴퓨터가 제대로 작동을 하지 않아요. 어떤 이유 때문인지, 인터넷에 연결할 수가 없어요. 사무실 내 모든 사람들의 컴퓨터가 연결이 되는데, 제 컴퓨터만 연결이 되지 않아요.

M 관리부의 Doug에게 전화를 해야 해요. 그가 신속하게 문제를 해결해 줄 거예요. 내선 번호 37로 그에게 전화하면 돼요.

W 고마워요, Harold. 지금 바로 그에게 전화할게요.

(a) 여자는 컴퓨터 때문에 기분이 상해 있다.
(b) 남자는 여자에게 Doug와 이야기하라고 말한다.
(c) 여자는 이다음에 관리부에 갈 것이다.

어휘 frustrated 좌절한 properly 제대로 fix 고치다
in no time 곧, 신속하게 reach 닿다; (전화로) 연락하다 upset
기분이 상한, 속상한

해설 여자는 관리부에 전화할 것이라고 했다. 따라서 관리부에 갈 것이라는 내용의 (c)는 올바르지 않은 진술이다.

B

1 (b)	2 (c)	3 (a)
4 (b)	5 (a)	6 (a)
7 (c)	8 (b)	

[1-2]   ◀) 03-03

W Bruce, we really have to talk about the ad campaign we're going to run. Do you have time to talk before lunch?

M Sorry, Kate, but I'm meeting some branch managers in about five minutes. The meeting should run until noon. And I've got to visit the Shelbyville office around two.

W Okay. Then how about having lunch together? We can go over the proposals the marketing company sent us as we eat.

M Sounds good.

W Bruce, 우리는 앞으로 진행하게 될 광고에 대해 반드시 이야기해야 해요. 점심 시간 전에 이야기할 시간이 있나요?

M 미안하지만, Kate, 약 5분 후에 몇몇 지점장들과 회의가 있어요. 회의는 12시까지 계속될 거예요. 그리고 2시쯤에는 Shelbyville 지사를 방문해야 해요.

W 좋아요. 그렇다면 같이 점심을 먹는 것이 어떨까요? 식사를 하는 동안 마케팅 회사에서 보내 준 제안서를 우리가 검토할 수 있을 거예요.

M 좋은 생각이군요.

어휘 ad campaign 광고 branch manager 지점장 have got to ～해야 한다 go over 검토하다 proposal 제안, 제안서

1
여자는 왜 남자와 이야기를 하고 싶어 하는가?
(a) 어떤 지점에 관한 이야기를 하기 위해
(b) 광고에 대해 논의하기 위해
(c) 새로운 예산안을 검토하기 위해

해설 대화의 첫 부분에서 여자는 'we really have to talk about the ad campaign'이라고 했으므로 정답은 (b)이다.

2
2시에 어떤 일이 있을 것인가?
(a) 화자들이 함께 점심을 먹을 것이다.
(b) 남자가 몇몇 관리자들과 만날 것이다.
(c) 남자가 다른 사무실로 갈 것이다.

해설 남자는 'I've got to visit the Shelbyville office around two'라고 하며 2시에 Shelbyville 지사를 방문해야 한다고 말했다. 따라서 정답은 (c)이다.

[3-4]   ◀) 03-04

M Here's the information about the new employees. Five of the six new workers seem to be doing very well. Ms. Kendrick received a lot of praise from her supervisor.

W Who's the employee that's rated low?

M His name is Arthur Floyd. He's constantly late for work, and he doesn't have a good attitude either.

W Tell him to come to my office at three o'clock. I need to have a chat with him immediately.

M 신입 직원들에 관한 정보가 여기 있어요. 6명의 신입 직원 중 5명이 일을 잘 하고 있는 것처럼 보이는군요. Kendrick 씨가 관리자로부터 많은 칭찬을 받았어요.

W 가장 낮은 평가를 받은 직원은 누구인가요?

M 그의 이름은 Arthur Floyd예요. 항상 지각을 하고, 게다가 태도도 좋지 못해요.

W 그에게 3시 정각에 제 사무실로 오라고 말씀해 주세요. 그와 당장 이야기를 해야겠어요.

어휘 praise 칭찬 supervisor 감독관, 관리자 rate 등급을 매기다
constantly 항상, 늘 attitude 태도 have a chat with
～와 이야기를 하다 evaluation 평가 arrange 준비하다, 마련하다

3
화자들은 주로 무엇을 논의하고 있는가?
(a) 몇몇 신입 직원들
(b) 그들의 관리자
(c) 직원 평가서

해설 화자들은 신입 직원들의 태도에 대해 논의하고 있으므로 정답은 (a)이다.

4
여자는 남자에게 무엇을 하라고 말하는가?
(a) 자신의 사무실로 온다
(b) 만남을 주선한다
(c) 직원들을 더 고용한다

해설 여자가 남자에게 부탁한 것은 Arthur Floyd에게 자신의 사무실로 오라고 말해달라는 것이다. 정답은 (b)이다.

W Have the scientists in the lab <u>reported</u> <u>anything</u> recently?

M I got an e-mail from Dr. Chu this morning. He thinks his team may <u>have discovered</u> <u>something of importance</u>. He requested <u>more</u> <u>money</u> to do <u>additional research</u>.

W Have him <u>write up a report</u> and <u>e-mail it to me</u> by this afternoon. I'll <u>make a decision</u> as soon as I read it.

M I'll <u>go down to the lab</u> right now and tell him to do that.

W 실험실의 과학자들이 최근에 보고한 것이 있나요?

M 오늘 아침에 Chu 박사로부터 이메일을 받았어요. 그는 자신의 팀이 중요한 무언가를 발견했다고 생각하더군요. 추가 연구를 하기 위한 자금을 더 요청했어요.

W 그에게 오늘 오후까지 보고서를 작성해서 제게 이메일을 보내 달라고 하세요. 제가 읽어보고 바로 결정을 내리도록 할게요.

M 제가 지금 실험실로 내려가서 그에게 그렇게 하라고 말할게요.

어휘 lab 실험실 recently 최근에 discover 발견하다 importance 중요성 additional 추가적인 make a decision 결정하다, 결심하다 conduct 실행하다, 실시하다; 지휘하다

5
여자는 Chu 박사가 무엇을 하기를 원하는가?
(a) 자신에게 이메일을 보낸다
(b) 연구를 더 많이 한다
(c) 자신에게 전화한다

해설 여자는 'Have him write up a report and e-mail it to me' 라고 하며, Chu 박사가 자신에게 이메일을 보내게 하라고 말했다. 정답은 (a)이다.

6
남자는 아마도 이다음에 무엇을 할 것인가?
(a) 실험실을 방문한다
(b) 보고서를 작성한다
(c) 실험을 진행한다

해설 대화의 마지막 부분에서 남자는 실험실로 내려갈 것이라고 (I'll go down to the lab) 했다. 정답은 (a)이다.

M I'm <u>not satisfied with the work</u> the new cleaning company is doing. I think we <u>should</u> <u>consider going back</u> to our old cleaning company.

W But we stopped using its services because <u>the cost was too high</u>. Do we have <u>enough</u> <u>money in the budget to pay</u> that company?

M We'll find a way to do it. The firm we're using now simply <u>isn't doing a good job</u>. We've got to <u>find a replacement</u>.

M 새 청소 업체가 하고 있는 일이 만족스럽지가 않군요. 기존 청소 업체로 다시 돌아가는 것을 생각해 봐야 할 것 같아요.

W 하지만 비용이 너무 높았기 때문에 그곳의 서비스 이용을 중단 했던 것이잖아요. 예산상 그 업체에 지불할 수 있는 돈이 충분 히 있나요?

M 그렇게 할 수 있는 방법을 찾아야 할 거예요. 지금 우리가 이용 하고 있는 업체는 일을 잘하지 못해요. 대체할 수 있는 곳을 찾아야만 해요.

어휘 be satisfied with ~에 만족하다 consider 고려하다, 생각하다 budget 예산 firm 회사 replacement 대체, 교체품 previous 이전의 charge (요금을) 부과하다

7
남자는 새 청소 업체에 대해 무엇을 말하는가?
(a) 이전 업체보다 뛰어나다.
(b) 너무 많은 요금을 부과한다.
(c) 일을 잘 못하고 있다.

해설 대화의 첫 부분에서 남자는 새 청소 업체가 하는 일이 만족스럽 지 않다고 했다. 그러므로 정답은 (c)이다.

8
여자는 무엇을 걱정하는가?
(a) 또 다른 업체를 고용하는 것
(b) 충분한 돈을 마련하는 것
(c) 사무실을 더 깨끗하게 만드는 것

해설 기존 청소 업체를 다시 이용하자는 의견에 대해 여자는 비용이 많이 든다고 하며 예산이 충분한지 물었다. 따라서 정답은 (b)이다.

예상 적중 문제 01-03   p.115

1. The company makes <u>athletic shoes</u>. (○)
2. The company <u>did not make</u> any advertisements. (×)
3. The man will speak with <u>a person at the</u> <u>warehouse</u>. (○)

1. 회사는 운동화를 만든다.
2. 회사는 어떠한 광고도 제작하지 않았다.
3. 남자는 창고에 있는 사람과 이야기할 것이다.

어휘 athletic 운동의 warehouse 창고

예상 적중 문제 04-06　p.117

☼ MORE & MORE　◑ 03-10

1. The speakers <u>work in</u> Miami. (×)
2. The woman <u>made agreements with</u> five companies. (○)
3. The man will <u>send the woman an e-mail</u> later. (×)

1. 화자들은 마이애미에서 일한다.
2. 여자는 다섯 곳의 회사와 계약을 맺었다.
3. 남자는 이후에 여자에게 이메일을 보낼 것이다.

예상 적중 문제 07-09　p.119

☼ MORE & MORE　◑ 03-12

1. The man is most likely <u>a novelist</u>. (×)
2. Both of the women <u>work at the store</u>. (○)
3. Grace is planning to <u>take a break</u> soon. (×)

1. 남자는 아마도 소설가일 것이다.
2. 두 여자 모두 이 상점에서 일한다.
3. Grace는 곧 휴식을 취할 것이다.

예상 적중 문제 10-12　p.121

☼ MORE & MORE　◑ 03-14

1. Mr. Anderson is most likely <u>the speakers' boss</u>. (○)
2. One of the men <u>is going to make</u> some photocopies. (○)
3. The woman is going to <u>attend a meeting</u> at another company. (×)

1. Anderson 씨는 화자들의 상사일 것이다.
2. 한 명의 남자는 복사를 할 것이다.
3. 여자는 다른 회사의 회의에 참석할 것이다.

예상 적중 문제 13-15　p.123

☼ MORE & MORE　◑ 03-16

1. The speakers are discussing <u>sales figures</u>. (○)
2. There was a <u>big decline in sales</u> for two months. (×)
3. The woman <u>will speak with</u> Deborah Greene later. (○)

1. 화자들은 판매 수치를 논의하는 중이다.
2. 두 달 동안 매출에 큰 감소가 있었다.
3. 여자는 나중에 Deborah Greene과 이야기할 것이다.

Unit 02 ┃ 비즈니스 관련 Ⅱ (행사 관련)

PART 3 유형 연습　p.127

A　◑ 03-18

	(a)	(b)	(c)
1	×	○	×
2	○	○	○
3	○	×	×
4	○	×	×
5	○	○	×

1

W　Is everything ready for the end-of-the-year party? It's only one week from now, and I don't want anything to go wrong.

M　Actually, there's one thing we have to do. We hired a local band to provide live music for us. But the lead singer just called and canceled.

W　What are we going to do?

M　My brother works at a radio station and knows several bands. I'll call him and ask him for some phone numbers.

W　송년회 준비는 다 되었나요? 지금부터 겨우 일주일 후라서, 저는 문제가 생기는 것을 원하지 않아요.

M　사실은, 해야 할 일이 한 가지 있어요. 우리는 라이브로 음악을 연주해 줄 지역 밴드를 고용했어요. 하지만 리드 싱어가 조금 전에 전화해서 취소했어요.

W　우리는 어떻게 해야 하나요?

M　동생이 라디오 방송국에서 근무하는데 몇몇 밴드들을 알고 있어요. 제가 동생에게 전화해서 연락처를 몇 개 요청해 볼게요.

(a) 화자들은 현재 송년회에 참석 중이다.
(b) 회사는 일주일 후에 행사를 개최할 것이다.
(c) 남자는 라디오 방송국에서 일한다.

어휘 end-of-the-year party 송년회　provide 제공하다　cancel 취소하다

해설 대화의 첫 부분에서 여자는 송년회가 일주일 후라고 했다. 따라서 (b)가 올바른 문장이다.

2

W　We need to hurry up. I don't want to miss the talk Dr. Reed is giving at ten thirty. It's being held in room 205.

M　Didn't you hear the announcement? The time of his speech has been changed. He's giving it at two in the afternoon instead.

W   Oh, I didn't know that. In that case, let's go to the workshop on networking. We should learn a few things there.

W   서둘러야 해요. 10시 30분에 있을 Reed 박사님의 강연을 놓치고 싶지 않거든요. 205호실에서 열릴 거예요.

M   안내 방송을 듣지 못했나요? 강연 시간이 변경되었어요. 그 대신에 오후 2시에 강연을 하실 거예요.

W   오, 그 점은 제가 몰랐군요. 그렇다면, 네트워크와 관련된 워크숍에 가 보도록 해요. 그곳에서 몇 가지를 사항들을 배울 수 있을 거예요.

(a) 여자는 Reed 박사의 연설을 듣고 싶어 한다.
(b) 여자는 안내 방송을 듣지 못했다.
(c) 여자는 다음으로 워크숍에 참석할 것을 제안한다.

해설 첫 번째 대화에서 여자는 Reed 박사의 강연을 듣고 싶다고 했고, 이에 대해 남자는 안내 방송을 듣지 못했냐고 대답했다. 그리고 마지막 부분에서 여자는 네트워크 관련 워크숍에 가보자고 했다. 따라서 (a), (b), (c) 모두 대화의 내용과 일치한다.

3

M   Who do you think we should give the employee of the month award to? I can't decide between Herb Williams and Janet Oglethorpe.

W   They're both worthy choices. Herb set a sales record this past month. But Janet also had a successful month since she organized the sales conference so well.

M   Let's give it to Herb. He has worked hard here for several years but has never been awarded anything.

W   That makes sense. We should do that.

M   이달의 사원상을 누구에게 주어야 한다고 생각하나요? Herb Williams와 Janet Oglethorpe 중에서 결정을 내리지 못하겠어요.

W   두 사람 모두 선택을 받을 자격이 있죠. Herb는 지난 한 달 동안 판매 기록을 세웠어요. 하지만 Janet 역시 세일즈 컨퍼런스를 잘 준비해서 성공적인 한 달을 보냈고요.

M   Herb에게 주죠. 몇 년 동안 이곳에서 열심히 일을 했지만, 그가 상을 받은 적은 한 번도 없으니까요.

W   말이 되는군요. 그렇게 해요.

(a) 화자들은 누가 상을 받아야 하는지에 대해 이야기하고 있다.
(b) Herb Williams는 지난달에 컨퍼런스를 준비했다.
(c) 화자들은 이달의 직원에 대해 의견을 달리하고 있다.

어휘 worthy ~할 가치가 있는, 자격이 있는   set a record 기록을 세우다   organize 조직하다, 준비하다   make sense 말이 되다, 이치에 맞다   disagree 의견이 다르다, 동의하지 않다

해설 대화의 전체적인 내용이 이달의 사원상을 누가 받아야 하는지에 대한 것이다. 그러므로 (a)가 대화의 내용과 일치한다.

4

M   Pardon me, but you need to register for the conference before you can enter. May I have your name, please?

W   My name is Alicia Strauss. I registered online three days ago. Here's my driver's license.

M   Let me see... Yes, I have your name right here, Ms. Strauss. Please attach this nametag to your blouse and keep it there while you're in the convention center. Enjoy the event.

M   죄송하지만, 입장하시기 전에 컨퍼런스에 등록을 하셔야 해요. 제게 성함을 알려 주시겠어요?

W   제 이름은 Alicia Strauss예요. 3일 전에 온라인으로 등록을 했고요. 여기 제 운전면허증요.

M   볼게요… 네, 여기에 이름이 있군요, Strauss 씨. 이 이름표를 블라우스에 부착해 주시고 컨벤션 센터에 계시는 동안 계속해서 지니고 다니세요. 즐거운 시간 되십시오.

(a) 남자는 아마도 접수 담당자일 것이다.
(b) 여자는 운전면허를 신청할 것이다.
(c) 남자는 여자에게 신청서 양식을 준다.

어휘 register for ~에 등록하다   attach 붙이다, 부착하다   nametag 이름표   receptionist 접수 담당자, 접수계원

해설 남자는 여자가 컨퍼런스에 등록했는지 확인한 다음, 이름표를 주고 나서 안내를 하고 있다. 즉, 남자는 접수 담당자일 것이므로 (a)가 올바른 진술이다.

5

W   What time is the farewell party for Tina Stewart tonight?

M   It starts at seven o'clock. Several of us are going to the restaurant together after work. Would you like to join us?

W   I'd love to, but I have to stay here until six thirty to finish some work. I'll go there by myself when I'm done.

M   Okay, but don't be late. The CEO is planning on being there.

W   Tina Stewart를 위한 송별회가 오늘 밤 몇 시에 열리나요?

M   7시 정각에 시작해요. 우리 중 몇 명은 퇴근 후에 식당으로 함께 갈 거예요. 우리와 같이 갈래요?

W   그렇게 하고 싶지만, 저는 일을 마무리하기 위해 6시 30분까지는 여기에 남아 있어야 해요. 일이 끝나면 혼자서 그곳으로 갈게요.

M   그래요, 하지만 늦지 마세요. 대표 이사님께서도 그곳에 오실 예정이거든요.

(a) 화자들은 Tina Stewart가 회사를 떠날 것이라는 사실을 암시한다.
(b) 남자는 여자에게 자신과 함께 식당에 가자고 제안한다.
(c) 여자는 7시 정각까지 일을 할 것이다.

해설 대화의 첫 부분에서 Tina Stewart의 송별회가 있을 것이라고 했으므로 (a)는 올바른 진술이다. 이어서 남자는 여자에게 식당에 같이 가자고 했으므로 (b)도 언급된 내용이다.

B

1 (a)	2 (c)	3 (c)
4 (a)	5 (a)	6 (c)
7 (c)	8 (b)	

[1-2] 🔊 03-19

M Joanna, are you going to <u>attend the workshop</u> next week? I want to go, but I think that the <u>deadline for registering</u> might have <u>passed</u>.

W I'm <u>going to be at the workshop</u> in St. Louis, but <u>there's another one</u> in Lexington <u>on the same day</u>. Which one do you mean?

M I'm hoping to go to the <u>same one you're visiting</u>.

W Ah, you <u>can register for it</u> until this Friday. So <u>you'd better</u> do that quickly.

M Joanna, 다음 주 워크숍에 참석할 건가요? 저는 가고 싶지만, 등록 마감일이 지난 것으로 알고 있어요.

W 저는 세인트루이스의 워크숍에 갈 예정인데, 같은 날 렉싱턴에서도 워크숍이 하나 더 있더군요. 어떤 것을 말하는 건가요?

M 저는 당신이 참석할 워크숍에 가고 싶어요.

W 아, 그것은 이번 주 금요일까지 등록하면 돼요. 그러니 빨리 등록하는 것이 좋을 것 같군요.

1

남자와 여자는 무엇에 관해 이야기하는가?

(a) 워크숍 참석

(b) 등록 방법

(c) 그들이 떠나게 될 시간

해설 대화의 첫 부분에서 남자는 여자에게 다음 주 워크숍에 참석할 것인지 물었다. 따라서 정답은 (a)이다.

2

여자는 다음 주에 어디로 갈 것인가?

(a) 렉싱턴

(b) 샌디에이고

(c) 세인트루이스

해설 여자는 세인트루이스의 워크숍에 갈 예정이라고 했으므로 정답은 (c)이다. 같은 날 렉싱턴에서도 워크숍이 열리기는 하지만, 이는 여자가 참석하는 워크숍이 아니다.

[3-4] 🔊 03-20

W <u>Congratulations on being named</u> the worker of the quarter, Rod. That's the second time in three years you have won the award.

M Thanks a lot. I'm glad that the company has <u>recognized me</u> for my work.

W Yeah, you should have <u>won the award last quarter</u>, too. You did even better work then.

M Yeah, but I understand why I didn't win. The company wanted to <u>give an award to</u> Lewis Briggs <u>before he retired</u>.

W 이번 분기의 직원으로 지명된 것을 축하해요, Rod. 3년 동안 그 상을 수상한 것이 벌써 두 번째군요.

M 정말 고마워요. 회사가 업무로 저를 인정해 주다니 기뻐요.

W 예, 당신은 지난 분기에도 그 상을 수상했어야 했어요. 그때 일을 훨씬 더 잘했으니까요.

M 그렇기는 하지만, 저는 제가 수상하지 못했던 이유를 이해할 수 있어요. 회사측은 Lewis Briggs가 은퇴를 하기 전에 그에게 상을 주고 싶어 했죠.

어휘 name 지명하다 recognize 인지하다, 인정하다 retire 은퇴하다 pay raise 급여 인상

3

여자는 왜 남자에게 축하를 하는가?

(a) 그가 승진했다.

(b) 그의 급여가 인상되었다.

(c) 그가 상을 받았다.

해설 대화의 첫 부분에서 여자는 남자가 이번 분기의 직원으로 지명된 것을 축하하고 있다. 따라서 정답은 (c)이다.

4

남자는 Lewis Briggs에 관해 무엇을 암시하는가?

(a) 그는 최근에 상을 받았다.

(b) 그는 남자의 관리자이다.

(c) 그는 여전히 회사에서 일을 한다.

해설 대화 중반부에 여자는 지난 분기에도 남자가 상을 받았어야 했다고 말했는데, 남자는 회사에서 Lewis Briggs가 은퇴하기 전에 상을 주고 싶어 했다고 말했다. 따라서, Lewis Briggs는 지난 분기에 상을 받았으므로 정답은 (a)이다.

[5-6] 🔊 03-21

W What was your opinion of the talk given <u>by the keynote speaker</u>? I <u>was impressed</u> by it.

M It was <u>well done</u>, but I had actually heard it before. Dr. Peterson gave almost <u>the same speech</u> in San Diego last month.

W Really? That's <u>disappointing to hear</u>. He should have come up with <u>something new</u>.

M I agree. He spoke on a fascinating topic, but his speech <u>should have been original</u>.

W 기조 연설자의 연설에 대해 어떻게 생각하나요? 저는 깊은 인상을 받았어요.

M	좋았지만, 저는 사실 전에 들어본 적이 있어요. Peterson 박사는 지난달 샌디에이고에서 거의 같은 내용의 연설을 했어요.
W	정말인가요? 그런 이야기를 들으니 실망스럽군요. 그는 무언가 새로운 것을 생각해 내야 했어요.
M	동감이에요. 그는 흥미로운 주제에 관해 연설을 했지만, 연설은 독창적인 것이어야 했어요.

어휘 keynote speaker 기조 연설자 be impressed by ~에 의해 감명을 받다 disappointing 실망스러운 come up with (생각 등을) 떠올리다 fascinating 매력적인, 흥미로운 original 원래의; 독창적인

5
화자들은 주로 무엇을 논의하는가?
(a) 기조 연설
(b) 샌디에이고 출장
(c) 새로운 연구

해설 대화의 첫 부분에서 여자는 기조연설자의 연설에 대한 의견을 묻고 있고, 남자는 자신의 의견을 말하고 있다. 따라서 정답은 (a)이다.

6
남자는 Peterson 박사에 대해 무엇을 말하는가?
(a) 그는 유명한 과학자이다.
(b) 그는 샌디에이고에 사무실을 두고 있다.
(c) 그는 전에도 비슷한 연설을 했다.

해설 남자는 첫 번째 대화에서 Peterson 박사가 지난달에 샌디에이고에서 거의 같은 내용의 연설을 했다고 말했다. 그러므로 정답은 (c)이다.

[7-8]   ◀)) 03-22

M1	What did you think of Ms. Farmer's presentation?
W	It was rather interesting. I had no idea that her company's products were so versatile.
M2	That's how I felt. I was particularly impressed by the JT4000.
W	You aren't serious, are you? It was my least favorite item that was demonstrated.
M2	I think it's got a lot of potential. You should reconsider your position.
M1	I agree with Marcus. In fact, I'd like to see a second demonstration of it.
M1	당신은 Farmer 씨의 발표가 어떻다고 생각했나요?
W	상당히 흥미로웠어요. 저는 그녀의 회사 제품들이 그렇게 용도가 다양한지 모르고 있었어요.
M2	저도 그렇게 느꼈어요. 저는 JT4000에 특별히 깊은 인상을 받았어요.
W	진담은 아닐 거예요, 그렇죠? 그것은 시연되었던 제품들 중에 제가 가장 싫어하는 것이었어요.

M2	저는 그것에 많은 가능성이 있다고 생각해요. 당신의 태도를 다시 생각해 보아야 할 것 같네요.
M1	저도 Marcus의 의견에 동의해요. 사실, 저는 그것의 다른 시연도 보고 싶어요.

어휘 versatile 다용도의 demonstrate 보여주다, 시연하다

7
화자들은 주로 무엇을 논의하는가?
(a) 판매 회의
(b) 신규 광고
(c) 제품 시연

해설 화자들은 시연되었던 제품들에 대한 의견을 말하고 있으므로 정답은 (c)이다.

8
남자들은 JT4000에 대해 어떻게 생각하는가?
(a) 그들은 그것이 대단하다고 생각하지 않았다.
(b) 그들은 그것에 관심이 있다.
(c) 그들은 그것이 너무 비싸다고 생각한다.

해설 대화 중반부에 남자는 JT4000이 인상적이었다고 말했고, 여자는 그 제품이 싫다고 했다. 대화의 마지막에서 다른 남자 역시 Marcus의 의견에 동의하고 있다. 따라서 남자들은 이 제품에 관심이 있다고 볼 수 있으므로 정답은 (b)이다.

예상 적중 문제 01-03   p.131

💡 MORE & MORE   ◀)) 03-24

1. The woman works at a clothing store. (○)
2. The man plans to hand out items at a special event. (○)
3. The woman will charge the man the regular price. (×)

1. 여자는 옷가게에서 일한다.
2. 남자는 특별 행사에서 상품을 나눠 줄 계획이다.
3. 여자는 남자에게 정가를 청구할 것이다.

어휘 regular price 정가

예상 적중 문제 04-06   p.133

💡 MORE & MORE   ◀)) 03-26

1. The man is most likely a new hire at the company. (×)
2. The woman is willing to help the man. (○)
3. The man will speak with a colleague next. (○)

1. 남자는 회사의 신입사원일 것이다.
2. 여자는 남자를 기꺼이 도와 주려고 한다.
3. 남자는 이후에 동료와 이야기할 것이다.

☀ MORE & MORE   ◀03-28

1. Dr. Jackson's workshop will start at one. (○)
2. Marcia O'Malley will give a speech. (○)
3. The woman is going to attend the speech. (×)

1. Jackson 박사의 워크숍은 1시에 시작될 것이다.
2. Marcia O'Malley는 강연을 할 것이다.
3. 여자는 강연에 참석할 것이다.

예상 적중 문제 10-12   p.137

☀ MORE & MORE   ◀03-30

1. The man congratulates the woman for winning an award. (○)
2. The woman mentions that her teammates helped her. (○)
3. The man and woman will have lunch together tomorrow. (×)

1. 남자는 여자의 수상을 축하하고 있다.
2. 여자는 팀 동료들이 자신을 도와 주었다고 말한다.
3. 남자와 여자는 내일 함께 점심을 먹을 것이다.

예상 적중 문제 13-15   p.139

☀ MORE & MORE   ◀03-32

1. The man implies that the woman is a new employee. (×)
2. Brad Crawford won an award at the company. (×)
3. Amy Stetson is employed as a saleswoman. (○)

1. 남자는 여자가 신입 직원이라는 점을 암시하고 있다.
2. Brad Crawford는 회사에서 상을 받았다.
3. Amy Stetson은 영업 사원으로 고용되어 있다.

Unit 03 | 비즈니스 관련 III
(인사 관련 및 기타)

PART 3 유형 연습   p.143

Ⓐ   ◀03-34

1	(a) ○	(b) ×	(c) ○
2	(a) ×	(b) ○	(c) ○
3	(a) ○	(b) ×	(c) ×
4	(a) ×	(b) ×	(c) ○
5	(a) ○	(b) ×	(c) ○

40

1

M	I can't believe it. I can't find my employee ID card anywhere. I must have misplaced it.
W	You need to inform Peter in the security office immediately. He'll deactivate the card so that anyone who finds it can't use it. Then, you'll have to get a new one.
M	I'd better do that quickly. I'll call him up and let him know at once. Thanks for the advice.
M	믿을 수가 없군요. 어디에서도 제 사원증을 찾을 수가 없어요. 잃어버린 것이 틀림없어요.
W	즉시 경비실의 Peter에게 알려야 해요. 카드를 발견한 사람이 사용할 수 없도록 그가 카드를 정지시켜 줄 거예요. 그런 다음에는, 새 카드를 발급받아야 하고요.
M	빨리 그렇게 하는 것이 좋겠군요. 당장 그에게 전화를 걸어서 알리도록 할게요. 조언해 줘서 고마워요.

(a) 남자는 신분증을 잃어 버렸다.
(b) 여자가 남자에게 새로운 신분증을 가져다 줄 것이다.
(c) 남자는 곧 Peter에게 전화를 걸 것이다.

어휘 employee ID card 사원증 misplace ~을 놓고 잊어버리다, 놓은 곳을 잊다 inform 알리다 security office 경비실 deactivate 비활성화시키다, 정지시키다 so that ~ can ~하기 위해서
해설 남자가 사원증을 잃어버렸는데, 여자가 새로운 신분증을 가져다 준다고 하지는 않았으므로 (b)는 잘못된 진술이다.

2

W	Did you hear the news that Giuseppe is going to resign? He accepted a job in Milan with another firm.
M	No, I hadn't heard that. Good for him. He has wanted to change jobs for quite a while.
W	Since his job is going to be open, I'm going to apply for it. I believe I'm qualified to do it.
M	Good luck getting the job. I think you'd do well at it.
W	Giuseppe가 퇴사할 것이라는 소식을 들었나요? 그가 밀라노에 있는 다른 회사에서 일자리를 구했대요.
M	아니요, 그런 이야기는 듣지 못했어요. 그에게는 잘 된 일이군요. 그가 오랫동안 이직을 원하고 있었으니까요.
W	그의 자리가 공석이 되었기 때문에, 제가 그 자리에 지원할 거예요. 제게 그 일을 할 수 있는 자격이 있다고 생각해요.
M	그 자리를 얻는 데 행운이 있기를 빌게요. 저는 당신이 잘 할 거라고 생각해요.

(a) 화자들은 밀라노 출장에 대해 논의하고 있다.
(b) 남자는 Giuseppe 때문에 기뻐한다.
(c) 여자는 공석인 직위에 지원을 할 것이다.

어휘 resign 사임하다 firm 회사 for a while 한동안 qualified 자격이 있는

3

M	Ms. Reynolds, I'd like to talk to you about my salary. I didn't get a pay raise last year, so I hope I can get an increase this year.
W	As far as I know, nobody is getting a raise this year, Doug. The company isn't financially healthy enough.
M	That's disappointing. I don't feel like my salary is equivalent to my job performance.
W	I understand how you feel, but there's nothing I can do.
M	Reynolds 씨, 제 급여에 관해 말씀을 드리고 싶어요. 작년에 제 급여가 인상이 되지 않아서, 올해에는 인상이 되기를 바라고 있어요.
W	제가 아는 한, 올해는 누구의 급여도 인상되지 않을 거예요, Doug. 회사가 재정적으로 탄탄하지 못하거든요.
M	실망스럽군요. 급여가 저의 업무 성과와 동등한 수준이라고 생각하지 않아요.
W	당신이 느끼는 것에 대해서는 이해가 되지만, 제가 할 수 있는 일은 없어요.

(a) 여자는 아마도 남자의 상사일 것이다.
(b) 남자는 자신의 현재 급여에 만족하고 있다.
(c) 여자는 남자에게 자신의 일을 더 열심히 하라고 말한다.

어휘 salary 급여, 봉급 as far as ~하는 한 financially 금전적으로, 재정적으로 healthy 건강한 be equivalent to ~와 동등하다 be satisfied with ~에 만족하다

해설 남자가 여자에게 자신의 급여가 인상되기를 바란다고 상담하고 있는 것으로 보아 여자가 남자의 상사라고 추측할 수 있다. 따라서 (a)는 올바른 진술이다.

4

W	How did you like the orientation event, Mr. Marino? Do you feel that you learned enough to do your new job well?
M	I hope so, Ms. Diamond. I'm sure I'll have plenty of questions when I start doing my job tomorrow though.
W	That's normal. Don't be afraid to ask your supervisor for assistance if you need it. Everyone expects you to have questions for the first few weeks.
W	오리엔테이션은 어땠나요, Marino 씨? 새로운 일을 잘할 수 있을 정도로 충분히 배웠다고 생각하나요?
M	그랬으면 좋겠어요, Diamond 씨. 제가 내일 일을 시작할 때에는 분명히 많은 질문이 생기겠지만요.

W	그것이 정상이에요. 필요하면 걱정하지 말고 관리자에게 물어 보세요. 처음 몇 주 동안은 당신이 질문을 할 것이라고 모두가 예상하고 있어요.

(a) 남자는 오리엔테이션에 관해 걱정하고 있다.
(b) 남자는 여자에게 자신의 새로운 일에 대한 질문을 한다.
(c) 여자는 남자에게 도움을 요청할 것을 권한다.

어휘 orientation 오리엔테이션 plenty of 많은 normal 정상적인, 평범한 assistance 도움 be concerned with ~에 대해 걱정하다 encourage 격려하다, 고무시키다

해설 대화의 마지막 부분에서 여자는 남자에게 도움을 요청해 보라고 조언하고 있다. 그러므로 (c)는 올바른 진술이다.

5

W	Excuse me, but I'm looking for Frederick Deacon. I'm supposed to report to him on my first day of work.
M	I'm Frederick Deacon. May I assume that you're Jacqueline Thomas?
W	That's correct, Mr. Deacon. It's a pleasure to meet you. I hope you don't mind me showing up a bit early.
M	Not at all. Why don't you follow me right now? I can show you to your workspace.
W	실례지만, 저는 Frederick Deacon 씨를 찾고 있어요. 근무 첫날 그분에게 보고를 하기로 되어 있거든요.
M	제가 Frederick Deacon이에요. 당신이 Jacqueline Thomas 맞지요?
W	맞아요. Deacon 씨. 만나서 반갑습니다. 제가 약간 일찍 온 것에 대해 괜찮으셨으면 좋겠어요.
M	당연히 괜찮아요. 이제 저를 따라 오는 것이 어떨까요? 당신에게 업무 공간을 보여 줄게요.

(a) 화자들은 아마도 처음으로 만났을 것이다.
(b) 여자는 실수한 것에 대해 사과하고 있다.
(c) 남자는 이다음에 여자를 사무실로 데리고 갈 것이다.

어휘 look for ~을 찾다 be supposed to ~하기로 예정되어 있다 assume 가정하다, 추측하다 show up 나타나다, 모습을 보이다 workplace 일터, 업무 공간 for the first time 처음으로 apologize for ~에 대해 사과하다

해설 여자는 자신이 약간 일찍 온 것에 대해 양해를 구하고 있기는 하지만, 이것이 자신의 실수에 대해 사과했다고 볼 수는 없다. 그러므로 (b)는 잘못된 진술이다.

B

1 (c)	2 (a)	3 (a)
4 (b)	5 (b)	6 (a)
7 (c)	8 (a)	

W	How did you like the advertisement I sent you this morning?
M	It looked good. Mr. Parker approved it as well, so it's going to run on several Web sites. We're hoping to attract the interest of new college graduates.
W	Why are we looking to hire them?
M	Management wants younger people working at many of our branches. They think it will help attract a younger clientele.
W	제가 오늘 아침에 보낸 광고가 어땠나요?
M	좋아 보이더군요. Parker 씨께서도 승인하셔서, 웹사이트에 몇 군데에 게시될 거예요. 우리는 신규 대졸자들의 관심을 끌 수 있기를 바라고 있어요.
W	왜 그들을 고용하려는 것이죠?
M	경영진은 젊은 사람들이 여러 지사에서 일하는 것을 원하고 있거든요. 그렇게 하면 젊은 고객들을 유치하는 데 도움이 될 것이라고 생각해요.

어휘 approve 승인하다, 인정하다 as well 또한 attract 끌다, 유인하다 college graduate 대학 졸업자 management 경영; 경영진 branch 가지; 지사, 지점 clientele 고객 middle-aged 중년의

1
대화는 어디에서 이루어지고 있는 것 같은가?
(a) 학교에서
(b) 도서관에서
(c) 사무실에서

해설 화자들은 구인 광고와 신규 직원 채용에 대해 이야기하고 있다. 따라서 (c)가 정답이다.

2
어떤 유형의 사람들이 광고의 대상인가?
(a) 젊은 사람
(b) 중년층
(c) 노년층

해설 대화의 마지막 부분에서 남자는 경영진들이 젊은 사람들을 원한다고 말했다. 정답은 (a)이다.

M	If you agree to work here, you'll get one week of vacation in your first year of employment.
W	What about after my first year finishes?
M	You'll receive two weeks of vacation starting in your second year. And if you perform well, you can earn extra time off throughout the year.
W	That sounds acceptable to me. Now, what about the rest of the benefits you're offering?
M	이곳에서 일하는 것에 동의하시면, 채용 첫해에는 일주일 간의 휴가를 받게 될 것입니다.
W	첫해가 끝나면 어떻게 되나요?
M	2년 차부터는 2주일간의 휴가를 받게 될 것입니다. 그리고 성과가 좋으면, 해당 년도에 특별 휴가를 받을 수도 있고요.
W	받아들일 만하군요. 그럼, 제안하시는 나머지 혜택들은 어떤가요?

어휘 employment 고용 perform 수행하다; 공연하다 extra 추가의 acceptable 받아들일 수 있는 benefit 혜택, 이득 offer 제공하다, 제안하다

3
여자는 무엇에 관해 묻고 있는가?
(a) 휴가
(b) 급여
(c) 승진

해설 대화의 내용이 휴가에 관한 것이므로 정답은 (a)이다.

4
여자는 남자에게 다음으로 무엇을 할 것을 제안하는가?
(a) 계약서에 서명한다
(b) 혜택에 대해 말해준다.
(c) 더 많은 급여를 준다

해설 대화의 마지막 부분에서 여자가 문의한 것은 휴가 이외의 다른 혜택들이므로 정답은 (b)이다.

W	How did your meeting with Mr. Snyder go, Jack? Did he give you a good evaluation?
M	It could have been better. He gave me a pretty good evaluation overall, but he rejected my request to transfer to a foreign country. He said I lack the foreign language skills.
W	In that case, start learning a new language. Then, apply again next year.
M	That's exactly what I intend to do.
W	Snyder 씨와의 미팅은 어떻게 진행되었나요? 그가 좋은 평가를 해 주셨나요?
M	더 좋을 수도 있었을 것 같아요. 그는 저에게 전체적으로 좋은 평가를 내려 주었지만, 해외로의 전근 요청은 거절하셨어요. 저에게 외국어 구사 능력이 부족하다고 말했어요.
W	그런 경우라면, 새로운 언어를 배워 보세요. 그런 다음, 내년에 다시 지원하세요.
M	그것이 정확히 제가 계획하고 있는 거예요.

어휘 evaluation 평가 overall 전체적으로 reject 거절하다, 거부하다 lack 결여하다 intend to ~할 의도이다 boss 상사, 사장

5

Snyder 씨는 누구인 것 같은가?

(a) 고객

(b) 남자의 상사

(c) 교사

해설 대화의 첫 부분을 통해 Snyder 씨는 남자를 평가하는 위치에 있다는 것을 알 수 있다. 또한, 이어지는 남자의 대화를 통해 그는 남자의 해외 전근 요청을 거절할 수 있다는 것도 알 수 있다. 따라서 Snyder 씨는 남자의 상사일 것이므로 정답은 (b)이다.

6

남자는 무엇을 할 계획인가?

(a) 외국어를 배운다

(b) 해외 여행을 한다

(c) 다른 나라에서 공부를 한다

해설 대화의 후반부에서 여자는 남자에게 새로운 언어를 배워 보라고 했고, 남자는 이에 동의하고 있다. 정답은 (a)이다.

[7-8] 🔊 03-38

M	Everyone in the office is overworked. We could use three or four more staff members.
W	Mr. Everest gave me permission to hire two new employees.
M	That's a good start. When are we going to begin advertising?
W	I'm going to post an ad online today. Would you mind checking it over before I do that?
M	Not at all. Have you written it yet?
W	Yes, it's in my office. How about going there now?
M	사무실의 모든 사람이 과로하고 있어요. 우리는 서너 명의 직원을 더 써야 할 것 같아요.
W	Everest 씨는 저에게 두 명의 신규 직원을 채용해도 좋다고 허락했어요.
M	출발이 좋네요. 우리는 언제 채용 공고를 시작하나요?
W	오늘 온라인에 공고를 게재할 거예요. 게재하기 전에 그것을 검토해 주시겠어요?
M	물론이죠. 벌써 그것을 작성했나요?
W	네, 그것은 저의 사무실에 있어요. 지금 그곳으로 갈까요?

어휘 overworked 혹사당하는 staff member 직원
permission 허락

7

무엇이 문제인가?

(a) 업무가 완료되지 않았다.

(b) 한 직원이 형편없이 업무 수행을 한다.

(c) 직원들이 충분하지 않다.

해설 대화의 초반부에서 남자는 직원들을 더 채용해야 한다고 말했다. 따라서 정답은 (c)이다.

8

여자는 남자에게 무엇을 할 것을 요청하는가?

(a) 그녀의 작업을 검토한다

(b) Everest 씨에게 말한다

(c) 광고를 게재한다

해설 대화의 중반부에서 여자는 자신이 온라인에 채용 공고를 냈다고 말한 다음, 남자에게 그것을 검토해 달라고 요청했다. 따라서 정답은 (a)이다.

예상 적중 문제 01-03   p.147

☼ **MORE & MORE**   🔊 03-40

1. The man explains how the woman can get a parking pass. (O)

2. The woman will likely get a one-year pass. (O)

3. The man asks the woman to come back later. (×)

1. 남자는 여자에게 주차권을 얻는 방법을 설명해 준다.

2. 여자는 아마도 연간 주차권을 구입할 것이다.

3. 남자는 여자에게 나중에 다시 올 것을 요청한다.

예상 적중 문제 04-06   p.149

☼ **MORE & MORE**   🔊 03-42

1. Dave and Tina are most likely meeting for the first time. (O)

2. Dave is a trainer at Barton Electronics. (O)

3. Both men work in the Personnel office. (×)

1. Dave와 Tina는 처음으로 만났을것이다.

2. Dave는 Barton Electronics의 교육 담당자이다.

3. 두 남자 모두 인사과에 근무한다.

예상 적중 문제 07-09   p.151

☼ **MORE & MORE**   🔊 03-44

1. The woman offers the man a job. (O)

2. The man likes the bonuses the woman offers. (O)

3. The woman will likely contact her supervisor next. (O)

1. 여자는 남자에게 일자리를 제안한다.

2. 남자는 여자가 제안한 보너스에 만족해 한다.

3. 여자는 아마도 이다음에 자신의 상사에게 연락할 것이다.

🔅 **MORE & MORE** 🔊 03-46

1. The man is <u>a new employee</u>. (○)
2. The orientation program will start <u>in half an hour</u>. (×)
3. The woman <u>lends the man</u> a pencil. (×)

1. 남자는 신입 사원이다.
2. 오리엔테이션 프로그램은 30분 후에 시작될 것이다.
3. 여자는 남자에게 연필을 빌려준다.

🔅 **MORE & MORE** 🔊 03-48

1. The man <u>forgot to put</u> Wendy on the list. (○)
2. The speakers probably <u>work for different companies</u>. (×)
3. The meeting is most likely <u>going to end soon</u>. (×)

1. 남자는 목록에 Wendy를 올리는 것을 잊었다.
2. 화자들은 아마 서로 다른 회사에 근무하고 있을 것이다.
3. 회의는 곧 마무리될 것이다.

Unit 01-03 | 연습 문제 p.156

🔊 03-49

1	(D)	2	(A)	3	(C)
4	(A)	5	(A)	6	(B)
7	(A)	8	(D)	9	(B)
10	(D)	11	(B)	12	(B)
13	(C)	14	(C)	15	(B)
16	(B)	17	(C)	18	(C)
19	(B)	20	(D)	21	(A)

[1-3]

W Jeff, have you got all of the reports printed?
   1) **The product review is about to begin**.

M Yes, I have them with me. I also already set up the projector in the conference room. However, the refreshments still haven't arrived. We ordered coffee and donuts from the coffee shop on the first floor.

W 2) **I'll go downstairs** and find out what the problem is. In the meantime, 3) **why don't you go to the conference room so that you can greet everyone as they come in?**

W Jeff, 모든 보고서를 프린트했나요? 상품 리뷰가 곧 시작될 거예요.

M 네, 저한테 있어요. 회의실에 이미 프로젝터도 설치해 두었고요. 하지만 아직 다과가 도착하지 않았어요. 1층 커피숍에서 커피와 도넛을 주문해 두었는데요.

W 제가 내려가서 문제가 무엇인지 확인해 볼게요. 그 동안에 당신은 회의실로 가서 들어오는 사람들을 맞이하는 것이 어떨까요?

어휘 product review 상품 리뷰 projector 영사기, 프로젝터 conference room 회의실 refreshment 다과 in the meantime 그 동안에 greet 인사하다, 맞이하다

1
화자들은 어떤 행사에 대해 논의하는가?
(A) 면접
(B) 직원 회의
(C) 아이디어 회의
(D) 상품 리뷰

해설 대화의 첫 부분에서 여자는 상품 리뷰가 곧 시작될 것이라고 (The product review is about to begin) 했다. 따라서 정답은 (D)이다.

2
여자는 이다음에 어디로 갈 것 같은가?
(A) 아래층으로
(B) 식당으로
(C) 회의실로
(D) 화장실로

해설 남자는 다과가 아직 도착하지 않았다고 말한 다음, 1층에 커피와 도넛을 준비해 두었다고 말했다. 여자는 자신이 내려가서(I'll go downstairs) 문제를 확인해 보겠다고 말했다. 따라서 정답은 (A)이다.

3
여자는 남자에게 무엇을 하라고 말하는가?
(A) 서류를 프린트한다
(B) 다과에 대한 값을 지불한다
(C) 참석자들을 맞이한다
(D) 음식을 주문한다

해설 대화의 마지막 부분에서 여자는 남자에게 회의실로 가서 사람들을 맞이해 달라고(why don't you go to the conference room so that you can greet everyone as they come in?) 부탁했다. 따라서 정답은 (C)이다.

[4-6]

M Ms. Lee, I'm planning to take a trip with my family next week. We're going to my wife's hometown. 4) **May I have vacation from Wednesday to Friday?**

W　5-1) **I'm sorry, Ted, but you have to work on Wednesday.** 5-2) **We need you here to help out with the conference on that day.** However, you can take time off on Thursday and Friday.

M　Okay, 6) **it's not what I was hoping for**, but we can leave a day later. I'll call my wife and let her know about that. Thanks.

M　Lee 씨, 저는 다음 주에 가족들과 함께 여행을 갈 계획이에요. 아내의 고향에 갈 예정이죠. 제가 수요일부터 금요일까지 휴가를 써도 될까요?

W　유감이지만, Ted, 당신은 수요일에 근무를 해야 해요. 그날 컨퍼런스에 도움을 주기 위해서는 당신이 여기에 있어야 하거든요. 하지만 목요일과 금요일에는 휴가를 내도 좋아요.

M　그래요, 제가 바라던 바는 아니었지만, 하루 늦게 떠나면 되겠네요. 아내에게 전화해서 알릴게요. 고마워요.

어휘 take a trip 여행을 하다　hometown 고향　from A to B A에서 B까지　take time off 휴가를 내다　have been to ~에 갔다 오다　decision 결정　by plane 비행기로

4
남자는 무엇에 대해 묻는가?
(A) **휴가를 내는 것**
(B) 승진하는 것
(C) 컨퍼런스에 참석하는 것
(D) 다른 도시로 전근을 가는 것

해설 대화의 초반부에서 남자는 자신이 가족 여행을 계획하고 있다고 말하면서 'May I have vacation from Wednesday to Friday?'라고 여자에게 묻는다. 즉 남자는 수요일부터 금요일까지의 휴가를 신청하고 있으므로 정답은 (A)의 Taking time off for vacation(휴가를 내는 것)이다.

5
컨퍼런스는 언제 열릴 것인가?
(A) **수요일에**
(B) 목요일에
(C) 금요일에
(D) 토요일에

해설 남자가 휴가를 신청하자 여자는 '수요일'에 일을 해야 한다고 말한 뒤, 'We need you here to help out with the conference on that day.'라고 그 이유를 설명한다. 따라서 컨퍼런스는 수요일에 열릴 것임을 알 수 있으므로 정답은 (A)이다.

6
남자는 무엇을 암시하는가?
(A) 그는 전에 컨퍼런스에 가 본 적이 없다.
(B) **그는 여자의 결정에 불만족스러워 한다.**
(C) 그는 자신의 여행 계획을 취소할 수도 있다.
(D) 그와 그의 아내는 비행기로 이동할 것이다.

해설 대화의 마지막 부분에서 남자는 '바라는 바는 아니었지만(it's not what I was hoping for)' 수요일에 근무를 해야 한다는 상황을 받아들인다. 따라서 남자에 관해 추론할 수 있는 사항은 (B)이다. (C)의 경우, 남자는 여행 자체를 취소하지 않고 휴가 날짜를 조정할 것이라고 했으므로 (C)는 정답이 될 수 없다.

[7-9]

M　7-1) **What was your impression of the seminar held by Ken Williams?** 7-2) **I loved several of the recommendations he made.**

W　You're right. 8) **I'm going to ask my boss to implement some of the ideas he suggested.** I think that our employees could become a lot more efficient by following his suggestions.

M　I completely agree. 9-1) **I talked to another person whose company uses Mr. Williams's business ideas.** 9-2) **He said that employee efficiency at his firm has increased twenty percent in the past quarter.**

M　Ken Williams가 주관한 세미나에 대한 인상이 어땠나요? 저는 그가 추천한 몇 가지 사항들이 정말로 마음에 들었어요.

W　당신 말이 맞아요. 저는 그가 제안한 몇 가지 아이디어들을 실행에 옮기자고 상사에게 요청할 거예요. 우리 직원들도 그의 제안을 따른다면 훨씬 더 효율적이 될 수 있을 것이라고 생각해요.

M　전적으로 동감이에요. 저는 Williams의 비즈니스 아이디어를 활용하고 있는 회사의 사장과 이야기를 나누어 보았어요. 그는 자신의 회사의 직원 효율성이 지난 분기에 20% 증가했다고 하더군요.

어휘 impression 인상　recommendation 추천　implement 실행하다　a lot 훨씬　efficient 효율적인, 효과적인　follow 따르다　completely 완전히　efficiency 효율성　firm 회사　quarter 분기, 4분의 1　opinion 의견　recent 최근의　workplace 일터, 직장

7
남자는 세미나에 대해 어떻게 생각했는가?
(A) **마음에 들었다.**
(B) 마음에 들지 않았다.
(C) 지루하다고 생각했다.
(D) 그에 대한 의견을 가지고 있지 않다.

해설 대화의 첫 부분에서 남자는 여자에게 세미나가 어땠는지 물어본 다음, 'I loved several of the recommendations he made.'라며 자신은 세미나가 마음에 들었다고 했다. 따라서 정답은 (A)이다.

8
여자는 무엇을 할 것인가?
(A) Ken Williams와의 회의를 준비한다
(B) Ken Williams의 최신 도서를 읽는다
(C) Ken Williams를 고용해서 회사에서 강연을 하도록 한다
(D) **자신의 상사에게 Ken Williams의 아이디어에 대해 말한다**

해설 여자는 세미나에 대한 남자의 긍정적인 평가에 동의하면서 'I'm going to ask my boss to implement some of the ideas he suggested.'라고 말한다. 따라서 여자는 상사에게 몇 가지 아이디어를 실행에 옮기자고 요청할 것이므로 여자가 할 일은 (D)이다.

9
Ken Williams에 대해 남자가 암시하고 있는 것은 무엇인가?
(A) 그는 전에 세미나에서 발언한 적이 없다.
(B) 그는 업무 효율성을 향상시킬 수 있다.
(C) 그는 남자의 회사에서 일을 시작하게 될 것이다.
(D) 그는 행사에서 다음 차례의 연사가 될 것이다.

해설 대화의 마지막 부분에서 남자는 Ken Williams의 아이디어를 따른 업체의 사례를 들면서 그곳의 직원 효율성이 상승했다는 사실을 알리고 있다. 따라서 대화로부터 Ken Williams에 관해 추측할 수 있는 사항은 (B)이다.

[10-12]

W	Mr. Jenkins, **10) I received the results of the survey a few minutes ago. 11-1) The Marketing Department figured out why our latest line of electronics isn't selling well.**
M	What's the matter with them? **11-2) Do our customers think the prices of the products are too high?**
W	Actually, most customers consider the prices to be reasonable. They're additionally impressed by the quality of the merchandise. **12) Unfortunately, the machines aren't very user friendly, so that has decreased their popularity.**
W	Jenkins 씨, 제가 몇 분 전에 설문 조사 결과를 받았어요. 마케팅 부서에서 우리의 최신 전자 제품들이 잘 팔리지 않는 이유를 알아냈어요.
M	문제가 무엇이던가요? 제품 가격이 너무 높다고 고객들이 생각하던가요?
W	사실, 대부분의 고객들은 가격이 적당하다고 생각하고 있어요. 게다가 제품의 품질에 대해서도 깊은 인상을 받고 있죠. 안타깝게도, 기기들이 사용자 중심적이 아니라서, 그러한 점 때문에 인기가 떨어지고 있는 것이에요.

어휘 result 결과 survey 조사, 설문 조사 figure out 알아내다 latest 최신의 line 줄, 선; 상품의 종류 electronics 전자 제품 sell well 잘 팔리다 consider 고려하다, 간주하다 reasonable 합리적인 additionally 게다가, 추가적으로 merchandise 상품 user friendly 사용자 중심의 decrease 감소시키다 popularity 인기 profit 이윤 coworker 동료

10
남자와 여자는 무엇에 대해 이야기하고 있는가?
(A) 마케팅 부서
(B) 회사의 이윤
(C) 전자 제품
(D) 설문 조사 결과

해설 대화의 주제를 묻고 있다. 대화의 첫 부분에서 여자는 자신이 '설문 결과(the results of the survey)'를 전해 받았으며, 이를 통해 최신 전자 제품이 잘 팔리지 않는 이유를 알 수 있다는 말을 하고 있다. 따라서 대화의 주제는 (D) Some survey results(설문 조사 결과)이다.

11
화자들은 누구인 것 같은가?
(A) 고객
(B) 동료
(C) 학생
(D) 연구원

해설 화자의 신분 혹은 관계를 묻고 있다. 여자는 우리의 최신 전자 제품의(our latest line of electronics) 판매 부진에 관한 이유를 논의하자고 했고, 남자는 우리의 고객들이(our customers) 제품 가격이 높다고 생각하는지 묻고 있다. 따라서 두 사람은 회사의 동료일 것이므로 정답은 (B)의 Coworkers(동료)이다.

12
대화에 따르면, 문제가 무엇인가?
(A) 제품 가격이 너무 높다.
(B) 기기가 사용자 중심적이 아니다.
(C) 일부 제품의 품질이 열악하다.
(D) 현재 제품을 구할 수가 없다.

해설 여자의 마지막 말인 'Unfortunately, the machines aren't very user friendly, so that has decreased their popularity.'를 통해 설문 조사의 결과를 확인할 수 있다. 즉 기기들이 사용자 중심적이 아니기 때문에 판매가 부진한 것이므로 정답은 (B)이다.

[13-15]

M	Cindy, why are you still here? Shouldn't you be heading to the airport? **13-1) I thought you were going to London today.**
W	**13-2) I was supposed to go there. 13-3) However, Mr. Smythe canceled our meeting.** He has to fly to Rome tonight, so he can't meet me until Friday.
M	Are you going to fly to London on Thursday in that case?
W	Actually, **14) I'm going to meet him in Paris.** So **13-4) 15) I'll leave on Thursday night and get to Paris early on Friday morning.**
M	Cindy, 왜 아직도 여기에 있나요? 공항으로 가는 중이어야 하지 않나요? 당신이 오늘 런던으로 갈 것이라고 생각했어요.
W	그곳으로 가기로 되어 있었죠. 하지만, Smythe 씨께서 모임을 취소시키셨어요. 그분께서는 오늘 밤 로마로 가셔야 해서, 금요일까지는 저와 만날 수가 없어요.
M	그런 경우라면 목요일에 런던으로 갈 건가요?
W	사실, 그분은 파리에서 만나게 될 거예요. 그래서 저는 목요일 밤에 떠나서 금요일 아침 일찍 파리에 도착할 거예요.

어휘 still 아직도, 여전히 head to ~으로 향하다 be supposed to ~할 예정이다 cancel 취소하다 leave 떠나다 get to ~으로 가다, ~에 도착하다 recent 최근의 negotiate 협상하다 contract 계약

13

화자들은 무엇을 논의하고 있는가?
(A) 여자의 최근 회의
(B) 남자의 런던 출장
(C) 여자의 차후 계획
(D) 남자와 Smythe 씨와의 회의

해설 대화 전반에 걸쳐 여자는 자신의 일정이 취소된 이유와 그에 따른 향후 일정에 대해 남자와 이야기하고 있다. 따라서 정답은 '여자의 차후 계획'이라는 의미인 (C)의 The woman's future plans이다. 참고로 (D)를 The woman's meeting with Mr. Smythe와 같이 바꾸어 쓴다면 이 역시 정답이 될 수 있을 것이다.

14

여자는 왜 파리로 갈 것인가?
(A) 면접을 보기 위해
(B) 컨퍼런스에 참석하기 위해
(C) 사람을 만나기 위해
(D) 계약을 위한 협상을 하기 위해

해설 대화 마지막 부분의 여자의 말, 'Actually, I'm going to meet him in Paris.'를 통해 여자가 파리에 가려는 이유는 him, 즉 Smythe 씨를 만나기 위해서임을 알 수 있다. 따라서 정답은 (C)의 To have a meeting(사람을 만나기 위해)이다.

15

여자는 언제 비행기를 탈 것인가?
(A) 오늘 저녁
(B) 목요일 밤
(C) 금요일 오전
(D) 금요일 오후

해설 여자의 마지막 말, 'So I'll leave on Thursday night and get to Paris early on Friday morning.'을 통해 여자는 목요일 밤에 출발하여 금요일 아침에 파리에 도착할 것이라는 점을 알 수 있다. 따라서 정답은 (B)의 Thursday night이다.

[16-18]

M   Lisa, could you give me a hand with the fax machine, please? 16) **I'm trying to send a fax to the Berlin office, but there's something wrong with it.**

W   This machine hasn't been working properly for the past week. I think it needs repairing.

M   What should I do then? 17) **I have to send this contract to Mr. Heinz immediately, or we might lose a deal.**

W   18) **Go upstairs and use the fax machine in the Sales Department**. And I'll tell Ms. Wilkins to contact the repairman.

M   Lisa, 팩스 기기와 관련해서 저를 도와 줄 수 있나요? 베를린 지사로 팩스를 보내려고 하는데, 팩스 기기에 문제가 있어요.

W   이 기기는 지난주부터 제대로 작동하지 않았어요. 수리가 필요할 것 같아요.

M   그렇다면 제가 어떻게 해야 할까요? 이 계약서를 Heinz 씨에게 즉시 보내야 하는데, 그렇지 못하면 우리는 거래를 성사시키지 못하게 될 거예요.

W   위층으로 가서 영업부에 있는 팩스 기기를 사용하세요. 그리고 제가 Wilkins 씨에게 수리 기사와 연락을 하라고 말할게요.

어휘 give ~ a hand ~에게 도움을 주다 properly 제대로, 적절히 contract 계약, 계약서 deal 거래 equipment 기기, 장비 in danger of ~할 위험에 처해 있는 complete 완성하다, 완료하다

16

남자는 어떤 문제를 언급하는가?
(A) 그가 고객과 계약을 체결할 수 없다.
(B) 어떤 기기가 작동을 하지 않는다.
(C) Wilkins 씨가 자신의 사무실에 없다.
(D) 그가 영업 사원과 이야기를 해야 한다는 점을 잊었다.

해설 대화의 첫 부분에서 남자는 '팩스 기기(fax machine)'와 관련해 여자의 도움을 요청하면서 'I'm trying to send a fax to the Berlin office, but there's something wrong with it.'이라고 말한다. 따라서 팩스 기기가 작동하지 않는 것이 문제이므로 정답은 (B)이다.

17

남자는 왜 걱정을 하는가?
(A) 그는 실직의 위험에 처해 있다.
(B) Heinz 씨가 그의 전화에 답을 하지 않을 것이다.
(C) 그가 거래를 성사시키지 못할 수도 있다.
(D) 그는 일주일 동안 일을 하지 못했다.

해설 남자의 말, 'I have to send this contract to Mr. Heinz immediately, or we might lose a deal.'을 통해 정답의 단서를 찾을 수 있다. 남자는 당장 계약서를 팩스로 보내지 않으면 거래가 무산될 것이라고 말하고 있으므로 남자가 우려하는 바는 (C)이다.

18

남자는 아마도 이다음에 무엇을 할 것 같은가?
(A) Heinz 씨에게 전화한다
(B) 팩스 기기를 수리한다
(C) 영업부에 간다
(D) Wilkins 씨에게 연락한다

해설 남자의 고민에 대해 여자는 'Go upstairs and use the fax machine in the Sales Department.'라고 말하면서 남자에게 해결 방안을 알려 주고 있다. 이를 통해 남자는 영업부의 팩스 기기를 이용하게 될 것임을 알 수 있으므로 정답은 (C)의 Go to the Sales Department(영업부에 간다)이다.

M	I've got some great news. ¹⁹⁻¹⁾ **Kevin Martin is going to be coming here soon.**
W1	¹⁹⁻²⁾ **Does that mean he agreed to our terms?**
W2	That's right. We concluded the negotiations last night, so ¹⁹⁻³⁾ **he wants to sign a contract today.**
M	²⁰⁾ **He's supposed to be here by 10:30.** We should make sure that everything's ready.
W1	²¹⁾ **Have the lawyers looked at the contract yet?**
M	That's happening right now. They should be done in an hour.

M	저는 좋은 소식을 들었어요. Kevin Martin이 곧 이곳으로 올 예정이래요.
W1	그가 우리의 조건에 동의했다는 의미인가요?
W2	그래요. 우리는 어젯밤에 협상을 마무리해서, 그는 오늘 계약서에 서명하기를 원해요.
M	그는 10시 30분까지 이곳으로 오기로 되어 있어요. 우리는 모든 것을 준비해 두어야 해요.
W1	변호사들이 벌써 계약서를 검토한 건가요?
M	지금 하고 있어요. 그들은 한 시간 뒤에 마무리할 거예요.

어휘 terms 조건 conclude negotiations 교섭을 완결하다
be supposed to ~하기로 되어 있다

19
Kevin Martin은 누구일 것 같은가?
(A) 최고 경영자
(B) 고객
(C) 입사 지원자
(D) 인턴

해설 대화의 첫 부분에서 남자는 'Kevin Martin이 곧 온다고(Kevin Martin is going to be coming here soon)' 했고, 여자는 '그가 조건에 동의했는지를(he agreed to our terms)' 묻고 있으며, 이어서 남자는 '그가 오늘 계약서에 서명하기를 원한다고(he wants to sign a contract today)' 말했다. 이러한 내용들을 통해 Kevin Martin은 화자들의 고객임을 알 수 있다. 따라서 정답은 (B)이다.

20
10시 30분에는 어떤 일이 일어날 것인가?
(A) 사무실의 배치를 다시 할 것이다.
(B) 협상이 시작될 것이다.
(C) 최고 경영자가 소개될 것이다.
(D) 방문자가 도착할 것이다.

해설 대화의 중반부에서 남자는 '그가 10시 30분에 이곳으로 오기로 되어 있다(He's supposed to be here by 10:30)'라고 했으므로, 정답은 (D)이다.

21
남자가 "That's happening right now"라고 말할 때 그가 의미하는 것은 무엇인가?
(A) 계약서가 검토되는 중이다.
(B) 면접이 진행되는 중이다.
(C) 구인 중이다.
(D) 고객이 응대를 받고 있다.

해설 인용된 문장은 'Have the lawyers looked at the contract yet?'이라는 질문에 대한 응답이므로, 남자의 대답은 '변호사들이 지금 계약서를 검토하고 있다'는 의미일 것이다. 따라서 정답은 (A)이다.

Unit 04 | 일상 생활

PART 3 유형 연습 p.161

A ◁) 03-51

1	(a) ○	(b) ×	(c) ×
2	(a) ×	(b) ×	(c) ○
3	(a) ○	(b) ×	(c) ○
4	(a) ○	(b) ×	(c) ○
5	(a) ×	(b) ×	(c) ○

1

W	I've been suffering from insomnia a lot lately. I think I can't sleep because I'm under a lot of stress at work.
M	Well, we ran several tests on you, and you're in good physical condition. How's your diet?
W	I avoid junk food, but I drink lots of coffee every day.
M	Cut down on that immediately. If you still can't sleep next week, come back here, and I'll prescribe some sleeping pills for you.

W	저는 최근에 불면증으로 심하게 고생을 하고 있어요. 과도한 업무 스트레스 때문에 잠을 들지 못하는 것 같아요.
M	음, 당신에게 몇 가지 테스트를 해 보았는데, 건강 상태는 좋아요. 먹는 것은 어떤가요?
W	정크 푸드는 피하고 있지만, 커피는 매일 많이 마셔요.
M	즉시 줄이세요. 다음 주에도 여전히 잠을 주무시지 못하는 경우에는, 이곳으로 다시 오시면, 제가 수면제를 처방해 드릴게요.

(a) 화자들은 아마도 병원에 있을 것이다.
(b) 여자는 매일 많은 양의 정크 푸드를 먹는다.
(c) 남자는 여자에게 약을 준다.

어휘 suffer from ~을 겪다, ~으로 고생하다 insomnia 불면증
lately 최근에 diet 식단 avoid 피하다 junk food 정크 푸드
cut down on ~을 줄이다 prescribe 처방하다 sleeping pill
수면제 doctor's office 병원, 진료실

해설 대화의 내용으로 보아 여자는 환자이며 남자는 의사일 것이다. 그러므로 (a)가 올바른 진술이다.

2

M	Ms. Randolph, I'm Philip Peters from apartment 6A. I'd like to inform you that I'll be moving out ten days from today.
W	Why are you moving out so soon? You're supposed to provide us with two months' notice before you leave. You're going to have to pay a penalty.
M	My company is transferring me to Dallas, so I have to leave immediately. I don't really have a choice.
M	Randolph 씨, 저는 아파트 6A호의 Philip Peters입니다. 제가 오늘부터 열흘 후에 이사를 갈 것이라는 점을 알려 드리고 싶어서요.
W	왜 그처럼 빨리 이사를 가시려고 하나요? 나가시기 두 달 전에 저희에게 통지를 하기로 되어 있어요. 위약금을 내셔야 할 거예요.
M	회사에서 저를 댈러스로 전근시키려고 해서, 제가 즉시 떠나야만 해요. 저에게는 정말로 선택권이 없어요.

(a) 남자는 여자로부터 아파트를 임차하기를 원한다.
(b) 여자는 두 달 후에 빈 아파트를 갖게 될 것이다.
(c) 남자는 곧 댈러스로 이사할 것이다.

어휘 inform 알리다 be supposed to ~하기로 되어 있다 provide A with B A에게 B를 제공하다 notice 통지 penalty 벌금 choice 선택 empty 비어 있는

해설 대화 초반부에서 남자는 열흘 후에 이사를 간다고 했다. 그리고 대화 마지막 부분에서 이사 가는 곳이 댈러스라고 밝혔다. 따라서 (c)는 올바른 진술이다.

3

M	Excuse me, but I'm here to visit Tom Redding. Could you tell me where the visitors' parking lot is?
W	Just park in the main lot. But speak with the receptionist as soon as you enter the building. She can validate the ticket you just got.
M	Will I have to pay to park here?
W	You won't have to pay anything if she stamps your ticket. Otherwise, you'll owe three dollars per hour.
M	실례지만, 저는 Tom Redding을 만나기 위해 왔어요. 방문객 주차장이 어디에 있는지 말씀해 주실 수 있으신가요?
W	메인 주차장에 주차하세요. 하지만 건물에 들어가자마자 접수 담당자에게 이야기하세요. 받으신 주차권에 그녀가 인증해 줄 거예요.
M	이곳에 주차하기 위해서는 요금을 내야 하나요?
W	그녀가 주차권에 도장을 찍어 주면 내실 필요가 없을 거예요. 그렇지 않다면, 시간당 3달러가 부과될 거예요.

(a) 남자는 어디에 주차해야 하는지 모르고 있다.
(b) 여자는 아마도 접수 담당자일 것이다.
(c) 주차장을 이용하기 위해서는 시간당 3달러의 비용이 든다.

어휘 parking lot 주차장 receptionist 접수 담당자 validate 인증하다, 승인하다 stamp 도장; 도장을 찍다 owe 빚지다

해설 대화 중반부에서 여자는 남자에게 건물 안으로 들어가서 접수 담당자와 이야기하라고 했다. 그러므로 여자가 접수 담당자일 것이라는 내용의 (b)는 대화의 내용과 일치하지 않는다.

4

W	I'm sorry, sir, but the store is going to close in five minutes. Unless you know what you want to purchase, I recommend coming back here tomorrow.
M	In five minutes? But the mall is supposed to stay open until nine every night. Why are you closing so early?
W	We always close at eight. But several other stores in the building remain open an hour later than we do.
W	죄송하지만, 손님, 5분 후에 매장 문이 닫힐 것입니다. 무엇을 구입하셔야 할지 모르시는 경우에는, 내일 이곳으로 다시 오실 것을 권해 드립니다.
M	5분 후라고요? 하지만 쇼핑몰은 매일 밤 9시까지 문을 여는 것으로 되어 있잖아요. 왜 그렇게 일찍 문을 닫으려고 하시죠?
W	저희는 항상 8시에 문을 닫습니다. 하지만 건물 내 다른 몇몇 매장들이 저희보다 한 시간 더 매장 문을 열어 두고 있어요.

(a) 화자들은 매장의 폐점 시간에 대해 논의하고 있다.
(b) 남자는 또 다른 매장이 어디에 위치해 있는지 묻고 있다.
(c) 여자의 매장은 매일 8시에 문을 닫는다.

어휘 purchase 구입하다, 구매하다 recommend 추천하다

해설 대화에서 남자는 다른 매장의 위치를 묻고 있지 않으므로 (b)는 올바른 진술이 아니다.

5

M	Hello. My name is Bill Robinson, and I'm calling to make a reservation for lunch today.
W	We don't have any seats available from eleven thirty until one. Are you planning on eating a late lunch?
M	Actually, I was going to request a reservation for three at one fifteen. Is that possible?
W	Yes, we have a table available at that time. May I have your name, please?
M	안녕하세요. 제 이름은 Bill Robinson인데, 오늘 점심 식사 예약을 하기 위해 전화를 드렸어요.
W	11시 30분부터 1시까지는 이용하실 수 있는 자리가 없습니다. 점심을 늦게 드실 계획인가요?

M 실은, 1시 15분에 세 자리에 대한 예약을 신청하려고 했어요. 가능한가요?

W 네, 그 시간에 이용하실 수 있는 테이블이 하나 있습니다. 성함을 알려 주시겠어요?

(a) 남자는 기차표를 예매하기 위해 전화를 걸고 있다.

(b) 남자는 3시의 예약을 원한다.

(c) 남자는 아마도 이다음에 여자에게 자신의 이름을 말할 것이다.

어휘 make a reservation 예약하다 available 이용할 수 있는 request 요구하다, 요청하다 possible 가능한

해설 대화의 마지막 부분에서 여자는 남자에게 이름을 물어 보고 있다. 즉, 남자가 자신이 이름을 알려 줄 것이라는 내용의 (c)가 올바른 진술이다.

B

1 (b)	2 (b)	3 (a)
4 (b)	5 (b)	6 (a)
7 (c)	8 (c)	

[1-2]
🔊 03-52

W Good morning, Mr. Stewart. This is Cindy from Pine Realty. I found the most <u>wonderful apartment</u> for you. I'd love for you to <u>check it out</u> when you have time.

M <u>I've got some time</u> this afternoon around five. Can you take me there then?

W Yes, I can do that. <u>Why don't you meet me</u> at the Broadway Subway Station? Go out exit three. I'll be there waiting for you.

M <u>Excellent</u>. Thank you very much.

W 안녕하세요, Stewart 씨. 저는 Pine Realty의 Cindy예요. 선생님을 위한 정말로 멋진 아파트를 찾았어요. 선생님께서 시간이 되실 때 확인하셨으면 좋겠어요.

M 오늘 오후 5시쯤에 시간이 있어요. 그때 저를 데리고 그곳에 가 주실 수 있나요?

W 네, 그럴 수 있죠. Broadway 지하철역에서 만나는 것이 어떨까요? 3번 출구로 나오세요. 거기에서 기다리고 있을게요.

M 좋아요. 정말 고마워요.

어휘 exit 출구 real estate agent 부동산 중개인 salesclerk 판매원, 점원

1
여자의 직업은 무엇인가?

(a) 건물 관리인

(b) 부동산 중개인

(c) 판매원

해설 여자는 남자에게 집을 소개하고 있다. 따라서 정답은 (b)이다.

2
여자는 어디에서 남자와 만나고 싶어 하는가?

(a) 아파트 단지에서

(b) 지하철역에서

(c) 자신의 사무실에서

해설 대화의 후반부에서 여자는 남자에게 Broadway 지하철역에서 만나자고 제안했다. 정답은 (b)이다.

[3-4]
🔊 03-53

M Pardon me, but <u>could you provide</u> me with some assistance, please? I'm <u>looking for the cosmetics</u> section. My wife gave me a list of items <u>she wants me to buy</u>.

W Why don't you <u>follow me</u>, sir? <u>I can take you</u> exactly where you need to go.

M I don't know anything about cosmetics. <u>Can you find</u> each item for me?

W <u>I can't</u>, but one of our helpful saleswomen can definitely <u>assist you</u>.

M 죄송하지만, 제게 도움을 주실 수 있으신가요? 저는 화장품 코너를 찾고 있는 중이에요. 제 아내가 사고 싶어 하는 제품의 목록을 저에게 줬어요.

W 저를 따라오시겠어요, 손님? 제가 정확히 어디로 가셔야 하는지 안내해 드릴 수 있어요.

M 화장품에 관해서는 제가 아무것도 모르거든요. 각각의 제품들을 찾아 주실 수 있으신가요?

W 제가 그럴 수는 없지만, 도움을 줄 수 있는 판매원 중 한 명이 분명히 도와 드릴 수 있을 거예요.

어휘 provide A with B A에게 B를 제공하다 cosmetic 화장품 exactly 정확히 helpful 도움을 주는, 도움이 되는 definitely 분명

3
화자들은 어디에 있는 것 같은가?

(a) 백화점에

(b) 식당에

(c) 의류 매장에

해설 남자는 화장품 코너를 찾고 있고, 여자는 길을 안내하고 있다. 보기 중에서 화장품을 판매하는 곳은 (a)의 백화점뿐이다.

4
남자는 무엇을 하기를 원하는가?

(a) 제품을 반품한다

(b) 몇 가지 제품을 구입한다

(c) 몇몇 옷들을 입어 본다

해설 대화 중반부에서 남자는 몇몇 제품들을 찾아 달라고 했다. 따라서 정답은 (b)이다.

🔊 03-54

M Excuse me, but are you the manager? I'd like to talk about one of your servers.

W Yes, I'm the manager. Were you treated rudely by someone?

M On the contrary, I want to praise the service that my dinner companions and I received. Our waiter Fred was highly attentive and did a wonderful job. I hope he enjoyed the twenty-percent tip we gave him.

W I'm sure he did. I appreciate your letting me know about him.

M 실례지만, 당신이 매니저인가요? 종업원 중 한 명에 대해 이야기하고 싶군요.

W 네, 제가 매니저예요. 무례한 대접을 받으셨나요?

M 그와 반대로, 저는 저희 일행과 제가 받은 서비스에 대해 칭찬하고 싶어요. 담당 웨이터인 Fred는 매우 배려심이 깊었고 정말로 일을 잘 했어요. 저는 우리가 그에게 준 20%의 팁을 그가 마음에 들어 했으면 좋겠어요.

W 분명히 그럴 거예요. 그에 관해 알려 주셔서 감사합니다.

어휘 server 식당 종업원   treat 다루다   rudely 무례하게
on the contrary 반대로   praise 칭찬하다   companion 동행, 일행
attentive 세심한   at times 가끔씩, 때때로

5
남자는 누구인 것 같은가?
(a) 주방장
(b) 고객
(c) 매니저

해설 남자는 서비스에 대해 칭찬하기 위해서 웨이터를 찾고 있다. 즉, 남자는 고객일 것이므로 (b)가 정답이다.

6
남자는 Fred에 대해 무엇을 말하는가?
(a) 그는 자신의 일을 매우 잘 했다.
(b) 그는 많은 팁을 요구했다.
(c) 그는 가끔씩 무례했다.

해설 남자는 자신의 담당 웨이터인 Fred가 매우 배려심 깊고 일을 잘 했다고 말했다. 따라서 정답은 (a)이다.

🔊 03-55

W Have you been to the East Arlington Mall yet?

M1 I didn't realize it had already opened. When did that happen?

M2 Construction finished a month ago, and it celebrated its grand opening last week.

W You ought to go sometime. You'll love the wide variety of stores there.

M2 It contains several fine dining establishments as well.

M1 Okay, you've convinced me. Do you have any plans for the weekend?

W No. Let's all meet there on Saturday at two.

W 동부 알링턴 쇼핑몰에 가봤어요?

M1 그곳이 벌써 문을 열었는지 몰랐군요. 언제 문을 열었나요?

M2 한 달 전에 공사가 끝났고, 지난주에 개점 기념식을 했어요.

W 당신은 언제 한 번 가봐야 해요. 그곳의 매우 다양한 상점들을 좋아할 거예요.

M2 그곳에는 또한 여러 곳의 훌륭한 식당들도 있어요.

M1 좋아요, 당신들은 저를 설득했어요. 당신들은 주말에 계획이 있나요?

W 아니요. 우리 모두 토요일 2시에 그곳에서 만나요.

어휘 grand opening 개장, 개점   dining establishment 음식점
convince 설득하다

7
동부 알링턴 쇼핑몰은 언제 개장했는가?
(a) 1달 전에
(b) 2주 전에
(c) 지난주에

해설 대화 중반부에 남자는 알링턴 쇼핑몰의 개점 기념식이 지난주에 있었다고 했다. 따라서 정답은 (c)이다.

8
여자는 동부 알링턴 쇼핑몰에 대해 무엇을 언급하는가?
(a) 그곳의 식당들은 훌륭하다.
(b) 충분한 주차 공간을 확보하고 있지 않다.
(c) 여러 다른 상점들이 있다.

해설 대화 중반부에서 여자는 알링턴 쇼핑몰에 매우 다양한 상점들이 있다고 말했다. 정답은 (c)이다.

예상 적중 문제 01-03 p.165

☀ MORE & MORE 🔊 03-57

1. The man has been to the café before. (×)
2. The man agrees to have a cold drink. (○)
3. The woman offers the man a discount. (○)

1. 남자는 예전에 카페에 온 적이 있다.
2. 남자는 차가운 음료를 마시는 것에 동의한다.
3. 여자는 남자에게 할인을 제안한다.

☼ MORE & MORE   ◑ 03-59

1. The woman lives in an apartment. (○)
2. The woman calls the man to report a problem. (○)
3. The man will visit the woman in an hour. (×)

1. 여자는 아파트에 산다.
2. 여자는 문제를 알리기 위해 남자에게 전화한다.
3. 남자는 한 시간 뒤에 여자에게 방문할 것이다.

☼ MORE & MORE   ◑ 03-61

1. The woman is probably a real estate agent. (○)
2. The man can move into the apartment at any time. (○)
3. The rent on the apartment is $1,000 per month. (×)

1. 여자는 아마도 부동산 중개인일 것이다.
2. 남자는 어느 때라도 아파트로 이사 올 수 있다.
3. 아파트의 임대료는 월 1,000달러이다.

☼ MORE & MORE   ◑ 03-63

1. The speakers will start on the Wilson Project soon. (×)
2. The speakers are mostly discussing the project they are doing. (×)
3. The speakers will have a get-together with twenty people. (○)

1. 화자들은 곧 Wilson 프로젝트를 시작할 것이다.
2. 화자들은 주로 그들이 수행하고 있는 프로젝트에 대해 논의하고 있다.
3. 화자들은 20명의 사람들과 모임을 가질 것이다.

☼ MORE & MORE   ◑ 03-65

1. The man calls to file a complaint. (○)
2. The man was not in the country recently. (○)
3. The woman says she cannot help the man. (×)

1. 남자는 항의하기 위해 전화한다.
2. 남자는 최근에 국외에 있었다.
3. 여자는 남자를 도와 줄 수 없다고 말한다.

Unit 05 | 여가 생활 및 기타

PART 3 유형 연습   p.177

Ⓐ   ◑ 03-67

1	(a) ○		(b) ×		(c) ○
2	(a) ○		(b) ○		(c) ×
3	(a) ×		(b) ×		(c) ×
4	(a) ×		(b) ×		(c) ○
5	(a) ○		(b) ○		(c) ×

1

W   Good afternoon. I'm here to purchase some tickets for tonight's musical. Are there any seats available?

M   We don't have any seats left in our premier section. But there are a large number of open seats in the balcony.

W   That's fine. I'd like six tickets in the balcony, please.

M   That will be one hundred and twenty dollars. If you pay cash, you can get a five-percent discount.

W   안녕하세요. 저는 오늘 밤 뮤지컬 공연의 티켓을 구입하기 위해 왔어요. 구입할 수 있는 좌석이 있나요?

M   프리미어석은 남아 있는 자리가 없어요. 하지만 발코니석은 비어 있는 좌석이 많이 있어요.

W   좋아요. 발코니석으로 6장 주세요.

M   120달러가 되겠군요. 현금으로 결제를 하시면, 5%의 할인을 받으실 수 있어요.

(a) 여자는 뮤지컬을 관람할 것이다.
(b) 구할 수 있는 자리는 프리미어석뿐이다.
(c) 여자는 현금으로 지불함으로써 할인을 받을 수 있다.

어휘 purchase 구매하다   available 구할 수 있는

해설 남자는 프리미어석은 남아 있지 않고, 발코니에 비어 있는 좌석이 많다고 했다. 따라서 프리미어석만 비어 있다는 내용의 (b)는 잘못된 내용이다.

2

M   Pardon me, ma'am, but do you know what time we're going to land? I'm worried about making my connecting flight.

W   I just spoke with the captain. He said that despite leaving late, we'll be landing right on time. We caught some good tailwinds.

M   That's great news. I have to be in Stockholm tonight, and I'm booked on the last flight of the day. I can't afford to miss it.

M 죄송하지만, 우리가 몇 시에 착륙하는지 알고 계신가요? 비행기를 갈아탈 수 있을지 걱정이 되는군요.

W 제가 조금 전에 기장님과 이야기를 나누었어요. 그분은 우리가 늦게 출발했음에도 불구하고 정시에 착륙하게 될 것이라고 말했어요. 우리는 순풍을 탔어요.

M 좋은 소식이군요. 저는 오늘밤 스톡홀름으로 가야 해서, 오늘 마지막 비행기편을 예약해 두었거든요. 놓쳐서는 안 돼요.

(a) 화자들은 아마도 비행기 안에 있을 것이다.
(b) 남자는 자신의 목적지에 늦게 도착하는 것에 대해 걱정하고 있다.
(c) 여자는 스톡홀름으로 갈 것이다.

어휘 land 착륙하다 connecting flight 연결 항공편 captain 기장, 선장 on time 정시에, 정각에 tailwind 뒤에서 부는 바람, 순풍 book 예약하다 destination 목적지 be concerned about ~에 대해 걱정하다

해설 스톡홀름으로 가는 것은 남자이기 때문에 (c)는 잘못된 내용이다.

3

W Some friends and I are planning to visit the beach this Saturday. We're going surfing for a few hours. Would you like to go with us?

M It sounds interesting, but I've never been surfing before. Is it hard to learn?

W It takes some practice to get good at it. But I can teach you the basics.

M Okay, I'll do it. When and where should I meet you on Saturday?

W 몇몇 친구들과 저는 이번 주 토요일에 해변에 갈 계획을 세우고 있어요. 몇 시간 동안 서핑을 할 예정이죠. 우리와 함께 갈래요?

M 흥미롭게 들리지만, 저는 전에 서핑을 해 본 적이 없어서요. 배우기가 어려운가요?

W 익숙해지기 위해서는 어느 정도 연습을 해야 해요. 하지만 제가 기본적인 것들은 가르쳐 줄 수 있어요.

M 좋아요, 해 볼게요. 토요일에 언제 어디서 만나면 되나요?

(a) 화자들은 주로 인터넷 서핑을 하는 방법에 대해 논의하고 있다.
(b) 남자는 여자에게 가르쳐 주겠다는 제안을 한다.
(c) 화자들은 일요일에 만날 것이다.

어휘 surf 파도타기를 하다, 서핑하다 practice 연습 get good at ~에 능숙해지다 basics 기본, 기초 surf the Internet 인터넷 서핑을 하다 lesson 수업; 교훈

해설 화자들이 논의하는 것은 실제 서핑이므로 (a)는 잘못된 내용이며, 남자는 서핑을 해 본 적이 없다고 했으므로 (b)도 대화의 내용과 다르다. 화자들은 토요일에 만날 것이므로 (c)도 올바르지 않은 진술이다.

4

M It appears as if a tour group is forming over there. Do you want to join it, or would you prefer to walk through the museum by ourselves?

W Let's go with the tour. The guide will surely show us the highlight's of the museum's collection. And she'll probably have some good stories to tell, too.

M All right. We'd better join them now since they're heading to the first display hall.

M 단체 여행객들이 저쪽에 모여 있는 것 같아요. 저쪽에 합류하고 싶은가요, 아니면 우리끼리 박물관을 둘러보는 것을 원하나요?

W 같이 관람해요. 틀림없이 가이드가 박물관 전시물 중에서 가장 멋진 것들을 보여 줄 거예요. 그리고 아마 재미있는 이야기도 해 줄 것이고요.

M 좋아요. 그들이 첫 번째 전시관으로 향하고 있으니 지금 바로 그들과 합류하는 것이 좋겠어요.

(a) 대화는 미술관에서 이루어지고 있다.
(b) 여자는 여행 가이드로 일한다.
(c) 화자들은 이다음에 단체 관람에 합류할 것이다.

어휘 as if 마치 ~인 것처럼 form 형성하다 by ourselves 우리끼리 highlight 강조하다; 가장 좋은 부분 probably 아마도 head to ~으로 향하다 display hall 전시관 take place 일어나다

해설 화자들은 단체 관람객들과 함께 관람을 하자고 말하고 있으므로 (c)가 올바른 진술이다.

5

W Are there any trains leaving for Seattle in the next twenty minutes?

M There's one leaving in fifteen minutes, but there aren't any seats available. The next one won't leave until two hours from now.

W That's a really long time to wait, but I don't have a choice. Okay, I'd like one ticket for that train, please.

M No problem. Would you like a window or an aisle seat, ma'am?

W 앞으로 20분 후에 시애틀로 출발하는 기차가 있나요?

M 15분 후에 출발하는 것이 한 대 있지만, 구할 수 있는 좌석은 없어요. 다음 기차는 지금부터 2시간 후에야 출발할 것이고요.

W 기다리기에는 정말로 긴 시간이지만 선택의 여지가 없네요. 좋아요, 그 기차의 표를 하나 주세요.

M 그렇게 할게요. 창가 자리가 좋으신가요, 아니면 통로 쪽 자리가 좋으신가요, 손님?

(a) 여자는 기차 운행 시간에 대해 묻는다.
(b) 여자는 시애틀로 갈 것이다.
(c) 여자는 두 장의 표를 구입한다.

어휘 leave for ~을 향해 떠나다 aisle 통로, 복도

해설 여자는 한 장의 표를 달라고 했으므로 (c)는 잘못된 내용이다.

B

1 (a)	2 (c)	3 (c)
4 (a)	5 (a)	6 (c)
7 (a)	8 (c)	

[1-2]　　　　　　　　　　　　　　　◀) 03-68

W Hello. Could you help me, please? I have been waiting at <u>baggage claim</u> for the past hour, but my bag <u>hasn't come out</u> yet.

M Could you let me know <u>which flight</u> you were on?

W I came in on Flight 89 from Barcelona. It <u>arrived at one</u> forty, and I've been at baggage claim <u>since around two</u>.

M <u>May I see the ticket</u> you got when you checked in? I can <u>check its location</u> on my computer.

W 안녕하세요. 저를 도와 주실 수 있으신가요? 저는 한 시간 동안 수화물 찾는 곳에서 기다리고 있었는데, 제 가방이 아직도 나오지 않고 있어요.

M 어떤 항공기를 타셨는지 알려 주실 수 있으신가요?

W 바르셀로나발 89 비행기편을 타고 왔어요. 1시 40분에 도착을 했고, 저는 약 2시부터 수화물 찾는 곳에 있었어요.

M 체크인하셨을 때 받으신 티켓을 제가 볼 수 있을까요? 제 컴퓨터로 위치를 확인해 볼 수가 있거든요.

어휘 baggage claim 수화물 찾는 곳 check in 탑승 수속을 밟다, 체크인하다 location 위치 luggage 수화물 miss 놓치다 gate 문; (공항의) 탑승구, 게이트 fee 요금

1
여자의 문제는 무엇인가?
(a) 자신의 수화물을 찾을 수 없다.
(b) 비행기편을 놓쳤다.
(c) 탑승구를 찾을 수 없다.

해설 대화의 첫 부분에서 여자는 자신의 가방을 찾을 수 없다고 했으므로 정답은 (a)이다.

2
남자는 여자에게 무엇을 할 것을 요구하는가?
(a) 추가 요금을 지불한다
(b) 짐을 부친다
(c) 자신에게 티켓을 보여 준다

해설 대화의 마지막 부분에서 남자는 여자에게 티켓을 보여 달라고 요청했다. 정답은 (c)이다.

[3-4]　　　　　　　　　　　　　　　◀) 03-69

W David, you seem to be <u>busy in the evenings</u> these days. What have you been doing?

M I'm going to a cooking school <u>three nights a week</u>.

W A cooking school? Why are you doing that?

M I'm <u>tired of eating out</u> all the time. It costs too much, and it's unhealthy as well. I'd rather <u>eat healthier food</u> at home, but I <u>don't know that much</u> about cooking.

W David, 요즘 저녁마다 바쁜 것처럼 보이는군요. 무엇을 하고 있나요?

M 일주일에 세 번씩 저녁에 요리 학원에 다니고 있어요.

W 요리 학원요? 왜 다니고 있어요?

M 언제나 외식하는 것이 싫증나서요. 비용도 너무 많이 들고 건강에도 좋지 않잖아요. 오히려 집에서 건강에 좋은 음식을 먹는 것이 좋겠지만, 제가 요리에 대해서는 잘 알지 못하거든요.

어휘 these days 요즘 cooking school 요리 학원 be tired of ~에 싫증나다 all the time 항상 unhealthy 건강에 좋지 않은 would rather 차라리 ~을 하겠다 chef 주방장

3
남자는 언제 요리 학원에 가는가?
(a) 주말에
(b) 아침에
(c) 저녁에

해설 남자는 저녁마다 주 3회 요리 학원에 다니고 있다고 했으므로 (c)가 정답이다.

4
남자는 무엇을 암시하는가?
(a) 그는 요리를 잘 하지 못한다.
(b) 그는 서양 음식을 요리하는 것을 좋아한다.
(c) 그는 주방장이 되고 싶어 한다.

해설 대화의 마지막 부분에서 남자는 요리를 잘 알지 못한다고 했으므로 정답은 (a)이다.

[5-6]　　　　　　　　　　　　　　　◀) 03-70

M Is the bus <u>bound for</u> Birmingham a nonstop bus, or does it stop at any cities <u>along the way</u>?

W It makes a <u>single stop</u> after it leaves Atlanta. It's going to get off the interstate to <u>drop off</u> and <u>pick up passengers</u> in Heflin. That should only <u>take about</u> twenty minutes.

M That doesn't sound <u>too bad</u>. Please give me two tickets for the bus <u>leaving at five</u>.

M	이 버스가 버밍엄으로 가는 직행 버스인가요, 아니면 도중에 다른 도시들에서 정차하나요?
W	애틀란타에서 출발한 후에 단 한 차례만 정차해요. 헤플린에서 승객들을 승하차시키기 위해 고속도로를 빠져 나갈 거예요. 그렇게 하는 데 단 20분 정도만 걸리고요.
M	그다지 나쁜 편은 아니군요. 5시에 출발하는 버스표로 두 장 주세요.

어휘 bound for ~행의 nonstop bus 직행 버스 single 단 하나의 interstate 주간 고속도로 drop off ~을 떨어뜨리다; ~에 내려 주다

5
남자는 어디로 가고 싶어 하는가?
(a) 버밍엄
(b) 헤플린
(c) 애틀란타

해설 남자는 버밍엄으로 가는 버스표를 구입하고 있으므로 정답은 (a)이다.

6
남자의 버스는 언제 출발하는가?
(a) 오후 2시에
(b) 오후 4시에
(c) 오후 5시에

해설 대화의 마지막 부분에서 남자는 5시에 출발하는 버스표를 달라고 했으므로 정답은 (c)이다.

[7-8]　　🔊 03-71

W	I'm a little <u>concerned about</u> our <u>latest product</u>.
M	What's the matter? It's <u>selling pretty well</u>, isn't it?
W	Sales are good, but <u>not good enough</u>. We've only <u>captured</u> 15% of the market.
M	<u>What level</u> did the people in the Marketing Department think we would be at by now?
W	They were hoping for at least a 22% <u>market share</u>. That's why they're disappointed.
M	We'd better <u>come up with</u> some new promotions to sell more then. I'll have the staff <u>get to work</u> on it.
W	저는 우리의 최신 제품이 조금 걱정돼요.
M	무엇이 문제인가요? 그것은 매우 잘 판매되고 있어요, 그렇지 않아요?
W	판매량은 좋지만, 충분한 정도는 아니에요. 우리는 시장의 15%만을 차지하고 있을 뿐이에요.
M	마케팅 부서원들은 지금까지 우리가 어느 수준에 있어야 한다고 생각했나요?

W	그들은 최소한 22%의 시장 점유율을 기대했어요. 그래서 그들이 실망하고 있는 것이죠.
M	그렇다면 우리는 더 많은 판매를 위해 새로운 판매촉진 방안을 생각해내는 것이 좋겠군요. 직원들에게 그에 대한 업무를 하도록 지시할게요.

어휘 concerned 걱정되는 capture 차지하다 come up with 찾아내다, 생각해내다 break down 고장 나다

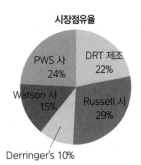

시장점유율

PWS 사 24%
DRT 제조 22%
Watson 사 15%
Russell 사 29%
Derringer's 10%

7
무엇이 문제인가?
(a) 제품이 충분히 판매되고 있지 않다.
(b) 가격이 너무 높다.
(c) 제품이 계속해서 고장 난다.

해설 화자들은 제품의 판매량이 충분하지 않다고 걱정하고 있다. 그러므로 정답은 (a)이다.

8
도표를 보아라. 화자들은 어디에서 근무하는가?
(a) DRT 제조
(b) Russell 사
(c) Watson 사

해설 화자들은 제품의 시장 점유율이 15%라고 했다. 도표에서 15%를 차지하고 있는 회사는 Watson 사이므로 정답은 (c)이다.

예상 적중 문제 (01-03)　　p.181

🔆 **MORE & MORE**　　🔊 03-73

1. The conversation most likely <u>takes place in the afternoon</u>. (O)
2. The woman <u>mailed the man some forms</u>. (×)
3. The restroom is <u>right down the hall</u>. (O)

1. 대화는 오후에 이루어지는 것 같다.
2. 여자는 남자에게 몇 가지 양식을 우편으로 보냈다.
3. 화장실은 복도를 따라가면 있다.

☀ **MORE & MORE**   ◀)) 03-75

1. The man already has plans to go to the amusement park. (○)
2. The woman is learning to play the violin. (×)
3. The man tells the woman about his hobby. (×)

1. 남자는 이미 놀이공원에 갈 계획을 세워 두었다.
2. 여자는 바이올린을 연주하는 법을 배우고 있다.
3. 남자는 여자에게 자신의 취미에 대해 말한다.

☀ **MORE & MORE**   ◀)) 03-77

1. The woman has met some of the actors in the show. (×)
2. The show is going to begin in five minutes. (×)
3. The speakers are currently in the lobby. (○)

1. 여자는 공연의 몇몇 배우들을 만난 적이 있다.
2. 공연은 5분 후에 시작될 것이다.
3. 화자들은 현재 로비에 있다.

☀ **MORE & MORE**   ◀)) 03-79

1. Their plane will be delayed by sixty minutes. (○)
2. The woman implies that she is hungry. (○)
3. The speakers will go shopping at the duty-free store next. (×)

1. 그들의 비행기는 60분 정도 연착될 것이다.
2. 여자는 자신이 배고프다는 것을 암시한다.
3. 화자들은 이다음에 면세점에서 쇼핑할 것이다.

☀ **MORE & MORE**   ◀)) 03-81

1. The woman is calling about a plane ticket. (×)
2. The woman wants to leave at a later time. (○)
3. The man will cancel the woman's original ticket. (○)

1. 여자는 항공기 티켓 때문에 전화하고 있다.
2. 여자는 더 늦은 시간에 출발하고 싶어 한다.
3. 남자는 여자의 기존 티켓을 취소할 것이다.

Unit 04-05 | 연습 문제   p.190

◀)) 03-82

1	(B)	2	(A)	3	(B)
4	(D)	5	(A)	6	(B)
7	(B)	8	(C)	9	(B)
10	(C)	11	(B)	12	(A)
13	(D)	14	(C)	15	(C)
16	(B)	17	(A)	18	(C)
19	(B)	20	(C)	21	(A)

[1-3]

M Hello. My name is Richard Foreman, and **1) I'd like to make an appointment to see Dr. Lucas. 2) I hurt my knee while playing baseball, and it's quite swollen.**

W That doesn't sound good, Mr. Foreman. Are you available to come here at 3:30 today? We just got a cancelation, so the doctor can see you then.

M That sounds wonderful. That's two hours from now, so **3) I'll cancel my staff meeting and have one of my employees drive me to the office.** See you soon. Goodbye.

M 안녕하세요. 제 이름은 Richard Foreman인데, Lucas 의사 선생님에게 진료 예약을 하고 싶어요. 야구를 하다가 무릎을 다쳐서, 무릎이 상당히 부었거든요.

W 안 됐군요, Foreman 씨. 오늘 3시 30분에 이곳으로 오실 수 있나요? 조금 전에 예약 취소가 한 건 있어서, 그때 선생님께서 봐 주실 수가 있을 거예요.

M 잘 됐군요. 지금부터 2시간 후이니, 제가 직원 회의를 취소하고 직원 한 명을 운전하도록 시켜서 병원으로 갈게요. 잠시 후에 뵙죠. 안녕히 계세요.

어휘 make an appointment 만날 약속을 하다 swell 부풀다 cancelation 취소 suffer 겪다 fire 해고하다 car accident 자동차 사고, 교통 사고 clinic 진료소, 병원

1
남자가 전화를 건 목적은 무엇인가?
(A) 면접을 보는 법에 대해 묻기 위해
(B) 예약을 하기 위해
(C) 비행기 티켓을 취소하기 위해
(D) 직원 회의의 일정을 정하기 위해

해설 대화의 초반부에서 남자는 자신의 이름을 밝힌 후, 'Lucas 박사와 진료 예약을 하고 싶다(I'd like to make an appointment to see Dr. Lucas)'고 말한다. 따라서 남자가 전화를 건 목적은 병원 예약을 하기 위해서이므로 정답은 (B)의 To make an appointment이다.

2
남자에게 어떤 일이 일어났는가?

(A) 부상을 당했다.
(B) 직장에서 해고되었다.
(C) 자동차 사고를 당했다.
(D) 야구 경기에서 패배했다.

해설 남자는 진료 예약을 요청하면서 그 이유를 'I hurt my knee while playing baseball, and it's quite swollen.'이라고 밝히고 있다. 즉, 야구 경기 중 무릎을 다쳐서 남자의 무릎이 부어 있는 상황이므로 정답은 (A)이다.

3
남자는 이다음에 아마도 무엇을 할 것인가?
(A) 병원에 간다
(B) 회의를 취소시킨다
(C) 의사와 이야기한다
(D) 야구를 한다

해설 남자의 예약 신청에 여자는 오늘 3시 30분에 진료가 가능하다는 것을 알려 준다. 그러자 남자는 '직원 회의를 취소하고 직원 중 한 명에게 운전을 시켜서 병원으로 갈 것(I'll cancel my staff meeting and have one of my employees drive me to the office)'이라고 말한다. 따라서 남자가 이후에 할 일은 '회의를 취소하는 것'이므로 정답은 (B)의 Cancel a meeting이다.

[4-6]

M	Excuse me, but ⁴⁻¹⁾ **I think I'm lost.** ⁵⁾ **I'm trying to find Samuelson's Bookstore so that I can buy a few magazines.** ⁴⁻²⁾ **Can you tell me where it is?**
W	Sure. It's on the other side of the mall. Just ⁶⁾ **take that escalator up to the second floor.** Then, walk all the way to the Fairfax Department Store. The store you want is located to the left of the entrance to Fairfax.
M	Thanks so much for your assistance. I appreciate it.
M	실례지만, 제가 길을 잃은 것 같아서요. 저는 잡지 몇 권을 사기 위해 Samuelson's 서점을 찾고 있어요. 그곳이 어디에 있는지 말씀해 주실 수 있나요?
W	물론이죠. 쇼핑몰의 맞은 편에 있어요. 저 에스컬레이터를 타셔서 2층으로 올라가세요. 그런 다음, Fairfax 백화점 쪽으로 계속 걸어가세요. 찾으시는 매장은 Fairfax의 입구 왼편에 위치해 있어요.
M	도움을 주셔서 정말 고맙습니다. 감사해요.

어휘 lost 길을 잃은 try to ~하려고 노력하다 mall 쇼핑몰 escalator 에스컬레이터 all the way 줄곧, 계속 entrance 입구 direction 방향

4
남자는 왜 여자와 이야기를 하는가?
(A) 세일에 관해 묻기 위해
(B) 매장이 언제 문을 닫는지를 알아내기 위해

(C) 책에 관한 그녀의 생각을 듣기 위해
(D) 길 안내를 받기 위해

해설 대화의 첫 부분에서 남자는 자신이 '길을 잃어 버렸다(I'm lost)'라고 말한 다음, 여자에게 Samuelson's Bookstore의 위치를 물어본다. 따라서 남자가 여자에게 말을 건 이유는 길을 묻기 위해서이므로 정답은 (D)의 To receive some directions이다.

5
남자는 누구인 것 같은가?
(A) 쇼핑객
(B) 여자의 친구
(C) 여자의 동료
(D) 서점 직원

해설 남자는 'I'm trying to find Samuelson's Bookstore so that I can buy a few magazines.'라고 말하면서 자신이 서점을 찾는 이유를 밝히고 있다. 즉 그는 잡지를 사기 위해 서점을 찾고 있는 것이므로 남자는 (A)의 A shopper(쇼핑객)임을 알 수 있다.

6
여자는 남자에게 무엇을 하라고 말하는가?
(A) 아래층으로 내려간다
(B) 에스컬레이터를 탄다
(C) 엘리베이터를 이용한다
(D) 3층까지 걸어서 올라간다

해설 여자는 남자에게 '에스컬레이터를 타고 2층으로 올라가서(take that escalator up to the second floor)' Fairfax 백화점 입구까지 걸어 가면 입구 왼편에 서점이 있다고 알려 준다. 따라서 정답은 (B)의 Take the escalator이다.

[7-9]

W	Hey, Keith. How are you enjoying the festival today? I'm having a great time.
M	It's lots of fun. My family and ⁷⁻¹⁾ **I were at the arts and crafts section a while ago.** ⁷⁻¹⁾ **My kids learned how to make some pottery.** They enjoyed that, and now they're getting some snacks at the concession stand.
W	Oh, yeah, I can see them over there. ⁸⁾ **I'm with a few of my friends.** ⁹⁻¹⁾ **We're going to check out the concert.** ⁹⁻²⁾ **Would you like to go there with us?**
W	안녕하세요, Keith. 오늘 축제는 어떤가요? 저는 멋진 시간을 보내고 있는 중이에요.
M	정말 재미있어요. 가족들과 저는 조금 전에 미술 공예 코너에 있었어요. 아이들은 도자기 만드는 법을 배웠고요. 재미있어 했고, 지금은 구내 매점에서 간식을 먹고 있어요.
W	오, 그렇군요. 저쪽에 보이는군요. 저는 몇몇 친구들과 함께 있어요. 우리는 콘서트를 보러 갈 거예요. 우리와 함께 가는 것이 어떨까요?

57

어휘 craft 재주; 공예 pottery 도자기 snack 간식 concession stand 구내 매점 ride 타다; 놀이기구 souvenir shop 기념품 가게

7
남자의 자녀들은 무엇을 했는가?
(A) 놀이기구 탑승권을 구입했다
(B) 도자기를 만들었다
(C) 간식을 요리했다
(D) 특별 행사를 관람했다

해설 축제에 관한 여자의 질문에 남자는 재미있었다고 답한 후, 자신들은 '미술 공예 코너(arts and crafts section)'에 갔으며 아이들은 '도자기 만드는 법(how to make some pottery)'을 배웠다고 말한다. 따라서 아이들이 한 일은 (B)의 Made some pottery이다.

8
여자는 축제에서 누구와 함께 있는가?
(A) 자녀들
(B) 남편
(C) 친구들
(D) 동료들

해설 대화 마지막 부분의 여자의 말, 'I'm with a few of my friends.'에서 여자는 친구들과 함께 축제에 왔다는 것을 알 수 있다. 따라서 정답은 (C)의 Her friends이다.

9
여자는 남자에게 무엇을 할 것을 요청하는가?
(A) 자신과 함께 점심을 먹는다
(B) 함께 콘서트를 보러 간다
(C) 미술 공예 코너에 간다
(D) 기념품 가게에 간다

해설 여자의 마지막 말인 'We're going to check out the concert. Would you like to go there with us?'에서 정답의 단서를 찾을 수 있다. 즉 여자는 콘서트에 갈 것이라고 말한 뒤 남자에게 같이 가자는 제안을 하고 있다. 그러므로 정답은 (B)의 See a concert together(함께 콘서트를 보러 간다)이다.

[10-12]

> W 10) **I'm sorry that I'm late**. The guest parking lot is full, so I had to park in a pay lot down the street.
>
> M Oh, I should have mentioned that to you. 11) **A repair crew is working on the employee parking lot**, so lots of employees are parking in the guest lot this week.
>
> W When is the work going to be finished?
>
> M It's supposed to be done by the weekend. 12) **You shouldn't have any problems finding a spot next week**.

W 늦어서 죄송해요. 고객용 주차장이 꽉 차서 길 아래편의 유료 주차장에 주차를 해야 했어요.

M 오, 제가 그에 대해 말씀을 드렸어야 했는데요. 수리반이 직원용 주차장에서 수리를 하고 있어서, 이번 주에 많은 직원들이 고객용 주차장에 주차를 하고 있죠.

W 작업이 언제 끝날 예정인가요?

M 주말까지 완료될 것으로 예정되어 있어요. 다음 주에는 자리를 찾는 데 아무런 문제가 없으실 거예요.

어휘 guest parking lot 고객용 주차장 pay lot 유료 주차장 mention 언급하다, 말하다 repair crew 수리반원 spot 자리 document 서류, 문서 get lost 길을 잃다 on one's way 도중에 well lit 조명이 밝은 public transportation 대중교통

10
여자는 왜 사과하는가?
(A) 일부 문서에 대해 잊어버렸다.
(B) 사무실로 오는 도중에 길을 잃었다.
(C) 모임에 늦었다.
(D) 남자의 전화번호를 찾을 수 없었다.

해설 대화의 첫 문장인 'I'm sorry that I'm late.'라는 여자의 말을 통해 여자가 사과하는 이유는 시간 약속에 늦었기 때문이라는 것을 알 수 있다. 따라서 정답은 (C)이다.

11
직원용 주차장의 문제는 무엇인가?
(A) 너무 좁다.
(B) 수리가 필요하다.
(C) 그곳에 주차하는 비용이 비싸다.
(D) 밤에 조명이 어둡다.

해설 고객용 주차장이 꽉 찼다는 여자의 말에 남자는 'A repair crew is working on the employee parking lot, so lots of employees are parking in the guest lot this week.'라고 대답한다. 즉 직원 전용 주차장이 수리되고 있기 때문에 다수의 직원들이 고객용 주차장을 이용하고 있는 상황이므로 직원용 주차장의 문제는 (B)로 볼 수 있다.

12
남자는 무엇을 암시하는가?
(A) 여자는 다음 주에 그를 방문할 것이다.
(B) 그의 자동차는 유료 주차장에 주차되어 있다.
(C) 그는 대중교통으로 출근을 한다.
(D) 여자는 버스를 타고 집에 가야 한다.

해설 남자의 마지막 말, 'You shouldn't have any problems finding a spot next week.'에서 남자와 여자는 다음 주에 또 다시 만나게 될 것이라고 예상할 수 있다. 따라서 정답은 (A)이다.

W	Hello. ^{13-1) 14)} **I bought this blouse yesterday, but I'd like to return it and get my money back**.
M	You can do that, but ¹³⁻²⁾ **would you mind telling me what the problem is first?**
W	When I tried it on, it was a bit too large. Since I can't wear it, I'd like to return it.
M	Instead of doing that, ^{13-3) 15)} **why don't you exchange it for a similar blouse in a smaller size?** We have several just like that one but in smaller sizes. Let me show you where they are.
W	안녕하세요, 어제 이 블라우스를 샀는데, 반품을 해서 돈을 돌려받고 싶어요.
M	그렇게 하실 수도 있지만, 먼저 문제가 무엇인지 제게 말씀해 주시겠어요?
W	입어 보니 다소 크더라고요. 입을 수가 없어서 반품하고 싶어요.
M	그렇게 하는 대신, 사이즈가 더 작은 비슷한 블라우스로 교환을 하시는 것은 어떨까요? 같은 것이지만 사이즈가 작은 것들이 여러 개 있거든요. 어디에 있는지 제가 알려 드릴게요.

어휘 try on ~을 입어 보다, ~을 착용하다 a bit 약간 dry cleaner 세탁소, 세탁업자 tailor 재단사 full refund 전액 환불

13
남자는 누구인 것 같은가?
(A) 고객
(B) 세탁업자
(C) 재단사
(D) 매장 직원

해설 대화의 첫 부분에서 여자는 'I bought this blouse yesterday, but I'd like to return it and get my money back.'이라고 말하면서 남자에게 블라우스에 대한 환불을 요구하고 있다. 이에 대해 남자는 무엇이 문제인지(would you mind telling me what the problem is first?) 물어 보았고, 블라우스를 교환할 것을(why don't you exchange it for a similar blouse in a smaller size?) 제안하고 있다. 이를 통해 남자는 의류 매장의 직원임을 알 수 있으므로 정답은 (D)의 A store clerk이다.

14
여자는 무엇을 구입했는가?
(A) 스웨터
(B) 티셔츠
(C) 블라우스
(D) 드레스

해설 여자의 첫 번째 말에서 여자는 blouse(블라우스)를 구입했다는 사실을 알 수 있다. 정답은 (C)의 A blouse이다.

15
남자는 여자에게 무엇을 할 것을 추천하는가?
(A) 색깔이 다른 같은 상품을 선택한다
(B) 상품을 온수로 세탁한다
(C) 구매한 제품을 교환한다
(D) 제품에 대해 전액 환불을 받는다

해설 여자가 환불을 하려는 이유가 사이즈 때문이라는 이야기를 듣고 남자는 'Instead of doing that, why don't you exchange it for a similar blouse in a smaller size?'라고 말하면서 여자에게 사이즈가 작은 블라우스로 교환할 것을 제안한다. 따라서 남자가 추천하는 것은 (C)의 Exchange the item she bought(구매한 제품을 교환한다)이다.

M	Excuse me, but is it possible for me to change my ticket? ¹⁶⁾ **I've got a window seat, but I prefer to sit by the aisle.** I'm on flight TR45.
W	Let me take a look for a moment. I'm terribly sorry, but there aren't any aisle seats available in economy. However, ¹⁷⁻¹⁾ **you can upgrade to business class for an extra $75.** ¹⁷⁻²⁾ **Then I can get you an aisle seat.**
M	That's great. ¹⁸⁻¹⁾ **Can I pay with my credit card?**
W	¹⁸⁻²⁾ **Yes, you can.**
M	실례지만, 제가 티켓을 교환하는 것이 가능할까요? 저는 창가 쪽 좌석을 구입했는데, 통로 쪽 좌석을 더 좋아하거든요. TR45 항공편이에요.
W	잠시 살펴볼게요. 정말로 죄송하지만, 이코노미석으로 구할 수 있는 통로 쪽 좌석은 없군요. 하지만, 75달러를 추가로 내시면 비즈니스석으로 좌석을 업그레이드하실 수 있어요. 그렇게 하면 제가 통로 쪽 좌석을 드릴 수가 있어요.
M	잘 됐군요. 신용 카드로 지불해도 될까요?
W	네, 그럼요.

어휘 possible 가능한 window seat 창가 쪽 좌석 prefer 선호하다 aisle 통로 take a look 보다 terribly 매우 aisle seat 복도 쪽 좌석 upgrade 업그레이드하다 extra 추가적인, 여분의 bank transfer 계좌 이체 check 수표

16
남자는 무엇을 요구하는가?
(A) 일등석으로의 업그레이드
(B) 통로 쪽 좌석
(C) 창가 쪽 좌석
(D) 특별식

해설 대화의 시작 부분에서 남자는 표를 교환하는 것이 가능한지 물은 다음, 'I've got a window seat, but I prefer to sit by the aisle.'이라고 그 이유를 밝히고 있다. 즉 남자가 요청하는 것은 창가 쪽 자리를 복도 쪽 자리로 바꾸어 달라는 것이므로 정답은 (B)의 aisle seat이다.

17

남자는 무엇을 암시하는가?

(A) 그는 비즈니스석을 구입할 것이다.
(B) 그는 기꺼이 항공편을 변경할 것이다.
(C) 그는 자리가 있는 첫 번째 비행기를 타야 한다.
(D) 그는 가격이 너무 높다고 생각한다.

해설 남자의 요청에 대해 여자는 복도 쪽 이코노미석은 없지만, '추가 요금을 내고 비즈니스석으로 좌석을 업그레이드하면 복도 쪽 자리를 얻을 수 있다(you can upgrade to business class for an extra $75. Then I can get you an aisle seat)'라고 안내한다. 이에 대해 남자가 긍정적인 반응을 보이고 있으므로 정답은 (A)이다.

18

남자는 어떤 지불 방법을 이용할 것인가?

(A) 계좌 이체
(B) 수표
(C) 신용 카드
(D) 현금

해설 남자의 마지막 말, 'Can I pay with my credit card?'에서 남자는 신용 카드로 결제를 할 것임을 알 수 있다. 따라서 남자의 결제 수단은 (C)의 Credit card이다.

[19-21]

M	**¹⁹⁻¹⁾ Mr. Rooney is coming to visit next week**. We should take him out while he's here.
W	The Cartwright Theater is featuring dramatic performances all next week. How about one of those?
M	Great idea. Which night would be better, Tuesday or Thursday?
W	**²⁰⁾ Thursday since he's going back home on Friday.**
M	Okay. ¹⁹⁻²⁾ ²¹⁻¹⁾ **I'll arrange to take him out to dinner at his favorite restaurant as well.**
W	²¹⁻²⁾ **I can do it.** ²¹⁻³⁾ **I've got the number for Murphy's right here.**
M	Rooney 씨가 다음 주에 방문할 거예요. 우리는 그가 여기에 있는 동안 그를 데리고 나가야 해요.
W	Cartwright 극장에서 다음주 내내 연극들을 상연하고 있어요. 그것들 중 하나는 어떨까요?
M	좋은 생각이에요. 화요일이나 목요일, 어느 날 밤이 더 좋을 것 같아요?
W	그가 금요일에 집으로 돌아갈 테니 목요일이 좋겠어요.
M	좋아요. 저는 그가 좋아하는 식당에서 저녁도 먹을 수 있도록 그를 데리고 나갈 준비를 할게요.
W	제가 할 수 있어요. 지금 Murphy's의 전화번호를 갖고 있어요.

어휘 take out 데리고 나가다 dramatic performance 연극의 상연 arrange 준비하다

Cartwright 극장 시간표

월요일	오래 전에
화요일	분수대 안의 동전 세 개
수요일	John Thomas에게 일어난 일은 무엇인가?
목요일	폭풍우
금요일	호숫가에서의 하루

19

Rooney 씨에 대해 무엇이 암시되고 있는가?

(A) 그는 다른 나라에 살고 있다.
(B) 그는 예전에 화자들을 방문했었다.
(C) 그는 연극 배우를 했었다.
(D) 그는 화자들과 같은 회사에서 근무하고 있다.

해설 첫 번째 대화에서 Ronny 씨가 다음 주에 방문한다고 했는데, 대화 후반부에서 남자는 그가 좋아하는 식당에서 식사할 준비를 하겠다(I'll arrange to take him out to dinner at his favorite restaurant)고 했다. 즉, Rooney 씨는 화자들과 예전에 그 식당에서 식사를 했다는 사실을 추론할 수 있다. 따라서, Rooney 씨는 예전에 화자들을 방문했을 것이므로 정답은 (B)이다.

20

도표를 보아라. 화자들은 어느 연극의 티켓을 예매할 것 같은가?

(A) 분수대 안의 동전 세 개
(B) John Thomas에게 일어난 일은 무엇인가?
(C) 폭풍우
(D) 호숫가에서의 하루

해설 남자는 여자에게 화요일과 목요일 중 언제 연극을 관람하는 것이 좋을지 물었고, 여자는 목요일이 좋겠다고 답했다. 도표 상에서 목요일에 상영하는 연극의 제목은 'The Storm'이므로 정답은 (C)이다.

21

여자는 이어서 무엇을 할 것 같은가?

(A) 식당에 전화한다
(B) 웹사이트에 방문한다
(C) Rooney 씨에게 연락한다
(D) 회의에 참석한다

해설 Rooney 씨와의 저녁 식사 장소를 준비하겠다는 남자의 말에, 여자는 본인이 할 수 있다고(I can do it) 한 뒤 Murphy's라는 식당의 전화번호를 갖고 있다고 말한다. 따라서 여자는 식당에 전화를 할 것이므로 정답은 (A)이다.

🔊 03-83

1	(C)	2	(C)	3	(B)
4	(C)	5	(A)	6	(D)
7	(B)	8	(A)	9	(D)
10	(A)	11	(C)	12	(B)
13	(B)	14	(A)	15	(C)
16	(C)	17	(C)	18	(B)
19	(A)	20	(B)	21	(D)
22	(B)	23	(B)	24	(A)
25	(A)	26	(C)	27	(B)
28	(B)	29	(D)	30	(A)
31	(A)	32	(B)	33	(B)
34	(C)	35	(D)	36	(A)
37	(C)	38	(C)	39	(D)

[1-3]

> M   Mary, I'd like to reserve the large conference room for a meeting tomorrow morning. It will start at ten and end at twelve. 1) **About fifteen people will attend it**.
>
> W   That's no problem, Mr. Carpenter. Nobody has requested to use it yet. Do you need anything for the meeting?
>
> M   Yes, please. 2) **I'm going to show some slides during my presentation**. So I need to be sure that the projector and the screen are both set up.
>
> W   I'll take care of that. 3) **I'll also prepare some refreshments**. There will be enough coffee and pastries in the room for everyone.
>
> M   Mary, 내일 오전의 회의를 위해 대회의실을 예약하고자 해요. 10시에 시작해서 12시에 끝날 예정이죠. 약 15명의 사람들이 참석할 것이고요.
>
> W   문제 없어요, Carpenter 씨. 아직까지 아무도 사용하겠다는 요청을 하지 않았어요. 회의를 위해 필요한 것이 있으신가요?
>
> M   네, 그래요. 저는 프레젠테이션에서 슬라이드를 보여 줄 거예요. 그래서 프로젝터와 스크린이 모두 설치되어 있는지 확인해야 해요.
>
> W   그것은 제가 처리할게요. 또한 다과도 약간 준비해 놓을게요. 모든 사람들에게 충분할 정도의 커피와 패스트리가 회의실에 마련될 거예요.

어휘   reserve 예약하다   attend 참석하다, 출석하다   request 요청하다   yet 아직   presentation 발표, 프레젠테이션   slide 슬라이드   projector 영사기, 프로젝터   set up 설치하다   take care of ~을 다루다, ~을 처리하다   refreshment 다과   pastry 패스트리   evaluation form 평가서, 설문지   conduct 실행하다, 실시하다   attendee 참석자   clean up 청소하다, 치우다

1

얼마나 많은 사람들이 회의에 참석할 것인가?

(A) 10명
(B) 12명
(C) 15명
(D) 20명

해설   회의에 참석할 사람들의 '수'를 묻고 있으므로 인원수가 언급되어 있는 부분을 주의해서 듣는다. 대화 초반부의 남자의 말, 'About fifteen people will attend it.'에서 회의에 참석할 사람은 15명 정도임을 알 수 있으므로 정답은 (C)이다.

2

남자는 회의에서 무엇을 할 것인가?

(A) 설문지를 나누어 준다
(B) 조사를 실시한다
(C) 프레젠테이션을 한다
(D) 누군가의 이야기에 귀를 기울인다

해설   여자가 남자에게 회의에 필요한 것이 있는지 묻자 남자는 'I'm going to show some slides during my presentation.'이라고 답한 후, 프로젝터와 스크린이 설치되어 있는지를 확인해야 한다고 말한다. 따라서 남자가 하게 될 일은 (C)의 Make a presentation(프레젠테이션을 한다)이다.

3

여자는 자신이 무엇을 할 것이라고 말하는가?

(A) 프로젝터를 구입한다
(B) 음식과 음료를 준비한다
(C) 참석자들에게 전화를 한다
(D) 회의실을 청소한다

해설   여자는 프로젝터와 스크린이 설치되어 있는지를 자신이 확인하겠다고 한 후, 'I'll also prepare some refreshments.'라고 말한다. 따라서 여자가 할 일은 '장비 확인'과 '다과 준비'이므로 정답은 이 중 후자를 가리키고 있는 (B)의 Prepare food and drinks이다. 여자의 마지막 말의 '커피(coffee)'와 '패스트리(pastries)'라는 단어를 통해서도 정답이 (B)임을 확인할 수 있다.

[4-6]

> W   I'm surprised to see you here today, Mr. Wallace. 4-1) **You had your annual checkup ten days ago**, and you were in perfect health then.
>
> M   5-1) **Yes, but I've had a sore throat for the past few days, and it seems to be getting worse.** 5-2) **In addition, I've got a runny nose, and I'm getting some bad headaches.**
>
> W   It sounds like you've got a bad cold. 4-2) **Let me give you some medicine for it.** I also recommend that you take a couple of days off

work. 6) **Stay in bed for a while and don't do any physical activities, and you'll be better in no time**.

W 오늘 여기에서 뵙게 되다니 놀랍군요, Wallace 씨. 열흘 전에 1년에 한 번 있는 정기 검진을 받으셨는데, 그때는 건강에 아무런 문제가 없었잖아요.

M 네, 그렇지만 지난 며칠 동안 목이 아팠고, 점점 악화되는 것 같아요. 게다가, 콧물도 흐르고 있고, 두통도 심해지고 있어요.

W 독감에 걸리신 것 같군요. 그에 대한 약을 드릴게요. 또한 이틀 정도 일을 하시지 않을 것을 권해 드려요. 한동안 침대에 누워 계시면서 신체적인 활동을 하지 않으시면, 곧 나아지실 거예요.

어휘 annual 1년에 한 번 있는, 연례의 checkup 건강 검진 sore 아픈 throat 목, 목구멍 in addition 게다가, 또한 runny 콧물이 흐르는 headache 두통 bad cold 독감 physical 신체적인, 물리적인 in no time 곧 pharmacist 약사 receptionist 접수 직원, 접수 담당자 overweight 과체중인, 비만의 pharmacy 약국

4
여자는 누구인 것 같은가?
(A) 약사
(B) 접수 담당자
(C) 의사
(D) 간호사

해설 '건강 검진(checkup)' 때 남자를 보았다는 여자의 말에서, 그리고 남자의 증상에 대해 처방을 내리는 여자의 모습을 통해 화자들이 있는 곳은 병원이며 여자의 직업은 의사임을 알 수 있다. 따라서 정답은 (C)의 A doctor이다.

5
남자의 문제는 무엇인가?
(A) 그는 건강이 좋지 않다.
(B) 그는 심장 질환을 앓고 있다.
(C) 그는 추운 날씨를 싫어한다.
(D) 그는 과체중이다.

해설 남자는 '목이 아프고(sore throat)' '콧물(runny nose)'이 나며 '두통(headaches)'을 앓고 있다고 호소한다. 이를 통해 남자의 문제는 건강이 악화된 것임을 알 수 있으므로 정답은 (A)이다.

6
여자는 남자에게 무엇을 하라고 말하는가?
(A) 약국을 방문해서 약을 구한다
(B) 사무실로 돌아가서 일을 한다
(C) 조만간 정기 검진을 받는다
(D) 침대에 누워서 휴식을 취한다

해설 대화의 마지막 부분에서 여자는 며칠 쉴 것을 권하면서 '당분간 침대에 누워서(stay in bed for a while)' '아무것도 하지 말라(don't any physical activities)'고 말한다. 따라서 정답은 (D)의 Stay in bed and get some rest이다.

[7-9]

W Mr. Jacobs, 7-1) **you remember that we're having a farewell party for Simon Palmer, don't you?**

M 7-2) **Yes, I heard that he's being transferred to one of our offices in South America.** 8-1) **When is the party for him going to be?**

W 8-2) **It's scheduled for this Thursday evening.** It's going to start at 6:30. We're holding it at Steak One, so it's within walking distance of the office. Anyway, we're taking donations to buy a gift for him. Would you like to contribute?

M Of course. Simon's done good work for us. 9) **Here's twenty dollars for the present.**

W Jacobs 씨, 우리가 Simon Palmer를 위한 송별회를 열 것이라는 점을 기억하고 있죠, 그렇지 않나요?

M 네, 그가 남아메리카에 있는 지사 중 한 곳으로 전근을 갈 것이라는 이야기를 들었어요. 그를 위한 송별회가 언제 열리나요?

W 이번 주 목요일 저녁으로 예정되어 있어요. 6시 30분에 시작될 거예요. Steak One에서 열릴 예정인데, 사무실에서 걸어갈 수 있는 거리예요. 그건 그렇고, 우리는 그를 위한 선물을 사기 위해 돈을 모으고 있어요. 돈을 보태시고 싶나요?

M 물론이죠. Simon은 일을 잘 해 주었어요. 선물 구입용으로 20달러를 드릴게요.

어휘 farewell party 송별회 transfer 옮기다, 이동하다 distance 거리 donation 기부, 기증 contribute 기여하다, 이바지하다 resign 물러나다, 사임하다 charity event 자선 행사

7
Simon Palmer는 무엇을 할 것인가?
(A) 자신의 자리에서 물러난다
(B) 다른 곳에서 일을 한다
(C) 학교로 돌아간다
(D) 관리자 업무를 시작한다

해설 남자의 말, 'Yes, I heard that he's being transferred to one of our offices in South America.'에서 정답의 단서를 찾을 수 있다. Simon Palmer라는 사람은 남아메리카의 지사로 전근을 가게 될 예정이므로 정답은 (B)의 Work in a different location(다른 곳에서 일을 한다)이다.

8
목요일에 어떤 일이 일어날 것인가?
(A) 파티가 열릴 것이다.
(B) 컨퍼런스가 열릴 것이다.
(C) 자선 행사가 열릴 것이다.
(D) 세미나가 열릴 것이다.

해설 '목요일'이 언급되고 있는 부분을 주의해서 들으면 쉽게 정답을 찾을 수 있다. 송별회의 시간을 묻는 남자의 질문에 여자는 'It's scheduled for this Thursday evening.'이라고 답하고 있으므로

목요일에는 송별회가 열릴 것이다. 따라서 정답은 (A)이다.

9

남자는 여자에게 무엇을 주는가?

(A) 명단

(B) 음식

(C) 선물

(D) 돈

해설 여자는 자신들이 Simon Palmer를 위한 선물을 사기 위해 돈을 모으고 있다고 말한 후, 여기에 동참할 것인지를 남자에게 묻는다. 이에 대해 남자는 수락의 의사를 표시하면서 'Here's twenty dollars for the present.'라고 말하고 있으므로 남자가 여자에게 건네 주는 것은 (D)의 Some money이다.

[10-12]

> M   10-1) **Janet, do you happen to know why the office supplies we ordered haven't arrived yet?** 10-2) **Alice told me she contacted the supplier on Monday.** 10-3) **It has been three days, but they aren't here though.**
>
> W   Don't worry, Mr. Burns. A customer service representative called me five minutes ago. He said that the items are being shipped at noon. 11) **They should arrive here no later than tomorrow morning**.
>
> M   That's fine. But we should look for another supplier. This is the third time in five months that this company has sent our order late. 12) **Why don't you look for a new supplier after lunch?**
>
> M   Janet, 혹시 우리가 주문한 사무용품이 아직 도착하지 않고 있는 이유를 알고 있나요? Alice가 월요일에 공급업체에 연락했다고 말해 주더군요. 지금이 3일째인데, 아직 여기에 오지 않았어요.
>
> W   걱정하지 마세요, Burns 씨. 고객 서비스 담당자가 5분 전에 제게 전화했어요. 그는 물품들이 12시에 배송될 것이라고 말해 주더군요. 늦어도 내일 아침까지는 이곳에 오게 될 거예요.
>
> M   잘됐군요. 하지만 우리는 다른 공급업자를 찾아야 해요. 5개월 동안 이 업체가 주문품을 늦게 보낸 것이 벌써 세 번째예요. 점심 시간 이후에 새 공급업체를 찾아보는 것이 어떨까요?

어휘 supplier 공급업체, 공급자   customer service representative 고객 서비스 담당자   ship 싣다, 선적하다   no later than 늦어도 ~까지   bill 청구서, 계산서   discount 할인

10

남자는 무엇을 물어보는가?

(A) 물품이 언제 도착할 것인지

(B) 구입 비용이 얼마였는지

(C) 직원이 왜 전화를 하지 않았는지

(D) 회사가 어디에 위치해 있는지

해설 대화의 시작 부분에서 남자는 여자에게 사무용품들이 도착하지 않은 이유를 알고 있는지 물은 후, 월요일에 오기로 한 물품들이 3일이 지나서도 오지 않았다고 지적한다. 따라서 남자가 물어보는 것은 '주문한 제품이 오지 않는 이유'와 '주문한 제품이 언제 올 것인지'이므로 정답은 (A)이다.

11

내일 어떤 일이 일어날 것인가?

(A) 고객 서비스 담당자가 방문할 것이다.

(B) 청구 금액이 지불될 것이다.

(C) 주문품이 배달될 것이다.

(D) 점심 회동이 있을 것이다.

해설 여자의 말, 'They should arrive here no later than tomorrow morning.'을 통해 내일 아침에 주문품들이 도착할 것임을 알 수 있다. 따라서 정답은 (C)이다.

12

남자는 여자에게 무엇을 하라고 말하는가?

(A) 할인을 요구한다

(B) 새로운 공급업자를 찾는다

(C) 불만을 제기한다

(D) 더 많은 제품을 구입한다

해설 대화의 후반부에서 남자는 현 공급업체가 5개월 간 세 차례나 배송을 지연시켰다고 말하면서 'Why don't you look for a new supplier after lunch?'라고 여자에게 제안을 한다. 즉 남자는 여자에게 새로운 공급업체를 찾아보라고 이야기하고 있으므로, 정답은 (B)의 Find a new supplier(새로운 공급업자를 찾는다)이다.

[13-15]

> M   13-1) 14-1) **Joanie, there's an employee training session coming up next Tuesday. It's going to be on** 13-2) **how to use the new computer software we just purchased.** 13-3)14-2) **I'd like you to lead it.**
>
> W   Are you sure about that? I've never done any teaching before.
>
> M   I'm positive that you'll do a great job. You also understand how to use the program better than anyone else in the company. Simply show the attendees how to use the software step by step. And be sure to answer all of their questions.
>
> W   Okay, I guess I can do that. 13-3) 15) **I'd better start preparing for it since it's already Thursday.**
>
> M   Joanie, 다가오는 다음 주 화요일에 직원 교육이 있어요. 얼마 전에 구매한 새 컴퓨터 소프트웨어를 사용하는 법에 관한 것이 될 거예요. 저는 당신이 교육을 진행했으면 해요.

W 정말인가요? 저는 전에 누구를 가르쳐 본 적이 없는데요.

M 저는 당신이 잘 해낼 것이라고 확신해요. 또한 당신은 회사 내의 그 누구보다도 프로그램 사용법을 잘 알고 있잖아요. 참석자들에게 소프트웨어 사용법을 하나씩 알려 주기만 하세요. 그리고 잊지 말고 모든 질문에 대답을 해 주고요.

W 좋아요, 그렇게는 할 수 있을 것 같아요. 벌써 목요일이니 그에 대한 준비를 시작하는 것이 좋겠군요.

어휘 employee training session 직원 교육 positive 확신하는 attendee 참석자 step by step 한 걸음씩, 한 단계씩 had better ~하는 것이 낫다 conduct 실행하다, 실시하다 review 검토하다 in public 사람들이 많은 곳에서, 대중 앞에서 preparation 준비

13
대화는 어디에서 이루어지고 있는 것 같은가?
(A) 식당에서
(B) 사무실에서
(C) 학교에서
(D) 컴퓨터 매장에서

해설 남자는 여자에게 '직원 교육(employee training session)'을 부탁하고 있는데 직원 교육의 내용은 '컴퓨터 소프트웨어의 사용법(how to use the new computer software)'이 될 것이라고 했다. 여자는 대화의 마지막 부분에서 벌써 목요일이므로 준비를 시작하는 것이 좋겠다고(I'd better start preparing for it since it's already Thursday) 대답했다. 교육의 주제가 일반 사무와 관련된 것이라는 것과, 여자의 대답에서 지금은 평일(목요일)이므로 준비를 시작해야 한다고 말한 것으로 보아, 대화가 이루어지고 있는 곳은 (B)의 '사무실'로 보는 것이 타당하다.

14
남자는 여자가 무엇을 하기를 바라는가?
(A) 교육을 실시한다
(B) 새로운 직원을 고용한다
(C) 컴퓨터 소프트웨어를 구입한다
(D) 컴퓨터 프로그래밍을 배운다

해설 대화 초반부에서 남자는 'I'd like you to lead it.'이라고 말하면서 여자에게 교육을 맡아 달라는 부탁을 하고 있다. 따라서 정답은 (A)의 Conduct a training session이다.

15
여자는 자신이 무엇을 할 것이라고 말하는가?
(A) 노트를 검토한다
(B) 대중 앞에서 말하는 것을 배운다
(C) 준비 작업을 한다
(D) 컨퍼런스에 참석한다

해설 대화의 후반부에서 여자는 남자의 부탁을 받아들이고 'I'd better start preparing for it since it's already Thursday.'라고 말하면서 곧 교육에 관한 준비를 하겠다고 말한다. 이를 통해 여자가 하게 될 일은 (C)의 Do some preparation work(준비 작업을 한다)임을 알 수 있다.

[16-18]

M Good evening. **16-1) 17-1) I'd like to check out these three books, please.** **16-2) Here's my card**.

W Thank you, Mr. Murray... Oh, there appears to be a problem.

M What's the matter?

W **16-3) 17-2) You've already checked out ten books.** You're not permitted to borrow any more until you return some.

M Seriously? **18) Can you make an exception, please?** I really need these books for some research I am conducting.

W I'd love to, but I can't. Everyone needs to follow the same rules.

M 안녕하세요. 저는 이 책 세 권을 대출하고 싶어요. 여기 제 카드가 있어요.

W 감사합니다, Murray 씨… 오, 문제가 있는 것 같아요.

M 무슨 일인가요?

W 이미 10권의 책을 대출하셨어요. 몇 권의 책들을 반납하셔야 대출이 승인될 거예요.

M 정말인가요? 예외를 적용해 주실 수는 없을까요? 제가 하고 있는 조사를 위해서 그 책들이 정말로 필요해요.

W 저도 그러고 싶지만, 그렇게 할 수 없어요. 모든 사람이 동일한 규정을 따라야 해요.

어휘 check out (책을) 대출하다 permit 허락하다 borrow 빌리다 turn down 거절하다 admit 인정하다

16
대화는 어디에서 이루어지는가?
(A) 학교에서
(B) 서점에서
(C) 도서관에서
(D) 자전거 대여점에서

해설 화자들은 도서를 대출하려는 상황에서 발생한 문제를 논의하고 있는 것으로 보아, 대화는 도서관에서 이루어지고 있다는 것을 알 수 있다. 정답은 (C)이다.

17
남자에 대해 무엇이 암시되고 있는가?
(A) 그는 연구를 즐긴다.
(B) 그는 내일 다시 올 것이다.
(C) 그는 전에 이 장소에 왔었다.
(D) 그는 여자와 친구 사이이다.

해설 남자가 도서를 대출할 수 없는 이유는 그가 이미 열 권의 책을 빌린(You've already checked out ten books) 상태이기 때문이다. 즉, 그는 전에 도서관에 왔었다는 사실을 유추할 수 있으므로 정답은 (C)이다.

18

여자는 왜 "I'd love to, but I can't"라고 하는가?

(A) 초대를 거절하기 위해서

(B) 제안을 거절하기 위해서

(C) 도움을 주는 것을 거절하기 위해서

(D) 그녀가 답을 모른다는 것을 인정하기 위해서

해설 여자는 남자가 대출한 책을 반납할 때까지 추가로 도서를 대출할 수 없다고 했고, 남자는 예외를 적용해 달라고(Can you make an exception, please?) 요청했다. 여자는 이에 대해 'I'd love to, but I can't.'라고 말하고 있는데, 이는 '그렇게 하고 싶지만, 그럴 수 없다'는 의미이므로 남자의 제안을 거절하고 있는 것이다. 정답은 (B)이다.

[19-21]

> W **19-1) 20-1) I registered for the upcoming accounting seminar in Detroit this morning.** **19-2) Have you signed up for it as well, Jeff?**
>
> M **19-3) Yes, I did. I took care of that last week.** However, I haven't made my travel arrangements or reserved a hotel room yet. Are you planning on doing that soon? **20-2) Why don't we go there together?**
>
> W That's fine with me. I'll get my secretary to reserve two seats on an early-morning flight there. **21-2) I'll have to talk to Karen Porter in the Accounting Department about hotels though.** **21-2) I don't know how much we're allowed to spend on a nightly basis.**
>
> W 저는 오늘 아침에 디트로이트에서 열릴 회계 세미나에 참가 신청을 했어요. 당신도 신청을 했나요, Jeff?
>
> M 네, 그랬죠. 지난주에 했어요. 하지만, 아직 이동 준비를 하거나 호텔 객실을 예약하지는 못했어요. 조만간 그렇게 할 계획인가요? 우리가 함께 가는 것은 어떨까요?
>
> W 저는 좋아요. 제가 비서를 시켜서 그곳으로 가는 이른 아침편 비행기의 두 자리를 예약해 놓을게요. 하지만 호텔에 대해서는 회계부의 Karen Porter와 이야기를 해야 할 거예요. 우리가 1박을 기준으로 얼마를 쓸 수 있는지는 모르겠어요.

어휘 register for ~에 등록하다 upcoming 다가오는 sign up for ~에 등록하다 travel arrangement 여행 준비 secretary 비서 allow 허락하다, 허가하다 on a nightly basis 1박 기준으로 go over ~을 검토하다

19

남자는 언제 세미나에 등록을 했는가?

(A) 지난주

(B) 이틀 전

(C) 어제

(D) 오늘 아침

해설 여자는 자신이 세미나에 등록했다고 했고, 남자에게도 세미나에 등록을 했는지를 물었다. 이에 대해 남자는 등록했다고 말하면서 'I took care of that last week.'이라며 자신이 등록한 시점을 밝히고 있다. 따라서 정답은 (A)의 Last week이다.

20

남자는 여자에게 무엇을 할 것을 제안하는가?

(A) 빨리 세미나에 등록한다

(B) 디트로이트에 함께 간다

(C) 세미나 장소에서 가까운 호텔을 찾는다

(D) 프레젠테이션을 함께 검토한다

해설 남자는 자신이 여행 계획을 세우거나 호텔 예약을 하지는 못했다고 말한 뒤, 여자에게 'Why don't we go there together?'라고 말한다. 즉 남자는 여자에게 세미나가 열릴 디트로이트에 함께 가자는 제안을 하고 있으므로 정답은 (B)이다.

21

여자는 왜 Karen Porter에게 연락할 것인가?

(A) 호텔을 예약하도록 시키기 위해

(B) 비행기 티켓에 대해 묻기 위해

(C) 세미나가 열리는 날짜를 알기 위해

(D) 얼마나 많은 돈을 쓸 수 있는지 알아 보기 위해

해설 Karen Porter라는 이름이 언급되고 있는 부분을 주의해서 듣도록 한다. 여자는 회계부의 Karen Porter와 이야기를 해야 한다고 말한 뒤, 그 이유를 'I don't know how much we're allowed to spend on a nightly basis.'라고 밝히고 있다. 즉 여자가 Karen Porter에게 연락을 해야 하는 이유는 자신들이 쓸 수 있는 숙박비의 한도를 알아내기 위해서이므로 정답은 (D)이다.

[22-24]

> W Excuse me, but I wonder if you can help me.
>
> M I'll try. What's the matter?
>
> W **22-1) 23-1) My luggage hasn't come out onto the carousel yet.** And I've been waiting more than an hour.
>
> M **22-2) Were you on Flight 384?**
>
> W Yes, I was. Was there some kind of problem on it?
>
> M Unfortunately, yes. **24) Several pieces of luggage never got loaded on the plane in Madrid.**
>
> W **23-2) When do you think my bags will get here?**
>
> W 실례합니다만, 저를 좀 도와주세요.
>
> M 그렇게 할게요. 무엇이 문제인가요?
>
> W 제 짐이 수하물 컨베이어벨트에 아직 나오지 않았어요. 1시간 넘게 기다리고 있는 중이에요.
>
> M 384 항공편에 탑승했었나요?
>
> W 네, 그랬어요. 거기에 무슨 문제라도 있었나요?
>
> M 안타깝게도, 그래요. 몇몇 짐들이 마드리드에서 비행기에 실리지 않았어요.
>
> W 제 가방들은 언제쯤 이곳으로 오게 될까요?

어휘 carousel 수하물 컨베이어 벨트 load (짐을) 싣다

65

22

대화는 어디에서 이루어질 것 같은가?

(A) 버스 터미널에서

(B) 공항에서

(C) 호텔에서

(D) 기차역에서

해설 여자는 자신의 짐이 수하물 컨베이어벨트(carousel)에 나오지 않았다고 말하고 있고, 남자는 여자에게 384 항공편(Flight 384)을 이용했는지 묻고 있는 것으로 보아, 대화는 공항에서 이루어지고 있음을 유추할 수 있다. 따라서 정답은 (B)이다.

23

여자의 문제는 무엇인가?

(A) 그녀는 회의에 늦었다.

(B) 그녀의 소지품이 분실되었다.

(C) 그녀의 여행 계획이 변경되었다.

(D) 그녀는 티켓을 구매할 여유가 없다.

해설 여자의 짐이 수하물 컨베이어벨트에서 나오고 있지 않고(My luggage hasn't come out onto the carousel), 자신의 가방이 언제 도착할지를(When do you think my bags will get here) 묻고 있으므로, 여자는 자신의 소유물을 분실했다는 것을 알 수 있다. 정답은 (B)이다.

24

여자에 대해 암시되고 있는 것은 무엇인가?

(A) 그녀는 최근에 마드리드에 있었다.

(B) 그녀는 곧 그녀의 호텔에서 체크아웃해야 한다.

(C) 그녀는 남자의 응답에 기분이 상했다.

(D) 그녀는 현재 휴가중이다.

해설 마드리드에서 몇몇 짐들이 비행기에 실리지 않았다는(Several pieces of luggage never got loaded on the plane in Madrid) 남자의 말로 미루어 보아, 여자는 마드리드에서 비행기에 탑승했다는 것을 유추할 수 있다. 그러므로 정답은 (A)이다.

[25-27]

M1	Ms. Collins, ²⁵⁾ **may I change departments next month?**
W	Why do you want to do that?
M1	I heard there's an opening in the PR Department. I think my skills would be used better there.
M2	²⁶⁻¹⁾ **Do you have any PR experience, Eric?**
M1	Quite a lot. I can show you my résumé if you want.

M2	Please e-mail it to me. ²⁶⁻²⁾ **If I decide you're right for the position, I'll let you come to my department.** ^{26-3) 27)} **But only if Ms. Collins approves.**
W	That's fine with me.
M1	Collins 씨, 다음 달에 제가 부서를 옮겨도 될까요?
W	왜 그렇게 하기를 원하나요?
M1	홍보부에 공석이 있다고 들었어요. 저는 제 능력이 그곳에서 활용될 수 있을 것이라고 생각해요.
M2	당신은 홍보 경력이 있나요, Eric?
M1	상당히 많아요. 원하신다면 저의 이력서를 보여드릴 수 있어요.
M2	그것을 저에게 이메일로 보내 주세요. 당신이 직책에 적합하다고 결정하게 되면, 제가 당신을 저희 부서로 받도록 하죠. 하지만 Collins 씨가 승인하는 경우에만요.
W	저는 괜찮아요.

어휘 department 부처, 부서 opening 공석 extension 기간의 연장 promote 승진하다 set up a meeting 회의를 준비하다 give a demonstration 시연하다

25

Eric은 무엇을 하기를 원하는가?

(A) 다른 부서에서 근무한다

(B) 휴가를 낸다

(C) 업무 완료 기한을 연기한다.

(D) 관리자로 승진한다

해설 대화의 첫 부분에서 Eric은 부서를 이동해도 될지(may I change departments) 묻고 있다. 따라서 남자가 원하는 것은 다른 부서에서 근무하는 것이므로 정답은 (A)이다.

26

Collins 씨는 누구일 것 같은가?

(A) 홍보부서장

(B) Eric의 고객

(C) Eric의 상사

(D) 헤드헌터

해설 Eric은 Collins 씨에게 자신이 홍보부서로 이동해도 될지 묻고 있다. 그리고 홍보부서장으로 보이는 남자가 대화의 마지막 부분에서 Eric에게 이력서를 검토한 다음, Collins 씨가 승낙할 경우에만 (only if Ms. Collins approves) Eric을 받겠다고 말하고 있다. 따라서 Collins 씨는 Eric의 부서 이동 여부를 결정할 수 있는 위치에 있으므로 그의 상사라고 볼 수 있다. 정답은 (C)이다.

27

여자는 왜 "That's fine with me"라고 말하는가?

(A) Eric을 승진시키는 것에 동의하기 위해서

(B) Eric의 부서 이동을 허가하기 위해서

(C) Eric이 조퇴하는 것을 허락하기 위해서

(D) Eric이 출장을 가도록 하기 위해서

홍보부서장으로 추정되는 남자는 Collins 씨가 승인할 경우에만(But only if Ms. Collins approves) Eric을 자신의 부서에 받아주겠다고 했고, 이에 대해 여자는 "괜찮다"고 말했다. 즉, Collins 씨는 Eric의 부서 이동을 허락한다는 의미이므로 정답은 (B)이다.

[28-30]

W	Mr. Grimes, ²⁸⁾ **something's wrong with my ID card**. It won't unlock the front door.
M	You're the third person with the same problem today.
W	²⁹⁾ **Should I visit the security office to get a new card?**
M	You'd better do that. I want to get this problem solved immediately.
W	All right. I'll go there as soon as I finish writing this e-mail.
M	³⁰⁾ **When you come back, drop by my office.** I have a new assignment for you.
W	Grimes 씨, 제 신분증에 문제가 있는 것 같아요. 정문의 잠금을 해제할 수가 없어요.
M	당신이 오늘 같은 문제를 가진 세 번째 사람이군요.
W	경비실에 가서 새 카드를 받아야 할까요?
M	그렇게 하는 것이 좋겠어요. 이 문제가 즉시 해결되었으면 좋겠군요.
W	좋아요. 이메일 작성을 마치자마자 경비실에 가도록 할게요.
M	당신이 돌아오면, 제 사무실에 들러 주세요. 당신에게 맡길 새로운 업무가 있어요.

어휘 ID card 신분증 unlock 잠금을 해제하다, 열다 front door 정문, 현관 security office 경비실 automobile 자동차 fill out 기입하다, 작성하다

28

여자는 무엇에 문제가 있는가?
(A) 그녀의 자동차
(B) 그녀의 신분증
(C) 그녀의 패스워드
(D) 그녀의 사무실 잠금 장치

해설 대화의 초반부에서 여자는 자신의 신분증에 문제가 있다고(something's wrong with my ID card) 말하고 있다. 따라서 정답은 (B)이다.

29

남자가 "You'd better do that"이라고 말할 때 그가 의미하는 것은 무엇인가?
(A) 여자는 피해를 보고해야 한다.
(B) 여자는 양식을 작성해야 한다.
(C) 여자는 전화를 해야 한다.
(D) 여자는 경비실에 가야 한다.

해설 인용된 문장은 경비실에 방문해야 할지를(Should I visit the security office to get a new card?) 묻는 여자의 질문에 대한 응답

이다. 이는 '그렇게 하는 것이 좋다'는 뜻이므로, 남자는 여자가 경비실에 가야 한다는 의미로 대답을 한 것이다. 따라서 정답은 (D)이다.

30

남자는 여자에게 무엇을 할 것을 요청하는가?
(A) 그의 사무실에 방문한다
(B) 그녀의 과제를 제출한다
(C) 잃어버린 열쇠를 교체한다
(D) 이메일을 발송한다

해설 대화의 마지막 부분에서 남자는 여자에게 'When you come back, drop by my office. I have a new assignment for you.'라고 말했다. 이는 그녀에게 자신의 사무실로 와달라는 의미이므로 정답은 (A)이다.

[31-33]

M	Lisa, ³¹⁻¹⁾ **I got the numbers from opening week at the resort**. Check out how many people went skiing on our slopes.
W	Hmm... ³²⁾ **Everything looks pretty good except for the second-lowest one**. Why are the numbers down so much? I was expecting more people to use it.
M	We asked some skiers, and they said it's too easy.
W	Isn't it listed as an advanced slope?
M	That's right. Maybe we need to do something to make it harder.
W	³¹⁻²⁾ **That's going to be tough to do since the season just began.** ³³⁾ **Let's re-label it as an intermediate slope.** That way, it won't be too disappointing for skiers expecting something harder.
M	Lisa, 저는 리조트 개장 첫 주의 수치를 받았어요. 우리 슬로프에서 얼마나 많은 사람들이 스키를 탔는지 확인해보세요.
W	흠… 두 번째로 수치가 낮은 곳을 제외한다면 꽤 괜찮아 보이는군요. 수치들이 왜 이렇게 하락한 걸까요? 저는 더 많은 사람들이 그곳을 이용할 것이라고 기대했거든요.
M	몇몇 스키어들에게 물어봤는데, 그들은 그곳이 너무 쉽다고 말했어요.
W	그곳은 상급 슬로프 목록에 있지 않나요?
M	맞아요. 그곳을 더 어렵게 만들기 위해서 무엇인가를 해야 할 것 같아요.
W	시즌이 막 시작되었기 때문에 그것은 힘들 거예요. 그곳의 라벨을 중급 슬로프로 교체하도록 하죠. 그렇게 하면, 더 어려울 것이라고 기대하는 스키어들에게 그렇게까지 실망스럽지는 않을 거예요.

어휘 except for ~을 제외하고 tough 힘든, 어려운 re-label ~의 라벨을 교체하다 intermediate 중급의

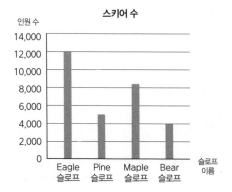

스키어 수

인원 수

14,000
12,000
10,000
8,000
6,000
4,000
2,000
0

Eagle 슬로프 · Pine 슬로프 · Maple 슬로프 · Bear 슬로프

슬로프 이름

31

남자가 암시하고 있는 것은 무엇인가?

(A) 리조트가 최근에 개장했다.
(B) 그는 스키 경주를 즐긴다.
(C) 그는 슬로프의 소유주이다.
(D) 그녀는 신입사원이다.

해설 남자는 가지고 있는 수치가 리조트 개장 첫 주의 것이라고(I got the numbers from opening week at the resort) 했고, 대화의 마지막 부분에서는 시즌이 막 시작되었다고(since the season just began) 말하고 있다. 즉, 리조트가 최근에 개장했다고 유추할 수 있으므로 정답은 (A)이다.

32

도표를 보아라. 여자가 실망한 슬로프는 어느 것인가?

(A) Eagle 슬로프
(B) Pine 슬로프
(C) Maple 슬로프
(D) Bear 슬로프

해설 여자는 두 번째로 수치가 낮은 곳을 제외하면 모든 것이 괜찮아 보인다고(Everything looks pretty good except for the second-lowest one) 말하고 있다. 그래프에서 수치가 두 번째로 낮은 곳은 Pine 슬로프이므로 정답은 (B)이다.

33

여자는 남자에게 무엇을 하라고 말하는가?

(A) 스키 슬로프를 더 어렵게 만든다
(B) 슬로프의 등급이 매겨진 것을 변경한다
(C) 그들의 몇몇 스키 슬로프를 광고한다
(D) 스키 슬로프를 더 길게 만든다

해설 여자는 슬로프를 중급용 코스로 라벨을 교체하자고(Let's re-label it as an intermediate slope) 말했다. 따라서 정답은 (B)이다.

[34-36]

M	**34-1) Did you hear the staff meeting has been postponed?**
W	When did that happen?
M	34-2) **An e-mail was sent out this morning.** 34-3) **Didn't you read it?**
W	Not yet. 35) **I just got back from touring the new factory.** When is the new meeting time?
M	Tomorrow at one. And it's going to be in the large conference room this time.
W	Oh, 36) **that's going to conflict with my sales presentation at Mercer, Inc.** I don't think I can make it.
M	직원 회의가 연기되었다는 소식을 들으셨나요?
W	언제 그렇게 되었어요?
M	오늘 아침에 이메일이 발송되었어요. 그것을 읽지 않았나요?
W	아직요. 저는 신설 공장을 둘러보고 지금 막 돌아왔어요. 새로운 회의 시간은 언제예요?
M	내일 1시예요. 그리고 이번에는 대형 컨퍼런스룸에서 회의가 있을 거예요.
W	오, 제가 Mercer 사에 영업 발표를 하는 시간과 겹치네요. 저는 참석하지 못할 것 같아요.

어휘 staff meeting 직원 회의 postpone 연기하다 conflict 충돌하다, 겹치다 presentation 프레젠테이션, 발표 negotiate 협상하다

≡　　　　**수신함**

오늘

읽지 않은 메시지　　　　　　　　✓≡

□ **Carol Wallace:** 제목: 신입 사원 오리엔테이션
□ **Mark Reynolds:** 제목: 사무용품
□ **Joy Ng:** 제목: 직원 회의
□ **Peter Stewart:** 제목: 주말 학회

34

도표를 보아라. 남자는 누구의 이메일을 언급하는가?

(A) Carol Wallace
(B) Mark Reynolds
(C) Joy Ng
(D) Peter Stewart

해설 화자들은 연기된 회의 시간에 대해 이야기하고 있고, 남자에 따르면 이는 이메일로 통지되었으나 여자는 이를 읽지 않았다. 따라서 남자는 도표의 읽지 않은 이메일 중에서 제목이 직원 회의(Staff Meeting)인 Joy Ng의 이메일을 언급하고 있다는 것을 알 수 있다. 정답은 (C)이다.

35

여자는 오늘 아침에 어디에 있었는가?

(A) 그녀의 사무실에

(B) 컨퍼런스룸에

(C) 카페에

(D) 공장에

해설 여자는 신설 공장을 둘러보고 지금 막 돌아왔다고(I just got back from touring the new factory) 했으므로 정답은 (D)이다.

36

여자는 왜 회의에 참석할 수 없을 것인가?

(A) 그녀는 영업 발표를 해야 한다.

(B) 몇몇 고객들이 그녀의 사무실에 방문할 것이다.

(C) 그녀는 계약을 협상할 것이다.

(D) 고객이 공항에 도착할 것이다.

해설 여자는 프레젠테이션을 하는 시간과 회의가 서로 겹친다고 (that's going to conflict with my sales presentation) 말했다. 그러므로 여자가 회의에 참석할 수 없는 이유를 가장 잘 설명하고 있는 보기는 (A)이다.

[37-39]

W	Hello. ³⁷⁾ **I'm calling about tickets for this weekend's singing performance by Nancy Stewart**.
M	I'm terribly sorry, but those are all sold out.
W	Are there tickets available on any other days?
M	Yes. We have two $45 tickets left for both tonight's show and Wednesday night's show. Would you like to reserve them?
W	Yes, ³⁸⁾ **I'll take two tickets for the show on Wednesday, please**.
M	Great. ³⁹⁾ **Could you let me know your name and credit card number, please?**
W	여보세요. 저는 이번 주말의 Nancy Stewart의 콘서트 티켓과 관련해서 전화를 걸었어요.
M	정말 죄송합니다만, 그것들은 모두 판매되었어요.
W	다른 날의 티켓들은 있나요?
M	네. 저희는 오늘 밤과 수요일 밤의 공연 티켓의 45달러 티켓을 각각 두 장 보유하고 있어요. 그것들을 예매하시겠어요?
W	수요일 공연의 티켓 두 장으로 해 주세요.
M	좋습니다. 고객님의 성함과 신용카드 번호를 알려주시겠어요?

어휘 sold out 매진된 available 사용 가능한 reserve 예매하다

날짜	시간
8월 11일 월요일	오후 5시
8월 13일 수요일	오후 6시 30분
8월 15일 금요일	오후 8시
8월 16일 토요일	오후 2시

37

Nancy Stewart는 누구인가?

(A) 배우

(B) 발레리나

(C) 가수

(D) 무용수

해설 여자가 전화를 건 이유는 Nancy Stewart의 콘서트(singing performance by Nancy Stewart) 티켓을 문의하기 위해서이다. 따라서 Nancy Stewart는 가수임을 알 수 있다. 정답은 (C)이다.

38

도표를 보아라. 여자는 몇 시에 공연을 볼 것인가?

(A) 오후 2시

(B) 오후 5시

(C) 오후 6시 30분

(D) 오후 8시

해설 여자는 수요일 공연의 티켓 두 장을 구매하기로(I'll take two tickets for the show on Wednesday) 결정했다. 도표에서 수요일 공연의 시간은 오후 6시 30분이므로 정답은 (C)이다.

39

여자는 이어서 무엇을 할 것 같은가?

(A) 그녀의 주문을 취소한다

(B) 가격에 대해 묻는다

(C) 그녀의 좌석을 선택한다

(D) 그녀의 티켓 값을 지불한다

해설 대화의 마지막에서 남자는 여자에게 그녀의 이름과 신용카드 번호를 알려달라고 했으므로, 그녀는 이러한 정보를 남자에게 알려 주며 티켓 값을 지불할 것이다. 따라서 정답은 (D)이다. 티켓의 가격은 이미 언급되었으므로 (B)는 정답이 될 수 없으며, 여자가 선택한 수요일의 티켓은 두 장만 남아 있기 때문에 좌석의 선택은 불가능하므로 (C) 또한 오답이다.

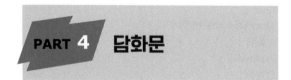

PART 4 담화문

Unit 01 | 공지 및 안내

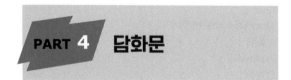

PART 4 유형 연습

p.203

Ⓐ

🔊 04-02

1 (a) ○	(b) ×	(c) ×
2 (a) ○	(b) ○	(c) ○
3 (a) ×	(b) ×	(c) ○
4 (a) ×	(b) ○	(c) ○
5 (a) ×	(b) ○	(c) ×

1

> **W** Attention, all shoppers. We have a special announcement to make. Starting now, we are offering a double coupon promotion for the rest of the week. That means you can get two times the face value of every coupon you use here. Just present your unexpired coupons to the cashier. It's as simple as that. This sale will end at midnight on Saturday. Thank you for shopping at Value Right.
>
> **W** 모든 쇼핑객분들께서는 주목해 주십시오. 안내해 드릴 특별한 내용이 있습니다. 지금부터, 남은 일주일 동안 더블 쿠폰 프로모션이 실시될 것입니다. 이는 이곳에서 사용되는 모든 쿠폰의 액면가가 두 배로 증가한다는 것을 의미합니다. 계산원에게 기간이 만료되지 않은 쿠폰만 제시해 주십시오. 정말 간단합니다. 이번 세일은 토요일 자정에 종료될 것입니다. Value Right에서 쇼핑을 해 주셔서 감사합니다.

(a) 안내 방송의 목적은 세일에 대해 설명하는 것이다.
(b) 고객들은 쿠폰 가격의 세 배만큼 구입할 수 있다.
(c) 매장은 토요일까지 기간이 만료된 쿠폰을 인정해 줄 것이다.

어휘 face value 액면가　unexpired 기간이 만료되지 않은
cashier 계산원　midnight 자정　describe 묘사하다, 설명하다

해설 담화의 내용은 쿠폰 가격의 액면가가 두 배 증가하며, 토요일 자정까지 행사가 계속된다는 것이다. 그러므로 (a)가 올바른 진술이다.

2

> **W** Thank you all for coming to tonight's performance. The Oakland Symphony Orchestra will perform about ten minutes from now. We apologize for the delay, but we are experiencing a minor technical problem.

As soon as our engineers repair it, the members of the orchestra will come onto the stage. Please be patient as the concert is going to begin soon. We hope you enjoy a great evening with the music of George Frederick Handel.

> **W** 오늘 밤 공연에 오신 모든 분들에게 감사를 드립니다. Oakland 교향악단이 지금부터 10분 후에 공연을 할 것입니다. 늦어진 점에 대해 사과를 드리며, 저희는 사소한 기술적인 문제를 겪고 있습니다. 엔지니어가 수리하는 대로, 교향악단의 단원들이 무대에 오를 것입니다. 연주회가 곧 시작될 예정이오니 인내심을 가져 주시기 바랍니다. 조지 프레더릭 헨델의 음악과 함께 멋진 저녁 시간을 보내시길 바라겠습니다.

(a) 안내 방송은 아마도 연주회장에서 이루어지고 있을 것이다.
(b) 화자는 해결되어야 할 문제를 언급한다.
(c) 청자들은 인내심을 가져 달라는 요청을 받는다.

어휘 performance 공연　apologize for ~에 대해 사과하다
minor 사소한, 작은　technical 기술적인　patient 인내심이 있는, 참을성이 있는　fix 고치다, 수리하다　encourage 격려하다, 장려하다

해설 담화는 교향악단의 공연을 소개하는 내용이므로 (a)는 일치하는 진술이며, 기술적인 문제를 언급하고 있으므로 (b)도 언급된 내용이다. 담화 후반부에 인내심을 가져 달라고 부탁하고 있으므로 (c)도 일치하는 내용이다.

3

> **M** Everyone, there is a new policy you must know about. From now on, usage of the copy machines is restricted. Only departmental secretaries may use them. If you need something copied, give it to the secretary, who will copy it as soon as possible. Too many employees have been making copies for personal use. So we have been spending more money than necessary on paper and toner.
>
> **M** 모든 분들께서 반드시 알고 계셔야 할 새로운 방침이 세워졌습니다. 지금부터, 복사기의 사용이 제한됩니다. 부서의 총무들만이 사용을 할 수 있습니다. 복사할 필요가 있는 경우에는, 총무에게 주시면, 가능한 한 빨리 복사할 것입니다. 너무나 많은 직원들이 개인적인 용도로 복사를 하고 있습니다. 그래서 용지와 토너에 필요한 것 이상으로 많은 비용이 지출되고 있습니다.

(a) 안내 방송은 아마도 쇼핑 센터에서 이루어지고 있을 것이다.
(b) 이제 전 직원에게 복사기 사용이 허가된다.
(c) 화자는 회사가 돈을 덜 써야 한다는 것을 암시한다.

어휘 policy 정책, 방침　usage 사용　restrict 제한하다
departmental 부서의　secretary 비서, 총무　as soon as possible 가능한 한 빨리　personal 개인적인　necessary 필요한
toner 토너

해설 담화의 마지막 부분에서 용지와 토너에 너무 많은 돈을 지출한다는 내용이 있다. 그러므로 (c)가 일치하는 내용의 보기이다.

4

> W　Thank you for coming to the Charlestown Public Library's weekly book-reading event. Unfortunately, the scheduled reader could not make it today. Mary Bosworth was supposed to read from her newest book, called *The Gathering*. However, she had a family emergency, so she had to cancel. In her place, local novelist Greg Sterling is going to read from his newest thriller. It's called *The End of an Era*. We hope you enjoy it.
>
> W　이번 주 Charlestown 공공 도서관의 낭독 이벤트에 참석해 주셔서 감사합니다. 안타깝게도, 예정되어 있던 낭독자가 오늘 오지 못하게 되었습니다. Mary Bosworth가 자신의 최신작인 *The Gathering*을 읽기로 예정되어 있었습니다. 하지만, 그녀에게 긴급한 집안일이 생겨서, 취소를 해야만 했습니다. 그녀 대신, 지역 소설가인 Greg Sterling이 자신의 최신 스릴러물을 읽어 드릴 것입니다. *The End of an Era*라는 제목입니다. 여러분들도 좋아하시기를 바랍니다.

(a) 낭독 이벤트는 매달 한 차례씩 열린다.

(b) 원래 낭독하기로 했던 사람은 집안일 때문에 취소를 해야 했다.

(c) 이다음에 어떤 사람이 책을 읽을 것이다.

어휘 unfortunately 안타깝게도, 불행하게도　make it 가다, 참석하다　newest 최신의　family emergency 급한 집안일 in one's place ~을 대신하여　thriller 스릴러물　due to ~ 때문에

해설 담화 초반부에 'weekly book-reading event'라는 정보가 있으므로 (a)는 잘못된 내용의 보기이다.

5

> M　All tenants in Waterford Apartments need to be aware of the following. Tomorrow from nine to six, every apartment is going to be inspected by the gas company. Some tenants have reported smelling gas in their apartments. So the entire building will be thoroughly checked. If you are not home tomorrow, the building manager will let the representative from the gas company into your home.
>
> M　Waterford 아파트의 모든 입주민들께서는 다음 사항을 숙지하고 계셔야 합니다. 내일 9시부터 6시까지, 아파트 전체가 가스 회사에 의해 점검을 받게 될 것입니다. 일부 주민들께서 아파트에서 가스냄새가 난다고 알려 주셨습니다. 따라서 건물 전체가 철저히 점검될 것입니다. 내일 댁에 계시지 않을 경우, 건물 관리인이 가스 회사 직원들을 집에 들여보낼 것입니다.

(a) 화자는 입주민들에게 가스 공급이 곧 차단될 것이라고 말한다.

(b) 가스 회사는 그 다음 날에 아파트를 조사할 것이다.

(c) 입주민들은 가스 회사 직원이 집안으로 들어갈 수 있도록 집에 있어야 한다.

어휘 tenant 세입자, 입주민　be aware of ~을 알다　inspect 조사하다　entire 전체의　thoroughly 철저하게　building manager 건물 관리인　representative 대표; 직원

해설 담화의 초반부에 내일 9시부터 6시까지 가스 회사의 점검이 있을 것이라고 안내하고 있다. 그러므로 (b)가 올바른 진술이다.

Ⓑ

1 (b)	2 (a)	3 (a)
4 (c)	5 (b)	6 (c)
7 (a)	8 (a)	

[1-2]　　　　　　　　　　　　　　◀)) 04-03

> M　Ladies and gentlemen, may I have your attention, please? We are <u>starting our descent</u> and should <u>arrive in</u> London approximately one hour from now. The weather in London is twenty degrees Celsius with some <u>light rain and fog</u>. We're <u>going to arrive</u> twenty-five minutes <u>ahead of schedule</u>. So everyone should be able to <u>make their connecting flights</u>. I'll provide you with <u>further information</u> in about thirty minutes. That's when I'll turn on the <u>fasten seatbelt sign</u>.
>
> M　신사 숙녀 여러분, 주목해 주시겠습니까? 우리는 하강을 시작하여 지금부터 약 한 시간 후에 런던에 도착하게 될 것입니다. 런던의 날씨는 약간 비가 내리고 안개가 끼어 있는 상태로, 기온은 섭씨 20도입니다. 우리는 예정보다 25분 정도 앞서 도착하게 될 것입니다. 따라서 모든 분들께서는 연결 항공편을 이용하실 수 있을 것입니다. 약 30분 후에 추가적인 정보를 알려 드리도록 하겠습니다. 그때는 안전벨트 표시등이 켜질 때가 될 것입니다.

어휘 descent 내려감, 하강　ahead of schedule 예정보다 일찍 connecting flight 연결 항공편　further 더 이상의, 추가의 fasten seatbelt sign 안전벨트 표시등　check-in counter (공항의) 탑승 수속 창구　departure lounge 출발 라운지　board 탑승하다

1

청자들은 어디에 있는 것 같은가?

(a) 탑승 수속 창구에

(b) 비행기 안에

(c) 출발 라운지 안에

해설 하강을 시작하여 한 시간 뒤에 런던에 도착한다는 정보를 통해 청자들은 비행기 안에 있다는 것을 알 수 있다.

2

약 한 시간 후에는 어떤 일이 일어날 것인가?

(a) 비행기가 도착할 것이다.

(b) 사람들이 비행기에 탑승할 것이다.

(c) 비행기가 출발할 것이다.

해설 한 시간 뒤에 런던에 도착한다고 했으므로 정답은 (a)이다.

W Everyone, please listen carefully. I just spoke with CEO Richardson. He mentioned that <u>he can't visit us tomorrow</u>, so the inspection is <u>going to be postponed</u>. He has to <u>visit our factory</u> in France tomorrow, so he'll be <u>out of the country</u> for several days. He's going to come to see us <u>next week</u> on either Thursday or Friday. This means that tomorrow is going to be a <u>regular work day</u>.

W 모두들 주목해서 들어 주십시오. 저는 조금 전에 Richardson 대표 이사님과 이야기를 나누었습니다. 그분께서는 내일 우리를 방문하실 수 없다고 말씀하셨기 때문에, 시찰이 연기될 것입니다. 그분께서는 내일 프랑스에 있는 공장을 방문하셔야 해서, 며칠 동안은 해외에 계실 것입니다. 다음 주 목요일이나 금요일에 저희를 보러 오실 것입니다. 이는 내일이 정상 근무를 하는 날이 될 것이라는 것을 의미합니다.

어휘 mention 언급하다, 말하다 inspection 시찰, 순시 postpone 연기하다, 미루다 either A or B A와 B 중 하나 regular 정규의; 규칙적인

3
안내 방송의 목적은 무엇인가?
(a) 계획의 변경 사항을 설명하기 위해
(b) 대표 이사가 오늘 도착할 것이라는 점을 알리기 위해
(c) 시찰이 내일 이루어질 것이라는 점을 언급하기 위해

해설 내일 방문하기로 했던 Richardson 대표가 다음 주 목요일이나 금요일에 올 것이라는 사실을 알리고 있다. 그러므로 정답은 (a)이다.

4
대표 이사는 왜 프랑스로 갈 것인가?
(a) 계약서에 서명을 하기 위해
(b) 고객을 만나기 위해
(c) 공장을 방문하기 위해

해설 대표 이사는 프랑스에 있는 공장에 방문한다고 했으므로 (c)가 정답이다.

M From now on, all employees must be sure to <u>wear the proper safety gear</u>. Three employees suffered injuries yesterday because they had <u>failed to put on</u> their hardhats and safety glasses. Supervisors <u>are responsible for</u> checking that their workers have the <u>correct equipment</u>. Any worker who fails to wear his safety gear <u>will be fined</u>. Supervisors who permit workers not to wear <u>their safety gear</u> will be fired. We <u>will not tolerate</u> any more injuries on this worksite.

M 지금부터, 모든 직원들은 반드시 적절한 안전 장비를 착용해야 합니다. 안전모와 보안경을 착용하지 않아서 어제 세 명의 직원이 부상을 입었습니다. 감독관들에게는 직원들이 올바른 장비를 갖추고 있는지를 확인할 책임이 있습니다. 안전 장비를 착용하지 않은 직원에게는 모두 벌금이 부과될 것입니다. 직원들에게 안전 장비 미착용을 허락한 감독관들은 해고될 것입니다. 이곳 작업장에서 더 이상의 사고는 용납되지 않을 것입니다.

어휘 proper 적절한 safety gear 안전 장비 suffer 겪다 injury 부상, 상해 fail to ~하는 데 실패하다, ~하지 않다 put on ~을 입다, 착용하다 hardhat 안전모 safety glasses 보안경 be responsible for ~에 책임이 있다

5
무엇이 논의되고 있는가?
(a) 사고를 예방하는 법
(b) 새로운 안전 수칙
(c) 정부의 안전 규정

해설 안전 수칙에 대해 설명하는 내용의 담화인데, 맨 처음에 '지금부터(from now on)'라고 한 것으로 보아 새로운 규정에 대해 설명하는 것이라고 볼 수 있다. 정답은 (b)이다.

6
안전 장비를 착용하지 않은 직원들에게는 어떤 일이 일어날 것인가?
(a) 그들은 해고될 것이다.
(b) 그들은 정직을 당하게 될 것이다.
(c) 그들에게 벌금이 부과될 것이다.

해설 안전 장비를 착용하지 않는 직원에게는 벌금이 부과될 것이라고 했으므로 (c)가 정답이다. 해고의 대상이 되는 사람은 안전 장비 미착용을 허락한 감독관이므로 (a)는 정답이 될 수 없다.

M Would everyone listen closely, please? The museum is <u>going to be closing</u> early today. We're having our yearly fundraiser tonight, so the staff needs to <u>start setting up</u> for it. Instead of closing at six, we're going to close at four. That's ten minutes from now. We request that all visitors <u>head for</u> the nearest exit. If you <u>want to attend</u> the fundraiser, tickets for this event <u>cost $50</u> per person.

M 모두들 주목해 주시겠습니까? 오늘은 박물관 문이 일찍 닫힐 예정입니다. 해마다 열리는 기금 마련 행사가 오늘 밤에 있기 때문에, 직원들이 그에 대한 준비를 시작해야 합니다. 6시에 문을 닫는 대신, 4시에 문을 닫게 될 것입니다. 지금부터 10분 후입니다. 저희는 모든 방문객분들께 가장 가까운 출구로 가실 것을 요청드립니다. 기금 마련 행사에 참석하고자 하시는 경우, 이번 행사의 티켓 가격은 1인당 50달러입니다.

어휘 fundraiser 모금 행사, 기금 마련 행사 set up 세우다, 설치하다 head for ~으로 향하다 exit 출구

7

10분 후에 어떤 일이 일어날 것인가?

(a) 박물관이 문을 닫을 것이다.
(b) 기금 마련 행사가 시작될 것이다.
(c) 시장이 연설을 할 것이다.

해설 10분 후인 4시에 문을 닫을 것이라고 했으므로 정답은 (a)이다.

8

기금 마련 행사의 티켓은 얼마인가?

(a) 50달러
(b) 60달러
(c) 70달러

해설 담화의 마지막 부분에 따르면 기금 마련 행사 티켓은 50달러이므로 정답은 (a)이다.

예상 적중 문제 01-03   p.207

☼ **MORE & MORE**   🔊 04-08

1. The speaker wants to improve employee salaries. (○)
2. Jeff Thomas will probably begin talking soon. (○)
3. The speaker will show a video to the listeners. (×)

1. 화자는 직원들의 급여 개선을 원한다.
2. 아마도 Jeff Thomas가 곧 발언을 시작할 것이다.
3. 화자는 청자들에게 영상을 보여 줄 것이다.

예상 적중 문제 04-06   p.209

☼ **MORE & MORE**   🔊 04-10

1. The listeners are most likely volunteers. (○)
2. The listeners' first activity will be recycling objects. (×)
3. The talk most likely takes place in the morning. (○)

1. 청자들은 자원봉사자들일 것이다.
2. 청자들의 첫 번째 활동은 물품들을 재활용하는 것이 될 것이다.
3. 담화는 아침에 이루어지고 있을 것이다.

예상 적중 문제 07-09   p.211

☼ **MORE & MORE**   🔊 04-12

1. The company has received complaints lately. (○)
2. Some customers were charged too much money. (×)
3. A special training session will take place on Friday. (×)

1. 회사는 최근에 불만 사항들을 접수했다.
2. 몇몇 고객들은 너무 많은 돈을 청구 받았다.
3. 특별 교육이 금요일에 있을 것이다.

예상 적중 문제 10-12   p.213

☼ **MORE & MORE**   🔊 04-14

1. The speaker is most likely a supervisor. (○)
2. Tom Snyder is getting his first job after college. (×)
3. The speaker implies that the employees have all met Tom Snyder. (×)

1. 화자는 아마도 관리자일 것이다.
2. Tom Snyder는 대학 졸업 후 첫 번째 일자리를 얻고 있다.
3. 화자는 직원들 모두 Tom Snyder와 만났다는 것을 암시하고 있다.

어휘 supervisor 관리자, 감독자

예상 적중 문제 13-15   p.215

☼ **MORE & MORE**   🔊 04-16

1. The speaker is mainly talking about a construction project. (×)
2. Some work will be done on the parking lot. (○)
3. Ms. Smiley works in the Accounting Department. (○)

1. 화자는 주로 공사에 대해 이야기하고 있다.
2. 일부 작업은 주차장에서 이루어질 것이다.
3. Smiley 씨는 회계부서에 근무한다.

어휘 parking lot 주차장   Accounting Department 회계부서

Unit 02 | 발표 및 소개

PART 4 유형 연습   p.219

Ⓐ   🔊 04-18

	(a)	(b)	(c)
1	○	○	×
2	×	×	○
3	×	○	○
4	○	×	○
5	×	×	○

1

M All of you need to tell your employees about our newest policy. It concerns using company vehicles. Anyone who wants to drive a company car has to get permission from his or her direct supervisor. The employee must explain how the car will be used. If the supervisor agrees, the employee can borrow the car for a specific amount of time. Then, it has to be returned immediately.

M 여러분 모두가 최신 방침에 대해 직원들에게 알려 주셔야 합니다. 이는 회사의 차량 이용과 관련된 것입니다. 회사 차량을 운전하려는 모든 사람은 자신의 직속 상사로부터 허가를 받아야 합니다. 해당 직원은 자동차가 어떤 용도로 사용될 것인지를 설명해야 합니다. 상사가 동의를 하면, 그 직원은 일정 시간 동안 차를 빌릴 수 있습니다. 그 이후에는, 즉시 반납되어야 합니다.

(a) 화자는 회사 차량의 이용에 대해 이야기하고 있다.
(b) 관리자들만이 차량을 빌리는 것에 대한 승인을 내릴 수 있다.
(c) 화자는 아마도 자동차 정비 기사일 것이다.

어휘 policy 정책, 방침　concern 관련이 있다　vehicle 차량　permission 허락, 허가　direct 직접적인　supervisor 감독관, 관리자　borrow 빌리다　specific 특정한　immediately 즉시　usage 사용　auto mechanic 자동차 정비 기사

해설 화자는 직원들의 회사 차량 이용에 대해 안내하고 있는 사람이므로, 정비 기사라고 보기는 어렵다. (c)는 잘못된 진술이다.

2

W Attention, everyone. We have a new employee today. Her name is Julie Watson. She just graduated from Central University, and this is her first full-time job. She also moved here from Des Moines a week ago, so she's still getting used to the city. She's going to be working in Mitch Steven's office as an engineer. She got outstanding grades when she was in school, so we're expecting big things from her.

W 모두들 주목해 주십시오. 오늘 신입 사원이 왔습니다. 그녀의 이름은 Julie Watson입니다. 그녀는 얼마 전에 Central 대학교를 졸업했고, 이번이 첫 정규직 근무입니다. 그녀는 또한 일주일 전에 디모인에서 이곳으로 이사를 왔기 때문에, 아직 이곳 도시에 적응 중입니다. 그녀는 Mitch Steven의 사무실에서 엔지니어로 일을 하게 될 것입니다. 재학 당시 우수한 성적을 받았기 때문에, 우리는 그녀에게 큰 기대를 하고 있습니다.

(a) Julie Watson은 대학의 신입 교직원이다.
(b) Julie Watson은 디모인 사무실에서 근무할 것이다.
(c) 화자는 Julie Watson이 우수한 직원이 될 것이라고 암시한다.

어휘 graduate from ~을 졸업하다　full-time job 정규직, 상근직　get used to ~에 익숙해지다　outstanding 뛰어난　expect big things from ~으로부터 대단한 것을 기대하다

해설 화자는 신입 사원인 Julie Watson에 대해 소개하면서, 그녀가 우수한 성적을 받아서 큰 기대를 하고 있다고 말했다. 그러므로 (c)가 일치하는 진술이다.

3

M Since you are all studying to be inspectors, you need to learn the proper way to act when you're at a factory. First, you need to follow all of the rules and regulations. You cannot make any exceptions. In addition, you must record everything you do. This can be a long and boring process. But it is important. If you don't follow the rules, then you will have to inspect the facility again.

M 여러분 모두는 감독관이 되기 위한 공부를 하고 있으므로, 공장에서의 적절한 행동 방식을 배워야 합니다. 먼저, 모든 규칙과 규정을 따라야 합니다. 예외를 두어서는 안 됩니다. 또한, 여러분이 한 일은 모두 기록을 해야 합니다. 이는 길고 지루한 과정일 수 있습니다. 하지만 중요합니다. 여러분이 규칙을 따르지 않는다면, 시설을 또 다시 점검해야 할 것입니다.

(a) 청자들은 아마도 건축가일 것이다.
(b) 화자는 근무 중의 적절한 행동 방식에 대해 이야기하고 있다.
(c) 화자에 의하면, 부적절하게 진행된 일은 다시 해야 한다.

어휘 inspector 조사관, 감독관　proper 적절한　regulation 규정　exception 예외　record 기록하다　boring 지루한　process 과정, 절차　facility 시설　architect 건축가　improperly 부적절하게

해설 담화의 초반부에서 청자들은 감독관이 되기 위해 공부하고 있다고 했으므로 (a)는 잘못된 진술이다.

4

M I called this meeting because we have a problem with Porter Shipping. We rely on Porter to transport our finished products to our customers. However, the company has been late with three shipments in the past month. As a result, those clients are highly displeased with us. I recommend finding a replacement for Porter Shipping. We can't afford to upset any of our clients in this poor economic climate.

M Porter Shipping과 문제가 있어서 제가 이번 회의를 소집했습니다. 우리는 우리의 완제품을 고객에게 배송하는 업무를 Porter에 의존하고 있습니다. 하지만, 이 회사는 지난달에 세 차례나 배송을 지연시켰습니다. 그 결과로, 해당 고객들의 기분이 몹시 상해 있습니다. 저는 Porter Shipping을 대체할 수 있는 곳을 찾아야 한다고 주장합니다. 이처럼 좋지 않은 경제 상황에서는 어떤 고객의 기분도 상하게 만들어서는 안 됩니다.

(a) 화자에 의해 Porter Shipping이 논의되고 있다.

(b) 남자는 청자들에게 불만족한 고객들에게 사과하라고 말한다.

(c) 남자는 Porter Shipping을 대체할 수 있는 회사를 찾아야 한다고 주장한다.

어휘 rely on ~에 의지하다, ~에 의존하다 finished product 완제품 shipment 수송, 선적 as a result 그 결과, 따라서 be displeased with ~을 불쾌하게 생각하다 highly 매우 replacement 대체, 대체품 upset 화나게 하다 economic climate 경제 상황

해설 화자는 청자들에게 고객의 기분을 상하게 하지 말아야 한다고 말하기는 했지만, 고객들에게 사과하라고 하지는 않았다. 따라서 (b)는 잘못된 진술이다.

5

> W The board of directors has made its decision. There were a number of worthy candidates for the position of vice president. The board had a difficult time deciding who to hire. However, after a lengthy process, they chose to hire someone internally. Right now, I'd like to introduce the newest vice president at our company. She's the former head of the Accounting Department. Alice Wells, congratulations on your new position.
>
> W 이사회가 결정을 내렸습니다. 부사장직의 후보로 훌륭한 후보가 여러 명 있었습니다. 이사회는 누구를 임명해야 할지 힘든 시간을 보냈습니다. 하지만, 오랜 과정을 걸쳐, 내부적으로 임명하겠다는 선택을 했습니다. 이제, 저는 우리 회사의 신임 부사장을 소개하고자 합니다. 그녀는 앞서 회계부장이었습니다. Alice Wells, 새로운 직위를 얻게 된 것을 축하합니다.

(a) 화자는 아마도 이사회에 속해 있는 사람일 것이다.

(b) 화자는 회계부장이다.

(c) Alice Wells가 신임 부사장이 될 것이다.

어휘 board of directors 이사회 a number of 많은 worthy 가치 있는 candidate 후보 vice president 부사장 have a hard time -ing ~하는 데 힘든 시간을 보내다 lengthy 긴 internally 내부적으로

해설 담화는 새로운 부사장에 대해 안내하고 있는데, 마지막 부분에서 Alice Wells가 새로운 직위를 얻게 된 것을 축하한다고 했다. 그러므로 (c)가 올바른 진술이다.

Ⓑ

1 (b)	2 (a)	3 (a)
4 (c)	5 (c)	6 (a)
7 (b)	8 (b)	

> M We need to set the agenda for this Thursday's meeting. I'd like to discuss the new line of clothing we're going to be selling in winter. We showed some of the clothes to our focus group, but the results were mixed. Most people loved the clothes, but around twenty percent hated them. We might need to do some redesigning. Let's all be ready to discuss what to do when we meet on Thursday at 9:00 A.M.
>
> M 이번 주 목요일 회의의 안건을 정해야 합니다. 저는 우리가 겨울에 판매하게 될 새로운 의류 제품에 대해 논의했으면 합니다. 우리는 우리의 포커스 그룹에 몇몇 의류를 보여 주었으나, 결과는 엇갈렸습니다. 대부분의 사람들은 의류를 좋아했지만, 약 20%는 싫어했습니다. 우리는 디자인 작업을 다시 해야 할지도 모릅니다. 모두들 목요일 오전 9시에 만날 때 우리가 어떻게 해야 할 것인지에 관한 토론 준비를 합시다.

어휘 focus group 포커스 그룹 (특정 상품과 관련된 사항을 토의하기 위해 각 계층을 대표하는 소수의 소비자들로 이루어진 그룹) mixed 섞인, 혼합된 redesign 디자인을 다시 하다 press conference 기자 회견

1

남자는 새로운 의류 제품에 대해 무엇을 말하는가?

(a) 현재 다시 디자인되고 있다.

(b) 겨울에 판매될 것이다.

(c) 포커스 그룹의 20%가 좋아한다.

해설 담화 초반에서 화자는 겨울에 판매하게 될 새로운 의류에 대해 논의하기를 원한다고 했다. 그러므로 (b)가 정답이다.

2

목요일 오전 9시에 어떤 일이 일어날 것인가?

(a) 회의가 열릴 것이다.

(b) 의류 제품이 출시될 것이다.

(c) 기자 회견이 열릴 것이다.

해설 담화의 목적은 청자들과 회의 안건에 대해 논의하는 것이다. 마지막 부분에서 목요일 오전 9시에 회의할 것이라는 정보가 있으므로 정답은 (a)이다.

> W Thanks for attending today's workshop on leadership. We're going to discuss the qualities of a leader. And we're going to talk about how you can improve your leadership skills. This workshop is going to last around three hours. We'll take a break after the first hour and a half. When we continue, we'll do some hands-on activities. I think you're going to enjoy what we have planned for today. Okay, let's get started.

W 리더쉽에 관한 오늘의 워크숍에 참석해 주셔서 감사합니다. 우리는 리더의 자질에 관해 논의를 할 것입니다. 그리고 리더쉽 능력을 향상시킬 수 있는 방법에 관해서도 이야기를 할 것입니다. 이 워크숍은 약 3시간 정도 진행될 것입니다. 전반인 1시간 30분이 지난 후에는 휴식을 취할 것입니다. 재개하면, 직접 해 보는 활동을 하게 될 것입니다. 저는 여러분들께서 저희가 오늘 계획해 둔 것을 좋아하실 것이라고 생각합니다. 좋아요, 시작합시다.

어휘 quality 질, 자질 skill 기술, 능력 last 지속하다 take a break 쉬다, 휴식을 취하다 hands-on 직접 해 보는

3
워크숍의 주제는 무엇인가?
(a) 리더쉽
(b) 마케팅
(c) 영업

해설 담화의 첫 부분에서 리더쉽에 관한 워크숍에 참석해 준 것에 대해 감사하다고 했다. 따라서 정답은 (a)이다.

4
여자는 휴식 시간 이후에 무엇을 할 계획인가?
(a) 청자들에게 영상을 보여 준다
(b) 강연을 한다
(c) 직접 해 보는 활동을 한다

해설 담화 후반부에서 휴식을 취하고 나면 직접 해 보는 활동을 (hands-on activities) 할 것이라고 했다. 정답은 (c)이다.

[5-6] 🔊 04-21

M Last quarter, we saw a huge spike in sales at our European branches. Apparently, some of our products have become incredibly popular with European youths. Take a look at the chart I gave you at the start of the meeting. Notice how high sales in Italy, Spain, and Germany rose. England and Poland saw increases in sales, too. We're going to introduce those products to Asia this month. I'm positive they'll sell well there, too.

M 지난 분기에, 우리는 유럽 지점에서의 매출이 급증하는 것을 목격했습니다. 보아 하니, 우리 제품 중 일부가 유럽의 젊은층에게 믿을 수 없을 정도로 높은 인기를 얻고 있습니다. 회의를 시작할 때 제가 여러분들께 드린 차트를 살펴봐 주십시오. 이탈리아, 스페인, 그리고 독일에서의 매출액이 얼마나 높은지에 주목해 주십시오. 영국과 폴란드에서의 매출액 또한 상승세를 보이고 있습니다. 우리는 이번 달에 이 제품들을 아시아에 선보일 것입니다. 저는 그곳에서도 잘 팔릴 것이라고 확신합니다.

어휘 huge 거대한 spike 못, 스파이크; 급증 apparently 보아하니, 듣자 하니 incredibly 믿을 수 없을 정도로 increase 증가하다 introduce 소개하다 positive 긍정적인; 확신하는

5
유럽에서 어떤 일이 발생했는가?
(a) 회사가 손실을 보았다.
(b) 새로운 지점이 문을 열었다.
(c) 매출이 증가했다.

해설 담화 초반부에 따르면 유럽 지점에서의 매출이 급증했다. 정답은 (c)이다.

6
화자는 어디에서의 매출이 증가할 것으로 기대하는가?
(a) 아시아
(b) 아프리카
(c) 호주

해설 담화의 마지막 부분에서 제품을 아시아에 선보일 것이며, 그곳에서도 잘 팔리기를 기대한다고 했다.

[7-8] 🔊 04-22

W Today's guest speaker is one of the nation's top novelists. He has written twelve books in the past ten years. And most of them have made national bestseller lists. He's here today to speak about his experience as a writer. He's going to talk about how he comes up with ideas and how he writes them down. I'm sure it's going to be fascinating. Please put your hands together for Harry Martin, our guest speaker.

W 오늘의 초청 연사는 국내 최고의 소설가 중 한 명입니다. 그는 지난 10년 동안 12권의 책을 썼습니다. 그리고 그중 대부분이 국내 베스트셀러 목록에 올랐습니다. 그는 작가로서 자신의 경험에 관해 이야기하기 위해 오늘 여기에 왔습니다. 그는 자신이 아이디어를 떠올리는 방법과 이를 글로 적는 방법에 관해 이야기할 것입니다. 이것은 대단히 흥미로울 것이라고 확신합니다. 초청 연사인 Harry Martin을 박수로 맞이해 주십시오.

어휘 guest speaker 초청 연사 novelist 소설가 national 국가의, 국내의 experience 경험 write down ~을 받아 적다, 쓰다 put one's hands together 박수를 치다

7
화자가 "I'm sure it's going to be fascinating"이라고 말할 때 그녀가 의미하는 것은 무엇인가?
(a) 그녀는 독서를 즐길 것이다.
(b) 강연은 흥미로울 것이다.
(c) 영화는 재미있을 것이다.

해설 담화에서 강연을 소개하고 있으므로, 인용된 문장은 강연이 흥미로울 것이라는 의미일 것이다. 정답은 (b)이다.

8

이다음에 아마도 어떤 일이 일어날 것인가?

(a) 책이 읽혀질 것이다.

(b) 강연이 진행될 것이다.

(c) 영화가 상영될 것이다.

[해설] 연사를 소개하는 내용으로 담화가 끝났으므로, 이어서 강연이 진행될 것임을 추측할 수 있다. 정답은 (b)이다.

예상 적중 문제 **01-03**   p.223

☼ **MORE & MORE**   ◀)) 04-24

1. Doug Warden is the speaker. (×)
2. Doug Warden will work in the Sales Department. (○)
3. A student is probably going to speak next. (×)

1. Doug Warden은 화자이다.

2. Doug Warden은 영업부에서 일하게 될 것이다.

3. 아마도 한 학생이 이다음에 발언할 것이다.

예상 적중 문제 **04-06**   p.225

☼ **MORE & MORE**   ◀)) 04-26

1. The speaker is the CEO of Sigma Consulting. (×)
2. The speaker implies that Sigma Consulting did poorly in its first few years. (○)
3. Sigma Consulting receives millions of dollars a year in revenues now. (○)

1. 화자는 Sigma Consulting의 대표 이사이다.

2. 화자는 Sigma Consulting이 초반 몇 년 동안은 성과가 좋지 않았다는 점을 암시한다.

3. Sigma Consulting은 현재 1년에 수백만 달러를 벌고 있다.

예상 적중 문제 **07-09**   p.227

☼ **MORE & MORE**   ◀)) 04-28

1. The speaker believes that interns can be valuable. (○)
2. According to the speaker, most interns have a lot of experience. (×)
3. The speaker will probably discuss a handout next. (○)

1. 화자는 인턴 사원들이 유용할 수도 있다고 생각한다.

2. 화자에 의하면, 대부분의 인턴 사원은 많은 경험을 지니고 있다.

3. 화자는 아마도 이다음에 유인물에 대해 이야기할 것이다.

예상 적중 문제 **10-12**   p.229

☼ **MORE & MORE**   ◀)) 04-30

1. The talk takes place on the last day of class. (×)
2. The listeners will act later in the class. (○)
3. The speaker encourages the listeners to take other classes. (○)

1. 담화는 수업의 마지막 날에 이루어지고 있다.

2. 청자들은 수업에서 연기를 하게 될 것이다.

3. 화자는 청자들에게 다른 수업도 수강할 것을 권한다.

예상 적중 문제 **13-15**   p.231

☼ **MORE & MORE**   ◀)) 04-32

1. The talk is mostly about employee raises. (○)
2. This year's raise will be lower than last year's. (○)
3. The company's profits are up this year. (×)

1. 담화는 주로 직원들의 급여 인상에 관한 것이다.

2. 올해의 인상폭은 작년보다 더 낮을 것이다.

3. 올해 회사의 이윤이 증가했다.

Unit **01-02** | 연습 문제   p.232

◀)) 04-33

1	(A)	2	(A)	3	(C)
4	(B)	5	(C)	6	(B)
7	(D)	8	(C)	9	(B)
10	(A)	11	(A)	12	(C)
13	(B)	14	(D)	15	(C)
16	(B)	17	(C)	18	(C)

[1-3]

M Attention, all shoppers. We at Manny's Department Store have an important announcement to make. 1) **Today only, if you sign up for a membership card, you will get 20% off on all the purchases you make.** 2) **To get a card, simply go to the customer service counter on the first floor.** 3) **It takes about five minutes to complete the process.** This special offer ends tonight at nine, so be sure to take advantage of it.

M 모든 쇼핑객분들께서는 주목해 주십시오. 저희 Manny's 백화점에서 중요한 안내를 해 드리겠습니다. 오늘 하루만, 멤버십 카드를 신청하시면, 모든 구입품에 대해 20% 할인을 받게 되실 것입니다. 카드를 발급받기 위해서는, 1층의 고객 서비스 카운터로 가시기만 하면 됩니다. 절차를 완료하기까지 약 5분이 소요됩니다. 이번 특별 행사는 오늘밤 9시에 종료될 것이기 때문에, 잊지 마시고 이용하시기를 바랍니다.

[어휘] membership card 멤버십 카드 purchase 구입, 구매 complete 완료하다 special offer 특가품 take advantage of ~을 이용하다 rebate 환불 promotional 판촉의, 홍보의 provide 제공하다 up to ~까지 require 요구하다 no longer 더 이상 ~이 아닌

1
무엇이 안내되고 있는가?
(A) 특별 행사
(B) 여름 맞이 세일
(C) 환불
(D) 개점 행사

[해설] 담화의 시작 부분에서 화자는 쇼핑객들의 주의를 환기시킨 후, 'Today only, if you sign up for a membership card, you will get 20% off on all the purchases you make.'라고 말한다. 이를 통해 멤버십 카드를 신청하면 20%의 할인을 받을 수 있다는 것을 알 수 있으므로 안내되는 사항은 (A)의 A special offer(특별 행사)이다.

2
쇼핑객들은 어디로 가라는 안내를 받는가?
(A) 1층으로
(B) 5층으로
(C) 6층으로
(D) 9층으로

[해설] 카드를 발급받기 위해서는 '1층의 고객 서비스 카운터로 가야 한다(simply go to the customer service counter on the first floor)'는 말에서, 쇼핑객들은 '1층으로 가라'는 안내를 받고 있음을 알 수 있다. 따라서 정답은 (A)의 To the first floor이다.

3
화자는 카드에 대해 무엇을 말하는가?
(A) 선착순으로 100명의 고객에게 주어질 것이다.
(B) 최대 50%의 할인을 제공해 준다.
(C) 등록하는 데 5분이 필요하다.
(D) 오늘 이후에는 더 이상 제공되지 않는다.

[해설] 화자는 멤버십 카드를 발급받기 위해 가야 할 장소를 언급한 후, 'It takes about five minutes to complete the process.'라고 말한다. 즉 카드를 신청하는 데 5분 정도의 시간이 필요하다는 사실을 알 수 있으므로 정답은 (C)이다. 카드 신청에 대한 '20%의 할인 혜택'이 오늘까지이지, 카드 신청 자체가 오늘만 가능한 것은 아니므로 (D)는 정답이 될 수 없다.

[4-6]

W ⁴⁾ **This year, our domestic sales were down 10%.** It looks like the domestic economy is getting worse. So we need to start focusing on attracting foreign clients. ⁵⁾ **I believe our products would sell well in Asia and Europe.** ⁶⁾ **This afternoon, I'm going to send everyone an e-mail.** It will mention which countries I want each of you to focus on. This is going to be a lot of work. But we have the potential to make millions of dollars in the international market.

W 올해, 우리의 국내 판매는 10% 감소했습니다. 국내 경기가 점점 악화되는 것으로 보입니다. 따라서 우리는 해외 고객을 유치하는 데 집중해야 할 필요가 있습니다. 저는 우리 제품들이 아시아와 유럽에서 잘 팔릴 것으로 믿습니다. 오늘 오후, 저는 모든 분들께 이메일을 보낼 것입니다. 이메일에는 여러분 각자가 어떤 나라에 초점을 맞추기를 제가 바라는지가 언급되어 있을 것입니다. 이는 많은 양의 업무가 될 것입니다. 하지만 우리는 해외 시장에서 수백만 달러를 벌 수 있는 잠재력을 가지고 있습니다.

[어휘] domestic 국내의 economy 경제, 경기 get worse 악화되다 focus on ~에 초점을 맞추다, ~에 집중하다 attract 끌다, 유인하다 mention 언급하다 international 국제적인 expand 확장하다, 확대하다

4
담화에서 무엇이 언급되고 있는가?
(A) 회사가 지난 분기에 손실을 보았다.
(B) 회사가 올해 제품을 적게 팔았다.
(C) 회사가 아시아로 확장을 했다.
(D) 회사가 올해 수백만 달러를 벌었다.

[해설] 담화의 초반부에서 화자는 'This year, our domestic sales were down 10%.'라고 말하면서 올해 국내 판매량이 감소했다는 정보를 전달하고 있다. 따라서 담화에서 언급된 내용은 (B)이다. '지난 분기'에 손실을 보았다는 내용은 찾아볼 수 없으므로 (A)는 정답이 될 수 없고, 회사가 아시아로 확장할 계획을 가지고 있을 뿐, 아직 확장한 것은 아니므로 (C) 역시 언급된 사항이 아니다. (D)의 millions of dollars는 해외 시장에서 벌어들일 수 있는 잠재적인 수익 금액으로서 담화의 마지막에 언급된 내용이다.

5
화자는 어디에서 회사의 제품이 잘 팔릴 것으로 생각하는가?
(A) 호주
(B) 아프리카
(C) 유럽
(D) 남아메리카

[해설] 제품이 많이 판매될 '지역'를 묻고 있으므로 지역이나 국가가 언급되고 있는 부분을 집중해서 듣도록 한다. 'I believe our products would sell well in Asia and Europe.'에서, 제품이 많이 팔릴 것으

로 예상되는 지역은 아시아와 유럽임을 알 수 있다. 정답은 이 중 하나를 가리키고 있는 (C)이다.

6
화자는 청자들에게 무엇을 보낼 것인가?
(A) 책
(B) 이메일
(C) 브로셔
(D) 목록

해설 화자는 'This afternoon, I'm going to send everyone an e-mail.'이라고 언급한 후 청자들이 초점을 맞춰야 하는 지역을 알려 주겠다고 말한다. 따라서 화자가 청자들에게 보낼 것은 (B)의 An e-mail(이메일)이다.

[7-9]

> W All residents of Greenville Apartments, please listen closely. 7) **We're expecting extremely hot weather over the weekend.** The temperature should rise to more than 35 degrees Celsius. 8-1) **Be sure to stay cool in this hot weather.** 8-2) **Drink lots of water and don't spend too much time outdoors.** 8-3) **Watch your children closely as well since they're highly likely to suffer from heatstroke.** 8-4) 9-1) **If the air conditioning in your unit stops working, contact Gil Mason at 398-3932.** 9-2) **He and his work crew will fix it no matter what time you call.**
>
> W Greenville 아파트 입주민들께서는 모두 귀를 기울여 주십시오. 주말 동안 극심한 더위가 예상됩니다. 기온이 섭씨 35도 이상으로 오를 것입니다. 이처럼 더운 날씨에는 반드시 시원한 상태를 유지해야 합니다. 물을 많이 드시고 야외에서 너무 오랜 시간을 보내지 마십시오. 아이들은 열사병에 걸릴 가능성이 매우 높기 때문에 아이들도 유심히 지켜봐 주십시오. 가정의 에어컨이 작동을 멈추면, 398-3932로 Gil Mason에게 연락하십시오. 언제 전화를 하시더라도 그와 그의 작업반들이 수리를 해 줄 것입니다.

어휘 resident 거주자, 거주민 extremely 극도로, 매우 outdoors 실외에서, 야외에서 be likely to ~하기 쉽다 highly 매우 suffer from ~을 겪다, ~으로 고생하다 heatstroke 열사병 unit 구성 단위; (아파트 등의) 가구 electricity 전기 local 인근의 lifeguard 인명 구조 요원, 안전 요원 real estate agent 부동산 중개인

7
안내는 주로 무엇에 관한 것인가?
(A) 에어컨
(B) 야외 활동
(C) 임대 가능한 매물
(D) 최근 날씨

해설 담화의 주제를 묻고 있으므로 초반부의 내용을 주의해서 듣도록 한다. 화자는 청자들의 주의를 환기 시킨 후, 'We're expecting extremely hot weather over the weekend.'라고 말하면서 폭염에 대해 알리고 있다. 이후에도 폭염에 대비하기 위한 행동 요령 등을 안내하고 있으므로 담화의 주제는 (D)의 The recent weather(최근 날씨)이다.

8
청자들은 무엇을 하라는 말을 듣는가?
(A) 가족들과 함께 야외에서 시간을 보내라고
(B) 가능한 한 전기를 적게 사용하라고
(C) **시원하게 있을 수 있는 방법을 찾으라고**
(D) 아이들을 인근 수영장에 데리고 가라고

해설 청자에게 안내되는 사항을 묻고 있다. 화자는 청자들에게 '시원하게 있을 것(be sure to stay cool)', '물을 많이 마실 것', '실외에서 시간을 너무 많이 보내지 말 것', '아이들이 열사병에 걸리지 않도록 지켜볼 것', 그리고 마지막으로 '에어컨이 고장 나면 연락을 할 것'을 당부하고 있다. 따라서 이러한 안내 사항 중 첫 번째 것을 언급하고 있는 (C)의 Find some ways to remain cool이 정답이다.

9
Gil Mason은 누구인 것 같은가?
(A) 안전 요원
(B) 수리 기사
(C) 아파트 소유주
(D) 부동산 중개인

해설 Gil Mason이라는 인물의 신원을 묻고 있으므로 이름이 언급되고 있는 부분을 집중해서 듣도록 한다. 화자는 에어컨이 고장 나면 Gil Mason이라는 사람에게 연락을 하라고 말한 뒤, 'He and his work crew will fix it no matter what time you call.'이라고 그가 하는 일을 밝히고 있다. 이를 통해 Gil Mason은 에어컨 수리 기사임을 알 수 있으므로 정답은 (B)의 A repairman이다.

[10-12]

> M Unfortunately, 10-1) **many employees in today's business world are very inefficient.** 10-2) **This can be frustrating for managers.** 11) **But there are ways to improve employee efficiency and to make them more valuable workers.** That's the topic of today's workshop. 10-3) **I'm going to tell you how to get your employees to produce more and how to waste less time.** 12) **Then, we're going to do some role-playing exercises.** They should show you how you can implement these ideas in the workplace.

M 안타깝게도, 오늘날 비즈니스 분야에 있는 많은 직원들이 상당히 비효율적입니다. 이러한 점은 경영진들에게 불만스러운 일일 수 있습니다. 하지만 직원 효율성을 증대시키고 그들을 보다 소중한 직원들로 만들 수 있는 방법이 있습니다. 그것이 바로 오늘 워크숍의 주제입니다. 저는 여러분께 어떻게 직원들로 하여금 더 많이 생산해 내고 시간 낭비를 줄이게 할 수 있는지에 대해 말씀을 드릴 것입니다. 그리고 난 뒤에는, 몇 가지 역할극을 하도록 하겠습니다. 이는 여러분께 직장에서 이러한 아이디어들을 어떻게 실현시킬 수 있는지를 알려 드릴 것입니다.

어휘 inefficient 비효율적인 frustrating 좌절감을 주는, 불만스러운 efficiency 효율성 valuable 소중한, 귀중한 waste 버리다, 낭비하다 role-playing 역할극의 implement 실행하다 workplace 직장, 일터 survey 설문 조사; 설문지

10
청자들은 누구인 것 같은가?
(A) 경영진들
(B) 건설 인부들
(C) 컴퓨터 프로그래머들
(D) 교사들

해설 청자들의 신원을 묻고 있다. 담화의 초반부에 화자는 많은 직원들이 비효율적이라는 점을 지적하면서, 효율성을 증대시키는 방법이 오늘 워크숍의 주제라고 말한다. 이어서 'I'm going to tell you how to get your employees to produce more and how to waste less time.'이라고 말하고 있으므로, 두 내용을 종합하면 청자들은 직원들을 고용하고 있는 경영진이라는 사실을 알 수 있다. 따라서 정답은 (A)이다.

11
담화는 주로 무엇에 관한 것인가?
(A) 업무 효율성
(B) 더 많은 수익을 올리는 방법
(C) 소중한 직원들
(D) 건물을 설계하는 방법

해설 화자는 'But there are ways to improve efficiency and to make them more valuable workers.'라고 말한 뒤, 이것이 오늘의 주제라고 밝힌다. 따라서 담화의 주제는 (A)의 Workplace efficiency(업무 효율성)이다.

12
청자들은 나중에 무엇을 하게 될 것인가?
(A) 설문지를 작성한다
(B) 단편 영화를 관람한다
(C) 역할극을 한다
(D) 음악을 듣는다

해설 화자는 직원들을 보다 생산적으로 만들고 시간 낭비를 줄일 수 있는 방법을 알려 주겠다고 말한 후, 'Then, we're going to do some role-playing exercises.'라고 말함으로써 앞으로 하게 될 일에 대해 설명한다. 따라서 청자들이 담화 이후에 하게 될 활동은 (C)의 Do some role-playing(역할극을 한다)이다.

[13-15]

M Everyone, please listen carefully. 13) 14-1) **Tonight's program is going to begin half an hour from now**. 14-2) **You may now enter the concert hall and take your seats**. While you're in the theater, please turn off your mobile phones and other electronic equipment. 14-3) **You may not record the concert,** nor may you take pictures of the musicians. 15) **Please do not talk as it disturbs the musicians**. Finally, food and drinks are not permitted inside the concert hall. We hope you enjoy the performance.

M 모두들 주의해서 들어 주십시오. 오늘 밤 프로그램이 지금부터 30분 후에 시작될 예정입니다. 이제 콘서트 홀로 들어가셔서 자리에 앉아 주십시오. 극장에 계시는 동안에는, 휴대 전화 및 기타 전자 기기의 전원을 꺼 주시기 바랍니다. 콘서트를 녹음하실 수는 없으며, 연주자들의 사진을 찍으셔도 안 됩니다. 연주자들에게 방해가 될 수 있으므로 이야기는 삼가 주십시오. 마지막으로, 음식과 음료는 콘서트 홀 안으로의 반입이 허용되지 않습니다. 공연을 즐기시기 바랍니다.

어휘 take one's seat 자리에 앉다, 착석하다 turn off ~을 끄다 electronic 전기의, 전자의 equipment 장비 nor 또한 ~이 아닌 record 기록하다, 녹음하다, 녹화하다 take a picture of ~의 사진을 찍다 disturb 방해하다 permit 허용하다 inside ~의 안에 auditorium 강당 avoid 피하다

13
화자는 어디에 있는가?
(A) 회의실에
(B) 콘서트 홀에
(C) 영화관에
(D) 강당에

해설 담화가 이루어지고 있는 장소를 묻고 있다. 화자는 공연이 곧 시작한다고(Tonight's program is going to begin half an hour from now) 말했고, 지금 콘서트 홀에 들어가서 앉아 달라고(You may now enter the concert hall and take your seats) 했다. 또한 콘서트를 녹음하면 안 된다고(You may not record the concert) 말한 것으로 보아, 화자가 있는 곳은 콘서트 홀일 것이다. 따라서 정답은 (B)의 At a concert hall이다.

14
행사는 언제 시작될 예정인가?
(A) 5분 후에
(B) 10분 후에
(C) 15분 후에
(D) 30분 후에

해설 담화 초반부의 'Tonight's program is going to begin half an hour from now.'라는 문장에서 공연이 '30분 후(half an hour from now)'에 시작될 것임을 알 수 있으므로 정답은 (D)의 In thirty minutes이다.

15

화자들은 무엇을 하라는 안내를 받는가?

(A) 로비에서 음식과 음료를 구입한다

(B) 공연 후에 연주자들을 만난다

(C) 공연 중에는 이야기를 삼간다

(D) 공연 내내 자리에 앉아 있는다

[해설] 청자들에게 당부되고 있는 행동은 '휴대 전화 및 기타 전자 장비의 전원을 끌 것', '녹음이나 사진 촬영을 하지 말 것', '잡담을 하지 말 것', 그리고 '음료와 음식을 반입하지 말 것'이다. 따라서 정답은 이 중 하나를 언급하고 있는 (C)의 Avoid talking during the performance(공연 중에는 이야기를 삼간다)이다.

[16-18]

M Attention, shoppers at Sam's Electronics. One of our workers has informed us that **16-1) there is a vehicle parked in front of a fire hydrant**. It is a black four-door sedan, and it's parked at the southern end of the parking lot. The license plate number on the car is AR4-9302. **17) We ask the owner of the vehicle to move it immediately**. Parking in front of fire hydrants is illegal and dangerous. **16-2) 18) Fines for illegal parking cost $200 and may result in the vehicle being towed**.

M Sam's Electronics의 쇼핑객분들께서는 주목해 주십시오. 저희 직원 중 한 명이 소화전 앞에 차량이 주차되어 있다는 것을 알려 주었습니다. 검정색 4도어 세단으로, 주차장의 남쪽 끝에 주차되어 있습니다. 자동차 번호는 AR4-9302입니다. 차주분께서는 즉시 차량을 이동하여 주시기 바랍니다. 소화전 앞에 주차를 하는 것은 불법이고 위험한 일입니다. 불법 주차에 대한 벌금은 200달러이며, 이는 차량이 견인되는 결과를 가져올 수도 있습니다.

[어휘] inform 알리다, 고지하다 in front of ~의 앞에
fire hydrant 소화전 license plate number 차량 등록 번호
owner 소유주, 주인 immediately 즉시, 당장 illegal 불법의
fine 벌금 result in ~인 결과가 되다 tow 견인하다 warning 경고

16

안내의 목적은 무엇인가?

(A) 도움을 요청하기 위해

(B) 경고하기 위해

(C) 세일을 알리기 위해

(D) 질문에 대답하기 위해

[해설] 화자는 소화전 앞에 차량이 주차되어 있다는 사실을 알린 후, 해당 차주에게 차를 이동시킬 것을 요구하고 있다. 아울러 담화의 마지막 부분에서 'Fines for illegal parking cost $200 and may result in the vehicle being towed.'라고 말함으로써 차를 이동시키지 않을 경우에 받게 될 불이익에 대해 언급하고 있다. 따라서 안내의 목적은 (B)의 To give a warning(경고를 하기 위해)이다.

17

운전자는 무엇을 하라는 안내를 받는가?

(A) 자동차의 조명을 끈다

(B) 매장 바로 앞에 주차하지 않는다

(C) 차량을 다른 곳으로 이동시킨다

(D) 주차장에서는 운전을 더 천천히 한다

[해설] 담화 중반부의 'We ask the owner of the vehicle to move it immediately.'라는 문장에서, 화자는 차주에게 차를 이동시킬 것을 요구하고 있다. 따라서 정답은 (C)의 Move a vehicle to another place이다.

18

화자에 따르면, 벌금은 얼마인가?

(A) 50달러

(B) 100달러

(C) 200달러

(D) 250달러

[해설] 담화의 마지막 문장을 통해 '불법 주차에 대한 벌금(fines for illegal parking)'은 '200달러'라는 정보를 확인할 수 있으므로 정답은 (C)이다.

Unit 03 │ 전화

PART 4 유형 연습   p.237

A   ◀) 04-35

1	(a) ×	(b) ×	(c) ×
2	(a) ○	(b) ○	(c) ×
3	(a) ○	(b) ×	(c) ○
4	(a) ×	(b) ×	(c) ○
5	(a) ×	(b) ○	(c) ×

1

M Hello. Thank you for calling the law office of Jones and Jackson. Unfortunately, the office is being renovated at the moment. So we are closed to visitors until Monday, April 25. If you need to speak with Mr. Jones or Mr. Jackson, please contact them on their cellphones. If you don't know their numbers, call 493-2066. You will be connected to their secretary. Thank you. Have a nice day.

M 안녕하세요, Jones and Jackson 법률 사무소에 전화를 주셔서 감사합니다. 유감스럽게도, 사무소는 현재 보수 공사 중입니다. 그래서 월요일인 4월 25일까지 방문객을 받지 않습니다. Jones 씨나 Jackson 씨와 이야기를 하셔야 하는 경우에는,

그분들의 휴대 전화로 연락해 주십시오. 번호를 모르신다면, 493-2066으로 전화를 주십시오. 그분들의 비서와 연결이 될 것입니다. 감사합니다. 좋은 하루 보내십시오.

(a) 메시지의 목적은 주문 방법을 안내하는 것이다.
(b) 화자는 아마도 Jones 씨일 것이다.
(c) 화자는 Jackson 씨가 현재 사무실에서 일하고 있다고 암시한다.

어휘 law office 법률 사무소 renovate 보수하다 at the moment 지금, 현재 cellphone 휴대 전화 connect 연결하다 secretary 비서 ordering instruction 주문 지시

해설 메시지의 목적은 사무실의 공사 안내이므로 (a)는 일치하지 않는 내용이다. 화자는 Jones 씨나 Jackson 씨와 이야기하려면 휴대 전화로 연락하라고 안내하고 있으므로 (b)와 (c) 모두 잘못된 진술이다.

2

W Good morning. This is Vicky Wellman. I'm trying to reach Jacob Sellers. Mr. Sellers, we have a meeting scheduled for this afternoon at two thirty. However, I have to be at the airport by four to pick up a client from Japan. Is there any way we can meet at eleven today? If you can't meet then, I'm available anytime tomorrow. Please call me back at 687-5403. Goodbye.

W 안녕하세요. 저는 Vicky Wellman입니다. 저는 Jacob Sellers와 통화하려고 합니다. Sellers 씨, 우리는 오늘 오후 2시 30분에 만나기로 약속을 했습니다. 하지만, 제가 일본에서 오는 고객을 마중하기 위해 4시까지 공항으로 가야 합니다. 우리가 오늘 11시에 만날 수 있는 방법이 없을까요? 그때 만나실 수 없다면, 저는 내일 언제라도 괜찮습니다. 687-5403으로 저에게 답신을 주시기 바랍니다. 안녕히 계세요.

(a) Wellman 씨는 약속 시간을 다시 정하기 위해 전화를 걸고 있다.
(b) Wellman 씨는 4시에 공항에 있을 것이다.
(c) Wellman 씨는 Sellers 씨에게 이메일을 보내 달라고 요청한다.

어휘 reach 도달하다, 닿다; 통화하다 available 이용이 가능한; 만날 시간이 있는 reschedule 일정을 다시 세우다

해설 Wellman 씨는 Sellers 씨에게 전화로 답신해 줄 것을 요청했다. 그러므로 (c)는 일치하지 않는 진술이다.

3

W Hello. My name is Susan Peterson. I'm an employee at All Seasons Clothes. This message is for Lucy White. Ms. White, the clothes you ordered have all arrived at the store. You can visit us to pick them up anytime. If you want us to mail them to you, just call us at 504-1932. There will be a $10 delivery fee if you choose that option. We're open until seven. Please call us when you can. Goodbye.

W 안녕하세요. 제 이름은 Susan Peterson입니다. 저는 All Seasons Clothes의 직원입니다. 이 메시지는 Lucy White 씨를 위한 것입니다. White 씨, 귀하께서 주문하신 의류들이 모두 매장에 도착했습니다. 언제라도 들르셔서 찾아가실 수 있습니다. 우편으로 보내는 것을 원하신다면, 504-1932로 저희에게 전화해 주십시오. 그러한 선택을 하시면 10달러의 배송비가 부과될 것입니다. 저희는 7시까지 문을 엽니다. 가능하실 때 전화해 주시기 바랍니다. 안녕히 계세요.

(a) 화자는 주문에 관한 이야기를 하기 위해 전화를 걸었다.
(b) 화자는 청자에게 물건을 찾으러 올 시간을 정하기 위해 전화할 것을 권한다.
(c) 화자에 의하면, 매장은 7시에 문을 닫는다.

어휘 delivery fee 배송비 option 선택권 pickup 물건을 찾으러 감, 사람을 데리러 감

해설 화자는 청자에게 우편으로 보내는 것을 원할 때 전화하라고 했으므로, '물건을 찾으러 올 시간을 정하기 위해서'라는 내용의 (b)는 일치하지 않는 내용이다.

4

M Hello. You have reached the health clinic of Dr. Burns. The office is closed for the day, so there is no one available to take your call. If you want to make a reservation, please press 1. If you want to cancel or change a reservation, please press 2. If you have an emergency, please press 3. Your call will be forwarded within the next ten seconds. Please press 4 to hear this message again.

M 안녕하세요. Burns 박사님의 병원에 연결되셨습니다. 병원은 오늘 휴무이기 때문에, 전화를 받을 수 있는 사람이 없습니다. 예약을 하고 싶으시면, 1번을 눌러 주십시오. 예약 취소 및 예약 변경을 원하시면, 2번을 눌러 주십시오. 긴급 상황이라면, 3번을 눌러 주십시오. 10초 내로 전화가 착신 전환될 것입니다. 이 메시지를 다시 듣기 위해서는 4번을 눌러 주십시오.

(a) 병원은 한 시간 후에 다시 문을 열 것이다.
(b) 청자는 2번을 누름으로써 예약을 할 수 있다.
(c) 청자는 4번을 누름으로써 메시지를 다시 들을 수 있다.

어휘 health clinic 병원 be closed for the day 문을 닫다, 영업을 하지 않다 emergency 긴급 상황 forward 보내다, 전달하다

해설 담화의 마지막 부분에서 메시지를 다시 들으려면 4번을 누르라고 했으므로 (c)가 올바른 내용이다.

5

M Good morning, Sarah. It's Paul. I hope you get this message soon. I'm already at the convention center, but there's a slight problem. The laptop I brought won't turn on. There isn't a problem with the battery as it's recharged. I don't know what's wrong.

Could you please bring the other laptop from the office when you come here? We'll need it in order to do our presentation. Thanks.

M 안녕하세요, Sarah. Paul이에요. 당신이 이 메시지를 빨리 들었으면 좋겠군요. 저는 이미 컨벤션 센터에 왔는데, 작은 문제가 하나 있어요. 제가 가지고 온 노트북 컴퓨터가 켜지지를 않아요. 충전이 되어 있기 때문에 배터리에는 문제가 없어요. 무엇이 잘못되었는지 모르겠어요. 여기로 올 때 사무실에서 다른 노트북 컴퓨터를 가지고 올 수 있나요? 프레젠테이션을 하기 위해서는 필요할 거예요. 고마워요.

(a) 화자는 자신의 사무실에서 전화를 하고 있다.
(b) 문제는 노트북 컴퓨터가 제대로 작동을 하지 않는다는 것이다.
(c) 화자는 청자에게 새로운 배터리를 가지고 올 것을 요청한다.

어휘 already 이미, 벌써 turn on 켜다, 켜지다 battery 배터리 recharge 충전하다 in order to ~하기 위하여 properly 적절하게
해설 화자가 언급하고 있는 문제는 노트북 컴퓨터가 켜지지 않는다는 것이므로 (b)가 올바른 진술이다.

B

1 (c)	2 (b)	3 (a)
4 (c)	5 (a)	6 (b)
7 (b)	8 (c)	

[1-2]   ◀ 04-36

W Good evening. Mark, this is Sandy. I've got some <u>wonderful news</u>. Mr. Tanaka from Nagoya Industries called me a few minutes ago. He said that his company <u>would like to purchase</u> several of our products. He's flying here from Japan and <u>will arrive</u> tomorrow night. We need to <u>have a presentation</u> ready for him by Friday. This has the potential to be a <u>huge contract</u>. Call me back so we can discuss this some more. Bye.

W 안녕하세요. Mark, 저는 Sandy예요. 놀라운 소식이 있어요. Nagoya Industries의 Tanaka 씨가 몇 분 전에 제게 전화를 했어요. 그쪽 회사에서 우리의 몇몇 제품들을 구입하고 싶어 한다고 말하더군요. 그는 일본에서 이곳까지 비행기를 타고 오는 중인데, 내일 밤에 도착할 거예요. 우리는 금요일까지 그를 위한 프레젠테이션을 준비해야 해요. 이는 대형 계약으로 이어질 가능성이 있어요. 저에게 다시 전화하시면 이에 대해 더 논의할 수 있을 거예요. 그럼 안녕.

어휘 purchase 구매하다 presentation 발표, 프레젠테이션 contract 계약

1
화자는 왜 기뻐하는가?
(a) 한 고객이 계약서에 서명했다.
(b) 일본에서 일자리 제의를 받았다.

(c) 몇몇 제품들이 구매될 것이다.

해설 담화에 'his company would like to purchase several of our products'라는 내용이 있으므로, 화자는 제품이 판매될 것이어서 기뻐한다는 것을 알 수 있다. 정답은 (c)이다.

2
내일 밤에 어떤 일이 일어날 것인가?
(a) 여자가 고객과 함께 저녁을 먹을 것이다.
(b) 고객이 도착할 것이다.
(c) 프레젠테이션이 실시될 것이다.

해설 Tanaka 씨가 내일 밤에 도착할 것이라고 했는데, 그는 제품을 구매하기 위해 Nagoya Industries에서 오는 사람이다. 따라서 정답은 (b)이다.

[3-4]   ◀ 04-37

M Hi, Gerry. It's Russell. We've got a <u>huge problem</u> here at the Columbus <u>factory</u>. One of the refrigerating units <u>broke down</u>. I'm here, but I don't have the <u>tools to fix it</u>. I'm pretty sure that the <u>equipment I need</u> is in your building. Please go to the storeroom and <u>call me back</u> as soon as you hear this message. I'll tell you <u>what tools</u> I need, and you can find them for me. <u>Call me soon</u>. Bye.

M 안녕하세요, Gerry. Russell이에요. 이곳 Columbus 공장에 커다란 문제가 생겼어요. 냉각 장치 중 하나가 고장이 났어요. 제가 여기에 있기는 하지만, 저에게는 수리를 할 수 있는 도구가 없어요. 제게 필요한 장비가 당신 건물에 있다고 확신해요. 이 메시지를 듣는 대로 창고에 가서 제게 다시 전화를 주세요. 필요한 도구를 알려 줄 테니, 당신이 그것들을 찾을 수 있을 거예요. 빨리 전화해 주세요. 그럼 이만.

어휘 huge 커다란, 거대한 refrigerating unit 냉각 장치 break down 고장이 나다 storeroom 창고, 비품실

3
화자는 어디에 있는 것 같은가?
(a) 공장에
(b) 사무실에
(c) 창고에

해설 담화 초반부에서 화자는 공장에 문제가 생겼다고 한 다음, 본인이 그곳에 있다고 했다. 따라서 정답은 (a)이다.

4
화자는 청자에게 무엇을 할 것을 요청하는가?
(a) 이메일을 확인한다
(b) 몇몇 도구에 관해 조사를 한다
(c) 회신 전화를 한다

해설 담화의 마지막 부분에서 화자는 청자에게 빨리 전화해 달라고 했다. 정답은 (c)이다.

[5-6] �));04-38

W	Thank you for calling the Albany <u>weather hotline</u>. The local time right now is ten fifteen P.M. The <u>weather is</u> currently twenty-two degrees Celsius, but the <u>temperature is falling</u>. It <u>will reach</u> a low of fifteen degrees later tonight. Tomorrow morning <u>will be sunny</u> with highs in the mid-twenties. There is a thirty-percent <u>chance of showers</u> in the afternoon tomorrow. If you would like to hear this <u>weather report again</u>, please press 1. Thank you.
W	Albany 날씨 안내에 전화해 주셔서 감사합니다. 현지 시간은 오후 10시 15분입니다. 현재 기온은 섭씨 22도이지만, 기온이 떨어지고 있습니다. 오늘 밤 늦은 시간에는 15도까지 떨어질 것입니다. 내일은 최고 기온이 20도 중반으로 맑은 날씨가 될 것입니다. 내일 오후에는 소나기가 내릴 확률이 30%입니다. 일기 예보를 다시 들으시려면 1번을 눌러 주세요. 감사합니다.

어휘 hotline 상담 전화; 직통 전화 highs 최고 기온 chance 기회; 가능성, 확률 shower 소나기 update 업데이트하다; 최신 정보 detailed 상세한, 자세한

5
안내의 목적은 무엇인가?
(a) 최신 날씨 정보를 알려 주기 위해
(b) 교통 상황을 설명하기 위해
(c) 더 자세한 정보를 얻을 수 있는 방법을 설명하기 위해

해설 담화의 내용이 날씨를 알려 주고 있는 것이므로 정답은 (a)이다.

6
내일 오전의 날씨는 어떨 것인가?
(a) 흐리다
(b) 맑다
(c) 안개가 낀다

해설 내일은 맑은 날씨가 될 것이라고 한 다음, 오후에 소나기가 내릴 확률이 30%라고 했다. 그러므로 (b)가 정답이다.

[7-8] ◍04-39

M	Hello. This is Dave Randolph from Electro Power <u>calling for</u> Margaret Powers. Ms. Powers, we received your <u>online application</u> this morning. We were very impressed by <u>your résumé</u>. However, you failed to leave the <u>contact information</u> of two personal references. We need to speak with <u>your references</u> before we can interview you. Please <u>call me back</u> at (406) 202-5456 or <u>e-mail me</u> at drandolph@electropower.com with that information. I'll be waiting to hear from you. Have a great day.

M	안녕하세요. 저는 Electro Power의 Dave Randolph로, Margaret Powers 씨께 전화를 드리고 있습니다. Powers 씨, 저희는 오늘 오전에 온라인으로 귀하의 지원서를 받았습니다. 저희는 귀하의 이력서에 큰 감명을 받았습니다. 하지만, 추천인 두 분의 연락처를 남기지 않으셨더군요. 면접을 보기에 앞서 저희는 추천인들과 통화를 해야 합니다. (406) 202-5456으로 제게 전화를 주시거나 그러한 정보가 담긴 이메일을 drandolph@electropower.com으로 보내 주십시오. 귀하의 소식을 기다리겠습니다. 좋은 하루 보내십시오.

어휘 application 지원, 지원서 be impressed by ~에 의해 감명을 받다 contact information 연락처 personal reference 신원 보증인, 추천인 complete 완전한

7
남자는 여자에 관해 무엇을 말하는가?
(a) 그녀는 면접을 잘 봤다.
(b) 그는 그녀의 이력서가 마음에 들었다.
(c) 그녀는 필요한 것이 모두 갖춰진 지원서를 제출했다.

해설 'We were very impressed by your résumé'라는 부분을 통해서 화자인 남자는 Margaret Powers의 이력서를 마음에 들어 했다는 것을 알 수 있다. 정답은 (b)이다.

8
남자는 여자에게 무엇을 할 것을 요청하는가?
(a) 면접 일정을 정한다
(b) 자신의 사무실로 직접 찾아온다
(c) 자신에게 전화를 한다

해설 담화의 마지막 부분에서 화자는 청자에게 이메일을 보내거나 전화하라고 했다. 보기 중에서 둘 중 하나에 해당하는 것은 (c)이다.

예상 적중 문제 01-03   p.241

☼ **MORE & MORE**   ◍04-41

1. The speaker was supposed to <u>attend a meeting</u> on Tuesday. (×)
2. The speaker will be <u>traveling on business</u>. (○)
3. The speaker wants the listener to <u>send an e-mail</u>. (×)

1. 화자는 화요일에 회의에 참석하기로 되어 있었다.
2. 화자는 출장을 가게 될 것이다.
3. 화자는 청자에게 이메일을 보내는 것을 원한다.

예상 적중 문제 04-06   p.243

☼ **MORE & MORE**   ◍04-43

1. The speaker and the listener are <u>probably coworkers</u>. (○)
2. The speaker <u>wants to meet</u> the listener in Chicago. (×)
3. The speaker only has time <u>in the morning</u>. (×)

1. 화자와 청자는 직장 동료일 것이다.
2. 화자는 시카고에서 청자를 만나고 싶어 한다.
3. 화자는 아침에만 시간이 된다.

예상 **적중 문제** 07-09　　　　　p.245

☀ MORE & MORE　　　　　🔊 04-45

1. The purpose of the message is to arrange a delivery. (○)
2. The speaker most likely works for a delivery company. (×)
3. The speaker asks the listener to call him back. (×)

1. 이 메시지의 목적은 배송 일정을 조정하기 위해서이다.
2. 화자는 아마도 택배 회사에서 일을 할 것이다.
3. 화자는 청자에게 답신 전화를 해 줄 것을 요청한다.

예상 **적중 문제** 10-12　　　　　p.247

☀ MORE & MORE　　　　　🔊 04-47

1. The speaker ordered some books yesterday. (○)
2. The speaker orders a total of four books. (○)
3. The speaker requests a phone call when her items arrive. (○)

1. 화자는 어제 몇 권의 책을 주문했다.
2. 화자는 총 4권의 책을 주문한다.
3. 화자는 상품이 도착하면 전화를 달라고 요청한다.

예상 **적중 문제** 13-15　　　　　p.249

☀ MORE & MORE　　　　　🔊 04-49

1. Carl Sanderson is a manager at a restaurant. (×)
2. The speaker compliments the food at the restaurant. (○)
3. According to the speaker, the waiter yelled at him. (○)

1. Carl Sanderson은 식당의 매니저이다.
2. 화자는 식당의 음식에 대해 칭찬한다.
3. 화자에 따르면, 종업원이 그에게 소리를 쳤다.

Unit 04 | 방송

PART 4 유형 연습　　　　　p.253

Ⓐ　　　　　🔊 04-51

1 (a) ○	(b) ×	(c) ×
2 (a) ○	(b) ×	(c) ○
3 (a) ×	(b) ○	(c) ○
4 (a) ○	(b) ×	(c) ×
5 (a) ○	(b) ○	(c) ×

1

M　Good morning, listeners. This is Jason Castle with the WTRP radio traffic report. It's eight A.M., so rush hour traffic is starting to get heavy. Be sure to avoid Century Road because of all the construction going on. I recommend taking Orange Avenue or Totter Street. There was a minor traffic accident on the Hampton Bridge. So traffic is moving slowly there, too. And definitely avoid Robinson Road. For some reason, traffic there is backed up two kilometers.

M　안녕하세요, 청취자 여러분. 저는 WTRP 라디오 교통 방송의 Jason Castle입니다. 현재 시간은 오전 8시로, 혼잡 시간대의 정체가 시작되고 있습니다. 공사가 진행 중이기 때문에 잊지 마시고 Century 로는 피하십시오. Orange 로나 Totter 가를 이용하실 것을 추천해 드립니다. Hampton 교에서는 경미한 교통 사고가 있었습니다. 따라서 그곳에서도 차량들이 천천히 이동하고 있습니다. 그리고 반드시 Robinson 로는 피하십시오. 몇 가지 이유 때문에, 그곳에서 2킬로미터까지의 정체 구간이 발생하고 있습니다.

(a) 화자는 라디오 방송국에서 일한다.
(b) Orange 가에서는 공사가 진행 중이다.
(c) 화자는 청자들에게 Hampton 교를 피하라고 말한다.

어휘 traffic 교통; 차량들　rush hour 혼잡 시간대, 러시아워　construction 공사　recommend 추천하다　traffic accident 교통 사고　definitely 분명히　be backed up 정체되다

해설 담화의 첫 부분에서 화자는 라디오 교통 방송 소속이라고 밝혔다. 그러므로 (a)는 올바른 진술이다.

2

W　Thanks for that local news report, Ted. Now, it's time for the day's financial news. Stock markets around the world dropped dramatically today. The reason was the slowing global economy. Precious metals such as gold and silver rose though.

Gold was up by $20 an ounce while silver rose $1.20 per ounce. Experts predict gold, silver, and other precious metals will rise even higher in the coming weeks.

W 지역 뉴스를 알려 주셔서 감사합니다, Ted. 이제, 오늘의 금융 뉴스 시간입니다. 오늘 전 세계 주식 시장들이 급격한 하락세를 보였습니다. 그 이유는 세계 경제의 침체 때문입니다. 하지만 금과 은 같은 귀금속은 상승세였습니다. 은 가격은 온스당 1.2달러가 오른 반면, 금 가격은 온스당 20달러까지 올랐습니다. 전문가들은 금, 은, 그리고 기타 귀금속들의 가격이 몇 주 안에 더 크게 오를 것으로 예상하고 있습니다.

(a) 방송의 주제는 금융 뉴스이다.
(b) 화자에 의하면, 전 세계 주식 시장이 상승세를 보였다.
(c) 화자는 금 가격이 인상되었다고 말한다.

어휘 financial 재정의, 금융의 stock market 주식 dramatically 극적으로 slowing 더딘, 속도가 느린 precious metal 귀금속 predict 예측하다
해설 담화 초반부의 'Stock markets around the world dropped dramatically today'라는 내용을 통해 주식 시장이 하락했음을 알 수 있다. (b)는 잘못된 내용이다.

3

W It's time to talk about the weather now. There's a cold front coming in from the north. It should reach us around seven or eight tonight. The temperature is going to plummet to around five degrees below zero. Be sure to wear a coat, a hat, and gloves if you go out tonight. Tomorrow's going to remain cold, and we're likely to get several centimeters of snow all throughout the day.

W 이제 날씨에 관한 이야기를 할 시간입니다. 북쪽으로부터 한랭전선이 유입되고 있습니다. 오늘밤 7시나 8시 정도에 이곳에 닿을 것입니다. 기온은 영하 5도까지 급격히 떨어질 것입니다. 오늘 밤에 외출하신다면, 잊지 마시고 외투, 모자, 그리고 장갑을 착용하십시오. 내일도 계속해서 춥겠고, 하루 종일 수 센티미터의 눈이 내릴 가능성이 있습니다.

(a) 방송의 목적은 주간 날씨를 알려 주기 위한 것이다.
(b) 화자는 기온이 영하로 떨어질 것으로 예상한다.
(c) 내일 눈이 내릴 가능성이 있다.

어휘 cold front 한랭 전선 plummet 급락하다 gloves 장갑 go out 외출하다 be likely to ~할 가능성이 있다, ~하기 쉽다
해설 방송의 목적은 오늘 밤과 내일의 날씨를 알리기 위해서이다. 따라서 주간 날씨를 알려 주기 위해서라는 의미인 (a)는 일치하지 않는 내용이다.

4

M Finally, we've got some good news for the citizens of Rockport. The Kappa Corporation, which makes robots, is going to open a factory here in about seven months. Kappa is planning to build a high-tech factory on Eastside Lane in the Clearwater neighborhood. Construction of the factory will require around 175 full-time workers, many of whom will be local residents. And Kappa plans to hire more than 650 people when the plant opens.

M 마침내, 락포트 시민들에게 좋은 뉴스가 생겼습니다. 로봇을 만드는 Kappa 사가 약 7개월 후에 이곳에서 공장을 열 예정입니다. Kappa는 클리어워터 지역의 Eastside 로에 첨단 공장을 세울 계획입니다. 공장 건설에는 175명의 정규직원이 필요하게 될 것인데, 이들 중 다수는 지역 주민들이 될 것입니다. 그리고 Kappa는 공장 시설이 개장하면 650명 이상을 추가로 고용할 계획을 세우고 있습니다.

(a) 남자는 뉴스에 대해 기쁘다.
(b) Kappa 사는 시내에 있는 공장을 매입할 예정이다.
(c) 남자는 지역 주민들에게 회사 내의 일자리에 지원하라고 말한다.

어휘 citizen 시민 robot 로봇 high-tech 첨단 기술의 neighborhood 근처, 이웃; 지역 resident 주민 plant 시설, 공장
해설 담화의 첫 부분에서 화자는 좋은 뉴스라고 말했다. 그러므로 (a)가 담화와 일치하는 진술이다.

5

M Good evening, listeners. Thanks for tuning in to *Music from Coast to Coast*. I'm Paul Kingdom, and I'm the host of this two-hour show. We're broadcasting live in every state in the country right now. We've got a great show for you tonight. We're going to play all of the hottest rock songs. And we've got a mystery guest tonight. Our mystery guest is going to perform two songs here in the studio.

M 안녕하세요, 청취자 여러분. *Music from Coast to Coast*로 주파수를 맞춰 주셔서 감사합니다. 저는 Paul Kingdom으로, 두 시간 동안 진행되는 이 방송의 진행자입니다. 저희는 지금 전국의 모든 주로 생방송을 내보내고 있습니다. 저희는 오늘 밤 여러분들을 위해 멋진 방송을 준비했습니다. 요즘 가장 인기 있는 록 음악들을 모두 들려 드릴 것입니다. 그리고 비밀 게스트 한 분을 모셨습니다. 비밀 게스트는 이곳 스튜디오에서 두 곡의 노래를 불러 주실 것입니다.

(a) 담화의 목적은 방송에서 어떤 일이 일어날 것인지 설명하는 것이다.
(b) 남자는 아마도 라디오 방송국에서 일할 것이다.
(c) 청자들은 아마도 이어서 광고를 듣게 될 것이다.

어휘 tune in to ~으로 주파수를 맞추다 host 주최자, 진행자 broadcast 방송하다 live 생방송으로, 라이브로
해설 마지막 부분에서 화자는 이어서 노래 두 곡을 듣게 될 것이라고 했다. 그러므로 (c)는 일치하지 않는 내용이다.

B

1 (a)	2 (b)	3 (a)
4 (c)	5 (b)	6 (b)
7 (b)	8 (b)	

[1-2] 🔊 04-52

> **M** Before we break for a commercial, we need to give you a quick weather update. The heavy rains that we have been getting show no sign of letting up. Weather forecasters are calling for at least three more days of constant rain. This means that the flooding of local rivers and streams is going to continue. We advise everyone to avoid running water and not to drive their vehicles on any roads with excessive water on them.
>
> **M** 광고를 듣기 전에, 최신 날씨 정보를 간단히 알려 드리도록 하겠습니다. 내리고 있는 폭우가 누그러질 조짐을 보이지 않고 있습니다. 기상 캐스터들은 최소한 3일 더 비가 계속해서 내릴 것으로 예상하고 있습니다. 이는 지역 내의 강과 시내의 범람이 계속될 것이라는 의미입니다. 저희는 모든 분들께 유수를 피할 것과 많은 양의 물이 있는 도로에서는 운전을 하지 않을 것을 권고해 드립니다.

어휘 commercial 상업 광고 sign 징후, 징조 let up 누그러지다 call for 예상하다 constant 끊임없는, 지속적인 flooding 홍수, 범람 steam 시내, 개울 excessive 초과하는, 과도한

1

남자는 무엇을 걱정하는가?

(a) 홍수의 가능성
(b) 폭설
(c) 빙판길

해설 담화에서는 폭우가 계속 되어 강이 범람할 것을 우려하고 있다. 따라서 정답은 (a)이다.

2

이다음에 어떤 일이 일어날 것인가?

(a) 지역 뉴스가 방송될 것이다.
(b) 광고가 방송될 것이다.
(c) 최신 기업 뉴스가 방송될 것이다.

해설 첫 부분에서 광고를 듣기 전에(before we break for a commercial) 날씨 정보를 전달한다고 했다. 정답은 (b)이다.

[3-4] 🔊 04-53

> **M** Let's turn to financial news for a few moments. The governor today announced that several companies are planning to open facilities in cities throughout the state this year.

According to him, the companies will be receiving tax breaks. In return, they will open various manufacturing facilities. The five companies planning to move to the state will hire more than 4,600 full-time workers. That will provide a big boost for the state, which is currently suffering from high unemployment.

> **M** 잠시 금융 관련 뉴스를 알아보겠습니다. 오늘 주지사는 올해 몇몇 기업들이 주 전역의 시에서 시설을 개장할 계획이라고 발표했습니다. 그에 따르면, 기업들은 세금 혜택을 받게 될 것입니다. 그에 대한 보답으로, 기업들은 다양한 생산 시설을 개장할 것입니다. 우리 주로 이전할 계획을 가지고 있는 다섯 개의 기업은 4,600명 이상의 정규직 직원을 고용할 계획입니다. 이는 우리 주에 커다란 활력을 가져다 줄 것인데, 우리 주는 현재 높은 실업률을 겪고 있습니다.

어휘 governor 주지사 tax break 세금 우대 조치 various 다양한 manufacturing facility 제조 시설 boost 힘, 부양책 unemployment 실업 out of work 고장 난; 실직한

3

새로운 시설은 언제 개장할 예정인가?

(a) 올해에
(b) 내년에
(c) 2년 후에

해설 담화 초반부에 주지사가 올해 기업들이 주 전역의 시에서 시설을 개장할 것이라는 내용이 있다. 따라서 정답은 (a)이다.

4

주에 대해 무엇이 암시되고 있는가?

(a) 전국에서 세금이 가장 낮다.
(b) 주민들이 주지사에 대해 불만을 가지고 있다.
(c) 많은 주민들이 실직 상태에 있다.

해설 담화의 마지막 부분에서 현재 주의 실업률이 높다고 했다. 그러므로 정답은 (c)이다.

[5-6] 🔊 04-54

> **W** This is Wendy Nelson with an evening traffic update. I've got some great news for all you commuters listening. Since the Bradford Tunnel finally opened today, traffic has been much lighter than it used to be. This morning, the roads were much less clogged than usual. And traffic seems to be moving well at the moment. There are no significant traffic jams to tell you about. And there hasn't been a single motor vehicle accident all day either.

W 저녁 교통 뉴스의 Wendy Nelson입니다. 방송을 들으시는 모든 통근자분들께 좋은 소식이 있습니다. 드디어 오늘 Bradford 터널이 개통되어 이전보다 차량들의 흐름이 훨씬 빨라졌습니다. 오늘 아침, 도로는 평소보다 훨씬 덜 막혔습니다. 그리고 현재 차량들이 원활하게 이동하고 있는 것으로 보입니다. 말씀을 드릴 만한 중요한 교통 정체는 없습니다. 그리고 오늘 하루 종일 단 한 건의 교통 사고도 없었습니다.

어휘 commuter 통근자 used to ~하곤 했다 clogged 막힌 significant 의미 있는, 중요한 traffic jam 교통 정체 motor vehicle 자동차 all day 하루 종일 protest 항의, 시위

5
여자는 왜 기뻐하는가?
(a) 터널이 예상보다 빨리 개통될 것이다.
(b) 차량들의 흐름이 평소보다 원활하다.
(c) 계획되어 있던 시위가 취소되었다.

해설 화자는 Bradford 터널이 개통되어 차량 흐름이 더 빨라졌다고 했다. 정답은 (b)이다.

6
여자에 의하면, 오늘 일어나지 않은 것은 무엇인가?
(a) 공사
(b) 교통 사고
(c) 도로 폐쇄

해설 담화에서 교통사고는 언급되지 않았으므로 정답은 (b)이다.

[7-8] ◐ 04-55

M Hi, everyone. I'm Rick Carpenter, your host for the next thirty minutes. We've got a very special edition of *Local Stories* for you here on radio 104.5 FM. In the studio is Jenny Peterson. You've probably heard about her on the local news. She's the ten-year-old girl that saved her next-door neighbors when their house caught on fire. She's going to describe exactly what happened that night. Stay tuned for her story after this commercial message.

M 모두들 안녕하십니까? 저는 앞으로 30분 동안의 진행을 맡은 Rick Carpenter입니다. 저희는 이곳 104.5 FM 라디오에서 여러분들을 위해 *Local Stories* 특집을 준비했습니다. 스튜디오에 Jenny Peterson이 나와 있습니다. 여러분들께서는 아마도 지역 뉴스에서 그녀에 관한 이야기를 들어 보셨을 것입니다. 그녀는 이웃의 주택에 불이 났을 때 옆집 이웃들을 구한 10살짜리 소녀입니다. 그녀가 그날 밤 어떤 일이 있었는가를 정확하게 설명해 줄 것입니다. 그녀의 이야기를 계속 들을 수 있도록, 광고가 끝난 후에도 주파수를 고정해 주십시오.

어휘 host 주인; 주최자, 진행자 special edition 특집호 next-door neighbor 옆집 이웃 catch on fire 불이 붙다 describe 묘사하다, 설명하다 stay tuned 주파수를 고정하다, 채널을 고정하다

104.5 FM 시간표

시간	프로그램
오후 6시 – 6시 30분	*6시 뉴스*
오후 6시 30분 – 7시	*지역 소식*
오후 7시 – 7시 30분	*오늘의 스포츠*
오후 7시 30분 – 8시	*시사*

7
도표를 보아라. 지금 시간은 몇 시인가?
(a) 오후 6시
(b) 오후 6시 30분
(c) 오후 7시

해설 화자는 *Local Stories*를 준비했다고 한 것으로 보아, 도표의 '지역 소식'을 진행하고 있다고 볼 수 있다. 따라서 정답은 (b)이다.

8
Jenny Peterson은 누구인가?
(a) 라디오 진행자
(b) 지역 주민
(c) 소방관

해설 지역의 소식으로 Jenny Peterson이 이웃을 구한 뉴스를 전달하고 있다. 따라서 Jenny Peterson은 지역의 주민일 것이므로 (b)가 정답이다.

예상 적중 문제 01-03   p.257

☀ MORE & MORE   ◐ 04-57

1. The speaker is the host of a show. (O)
2. The speaker will interview a guest. (O)
3. The listeners will hear some music next. (×)

1. 화자는 쇼의 진행자이다.
2. 화자는 게스트를 인터뷰할 것이다.
3. 청자들은 이후에 음악을 듣게 될 것이다.

예상 적중 문제 04-06   p.259

☀ MORE & MORE   ◐ 04-59

1. The speaker implies that the winter weather has not been cold. (O)
2. The weather will be windy at night. (O)
3. The speaker predicts bad traffic tomorrow. (×)

1. 화자는 겨울 날씨가 춥지 않았다는 점을 암시한다.
2. 밤에는 바람이 불 것이다.
3. 화자는 내일 교통 체증이 심할 것으로 예상한다.

예상 적중 문제 07-09

p.261

☼ MORE & MORE

◀)) 04-61

1. The building is going to <u>have 100 stories</u>. (×)
2. Rick Trammel is <u>the architect of</u> the building. (×)
3. The construction of the building <u>is behind schedule</u>. (○)

1. 이 건물은 100층이 될 것이다.
2. Rick Trammel은 건물을 설계한 사람이다.
3. 건물 공사가 예정보다 늦어지고 있다.

예상 적중 문제 10-12

p.263

☼ MORE & MORE

◀)) 04-63

1. The company is going to <u>hire more employees</u>. (○)
2. More people <u>have been requesting</u> the company's products this year. (○)
3. The factory <u>will eventually have</u> 500 employees. (×)

1. 회사는 더 많은 직원을 고용할 것이다.
2. 올해 더욱 많은 사람들이 이 회사의 제품을 찾을 것이다.
3. 공장에는 결국 500명의 직원이 있게 될 것이다.

예상 적중 문제 13-15

p.265

☼ MORE & MORE

◀)) 04-65

1. The purpose of the announcement is <u>to discuss a festival</u>. (○)
2. Tim Bradley most likely works <u>at a radio station</u>. (○)
3. <u>It does not cost anything</u> to attend the festival. (○)

1. 방송의 목적은 축제에 대해 이야기하는 것이다.
2. Tim Bradley는 아마도 라디오 방송국에 근무할 것이다.
3. 축제에 참가하는 데 비용은 들지 않는다.

Unit 05 | 광고 및 기타

PART 4 유형 연습

p.269

A

◀)) 04-67

	(a)	(b)	(c)
1	○	○	×
2	○	×	×
3	○	○	×
4	×	○	○
5	○	×	○

1

M Spring is rapidly coming, so it's time to start planting your garden. At Tim's Garden Supply Shop, we sell everything you need to have a top-notch garden. We've got seeds, soil, fertilizer, trees, bushes, and numerous other supplies. Simply speak with our gardening experts, and they'll set you up with precisely what you need. We're located at 76 Maple Street and are open from 8:00 A.M. to 9:00 P.M. every day of the week.

M 봄이 빠르게 다가오고 있기 때문에, 여러분의 정원에 식물을 심어야 할 때가 되었습니다. 저희 Tim's Garden Supply Shop에서는, 최고의 정원을 소유하는 데 필요한 모든 것을 판매하고 있습니다. 저희는 씨앗, 흙, 비료, 나무, 관목, 그리고 기타 수많은 제품들을 갖추고 있습니다. 저희의 원예 전문가와 이야기를 하시면, 그들이 정확히 여러분에게 필요한 것을 마련해 드릴 것입니다. 저희는 Maple 가 76번지에 위치해 있으며 오전 8시부터 오후 9시까지 일주일 내내 영업합니다.

(a) 이 광고는 원예용품 매장에 관한 것이다.
(b) 남자는 청자들에게 매장 직원으로부터 조언을 구하라고 말한다.
(c) 이 매장은 주말 동안에 문을 닫는다.

어휘 rapidly 빠르게 plant 식물; 식물을 심다 top-notch 최고의 seed 씨앗, 종자 fertilizer 비료 bush 관목 expert 전문가

해설 담화의 마지막 부분에서 일주일 내내 영업한다고 했으므로 (c)는 일치하지 않는 내용이다.

2

W Before we begin our tour, I need to remind you of a few rules. Taking pictures is forbidden in the gallery. You can buy postcards and posters of all the artwork on display in our gift shop. Please speak in low voices as well. That way, you won't disturb our other patrons. And there should be no running or playing either. This tour will last one hour and will show you the highlights of our collection. Follow me, please.

W 관람을 시작하기에 앞서, 몇 가지 규정을 상기시켜 드리겠습니다. 미술관 내에서는 사진 촬영이 금지됩니다. 기념품 가게에서 전시된 미술에 관한 엽서와 포스터를 구입하실 수 있습니다. 또한 작은 목소리로 말씀해 주십시오. 그렇게 하시면, 다른 관람객들에게 방해가 되지 않을 것입니다. 그리고 뛰거나 장난을 치셔도 안 됩니다. 이번 관람은 한 시간 동안 계속될 것이며 여러분께서는 소장품 중 가장 흥미로운 것들을 보시게 될 것입니다. 저를 따라 오십시오.

(a) 여자는 아마도 여행 가이드일 것이다.
(b) 여자는 화자들에게 사진을 찍을 것을 권하고 있다.
(c) 여자는 화자들에게 기념품 가게를 방문하라고 말한다.

어휘 remind A of B A에게 B를 상기시키다 forbid 금지하다 gallery 미술관 postcard 엽서 poster 포스터 artwork 미술 작품, 예술품 on display 전시 중인, 진열된 disturb 방해하다 patron 후원자; (도서관이나 미술관의) 이용객 highlight 가장 흥미로운 부분

해설 담화의 내용이 미술관 내에서 지켜야 할 사항들이며, 마지막 부분에서 자신을 따라 오라고 한 것으로 보아 화자는 가이드일 것이다. 그러므로 (a)는 올바른 진술이다.

3

W　Take a look off to the starboard side of the ship. Starboard refers to the right in case you don't know. You can see a herd of buffalo grazing on the grass. Those buffalo belong to local rancher Jed Thompson. He owns a great amount of land alongside the Snake River. We're going to continue going upriver for about ten more minutes. Then, we're going to dock and have lunch at a local restaurant.

W　배의 우현을 바라봐 주십시오. 모르시는 경우를 위해 말씀을 드리면, 'starboard'는 오른쪽을 가리킵니다. 여러분들께서는 풀밭에서 풀을 뜯어먹고 있는 물소 떼를 보실 수 있습니다. 저 물소들은 인근 목장의 주인인 Jed Thompson의 소유입니다. 그는 Snake 강을 따라 많은 땅을 소유하고 있습니다. 우리는 약 10분 동안 계속해서 상류로 올라갈 것입니다. 그리고 나서, 부두에 내린 후에 인근 식당에서 점심을 먹을 것입니다.

(a) 화자들은 아마도 수상에 있을 것이다.
(b) Jed Thompson은 목장 주인이다.
(c) 청자들은 10분 후에 Jed Thompson을 만날 것이다.

어휘 starboard (배 등의) 우현 refer to ~을 가리키다, ~을 지칭하다 in case ~하는 경우를 대비해서 herd 떼, 무리 graze 풀을 뜯어 먹다 belong to ~에 속하다 rancher 목장 주인 alongside ~을 따라 upriver 강의 상류로 dock 부두; 부두에 배를 대다

해설 목장의 주인이 Jed Thompson이라고 했지만, 그를 만날 것이라는 내용은 언급되지 않았다. 따라서 (c)는 일치하지 않는 내용이다.

4

W　Are you tired of coming home unsatisfied after your latest haircut? Does your stylist often ignore the instructions you give? If you said yes to either question, why don't you visit the Moonlight Salon? Our hairdressers will listen carefully to you. In fact, they won't touch a single hair on your head until you've fully explained how you want your hair treated. We take pride in the customer service we provide. Call 632-4954 to make a reservation.

W　최신 스타일로 머리를 자르신 후 만족하지 못하고 집으로 돌아오는 일이 지겨우신가요? 스타일리스트가 종종 당신의 지시를 무시하나요? 두 가지 중 한 가지 질문에 그렇다고 답하신다면, Moonlight Salon을 방문하시는 것이 어떨까요? 저희 헤어드레서들은 여러분의 말에 귀를 기울일 것입니다. 실제로, 여러분께서 머리를 어떻게 하고 싶으신지 충분한 설명을 하지 않으시면, 그들은 한 가닥의 머리카락에도 손을 대지 않을 것입니다. 저희는 저희가 제공하는 고객 서비스에 자부심을 느끼고 있습니다. 예약을 하시려면 632-4954로 전화를 주십시오.

(a) 이 광고는 화장품 매장에 관한 것이다.
(b) 여자는 매장에서 고객 서비스가 중요하다고 말한다.
(c) 여자는 청자들에게 전화를 해서 예약을 하라고 말한다.

어휘 be tired of ~에 싫증나다 unsatisfied 만족하지 못한 latest 최신의, 최근의 haircut 이발, 헤어스타일 ignore 무시하다 instruction 지시 fully 충분히 treat 다루다 take pride in ~에 자부심을 갖다

해설 담화는 미용실 광고이므로 (a)는 사실이 아닌 진술이다.

5

M　We're about to enter the construction area, so everyone needs to wear one of these hardhats. Do not take them off at any time while you're on the site. These hats are for your protection. The site is quite large, which makes it easy to get confused. Be sure to stay with me, and I'll guide you to the proper place. We've got several places to inspect, so let's get moving.

M　곧 건설 현장으로 들어갈 것이기 때문에, 모든 분들께서는 이 안전모 중 하나를 쓰셔야 합니다. 현장에 계시는 동안에는 어느 때라도 벗지 마십시오. 이 안전모는 여러분을 보호하기 위한 것입니다. 현장이 상당히 넓기 때문에, 쉽게 혼동을 하실 수 있습니다. 잊지 마시고 제 곁에 있으시면, 제가 여러분들을 적절한 장소로 안내해 드리겠습니다. 점검해야 할 곳이 여러 군데이므로, 이동을 시작합시다.

(a) 담화의 목적은 지시를 하기 위한 것이다.
(b) 남자는 청자들에게 모자와 부츠를 착용하라고 말한다.
(c) 청자들은 점검을 하는 동안 몇 군데의 장소를 방문하게 될 것이다.

어휘 hardhat 안전모 take off ~을 벗다 site 장소, 현장 protection 보호 confused 혼란스러운, 혼동되는 proper 적절한 inspect 조사하다, 검사하다 inspection 사찰; 조사, 검사

해설 안전모를 착용하라는 내용은 있지만 부츠를 신으라는 내용은 없으므로 (b)는 잘못된 진술이다.

B

1 (c)	2 (a)	3 (a)
4 (b)	5 (a)	6 (c)
7 (a)	8 (c)	

[1-2] 🔊 04-68

W　We've now reached the end of our tour. I hope you enjoyed the past two hours as we've seen most of the museum's collection. If you have any questions, I'd be glad to answer them. The museum isn't closing for another hour. So you have time to go back if there's something you'd like to see again. Right behind me is our gift shop. Please feel free to purchase any books, posters, or other souvenirs you want.

W　이제 관람을 마칠 시간이 되었습니다. 박물관 전시물의 대부분을 본 지난 두 시간이 즐거우셨기를 바랍니다. 질문이 있으시면 제가 기꺼이 대답해 드리겠습니다. 이후 한 시간 동안은 박물관이 문을 닫지 않을 것입니다. 그러니 다시 보고 싶으신 것이 있는 경우에는 다시 가 볼 수 있는 시간이 있습니다. 제 바로 뒤쪽에는 기념품 가게가 있습니다. 책, 포스터, 혹은 원하시는 기타 기념품들을 마음껏 구입하셔도 좋습니다.

어휘 souvenir 기념품

1
청자들은 어디에 있는 것 같은가?
(a) 서점에
(b) 도서관에
(c) 박물관에
해설 담화 초반부에서 화자는 박물관 관람이 즐거웠기를 바란다고 했다. 따라서 정답은 (c)이다.

2
여자는 청자들에게 무엇을 할 것을 권하는가?
(a) 기념품 가게를 방문한다
(b) 푸드 코트에 간다
(c) 또 다른 관람을 한다
해설 담화의 마지막 부분에서 기념품 가게를 안내하고 있으며, 원하는 것을 구입하라고 말했다. 따라서 정답은 (a)이다.

[3-4] 🔊 04-69

W　Hatfield's has just received a new shipment of imported clothing. We've got the latest styles and fashions from Europe and Asia for both men and women. Come down to our store at 55 Lambert Street, and you can see what we have. For the next three days, we're going to have a special sale on all our clothes. Everything will be 20% off. Get here quickly because our stock is sure to sell fast thanks to our low prices.

W　Hatfield's에 수입 의류가 새로 도착했습니다. 저희는 남성과 여성 모두를 위한, 유럽 및 아시아에서 온 최신 스타일의 의류 제품을 보유하고 있습니다. Lambert 가 55번지의 저희 매장으로 오시면, 저희가 보유하고 있는 것들을 보실 수 있습니다. 다음 3일 동안, 저희는 모든 의류 제품에 대해 특별 세일을 실시할 것입니다. 모든 제품이 20% 할인될 것입니다. 낮은 가격 때문에 틀림없이 재고가 빨리 소진될 것이므로 서둘러서 이곳으로 오십시오.

어휘 shipment 선적, 수송 imported 수입된 latest 최신의 stock 재고 grocery store 식품점 dry cleaner's 세탁소

3
Hatfield's는 무엇인 것 같은가?
(a) 의류 매장
(b) 식품점
(c) 세탁소
해설 담화에서 보유하고 있는 옷의 종류와 할인 행사에 대해 안내하고 있다. 정답은 (a)이다.

4
쇼핑객들은 얼마의 할인을 받게 될 것인가?
(a) 10%
(b) 20%
(c) 30%
해설 할인 행사는 3일 동안 진행되며 모든 제품이 20% 할인될 것이라고 했다. 정답은 (b)이다.

[5-6] 🔊 04-70

M　The Kennedy Swim Center is going to open its doors for the first time on May 1. We have an Olympic-sized pool as well as two smaller ones. We'll be offering swimming lessons for people of all ages. Individual and family memberships are available. You can also purchase daily or weekly passes. Go to our Web site at www.kennedyswimcenter.com, and you can find out all about our rates. We hope to see you soon.

M　Kennedy 수영 센터가 5월 1일에 처음으로 문을 열 예정입니다. 저희는 두 개의 작은 수영장과 함께 올림픽 규격에 맞는 수영장도 갖추고 있습니다. 저희는 모든 연령대를 위한 수영 강습을 제공해 드릴 것입니다. 개인 및 가족 회원권도 구입이 가능합니다. 또한 일일 사용권이나 일주일 사용권을 구입하실 수도 있습니다. 저희 웹사이트인 www.kennedyswimcenter.com을 방문하시면, 요금에 대한 모든 것을 확인하실 수 있습니다. 곧 뵙기를 바랍니다.

어휘 for the first time 처음으로, 최초로 A as well as B B뿐만 아니라 A도 pass 지나가다; 통행증, 출입증 find out 알아내다 rate 요금

5

5월 1일에 어떤 일이 일어날 것인가?

(a) Kennedy 수영 센터가 문을 열 것이다.

(b) Kennedy 수영 센터가 문을 닫을 것이다.

(c) Kennedy 수영 센터가 수리될 것이다.

해설 담화의 첫 부분에서 5월 1일에 수영 센터가 개장한다고 했다. 정답은 (a)이다.

6

청자들은 Kennedy 수영 센터에 관해 어떻게 더 알 수 있는가?

(a) 전화함으로써

(b) 센터를 방문함으로써

(c) 웹사이트를 방문함으로써

해설 담화의 후반부에서 웹사이트에 접속하면 요금에 대한 모든 것을 확인할 수 있다고 안내하고 있다. 정답은 (c)이다.

[7-8]　　　　　　　　　　　◀)) 04-71

M	The Cumberland Community Festival is going to be held from September 3 to 5. Everyone is invited to attend this special event. We're going to have all kinds of games for the kids. There will be food stalls everywhere. Farmers are going to be selling their produce here. And there will be many events unique to the Cumberland area. Attendance is free, so bring the entire family with you. Call 486-2543 to find out more.
M	컴벌랜드 지역 축제가 9월 3일부터 5일까지 개최될 예정입니다. 모든 분들을 이 특별한 행사에 초대합니다. 저희는 아이들을 위한 온갖 종류의 게임을 준비할 것입니다. 어디에서나 식사를 할 수 있는 노점이 있을 것입니다. 농부들은 이곳에서 자신의 농산물을 판매할 것입니다. 그리고 컴벌랜드 지역에서만 열리는 여러 가지 행사들이 진행될 것입니다. 입장료는 무료이기 때문에, 가족을 모두를 데리고 오십시오. 더 많은 것을 알고 싶으시면 486-2543으로 전화를 주십시오.

어휘 from A to B A에서 B까지　stall 가판대, 노점　produce 생산품, 농작물　unique 유일한, 독특한　attendance 참석, 출석

컴벌랜드 지역 축제 전화번호부

전화번호	이름
486-2543	Betsy Roth
486-2547	Mason Campbell
486-2549	Elizabeth Turner
486-2450	Marcia O'Neill

7

도표를 보아라. 전화하는 사람들은 누구와 이야기하게 될 것인가?

(a) Betsy Roth

(b) Mason Campbell

(c) Elizabeth Turner

해설 담화의 마지막에 언급된 전화번호는 486-2543이므로, 정답은 (a)이다.

8

화자는 축제에 대해 무엇을 말하는가?

(a) 농장에서 열릴 것이다.

(b) 일주일 동안 계속될 것이다.

(c) 참가하는 데 비용이 들지 않는다.

해설 담화의 후반부에서 입장료는 무료라고 했으므로 정답은 (c)이다.

예상 적중 문제 01-03　　　p.273

☀ **MORE & MORE**　　　◀)) 04-73

1. The event takes place on a weekend. (O)

2. Only firms from one country will attend the event. (×)

3. Interested listeners can call for more information. (×)

1. 행사는 주말에 열린다.

2. 한 국가의 기업들만 행사에 참여할 것이다.

3. 관심이 있는 청자들은 더 많은 정보를 얻기 위해 전화할 수 있다.

예상 적중 문제 04-06　　　p.275

☀ **MORE & MORE**　　　◀)) 04-75

1. The *Daily Review* only covers local news. (×)

2. One- and two-year subscriptions are being offered. (×)

3. The *Daily Review* is delivered every morning by 8:00. (×)

1. *Daily Review*는 지역 뉴스만 다룬다.

2. 1년 구독과 2년 구독이 가능하다.

3. *Daily Review*는 매일 아침 8시까지 배달된다.

예상 적중 문제 07-09　　　p.277

☀ **MORE & MORE**　　　◀)) 04-77

1. The speaker implies that business increases during summer. (O)

2. Jim's Engineering has built more than 200 swimming pools. (O)

3. Jim's Engineering charges clients for estimates. (×)

1. 화자는 여름에 일이 많아진다는 것을 암시한다.

2. Jim's Engineering은 200개 이상의 수영장을 건설했다.

3. Jim's Engineering은 고객에게 견적 요금을 청구한다.

☀ **MORE & MORE**　　　　　🔊 04-79

1. Amy is <u>most likely a visitor</u>. (×)
2. The museum has <u>at least two floors</u>. (O)
3. The museum contains <u>art from other countries</u>. (O)

1. Amy는 아마도 방문객일 것이다.
2. 박물관에는 최소 2개의 층이 있다.
3. 박물관에는 다른 여러 나라의 예술품이 소장되어 있다.

☀ **MORE & MORE**　　　　　🔊 04-81

1. The company can <u>design new Web sites</u>. (O)
2. The company is <u>giving a special offer</u> to new customers. (O)
3. The company only does work <u>in one language</u>. (×)

1. 회사는 새로운 웹사이트를 디자인할 수 있다.
2. 회사는 신규 고객에게 특별 할인을 제공한다.
3. 회사는 한 가지 언어만 작업한다.

Unit 03-05 | 연습 문제　　　　　p.282

🔊 04-82

1	(B)	2	(D)	3	(B)
4	(A)	5	(B)	6	(D)
7	(B)	8	(D)	9	(A)
10	(B)	11	(A)	12	(B)
13	(B)	14	(C)	15	(D)
16	(B)	17	(C)	18	(C)

[1-3]

M　1) **If you read my newest book, entitled *Making Your Way in Business***, you'll learn all about how to start your own business and how to run it properly. 2) **It also describes the way that I started out as a small business owner twenty years ago but managed to turn my company into a firm that conducts business around the world**. Once this presentation is complete, please feel free to ask any questions that you may have. 3) **You can also get more information on my Web site, where you can sign up for a variety of tutorials on business.**

M　*사업에서 성공하기*라는 저의 최신작을 읽으시면 어떻게 사업을 시작해서 어떻게 적절히 운영해야 하는지에 관한 모든 것을 알게 될 것입니다. 제가 20년 전 소규모 사업체의 소유주로서 일을 시작했지만, 저의 회사를 전 세계에서 사업하는 기업으로 바꾸어 놓았던 방법도 이 책에서 설명되어 있습니다. 이번 발표가 끝나면, 질문이 있으신 경우에는 주저하지 마시고 질문해 주십시오. 웹사이트에서도 더 많은 정보를 얻으실 수 있으며, 여기에서는 사업에 관한 다양한 학습 프로그램에 등록하실 수 있습니다.

어휘 entitle 제목을 붙이다　describe 묘사하다, 설명하다　turn A into B A를 B로 바꾸다　tutorial 지침서; 학습 프로그램

1
화자는 최근에 무엇을 했는가?
(A) 새로운 회사를 설립했다
(B) 책을 출판했다
(C) 수상을 했다
(D) 강연을 했다

해설 담화 첫 부분의 'If you read my newest book, entitled *Making Your Way in Business*'라는 문장을 통해서, 화자가 새로운 책을 출판했다는 것을 알 수 있다. 정답은 (B)이다.

2
화자는 누구인 것 같은가?
(A) 창고 관리자
(B) 전문 요리사
(C) 공장장
(D) 사업주

어휘 foreman 현장 감독, 공장장

해설 담화 중반부에서 화자는 자신이 20년 전에 창업했고(It also describes the way that I started out as a small business owner twenty years ago) 회사를 전 세계에서 사업하는 업체로 성장시켰다고(but managed to turn my company into a firm that conducts business around the world) 했다. 화자는 자신이 창업했던 회사를 현재도 운영하고 있으므로 정답은 (D)이다.

3
청자들은 웹사이트를 방문해서 무엇을 할 수 있는가?
(A) 증명서를 읽는다
(B) 학습 프로그램에 등록한다
(C) 읽기 자료를 주문한다
(D) 동영상을 시청한다

어휘 testimonial 증명서　reading material 읽기 자료, 읽을거리

해설 담화의 마지막 부분에 웹사이트와 관련된 정보가 있다. 웹사이트에서 더 많은 정보를 얻을 수 있다고(You can also get more information on my Web site) 설명한 다음, 이곳에서 사업에 관한 다양한 학습 프로그램에 등록할 수 있다고(where you can sign up for a variety of tutorials on business) 안내하고 있다. 그러므로 정답은 (B)이다.

[4-6]

M   **4) If you have something that must be delivered immediately, call Rapid Service.** We can deliver anything anywhere in the country in 24 hours or less. **5) Just go to our Web site at www.rapidservice.com. Click on "Send a Package" and follow the instructions.** In most cases, a Rapid delivery person will arrive within 1 hour to pick up your package and to send it on its way. **6) If it takes longer than 24 hours to deliver your package, we will refund all your money.**

M   무언가를 당장 배달해야 하는 경우에는 Rapid Service로 전화하십시오. 저희는 무엇이든지 24시간 내에 전국 어느 곳이든 배달해 드릴 수 있습니다. 저희의 웹사이트인 www.rapidservice.com을 방문하십시오. "택배 보내기"를 클릭하시고 지시를 따르십시오. 대부분의 경우, 한 시간 이내에 Rapid의 택배 기사가 소포를 찾으러 와서 배송을 처리할 것입니다. 소포를 배달하는 데 24시간이 넘게 걸리는 경우에는, 전액을 환불해 드리겠습니다.

어휘 immediately 즉시, 당장   instruction 지시   package 꾸러미, 소포   refund 환불하다   delivery company 택배 회사   catering company 음식 제공업체   airline 항공사   recommend 추천하다   businesspeople 사업가   unsatisfactory 불만족스러운

4

Rapid Service는 무엇인가?

(A) 택배 회사
(B) 음식 제공업체
(C) 항공사
(D) 버스 회사

해설 Rapid Service라는 업체명은 담화의 첫 문장, 'If you have something that must be delivered immediately, call Rapid Service.'에서 들을 수 있다. 이를 통해 Rapid Service라는 곳은 택배 회사라는 사실을 알 수 있으므로 정답은 (A)의 A delivery company 이다.

5

고객들은 Rapid Service에 어떻게 연락할 수 있는가?

(A) 매장 중 한 곳을 방문함으로써
(B) 웹페이지를 방문함으로써
(C) 전화 번호로 전화함으로써
(D) 팩스를 보냄으로써

해설 Rapid Service의 이용 방법은 'Just go to our Web site at www.rapidservice.com. Click on "Send a Package" and follow the instructions.'라는 부분에서 확인할 수 있다. 즉 웹사이트로 가서 클릭을 하면 택배를 신청할 수 있으므로 (B)의 By going to a Web page가 정답이다.

6

화자는 Rapid Service에 대해 무엇을 말하는가?

(A) 여러 나라에 지사를 두고 있다.
(B) 가장 저렴한 가격의 서비스를 제공한다.
(C) 많은 사업가들에 의해 추천을 받고 있다.
(D) 불만족스러운 일처리에 대해서는 환불해 준다.

해설 화자는 자신들의 장점이 24시간 이내의 배달임을 강조하면서, 배달 시간이 24시간을 넘기는 경우에는 '전액을 환불해 주겠다(we will refund all your money)'고 말한다. 따라서 광고에서 언급된 사항은 (D)이다

[7-9]

W   Hello. You have reached the Bank of Toledo. We're terribly sorry, **7-1) but we are closed for the day. 7-2) We will be open again tomorrow morning from 9:00 until 4:00 in the afternoon.** If you want to leave a message, please press 1. **8) If you want to check the balance on your account, please go to our Web site and enter your information. 9) If you have a banking emergency, please call 903-1012.** Leave a message, and someone will call you back within five minutes. Thank you. Goodbye.

W   안녕하십니까. Toledo 은행에 연결되셨습니다. 대단히 죄송하지만, 오늘은 영업이 끝났습니다. 저희는 내일 오전 9시부터 오후 4시까지 다시 문을 열 예정입니다. 메시지를 남기시고 싶으시면 1번을 눌러 주십시오. 계좌의 잔액을 확인하고 싶으면 저희 웹사이트를 방문하셔서 정보를 입력해 주십시오. 긴급한 은행 업무가 있으신 경우에는 903-1012로 전화를 주십시오. 메시지를 남기시면, 누군가가 5분 내로 다시 전화를 드릴 것입니다. 감사합니다. 안녕히 계십시오.

어휘 reach 도달하다, 닿다; (전화로) 연락하다   closed for the day 영업이 끝난   check a balance 통장 잔액을 확인하다   emergency 긴급 상황   operation 운영, 가동   describe 묘사하다, 설명하다   report 보고하다, 알리다   loan 대출   make a transfer 이체하다

7

메시지의 주된 목적은 무엇인가?

(A) 영업 시간을 언급하기 위해
(B) 정보를 제공하기 위해
(C) 고객에게 사과하기 위해
(D) 다가 오는 행사에 대해 설명하기 위해

해설 담화의 초반 내용으로 보아 이 담화는 Toledo 은행의 ARS 멘트임을 알 수 있다. 화자는 영업이 끝났음을 알린 후, ARS 상으로 확인할 수 있는 사항, 즉 잔액 확인과 같은 내용에 대해 설명을 한다. 따라서 메시지의 목적은 (B)의 To provide information(정보를 제공하기 위해)이다. 영업 시간을 언급하기는 했지만, 영업 시간을 알리려는 것이 메시지의 주된 목적은 아니므로 (A)는 정답이 될 수 없다.

8

전화를 건 사람은 어떻게 은행 계좌의 정보를 얻을 수 있는가?

(A) 1번을 누름으로써

(B) 2번을 누름으로써

(C) 현금 인출기에 감으로써

(D) 웹사이트를 방문함으로써

해설 'If you want to check the balance on your account, please go to our Web site and enter your information.'이라는 문장을 통해, 계좌 정보는 웹사이트를 통해 제공된다는 것을 알 수 있다. 따라서 정답은 (D)의 By going to a Web site이다. (A)는 메시지를 남기고자 하는 경우에 해야 할 행동이다.

9

왜 다른 번호로 전화를 걸 수도 있는가?

(A) 긴급 상황을 알리기 위해

(B) 대출을 신청하기 위해

(C) 계좌 이체를 하기 위해

(D) 계좌 해지를 하기 위해

해설 화자는 '긴급한 은행 업무가 있는 경우(if you have a banking emergency)'에 903-1012로 전화하라고 안내하고 있다. 이는 현재 통화하고 있는 번호와 다른 번호일 것이므로 정답은 (A)의 To report an emergency(긴급 상황을 알리기 위해)이다.

[10-12]

M	Thank you all for tuning in to *Late Night with Ken Powers*. **10) We are the number-one rated radio program in the city for our time slot**. And it's all thanks to you listeners. We've got a great show for you tonight. **11-1) Local band the Crimson Tomatoes is here. 11-2) We're going to hear the band's newest songs live in the studio**. **12) But first, let's take a short break for some local news**. After that and a short commercial break, we'll be right back.
M	Late Night with Ken Powers로 주파수를 맞춰 주신 모든 분들께 감사를 드립니다. 저희는 같은 시간대에 시내 청취율 1위인 라디오 프로그램입니다. 그리고 이는 모두 청취자 여러분들 덕분입니다. 오늘 밤 여러분들을 위해 저희가 멋진 쇼를 준비해 두었습니다. 지역 밴드인 Crimson Tomatoes가 이곳에 와 있습니다. 이 밴드의 최신 곡들을 생방송으로 스튜디오에서 듣게 될 것입니다. 하지만 먼저, 몇 가지 지역 뉴스를 듣기 위해 잠시 쉬어 가도록 하겠습니다. 뉴스와 짧은 광고 뒤에 다시 돌아오겠습니다.

어휘 tune in to ~으로 채널을 맞추다, ~으로 주파수를 맞추다   rate 평가하다, 등급을 매기다   time slot 시간대   commercial 상업 광고   make one's debut 처음으로 등장하다, 데뷔하다   troupe 극단

10

화자는 쇼에 대해 무엇을 말하는가?

(A) 오늘 밤에 처음 시작할 것이다.

(B) 동 시간대에 가장 인기가 높은 쇼이다.

(C) 곧 명칭이 바뀔 것이다.

(D) 한 시간 동안 계속될 것이다.

해설 화자는 담화의 초반부에 'We are the number-one rated radio program in the city in our time slot.'이라고 말하면서 자신의 프로그램을 소개하고 있다. 즉, 이 프로그램은 같은 시간대의 방송 중 가장 인기가 높은 프로그램임을 알 수 있으므로 정답은 (B)이다.

11

Crimson Tomatoes는 누구인가?

(A) 밴드

(B) 무용단

(C) 길거리 공연가

(D) 예술가 그룹

해설 Crimson Tomatoes라는 명칭은 'Local band the Crimson Tomatoes is here.'라는 문장에서 들을 수 있다. 이어서 화자는 이들이 라이브로 최신 곡을 노래할 것이라고 소개하고 있으므로 Crimson Tomatoes는 밴드의 이름이라는 것을 알 수 있다. 따라서 정답은 (A)의 A band이다.

12

이다음에 어떤 일이 일어날 것인가?

(A) 음악이 연주될 것이다.

(B) 뉴스가 보도될 것이다.

(C) 연설이 있을 것이다.

(D) 광고가 방송될 것이다.

해설 이다음에 일어날 일을 묻고 있으므로 담화의 후반부 내용에서 정답의 단서를 찾도록 한다. 'But first, let's take a short break for some local news.'라는 말을 통해, 담화가 끝난 다음에는 지역 뉴스가 방송될 것임을 알 수 있다. 따라서 정답은 (B)이다.

[13-15]

W	Good evening, commuters. This is Kate O'Neal with an important traffic update. **13) Drivers are advised to avoid heading south on Interstate 15. 14) There was a four-car pileup near Exit 8, and it has caused traffic to back up more than 5 kilometers.** That's causing traffic jams in other parts of the city. Tow trucks and emergency vehicles have arrived at the accident scene. The cars should be moved in about ten minutes. **15) But it looks like most commuters will experience delays of an hour or so this evening.**

W 출퇴근 중이신 분들, 안녕하세요. 중요한 최신 교통 정보를 가지고 온 Kate O'Neal입니다. 운전자분들께 15번 고속도로의 남쪽으로 가는 것을 피하실 것을 권해 드립니다. 8번 진출로 부근에서 4중 충돌 사고가 있었고, 이로 인해 5킬로미터 이상의 교통 정체 구간이 발생했습니다. 이로써 시의 다른 부분에서도 교통 체증이 발생하고 있습니다. 견인차와 구급차들이 사고 현장에 도착했습니다. 차량들은 약 10분 후에 옮겨질 것입니다. 하지만 오늘 저녁 출퇴근하시는 분들은 대부분 한 시간 정도 정체 현상을 겪으시게 될 것으로 보입니다.

어휘 commuter 통근자 update 업데이트; 최근 소식 advise 조언하다, 충고하다 avoid 피하다, 삼가다 head 향하다 pileup 연쇄 충돌 cause 일으키다, 야기하다 back up 정체하다 traffic jam 교통 체증 tow truck 견인차 emergency vehicle 구급차 scene (범죄나 사고 등의) 현장 flip over 뒤집어지다, 전복되다 lane 도로

13
화자는 청자들에게 무엇을 하지 말라고 이야기하는가?
(A) 시내의 다리를 건넌다
(B) 도로에서 남쪽으로 운전을 한다
(C) 시내 중심가의 도로를 이용한다
(D) 터널을 통과한다

해설 담화의 초반부에서 화자는 자신을 소개한 후, 'Drivers are advised to avoid heading south on Interstate 15.'이라고 말하면서 청취자들에게 15번 고속도로의 남쪽으로 가지 말 것을 권하고 있다. 따라서 피해야 할 행동은 (B)의 Driving south on a road(도로에서 남쪽으로 운전을 한다)이다.

14
무엇이 고속도로에 문제를 일으켰는가?
(A) 도로에서 트럭이 전복되었다.
(B) 공사로 인해 몇몇 차선이 폐쇄되었다.
(C) 몇 대의 차량이 서로 충돌했다.
(D) 도로변의 차량에 불이 붙었다.

해설 고속도로가 정체되고 있는 이유를 언급한 부분을 잘 듣도록 한다. 'There was a four-car pileup near Exit 8, and it has caused traffic to back up more than 5 kilometers.'라는 부분을 통해, 8번 진출로에서 4중 충돌 사고가 발생하여 이것이 교통 정체의 원인이 되었다는 점을 알 수 있다. 그러므로 정답은 (C)이다.

15
대부분의 통근자들에게 있어서 정체 현상은 어느 정도 지속될 것인가?
(A) 10분
(B) 15분
(C) 30분
(D) 60분

해설 화자는 담화의 후반부에서 교통 사고가 정리되고 있다는 뉴스를 전한 후, 'But it looks like most commuters will experience delays of an hour or so this evening.'이라고 말하면서 저녁이 되어도 정체 현상은 한 시간 정도 지속될 것임을 알리고 있다. 따라서 예상되는 정체 시간은 (D)의 60 minutes이다.

[16-18]

M Good morning, ladies and gentlemen. I'm Seamus, and 16) **I'm going to be your guide on your walking tour of Dublin this morning.** As you can see, 17-1) **the museum is directly behind us.** 17-2) **We're going to leave the park and go into the museum** in a few moments. You'll get a great look at Irish history inside. After we come back out, we'll start our walking tour. 18) **Would you all please look at the maps I just gave you?** Each has our route marked in red.

M 신사 숙녀 여러분, 안녕하세요. 저는 Seamus로, 오늘 아침 더블린의 도보 여행에서 여러분의 가이드가 되어 드릴 것입니다. 보시다시피, 박물관은 바로 뒤쪽에 있습니다. 우리는 잠시 후에 공원을 떠나서 박물관으로 입장할 것입니다. 여러분들은 내부에서 아일랜드의 역사를 유심히 살펴보게 될 것입니다. 다시 밖으로 나온 후에는, 도보 여행을 시작할 것입니다. 제가 조금 전에 나누어 드린 지도를 모두 살펴봐 주시겠어요? 각 지도에 빨간색으로 우리의 경로가 표시되어 있습니다.

어휘 walking tour 도보 여행 directly 곧장; 바로 ~에 in a few moments 잠시 후에 route 길, 루트 mark 표시하다 curator 큐레이터

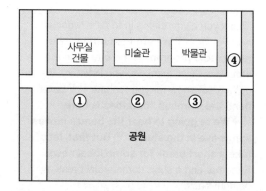

16
화자는 누구인 것 같은가?
(A) 박물관 큐레이터
(B) 여행 가이드
(C) 호텔 직원
(D) 버스 기사

해설 화자가 자기 자신을 소개하는 담화의 초반부에서 화자는 자신이 오늘 아침 더블린 도보 여행의 가이드 역할을 할 것이라고(I'm going to be your guide on your walking tour of Dublin this morning) 말한다. 이후에도 화자는 여행 일정과 관련된 이야기를 하고 있으므로 화자의 직업은 (B)의 A tour guide(여행 가이드)이다.

17

도표를 보아라. 청자들은 어디에 있는가?

(A) 1

(B) 2

(C) 3

(D) 4

해설 화자는 자신들의 바로 뒤에 박물관이 있다고(the museum is directly behind us) 한 다음, 공원에서 출발하여 박물관에 갈 것이라고(We're going to leave the park and go into the museum) 말하고 있다. 지도에서 이에 해당되는 위치는 ③이므로 정답은 (C)이다.

18

화자는 청자들에게 무엇을 할 것을 요청하는가?

(A) 요금을 지불한다

(B) 질문을 한다

(C) 지도를 본다

(D) 사진을 찍는다

해설 담화의 후반부에서 화자는 'Would you all please look at the maps I just gave you?'라고 말하면서 청자들에게 지도로 이동 경로를 확인할 것을 요청하고 있다. 따라서 화자가 청자들에게 요청하는 것은 (C)의 Look at a map(지도를 본다)이다.

PART 4 실전 문제 연습 p.284

04-83

1	(B)	2	(A)	3	(C)
4	(B)	5	(D)	6	(D)
7	(B)	8	(A)	9	(D)
10	(D)	11	(B)	12	(A)
13	(A)	14	(D)	15	(B)
16	(B)	17	(B)	18	(D)
19	(B)	20	(B)	21	(C)
22	(D)	23	(D)	24	(C)
25	(D)	26	(A)	27	(C)
28	(D)	29	(B)	30	(C)

[1-3]

M Hello. My name is Wayne Hamilton. 1) **I'd like to make a reservation for dinner for tomorrow night**. There will be two people in my party. We'd like a table at 6:30 in the evening. 2) **In addition, if you could seat us by the window, I'd really appreciate it.** 3) **I've been to your restaurant many times in the past, and I love to look out the window and watch the ocean while I dine.**

It's a wonderful experience. Please call me back at 482-1243 to confirm that you have a table for me. Thank you very much. Goodbye.

M 안녕하세요. 제 이름은 Wayne Hamilton입니다. 저는 내일 밤 저녁 식사를 위해 예약을 하고 싶습니다. 두 명의 일행이 있을 것입니다. 저희는 저녁 6시 30분 자리를 원합니다. 또한, 창가 자리로 해 주시면 정말로 고맙겠습니다. 저는 과거에도 여러 차례 귀하의 식당에 가 보았는데, 저는 식사를 하면서 창 밖으로 바다를 바라보는 것을 정말 좋아합니다. 멋진 경험이죠. 자리가 있다는 것을 확인시켜 주시려면 482-1243으로 다시 전화해 주십시오. 정말 감사합니다. 안녕히 계세요.

어휘 make a reservation 예약하다 party 파티; 단체, 일행 seat 앉히다 in the past 과거에 dine 식사하다 confirm 확인하다 praise 칭찬하다 apology 사과 revise 수정하다, 개정하다

1

전화를 건 목적은 무엇인가?

(A) 서비스를 칭찬하기 위해

(B) 예약하기 위해

(C) 불만을 제기하기 위해

(D) 예약을 취소하기 위해

해설 담화의 초반부에서 화자는 자신의 이름을 밝힌 다음, 'I'd like to make a reservation for dinner for tomorrow night.'이라고 말하면서 전화를 건 목적을 말하고 있다. 즉 내일 밤 저녁 식사 자리를 예약하기 위해 전화를 건 것이므로 정답은 (B)의 To make a reservation(예약하기 위해)이다.

2

남자는 어떤 요청을 하는가?

(A) 자신이 창가 자리를 얻어야 한다

(B) 자신에게 또 다른 청구서가 보내져야 한다

(C) 자신이 사과 편지를 받아야 한다

(D) 자신에게 특별 메뉴가 제공되어야 한다

해설 'In addition, if you could seat us by the window, I'd really appreciate it.'이라는 문장에서 화자가 창가 자리를 요청한다는 것을 알 수 있다. 따라서 (A)의 That he get a table by a window가 정답이다.

3

남자는 식당에 대해 무엇을 말하는가?

(A) 그는 전에 그곳에서 식사를 한 적이 없다.

(B) 가격이 점점 올라가고 있다.

(C) 바닷가에 위치해 있다.

(D) 메뉴가 바뀌어야 한다.

해설 화자는 자신이 이 식당을 수 차례 방문했었다는 점을 밝힌 후, '식사를 하는 동안 창 밖의 바다를 바라보는 것이 좋다(I love to look out the window and watch the ocean while I dine)'고 말한다. 이를 통해 이 식당은 해안가에 위치해 있다는 것을 알 수 있으므로 정답은 (C)가 된다.

> **W** Spring is fast approaching, so it's almost time to hold our charity's annual fundraiser. It's scheduled for April 29, which is two months from today. We have already reserved the venue for the event. **4) It will be at the Dresden Hotel just like it always is**. **5) We need to start sending out invitations for it.** And we have to advertise for it as well. **6-1) This year, we're hoping to raise $150,000. 6-2) That's twice the amount we raised last year**. It's an ambitious goal, but I'm confident we can do it. But all of us need to work as diligently as we can.
>
> **W** 봄이 빠르게 다가오고 있으며, 매년 열리는 자선 모금 행사를 개최해야 할 시기가 거의 다 되었습니다. 행사는 4월 29일로 예정되어 있는데, 이는 오늘부터 두 달 후입니다. 행사 장소는 이미 예약해 두었습니다. 항상 그랬던 대로 Dresden 호텔에서 열릴 것입니다. 우리는 그에 대한 초대장을 보내기 시작해야 합니다. 그리고 그에 관한 광고도 해야 합니다. 올해, 우리는 150,000달러를 모금할 수 있기를 바라고 있습니다. 작년에 모금했던 금액의 두 배입니다. 야심 찬 포부이지만, 저는 우리가 해낼 수 있으리라고 확신합니다. 그러나 우리 모두가 최대한 성실하게 일을 해야 합니다.

어휘 charity 자선, 자선 단체 fundraiser 모금 행사 venue 장소 invitation 초대, 초대장 advertise 광고하다 as well 또한 raise 기르다; 모금하다 ambitious 야망이 있는 goal 목표 confident 확신하는 diligently 부지런하게, 근면하게 headquarters 본부, 본사 sponsor 후원자 commercial (상업) 광고 auction 경매

4
모금 행사는 어디에서 열릴 것인가?
(A) 자선 단체 본부에서
(B) 호텔에서
(C) 식당에서
(D) 컨벤션 센터에서

해설 화자는 행사 장소를 예약해 두었다고 말한 후, 'It will be at the Dresden Hotel just like it always is.'라고 말하면서 그곳이 어디인지를 밝히고 있다. 즉 행사는 전과 같이 Dresden이라는 호텔에서 열릴 것이므로 정답은 (B)의 At a hotel이다.

5
화자는 청자들이 무엇을 해야 한다고 말하는가?
(A) 자선 단체의 가장 큰 후원자에게 연락한다
(B) 텔레비전 광고를 한다
(C) 사람들이 경매에 물건을 기증하도록 만든다
(D) 사람들에게 초대장을 보낸다

해설 화자는 행사 장소는 예약되어 있으나 '그에 대한 초대장을 보내는 일(start sending out invitations for it)'과 '그에 대한 광고를

하는 일(advertise for it)'은 해야 할 일이라고 언급한다. 따라서 정답은 둘 중에서 전자를 언급하고 있는 (D)의 Send invitations to people이다.

6
화자가 "I'm confident we can do it"이라고 말할 때 그녀가 의미하는 것은?
(A) 그녀는 그들이 문제에 대비할 수 있다는 것을 알고 있다.
(B) 그녀는 그들이 참석률 기록을 깰 수 있다고 확신한다.
(C) 그녀는 그들이 제시간에 행사를 개최할 수 있다고 생각한다.
(D) 그녀는 그들이 충분한 액수의 돈을 모금할 수 있다고 생각한다.

해설 화자는 올해 모금하기를 원하는 구체적인 금액을 언급하며(This year, we're hoping to raise $150,000) 이는 작년에 모금했던 금액의 두 배라고(That's twice the amount we raised last year) 말했다. 그런 다음 '이것을 해낼 수 있으리라고 확신한다'고 말하고 있으므로, 그녀가 의미하는 것은 그들이 충분한 액수의 돈을 모금할 수 있다는 내용의 (D)이다.

> **W** Hi, everyone. **7-1) 8-1) If you're like me, then you're tired of this rainy weather**. Well, **7-2) I've got some great news for you**. **7-3) 8-2) 9) The skies are finally going to clear up. 7-4) 8-3) Expect the rain to stop falling around 11:00 tonight**. By the time you get up tomorrow, there won't be a single cloud in the sky. The temperature will start rising as well. The high for tomorrow will be around 28, and the low will be 21 degrees. This pleasant weather will last for the next four days. Then, we should expect a bit of rain on Saturday or Sunday.
>
> **W** 모두들 안녕하세요. 저와 같으시다면, 여러분들께서도 이처럼 비가 오는 날씨가 싫증나실 것입니다. 음, 여러분에게 좋은 소식이 있습니다. 마침내 하늘이 갤 것입니다. 오늘 밤 11시 정도에 비가 그칠 것으로 예상됩니다. 내일 일어나실 때에는, 하늘에 한 점의 구름도 없을 것입니다. 기온 역시 오르기 시작할 것입니다. 내일 최고 기온은 약 28도가 될 것이고, 최저 기온은 21도가 될 것입니다. 이처럼 기분 좋은 날씨는 이후 나흘간 이어질 것입니다. 그 후에는, 토요일과 일요일에 약간의 비가 내릴 것으로 예상됩니다.

어휘 be tired of ~에 싫증나다 clear up (날씨가) 개다 by the time ~할 때쯤에 temperature 온도 pleasant 상쾌한, 기분 좋은 biologist 생물학자 foggy 안개가 낀

7
화자는 누구인 것 같은가?
(A) 교수
(B) 기상 캐스터
(C) 생물학자
(D) 신문 기자

해설 화자는 오늘 밤을 시작으로 앞으로의 날씨에 대해 이야기하고 있다. 따라서 화자의 직업은 (B)의 A weather forecaster(기상 캐스터)이다.

8

현재 날씨는 어떠한가?
(A) 비가 온다
(B) 맑다
(C) 부분적으로 흐리다
(D) 안개가 꼈다

해설 'If you're like me, then you're tired of this rainy weather.'라는 부분을 통해 현재 비가 내리고 있다는 것을 알 수 있다. (B)의 Sunny는 내일 이후의 날씨를 나타내는 단어이다.

9

화자가 "I've got some great news for you"라고 말할 때 그녀가 암시하는 것은 무엇인가?
(A) 기온이 최고를 기록할 것이다.
(B) 날씨가 점점 추워질 것이다.
(C) 장기간의 폭염이 끝날 것이다.
(D) 비가 그치기 시작할 것이다.

해설 화자는 드디어 하늘이 갤 것(The skies are finally going to clear up)이라고 말한 다음 비가 그칠 것으로 예상된다(Expect the rain to stop falling)고 했다. 따라서 그녀가 말하는 좋은 소식은 비가 그칠 것이라는 내용의 (D)이다.

[10-12]

> M The CEO called me a few minutes ago and gave me some good news. Last night, **10) we signed a contract with Yamagata Industries.** It's worth several million dollars a year. We're going to provide a number of electronic products for the company. Unfortunately, **11-1) we have to make our first delivery by September 1. 11-2) That's two weeks from now. It looks like the assembly lines will be running 24 hours a day for a while. 12) Ask your employees if they want to work overtime.** And if you have to hire new employees, let me know immediately. We need everything to run smoothly.

> M 몇 분 전에 대표 이사님께서 저에게 전화하셔서 좋은 소식을 전해 주셨습니다. 어젯밤, 우리는 Yamagata Industries와 계약을 체결했습니다. 연간 수백만 달러의 가치가 있는 것입니다. 우리는 그 회사에 많은 전자 제품들을 납품하게 될 것입니다. 유감스럽게도, 우리는 첫 번째 배송을 9월 1일까지 마쳐야

합니다. 지금부터 2주 후입니다. 당분간 조립 라인이 하루 24시간 동안 가동될 것으로 보입니다. 직원들에게 초과 근무를 원하는지 물어봐 주십시오. 그리고 새로운 직원들을 채용해야 한다면, 즉시 제게 알려 주십시오. 모든 것이 원활하게 이루어져야 합니다.

어휘 sign a contract 계약서에 서명하다, 계약을 체결하다 provide A for B A를 B에게 제공하다 a number of 많은, 다수의 assembly line 조립 라인 for a while 한동안 work overtime 초과 근무를 하다 smoothly 원활하게, 순조롭게 fire 해고하다 make a profit 수익을 내다 come up with (아이디어 등을) 떠올리다 flaw 결함, 흠

10

화자는 Yamagata Industries에 대해 무엇을 말하는가?
(A) 보다 작은 회사를 인수할 것이다.
(B) 몇몇 제품들을 수백만 달러에 판매했다.
(C) 새로운 조립 라인을 설계할 것이다.
(D) 화자의 회사와 계약을 체결했다.

해설 화자는 대표 이사로부터 '좋은 소식(good news)'를 전해 들었다고 말한 뒤 청자들에게 'Yamagata Industries와 계약을 체결했다(we signed a contract with Yamagata Industries)'는 사실을 알리고 있다. 따라서 Yamagata Industries와 관련해서 언급된 사항은 (D)이다.

11

어떤 문제가 언급되고 있는가?
(A) 회사가 몇몇 직원들을 해고해야 한다.
(B) 배송이 곧 이루어져야 한다.
(C) 가격이 예상했던 것보다 낮았다.
(D) 회사가 수익을 내지 못했다.

해설 화자는 계약 체결에 대한 소식을 전한 후, 배송이 9월 1일까지 이루어져야 한다고 말한다. 또한 9월 1일이 얼마 남지 않았으므로 조립 라인이 24시간 동안 가동될 것이며, 충원이 필요할 경우에는 자신에게 알려 달라고 당부한다. 이러한 점을 종합해 볼 때 문제가 되는 부분은 배송이 조속히 이루어져야 한다는 점이므로 정답은 (B)가 된다.

12

청자들은 직원들에게 무엇을 물어 보라는 지시를 받는가?
(A) 더 많은 시간 동안 일하는 것
(B) 아이디어들을 생각해 내는 것
(C) 설계 결함을 보고하는 것
(D) 일자리에 사람들을 추천하는 것

해설 화자는 조립 라인이 24시간 가동될 것이라고 말하고 청자들에게 'Ask your employees if they want to work overtime.'이라고 요청한다. 즉 직원들에게 초과 근무를 할 수 있는지 물어보라는 것이 화자의 요청 사항이므로 (A)의 To work more hours가 정답이다.

W	I hope that you're enjoying our tour of New York City. 13) **We've had a busy morning, so we're going to stop for lunch in a few minutes.** We're in downtown Manhattan, so there are all kinds of places to eat. 14) **If you tell me what kind of food you want, I can direct you to a good restaurant.** Or simply walk around the area and find some place that looks good. Everyone needs to be back in the bus by one fifteen though. 15) **After lunch, we'll be taking the ferry to the Statue of Liberty, and we don't want to be late.**
W	뉴욕 관광을 즐기고 계시기를 바랍니다. 우리가 바쁜 오전을 보냈으므로, 잠시 후에는 점심 식사를 하기 위해 정차할 것입니다. 우리는 맨해튼 중심가에 있기 때문에, 모든 종류의 식당이 있습니다. 어떤 종류의 음식을 원하시는지 제게 말씀해 주시면, 제가 좋은 식당으로 안내해 드릴 수 있습니다. 혹은 인근 지역을 돌아다니면서 괜찮아 보이는 곳을 찾으십시오. 하지만 모든 분들께서는 1시 15분까지 버스로 돌아 오셔야 합니다. 점심 식사 후, 우리는 유람선을 타고 자유의 여신상에 갈 것이므로, 늦지 마시기 바랍니다.

어휘 tour 관광 all kinds of 온갖 종류의 direct 길을 안내하다; 직접적인 ferry 유람선, 페리 later 이후에 landmark 랜드마크 monument 기념비, 기념물

13

안내 방송은 주로 무엇에 관한 것인가?
(A) 청자들이 이다음에 무엇을 하게 될 것인지
(B) 청자들이 언제 버스로 돌아와야 하는지
(C) 청자들이 이후에 어디로 가게 될 것인지
(D) 청자들이 맨해튼에서 어떻게 여행할 것인지

해설 담화 초반부의 'We've had a busy morning, so we're going to stop for lunch in a few minutes.'라는 문장에서 화자와 청자들은 곧 점심 식사를 위해 정차하게 될 것임을 알 수 있다. 또한 이후의 내용도 점심 식사와 관련된 내용들이 언급되고 있으므로 정답은 (A)이다. (B)와 (C)도 담화에서 언급된 내용이기는 하나, 이는 점심 식사 일정과 관련된 부수적인 사항들이므로 정답이 될 수 없다.

14

화자는 자신이 무엇을 할 수 있다고 말하는가?
(A) 사람들에게 사진을 찍어 준다
(B) 뉴욕 시의 역사에 대해 말해 준다
(C) 랜드마크로 가는 길을 알려 준다
(D) 식당을 추천해 준다

해설 화자는 정차한 곳에 좋은 식당이 많다고 이야기하면서 'If you tell me what kind of food you want, I can direct you to a good restaurant.'이라고 말한다. 이를 통해 청자들이 원하는 음식을 말하면 화자가 좋은 식당으로 안내할 것이라고 예상할 수 있으므로 (D) 의 Recommend places to eat이 정답이다.

15

청자들은 오후에 무엇을 하게 될 것인가?
(A) 박물관을 방문한다
(B) 기념물을 보러 간다
(C) 공항으로 돌아간다
(D) 호텔에서 체크인한다

해설 이후의 일정은 담화의 마지막 문장, 'After lunch, we'll be taking the ferry to the Statue of Liberty, and we don't want to be late.'에서 확인할 수 있다. 점심 식사 이후에는 청자들이 자유의 여신상에 갈 것이므로 정답은 (B)의 Go to a monument(기념물을 보러 간다)이다.

M	Would you like to improve your language skills? 16-1) **Are you considering asking for a transfer abroad but can't speak a foreign language?** 16-2) **Then you ought to take a class at Duncan's Foreign Language Academy.** We offer classes in more than 25 foreign languages. 17) **Our instructors all have years of experience teaching foreign languages.** We also keep enrollment in each class low. That way, you'll get more opportunities to speak and to improve your abilities. Our prices are reasonable, and we offer classes 7 days a week. 18) **Visit us at 49 Western Avenue for more information.** Let us help you learn another language.
M	언어 능력을 향상시키고 싶으신가요? 해외 근무를 신청하려고 생각 중이시지만 외국어는 할 수 없으신가요? 그렇다면 Duncan's 외국어 학원에서 수업을 들으셔야 합니다. 저희는 25개 이상의 외국어 수업을 제공해 드리고 있습니다. 저희 강사진은 모두 외국어 교육에서 다년간의 경험을 가지고 있습니다. 또한 저희는 각 수업의 수강생들을 매우 적게 두고 있습니다. 그렇게 함으로써, 여러분들께서는 말을 할 수 있는 기회와 어학 능력을 기를 수 있는 기회를 보다 많이 갖게 되실 것입니다. 수강료는 합리적이며, 일주일에 7일 동안 수업을 제공해 드립니다. 더 많은 정보를 원하시면 Western 가 49번지로 저희를 찾아 주십시오. 귀하의 또 다른 언어 학습에 저희가 도움을 드리겠습니다.

어휘 consider 고려하다, 생각하다 abroad 해외에서 ought to ~해야 한다 instructor 강사, 교사 enrollment 등록; 등록자 수 opportunity 기회 ability 능력 reasonable 합리적인 unique 독특한, 특별한 option 선택, 선택권, 옵션 method 방법, 방식 one-on-one class 일대일 수업 brochure 소책자, 브로셔 establishment 설립; 기관, 단체

16

담화의 목적은 무엇인가?
(A) 할인 안내
(B) 서비스에 대한 광고

(C) 특별한 옵션에 관한 설명
(D) 새로운 위치 안내

해설 담화의 초반에서 화자는 외국어 교육이 필요하면 자신의 학원에서 수업을 들으라고 말한다. 이를 통해 이 담화는 외국어 학원의 광고임을 알 수 있으며, 보기 중에서 학원 광고를 의미할 수 있는 것은 (B)의 To advertise a service이다.

17
화자는 강사들에 대해 무엇을 말하는가?
(A) 그들은 외국인이다.
(B) 그들은 경력이 있는 교사들이다.
(C) 그들은 새로운 교수법을 사용한다.
(D) 그들은 일대일 수업만을 담당한다.

해설 'Our instructors all have years of experience teaching foreign languages.'라는 부분에서 정답의 단서를 찾을 수 있다. 즉 강사들이 다년간의 경험을 가지고 있다고 했으므로 정답은 (B)이다.

18
학원에 대해 어떻게 더 많이 알 수 있는가?
(A) 전화를 함으로써
(B) 이메일을 보냄으로써
(C) 브로셔를 읽음으로써
(D) 학원을 방문함으로써

해설 담화 후반부의 'Visit us at 49 Western Avenue for more information.'이라는 문장을 통해 학원에 대한 정보는 직접 학원에 와서 얻을 수 있다고 안내한다. 따라서 (D)의 By visiting the establishment(학원을 방문함으로써)가 정답이다.

[19-21]

W Thank you for calling the Glendale Community Center. **19) We are currently closed due to the ongoing reconstruction work**. If you want to know about our facilities, please press 1. **20) If you want to hear about the special classes we are offering for residents, please press 2**. If you want to learn how to become a volunteer at the community center, please press 3. If you need to speak with someone, please call back tomorrow morning. **21) We will reopen to visitors next Monday at 8:00 A.M. and close at 7:00 P.M.** To hear this message again, please press 4. Thank you for your time. Goodbye.

W Glendale 주민 자치 센터에 전화해 주셔서 감사합니다. 진행 중인 보수 공사로 인해 저희는 현재 문을 닫고 있습니다. 시설에 대해 알고 싶으시면 1번을 눌러 주십시오. 저희가 주민들을 위해 제공해 드리는 특별 수업에 대해 듣고 싶으시면 2번을 눌러 주십시오. 주민 자치 센터에서 자원봉사를 하는 방법을 알고

싶으시면 3번을 눌러 주십시오. 누군가와 이야기를 하셔야 하는 경우에는 내일 오전에 다시 전화를 걸어 주십시오. 저희는 다음 주 월요일 오전 8시에 방문객들을 위해 다시 문을 열 것이며 저녁 7시에 문을 닫을 것입니다. 이 메시지를 다시 듣고 싶으시면 4번을 눌러 주십시오. 시간을 내 주셔서 감사합니다. 안녕히 계십시오.

어휘 currently 현재 due to ~ 때문에 ongoing 현재 진행 중인 reconstruction 복원 facility 시설 offer 제공하다 resident 주민 volunteer 자원봉사자 no longer 더 이상 ~이 아닌 stay on the line 전화를 끊지 않고 기다리다

19
메시지에서 무엇이 안내되고 있는가?
(A) 주민 자치 센터는 이번 주말부터 특별 수업을 제공할 것이다.
(B) 주민 자치 센터에서 공사 작업이 이루어지고 있다.
(C) 주민 자체 센터에서는 더 이상 자원봉사자를 받지 않는다.
(D) 주민들이 주민 자치 센터의 회원이 되기 위해서는 돈을 내야 한다.

해설 이 담화는 ARS의 녹음 내용으로, 화자는 'We are currently closed due to the ongoing reconstruction work.'라고 말하면서 현재 공사로 인해 주민 자치 센터가 개관을 하지 못하고 있음을 알리고 있다. 따라서 메시지에서 언급되고 있는 내용은 (B)이다.

20
주민 자체 센터의 수업에 대해 알기 위해서는 무엇을 해야 하는가?
(A) 1번을 누른다
(B) 2번을 누른다
(C) 3번을 누른다
(D) 전화를 끊지 않고 기다린다

해설 각각의 연결 번호가 무엇을 위한 번호인지 주의해서 들으면 정답을 쉽게 찾을 수 있다. 'If you want to hear about the special classes we are offering for residents, please press 2.'라는 부분을 통해, 주민 자치 센터의 특별 수업에 관한 내용을 듣기 위해서는 2번을 눌러야 한다는 것을 알 수 있다. 따라서 정답은 (B)이다.

21
방문객들은 언제 주민 자치 센터에 들어갈 수 있는가?
(A) 이번 주 목요일
(B) 이번 주 금요일
(C) 다음 주 월요일
(D) 다음 주 수요일

해설 담화 후반부의 'We will reopen to visitors next Monday at 8:00 A.M. and close at 7:00 P.M.'에서, 주민 센터가 다시 문을 여는 날짜와 개관 시간을 확인할 수 있다. 주민 센터로 들어갈 수 있는 요일은 '다음 주 월요일'이므로 정답은 (C)의 Next Monday이다.

[22-24]

M **22-1) The next item on today's agenda concerns overtime work.** It's okay for employees to work up to ten hours a week of overtime. However, in the past three months, **23) two of our workers have been averaging twenty hours of overtime each week.** Their names are Horace Richardson and Arthur Powell. That is simply too much. **22-2) We can't afford to be paying them all the extra money they are earning.** Mr. Richardson's supervisor is Bud Carlyle while Mr. Powell's supervisor is Karen Marston. **24-1) Both of you need to tell your workers that they may only work ten hours of overtime each week. 24-2) If they protest, send them to my office, and I will talk with them.**

M 오늘 안건의 다음 주제는 초과 근무와 관련된 것입니다. 직원들이 일주일에 10시간까지 초과 근무를 하는 것은 괜찮습니다. 하지만, 지난 3개월 간, 직원 중 두 명이 매주 평균적으로 20시간의 초과 근무를 했습니다. 그들의 이름은 Horace Richardson과 Arthur Powell입니다. 이는 지나치게 많습니다. 그들이 받게 될 추가 급여를 지불할 여력은 우리에게 없습니다. Richardson 씨의 관리자는 Bud Carlyle이며, Powell 씨의 관리자는 Karen Marston입니다. 두 분 모두 직원들에게 매주 10시간만 초과 근무를 할 수 있다는 점을 알려 주셔야 합니다. 그들이 항의하는 경우에는, 그들을 제 사무실로 데리고 오시면, 제가 그들과 이야기하겠습니다.

어휘 agenda 의제 concern ~와 관련이 있다 overtime work 초과 근무 up to ~까지 average 평균으로 ~가 되다 afford to ~할 여력이 되다, ~할 여유가 있다 extra 추가적인, 여분의 earn 벌다 protest 항의하다 quit 그만두다 director 감독; 중역, 책임자

22

어떤 문제가 언급되고 있는가?
(A) 회사가 충분한 액수의 돈을 벌고 있지 못하다.
(B) 몇몇 직원들이 퇴직을 생각하고 있다.
(C) 몇몇 관리자들이 밤 늦게까지 일을 하지 않는다.
(D) 일부 직원들이 초과 근무를 너무 많이 하고 있다.

해설 담화의 시작 부분에서 화자는 안건의 주제가 '초과 근무 (overtime work)'라고 밝힌 후, 초과 근무를 지나치게 많이 한 사람들의 이름을 거론하면서 'We can't afford to be paying them all the extra money they are earning.'이라고 말한다. 따라서 정답은 '일부 직원들이 초과 근무를 너무 많이 하고 있다'는 내용의 (D)이다.

23

화자는 왜 "That is simply too much"라고 하는가?
(A) 너무 많은 돈을 지출하는 것에 대해 반대 의견을 주장하기 위해서
(B) 임금 요구액이 너무 높다고 주장하기 위해서
(C) 새로운 규정에 동의하지 않기 위해서
(D) 사람들이 근무하는 시간에 이의를 제기하기 위해서

해설 화자는 두 명의 직원이 매주 평균적으로 20시간의 초과 근무를 했다고(two of our workers have been averaging twenty hours of overtime each week) 말한 다음, '이는 정말로 너무 많다 (That is simply too much)'고 말하였다. 즉, 너무 많은 시간을 근무하는 것에 대해 반대하고 있는 것이므로 정답은 (D)이다.

24

청자는 왜 화자의 사무실로 직원을 보낼 것인가?
(A) 직원이 급여 인상을 요구하는 경우에
(B) 직원이 다른 일정을 요구하는 경우에
(C) 직원이 결정에 대해 만족하지 못하는 경우에
(D) 직원이 전근을 요청하는 경우에

해설 담화의 마지막 문장에서 화자는 'If they protest, send them to my office, and I will talk with them.'이라고 말하면서 초과 근무를 지나치게 많이 한 직원이 초과 근무 수당에 관해 항의를 하는 경우에는 자신에게 보내라고 말한다. 따라서 정답은 (C)이다.

[25-27]

M Everyone, may I have your attention, please? **25-1) The young lady standing here next to me is our newest intern.** Her name is Katie Smith, and she's going to be interning with us for the summer. Katie is a student at nearby Canyon College, where she is majoring in marketing. **26) She's going to be working under the direction of Mark Powers.** However, **27) she is willing to assist on projects with other employees, so feel free to request her for help.** She's here to provide assistance and to learn. So let's make sure that Katie's time at our company is well spent.

M 모든 분들께서는 잠시 주목해 주시겠습니까? 제 옆에 서 있는 이 젊은 숙녀분은 새로 오신 인턴 사원입니다. 그녀의 이름은 Katie Smith이고, 그녀는 여름 동안 우리 곁에서 인턴 업무를 보게 될 것입니다. Katie는 인근 Canyon 대학의 학생으로, 대학에서 그녀는 마케팅을 전공하고 있습니다. 그녀는 Mark Powers의 지도 하에서 일을 하게 될 것입니다. 하지만, 그녀는 기꺼이 다른 직원들의 프로젝트에도 도움을 줄 것이기 때문에, 주저하지 말고 그녀에게 도움을 요청하십시오. 그녀는 도움을 주고 배우기 위해 이곳에 왔습니다. 따라서 우리 회사에서 Katie가 자신의 시간을 반드시 알차게 보낼 수 있도록 해 주십시오.

어휘 next to ~의 옆에 intern 인턴 사원; 인턴 일을 하다 nearby 인근의, 근처의 major in ~을 전공하다 direction 지시, 감독 be willing to 기꺼이 ~하다 assist 돕다 feel free to 자유롭게 ~하다, 마음껏 ~하다 request 요청 provide 제공하다 remind 상기시키다, 다시 기억나게 하다 introduction 소개 supervisor 감독관, 관리자 marketer 마케팅 담당자

직원	부서
Mark Powers	회계부
Julie Watson	인사부
Claudio Cho	마케팅부
Arnold Braun	영업부

25

안내의 목적은 무엇인가?

(A) 자원봉사를 요청하기 위해

(B) 사람들에게 일정을 상기시키기 위해

(C) 다가올 행사에 대해 논의하기 위해

(D) 소개하기 위해

해설 화자는 옆에 있는 여성이 새로 온 인턴 사원이라고(The young lady standing here next to me is our newest intern) 소개하고 나서, 이름, 전공, 하게 될 일에 대해 이야기하고 있다. 따라서 안내의 목적은 Katie Smith라는 인턴 사원을 소개하는 것이므로 정답은 (D)의 To make an introduction이다.

26

도표를 보아라. Katie Smith는 어느 부서에서 주로 일하게 될 것 같은가?

(A) 회계부

(B) 인력관리부

(C) 마케팅부

(D) 영업부

해설 담화의 중반부에 그녀는 Mark Powers의 지도하에서 일을 하게 될 것이라고(She's going to be working under the direction of Mark Powers) 언급되어 있다. 도표에서 Mark Powers는 회계부서의 직원임을 알 수 있으므로 정답은 (A)이다

27

화자들은 무엇을 하라는 요청을 받는가?

(A) 인근 대학의 수업을 듣는다

(B) Mark Powers와 이야기한다

(C) Katie Smith의 도움을 받는다

(D) Canyon 대학에서 자원봉사로 수업을 한다

해설 화자는 새로 온 인턴 사원이 Mark Powers의 지도를 받을 것이기는 하지만, 직원들에게 '마음껏 그녀에게 도움을 요청해도 좋다(feel free to request her for help)'고 말한다. 따라서 청자들이 요청받고 있는 사항은 (C)의 Get help from Katie Smith이다.

[28-30]

W 28-1) **The results of our customer survey are in**. Overall, I'd say we did quite well. As we expected, 29-1) **our customers loved our low prices.** 29-2) **That's a definite result of our running many special promotions all throughout the year.** Customers also thought we provided great customer service. 28-2) **Everyone from our bellhops to the check-in staff to the room service staff members was praised.** Now, as you can see from this chart, not all of our marks were great. 30) **Let me talk about the lowest-rated item on the survey right now.** I've got some ideas on how we can improve.

W 우리의 고객 설문 결과가 나왔습니다. 종합적으로, 우리가 꽤 잘했다고 생각합니다. 우리가 예상했던 것처럼, 우리의 고객들은 우리의 낮은 가격을 마음에 들어 했습니다. 이는 우리가 1년 내내 진행한 여러 번의 특별 판매 촉진 활동의 분명한 결과입니다. 고객들은 또한 우리가 훌륭한 고객 서비스를 제공했다고 생각했습니다. 우리의 체크인 담당 사환들부터 룸 서비스 담당 직원들까지 모두 칭찬을 받았습니다. 자, 우리가 이 도표에서 볼 수 있듯이, 우리의 모든 점수가 좋았던 것은 아닙니다. 이제 설문에서 가장 낮은 점수를 받은 항목에 대해 말하도록 하겠습니다. 우리가 개선할 수 있는 방법에 대한 몇 가지 아이디어가 있습니다.

어휘 overall 종합적으로 definite 분명한, 확실한 promotion 홍보, 판매 촉진 활동 bellhop 호텔의 급사, 사환 mark 평점, 점수

설문 결과	
고객 서비스	★★★★★
가격	★★★★★
웹사이트	★★☆☆☆
음식	★★★☆☆

28

화자는 어디에서 일할 것 같은가?

(A) 항공사에서

(B) 식당에서

(C) 박물관에서

(D) 호텔에서

해설 담화 초반에 설문 조사 결과가 나왔다고(The results of our customer survey are in) 했는데, 담화 중반부에 체크인 담당 사환들과 룸 서비스 담당 직원들이 모두 칭찬을 받았다는(Everyone from our bellhops to the check-in staff to the room service staff members was praised) 결과를 알려 주고 있다. 따라서 화자는 호텔에서 근무하고 있다는 것을 알 수 있다. 정답은 (D)이다.

29

지난해에 화자의 회사에서는 무엇을 했는가?

(A) 보수 공사를 했다

(B) 몇 건의 할인 행사를 했다

(C) 더 많은 직원들을 고용했다

(D) 직원 교육 프로그램을 개최했다

해설 화자는 고객들이 저렴한 가격을 마음에 들어 했고(our customers loved our low prices), 이는 여러 번의 특별 판매 촉진 활동의 결과라고(That's a definite result of our running many special promotions) 말했다. 이를 통해, 화자의 회사에서 실시한 특별 판매 촉진 활동이 가격 할인 행사였음을 알 수 있다. 따라서 정답은 (B)이다.

30

도표를 보아라. 화자는 이어서 무엇에 대해 이야기할 것인가?

(A) 고객 서비스

(B) 가격

(C) 웹사이트

(D) 음식

해설 화자는 가장 낮은 점수를 받은 항목에 대하여 말하겠다고(Let me talk about the lowest-rated item on the survey right now) 했는데, 도표에서 가장 낮은 점수를 받은 항목은 웹사이트이므로 정답은 (C)이다.

ACTUAL TEST

p.290

◀》 05-01

PART 1

| 1 (D) | 2 (B) | 3 (C) |
| 4 (D) | 5 (B) | 6 (A) |

PART 2

7 (A)	8 (C)	9 (C)
10 (A)	11 (B)	12 (C)
13 (B)	14 (C)	15 (A)
16 (B)	17 (B)	18 (C)
19 (A)	20 (A)	21 (B)
22 (A)	23 (C)	24 (C)
25 (B)	26 (A)	27 (B)
28 (C)	29 (B)	30 (A)
31 (B)		

PART 3

32 (A)	33 (C)	34 (C)
35 (B)	36 (B)	37 (C)
38 (B)	39 (C)	40 (D)
41 (D)	42 (A)	43 (B)
44 (C)	45 (B)	46 (A)
47 (C)	48 (A)	49 (C)
50 (B)	51 (B)	52 (C)
53 (C)	54 (A)	55 (C)
56 (A)	57 (B)	58 (A)
59 (D)	60 (C)	61 (A)
62 (D)	63 (C)	64 (A)
65 (B)	66 (C)	67 (A)
68 (A)	69 (B)	70 (D)

PART 4

71 (C)	72 (B)	73 (C)
74 (B)	75 (D)	76 (A)
77 (B)	78 (A)	79 (A)
80 (A)	81 (B)	82 (C)
83 (C)	84 (C)	85 (D)
86 (A)	87 (A)	88 (C)
89 (C)	90 (C)	91 (B)
92 (D)	93 (B)	94 (A)
95 (B)	96 (C)	97 (B)
98 (C)	99 (D)	100 (C)

1

(A) They are ordering food at the cafeteria.
(B) One woman is typing on the computer.
(C) A man is reading a book in the library.
(D) A woman is checking out some books.

(A) 그들은 구내 식당에서 음식을 주문하고 있다.
(B) 한 여자가 컴퓨터로 타이핑을 하고 있다.
(C) 한 남자가 도서관에서 책을 읽고 있다.
(D) 한 여자가 책을 대출하고 있다.

어휘 order 주문하다 check out ~을 대출하다
해설 여자는 책을 여러 권 들고 있고 카운터에 앉아 있는 남자는 책을 스캔하고 있는 장면을 볼 수 있다. 따라서 여자가 '몇 권의 책을 대출하고 있다(is checking out some books)'는 내용의 (D)가 가장 적절한 설명이다. 사진 속의 장소가 '구내 식당'이라고 볼 수 없으므로 (A)는 정답이 될 수 없으며, 남자가 '책을 읽고 있다(is reading a book)'고 볼 수도 없으므로 (C) 또한 정답이 될 수 없다. 사진에서 컴퓨터 모니터가 보이기는 하지만, 여자가 '타이핑'을 하고 있지는 않으므로 (B) 역시 오답이다.

2

(A) Passengers are waiting for their trains to arrive.
(B) Trains are parked on the tracks.
(C) The subway is arriving at the station.
(D) The doors of all of the trains are open.

(A) 승객들이 열차가 도착하기를 기다리고 있다.
(B) 열차들이 선로에 정차해 있다.
(C) 지하철이 역에 도착하고 있다.
(D) 모든 열차의 문이 열려 있다.

해설 여러 대의 열차들이 선로 위에 정차해 있는 광경을 볼 수 있다. 따라서 이러한 장면을 가장 잘 묘사한 (B)가 정답이다. 사진에서 사람의 모습은 찾아볼 수 없기 때문에 '승객들(passengers)'을 언급하고 있는 (A)는 정답이 될 수 없고, 차량들이 정차 중이므로 '역으로 들어오고 있다'는 의미인 (C) 역시 올바른 묘사로 볼 수 없다. 가장 앞쪽에 있는 열차의 문이 닫혀 있으므로 '모든 열차의 문이 열려 있다'는 내용의 (D)도 오답이다.

3

(A) The women are jogging downhill.
(B) The stairs lead up to a building.
(C) Both of the women are going uphill.
(D) They are putting on sweatshirts.

(A) 여자들이 조깅을 하며 내려가고 있다.
(B) 계단은 건물로 이어져 있다.
(C) 두 여자 모두 위로 올라가고 있다.
(D) 그들은 추리닝 상의를 입고 있다.

어휘 downhill 언덕 아래로 uphill 언덕 위로 sweatshirt 추리닝 상의, 운동복 상의

해설 두 명의 여자가 뛰면서 계단을 오르고 있는 듯한 모습을 볼 수 있다. 두 사람이 '아래로(downhill)' 내려 가는 것은 아니므로 jogging이라는 단어만 듣고 (A)를 정답으로 골라서는 안 된다. 또한 계단이 '건물로 이어져 있다'는 증거는 없으므로 (B)도 정답이 될 수 없다. 그들이 옷을 입는 '동작'을 하고 있는 것은 아니기 때문에 (D) 또한 적절한 설명이 될 수 없다. 따라서 두 여성 모두가 '위로 올라가고 있다'고 설명한 (C)가 정답이다.

4

(A) Customers are looking through the produce.
(B) The farmers' market has opened for the day.
(C) Some items are being produced in the factory.
(D) Vegetables have been placed in some boxes.

(A) 손님들이 농산물을 살펴보고 있다.
(B) 농산물 시장이 영업을 하고 있다.
(C) 몇몇 물품들이 공장에서 생산되고 있다.
(D) 채소들이 상자 안에 놓여 있다.

어휘 produce 생산하다; 생산품, 농산물 look through ~을 살펴보다 open for the day 영업을 하다, 문을 열다 factory 공장 vegetable 채소

해설 사진에서 사람의 모습은 보이지 않으므로 '손님들(customers)'을 언급하고 있는 (A)는 정답에서 제외된다. 사진 속의 장소가 '농산물 시장(farmers' market)'이라고 볼 수도 있지만, 현재 이곳이 영업을 하고 있는지는 분명하지 않으므로 (B) 역시 오답이다. 사진의 '상품들(items)'은 채소로, '공장에서(in the factory) 생산되는 것'이 아니기 때문에 (C)도 정답이 아니다. 따라서 '채소들이 상자 안에 놓여 있다'는 내용의 (D)가 가장 적절한 설명이다.

5

(A) Motorbikes are being serviced by mechanics.
(B) Two vehicles are parked in the alley.
(C) The motorcycles are being driven.
(D) There are some bicycles beside the door.

(A) 오토바이들이 정비사에 의해 수리되고 있다.
(B) 두 대의 운송 수단이 골목에 주차되어 있다.
(C) 오토바이가 운전되고 있다.
(D) 문 옆에 몇 대의 자전거가 있다.

어휘 motorbike 오토바이 mechanic 정비공, 수리공 alley 골목

해설 거리에 두 대의 오토바이가 주차되어 있는 광경을 볼 수 있다. 따라서 이를 가장 잘 묘사한 보기는 '오토바이(motorbikes)'를 '운송 수단(vehicle)'으로 바꾸어 표현한 (B)이다. 사진에 오토바이들이 있기는 하지만 '정비사에 의해 수리'되거나, '운행이 되고 있는 것'은 아니므로 (A)와 (C)는 정답이 될 수 없다. (D)는 bikes(오토바이)와 발음이 유사한 bicycles(자전거)를 이용한 함정이다.

6

(A) She is putting a box in the trunk.
(B) She is boxing up some items.
(C) She is opening the car's front door.
(D) She is removing a suitcase from the back.

(A) 그녀는 트렁크에 상자를 넣고 있다.

(B) 그녀는 몇 가지 제품을 상자에 넣고 있다.

(C) 그녀는 자동차의 앞문을 열고 있다.

(D) 그녀는 뒤쪽에서 여행 가방을 꺼내고 있다.

어휘 trunk 트렁크 box 상자; 상자에 넣다 suitcase 여행 가방

해설 사진에서 한 여자가 자동차 트렁크에 '상자(box)'를 싣거나 꺼내고 있는 모습을 볼 수 있다. 따라서 여자가 '트렁크에 상자를 넣고 있다'고 진술한 (A)가 정답이다. 사진에 상자가 보이기는 하지만 상자에 '물품을 넣고 있는 것'은 아니므로 (B)는 정답이 될 수 없으며, 여자가 '자동차의 앞문(the car's front door)'을 열고 있지도 않으므로 (C) 또한 정답이 아니다. 사진에서 '여행 가방(suitcase)'은 찾아볼 수 없기 때문에 (D) 역시 정답이 될 수 없다.

PART 2

7

Do you want me to repeat that a bit louder?

(A) That's all right. I heard you.

(B) Yes, the TV is a bit too loud.

(C) No, they didn't beat us.

목소리를 약간 크게 해서 다시 말씀 드릴까요?

(A) 괜찮아요. 들었어요.

(B) 네, TV 소리가 너무 크군요.

(C) 아니요, 그들은 우리를 이기지 못했어요.

어휘 repeat 반복하다, 되풀이하다 loud 소리가 큰, 시끄러운 beat 패배시키다

해설 목소리를 더 크게 해서 다시 말을 해야 할지를 묻고 있다. 이에 대해 괜찮다며 '들었다'고 응답한 (A)가 정답이다. TV 소리가 '크다'는 내용의 (B)는 질문의 louder를 반복 사용하고 있는 오답이며, (C)는 질문의 repeat(반복하다)와 유사한 발음인 beat(패배시키다)를 이용한 함정이다.

8

This order is incomplete, isn't it?

(A) You shouldn't order people around.

(B) I'll complete the assignment tomorrow.

(C) Yes, we need to add two more items.

이 주문서는 완성된 것이 아니죠, 그렇지 않나요?

(A) 당신은 다른 사람에게 간섭하지 말아야 해요.

(B) 저는 내일 업무를 마무리하게 될 거예요.

(C) 네, 두 개의 제품을 추가해야 해요.

어휘 incomplete 불완전한 order around 간섭하다, 참견하다 assignment 과제

해설 이 문제의 경우, '주문서가 완성되지 않았는지'를 묻고 있는 내용만 생각하여 정답을 고르면 된다. 따라서 이에 대해 '두 개의 제품을 더 추가해야 한다'고 답한 (C)가 자연스러운 응답이다. (A)는 질문의 order라는 단어를 반복 사용하고 있는 오답이며, (B)는 질문의 incomplete(미완성의)와 발음 및 형태가 유사한 complete(완성하다, 완료하다)를 이용한 함정이다.

9

How about postponing the picnic until next week?

(A) No, it hasn't been canceled.

(B) Sandwiches and barbecued chicken.

(C) This week would be better.

야유회를 다음 주로 연기하는 것이 어떨까요?

(A) 아니요, 그것은 취소되지 않았어요.

(B) 샌드위치와 바비큐 치킨이요.

(C) 이번 주가 더 좋을 것 같아요.

어휘 postpone 연기하다 barbecued 바비큐에서 구운

해설 「How about ~?」은 상대방의 의견을 묻는 표현으로, 질문자는 '야유회를 다음 주로 연기하는 것'에 대한 의견을 묻고 있다. '취소되지 않았다(hasn't been canceled)'는 내용의 (A)와 음식의 종류를 말하고 있는 (B)는 각각 '야유회의 취소 여부'와 '야유회에서 제공되는 음식'을 묻는 질문에 적합한 응답이다. 따라서 정답은 (C)이다.

10

You've visited Rome before, right?

(A) Yes, five years ago.

(B) No, Janet doesn't live there.

(C) In the heart of Italy.

전에 로마를 방문한 적이 있죠, 그렇죠?

(A) 네, 5년 전에요.

(B) 아니요, Janet은 그곳에서 살지 않아요.

(C) 이탈리아의 중심에서요.

해설 부가의문문을 이용하여 상대방에게 로마를 방문한 적이 있는지를 묻고 있다. 따라서 '5년 전'이라고 긍정적인 답을 한 (A)가 가장 자연스러운 응답이다. 'Janet이 그곳에 살고 있지 않다'는 내용의 (B)와 '이탈리아의 중심에서'라는 내용의 (C)는 모두 질문과 무관한 답변이다.

11

What did you think about Marvin's idea?

(A) Marvin's an engineer.

(B) It has some potential.

(C) I'll let you know if I have any ideas.

Marvin의 아이디어에 대해 어떻게 생각했나요?

(A) Marvin은 엔지니어예요.

(B) 가능성이 있더군요.

(C) 저에게 아이디어가 생기면 알려 드릴게요.

해설 「What do you think about ~?」은 '~에 대해 어떻게 생각하는가?'라는 의미로, 상대방에게 의견을 묻는 표현이다. 'Marvin의 아이디어에 대해 어떻게 생각했는지'를 묻고 있는데, Marvin이 엔지니어라는 내용의 (A)는 적절한 응답이 될 수 없다. (C)는 질문의 idea를 반복 사용하고 있는 오답으로, 질문과 전혀 관계 없는 내용이다. 따라서 정답은 '가능성(potential)이 있다'고 긍정적인 평가를 내린 (B)이다.

12

Why is there a delay on the assembly line?
(A) You have to assemble that toy.
(B) My plane took off an hour late.
(C) One of the machines broke down.

조립 라인에 왜 지체 현상이 일어나고 있나요?
(A) 당신은 그 장난감을 조립해야 해요.
(B) 제 비행기가 한 시간 늦게 이륙했어요.
(C) 기계 중 한 대가 고장 났어요.

어휘 delay 지연, 지체 assembly line 조립 라인 assemble 조립하다 take off 이륙하다 break down 고장 나다

해설 의문사 why를 이용하여 '조립 라인(assembly line)'에 지체 현상이 일어난 '이유'를 묻고 있다. 그러므로 (C)의 기계들 중 한 대가 '고장 났다(broke down)'는 내용이 시설에 문제가 발생한 이유로 가장 적절하다. (A)는 assemble이라는 단어를 반복 사용하여 오답을 유도하고 있고, (B)는 질문의 delay(지연, 지체)라는 단어로부터 연상할 수 있는 '비행기 연착'이라는 의미를 이용한 함정이다.

13

What time is our dinner reservation?
(A) At the new Indian restaurant.
(B) For six thirty.
(C) A table for eight.

저녁 식사 예약이 몇 시로 되어 있죠?
(A) 새로 생긴 인도 식당에서요.
(B) 6시 30분으로요.
(C) 8명 자리로요.

해설 what time으로 시작하는 의문문이므로, '시각'을 언급한 보기가 정답이라는 것을 예측할 수 있다. 질문에서는 '저녁 식사 예약 시간'을 묻고 있는데, '장소'를 언급하고 있는 (A)와 '예약 인원수'를 언급하고 있는 (C)는 적절하지 않은 응답들이다. 따라서 정답은 직접적으로 예약시각을 밝힌 (B)이다.

14

Sarah appreciated the card, didn't she?
(A) I don't have my ID card here.
(B) Sarah's not at work today.
(C) She was impressed by it.

Sarah가 카드에 대해 고마워했죠, 그렇지 않았나요?
(A) 저는 제 신분증을 가지고 있지 않아요.
(B) Sarah는 오늘 근무를 하지 않아요.
(C) 그녀가 감동을 받았죠.

어휘 appreciate 고마워하다; 감상하다 ID card 신분증 at work 근무 중인 be impressed by ~에 의해 감명을 받다, ~에 의해 감동하다

해설 부가의문문을 통해 Sarah가 카드에 대해 고마워 했는지를 묻고 있다. (A)는 질문의 card와 혼동되도록 ID card를 언급한 오답이며, 'Sarah가 오늘 근무하지 않는다'는 내용의 (B)는 질문과 무관한 답변이다. 따라서 정답은 appreciate(고마워하다)를 be impressed(감명을 받다)로 바꾸어 표현한 (C)이다.

15

Why don't you call back in ten minutes?
(A) Okay. I'll do that.
(B) Ten minutes ago.
(C) Yes, she called back.

10분 후에 다시 전화하시는 것이 어떨까요?
(A) 좋아요. 그렇게 할게요.
(B) 10분 전에요.
(C) 네, 그녀가 다시 전화했어요.

해설 「Why don't you ~?」 구문을 이용하여 상대방에게 '제안'을 하고 있다. '10분 후에 다시 전화하는 것이 어떨지'를 제안하고 있기 때문에, 이에 대해 긍정적으로 대답한 (A)가 정답이다. (B)는 질문의 ten minutes를 반복한 '10분 전에'라는 내용으로 질문과 전혀 관계가 없는 답변이며, (C) 또한 질문의 call back을 반복 사용하여 오답을 유도하고 있는 함정이다.

16

How far away is Carson City from here?
(A) Definitely by train.
(B) About two hundred miles.
(C) A fairly large city.

여기에서 카슨 시까지는 거리가 얼마나 되죠?
(A) 반드시 버스로요.
(B) 약 200마일요.
(C) 꽤 큰 도시예요.

어휘 definitely 분명히, 확실히 fairly 상당히, 꽤

해설 how far away는 거리가 얼마나 되는지를 묻는 표현이므로 직접적으로 '거리'를 언급하고 있는 (B)가 정답이다. (A)는 '교통 수단'을 언급하고 있으며, (C)는 '도시의 크기'를 말하고 있으므로 이들은 모두 적절하지 않은 응답이다.

17

Where should I set up the projector?
(A) Yes, it projects images.
(B) On the table over there.
(C) We're still setting up everything.

프로젝터를 어디에 설치하면 되죠?
(A) 네, 그것은 이미지를 투사해 줘요.
(B) 저쪽의 테이블 위에요.
(C) 우리는 아직도 모든 것을 준비 중이에요.

어휘 set up 준비하다, 마련하다; 설치하다 projector 영사기, 프로젝터 project 투영하다, 투사하다

해설 where로 시작하는 의문문이므로 '장소'를 언급한 보기가 정답일 것임을 예상할 수 있다. 질문에서는 '프로젝터를 어디에 설치해야 할지'를 묻고 있기 때문에, 이에 대해 '테이블 위에(on the table)'라고 위치를 말한 (B)가 정답이 된다. (A)는 '프로젝터의 기능'을 설명하고 있으며, (C)는 질문의 set up이라는 표현을 중복 사용하여 혼동을 유발하고 있는 함정이다.

18

What caused the machine to fall apart?
(A) It's still under warranty.
(B) Mr. Daniels is an engineer.
(C) I'm trying to figure that out.

무엇 때문에 기계가 망가졌나요?
(A) 아직 보증 기간 중이에요.
(B) Daniels 씨는 엔지니어예요.
(C) 그것을 알아내려고 노력 중이에요.

어휘 cause A to B A가 B하는 원인이 되다   under warranty
보증 기간 중인   figure out 알아내다

해설 「What caused ~?」는 어떤 일이 발생한 원인을 물을 때
사용되는 표현이다. 기계가 고장 난 이유를 묻는 질문에 '(이유를)
알아 내려고(figure that out)' 노력 중이라고 답한 (C)가 가장 자연
스러운 답변이다. 기계가 고장 난 이유를 묻는 질문에 '보증 기간 이내
(under warranty)'라고 답한 (A)는 정답이 될 수 없으며, (B)는 질문
의 machine(기계)을 듣고 연상할 수 있는 단어인 engineer(기술자,
엔지니어)를 이용한 함정이다.

19

I'll give the package to Ms. Sellers when she returns.
(A) Thanks. I appreciate that.
(B) I'll return after the staff meeting.
(C) It's a package for the boss.

Sellers 씨께서 돌아오시면 그분께 소포를 가져다 드릴게요.
(A) 고맙습니다. 감사해요.
(B) 직원 회의가 끝나면 돌아올게요.
(C) 사장님에게 온 소포예요.

해설 평서문을 통해 'Sellers 씨가 돌아오면 그분께 소포를 가져다 드
리겠다'고 말하고 있으므로, 이에 대해 감사를 표시하는 (A)가 가장 적
절한 정답이다. (B)는 질문의 return을, (C)는 package를 반복 사용
하여 오답을 유도하고 있는 함정이다.

20

Dr. Lucas is taking us out to lunch, isn't he?
(A) Yes, to a buffet restaurant.
(B) In his office with a client.
(C) Either hamburgers or pizza.

Lucas 박사님께서 우리를 데리고 점심 식사를 하러 가실 거예요,
그렇지 않나요?
(A) 네, 뷔페 식당으로요.
(B) 고객과 함께 사무실에서요.
(C) 햄버거나 피자 중 하나요.

해설 부가의문문을 이용하여 'Lucas 박사가 자신들을 데리고 점심
식사를 하러 갈 것인지'를 확인하고 있다. 이에 대해 '그렇다'고 대답한
(A)가 적절한 응답이다. (B)는 Lucas 씨가 어디에 있는지를 묻는 질문
에 적합한 응답이며, 음식의 종류를 말한 (C)는 질문과 상관 없는 답변
이다.

21

You need your receipt to exchange that item.
(A) He didn't receive it.
(B) I've got it right here.
(C) To exchange currency.

그 제품을 교환하시기 위해서는 영수증이 필요해요.
(A) 그는 아직 그것을 받지 못했어요.
(B) 여기에 가지고 있어요.
(C) 환전하기 위해서요.

어휘 receipt 영수증   exchange 교환하다   currency 통화

해설 제품의 교환을 위해서는 '영수증(receipt)'이 필요하다는 질문에
대해 '(영수증을) 가지고 있다'고 답한 (B)가 가장 자연스러운 응답이다.
(A)는 receipt(영수증)와 발음이 유사한 receive(받다)를 이용한 오답
이며, (C)는 exchange를 반복 사용하여 착각을 일으키도록 의도한 함
정이다.

22

Which version of the advertisement do you prefer,
the first one or the second one?
(A) I wasn't impressed with it either.
(B) Yes, that's what I prefer.
(C) I have met neither of them.

어떤 버전의 광고가 더 마음에 드시나요, 첫 번째 것인가요, 아니면 두
번째 것인가요?
(A) 둘 중 어느 것도 인상적이지 않았어요.
(B) 네, 그것이 제가 선호하는 것이에요.
(C) 저는 두 사람 중 누구도 만난 적이 없어요.

어휘 version 버전   advertisement 광고   prefer 선호하다

해설 선택의문문을 이용하여 두 가지 광고 중 어떤 것이 좋은지를 묻
고 있다. 따라서 '둘 다 다음에 들지 않는다'고 답한 (A)가 정답이다. (B)
는 질문의 prefer라는 단어를 중복 사용하여 오답을 유도하고 있는 함
정이며, (C)는 어느 것이 더 좋은지를 묻는 질문에 '둘 다 만난 적이 없
다'고 답하고 있으므로 질문에 대한 적절한 답변이 될 수 없다.

23

How did you enjoy the musical we saw?
(A) Fifty dollars per ticket.
(B) Seats near the front.
(C) I thoroughly loved the music.

우리가 본 뮤지컬이 어땠나요?
(A) 티켓당 50달러예요.
(B) 앞쪽과 가까운 좌석이요.
(C) 음악이 정말로 좋았어요.

해설 뮤지컬에 대한 소감을 묻고 있으므로 '음악이 정말 좋았다
(thoroughly loved the music)'고 답한 (C)가 자연스러운 대답이다.
(A)는 '뮤지컬의 티켓 가격'을 묻는 질문에, (B)는 '좌석의 위치'를 묻는
질문에 어울리는 답변이다.

24

Who fixed the vending machine in the lobby?
(A) No, but there's a machine on the second floor.
(B) Sure, I'd love some chips, please.
(C) A repairman showed up this morning.

로비에 있는 자판기를 누가 고쳤나요?
(A) 그렇지는 않지만, 2층에 기기가 한 대 있어요.
(B) 물론이에요, 저는 감자 튀김이면 좋을 것 같군요.
(C) 오늘 아침에 수리 기사가 있었어요.

어휘 fix 고치다, 수리하다　vending machine 자판기　chip 칩; 감자 튀김　show up 모습을 나타내다

해설 자판기를 고친 사람이 '누구'인지 묻고 있으므로 '수리 기사 (repairman)'의 모습이 보였다고 한 (C)가 자연스러운 답변이다. '사람'의 의미가 포함되지 않은 (A)와 (B)는 모두 정답이 될 수 없다.

25

Isn't your car in need of a tune-up?
(A) Tuning a piano isn't easy.
(B) I just got one two weeks ago.
(C) I usually drive a minivan.

당신 차의 엔진을 조정해야 할 필요가 있지 않나요?
(A) 피아노를 조율하는 일은 쉽지가 않아요.
(B) 불과 2주 전에 샀는 걸요.
(C) 저는 보통 미니밴을 몰아요.

어휘 in need of ~이 필요한　tune-up 조율; 엔진 조정　tune 조율하다, 조정하다　minivan 미니밴

해설 차의 엔진을 조정할 필요가 없는지를 묻고 있으므로 이에 대해 '2주밖에 되지 않았다'며 아직 조정할 필요가 없다는 뜻을 간접적으로 표현한 (B)가 정답이다. 질문의 tune up은 '자동차의 엔진의 조정'을 의미하며 (A)의 tuning은 '피아노 조율'을 의미하기 때문에 (A)는 정답이 될 수 없다. 자신이 운전하는 자동차의 종류를 밝히고 있는 (C)는 질문과 전혀 관련이 없는 답변이다.

26

What's the name of Mr. Collins's supervisor?
(A) That would be Maria Fernandez.
(B) Under strict supervision.
(C) My last name is Conner, not Collins.

Collins 씨의 상사의 이름이 무엇이죠?
(A) Maria Fernandez일 거예요.
(B) 엄격한 감독하에서요.
(C) 제 성은 Collins가 아니라 Conner예요.

어휘 supervisor 감독관　strict 엄격한　supervision 감독　last name 성

해설 Collins 씨의 상사의 이름을 묻고 있으므로 직접적으로 사람의 이름을 밝힌 (A)가 정답이다. (B)는 질문의 supervisor(상사)와 발음이 유사한 supervision(감독)을 이용한 함정이며, (C)는 제3자의 이름을 묻는 질문에 자신의 이름을 밝히고 있으므로 이 역시 적절한 답변이 될 수 없다.

27

I believe you ought to reconsider your proposal.
(A) I haven't proposed yet.
(B) What makes you say that?
(C) At the staff meeting today.

당신은 당신의 제안을 재고해야 한다고 생각해요.
(A) 저는 아직 제안을 하지 않았어요.
(B) 왜 그렇게 말하는 거죠?
(C) 오늘 직원 회의에서요.

어휘 ought to ~해야 한다　reconsider 다시 생각하다, 재고하다

해설 평서문을 사용하여 '당신은 당신의 제안을 재고해야 한다'고 말하고 있다. 이에 대해 그렇게 해야 하는 이유를 묻고 있는 (B)가 가장 적절한 대답이다. (A)는 질문의 proposal(제안)과 유사한 발음인 proposed(제안하다)를 사용하여 혼동을 유발하고 있는 함정이다. (C)의 '오늘 직원 회의에서'라는 의미의 답변은 주어진 질문과 전혀 어울리지 않는 답변이다.

28

Shall I pick you up something from the cafeteria?
(A) Okay, I'll meet you in the lounge.
(B) I pick him up at eight every day.
(C) No, thanks. I ate lunch an hour ago.

제가 구내 식당에서 무언가를 가져다 드릴까요?
(A) 좋아요, 라운지에서 만날게요.
(B) 저는 매일 8시에 그를 태워다 줘요.
(C) 사양할게요. 저는 한 시간 전에 점심을 먹었거든요.

어휘 pick up ~을 찾아오다; ~을 차로 데리러 가다　cafeteria 구내 식당, 카페테리아　lounge 라운지

해설 조동사 shall을 이용하여 '구내 식당에서 음식을 가져다 주겠다'는 제안을 하고 있다. '라운지에서 만나자'는 내용의 (A)는 질문과 관계가 없는 응답이며, (B)는 질문의 pick up이라는 표현을 반복 사용하여 오답을 유도하고 있는 함정이다. 따라서 상대방의 제안을 사양하면서 '이미 점심을 먹었다'고 사양하는 이유를 밝힌 (C)가 정답이다.

29

Ms. Powers is interested in your opinion.
(A) That's not very interesting.
(B) I'm pleased to hear that.
(C) She doesn't have an opinion.

Powers 씨께서 당신의 의견에 관심이 있으시더군요.
(A) 그다지 흥미롭지는 않네요.
(B) 그런 이야기를 들으니 기쁘군요.
(C) 그녀는 의견을 가지고 있지 않아요.

해설 'Powers 씨가 당신의 의견에 관심이 있다'는 일종의 칭찬의 말이므로 '그런 말을 들으니 기쁘다'라는 대답이 가장 자연스러운 답변이다. 따라서 (B)가 정답이다. (A)는 interested로부터 연상할 수 있는 단어인 interesting을 이용한 함정이며, (C)는 opinion을 반복 사용하여 혼동을 유발하는 함정이다.

30

How much time do you need to complete the report?

(A) Another forty minutes would be great.
(B) It took me two days to finish it.
(C) I'll report on that to my manager.

보고서를 완성하기까지 시간이 얼마나 필요한가요?
(A) 40분 후에는 될 것 같아요.
(B) 그것을 끝마치는 데 이틀이 걸렸어요.
(C) 저는 그에 대해 관리자에게 보고할 거예요.

해설 how much time은 시간이 얼마나 걸리는지를 물을 때 사용되는 표현이므로 '시간'을 언급하고 있는 (A)나 (B) 중 하나가 정답이다. '보고서를 완성하기까지 시간이 얼마나 필요한지'를 묻고 있으므로 업무가 아직 완료되지 않은 상태임을 알 수 있는데, (B)는 '보고서 작성을 이미 마쳤다'는 의미가 포함되어 있으므로 주어진 질문에 대한 응답으로 적절하지 않다. 따라서 정답은 일을 마치는 데 필요한 시간을 직접적으로 언급한 (A)이다.

31

Nobody from the Marketing Department came here, right?

(A) I don't have any experience in marketing.
(B) Actually, Amy Stanton was just here.
(C) No, the Marketing Department is upstairs.

마케팅 부서의 사람은 아무도 여기에 오지 않았어요, 그렇죠?
(A) 저에게는 마케팅에 관한 경력이 없어요.
(B) 실은, Amy Stanton이 방금 전에 왔어요.
(C) 아니요, 마케팅 부서는 위층에요.

어휘 experience 경험, 경력 upstairs 위층의

해설 부가의문문을 통해 '마케팅 부서의 사람이 아무도 오지 않았다'는 내용을 확인하고 있다. 이에 대해 'Amy Stanton이라는 사람이 왔다'고 잘못된 정보를 바로 잡아 준 (B)가 가장 자연스러운 응답이다. (A)와 (C) 모두 marketing이라는 단어를 반복 사용하여 오답을 유도하고 있는 함정이다.

[32-34]

M Linda, I'd like to be the first person to congratulate you. ³²⁾ ³⁴⁻¹⁾ **Mr. Russell has approved your request to transfer** to the New York office. ³³⁾ **You'll start working there in three weeks**.

W That's wonderful news, Mr. Kelly. Thank you so much for sharing it with me.

M I should also mention that you're no longer going to be the assistant manager. Instead, you're going to be the manager of the branch there. ³⁴⁻²⁾ **Mr. Russell feels that you're ready to take the next step, so he's promoting you.**

W I really appreciate your telling me this. This is the best news I've heard in a long time.

M Linda, 제가 제일 먼저 당신을 축하해 준 사람이 되었으면 좋겠군요. Russell 씨께서 당신의 뉴욕 지사로의 전근 요청을 승인해 주셨어요. 당신은 3주 후에 그곳에서 일을 시작하게 될 거예요.

W 놀라운 소식이군요, Kelly 씨. 알려 주셔서 정말 고맙습니다.

M 또한 당신이 더 이상 차장이 아닐 것이라는 소식도 전해야겠네요. 그 대신, 당신은 그곳에서 지사장이 될 거예요. Russell 씨께서는 당신이 다음 단계를 밟을 준비가 되었다고 생각하시기 때문에, 당신을 승진시키실 거예요.

W 그렇게 말씀해 주시니 정말로 고맙습니다. 오랫동안 들었던 소식 중 가장 멋진 소식이에요.

어휘 congratulate 축하하다 approve 승인하다 request 요청 transfer 이동하다, 옮기다; 전근하다 wonderful 놀라운, 멋진 share 공유하다 mention 언급하다 no longer 더 이상 ~가 아닌 assistant manager 대리, 차장, 부팀장 branch 가지; 지점, 지사 step 단계 promote 승진시키다 raise 올리다; 인상

32

여자는 왜 기뻐하는가?
(A) 전근을 갈 것이다.
(B) 급여가 인상되었다.
(C) 다른 회사에서 일자리를 제안받았다.
(D) 휴가를 떠날 것이다.

해설 여자가 기뻐하는 이유는 첫째 'Russell 씨가 전근을 승인했다(Mr. Russell has approved your request to transfer)'는 점과, 둘째 '그가 승진을 시켜 줄 것이다(he's promoting you)'라는 점 때문이다. 따라서 정답은 둘 중에서 전자를 가리키고 있는 (A)이다.

33

여자는 언제 뉴욕에서 일을 시작할 것인가?
(A) 1주 후에
(B) 2주 후에
(C) 3주 후에
(D) 4주 후에

해설 남자는 여자의 뉴욕으로의 전근 신청이 승인되었다는 소식을 전한 후, 'You'll start working there in three weeks.'라고 말한다. 이를 통해 여자는 '3주 후에' 뉴욕에서 일을 시작할 것임을 알 수 있으므로 정답은 (C)의 In three weeks이다.

34

Russell 씨는 누구인 것 같은가?
(A) 뉴욕 지사장
(B) 차장
(C) 여자의 상사
(D) 남자의 친구

해설 Russell이라는 인물이 언급되고 있는 부분은 'Mr. Russell has approved your request to transfer to the New York office.'라는 문장과 'Mr. Russell feels that you're ready to take the next step, so he's promoting you.'라는 문장이다. 전근 신청을

승인하고 승진을 결정할 수 있는 직위는 '상사'이므로 정답은 (C)의 The woman's boss이다.

[35-37]

W Hello, Mr. Vincent. **35-1) This is Monique Planters calling from Exotic Travel. 35-2) I'd like you to know that I reserved your flight for you.** You are going to depart for Tokyo on October 10. And you will return to Denver on October 18.

M Thank you for calling me, Ms. Planters. **36-1) I'd like to make one change though.** My boss wants me to depart one day earlier, so **36-2) is it possible for me to leave on October 9?**

W That's a Tuesday, so it shouldn't be a problem. **37) Let me check to computer to see which flights are available,** and then I will call you back in about five minutes.

W 안녕하세요, Vincent 씨. 저는 Exotic Travel의 Monique Planters입니다. 제가 고객님의 항공편을 예약해 두었다는 사실을 알려 드리고자 합니다. 고객님께서는 10월 10일에 도쿄로 출발하실 것입니다. 그리고 10월 18일에 Denver로 돌아오실 예정입니다.

M 전화해 줘서 고맙습니다. Planters 씨. 하지만 한 가지 사항을 변경해야 해요. 사장님께서 제가 하루 일찍 출발하기를 원하셔서 그런데, 제가 10월 9일에 출발하는 것이 가능할까요?

W 그날이 화요일이라, 문제가 되지는 않을 것입니다. 컴퓨터로 이용 가능한 항공편을 확인한 다음, 약 5분 후에 다시 전화를 드리겠습니다.

어휘 reserve 예약하다 depart 출발하다 available 이용할 수 있는

35

여자의 직업은 무엇인가?
(A) 비행기 조종사
(B) 여행사 직원
(C) 여행 가이드
(D) 버스 운전기사

해설 대화의 초반부에 여자는 자신이 Exotic Travel에 근무한다고 말한 다음, 'I'd like you to know that I reserved your flight for you.'라고 하면서 남자의 항공편을 예약해 두었다는 사실을 알리고 있다. 이후에도 여행 일정에 대한 논의가 이루어지고 있으므로 여자의 직업은 (B)의 Travel agent(여행사 직원)임을 알 수 있다.

36

남자는 언제 도쿄로 떠나고 싶어 하는가?
(A) 10월 5일
(B) 10월 9일
(C) 10월 10일
(D) 10월 18일

해설 남자는 예약 사항 중 하나를 변경하고 싶다고 말한 뒤, '10월 9일에 출발할 수 있는지(is it possible for me to leave on October 9)' 묻고 있으므로 남자가 도쿄로 떠나고 싶어 하는 날짜는 (B)의 10월 9일이다. (C)의 10월 10일은 원래 예약이 되어 있던 날짜이다.

37

여자는 아마도 이다음에 무엇을 할 것인가?
(A) 티켓을 발권한다
(B) 다른 고객에게 전화를 한다
(C) 웹사이트를 확인한다
(D) 티켓을 취소시킨다

해설 대화의 마지막 부분에서 여자는 '이용할 수 있는 비행편이 있는지 컴퓨터로 확인하고(check to computer to see which flights are available)' 다시 전화를 걸겠다고 말한다. 따라서 여자가 할 일은 '컴퓨터로 (인터넷 상의) 표를 확인하는 것'이므로 정답은 (C)의 Check a Web site이다.

[38-40]

W Excuse me, but are you looking for something in particular? Perhaps I can be of assistance to you.

M Actually, yes, I believe you can assist me. **38) I'm planning to wallpaper the walls in two rooms in my home.** But I'm not sure which type of wallpaper would be the best to use.

W I highly recommend the wallpaper made by the Hillside Company. **39-1) It is very high quality, so it won't rip. 39-2) And it's very easy to clean if it gets dirty.** Best of all, **39-3) it's less expensive than some other types of wallpaper.**

M That sounds exactly like what I'm looking for. **40) Could you show me where it is, please?**

W 실례지만, 특별한 것을 찾고 계신가요? 아마도 제가 도움을 드릴 수 있을 거예요.

M 실은, 그래요, 당신이 저를 도와 주실 수 있을 거라 믿어요. 저희 집의 방 두 곳에 벽지를 바르려고 해요. 하지만 어떤 종류의 벽지가 사용하기에 가장 좋을지 잘 모르겠어요.

W Hillside 사에서 만든 벽지를 적극 추천해 드릴게요. 품질이 매우 뛰어나기 때문에, 찢어지지 않아요. 그리고 더러워지는 경우에도 청소하기가 상당히 쉬워요. 무엇보다, 다른 종류의 벽지보다 가격도 저렴하고요.

M 정확히 제가 찾고 있던 것처럼 들리는군요. 어디에 있는지 알려 주실 수 있나요?

어휘 look for ~을 찾다 in particular 특별한 wallpaper 벽지; 벽지를 바르다 highly 매우 recommend 추천하다, 권하다 quality 질, 품질 rip 찢어지다 best of all 무엇보다도 exactly 정확히 explain 설명하다

38

남자는 몇 개의 방에 벽지를 바르고 싶어 하는가?

(A) 한 개

(B) 두 개

(C) 세 개

(D) 네 개

해설 대화 초반부의 남자의 말, 'I'm planning to wallpaper the walls in two rooms in my home.'에서 벽지를 바를 방은 두 곳임을 알 수 있다. 따라서 정답은 (B)이다.

39

여자는 Hillside 사의 벽지에 대해 무엇을 말하는가?

(A) 쉽게 더러워지지 않는다.

(B) 대부분의 벽지들보다 비싸다.

(C) 찢어지지 않는다.

(D) 바르기가 쉽다

해설 여자는 Hillside 사의 벽지를 추천하면서 벽지의 장점으로 '찢어지지 않고', '청소가 쉬우며', '값이 저렴하다'는 점을 들고 있다. 따라서 정답은 (C)이다. 청소가 쉽다고 했지 쉽게 더러워지지 않는다는 의미는 아니기 때문에 (A)는 정답이 될 수 없고, (B)는 사실과 반대되는 이야기이다.

40

남자는 여자에게 무엇을 할 것을 요청하는가?

(A) 그에게 색상을 골라 준다

(B) 그의 집의 벽지 바르는 일을 도와 준다

(C) 벽지를 벽에 바르는 법을 설명해 준다

(D) 그에게 벽지를 보여 준다

해설 대화의 마지막 부분에서 남자는 여자에게 'Could you show me where it is, please?'라고 말하면서 '벽지의 위치'를 묻고 있다. 따라서 정답은 (D)의 Show some wallpaper to him(그에게 벽지를 보여 준다)이다.

[41-43]

M Hello. This is Graham Chapman calling from Global Logistics, Inc. 41-1) **We have a large package that just arrived for you.** 41-2) **We'd like to deliver it to your home.** Do you happen to be there right now?

W Well, I am home, but 42-1) **I've got to go out to run some errands for about two hours.** 42-2) **Do you think you could deliver the item around three in the afternoon?**

M I don't believe that will be possible because our deliveryman has to be somewhere else at that time. However, he can visit your home right after he drops off the other package. 43) **You should expect him at your place around a quarter to four this afternoon.**

M 안녕하세요. 저는 Global Logistics의 Graham Chapman 입니다. 고객님에게 도착한 커다란 소포가 있습니다. 댁으로 배달을 해 드리고자 합니다. 혹시 지금 댁에 계신가요?

W 음, 집에 있기는 하지만, 2시간 정도 일을 보기 위해 외출해야 해요. 오후 3시쯤에 물품을 배달해 주실 수 있으신가요?

M 그 시간에는 택배 기사가 다른 곳에 가야 하기 때문에 가능하지 않을 것 같습니다. 하지만 다른 소포를 배달한 후에 고객님 댁을 방문할 수 있습니다. 오늘 오후 4시가 되기 15분 전쯤에 도착할 것이라고 예상하시면 될 것 같습니다.

어휘 package 소포, 포장물 have got to ~해야 한다 run an errand 심부름을 하다; 볼일을 보다 deliveryman 배달원, 택배 기사 drop off 내려 놓다, 두고 오다 expect 기대하다, 예상하다 quarter 4분의 1, 15분 lateness 늦음 direction 방향 workplace 일터, 직장

41

화자들은 주로 무엇에 대해 논의하고 있는가?

(A) 소포의 배달 지연

(B) 여자의 집으로 가는 길

(C) 여자가 보내야 하는 소포

(D) 소포의 배달

해설 대화의 초반부에서 남자는 여자에게 'We'd like to deliver it to your home.'이라고 말하면서 집으로 소포를 배달하겠다는 통지를 하고 있다. 이후에는 서로간에 배송 시간을 조정하기 위한 대화가 이루어지고 있으므로 정답은 (D)의 The delivery of a package(소포의 배달)이다.

42

여자는 오후에 무엇을 할 것인가?

(A) 몇 가지 볼일을 본다

(B) 직장에 간다

(C) 아이들을 데리러 간다

(D) 동아리 모임에 참석한다

해설 여자는 'I've got to go out to run some errands for about two hours.'라고 말하면서 자신이 두 시간 동안 볼일을 봐야 한다고 말한 다음, '오후 세 시쯤(around three in the afternoon)' 배송이 가능한지 묻고 있다. 이를 종합해 보면 여자는 오후에 두 시간 정도 볼 일을 봐야 한다는 사실을 알 수 있으므로 정답은 (A)의 Run some errands(몇 가지 볼일을 본다)이다.

43

오늘 3시 45분에 어떤 일이 일어날 것인가?

(A) 남자가 여자에게 다시 전화를 걸 것이다.

(B) 택배 기사가 여자의 집에 도착할 것이다.

(C) 소포가 해외로 발송될 것이다.

(D) 물품이 발신인에게 되돌아 갈 것이다.

해설 대화의 마지막 부분에서 남자는 'You should expect him at your place around a quarter to four this afternoon.'이라고 말하고 있는데, a quarter to four는 '4시 15분 전'을 의미한다. 이는 3시 45분을 다르게 표현한 것이므로, 3시 45분에 일어날 일은 남자가 여자에게 소포를 배송하는 것이다. 그러므로 정답은 (B)이다.

W	Tim, I can't seem to find anything in the office these days. ⁴⁴⁻¹⁾ **Did someone move around the supplies while I was on vacation last week?**
M	Yes, ^{44-2) 45-1)} **Alice decided to put everything in different places last Thursday.** Unfortunately, ⁴⁵⁻²⁾ **she's out of the office today**, so you can't ask her for help. What exactly are you looking for?
W	⁴⁶⁾ **I really need a file folder.** I have a lot of loose papers on my desk, and I need to keep them organized.
M	I have no idea where Alice put all of them. But I've got a couple of spare folders on my desk. Here, you can take one.
W	Tim, 요즘 사무실에서 아무것도 찾을 수가 없는 것 같아요. 지난주에 제가 휴가를 갔을 때 누군가가 사무용품들을 옮겨다 놓았나요?
M	네, Alice가 지난 목요일에 모든 것들을 다른 곳에 가져다 놓겠다고 결정했죠. 안타깝지만, 그녀가 오늘 사무실에 없기 때문에, 그녀에게 도움을 청할 수가 없어요. 정확히 무엇을 찾고 있나요?
W	파일 폴더가 꼭 필요해요. 제 책상에 묶여 있지 않은 서류들이 많이 있어서, 이것들을 정리해야만 하거든요.
M	Alice가 그것들을 모두 어디에 두었는지 모르겠어요. 하지만 제 책상에 여분의 폴더가 두어 개 있어요. 여기, 하나 가져가도 좋아요.

어휘 seem to ~처럼 보이다 out of ~에서 밖으로, ~의 밖에
file folder 파일 폴더, 서류철 loose 헐렁한, 묶여 있지 않은
organize 조직하다; 정리하다 spare 남는, 여분의 object 물체, 물건
stationery store 문구점 stapler 스테이플러

44
지난주에 어떤 일이 있었는가?
(A) 남자가 휴가를 갔다.
(B) 화자들이 컨퍼런스에 참석했다.
(C) 사무실 내의 몇몇 물건들이 옮겨졌다.
(D) 여자가 책상을 정리했다.

해설 여자는 지난주에 자신이 휴가를 갔을 때 사무용품들이 옮겨졌는지를 물었고, 이에 대해 남자는 'Alice가 지난 목요일에 모든 것들을 다른 곳에 가져다 놓겠다고 결정했다(Alice decided to put everything in different places last Thursday)'고 말했다. 이로써 지난주에는 사무실 물품들이 옮겨졌다는 사실을 알 수 있으므로 정답은 (C)이다.

45
Alice는 누구인 것 같은가?
(A) 고객
(B) 화자들의 동료

(C) 문구점 직원
(D) 수리 기사

해설 Alice는 사무실의 물품을 정리한 사람이고, '그녀가 오늘은 사무실에 없다(she's out of the office today)'는 말을 통해, Alice는 남자와 여자의 직장 동료일 것이라는 것을 유추할 수 있다. 그러므로 정답은 (B)의 The speaker's colleague이다.

46
여자는 무엇을 필요로 하는가?
(A) 폴더
(B) 새로운 책상
(C) 스테이플러
(D) 펜

해설 남자가 여자에게 무엇이 필요한지를 묻자 여자는 'I really need a file folder.'라고 대답한다. 따라서 여자가 필요로 하는 것은 '파일 폴더'라는 것을 알 수 있으므로 정답은 (A)의 A folder이다.

M	Now that Dr. Landers's and Ms. Hooper's presentations are finished, what do you think we should do next? ⁴⁷⁾ **Should we attend the workshop starting at one?**
W	That's a couple of hours from now. I don't want to sit around and do nothing during that time. Why don't we see what's on the schedule?
M	According to the schedule, Dave Jenkins is giving a talk in five minutes. And ⁴⁸⁾ **Cindy Winters is going to present a paper half an hour from now.**
W	⁴⁹⁾ **I'm much more interested in what Mr. Jenkins has to say, so let's listen to him.** If we hurry, we can make it there before he starts talking.
M	Landers 박사님과 Hooper 씨의 발표가 끝났으니, 다음에는 우리가 무엇을 해야 한다고 생각하나요? 1시에 시작하는 워크숍에 참석해야 할까요?
W	지금부터 두어 시간 뒤군요. 그 시간 동안 앉아서 가만히 있고 싶지는 않아요. 일정표에 무엇이 있는지 살펴볼까요?
M	일정표에 따르면, Dave Jenkins가 5분 후에 강연을 할 거예요. 그리고 Cindy Winters는 지금부터 30분 후에 논문을 발표할 예정이고요.
W	저는 Jenkins 씨가 하게 될 강연에 훨씬 더 관심이 가기 때문에, 그것을 들으러 가요. 우리가 서두른다면, 강연이 시작되기 전에 그곳으로 갈 수 있어요.

어휘 now that ~이므로, ~이니까 sit around 빈둥거리다
according to ~에 의하면 give a talk 말하다 present 보여 주다,
제시하다; 발표하다 paper 종이; 논문 be interested in
~에 관심이 있다 hurry 서두르다 make it 해내다; ~에 도착하다
take a break 쉬다

47

워크숍은 언제 시작할 예정인가?

(A) 오전 10시에
(B) 오전 11시에
(C) 오후 1시에
(D) 오후 5시에

해설 대화의 초반부에서 남자는 'Should we attend the workshop starting at one?'이라고 말하면서 여자에게 '1시에 시작하는 워크숍에 참석해야 할지'에 관한 의견을 묻고 있다. 따라서 워크숍이 시작되는 시각은 (C)의 At 1:00 P.M.이다.

48

누가 30분 후에 논문을 발표할 예정인가?

(A) Winters 씨
(B) Jenkins 씨
(C) Hooper 씨
(D) Landers 박사

해설 논문 발표자의 이름은 대화 중후반부의 남자의 말, 'Cindy Winters is going to present a paper half an hour from now.'에서 언급되고 있다. 그러므로 정답은 (A)이다. (B)는 5분 후에 강연할 사람이고, (C)와 (D)는 대화가 시작되기 전에 발표를 마친 사람들이다.

49

여자는 무엇을 할 것을 제안하는가?

(A) 일찍 점심을 먹는다
(B) Hooper 씨의 강연을 듣는다
(C) Jenkins 씨의 강연에 참석한다
(D) 모든 행사들을 듣지 않고 쉰다

해설 대화의 마지막 부분의 여자의 말, 'I'm much more interested in what Mr. Jenkins has to say, so let's listen to him.'에서 정답의 단서를 찾을 수 있다. 즉 여자는 Jenkins 씨의 강연에 관심이 있어서 그의 강연을 듣자는 제안을 하고 있다. 이를 통해 정답은 (C)의 Attending a talk by Mr. Jenkins임을 알 수 있다.

[50-52]

M	Good morning. My name is Robert Beale. **50) I'm here for my 9:30 meeting with Mr. Granger.** Is he available now?
W1	Good morning, Mr. Beale. I'm terribly sorry, but Mr. Granger is in a meeting with the CEO at this moment. He should be done by 10:30.
M	Okay, I guess I can visit a café and come back in an hour then.
W2	Mr. Beale, my name is Cindy Cartwright. **51) I can show you around the facility if you like.**
M	That would be a better way to spend my time.
W2	Great. **52) Then let me show you our lab first.** I think that you'll find it very interesting.

M 안녕하세요. 저는 Robert Beale입니다. Granger 씨와 9시 30분에 만나기로 해서 여기에 왔습니다. 그는 지금 계신가요?

W1 안녕하세요, Beale 씨. 정말 죄송합니다만, Granger 씨는 지금 CEO와 회의 중입니다. 10시 30분쯤 끝날 것 같습니다.

M 알겠습니다. 카페에 갔다가 한 시간 뒤에 다시 오겠습니다.

W2 Beale 씨, 저는 Cindy Cartwright입니다. 원하신다면 제가 시설을 안내해 드릴 수 있어요.

M 그렇게 하는 것이 시간을 보내기에 더 좋은 방법이겠네요.

W2 잘됐네요. 그렇다면 제가 우선 저희 연구실을 보여 드릴게요. 매우 흥미로워하실 것이라고 생각해요.

어휘 terribly 대단히 facility 시설 lab 연구실

50

남자의 회의는 몇 시에 예정되어 있는가?

(A) 9시
(B) 9시 30분
(C) 10시
(D) 10시 30분

해설 남자는 '9시 30분에 Granger 씨와의 회의를 위해서 왔다(I'm here for my 9:30 meeting with Mr. Granger)'고 말했으므로 정답은 (B)이다.

51

남자는 왜 "That would be a better way to spend my time"이라고 말하는가?

(A) 한 시간 뒤에 돌아오겠다는 것에 동의하려고
(B) 여자의 제안을 수락하려고
(C) 비어있는 사무실을 사용하겠다는 요청을 하려고
(D) 회의 일정 변경을 요청하려고

해설 인용된 문장은 '그렇게 하는 것이 더 좋은 방법일 것 같다'라는 의미의 긍정적인 답변이다. 이는 Cindy Cartwright가 시설을 둘러보도록 안내해 주겠다는 제안을 받아 들이겠다는 답변이므로 정답은 (B)이다.

52

남자는 이어서 어디에 갈 것인가?

(A) 카페에
(B) 사무실에
(C) 연구실에
(D) 회의실에

해설 Cindy Cartwright는 남자에게 연구실을 가장 먼저 보여 주겠다고(Then let me show you our lab first) 말했다. 따라서 정답은 (C)이다.

[53-55]

M1	53-1) **So how do you feel about the price we're offering?**
W	53-2) **I'd say that it's a bit too much for us.** 55-1) **We'd appreciate a discount since we're planning to buy so many of your products.**
M2	53-3) **Just how many do you need each month?**
W	At least 10,000 units. And we might need twice that amount in busy months.
M1	53-4) 54-1) 55-2) **Would you be willing to sign a contract guaranteeing you'd purchase a minimum number of items each month?**
W	54-2) 55-3) **Yes, I can do that.** Would a one-year contract be all right?
M1	That would be fine. 55-4) **And we can give you a 15% discount in that case.**
M1	그래서 저희가 제안한 가격에 대해서 어떻게 생각하시나요?
W	저희로서는 너무 높다고 말씀 드려야 할 것 같습니다. 저희가 귀사의 제품을 많이 구입할 계획을 갖고 있으니 할인을 해 주시면 감사하겠습니다.
M2	매달 얼마나 필요하신 건가요?
W	최소한 1만개입니다. 그리고 바쁜 달에는 저희가 두 배를 필요로 할 수도 있어요.
M1	매달 구매하시는 물품의 최소 수량을 보증하는 계약서에 서명하실 의향이 있으신가요?
W	네, 그렇게 할게요. 1년 계약이면 될까요?
M1	좋습니다. 그렇다면 15퍼센트를 할인해 드릴 수 있어요.

어휘 appreciate 고마워하다 be willing to 기꺼이 ~하다 guarantee 보증하다, 확약하다 undelivered 배달되지 않은 signing bonus 사이닝 보너스 (선급 계약금) the terms of a contract 계약 조건 custom-made 주문 제작한

53
화자들은 주로 무엇을 논의하는가?
(A) 배달되지 않은 주문품
(B) 주문 제작 물품
(C) **계약 조건**
(D) 신규 제품 라인

해설 여자는 제안 받은 가격이 너무 높아서 할인을 요구했고, 남자들은 여자에게 얼마나 많은 물품을 구입할 것인지에 대해 묻고, 최소 구매 수량을 계약서에 명시하여 확약할 수 있는지를(Would you be willing to sign a contract guaranteeing you'd purchase a minimum number of items) 물었다. 즉, 화자들은 주로 물품 거래의 계약 조건에 대해 논의하고 있음을 알 수 있다. 정답은 (C)이다.

54
여자는 무엇을 기꺼이 하겠다고 말하는가?
(A) **계약서에 서명한다**
(B) 매달 2만개의 물품을 주문한다

(C) 지연된 선적을 받아들인다
(D) 할증 가격을 지불한다

해설 최소 구매 수량을 확약하는 내용을 계약서에 서명할 수 있는지를 묻는 질문에 대해, 여자는 그렇게 하겠다고(Yes, I can do that) 대답하고 있다. 그러므로 정답은 (A)이다.

55
여자는 무엇을 제공받는가?
(A) 무료 배송
(B) 주문 제작 제품
(C) **할인**
(D) 1회성 특가 제공

해설 대화의 초반부에서 여자는 할인을 요구하였고, 이에 대해 남자들은 여자가 매달 일정 개수 이상의 물품을 구매한다면 할인을 해 주겠다고 말했다. 여자는 이에 동의하였고, 대화의 마지막에 부분에서 남자는 여자에게 15퍼센트의 할인을 해 주겠다고(we can give you a 15% discount) 했으므로 정답은 (C)이다.

[56-58]

W	Excuse me. I picked up this laptop here last night, but take a look at the screen.
M	Wow, 56-1) **that's a big crack in it.** 56-2) **Did it look like this when you took it out of the box?**
W	I am afraid that you're right. I wanted to use it immediately but wasn't able to.
M	I'm really sorry about that. 57) **Why don't I give you a new machine?** It will take just a minute to replace. And please take this, too.
W	What is this?
M	58) **It's a coupon for 40% off the next item you buy here.** It's our way of saying sorry for the mistake.
W	실례합니다. 제가 이 노트북을 어젯밤에 이곳에서 구입했는데, 이 화면을 보세요.
M	이런, 여기에 금이 크게 가 있네요. 이것을 상자에서 꺼냈을 때 이러한 상태였나요?
W	당신 말이 맞아요. 저는 이것을 즉시 사용하고 싶었지만 그렇게 할 수 없었어요.
M	그것에 대해 정말 죄송해요. 새 기기를 드릴까요? 교환하는 데 잠깐이면 될 거예요. 그리고 이것도 받아 주세요.
W	이것은 무엇인가요?
M	이것은 고객님이 다음에 이곳에서 다시 구매하시는 물품에 대해 40퍼센트를 할인해 드리는 쿠폰이에요. 이것은 실수에 대해 사과하는 저희의 방식이에요.

어휘 crack 금, 갈라진 틈 immediately 즉시 replace 교체하다

56

여자는 왜 "I am afraid that you're right"이라고 말하는가?

(A) 손상된 물품을 수령했다는 것을 언급하려고

(B) 무엇을 해야 하는지 모른다고 인정하려고

(C) 남자의 의견에 동의하려고

(D) 다칠 것을 우려하고 있다고 말하려고

해설 인용된 대화는 상자에서 꺼냈을 때 화면이 이미 손상이 되었었는지를 묻는 남자의 질문에 대한 답변이다. 이는 '당신의 말이 맞는 것 같다'는 긍정의 의미이므로, 여자의 말은 손상된 물품을 받았다는 의미이다. 따라서 정답은 (A)이다.

57

남자는 여자에게 무엇을 할 것을 제안하는가?

(A) 물품을 반납한다

(B) 물품을 교환한다

(C) 물품을 환불 받는다

(D) 물품을 수리한다

해설 남자는 새로운 기기를 주겠다고(Why don't I give you a new machine?) 제안하고 있다. 따라서 정답은 (B)이다.

58

남자는 여자에게 무엇을 주는가?

(A) 쿠폰

(B) 무료 상품

(C) 할인

(D) 온라인 상품권

해설 대화의 마지막 부분에서 남자는 'It's a coupon for 40% off the next item you buy here'라고 말하고 있다. 즉, 남자가 여자에게 준 것은 쿠폰이므로 정답은 (A)이다.

[59-61]

> **M** Good afternoon. I received this application in the mail to join the super shoppers club here. ⁵⁹⁾ **Could you tell me more before I sign up?**
>
> **W** Of course. It's an opportunity to take advantage of various special deals. Members can get discounts of up to 50% on certain items.
>
> **M** That's appealing. ⁶⁰⁻¹⁾ **Do members get free delivery?**
>
> **W** ⁶⁰⁻²⁾ **Yes, for all orders regardless of the amount you spend.** And you get all these benefits for only $120 a year. What do you think?
>
> **M** ⁶¹⁻¹⁾ **I have to pay to become a member?** ⁶¹⁻²⁾ **Oh... I'm going to have to think about it.**
>
> **W** Sure. Just come back here when you decide to join.

M 안녕하세요. 저는 이곳의 우수 고객 클럽에 가입하는 지원서를 메일로 받았어요. 등록하기 전에 저에게 몇 가지 말씀해 주시겠어요?

W 물론이죠. 이것은 다양한 특가 판매 행사들을 활용하실 수 있는 기회예요. 회원들은 특정 품목들에 대해 50퍼센트까지 할인을 받을 수 있어요.

M 마음이 끌리네요. 회원들은 무료 배송을 받게 되나요?

W 네, 고객님이 구매하시는 액수에 상관없이 모든 주문품들에 대해서요. 그리고 고객님은 해마다 겨우 120달러에 이 모든 혜택을 받으시게 되는 거예요. 어떻게 생각하시나요?

M 회원이 되려면 돈을 내야 하나요? 오… 그것에 대해 생각해 보아야겠어요.

W 네. 가입을 결정하시게 되면 다시 와 주세요.

어휘 application 지원서 sign up 등록하다 special deal 특가 상품 regardless of ~에 상관없이 turn in 제출하다

59

남자는 왜 여자를 방문했는가?

(A) 주문품을 수령하기 위해서

(B) 대금을 지불하기 위해서

(C) 지원서를 제출하기 위해서

(D) 몇 가지 정보를 얻기 위해서

해설 남자는 우수 고객 클럽에 가입할 것을 고려하고 있는데, 가입하기 전에 몇 가지 얘기해줄 수 있는지(Could you tell me more before I sign up?) 묻고 있다. 즉, 남자는 정보를 얻기 위해 여자를 방문한 것이므로 정답은 (D)이다.

60

여자는 배송에 대해 무엇을 말하는가?

(A) 쇼핑객들은 각각의 주문에 대해 대금을 지불해야 한다.

(B) 120달러 이상의 주문에 대해서는 비용이 없다.

(C) 클럽의 회원들에게는 무료이다.

(D) 영업일 기준으로 2일 내지 3일이 걸린다.

해설 회원들에게 배송이 무료인지를 묻는 남자의 질문에 대해 여자는 'for all orders regardless of the amount you spend'라고 대답했다. 즉, 회원들은 물품의 대금과 상관없이 무료로 배송을 받을 수 있다. 정답은 (C)이다.

61

남자가 "I'm going to have to think about it"이라고 말할 때 그가 의미하는 것은 무엇인가?

(A) 그는 지금 가입하기를 원하지 않는다.

(B) 그는 지금 충분한 돈을 갖고 있지 않다.

(C) 그는 오늘 어떠한 물품도 주문하지 않을 것이다.

(D) 그는 그 상점에 다시 오지 않을 것이다.

해설 회원이 되려면 120달러의 돈을 지불해야 한다는 말을 듣고 나서, 남자는 '그에 대해 생각을 해봐야 할 것 같다'고 말했다. 따라서 남자는 지금 당장은 회원이 되고 싶어 하지 않는다고 볼 수 있으므로 정답은 (A)이다.

[62-64]

M	Excuse me. ⁶²⁻¹⁾ **There's a problem with this item here.**
W	I'm sorry to hear that. Could you tell me what's wrong with it?
M	Sure. ⁶²⁻²⁾ **I bought this puzzle for my son for his birthday two days ago.** ⁶²⁻³⁾ **But when he tried to solve it, it was missing several pieces.**
W	Oh, no. Would you like me to give you another puzzle?
M	Actually, ⁶³⁾ **would it be possible to exchange it for another toy?** He was really disappointed with the puzzle.
W	Sure, that's fine. ⁶⁴⁾ **Why don't you find something you want?** Then, bring it back here, and I can process the transaction for you.
M	실례합니다. 이 상품에 문제가 있어요.
W	그런 말을 듣게 되어 유감이군요. 무엇이 문제인지 말씀해주시겠어요?
M	네. 저는 이틀 전에 아들의 생일선물로 이 퍼즐을 구입했어요. 하지만 제 아들이 이것을 맞추려고 했을 때, 몇몇 조각들이 없더군요.
W	오, 이런. 제가 다른 퍼즐을 드릴까요?
M	사실, 그것을 다른 장난감과 바꾸는 것이 가능한가요? 제 아들이 그 퍼즐에 너무 실망을 했어요.
W	그럼요, 괜찮아요. 원하시는 것을 찾아 보시겠어요? 그런 다음, 그것을 여기로 가져 오시면, 제가 고객님을 위해 교환 처리를 해 드릴게요.

어휘 piece 조각 exchange 교환하다 disappointed 실망한 process 처리하다 transaction 처리; 매매

제품 번호	제품 상세	가격
685–449	동물 봉제인형	12.99달러
930–232	보드게임	6.99달러
202–383	장난감 로봇	14.99달러
774–574	200피스 퍼즐	8.99달러

62

도표를 보아라. 어떤 물품에 문제가 있는가?

(A) 685–449

(B) 930–232

(C) 202–383

(D) 774–574

해설 남자는 구매한 퍼즐에 문제가 있다고 했는데, 도표에서 퍼즐의 품번은 774–574이므로 정답은 (D)이다.

63

남자는 무엇을 원하는가?

(A) 사과

(B) 환불

(C) 다른 상품

(D) 시연

해설 문제가 있는 구입했던 퍼즐을 다른 퍼즐로 교환해 주겠다는 여자의 말에, 남자는 다른 장난감으로 교환할 수 있는지(would it be possible to exchange it for another toy) 여부를 묻고 있다. 즉, 남자가 원하는 것은 다른 상품이므로 정답은 (C)이다.

64

여자는 남자에게 무엇을 하라고 말하는가?

(A) 새 장난감을 고른다

(B) 관리자와 이야기한다

(C) 그의 영수증을 보여준다

(D) 그의 신용카드를 사용한다

해설 대화의 마지막 부분에서 여자는 남자가 원하는 새로운 것을 골라보라고(Why don't you find something you want?) 제안하고 있다. 따라서 정답은 (A)이다.

[65-67]

W	Dave, when are we supposed to meet this week? I can't recall.
M	⁶⁵⁻¹⁾ **We're getting together on Thursday at 3:00.** We've got to talk about the merger that's happening next month.
W	Oh, that's right. ⁶⁵⁻²⁾ **I thought I was meeting Mr. Duncan then** for some reason.
M	No, you meet the vice president on another day. Anyway, do you have a few moments? ⁶⁶⁾ **I'd like to go over the budget report with you.**
W	Sure. How about stepping into my office now?
M	⁶⁷⁻¹⁾ **Let me run back to my desk first.** ⁶⁷⁻²⁾ **I just realized that I left a file I need there.** ⁶⁷⁻³⁾ **I'll be back in two minutes.**
W	Dave, 우리는 이번 주에 언제 회의를 하기로 되어 있나요? 기억이 나지 않는군요.
M	우리는 목요일 3시에 모이기로 했어요. 우리는 다음 달에 있을 합병에 대해서 이야기해야 해요.
W	오, 맞아요. 저는 왠지 모르겠지만 그때 Duncan 씨를 만나고 있을 것이라고 생각했어요.
M	아니에요, 당신은 다른 날에 부사장을 만나요. 어쨌거나, 잠시 시간이 되시나요? 저는 당신과 함께 예산 보고서를 검토했으면 해요.
W	그럼요. 지금 저의 사무실로 갈까요?
M	우선 저의 책상으로 가볼게요. 그곳에 필요한 파일을 두고 온 것이 지금 생각났어요. 금방 돌아올 거예요.

어휘 recall 기억해 내다 merger 합병 have got to ~해야 한다 for some reason 어떤 이유인지, 왠지 budget 예산 get in touch ~와 연락하다 retrieve 되찾아오다

	화요일	수요일	목요일	금요일
오후 1시~오후 2시	Chambers 씨와 회의			Peters 씨와 회의
오후 2시~오후 3시				
오후 3시~오후 4시			Burgess 씨와 회의	
오후 4시~오후 5시		Duncan 씨와 회의		

65

도표를 보아라. 여자는 언제 부사장을 만날 것인가?

(A) 화요일에

(B) 수요일에

(C) 목요일에

(D) 금요일에

해설 목요일에 회의를 할 것이라는(We're getting together on Thursday) 남자의 말에 대해, 여자는 그날 Duncan 씨를 만날 것이라고 생각했다고(I thought I was meeting Mr. Duncan then) 말했다. 이에 대해 남자는 여자에게 그녀가 다른 날에 부사장을 만날 것이라고(you meet the vice president on another day) 대답하고 있다. 이러한 대화에서 Duncan 씨가 부사장이라는 것을 유추할 수 있는데, 도표에서 Duncan 씨와의 회의가 예정된 날은 수요일이다. 따라서 정답은 (B)이다.

66

남자는 여자에게 무엇을 할 것을 요청하는가?

(A) 그에게 추가 자금을 제공한다

(B) 고객에게 연락을 취한다

(C) 그와 함께 보고서를 검토한다

(D) 그들의 회의 일정을 조정한다

해설 남자는 여자에게 함께 예산 보고서를 검토하려 한다고(I'd like to go over the budget report with you) 말하고 있으므로 정답은 (C)이다.

67

남자는 이어서 무엇을 할 것인가?

(A) 서류를 되찾아온다

(B) 전화한다

(C) 여자의 사무실에 간다

(D) 서류에 서명한다

해설 대화의 마지막 부분에서 남자는 자신의 책상으로 돌아 가겠다고 말한 다음(Let me run back to my desk first), 그곳에 파일을 두고 왔으며(I just realized that I left a file), 곧 돌아 오겠다고(I'll be back in two minutes) 말하고 있다. 따라서 남자가 이어서 할 행동은 서류를 찾아서 오는 것이므로 정답은 (A)이다.

[68-70]

M   I hope Ms. Preller likes our presentation today. If we get the contract with her company, it could be worth millions.

W   Well, we'd better be sure we're not late if we want to impress her.

M   **68-1) The exit for Southern Avenue is coming up in a few moments.** Once we get off there, we'll be close to her office.

W   **69) I heard there's road construction going on there. 68-2) We ought to take the exit before it.**

M   I'm not familiar with the roads here. Are you sure about that?

W   **70) I've lived here all my life. Just get off there, and I'll tell you exactly where to go.**

M   저는 Preller 씨가 오늘 우리의 발표를 마음에 들어 하기를 바라고 있어요. 우리가 그녀의 회사와 계약을 맺는다면, 그것은 수백만 달러의 가치가 있을 텐데요.

W   음, 그녀에게 깊은 인상을 주고 싶다면 우리는 늦지 않도록 하는 것이 좋을 거예요.

M   Southern 가의 출구가 곧 나올 거예요. 그곳에서 나가면, 우리는 그녀의 사무실에 거의 도착하게 될 거예요.

W   그곳에서 도로 공사가 있다고 들었어요. 그 전에 있는 출구로 나가는 것이 좋을 거예요.

M   저는 이곳의 도로에 익숙하지가 않아요. 그것이 확실한가요?

W   저는 평생 이곳에서 살았어요. 그곳에서 나가면, 제가 어디로 가야할지 정확하게 알려 줄게요.

어휘 worth 가치가 있다 impress 깊은 인상을 주다 be familiar with ~에 익숙하다

출구	도로
4	Golden 가
5	Southern 가
6	Orange 로
7	Wellborn 대로

68

도표를 보아라. 화자들은 어느 출구로 진출할 것 같은가?

(A) Golden 가

(B) Southern 가

(C) Orange 로

(D) Wellborn 대로

해설 운전을 하고 있는 것으로 보이는 남자가 Southern 가의 출구로 진입하겠다고 했고, 이에 대해 여자는 그 이전의 출구로 나가는 것이 좋겠다고(We ought to take the exit before it) 말했다. 도표에서 Southern 가의 출구보다 먼저 도착하게 되는 출구는 Golden 가의 출구이므로 정답은 (A)이다.

69

여자는 왜 다른 경로에 진입할 것을 제안하는가?

(A) 교통 혼잡을 피하려고

(B) 공사를 피하려고

(C) 주유소에 가려고

(D) 새 사무실을 방문하려고

해설 여자가 다른 경로에 진입하자고 제안하는 이유는 현재 그 도로가 공사 중이라고 들었기(I heard there's road construction going on there) 때문이다. 따라서 정답은 (B)이다.

70

여자에 대해 암시되고 있는 것은 무엇인가?

(A) 그녀는 Preller 씨를 위해 근무했었다.

(B) 그녀는 계약을 체결할 권한을 갖고 있다.

(C) 그녀는 남자의 상사이다.

(D) 그녀는 고향을 떠난 적이 없다.

해설 이곳의 도로에 익숙하지 않다는 남자의 말에 대해, 여자는 자신이 평생 이곳에서 살았다고(I've lived here all my life) 대답하고 있다. 즉, 여자는 평생 한 지역에서 살고 있다는 사실을 유추할 수 있으므로 정답은 (D)이다.

PART 4

[71-73]

M **71) Attention, all residents of Gadsden Tower.** The two elevators in the building are going to be shut down immediately. Both of them are experiencing technical difficulties, and they may be dangerous to take. The company that services the elevators has been notified, and a repair crew is on the way here. **72) The repairmen should be here within the next fifteen minutes.** We do not know how long the elevators will be down for. They will remain unavailable until we are sure they are safe to use. **73) Until then, please take the stairs in either the northern or eastern part of the building.** We apologize for the inconvenience.

M Gadsden Tower의 모든 입주자분들께서는 주목해 주십시오. 건물 내 두 대의 엘리베이터가 즉시 폐쇄될 예정입니다. 두 대 모두 기술적인 문제를 겪고 있으며, 이용하기에 위험할 수 있습니다. 엘리베이터 서비스 업체에게 통지가 이루어졌고, 수리반이 이곳으로 오고 있는 중입니다. 수리 기사들은 지금부터 15분 내에 이곳으로 올 것입니다. 엘리베이터가 얼마나 오랫동안 가동이 되지 않을 것인지는 저희도 모릅니다. 사용하기에 안전하다고 확신이 들 때까지는 계속해서 사용할 수 없습니다. 그때까지, 건물의 북쪽이나 동쪽에 있는 계단을 이용하시기 바랍니다. 불편을 끼쳐 드려서 죄송합니다.

어휘 resident 주민 shut down 폐쇄된 immediately 즉시 technical 기술적인 dangerous 위험한 notify 알리다, 통지하다 on the way 도중에 unavailable 이용할 수 없는 stair 계단 inconvenience 불편 tourist attraction 관광 명소 escalator 에스컬레이터 electricity 전기 entrance 입구

71

Gadsden Tower는 무엇인 것 같은가?

(A) 사무용 건물

(B) 관광 명소

(C) 아파트 건물

(D) 쇼핑 단지

해설 이 안내 방송은 Gadsden Tower의 '거주자(residents)'를 대상으로 하고 있다는 점을 통해 Gadsden Tower는 주거용 건물임을 알 수 있다. 보기 중 주거용 건물에 해당되는 것은 (C)의 An apartment building(아파트)뿐이므로 정답은 (C)이다.

72

수리 기사들은 언제 도착할 것인가?

(A) 5분 내에

(B) 15분 내에

(C) 한 시간 내에

(D) 두 시간 내에

해설 담화 중반부의 'The repairmen should be here within the next fifteen minutes.'라는 말에서, 수리 기사들은 15분 이내에 도착할 것임을 알 수 있다. 그러므로 (B)의 In fifteen minutes가 정답이다.

73

화자는 청자들에게 무엇을 하라고 말하는가?

(A) 에스컬레이터를 이용한다

(B) 전기를 적게 사용한다

(C) 계단을 이용한다

(D) 정문 출입구를 피한다

해설 화자는 엘리베이터가 안전하다는 것이 확인될 때까지 엘리베이터 이용을 삼가라고 한 후, 'Until then, please take the stairs in either the northern or eastern part of the building.'이라고 말한다. 즉, 수리가 완료될 때까지 '계단'을 이용할 것을 권하고 있으므로 정답은 (C)의 Take the stairs이다.

[74-76]

W One of the hardest skills for managers to learn is how to place their workers onto different teams. **74) That's what you're going to learn at today's workshop.** As a general rule, you need to make sure the team members do not have conflicting personalities. You should additionally **75) be sure that everyone knows**

who the team leader is. You don't want to have two or more employees fighting to be the dominant member of the team. And it's best to select individuals with skills that complement those of the other team members. All right, 76) **why don't you look at the handout I gave you?** Let's go over the information on it now.

W　경영자가 배우기에 가장 어려운 기술 중 하나는 직원들을 서로 다른 팀에 배치시키는 방법입니다. 그것이 바로 오늘 워크숍에서 배우게 될 내용이죠. 일반적으로, 팀원들이 서로 부딪히는 성격을 가지고 있지는 않은지 확인해야 합니다. 또한 반드시 모든 사람들이 누가인 팀장인지를 알게 해야 합니다. 팀을 주도하는 팀원이 되려고 두어 명 이상의 직원들이 서로 다투는 것은 원치 않으실 테니까요. 그리고 다른 팀원의 능력을 보완해 줄 수 있는 기술을 가지고 있는 사람들을 선정하는 것이 최선입니다. 좋아요, 제가 나누어 드린 유인물을 살펴보는 것이 어떨까요? 이제 그에 대한 정보를 검토해 보도록 하죠.

어휘 place 놓다, 두다　as a general rule 일반적으로, 보통은　conflicting 서로 싸우는, 상충되는　personality 성격, 개성　additionally 게다가, 또한　dominant 우세한, 지배하는　select 선정하다　complement 보완하다, 보충하다　handout 유인물　role-playing 역할극의

74

이 담화는 어디에서 이루어지고 있는가?

(A) 업무 회의에서
(B) 워크숍에서
(C) 세미나에서
(D) 컨퍼런스에서

해설 담화가 이루어지는 장소에 대한 단서는 담화 초반부의 'That's what you're going to learn at today's workshop.'에서 찾을 수 있다. 화자는 '워크숍'에서 배울 내용에 대해 말하고 있으므로 정답은 (B)의 At a workshop이다.

75

화자는 어떤 조언을 하고 있는가?

(A) 각각의 팀에 동일한 수의 직원들을 배정한다
(B) 강한 개성을 지니고 있는 직원들만 선택한다
(C) 능력이 거의 없는 직원들을 같은 팀에 배치한다
(D) 모두에게 팀장의 이름을 알린다

해설 화자가 하고 있는 조언은 크게 세 가지인데, 첫 번째는 '팀원들이 서로 부딪히는 성격을 갖고 있는지 확인할 것(to make sure the team members do not have conflicting personalities)', 두 번째는 '팀장이 누구인지 모두가 알도록 할 것(be sure that everyone knows who the team leader is)', 그리고 마지막으로 '다른 팀원들의 능력을 보완할 수 있는 기술을 가지고 있는 사람들을 고를 것(select individuals with skills that complement those of the other team members)'이다. 이를 보기들과 비교해 보면, (A)는 언급되지 않은 사항이고 (B)와 (C)는 조언과 반대되는 내용이다. 따라서 정답은 (D)이다.

76

청자들은 이다음에 무엇을 할 것인가?

(A) 유인물을 본다
(B) 강연을 듣는다
(C) 잠시 휴식을 취한다
(D) 역할극을 한다

해설 다음에 할 일을 묻는 문제의 단서는 보통 담화의 마지막 부분에서 찾을 수 있다. 여자는 청자들에게 '유인물을 볼 것(why don't you look at the handout I gave you)'을 제안하고 있으므로 담화 후에는 화자들이 이를 따를 것이라고 기대할 수 있다. 따라서 정답은 (A)의 Look at a handout이다.

[77-79]

W　Hey, Jeff. It's me, Stephanie. I don't know why you're not answering your phone. I guess you must be busy doing something at this time. Anyway, I need to give you some important information. 77) 78-1) **The meeting scheduled for four thirty today has been moved up by an hour.** 78-2) **So you have to be here no later than three** because we have to go over a few things before the meeting. The CEO is going to be attending, so we need to make sure our presentation is perfect. 79) **This is a great opportunity for both of us** so long as we don't make any mistakes. Call me back once you hear this message. Bye.

W　안녕, Jeff. 저 Stephanie예요. 왜 당신이 전화를 받지 않는지 모르겠군요. 틀림없이 지금 무언가를 하느라 바쁠 것이라고 생각해요. 어쨌든, 당신에게 중요한 정보를 알려 줄게요. 오늘 4시 30분으로 예정되었던 회의가 1시간 앞당겨졌어요. 그래서, 회의 전에 우리가 몇 가지 사항을 검토해야 하기 때문에, 늦어도 3시까지는 당신이 여기에 와야 해요. 대표 이사님께서 참석하실 예정이라서, 우리 발표가 완벽한 것인지 확인해 보아야 하거든요. 우리가 실수하지 않는 이상 이번 일은 우리 모두에게 멋진 기회가 될 거예요. 이 메시지를 들으면 저에게 다시 전화해 줘요. 그럼 안녕.

어휘 move up 앞당기다　no later than 늦어도 ~까지　go over 검토하다　so long as ~하는 한　take notes 필기하다　colleague 동료

77

메시지의 목적은 무엇인가?

(A) 새로운 대표 이사에 대해 이야기하기 위해
(B) 시간 변경을 언급하기 위해
(C) 주소를 알려 주기 위해
(D) 회의가 어디에서 열릴 것인지 알리기 위해

해설 화자는 청자에게 중요한 정보를 알려 주겠다고 말한 후, 그 중요한 정보가 회의의 변경 시간임을 알리고 있다. 즉 'The meeting scheduled for four thirty today has been moved up by an hour.'라는 말을 통해 메시지의 목적은 (B)의 To mention a time change임을 알 수 있다.

78

화자가 "You have to be here no later than three"라고 말할 때 그녀가 의미하는 것은 무엇인가?

(A) 청자는 더 빨리 도착해야 한다.
(B) 청자는 강연을 해야 한다.
(C) 청자는 회의에 자주 늦는다.
(D) 청자는 회의 준비를 해야 한다.

해설 화자는 회의 시간이 1시간 당겨졌다고(The meeting scheduled for four thirty today has been moved up by an hour) 말한 다음, 인용된 문장의 내용과 같이 늦어도 3시까지 오라고 말하고 있다. 따라서 인용된 문장은 청자가 예정보다 더 빨리 도착해야 한다는 의미일 것이다. 정답은 (A)이다.

79

화자는 회의에 대해 무엇을 말하는가?

(A) 자신에게 좋은 기회이다.
(B) 늦게 시작할 것이다.
(C) 부사장이 참석할 것이다.
(D) 영상으로 녹화될 것이다.

해설 화자가 회의에 대해 언급한 사항은 '시간이 앞당겨졌다는 점', '대표 이사가 참석한다는 점', 그리고 '두 사람 모두에게 좋은 기회라는 점 (a great opportunity for both of us)'이다. 보기 중 이러한 사항과 일치하는 것은 (A)뿐이므로 (A)가 정답이다.

[80-82]

W | 80-1) **I hope you enjoyed a look at our collection of Ming vases**. Now, the next exhibition isn't a part of our permanent collection. Instead, it's on loan to us until October 21. 80-2) **We have more than 15 pages from the notebooks of Leonardo da Vinci**. As many of you know, Leonardo was one of the most brilliant men of the Italian Renaissance. He wrote many ideas in his notebooks, and I think you'll enjoy looking at them. Some of the pages have designs on them while others have writing. If the writing looks odd, use a mirror to read the words. 81) **Leonardo encoded his writing by writing backward.** 82) **Okay, let's go in and see the collection now.**

W | 명나라 화병 전시물들을 즐겁게 감상하셨기를 바랍니다. 이제, 다음 전시는 상설 전시의 일부가 아닙니다. 대신, 10월 21일까지 저희에게 대여된 것입니다. 저희는 레오나르도 다빈치의 노트에서 나온 15페이지 이상의 노트를 가지고 있습니다. 여러분 중 많은 분들께서 아시겠지만, 레오나르도는 이탈리아 르네상스 시대의 가장 뛰어난 인물 중 한 명이었습니다. 그는 자신의 노트에 여러 아이디어들을 적어 두었으며, 저는 여러분들이 이를 관람하는 것을 좋아하실 것이라고 생각합니다. 몇몇 페이지에는 도안이 그려져 있는 반면, 다른 페이지에는 글이 적혀져 있습니다. 글이 이상하게 보인다면, 거울을 이용하여 단어를 읽으세요. 레오나르도는 글을 거꾸로 씀으로써 자신의 글을 암호화했습니다. 좋아요, 이제 안으로 들어가서 전시물을 보시죠.

어휘 collection 수집, 수집품 exhibition 전시, 전시회 permanent 영구적인 on loan 대여 중인 brilliant 찬란한; 명석한, 뛰어난 odd 이상한, 기묘한 encode 부호화하다, 암호화하다 backward 뒤로, 거꾸로 auction house 경매소 admire 감탄하다; 존경하다

80

청자들은 어디에 있는 것 같은가?

(A) 박물관에
(B) 경매장에
(C) 미술관에
(D) 도자기 매장에

해설 담화가 '명나라 도자기(Ming vases)'를 관람한 이후에 '레오나르도 다빈치의 노트(the notebooks of Leonardo da Vinci)'를 감상하게 될 것이라고 했다. 이와 같은 전시물들을 볼 수 있는 곳은 박물관일 것이므로 (A)의 At a museum(박물관에)이 정답이다.

81

화자는 레오나르도 다빈치에 대해 무엇을 말하는가?

(A) 그는 많은 기계를 발명했다.
(B) 그는 글을 거꾸로 썼다.
(C) 그는 이탈리아 내의 여러 곳을 여행했다.
(D) 그는 부유한 사람이었다.

해설 화자는 레오나르도 다빈치의 글이 이상하게 보이면 거울을 사용해서 볼 것을 권하고 있는데, 그 이유를 'Leonardo encoded his writing by writing backward.'라고 설명하고 있다. 따라서 정답은 '그는 글을 거꾸로 썼다'는 의미인 (B)가 된다.

82

청자들은 이다음에 무엇을 할 것인가?

(A) 책의 일부를 읽는다
(B) 기념품 가게를 방문한다
(C) 몇몇 페이지들을 본다
(D) 미술품을 감상한다

해설 화자의 마지막 말, 'Okay, let's go in and see the collection now.'를 통해 화자들은 레오나르도 다빈치의 노트를 감상하게 될 것임을 알 수 있다. 따라서 (C)의 Look at some pages가 정답이다. 다빈치의 노트를 '책'이라고 볼 수는 없으므로 (A)는 정답이 될 수 없으며, 청자들이 있는 장소는 '미술관'이 아니기 때문에 (D) 또한 정답이 될 수 없다.

M In local news today, ⁸³⁾ ⁸⁴⁻¹⁾ **the race for mayor heated up with the first of three scheduled debates being held**. ⁸⁴⁾ ⁸⁴⁻²⁾ **Incumbent Tom Bradley and challenger Allen Thompson met for a debate that lasted ninety minutes**. Both of them spoke about their objectives for the city of Davenport and its residents. Most observers claim that Mr. Thompson easily won the debate. According to them, he spoke clearly about the problems for Davenport and how to solve them. On the other hand, Mayor Bradley claimed that there are no major issues in the city despite the current unemployment rate of 9%. ⁸⁵⁾ **In the latest polls, Mr. Thompson has a lead of five points over Mr. Bradley**.

M 오늘의 지역 뉴스로서, 세 차례 예정되어 있는 토론 중 첫 번째 토론과 함께 시장 선거의 열기가 달아올랐습니다. 현 시장인 Tom Bradley와 도전자인 Allen Thompson이 90분간 진행된 토론에서 만났습니다. 두 사람 모두 데번포트 시와 그 주민들을 위한 공약에 대해 말했습니다. 많은 참석자들이 Thompson씨가 토론에서 손쉽게 승리했다고 주장합니다. 그들의 말에 따르면, 그는 데번포트의 문제와 이를 해결할 수 있는 방법에 대해 명확하게 말을 했습니다. 반면, Bradley 시장은, 9%라는 현재의 실업률에도 불구하고, 시에는 큰 문제가 없다고 주장했습니다. 최근 여론 조사에서는, Thompson 씨가 Bradley 씨를 5포인트 정도 앞서고 있습니다.

어휘 debate 토론 incumbent 현직의 objective 목표, 목적 observer 관찰자, 참관인 despite ~에도 불구하고 current 현재의 unemployment rate 실업률 poll 여론 조사 have a lead 앞서다, 리드하다 governor 주지사 representative 대표 city council 시의회 political 정치적인

83
뉴스 보도에 따르면, 오늘 어떤 일이 일어났는가?
(A) 선거가 실시되었다.
(B) 세금이 인상되었다.
(C) **토론이 진행되었다.**
(D) 법이 통과되었다.

해설 뉴스 초반부에서 오늘 뉴스로 '세 차례 예정되어 있는 토론 중 첫 번째 토론과 함께 시장 선거의 열기가 달아올랐다(the race for mayor heated up with the first of three scheduled debates being held)'고 했으므로, 정답은 '토론이 진행되었다'는 의미인 (C)이다.

84
Tom Bradley는 누구인가?
(A) 주지사
(B) 국회의원
(C) **시장**
(D) 시의원

해설 'Incumbent Tom Bradley and challenger Allen Thompson met for a debate that lasted ninety minutes.'라는 문장에서 Tom Bradley가 현직 시장이고 Allen Thompson이 도전자임을 알 수 있다. 따라서 Tom Bradley는 (C)의 The mayor of a city이다. '현직의'라는 의미의 incumbent라는 단어를 모른다고 하더라도, 뉴스의 후반부에 Mayor Bradley라는 호칭을 통해서도 정답이 (C)임을 확인할 수 있다.

85
화자는 Allen Thompson에 대해 무엇을 말하는가?
(A) 그는 현재 실직 상태이다.
(B) 그는 오늘 행사에 참석하지 않았다.
(C) 그는 Tom Bradley와 친한 친구이다.
(D) **그는 선거전에서 앞서고 있다.**

해설 '최근 여론 조사에서 Thompson이 Bradley에게 5포인트 앞서고 있다(In the latest polls, Mr. Thompson has a lead of five points over Mr. Bradley)'라는 내용을 통해서 정답은 (D)라는 것을 알 수 있다.

[86-88]

W Now that summer is here, you probably need to mow your lawn every day. ⁸⁶⁻¹⁾ **If the heat is too much for you, then don't cut your own grass**. ⁸⁶⁻²⁾ **Instead, call Kelly Landscaping**. ⁸⁶⁻³⁾ **We are the city's largest landscaping company**. We have several teams of professional workers who will cut your grass exactly the way you want it. Call us today to set up a lawn-mowing schedule that fits your needs. ⁸⁷⁾ **We charge low prices, and we give a 10% discount if you pay in cash**. ⁸⁸⁾ **Visit our Web site at www.kellylandscaping. com to learn more about us and to set up an appointment with our lawn-mowing experts**.

W 여름이 찾아왔으므로, 아마도 매일 잔디를 깎으셔야 할 것입니다. 열기가 너무 뜨겁다면, 잔디를 직접 깎지 마십시오. 대신, Kelly Landscaping에 전화하십시오. 저희는 시내에서 가장 규모가 큰 조경 회사입니다. 저희는 정확히 여러분들께서 원하시는 방식대로 잔디를 깎을 수 있는 여러 팀의 전문가들을 확보하고 있습니다. 오늘 전화하셔서 여러분들의 필요에 맞는 잔디 깎기 일정을 정하세요. 저희는 낮은 요금을 부과하며, 현금으로 결제 시 10%의 할인을 제공해 드립니다. 저희의 웹사이트인 www.kellylandscaping.com을 방문하셔서 저희에 대해 더 알아보시고 잔디 깎기 전문가들과 약속을 잡으세요.

어휘 mow 잔디를 깎다 lawn 잔디 landscaping company 조경 회사 professional 전문적인, 프로의 set up 정하다 fit 들어맞다 charge (요금을) 부과하다 pay in cash 현금으로 지불하다 gardening 정원 가꾸기, 원예

86

무엇이 광고되고 있는가?

(A) 잔디 관리업체
(B) 원예점
(C) 주택 보수업체
(D) 꽃가게

해설 광고의 첫 부분에서 화자는 청자들에게 '직접 잔디를 깎지 말라'고 한 후, 자신들이 '시내에서 가장 규모가 큰 조경 회사(the city's largest landscaping company)'라는 점을 강조한다. 따라서 '잔디 관리업체'가 광고의 대상이라고 볼 수 있으므로 정답은 (A)의 A lawn care business이다.

87

고객들은 어떻게 할인을 받을 수 있는가?

(A) 현금으로 결제함으로써
(B) 쿠폰을 사용함으로써
(C) 온라인으로 등록함으로써
(D) 이번 달에 구입함으로써

해설 할인 조건은 담화의 후반부에서 언급되고 있는데, 화자는 '현금으로 지불할 경우 10%를 할인해 준다(we give a 10% discount if you pay in cash)'고 말한다. 따라서 할인을 받을 수 있는 방법은 (A)의 By paying in cash(현금으로 결제를 함으로써)이다.

88

청자들은 회사에 연락하기 위해 무엇을 해야 하는가?

(A) 직접 회사를 방문한다
(B) 신청서를 팩스로 보낸다
(C) 웹사이트를 방문한다
(D) 이메일을 보낸다

해설 담화 중반부의 'Call us today to set up a lawn-mowing schedule that fits your needs.'라는 문장과, 담화 마지막 부분의 'Visit our Web site at www.kellylandscaping.com to learn more about us and to set up an appointment with our lawn-mowing experts.'라는 문장을 통해, 회사에 연락을 취할 수 있는 방법으로 전화와 웹사이트 방문이 안내되고 있다. 따라서 둘 중에서 후자의 방법을 언급하고 있는 (C)의 Go to a Web site가 정답이다.

[89-91]

M Good evening, Susan. This is Marty. **89) 90-1)** **I'm very sorry I am returning your call after working hours.** I was meeting with a client at his factory all afternoon long. **90-2)** **I only got a chance to listen to my voice mail a couple of minutes ago.** Anyway, I think your proposal is reasonable, but I have to check with my boss first. He is the only person who can approve it. He should have an answer for me by eleven in the morning tomorrow. **91) As soon as he talks to me, I'll call you up.** If he approves the deal, then we'll get the lawyers to draw up a contract. Talk to you later. Bye.

M 안녕하세요, Susan. Marty예요. 근무 시간 이후에 당신에게 답신 전화를 하게 되어 정말 미안해요. 저는 오후 내내 고객과 공장에서 회의를 하고 있었어요. 방금 전에야 음성 메일을 들을 수 있는 기회가 있었어요. 어쨌든, 저는 당신의 제안이 합리적이라고 생각하지만, 먼저 저의 상사에게 확인해 봐야 해요. 그분이 승인을 내릴 수 있는 유일한 사람이거든요. 그분은 내일 오전 11시까지 답을 주실 거예요. 그분이 저에게 말을 전하는 대로, 당신에게 전화할게요. 그분이 거래를 승인하면, 우리는 변호사를 고용해서 계약서를 작성하게 될 거예요. 나중에 이야기해요. 안녕.

어휘 reasonable 합리적인, 합당한 draw up a contract 계약서를 작성하다 properly 제대로, 적절히 in favor of ~을 찬성하는 insufficient 불충분한 revise 개정하다, 수정하다

89

화자는 왜 사과하는가?

(A) 그는 여자의 이메일을 읽지 못했다.
(B) 그의 음성 메일이 제대로 작동하지 않았다.
(C) 그는 여자에게 너무 늦게 전화하고 있다.
(D) 그의 전화가 꺼져 있었다.

해설 화자는 'I'm very sorry I am returning your call after working hours.'라고 말하면서 근무 시간이 지난 후에 답신을 하게 된 점에 대해 유감을 표시하고 있다. 따라서 정답은 (C)이다.

90

화자는 왜 "I was meeting with a client at a factory all afternoon long"이라고 말하는가?

(A) 그의 일일 일정표를 제공하기 위해서
(B) 도움을 요청하기 위해서
(C) 해명하기 위해서
(D) 연장을 요청하기 위해서

해설 인용된 문장은 '오후 내내 회의를 했다'는 내용이며, 바로 앞의 문장은 근무 시간 이후에 답신 전화를 하게 되어 미안하다는 내용이다. 즉, 인용된 문장을 말하고 있는 목적은 답신 전화를 늦은 시간에 하게 된 이유를 설명하기 위한 것이므로 정답은 (C)이다.

123

91

화자는 자신의 상사에게 이야기한 후에 무엇을 할 것인가?

(A) 변호사에게 연락한다

(B) Susan에게 전화한다

(C) 이메일을 보낸다

(D) 공장을 방문한다

해설 상대방의 제안에 대해 화자는 상사에게 확인해 봐야 한다고 말한 후, 'As soon as he talks to me, I'll call you up.'이라고 전하면서 상사에게 이야기를 듣는 대로 전화하겠다고 말한다. 따라서 화자가 하게 될 행동은 (B)의 Call Susan이다.

[92-94]

M May I have your attention, please? **92) This message is for people waiting for the bus from Copenhagen to arrive**. Unfortunately, there was major traffic on the expressway, so **93) the bus has been delayed**. The bus was scheduled to arrive at 8:10. According to the driver, **94-1) the bus is going to arrive here in about forty-five minutes. 94-2) So that means it will get here by 8:35.** If you are waiting for a passenger on the bus, please be patient. If you are going to take the bus to its next destination, please wait in the departure lounge. It will be here shortly. Thank you for your understanding.

M 주목해 주시겠습니까? 이 메시지는 코펜하겐에서 오는 버스가 도착하기를 기다리고 계신 분들을 위한 것입니다. 안타깝게도, 고속도로에서 심한 교통 정체가 발생했기 때문에, 버스가 지연되고 있습니다. 버스는 8시 10분에 도착하기로 예정되어 있었습니다. 운전 기사의 말에 따르면, 버스는 약 45분 후에 이곳에 도착하게 될 것입니다. 이는 버스가 이곳에 8시 35분에 도착한다는 것을 의미합니다. 버스의 승객을 기다리고 계시다면, 인내심을 가져 주십시오. 버스를 타고 다음 목적지로 가시는 경우에는, 출발 라운지에서 기다려 주십시오. 곧 이곳에 도착할 것입니다. 이해해 주셔서 감사합니다.

어휘 major traffic 교통 정체 expressway 고속도로 destination 목적지 departure lounge 출발 라운지 luggage 수화물

92

청자들은 어디에 있는 것 같은가?

(A) 지하철역에

(B) 기차역에

(C) 공항에

(D) 버스 터미널에

해설 안내 방송의 초반부에서 'This message is for people waiting for the bus from Copenhagen to arrive.'라고 했으므로, 이 안내 방송의 대상은 버스를 기다리는 사람들임을 알 수 있다. 따라서 청자들이 있는 장소는 '버스 터미널'일 것이므로 정답은 (D)의 At a bus station이다.

93

남자가 "There was major traffic on the expressway"라고 말할 때 그가 의미하는 것은 무엇인가?

(A) 사고가 발생했다.

(B) 버스가 늦을 것이다.

(C) 버스가 다른 경로에 진입했다.

(D) 몇몇 도로가 공사로 인해 폐쇄되었다.

해설 인용된 문장의 바로 뒤의 내용이 '버스가 예정보다 늦게 도착할 것이다'라는 것이므로, '고속도로에서 심한 교통 정체가 발생했다'는 문장의 의미를 가장 잘 설명하고 있는 보기는 (B)이다.

94

8시 35분에 어떤 일이 일어날 것인가?

(A) 차량이 도착할 것이다.

(B) 승객들이 탑승할 것이다.

(C) 표가 판매될 것이다.

(D) 구역이 폐쇄될 것이다.

해설 버스가 약 45분 후에 도착할 것이라고(the bus is going to arrive here in about forty-five minutes) 안내한 다음, 그 시간이 8시 35분이라고(So that means it will get here by 8:35) 했다. 따라서 정답은 (A)이다.

[95-97]

W Hello, Ms. Jenkinson. My name is Amanda Roberts, and I'm calling from the Warner Institute. **95) We received the e-mail you sent this morning in which you asked about taking some classes here.** Just so you know, **96) there are no more spaces in the accounting classes you're interested in.** However, there is plenty of room in all of our math and computing classes. You are welcome to sign up for them. The deadline for registering is this Friday at 6:00 P.M. The first classes of the year will start on Monday. **97) Call me at 584-9423 if you need to know anything else.** Goodbye.

W 안녕하세요, Jenkinson 씨. 저는 Amanda Roberts이며, Warner 학원에서 전화를 드리고 있습니다. 우리는 이곳에서 강좌를 수강하는 것을 문의하기 위해 오늘 아침에 보내신 이메일을 받았습니다. 알고 계시는 것처럼, 관심을 갖고 계신 회계 강좌에는 더 이상 자리가 없습니다. 하지만, 저희의 모든 수학과 컴퓨터 강좌에는 많은 자리가 있습니다. 언제든지 그 강좌들에 등록해 주세요. 등록 마감 기한은 금요일 오후 6시입니다. 올해의 첫 수업은 월요일에 시작될 것입니다. 궁금한 것이 있으시다면 584-9423으로 저에게 전화해 주세요. 안녕히 계세요.

어휘 institute 학원 accounting 회계 plenty of 많은 sign up 등록하다 deadline 마감 기한 instructor 강사 respond 응답하다 inquiry 문의 reminder 상기시키는 것 bank transfer 계좌 이체 송금 in person 직접

수업	강사
수학 11	David Gavin
컴퓨터과학 43	Amanda Lee
회계학 92	Marybeth Charles
마케팅 45	Greg Kite

95
여자는 왜 전화를 했는가?

(A) 강사진의 변경을 언급하기 위해서

(B) 문의 사항에 답변하기 위해서

(C) 상기시키기 위해서

(D) 잘못된 정보를 바로잡기 위해서

해설 화자는 오늘 아침에 청자가 문의한 메일을 받았다고 말한 다음, 여자가 문의한 강좌들의 정보에 대해 알려주고 있다. 따라서 정답은 (B)이다.

96
도표를 보아라. 어떤 강사의 수업이 마감되었는가?

(A) David Gavin

(B) Amanda Lee

(C) Marybeth Charles

(D) Greg Kite

해설 화자는 회계 강좌에 더 이상 자리가 없다고(there are no more spaces in the accounting classes) 말했는데, 도표에서 회계학 강사의 이름이 Marybeth Charles이므로 정답은 (C)이다.

97
여자는 청자에게 무엇을 할 것을 제안하는가?

(A) 계좌 이체를 통해 수업료를 지불한다

(B) 더 많은 정보를 얻기 위해 전화한다

(C) 직접 학교에 방문한다

(D) 목요일까지 등록한다

해설 전화 메시지의 마지막 부분에서 알고 싶은 것이 더 있다면 전화하라고 말하고 있다. 그러므로 정답은 (B)이다.

[98-100]

> M Let me start this meeting by analyzing last month's sales figures. As you can see, 98-1) **the Carter pretty much met the expectations we had for it.** 98-2) **We're starting an advertising campaign for it this week**, so sales should increase in the coming months as well. 99-1) **Now, look here at our top-selling item from August.** 99-2) **Interestingly, it's our oldest product, too.** Yes, I'm as

surprised as you all are that after seven years, it's outselling everything else we have. I've got a few ideas on why it's such a big seller, but 100) **let me mention the last two products on the graph before I discuss them.**

M 지난달의 판매액을 분석하면서 이번 회의를 시작하도록 하죠. 보시다시피, Carter는 그것에 대한 우리의 기대를 상당히 충족시켰습니다. 우리는 이번 주에 이에 대한 광고 활동을 시작할 것이어서, 앞으로 몇 달 동안에도 판매는 증가할 것 같습니다. 자, 8월에 가장 많이 팔린 제품을 보세요. 흥미롭게도, 이것은 우리의 가장 오래된 제품이기도 합니다. 예, 7년이 지나서, 그것이 우리가 가진 다른 모든 제품보다 많이 팔렸다는 사실로 인해 저도 여러분들 모두와 마찬가지로 놀랐습니다. 이것이 왜 이렇게 잘 팔리는지에 대해 몇 가지 생각이 있기는 하지만, 그것들에 대해 논의하기 전에 그래프의 나머지 두 제품에 대해 언급하겠습니다.

어휘 analyze 분석하다 sales figures 매출액 meet expectations 기대에 부응하다 as well 또한, 역시 big seller 잘 팔리는 품목

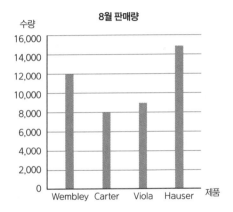

98
화자는 Carter에 대해 무엇을 언급하는가?

(A) 그것은 기대를 충족시키지 못했다.

(B) 그것은 해외에서 판매되고 있다.

(C) 그것은 곧 광고될 것이다.

(D) 그것의 가격은 인상될 것이다.

해설 Carter라는 제품에 대해 이번 주에 광고 활동이 시작될 것이라고(We're starting an advertising campaign for it this week) 언급되었으므로 정답은 (C)이다.

99
도표를 보아라. 어느 제품이 회사에서 가장 오래되었는가?

(A) Wembley

(B) Carter

(C) Viola

(D) Hauser

해설 화자는 8월에 가장 많이 판매된 제품이 그들의 가장 오래된 제품이기도 하다고(Now, look here at our top-selling item from August. Interestingly, it's our oldest product, too) 말했다. 도표에서 판매 수치가 가장 높은 제품은 Hauser이므로 정답은 (D)이다.

100
화자는 이어서 무엇을 할 것 같은가?
(A) 다른 그래프를 보여 준다
(B) 청자의 질문에 답한다
(C) 다른 품목들을 논의한다
(D) 설명을 제공한다

해설 화자는 가장 먼저 Carter 제품에 대해 논의했고, 이어서 가장 많이 팔린 제품인 Hauser에 대해서도 언급했다. 담화의 마지막 부분에서 그는 나머지 두 제품에 대해 논의하자고(let me mention the last two products on the graph) 제안하고 있으므로, 정답은 (C)이다.

LC

정답 및 해설

실력편

맨처음 토익

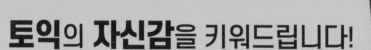

토익의 **자신감**을 키워드립니다!

---

* 대화 및 담화의 유형을 예제를 통해 쉽게 파악할 수 있습니다.

* 파트별 유형 연습을 통해 듣기 실력을 높일 수 있습니다.

* 예상 적중 문제를 통해 학습한 내용을 토익에 바로 적용해 볼 수 있습니다.

* ACTUAL TEST를 통해 자신의 실력을 가늠할 수 있습니다.